ERNST • FISCHLEIN • SENGSTSCHMIED • SVOBODA

SCHICKSAL KRIEGSOPFER

KOBV Kriegsopfer- und Behindertenverband
gemeinsam stärker ...

Die Geschichte der Kriegsopfer nach 1945

Redaktionelle Betreuung:
Mag. Michael Svoboda

hrsg. vom

Kriegsopfer- und Behindertenverband
für Wien, Niederösterreich und Burgenland

Umschlag: Ernst Haas, New York

Gedruckt auf chlorfrei gebleichtem Papier

Medieninhaber und Herausgeber:
Kriegsopfer- und Behindertenverband für Wien, Niederösterreich und Burgenland

Hersteller: Verlag des Österreichischen Gewerkschaftsbundes
Verlagsort: Wien
Printed in Austria
ISBN 3-7035-0528-1

Credo des Weltverbandes der ehemaligen Kriegsteilnehmer

Keiner spricht so beredt die Sprache des Friedens wie diejenigen, die im Kriege gekämpft haben. In den Stimmen aller ehemaligen Kriegsteilnehmer klingt die Sehnsucht nach Frieden für alle Menschen der Welt, die zweimal innerhalb einer Generation die unaussprechliche Katastrophe eines Weltkrieges erlebten. Die Menschen haben sich das Recht auf Frieden verdient. Ohne Frieden gibt es keine Hoffnung, und ohne Hoffnung ist der Mensch verloren. Den Stimmen dieser Menschen muß Aufmerksamkeit geschenkt werden. Sie erstreben ein reicheres Leben sowohl in bezug auf Freiheit, Gleichheit und Würde als auch auf materielle Dinge. Sie beten für den Frieden. Aus ihrem Verlangen nach Frieden und einem besseren Leben kann und muß die unwiderstehliche Kraft gegen Krieg, Aggression und Degradierung geboren werden. Die Menschen mußten für Kriege arbeiten und Opfer bringen. Sie werden freudiger für den Frieden arbeiten. Laßt uns eine wirkliche, der Sache verschriebene Anstrengung machen, einen größeren Kreuzzug, als die Geschichte bisher in ihren Annalen zu verzeichnen hatte, um Frieden, Freiheit und Gleichheit in der Welt zu schaffen.

Ralph Bunche

Inhalt

Dr. Rudolf Kirchschläger

Ehrenmitglied der Zentralorganisation der Kriegsopfer- und Behindertenverbände Österreichs: Dr. Rudolf Kirchschläger

Durch fünf Jahrzehnte mit der Schicksalsgemeinschaft der Kriegsopfer durch Schicksal und Mitgliedschaft beim Kriegsopfer- und Behindertenverband für Wien, Niederösterreich und Burgenland verbunden, begrüße ich die Herausgabe dieses Werkes aufrichtig. Es rechtfertigt in überzeugender Weise durch seinen Leistungsbericht die Notwendigkeit der Existenz des Kriegsopfer- und Behindertenverbandes und ist in der Schilderung persönlicher Erlebnisse schwer verwundeter ehemaliger Soldaten eine unüberhörbare Mahnung zum Frieden.

Wer die harten Lebensumstände der ersten Nachkriegsjahre nach schwerer Verwundung erlebt hat, weiß, welche Bedeutung für die einzelnen Kriegsopfer – die Witwen und Waisen miteingeschlossen – die organisierte Interessenvertretung der Kriegsopfer hatte. Diese Bedeutung blieb auch in der Zeit des wirtschaftlichen Aufschwunges bis zum heutigen Tage erhalten, galt es doch, die Kriegsopfer zumindest etwas an der wirtschaftlichen Entwickung der Nachkriegsjahre teilhaben zu lassen. Daß der Verband auch die Interessen von Behinderten wahrnimmt, deren Behinderung nicht auf den Krieg zurückgeht, gestattet eine Nutzbarmachung der Erfahrung des Verbandes auch für diesen Personenkreis.

Die Schilderung von Einzelschicksalen von Kriegsopfern in diesem Buch sind nicht als Heldenepos gedacht, sondern es sind wahre Erlebnisse, die uns auffordern und aufrütteln sollen, unermüdlich für den Frieden daheim und vor allem auch in der Nachbarschaft einzutreten, damit das menschenverachtende und menschenmordende Tun eines Krieges für alle Zukunft von unserem Volk ferngehalten werde.

Vorwort

50 Jahre
Ende des 2. Weltkrieges

50 Jahre
Öffnung der KZ-Tore

50 Jahre
2. Republik Österreich

40 Jahre
Staatsvertrag

Das Jubiläumsjahr 1995 gebietet es, in würdiger und dankbarer Weise der Befreiung Österreichs von der nationalsozialistischen Schreckensherrschaft und der Freiheit unserer demokratischen Republik Österreich zu gedenken.

Gerade die Generation der Kriegsopfer, also jene Generation, die die Greuel des Krieges am eigenen Leib und in der eigenen Familie erleben mußte, ist wohl am hervorragendsten geeignet, einen Beitrag zu diesem Jubiläums- und Gedenkjahr zu leisten.

Im Rahmen von Festveranstaltungen und Jubiläumsfeierlichkeiten wird es jedoch notwendig sein, nicht nur auf die gute Entwicklung unserer Heimat in den vergangenen fünf Jahrzehnten hinzuweisen, sondern muß es unser aller Anliegen sein, den Generationen, die die Schrecken eines Krieges – Gott sei Dank – nicht selbst miterleben mußten, vor Augen zu führen, welch verhehrende und langandauernde Folgen kriegerische Auseinandersetzungen haben. Allein die Tatsache, daß in Österreich 50 Jahre nach Beendigung des 2. Weltkrieges noch immer über 100.000 Kriegsopfer leben, zeigt dies wohl am deutlichsten.

Der Kriegsopfer- und Behindertenverband hat sich daher entschlossen, als sichtbare Erinnerung ein Buch mit dem Titel „Schicksal Kriegsopfer" herauszugeben, in dem anhand von einzelnen Lebensberichten von Kriegsopfern beider (!) Weltkriege der sehr leidvolle Weg von Mitmenschen, sei es die Lebensbewältigung trotz schwerer Kriegsverletzung, sei es die Meisterung des Lebens in schwierigsten Situationen, die sich durch den Verlust des Ehegatten, des Sohnes oder des Vaters ergeben haben, dargestellt wird, in dem die 50jährige Geschichte der österreichischen Kriegsopferversorgung und, last but not least, die Geschichte der österreichischen Kriegsopferorganisation seit 1945 und ihr Bemühen um soziale Gerechtigkeit zusammengefaßt werden.

Mein besonderer Dank gilt den Verfassern des vorliegenden Buches, Vizepräsident des KOBV, Prof. Dr. Theo *Fischlein* (Bearbeitung der Lebensgeschichten der Kriegsopfer), Herrn Sektionschef i.R. Dr. Karl *Ernst* (Geschichte und Entwicklung der österreichischen Kriegsopferversorgung), Vorstandsmitglied des KOBV und langjährige Leiterin der Versorgungsabteilung des Kriegsopfer- und Behindertenverbandes für Wien, Niederösterreich und Burgenland, Elfriede *Sengstschmied*, sowie dem Generalsekretär der Zentralorganisation der Kriegsopfer- und Behindertenverbände Österreichs, Mag. Michael *Svoboda* (redaktionelle Betreuung), für ihre aufopferungsvolle und überaus schwierige Arbeit, die die Herausgabe dieses Jubiläumsbuches ermöglicht.

Möge dieses Buch Mahnung und Erinnerung zugleich sein und einen Beitrag dazu leisten, daß es in Österreich nie mehr neue Kriegsopfer zu beklagen gibt.

Wien, im Jänner 1995

Otto Pohanka
Präsident der
Zentralorganisation der
Kriegsopfer- und Behindertenverbände
Österreichs

Zum Geleit

50 Jahre sind seit der Beendigung des 2. Weltkrieges vergangen. 50 Jahre, in denen die Republik Österreich eine Entwicklung auf sozialem, wirtschaftlichem und kulturellem Gebiet nehmen konnte, die unbestrittenermaßen zu den hervorragendsten der Welt zählt und die, dies sei besonders unterstrichen, in Frieden und durch gemeinsame Anstrengung der gesamten österreichischen Bevölkerung erreicht werden konnte.

Wohlergehen und Zufriedenheit lassen aber allzuleicht vergessen, welche Not und welches Elend die Greuel des Krieges hinterlassen haben und unter welch schwierigen und widrigen Umständen der Aufbau unserer Heimat in den Jahren nach 1945 stattfand.

Sie lassen aber auch das Schicksal jener Menschen oftmals vergessen, die die Male des Krieges heute noch tragen müssen – die Kriegsopfer. Sei es durch schwere Verwundungen, sei es durch die Tatsache, daß der Ehegatte, der Vater oder der Sohn im Kriegseinsatz sein Leben lassen mußte, unermeßlich war das Leid, das die Kriegsopfer auf sich nehmen mußten, vorbildlich zugleich aber war es, wie sie ihr Schicksal bewältigten und trotz schwerster Kriegsverletzungen, trotz des Verlustes ihres Gatten, Vaters oder Sohnes ihr eigenes Leben meisterten und darüber hinaus am Wiederaufbau der zweiten Republik Österreich mitwirkten.

Das Buch „Schicksal Kriegsopfer“ soll daher im Jubiläumsjahr 1995 die Lebensgeschichte dieser Generation in Erinnerung rufen und anhand von sehr beeindruckenden Erlebnisberichten Betroffener in Teil 1 des vorliegenden Werkes dem Leser vor Augen führen, welch schreckliches Leid Kriege nach sich ziehen und wie die Generation der Kriegsopfer mit positiver Lebenseinstellung ihr Schicksal gemeistert hat.

Untrennbar verbunden mit der Bewältigung der Lebenssituation der Kriegsopfer sind die Bemühungen des Staates, im Rahmen des verfassungsrechtlichen Auftrages für die Kriegsopfer zu sorgen. In langwierigen und zähen Bemühungen der Kriegsopferorganisation mit den Verantwortlichen der österreichischen Bundesregierungen gelang es, die gesetzlichen Grundlagen für die Entschädigung, umfassende Rehabilitation und Fürsorge der Kriegsopfer zu schaffen. Da dies schon allein wegen der wirtschaftlichen Gegebenheiten im Staatshaushalt nicht in einem Schritt gelang, liegt auf der Hand. Es bedurfte einer Entwicklung, die fast fünf Jahrzehnte dauerte, um die österreichische Kriegsopferversorgung zu dem zu machen, was sie heute ist: ein umfassendes und vorbildliches Gesetzeswerk, das allen Ansprüchen des Entschädigungsprinzips, der umfassenden Rehabilitation im Wege des Rechtsanspruches und dem Fürsorgegedanken entspricht.

Durch diese gesetzlichen Voraussetzungen und die Bereitschaft der Betroffenen selbst war es möglich, hunderttausende Kriegsopfer in die Gesellschaft zu integrieren, sie ins Berufsleben (wieder) einzugliedern und ihr Leid lindern zu helfen.

Teil 2 des Buches „Schicksal Kriegsopfer“ ist daher der gesetzlichen Kriegsopferversorgung nach dem 2. Weltkrieg gewidmet und schildert die kontinuierliche Fortentwicklung der rechtlichen Grundlagen, die im Laufe des Bestehens der 2. Republik Österreich für die Kriegsopfer geschaffen wurden.

Daß die Versorgung der österreichischen Kriegsopfer diesen den Bedürfnissen der Betroffenen entsprechenden Standard erreichen konnte, ist einerseits dem großen Verständnis der politisch Verantwortlichen zu danken, ist aber sicherlich auch in großem Maße der Tatsache zuzuschreiben, daß sich bereits unmittelbar nach Beendigung des 2. Weltkrieges die Kriegsopfer zu einer großen und einflußreichen Interessengemeinschaft zusammengeschlossen haben.

Die Geschichte der Kriegsopferorganisation, die im Teil 3 des vorliegenden Buches geschildert wird, zeigt, daß durch solidarisches und wohldurchdachtes Vorbringen der Wünsche und Anliegen der Kriegsopfer vieles erreicht werden konnte. Sie zeigt aber auch, daß dem heute modernen Gedanken „Hilfe zur Selbsthilfe“ bereits in den ersten Jahren nach 1945 zum Durchbruch verholfen wurde. Durch das Zusammenwirken der tausenden ehrenamtlichen Funktionäre des Kriegsopferverbandes in den einzelnen Ortsgruppen des Verbandes bis zu den Spitzenfunktionären in der Zentralorganisation der Kriegsopferverbände Österreichs mit den Verantwortlichen der öffentlichen Hand, ist es gelungen, die Kriegsopfer in Gesellschaft und Beruf zu integrieren.

Der Kriegsopferverband als große Gemeinschaft verkörpert einen nicht unwesentlichen Teil österreichischer Sozialgeschichte und wird auch in Zukunft aus der reichen Erfahrung der vergangenen 50 Jahre als Anwalt für Frieden und soziale Gerechtigkeit seine Stimme zum Wohle der Kriegsopfer *UND* Behinderten in Österreich erheben.

Mag. Michael Svoboda

Generalsekretär
der Zentralorganisation der
Kriegsopfer- und Behindertenverbände
Österreichs

Prof. Mag. Dr. Theo Fischlein

Lebensgeschichten österreichischer Kriegsopfer

Wien 1945. Eine zerschossene Tramwaygarnitur (im Hintergrund die Urania).
Foto: Wiener Stadtwerke-Verkehrsbetriebe – Lichtbildstelle

Ein Sanitäter, der selbst Hilfe brauchte

Als Kompaniesanitäter mußte ich am 24. September 1944 mit meiner Kompanie mitmarschieren, die gemeinsam mit einem Pionierbataillon, einer Infanterieabteilung und einer ungarischen Einheit eine Anhöhe im Bereich des Duklapasses erstürmen sollte. Der Paß war von den Russen besetzt.

Schon auf halber Höhe empfingen uns einzelne Granatwerfereinschläge, dann setzte schweres Abwehrfeuer ein. Ich kroch hinter einen Baumstrunk, um Deckung zu finden. Plötzlich spürte ich am linken Bein einen Schlag wie von einem Stein, doch merkte ich, daß sich mein Unterschenkel wegbog. Der herbeigerufene Sanitäter, ein langjähriger Kamerad, legte einen notdürftigen Verband an und zog mich etwas tiefer in einen schützenden Hang hinab, dann mußte er schon wieder zu anderen Verwundeten. Nach einigen Minuten brachten mich Träger ins bewaldete Tal. Aber auch dort gab es Artillerieeinschläge, die drei Träger verwundeten. Weil einer der Träger noch schwerer verwundet war als ich, wurde er auf meiner Trage fortgebracht mit dem Versprechen, mich nachher zu holen. Etliche Verwundete kamen vorbei, die mich nicht mitnehmen konnten. Erst nach einer Weile kamen wieder einige, die mich aufhoben und mich ein Stück weiterschleppten. Immer schlugen noch Granaten in der Umgebung ein. Unterdessen hatten sich bei mir arge Schmerzen eingestellt. Ich nahm aus meiner Sanitätstasche schmerzstillende Tabletten, was aber nicht viel half. Nach langer, langer Zeit kamen wieder Soldaten vorbei, diesmal waren es Ungarn, die mich auf meine Bitte mitnahmen. Zwei und zwei trugen mich abwechselnd, aber schließlich versagten ihre Kräfte, und sie legten mich hin. Da lag ich nun wieder allein, die Nacht war unterdessen hereingebrochen, der Gefechtslärm war verstummt. Nur von der Ferne war Maschinengewehrfeuer noch ab und zu vernehmbar. Ich griff wieder in die Tasche und nahm Morphiumtabletten heraus. Ich schluckte sie mit dem letzten Rest aus meiner Feldflasche. Dann legte ich mir auf alle Fälle meine Pistole zurecht. Fiebergeschüttelt döste ich die Nacht dahin.

Erst als es dämmerte, bemerkte mich eine versprengte deutsche Soldatengruppe. Die Kameraden trugen mich bis zu einem Panjewagen, auf dem schon zwei Verwundete lagen. Dann ging's zu einem größeren Ort, wo ein Verbandsplatz war. Ein Arzt und zwei Sanitäter kümmerten sich dort um die Verwundeten. Mein Verband wurde erneuert, das Bein geschient, und gegen die Schmerzen wurde mir eine Injektion verpaßt. Der Arzt gab mir noch einen Brief an seine Frau in Wien mit, weil er annahm, ich würde in ein Heimatlazarett kommen.

Aber leider fuhr mein Lazarettzug nicht in die Heimat, sondern nach Breslau. Dort, kaum in ein Lazarett eingeliefert, gab es schon den ersten Bombenangriff der Russen mit vielen Toten und zerstörten Gebäuden. Am nächsten Tag wurde das Lazarett geräumt, und ich kam nach Hirschberg im Riesengebirge. Dort wurde mein Bein operiert – in der Hoffnung, es erhalten zu können. Einigermaßen erholt, fand ich in meinen Habseligkeiten den Brief des Arztes. Ich schrieb mir die Adresse ab und versandte den Brief per Feldpost. Noch sieben Monate verbrachte ich in Lazaretten, erst im April 1945 kam ich mit Krückstöcken und noch immer eiternder Wunde nach Hause, erlebte da die Ankunft der Russen mit all den Turbulenzen und bekam im Jahre 1947 ersten Kontakt mit dem Kriegsopferverband. Ich verdanke das einem

Invaliden aus dem Ersten Weltkrieg und einem Funktionär dieser Organisation. Als ich das erste Mal vom Landesinvalidenamt eine Vorladung zur Begutachtung meiner Versehrtheit bekam, erfuhr ich, daß der Arzt, dessen Brief an seine Frau ich mitgenommen hatte, dort angestellt sei. Meine geheime Hoffnung, von ihm untersucht zu werden, ging leider nicht in Erfüllung. Nach der Untersuchung traf ich ihn doch und klagte ihm meine Sorgen wegen allfälliger Ansprüche und rechtlicher Hilfe. Darauf sagte der Arzt: „Ich kann Ihnen nur den Rat geben, wenn Sie noch nicht dabei sind, gehen Sie zum Kriegsopferverband."

Ich war ja schon dabei, und mir wurde auch die ganzen Jahre her immer wieder geholfen.

Rudolf Alberer

Aus der Kriegsnot herausgearbeitet

Mein Elternhaus ist 1945 niedergebrannt. Meine Schwester, die bereits Kriegerwitwe war, nahm mich mit den Eltern in ihrer kleinen Wohnung auf. Einer meiner Brüder ist gefallen, der zweite kam als Schwerstinvalide aus einem Krankenhaus, den mußten wir betreuen.

Dann lernte ich meinen Mann kennen, er war einer der letzten Heimkehrer aus der Gefangenschaft und auch Kriegsinvalide. Seine Situation war sehr schwierig, er war noch Lehrling, als er zum Militär einberufen wurde. Und so mußte er erst einmal auslernen. Unterstützung gab es zunächst keine. Mit Arbeit und Fleiß haben wir aber unsere Armut und Not nach 1945 überwunden. Der erfolgreichen Hilfe des Kriegsopferverbandes verdanke ich es, daß ich heute zu meiner Pension eine kleine Zusatzrente bekomme.

Leopoldine Heleschitz

In Wiener Neustadt wurde ich Kriegsinvalidin

Mit 16 1/2 Jahren habe ich eine Anstellung in einem Rüstungsbetrieb (Lokomotivfabrik, später Raxwerke) bekommen. Jeden Tag fuhr ich mit der Bahn von meiner Heimatgemeinde Neusiedl nach Wiener Neustadt. Die Züge waren damals fast nicht beheizt und hatten immer Verspätung. Um 5.30 Uhr mußte ich aus dem Haus und kam täglich erst wieder um 20 Uhr nach Hause. Es gab damals keine Straßenbeleuchtung, es war stockdunkel (Verdunklungspflicht). Noch dazu kam der strenge Winter von 1941. Wir froren damals fürchterlich. Da es zum Einkaufen nur Punktekarten gab, war es auch sehr schwierig mit der Bekleidung. Benötigte man einen Wintermantel, blieb für andere Belange nichts mehr übrig. Wir nähten uns aus alter Kleidung wieder neue Sachen, und alte Stoffe wurden einmal gewendet. Bei den langen Eisenbahnfahrten von und zur Arbeitsstätte strickte ich für meinen Bruder warme Socken und Schals, die ich dann an die Front schickte. So vergingen meine Jugendjahre, während der Krieg an den Fronten tobte. In Deutschland fielen Phosphorbomben und dergleichen. Wir glaubten einfach nicht daran, daß es bei uns in Österreich auch so werden könnte. Das ging bis zum Juni 1943.

Am 13. August dieses Jahres war aber dann der erste Fliegerangriff auf Wiener Neustadt. Ich war noch immer im Raxwerk beschäftigt und sollte eine langwierige Vorkalkulation machen. Meine Arbeitskollegin und ich sollten die Nacht durcharbeiten. Wir durften daher zu Mittag unseren Arbeitsplatz verlassen und nach Hause fahren. Am Abend sollten wir wieder unsere Arbeit aufnehmen. Als wir aber über den Wiener Neustädter Domplatz zum Zug gingen, heulten die Sirenen in der Stadt. Wir dachten uns jedoch nicht viel dabei und gingen ruhig weiter – bis uns Feuerwehrleute zuschrieen, wir sollten uns rasch in Sicherheit bringen. Wir liefen aber bis zum Bahnhof, das heißt meine Freundin zum Hauptbahnhof und ich zum Schnee-

Das zerbombte Wiener Neustadt: Tausende Menschen fanden den Tod oder wurden verletzt, 88 Prozent der Gebäude zerstört oder beschädigt

bergbahnhof. Als ich dort ankam, war der Zug, der erst um 14 Uhr abfahren sollte, schon um 13.30 Uhr bereit zur Abfahrt. Ich konnte nur noch auf das Trittbrett aufspringen. Nach 10 Minuten merkten wir, warum der Zug so früh die Station verlassen hatte. Der Himmel war schwarz vor feindlichen Bombern. Plötzlich blieb der Zug stehen, wir mußten alle aussteigen, und das Militär, welches im Zug war, ging in den Sandgruben in Deckung. Ich weinte ununterbrochen und war fürchterlich aufgeregt. Inzwischen fielen auf Wiener Neustadt, das von unserer Deckung ca. zwei Kilometer entfernt war, die ersten Bomben. Ich glaubte damals, daß die ganze Stadt brennt, so fürchterlich hat das ausgesehen. Ich lief dann zu Fuß bis zur nächsten Bahnstation, die sechs Kilometer entfernt war, und fuhr mit dem nächsten Zug in meine Heimatgemeinde Pernitz. Ich fuhr dann erst wieder am nächsten Tag zur Arbeit, da ich dachte, Wiener Neustadt sei zur Gänze zerstört. Es war aber nicht so. Es gab zwar viele Tote und Verwundete, aber die Arbeit konnte normal weitergeführt werden. Unser Büro im Raxwerk, welches im zweiten Stock lag, hatte einen Ausblick auf den Friedhof, wo wir sehr viele Särge sahen.

Ich arbeitete noch bis zum 1. Oktober 1943. An diesem Tag ereignete sich dann der für mein Leben bestimmende schwere Bombenangriff auf das Raxwerk. Am Morgen sagte ein Bürokollege zu mir, daß es heute wegen der guten Sicht für uns sehr gefährlich werden könnte. Bis zum Mittagessen war alles ruhig. Um 12.30 Uhr nahmen wir die Arbeit wieder auf. In unserem Büro waren zehn Personen beschäftigt, sechs davon Frauen. Die Schreibmaschinen und der kleine Volksempfänger machten so großen Lärm, daß wir die Sirenen nicht hörten. Erst als ein Mitarbeiter, der zu spät vom Essen zurückkam, uns zurief, es sei Fliegeralarm, wir sollten alle schnell in den Keller, liefen wir los. Der Keller war nicht geschützt, sondern ein ganz gewöhnlicher Garderobenraum. 24 Personen hielten sich in diesem „Luftschutzkeller" auf. Wir waren keine zwei Minuten unten, als bereits die ersten Bomben einschlugen. Eine Bombe schlug schräg in unseren Keller ein. Die zwei Stockwerke mit den Büros blieben verschont, nur der Keller, in dem ich mich befand, war ein Trümmerhaufen.

22 der 24 Personen waren sofort tot. Meine Freundin starb nach zwei Stunden. Ich selbst bin nach zwei Tagen im Spital aufgewacht. Ich erwachte als 90%ige Invalidin, Oberarm und Oberschenkel amputiert. Der guten Versorgung durch Ärzte und Schwestern verdanke ich mein Leben. Ich habe heute noch Splitter in der rechten Hand und im rechten Bein.

Dank unseres Pernitzer Hausarztes habe ich den ganzen schlechten seelischen Zustand nach einigen Jahren überwunden. Medikamente gab es fast keine. Schmerzen habe ich heute noch genug. Der Mensch wird nicht jünger, und der Allgemeinzustand verschlechtert sich ständig.

Beruflichen Werdegang gab es für mich keinen mehr. Als 90%ige Invalidin ist man nicht mehr arbeitsfähig. Nach dem Krieg gab es bei uns in Pernitz einen Kriegsinvaliden aus dem Ersten Weltkrieg, welcher ebenfalls nur ein Bein hatte. Dieser hat sich um alle schriftlichen Belange mit dem Kriegsopferverband sehr gut gekümmert. Ich habe eine Invalidenrente und die Pflegestufe II und bin damit gut versorgt. Erwähnenswert wären auch noch die Weihnachtsfeiern vom Kriegsopferverband nach dem Krieg. Damals bekam ich für meine kleine Tochter die ersten Schuhe nach dem Krieg, worüber ich mich sehr freute.

Franziska Balej

Ein Leben lang gehofft und gewartet

Ich bin geborene Budapesterin, mein Mann war Wiener. Durch unsere Arbeit lernten wir uns kennen. Nach zweijähriger Korrespondenz haben wir 1932 geheiratet. So kam ich nach Wien. Mein Mann mußte im Jänner 1940 zum Militär, kam gleich nach Polen, dann nach Frankreich und schließlich nach Rußland, bis Stalingrad, von wo aus er mit einer Verwundung ziemlich als letzter ins Spital nach Deutschland gebracht wurde. Nach der Ausheilung, einige Monate später, wurde er nach Monte Casino abgestellt. Was sich dort an Grausamkeiten zugetragen hat, war beispiellos. Das deutsche Militär zog sich „schrittweise" zurück und an einem Freitag, dem 13. April 1945, war der Schicksalstag für meinen Mann und mich.

In Wien, in Dornbach, waren wir bereits unter russischer Herrschaft, und hier in der Weingegend ging alles drunter und drüber. Am 13. April bekam ich einen Weinkrampf, ich wußte gar nicht warum. Ich ging weinend in die Feldgasse ins Spital, wo meine Schwägerin als Ärztin gearbeitet hat und bekam eine Beruhigungsspritze. Ich ging wieder nach Hause, weil ich die Wohnung nicht allein lassen wollte, denn es waren schreckliche Zeiten – Plünderungen, eigenmächtige Einquartierungen usw.

Nach Monaten kam ins Geschäft, wo ich Filialleiterin war, ein Herr, der mir mitteilte, daß mein Gatte beim Rückzug in der Gegend nördlich von Rimini gefallen war. Der Mann war katholischer Priester und ein guter Kamerad meines Ehemannes. Er beschrieb, wie es damals war, wie bei einem sehr argen Luftangriff die Amerikaner Phosphorbomben geworfen hatten, sodaß dort, wo sich mein Mann befand, alles vernichtet worden ist. Ich selbst habe dann alle Hebel in Bewegung gesetzt, um alles genau in Erfahrung zu bringen. Es vergingen Jahre, bis ich einen deutschen Militärfriedhof in Lavazolla ausfindig machte, wo die Gefallenen der Einheit meines Mannes beerdigt wurden. Aber in der Kanzlei habe ich erfahren, daß mein Mann nicht da liegt.

Ich habe noch Jahre weitergesucht, leider vergeblich. So bildete ich mir ein, daß mein Gatte durch eine schwere Verletzung vielleicht sein Erinnerungsvermögen verloren haben könnte, und hoffte auf seine Rückkehr. So verging mein ganzes Leben. An eine Wiederverheiratung wollte ich nicht denken, falls mein Gatte wiederkäme. So bin ich allein geblieben, 85 Jahre alt, ohne Kinder, das tägliche Leben macht mir Schwierigkeiten. Trotzdem will ich nicht klagen und danke dem Allmächtigen für unser Dasein, das mir auch schöne Stunden zu bieten hatte.

So beende ich meinen Lebensbericht, vielleicht findet man ihn lesenswert, auf jeden Fall hat es mich ein bißchen erleichtert, mein Herz ausschütten zu dürfen.

Irene Beuer

Als Kriegerwitwe am Wiederaufbau mitgetan

Ende Juli 1943 bekam ich die Hiobsbotschaft, daß mein Mann „für Führer und Vaterland“ gefallen ist. Wie „schön“ muß das für die armen Kerle gewesen sein, für den Führer zu sterben! Es kam eine schwere Zeit für mich und alle anderen. Ich habe alles getan, um nicht zu verhungern. Ich habe im Forst und in der Landwirtschaft gearbeitet. Als der Krieg aus war, habe ich in der Kanzlei die Gemeindearbeiten übernommen, es war ja sonst niemand da. Und da blieb ich bis zu meiner Pensionierung. Inzwischen habe ich mir ein Häuschen gebaut, einen Garten angelegt und führe ein ruhiges Leben.

Welche Unterstützung bekam ich damals vom Staat? Da war ja auch nichts mehr da als ein Trümmerhaufen, und diesen haben wir alle miteinander weggeräumt und alles wieder aufgebaut.

Katharina Doppler

Mit Gottes Hilfe ist es gegangen

Ich bedanke mich für die Unterstützung durch den Kriegsopfer- und Behindertenverband. Aber es wäre eine größere Freude gewesen, wenn mein Mann aus dem Krieg nach Hause gekommen wäre. Ich stand mit drei Kindern da und wußte zehn Jahre nichts von ihm. Dann kam die Nachricht, daß mein Mann in russischer Gefangenschaft gestorben ist.

Als 1945 die Front immer näher gekommen ist, mußten wir unser Haus verlassen und haben alles Hab und Gut verloren. Ich mußte alle möglichen Arbeiten verrichten. Später haben auch meine Kinder mitgearbeitet.

Mit Gottes Hilfe ist es gegangen.

Gisela Humann

Für Volk, Führer und Reich

Ich lebte mit meinem Ehemann in glücklicher Ehe. Als der Krieg begann, mußte mein Gatte zur Wehrmacht, ich war damals im 3. Monat in Erwartung unseres ersten, so lang ersehnten Kindes. Wir waren so traurig beim Abschied, als mein Mann in seiner Uniform vor mir stand und mir sagte: „Ich hab dich lieb, und ich komme bestimmt wieder." Wir hielten uns umschlungen und glaubten, uns nicht von einander lösen zu können.

Dann kamen Feldpostbriefe von der Front in Rußland, und am 7. Februar 1942 habe ich einen lieben kleinen Buben geboren, ich war so glücklich. Eine Schwester vom Spital übermittelte Grüße für meinen Mann und die Nachricht, daß wir einen Buben haben. Mein lieber Mann hat sich riesig gefreut, so schrieb er in seinen lieben Briefen. Seinen letzten Brief, nicht fertig geschrieben, lege ich bei.

Als ich dann das Schreiben erhielt, daß mein Mann gefallen sei, da ging für mich die Welt unter.

Leopoldine Bachnicke

Ein Landarbeiterschicksal

Nach 7 Klassen Volksschule trat ich meine erste Arbeit bei einem Landwirt in Roiten (Niederösterreich) als Pferdeknecht an.

Im Jahre 1938 habe ich mich verheiratet, 1939 mußte ich zur Wehrmacht einrükken, nach Amstetten, wo ich nach zwei Monaten zum Polenfeldzug abgestellt wurde und dann anschließend an die Rußlandfront. An der Leningradfront war ich bis Dezember 1944, wo ich schwer verwundet wurde. Nach verschiedenen Lazarettaufenthalten kam ich in meine Heimat zurück.

1945 bekam ich trotz meiner Verwundung Arbeit als Forstarbeiter im Stift Zwettl. Die Arbeitseinstellung wurde durch den Kriegsopferverband vermittelt. Es war für mich sehr schwer, weil ich mit zwei Krücken im Winter und Sommer arbeiten und für die Frau und zwei Kinder sorgen mußte. Meine Frau habe ich vor vier Jahren verloren, und jetzt bin ich 81 Jahre alt.

Johann Leitner

Osten, 8.3.42.

Mein liebes Kleines!

Endlich komme ich wieder dazu dir zu schreiben. Wir haben jetzt wieder einige schwere Tage vorüber. Und Polderl du wirst mir nicht böse sein daß ich nicht schreiben konnte. Der Dienst ist hart und unerbittlich und wir müssen die Russen schlagen wo wir sie antreffen. Die Bande gibt aber auch keine Ruhe und versucht immer wieder ihr Glück. Sie werden aber immer blutig zurückgeschlagen. Gottseidank ist auch diesmal alles gut abgegangen. Wenn es nur erst wieder schönes Wetter ist und der Vormarsch losgeht, dann werden die Russen wieder gejagt daß ihnen Hören und Sehen vergehen wird. Gesund bin ich ja auch. Nur warte ich schon sehnsüchtig auf eine Nachricht von dir. Bekam am 1.3.42. von dir die Nachricht, daß alles vorüber ist. Seither aber keine Post mehr. Und jetzt ist schon der 8. März. Und unser Junge ist schon 1 Monat alt und wahrscheinlich schon recht groß. Ja Polderle ich möchte jetzt so gerne ein bißchen bei dir sein um auch ein bißchen teilnehmen zu können an deinem Glück. Wie glücklich mußt du sein nach all den Schmerzen die du ertragen mußtest und wo du dir doch schon immer ein Kinderl gewünscht hast. Und blaue Augen hat der kleine Fredi. Von wem hat er den Nase her? Und dann wird er ja auch blonde Haare haben der kleine Schreihals. Oder schreit er vielleicht nicht? Ich bin nur froh, daß Ihr beide gesund seid und hoffen wir, es auch bleiben werdet. Jetzt wird es so bald Frühling und warm und da kannst du mit deinem Sohn spazieren fahren. Und viel Arbeit wirst du haben jetzt. Den ganzen Tag Windeln waschen. Was kann dir das aber anhaben, wo du doch so glücklich bist. Polderle bitte schreibe mir viel und schreib mir wie alles vorübergegangen ist. Und dann kannst du auch den kleinen Fredi abknipsen und mir Bildchen schicken. Du mußt mich nicht ganz vergessen. Ich möchte jetzt auch den Ju[illegible] fast eifersüchtig werden. Aber dazu ist er ja viel zu lieb. Gute[illegible] Polderle. Und ein wenig denkst du doch auch noch an mich.

Zum Artikel Leopoldine Bachnicke

Von Russen niedergeschossen und doch überlebt

Im März 1945 herrschte nicht nur ein grausamer Krieg, sondern auch eine Grippewelle. Auch ich erkrankte, ebenso mein Mann. Wir waren beide 24 Jahre alt, haben zwei Jahre vorher geheiratet. Mein Mann, der in Rußland schwer verwundet wurde, war in Wien zu einer Büroarbeit abkommandiert, dort habe ich ihn kennengelernt. Ende März 1945 fuhren wir mit der Südbahn weg. Wir hatten zwei Rucksäkke mit Zahnbürsten, Nachtwäsche, Schuhen und etwas Proviant mit. Schon ein paar Kilometer nach Wien kam Fliegeralarm, wir rasten aus dem Zug ins Freie. Ich weiß noch, daß ich den Kopf in ein freiliegendes Kanalisationsrohr gesteckt habe. Nach einigen MG-Salven aus tieffliegenden Maschinen war der Spuk vorbei. Die Flugzeuge entfernten sich in Richtung Wiener Neustadt. Irgendwo sind wir dann ausgestiegen und gingen zu Fuß weiter auf das Hocheck. Ich weiß nur, daß mich mein Mann streckenweise auf dem Rücken trug, weil ich so geschwächt war. Das Schutzhaus war offen, und es waren auch einige Gäste da. Nach zwei Tagen erfuhren wir von flüchtenden Soldaten, daß die Front sich näherte, man hörte den Kampflärm, wenn man sich mit dem Ohr auf die Erde legte, und nachts sah man zeitweise einen hellen Schein oder in weiter Ferne die Leuchtraketen.

Wir hatten Angst, nach Wien zu gehen, da wir fürchteten, zwischen die Fronten zu geraten, und so empfahl uns die Wirtin den Schöpfl, der abseits liegt und wo man sicherer den Zeitpunkt für die Rückkehr abwarten konnte. Wir gingen fast den ganzen Tag querfeldein vom Hocheck in Richtung Altenmarkt, wo wir bei einer Feldküche zwei Fleischlaberln erbettelt haben. Endlich erreichten wir Klein-Mariazell. Das Schloß, das vorher ein Kinderheim beherbergt hatte, war total leer und ausgeplündert. Wir legten uns in einem finsteren Raum auf den Fußboden und schliefen sofort ein. Bei Morgengrauen fanden wir in einer Kammer zirka 2 kg Kartoffel und etwas Mehl, und damit bepackt gingen wir weiter nach St. Corona am Schöpfl. Der Aufstieg auf den Schöpfl beginnt vis-à-vis vom Kaufmannsladen Huber, rechts stand damals noch ein uraltes Häuschen der Eltern der Frau Huber, etwas weiter links liegt die Pfarre. An das Häuschen grenzte eine lange Bank, wo ich mich sehr, sehr müde setzte und eine alte Frau um ein Glas Wasser bat. Sie brachte mir einen Becher Milch. Zum Schöpflschutzhaus war es noch so weit, aber endlich kamen wir dort an. Die Wirtin war eine jüngere Frau, hatte drei Kinder. Sie nahm uns freundlich auf. Ein paar Mark hatten wir noch, außerdem wollte mein Mann ihr in der Wirtschaft helfen. Es vergingen fast zwei Wochen, es kamen immer wieder deutsche Soldaten hinauf. Zuletzt waren außer uns noch zwei Ungarn, zwei Bauersfrauen mit Kleinstkindern und ein Wiener Zahnarzt mit seiner Frau da. Es wurde immer ungemütlicher, man hörte schon ganz nahe die russischen Stalinorgeln. Als mein Mann beim Wasserholen seine Dokumente verloren hatte, pfiffen beim Suchen Kugeln um die Ohren. Die Dokumente haben wir gefunden. Aber immer wieder hörten wir, daß im Wald die russischen Scharfschützen stünden und es schon mehrere Gefallene gäbe. Gegen Abend begruben wir einen Soldaten vor dem Schutzhaus, ich warf ihm noch ein paar Frühlingsblumen auf die Brust. Es war so schwer zu verstehen, um uns lebte und blühte die Natur, und wir Menschen brachten uns gegenseitig um. Die Sonne war schon untergegangen, als plötzlich jemand schrie: „Die Russen kommen!“

Das Schutzhaus hatte mehrere Kellerräume, davon einen mit dem Fenster ins Freie. Ein kleiner Holzstoß verdeckte das Fenster von außen. Wir liefen alle hinunter – bis auf den Zahnarzt, der sich mit seiner Frau nach Wien wagte und, wie wir viel später erfahren haben, auch glücklich durchgekommen ist. Wir hörten bald das Getrampel der schweren Stiefel und russische Schreie. Da sagte mein Mann, daß wir herausgehen müßten, weil die Russen vielleicht eine Handgranate in den finsteren Raum werfen könnten. Er ging auch voraus, ein Russe sprang auf ihn zu, riß ihm den Mantel auseinander, wahrscheinlich eine Uniform vermutend, und deutete ihm, nach vorne zu gehen. Und dann geschah alles sehr schnell. Der Russe zog den Revolver und schoß auf meinen Mann. Der stürzte mit einem Halsdurchschuß und blutete fürchterlich. Ich warf mich auf ihn, um ihn vor weiteren Schüssen zu schützen, da schoß der Russe noch einmal. Ich hatte Angst, daß mein Mann gestorben ist, und flehte die Russen an, mich auch zu erschießen, aber sie liefen alle weiter.

Die Hausbewohner versteckten sich inzwischen im Schutzhaus. Es war schon fast finster, mein Mann lag unbeweglich am Boden, die Blutlache wurde immer größer. Plötzlich erhob er sich, taumelte zur Kellertür und brach zwischen einer Unmenge leerer Flaschen zusammen. Ich war wie gelähmt. Auf dem Bauch kriechend fand ich meinen Mann. Ich konnte nicht aufstehen. Es muß eine lange Zeit vergangen sein, bis uns deutsche Soldaten ohnmächtig gefunden haben. Bei mir fand man in der linken Hüfte einen Einschuß, die Kugel steckte im Körper.

Zusammen mit noch drei verwundeten Soldaten wurden wir auf Militärdecken in den Wald getragen, zur sogenannten „Bildertanne“. Wir sollten uns ganz ruhig verhalten, ein Sanitätswagen würde uns mitnehmen. Neben mir lag ein junger Mann, der Bajonettstiche in die Stirn abbekommen hatte. Besinnungslos röchelte er furchtbar, manchmal versuchte ich ihm den Mund mit meiner Hand zu bedecken, damit die Russen nichts hören. Beim Morgengrauen kam wirklich ein Wagen und nahm alle Verletzten mit. Unterwegs wurden wir dann noch auf der Landstraße von den Tieffliegern beschossen. Irgendwo in Richtung Donau, in den aufgelassenen Stallungen eines Gutshofes, war ein Frontlazarett errichtet worden, dort war die erste ärztliche Untersuchung. Dort habe ich erfahren, daß ich schwanger bin. Wir haben uns immer so sehr ein Kind gewünscht. Als man mich mit der Tragbahre zu meinem Mann trug, rief ich schon von weitem: „Wir bekommen ein Kind.“ Mein Mann drehte sich weg und fing an zu weinen.

Wir wurden dann zu einem Güterzug geführt und mit vielen verwundeten Soldaten in die mit etwas Heu gefüllten Waggons verladen. Draußen standen sehr viele Leute, die uns Unmengen von gekochten Ostereiern zuwarfen. Das war die erste Mahlzeit nach zwei Tagen.

Wir fuhren mit dem Zug bis Ybbs a. D., wo wir in einem als Lazarett umgestalteten Haus übernachtet haben. In der Nacht war Fliegeralarm. In dem Chaos hat man mir meine Schuhe gestohlen. Aber ich konnte sowieso nicht gehen. In der Früh wurden wir bis zur Donau geführt und in ein sehr komfortables Lazarettschiff verladen. Ab Linz fuhren wir mit dem Zug bis Attnang-Puchheim, wo wir bei den ersten Sonnenstrahlen anlangten. Der Sanitäter, der uns betreute, war ein wahrhaftiger Engel, die ganze Nacht streckte er mein linkes Bein aus oder zog es hoch, ich konnte nur leise heulen vor Schmerzen. Dieser Mann hat nie die Geduld verloren, obwohl der Zug überfüllt war mit Schwerverwundeten. In Attnang-Puchheim standen zu dieser Zeit mehrere Lazarettzüge, wir warteten stundenlang auf die Weiterfahrt. Erst gegen

11 Uhr mittags fuhren wir los. Das dürfte der letzte Zug gewesen sein, der von Attnang heil weggekommen ist. Kaum waren wir in Ebensee in einem Tunnel, kam ein fürchterlicher Luftangriff der Amerikaner, die Erschütterungen der Bombenexplosionen spürten wir deutlich. Wie man uns später erzählt hat, wurde Attnang zerstört. So reiste uns der Tod immer nach.

In Bad Ischl kamen wir gegen Abend an. Ich konnte nicht genug staunen: Bad Ischl war zur Lazarettstadt erklärt worden, es gab hier keine Luftangriffe, die Leute gingen gemächlich spazieren, an vielen Stellen hingen Fotografien Adolf Hitlers, umrahmt mit einem Trauerflor. Wir kamen in das Hotel Post (Luftwaffenlazarett) vis-à-vis der Pfarrkirche. In der Empfangshalle brannten alle Kristall-Luster, Krankenschwestern, wie in einem Film, gingen mit belegten Brötchen auf den glänzenden Tabletts umher. Es war alles wie ein Hohn bei so viel Leid und Unglück, das die Leute woanders damals ertragen mußten. Ich glaube, so dachten auch die vielen Verletzten, die am Boden in der Halle des Hotel Post lagen.

Wir blieben in dem Lazarett bis Mai 1945. Ein sehr lieber Arzt aus Innsbruck kümmerte sich sehr um uns. Mit der Zeit wurde das Hotel geräumt, und man verlegte uns in das Bad Ischler Krankenhaus. Hier endlich konnte man feststellen, daß mir die Revolverkugel oberhalb des linken Beckens eingedrungen war, sich den Weg zwischen der Wirbelsäule und dem Kind gebahnt hatte und stecken blieb, zu tief zum Operieren. Irgendwann einmal hat man mich aus dem Spital entlassen und bei den Kreuzschwestern aufgenommen. Langsam lernte ich mit zwei Krücken gehen, ein Herr, der Patient im Krankenhaus gewesen ist, schenkte mir ein Paar alte Herrenschuhe. Eine Köchin der Familie Habsburg brachte mir einen Rock und eine Bluse, weil mein Gewand durch die Entlausung, die dringend notwendig war, sehr gelitten hat. Schließlich sammelten die Patienten Geld für uns, an die Summe kann ich mich nicht mehr erinnern. Es war aber eine große Überraschung, als mein Mann ein anonymes Kuvert vom Krankenhaus-Portier erhalten hat. Bei den Kreuzschwestern arbeitete mein Mann im Garten. Er war schon ziemlich gesund, nur die Sprache war bei ihm verändert. Ich wohnte im Haus, wo meistens die Geistlichen gewohnt haben. Die Schwestern waren sehr besorgt um mich. Mit der fortschreitenden Schwangerschaft wuchs auch mein Appetit. Das Mittagessen, die einzige Mahlzeit am Tag, bestand aus zwei Knödeln. Mein Mann brachte gelegentlich Obst mit, das er im Garten fand. Das bißchen Geld, das wir jetzt hatten, wollten wir für das Kind aufheben. Ich kam auf die Idee, nach Ebensee zu fahren, wo es ein Krankenhaus gab, das von den Amerikanern mit Lebensmitteln beliefert wurde. Irgend jemand borgte mir auch einen Rucksack. Mit meinen zwei Krücken stand ich dann auf der Straße und winkte den amerikanischen Autos, die vorbeifuhren. Und immer fand sich jemand, der bis Ebensee fuhr und mich mitnahm. In Ebensee war dieses Krankenhaus für an Tuberkulose erkrankte, ehemalige polnische KZ-Häftlinge errichtet worden. Ich sammelte in dem Spital auf den Tellern übriggebliebene Nockerln, nahm in Gurkengläsern Reste von Gulasch oder sonstige Speisereste, auch angebissene Brotstücke, und schwer beladen fuhr ich wieder mit den Amerikanern zurück. Als mich einmal ein deutschsprechender amerikanischer Offizier zusammenschimpfte, wie ich in meinem Zustand solche Reisen unternehmen könne und was das für Folgen fürs Kind haben könnte, fuhr ich nicht mehr hin.

Anfang September verlegten die Klosterschwestern uns ins Glashaus, wo es manchmal recht kalt war, weil sie Platz im Haus brauchten.

Am 30. September brachte ich unsere Tochter zur Welt. Es war ein Prachtkind mit 4 kg Gewicht. Ich wog 48 kg bei 170 cm Größe.

Inzwischen kamen Nachrichten aus Wien. Unsere Wohnung war durch Fremde besetzt worden. Unser Eigentum hatten sich verschiedene Leute genommen. Die Tante meines Mannes hatte sich bereit erklärt, uns in ihrem Häuschen in Inzersdorf aufzunehmen. So entschloß ich mich, nach Wien zu fahren, um noch etwas von unserem Hab und Gut zu retten. Ausgestattet mit einem Schreiben vom KOV, daß ich als Schwerstkriegsversehrte einen Sitzplatz in der Bahn benötige, fuhr ich nach Wien. Unsere alte Hausmeisterin wußte genau, wer sich was angeeignet hat, und so ging ich gleich zur Polizei und kam mit einem Beamten in die Wohnung. Vieles habe ich gefunden, für manches habe ich Geld erhalten. Nur das alte Ehepaar, das in unserer Wohnung gelebt hat, hatte selbst alles verloren und hätte nicht gewußt, wohin sie ziehen sollten. Sie haben uns später unverhofft eine kleine Ablöse gezahlt.

Statt mit Krücken kann ich mit Hilfe eines Stockes gehen. Heute, mit 73 Jahren, kann ich sagen, das Leben war doch schön, ich habe den besten Mann, die besten Kinder, ein Sohn kam 1955 auf die Welt, zwei sehr liebe Enkel. Es geht uns materiell nicht schlecht, und wir sind einigermaßen gesund. WAS WILL MAN NOCH MEHR?

Eva-Maria Böck

Es war ein steiniger Weg

Mein Mann zog Anfang 1943 in den Krieg. Im September 1945 erkrankte mein Sohn Anton an Wundstarrkrampf. Er fuhr oft mit den Russen in den Wald. Die Russen waren bei meinen Eltern einquartiert. Bei so einer Fahrt zog sich der Junge einen Schiefer ein, der war sein Tod. Ich schrie: „Herrgott, was hab ich getan, vom Mann weiß ich nichts, und den Buben nimmst mir." Am 1. Dezember 1947 kam mein Mann mit dem 26. Transport aus Rußland krank zurück. Er weinte oft. Als er heim kam, mußte er arbeiten gehen, wir brauchten ja etwas zum Leben. In Wiener Neustadt bekam jeder 50 Schilling für Kleider. Am 6. Dezember 1949 bekamen wir Zuwachs, einen Sohn. Am 23. Jänner 1952 starb mein Mann. Ich war schwanger. Als mein Mann starb, hatte ich keine Rente und auch keine Krankenkasse. Das dritte Kind kam am 1. Mai 1952 zur Welt. Wir konnten nur überleben, weil ich meine Eltern und Schwiegermutter pflegte, bei den Bauern arbeitete und in der Nacht Kleider nähte.

Es war ein steiniger Weg mit drei Kindern.

Maria Trimmel

Und trotzdem bin ich Bauer geblieben

Im Mai 1942 wurde ich zur Deutschen Wehrmacht eingezogen. Nach drei Monaten Ausbildung in Kremsier (Mähren) bin ich nach Frankreich an die Atlantikküste (La Rochelle) zur 327. Infanterie-Division abkommandiert worden. Der Dienst war nicht sehr anstrengend: Küstenwache und Ausbildung an der 5-cm-Pak. Wir lebten dort tatsächlich wie „Gott in Frankreich". Ende Oktober 1942 verlegten wir in das damalige unbesetzte Südfrankreich nach Sète an der Mittelmeerküste, weil dort ein Landeversuch der Engländer erwartet wurde. Weihnachten feierten wir unter Palmen.

Ende Jänner 1943 war der schöne Aufenthalt jäh zu Ende. Wir wurden nach Rußland verladen, damals waren wir noch motorisiert, ich hatte als Melder ein 350er-DKW-Motorrad. Nach ca. 14tägiger Bahnfahrt mit vielen Unterbrechungen wegen gesprengter Geleise sowie etlichen Partisanenjagden erreichten wir Mitte Feber unseren Einsatzort zwischen den Städten Rylsk und Kursk. Schon beim Ausladen erhielten wir von herannahenden russischen Panzern Feuer.

Neben den Bahngeleisen gingen wir in Stellung und hatten auch schon die ersten Ausfälle. Schließlich bereinigten wir die Lage zu unseren Gunsten, die Panzer drehten ab. Ende März, Anfang April begann es zu tauen, wir versanken im Morast, dabei fielen nach und nach, der ständigen sogenannten Frontbegradigungen wegen, unsere Mot-Fahrzeuge aus, alles machte der Schlamm kaputt. Pferde kamen als Ersatz, so wurde ich Meldereiter. Das machte mir nichts aus, als Bauernsohn konnte ich bestens mit Pferden umgehen.

Der Sommer verging mit ständigen Rückzügen. Vor Weihnachten standen wir, in schwere Abwehrkämpfe verwickelt, vor Shitomir in der Ukraine. Da ich noch nie Urlaub bekommen hatte, kam ich an die Reihe und durfte Weihnachten und Neujahr 1944 in der Heimat verbringen. Das war vermutlich meine Lebensrettung. Als ich mich nämlich Ende Jänner – so lange dauerte die Irrfahrt an die Front – bei der Frontleitstelle meldete, erfuhr ich, es gäbe keine 327. Division mehr, der Rest käme zur 340. Division, einer preußischen aus Friedberg. Als ich mich dort meldete, hieß es, Melder hätten sie selbst genug, ich käme zur Alarmkompanie. Alles fremde Gesichter, ein zusammengewürfelter Haufen, kein einziger von den alten Kameraden. Es geht ständig wo anders hin zum Einsatz, zum Aushelfen bei den Kompanien. Selten ein warmes Essen, tagelang nicht aus den Klamotten. Tote und Verwundete noch und noch. Lange konnte das nicht mehr gut gehen, und man war selbst an der Reihe.

Im April 1944 waren wir schon bis Tarnopol zurückgewichen und zu guter Letzt von Russen eingeschlossen. Am 13. April wurden wir, vier Mann, auf Spähtrupp losgeschickt. Unsere Aufgabe war, Schwachstellen bei den Russen ausfindig zu machen, wo eventuell ein Ausbruch ohne größere Ausfälle möglich wäre. Bei einbrechender Dunkelheit gingen wir los – geradewegs in unser Verderben. Bis heute bin ich mir noch immer nicht im klaren: Waren wir zu laut, oder hatte gar einer geraucht? Plötzlich ein lautes „Stoj!", ein Feuerblitz, Detonation hörte ich keine mehr. Als ich zu Bewußtsein kam, war lautes Wehklagen um mich, ein fürchterlicher Schmerz an meinem rechten Unterschenkel – aber der war gar nicht mehr vorhanden. Einem Kameraden war die Bauchdecke aufgerissen worden, einem zweiten beide Oberschenkel abgerissen. Der dritte hatte Splitter am ganzen Körper. Sich mühsam emporraffend, half er mir noch, mit dem Gurt meiner Tarnjacke mein Bein anzubinden. Er wollte zurück, um Hilfe zu holen. Selbst schwer verwundet, konnte er keinen nach hinten schleppen. Es war schon stockdunkel, die beiden Kameraden neben mir starben. Einmal war ich bewußtlos, dann wieder hellwach. Plötzlich verspüre ich einen Fußtritt in meinem Rücken. Geistesgegenwärtig stelle ich mich tot. Mein Brotbeutel wird ausgeräumt, die 08-Pistole abgenommen, schlürfende Schritte entfernen sich. Gott sei Dank! Jetzt wußte ich aus meiner Fronterfahrung, wir waren auf einen vorgeschobenen Horchposten der Russen gestoßen, dieser hatte eiserne Nerven bewahrt und uns eine Handgranate entgegengeschleudert. Erst als er alle für tot hielt, getraute er sich, uns auszuplündern. Die Nacht wollte für mich kein Ende nehmen, Bewußtsein und Ohnmacht wechselten, aber Russe tauchte keiner mehr auf. Jetzt verreckst du, dachte ich mir. Da, im Morgengrauen eine Stimme: „Kamerad, Kamerad!“ Erst getraute ich mich nicht zu rühren, es hätte auch ein Russe sein können. Auf einmal stand vor mir ein junger deutscher Soldat. Auf dem Rücken trug er mich zum Verbandsplatz.

Als ich wieder bei Bewußtsein war, erzählte mir ein Sanitäter, man habe mir den Fuß ohne Narkose abgesägt. Da ich schon vom Blutverlust so schwach war, sei ich sofort ohnmächtig geworden. Und eine Narkose hätte mich sowieso umgebracht. Laufend bekam ich Blut, von Arm zu Arm übertragen, mein Zustand besserte sich zusehends. Mein Retter besuchte mich einmal und erzählte mir, er sei Reserveoffiziersbewerber, er sei, als er hörte, einer könne noch von unserem Spähtrupp am Leben sein, freiwillig auf Suche gegangen. In meiner Aufregung habe ich mir nicht einmal seinen Namen aufschreiben lassen. Keiner kannte den anderen. Sollte er noch am Leben sein, ich würde vieles geben, um mich bedanken zu können.

Als die Gewißheit bestand, daß ich trotz eines inzwischen eingetretenen Gasbrandes überleben würde, wurde auch ich wie andere schwere Fälle mit einer Fieseler Storch aus dem Kessel ausgeflogen, ins Feldlazarett Lemberg. Dort war die Behandlung gut. Und auch gegen starke Schmerzen gab es Spritzen.

Erst jetzt, wo es mir besser ging, kam mir zum Bewußtsein: Mit einem Bein kannst du wohl den elterlichen Bauernhof nicht mehr bewirtschaften. Schon war ich beim Fenster und wollte mich hinunterstürzen. Da bekam ich eine kräftige Ohrfeige und wurde brutal zurückgerissen mit den Worten: „Du Rotzbub, jetzt, wo du über dem Berg bist, willst du dich umbringen? Da hätten wir dich gleich verrecken lassen können.“ Es war der Stabsarzt, ein uriger Bayer. Ihm verdanke ich meine positive Einstellung zum Leben trotz einem Beinverlust.

Als ich transportfähig war, ging’s mit dem Lazarettzug nach Böhmisch-Leipa, erst von dort schrieb ich meinen Eltern von der Verwundung. Schon am Wochenende besuchte mich meine Mutter trotz schwerer Fliegerangriffe und versuchte, mich zu trösten, es hätte noch ärger sein können.

Sie konnte ja nicht ahnen, wie es in mir aussah. Auf Antrag wurde ich ins Heimatlazarett nach Pottendorf bei Wien verlegt.

Nun besuchten mich viele Bekannte und natürlich zu allererst mein Mädl. Es war schlimm für mich. Da wir so gerne tanzten, was ja nun vorbei war, sagte ich ihr ins Gesicht, es würde nichts werden mit uns beiden. Als Krüppel wollte ich sie nicht belasten, und Mitleid wollte ich schon gar nicht. Ihre Antwort, die Liebe wäre größer, hörte ich schon nicht mehr und blieb stur, brach die Beziehung ab. Sie hat später, um mir zu beweisen, daß es ihr nichts ausgemacht hätte, einen Zivilinvaliden geheiratet, der auch nur ein Bein hatte. Wir blieben Freunde. Heute weiß ich, es war nicht richtig von mir, so zu handeln.

Knapp vor Weihnachten 1944 wurde ich nach Wien zur Nachamputation gebracht. Zwei Tage nach der Operation verlegte man uns der Fliegerangriffe wegen nach Oderberg in Oberschlesien. Schon beim Aufladen hörte man entferntes Geschützfeuer. Wir waren vom Regen in die Traufe gekommen. Neujahr 1945 ging's wegen Frontnähe mit dem Lazarettzug gegen den Westen. Bei Würzburg griffen amerikanische Jäger den mit roten Kreuzen gekennzeichneten Lazarettzug an. Es gab Tote, viele Verwundete wurden nochmals verwundet. Ich suchte um Verlegung nach Preßbaum und später nach Wien an, es wurde gestattet.

Der erste Traktor 1948

Von Wien aus konnte ich mit der Straßenbahn nach Schwechat fahren, wenn nicht gerade die Geleise durch Bomben zerstört waren, von dort ging's nach Mannswörth, wo ich zu Hause bin. Bei einem der letzten amerikanischen Fliegerangriffe auf die NOVA (heute ÖMV) wurde auch unser Bauernhof von einer Bombe getroffen, die Scheune wurde total zerstört, alle Dächer durchlöchert.

Als sich Ende März 1945 die russische Front dem Großraum Wien näherte, wurde uns Schwerkriegsbeschädigten freigestellt, sich entweder nach Oberösterreich verlegen zu lassen oder nach Hause zu gehen. Ich entschied mich für nach Hause. Mit dem Brotbeutel umgehängt und zwei Krücken stand ich auf der Wiener Landstraße. Die Straßenbahn fuhr damals zum Glück noch bis zum Zentralfriedhof, von dort marschierte ich die sieben Kilometer bis nach Mannswörth. Gegen Mittag war ich vor unserem Haus – mit nur einem Bein –, vor einer Bombenruine.

So hatte ich mir einst meine Heimkehr nicht vorgestellt. Es war mir zum Heulen. Meine Eltern sorgten sich rührend um mich, gearbeitet wurde wegen der Frontnähe nichts mehr.

An einem frühen Morgen waren die Russen im Ort, und die Jagd auf alles Weibliche begann. Mir wurden etliche Male die Krücken weggenommen, und damit wurde auf mich eingeschlagen. Da ich etwas Russisch an der Front gelernt hatte, konnte ich mich mit den Sowjets verständigen und manches Unheil verhindern.

Nach der Kapitulation normalisierte sich die Lage etwas, und wir dachten wieder an die Bestellung der Felder und an die Reparatur der Gebäude. Einen Ochsen hatten wir retten können, er mußte allein den Pflug ziehen. Da er recht langsam ging, konnte ich trotz nur einem Bein etwas mithelfen. Mein Lebensmut stieg wieder. Ende 1945 pilgerten wir mit etwas Mehl, Kartoffeln und einem Kilo Schmalz nach Wien zu einem Bandagisten wegen einer Prothese. Es klappte. Der Vorfuß war aus Holz, zwei Flacheisen mit Scharnieren das Kniegelenk, der Schaft wurde aus Gipsbinden gewickelt. Beide waren wir zufrieden, der Bandagist und ich. Das Gehen war mühselig, mußte erst erlernt werden, jedoch es war ein Anfang. Nun kam ich mir nicht mehr so krüppelhaft vor.

1946 trat ich dem Kriegsopferverband bei, als erstes wurde eine Prothese beim Landesinvalidenamt beantragt und angefertigt. Eine Kriegsopferrente wurde auch gewährt. Soweit ich mich erinnern kann, waren es um die 146 Schilling im Monat.

Mit der neuen Prothese ging alles schon viel leichter, auch hatten wir schon ein Pferd. Bald war ich in der Lage, für einige Stunden zu pflügen oder zu eggen. Oft hingen mir die Hautfetzen vom Stumpf, und es schmerzte höllisch, aber aufgeben wollte ich nicht. Trotzdem mußte ich erkennen, daß es so auf Dauer nicht gehen würde. So entschloß ich mich, obwohl mit Leib und Seele Bauer, einen leichteren Beruf zu ergreifen. 1947 besuchte ich die Handelsschule und hatte so guten Erfolg, daß ich sofort eine Anstellung bei der Gemüsegenossenschaft Wien bekam. Übrigens, das Schulgeld konnte ich von der Versehrtenrente bezahlen. Der Beruf eines Beamten ist mir schließlich doch nicht gelegen, ich wollte in der freien Natur sein. Mein Vater hatte das bemerkt, so sagte er eines Tages zu mir: „Wenn wir einen Traktor hätten, würdest du die Landwirtschaft führen können." 1948 kamen die ersten Steyr Traktoren Typ 180 mit 26 PS auf den Markt, leider nur in begrenzter Stückzahl. Wir überlegten: Wenn wir alles Bargeld zusammenlegen würden, auch an die Verwandten dachten wir dabei, den Rest bei der Raiffeisenkasse aufnehmen würden, ließe es sich machen. So fuhr ich zur Traktorbestellung in die Canovagasse im 1. Bezirk, dort war damals das Verkaufsbüro der Steyr-Daimler-Puch AG. Bestellen konnte ich, aber die Lieferung war erst in einem Jahr möglich, weil man schon so viele vorgemerkt hatte. Auf meine Bemerkung hin, Kriegsinvalide zu sein, stand ein Herr vom Schreibtisch auf, selbst ein Kriegsversehrter, führte mich in das Büro des Verkaufsleiters, wo die beiden ein leises Gespräch führten. In 14 Tagen wäre die nächste Lieferung nach Wien zu erwarten. „Haben Sie bis dahin das Geld?" Meine Antwort: „Wir steuern alle zusammen, es müßte sich ausgehen." Und ich bekam einen Traktor aus dieser Lieferung. Ich war selig. So hat ein Kriegsversehrter dem anderen geholfen.

Der neue Traktor wurde pünktlich geliefert, aber wie rechts Bremse und Gaspedal bedienen? Mit einer Prothese geht das nicht sicher genug. Also Anfrage in der Siebenbrunnenfeldgasse in der Technischen Abteilung für Kfz (wir gehörten damals noch zu Wien). „Langen Handbremshebel, wirkend auf Fußbremse, Gaspedal nach links versetzen“, war die Antwort. So unkompliziert ging das damals noch. „Anschließend mit gültigem Führerschein hier vorführen.“ Einen Wehrmachtsführerschein hatte ich, aber gültig? Den Umbau haben wir beim Dorfschmied durchgeführt. Vorführung in Wien: Ein Herr Senatsrat sah sich alles an, setzte sich trotz seines Alters zu mir auf den Kotschützer des Traktors und ließ mich um den Häuserblock fahren mit Bremsen, Beschleunigen und Schalten. In Ordnung, es geht. Mir fällt ein Stein vom Herzen. „So, jetzt dürfen Sie fahren, denn bis heute war es Schwarzfahrt, allerdings kann ich das nur für Wien verantworten. Bei Euch Invaliden drücken wir in so einem Fall gerne ein Auge zu. Der Wehrmachtsführerschein muß aber umgeschrieben werden.“ Das ging problemlos.

Das Lagerhaus Schwadorf liegt schon in Niederösterreich, dort habe ich oft zu tun, um Saatgut, Kunstdünger und andere Betriebsmittel einzukaufen. Dort wird die Erweiterung meines Führerscheines erledigt.

Von dieser Zeit an ging es wirklich aufwärts, nach und nach konnten die nötigsten Maschinen gekauft werden. Die nachfolgenden Traktoren – der Marke Steyr bin ich bis heute treu geblieben – wurden durch jeweils neue Typen ausgetauscht, wobei mir den jeweiligen Umbau auf Antrag des Kriegsopferverbandes das Landesinvalidenamt bezahlt hat. Nun wurde es langsam Zeit, die Frau, die auch zur Landwirtschaft passen würde, zu suchen.

Da kam mir ein gütiger Zufall zur Hilfe. Da nur drei Traktoren im Ort waren, führte ich auch für Gärtner, die einige Joch Grund hatten, Pflug- und Drescharbeiten durch. Dabei lernte ich meine Frau, die ich schon als Mädchen flüchtig gekannt habe, näher kennen. Bis ich den Mut aufgebracht habe, um rundheraus zu fragen, ob sie sich ein Leben mit mir trotz meiner Kriegsverletzung vorstellen könnte, vergingen noch zwei Jahre. Die Antwort fiel für mich positiv aus, und 1954 wurde geheiratet. 1956 bekamen wir ein Mäderl und 1962 einen Buben.

Da ich nun die Landwirtschaft selbst führte, wurde mir die Zusatzrente gestrichen, das Ausgedinge, welches wir an die Eltern zu zahlen hatten, vom LIA nicht anerkannt. Nun lernte ich erst die Unterstützung, die ich bei den vielen Berufungen vom Kriegsopferverband bekam, so richtig zu schätzen. Der zuständige Verbandssekretär ging mit mir durch alle Berufungen bis zum Verwaltungsgerichtshof, wo wir schließlich recht bekamen. Die Zusatzrente mußte nachbezahlt werden. Das war eine große finanzielle Hilfe bei so einem kleinen Betrieb. Bis zum 59. Lebensjahr habe ich meinen Betrieb aktiv selbst geführt und dann meinem Sohn übergeben. Er führt nun diese Landwirtschaft, die im Hauptberuf heutzutage zu klein wäre (9 ha), im Nebenerwerb weiter. So gut wie wir halt eben noch können, helfen wir weiterhin alle zusammen.

Franz Bauer

Landarbeiterschicksal

Bei einem Angriff in Rußland wurde ich 19jährig schwer verwundet. Nach drei Wochen wurde mir im Lazarett Remberg der linke Unterschenkel amputiert. Nach dem Aufwachen nach der Operation glaubte, ich für immer im Bett liegen zu müssen. Es war aber eine große Freude, als ich das erstemal mit Krücken und im November 1944 mit einer Hilfsprothese gehen konnte.

Das Kriegsende erlebte ich im Urlaub zu Hause, was mir in ewiger Erinnerung bleiben wird.

Russische Soldaten überfielen in einer Nacht unsere Wohnung, wo viele Frauen Hilfe gesucht haben. Als ich angeschrieen wurde, sprang ich aus dem Bett und hielt ihnen meinen Beinstumpf vor die Nase, als wäre es ein Maschinengewehr. Da ließen sie mich in Ruhe. Da ich als Landarbeiter eines Gutshofes keine besondere Schulausbildung hatte, war ich froh, dort wieder bei Maschinen im Getreidelager arbeiten zu dürfen. Es wurde mir bei dieser Arbeit öfters die Prothese gebrochen, sodaß ich häufig mit einem Fahrzeug nach Hause gebracht werden mußte. Es waren schwere Zeiten in meinem Berufsleben. Mit 57 Jahren mußte ich mit einem schwerem Hüftleiden in Frühpension gehen.

Josef Schmidt

Schwerst verwundet und nochmals geschädigt

Bei der Panzerschlacht am 7. Februar 1943 bei Woronesch erhielt mein Panzer einen Volltreffer, wobei ich schwer verwundet und dann in der Universitätsklinik in Lemberg operiert wurde. Ich bin 100% schwerkriegsversehrt: Amputation der Zehen und Fersen beidseitig, Kniegelenksdurchschuß rechts, dadurch Versteifung des rechten Beines, Pareselähmung beiderseits, Herzsteckschuß, rechter Arm schwer beschädigt, rechtes Auge blind etc.

Nach der Lazarettentlassung kam ich zum OKH (Oberkommando des Heeres) Berlin als Lehrer an der Kriegsakademie bis Kriegsende. Es folgte anschließend eine sechsmonatige amerikanische Kriegsgefangenschaft.

Nach Rückkehr aus dem Krieg war ich Lehrer an der Hauptschule Hohenems, bis die Behörde feststellte, daß ich Führungsoffizier im OKH war. Ich wurde aus dem Schuldienst entlassen. Daraufhin studierte ich Betriebswissenschaft in Innsbruck und war dann als Betriebswirt in diversen Firmen bis zu meiner Pensionierung 1984 tätig. Ich fand stets Unterstützung auch (finanzielle) vom Vorarlberger Kriegsopferverband. Die medizinische Versorgung nach dem Krieg war vorbildlich und sehr entgegenkommend.

Dir. Josef Witzemann

1945 und danach – für unsere Enkel aufgeschrieben

Nun will ich versuchen, endlich Euren Bitten und Fragen nachzukommen und Euch zu erzählen, wie alles war, alles kam. Ihr wollt viel, „sehr viel von damals“ wissen, aus jener Zeit, als wir uns fanden, die schreckliche Verletzung Eures Großvaters allmählich abheilte und wir im Jahre Null – sprich 1945 – begannen, unser gemeinsames Leben aufzubauen.

Wenngleich alles ganz anders war als heute – Ihr könnt es Euch nicht vorstellen, daß wir, wie fast alle in unserer Generation, in einem Zimmer bei den Eltern begannen, da eine eigene Wohnung ein fernes Traumziel war –, so sind doch die wesentlichen Voraussetzungen die gleichen geblieben: das Zueinanderpassen, der Gleichklang.

Ich war schon Mitte Zwanzig, als ich Euren Großvater kennen lernte, denn der Krieg hat mir schon in den ersten Wochen meine Jugendliebe genommen. Ich kam über diesen Verlust lange nicht hinweg. An dieser Stelle muß ich übrigens mit einer weit verbreiteten Falschmeldung aufräumen: Man tut heutzutage gerne so, als wäre die geachtete berufstätige Frau erst in den letzten Jahren in Erscheinung getreten. Das ist ein kompletter Unsinn. Auch in meiner Generation erlernten die meisten Mädchen einen Beruf – und wir hatten ihn dann auch bitter nötig. Allerdings gab er uns, so wie Euch, die Freiheit zu warten und zu wählen. Das Leid einer „Versorgungsehe“ früherer Generationen hat er uns erspart.

Als ich Eurem Großvater begegnete, sprachen alle äußeren Umstände gegen unsere Verbindung: Er hatte schwerste innere Verletzungen, war deshalb vor Kriegsende versehrt entlassen worden. Seine Habe und seine Wohnung waren in Hamburg völlig ausgebrannt. Er ließ sich nach Wien entlassen, weil er daheim alles verloren hatte und Schubert so verehrte. Was es dann im russisch besetzten Wien von 1945 bedeutete, einen Hamburger zu lieben, kann sich heute niemand mehr vorstellen. Meine Familie und meine Freunde mochten Euren Großvater sofort gerne – Ihr kennt ja seine liebenswerte Art –, hielten mich aber trotzdem für leicht irr. Und er hatte meinetwegen den letzten Transport nach Deutschland abfahren lassen, weil er eher die Russen als eine Trennung von mir in Kauf nehmen wollte.

Was dann kam, war grauenhaft. Das Kriegsende in einer zuletzt noch umkämpften Stadt kann nur schrecklich sein. Trotzdem hatten wir persönlich einen gnädigen Schutzengel. Wir steckten Euren Großvater ins Bett, blaß und mager war er ja, also ein sehr glaubhafter Platz für ihn. Eine befreundete, in Wien verheiratete russische Dame hatte mir ein paar Brocken in ihrer Sprache beigebracht, das war wahrscheinlich die Rettung. Als drei junge russische Soldaten bei uns klingelten, mich kurz ins Auge faßten und die Wohnung betraten, sahen sie den „kranken Mann“ im Bett. Ich trat auf sie zu und sagte: „Moi musch“ – mein Gatte. Überrascht, erstaunt und irgendwie erfreut über diese beiden Worte, nickten sie kurz und verließen uns wortlos.

Viel später, anläßlich einer Führung im Stift Lilienfeld in Niederösterreich, wurde uns erzählt, daß der damalige Abt eine russische Bibel in zyrillischer Schrift, ein altes Stück aus der Klosterbibliothek, aufgeschlagen auf den Tisch gelegt hatte, als das russische Militär ins Kloster eindrang. Der Kommandant nahm die Bibel zur Hand, blätterte darin und verließ mit seinen Leuten das Stift, ohne etwas anderes angerührt zu haben. Wer meine Sprache lernt, kann nicht grundsätzlich mein Feind sein, steht hinter diesen beiden Begebenheiten. Deshalb bin ich überzeugt, daß jeder, der sich um Sprachen bemüht, zum Weltfrieden beitragen kann.

Ja, wie es mit uns beiden weitergegangen ist? Nun, die Frage: „Gde Germanski?" – Wo sind Deutsche? hörten wir noch oft, doch wurde Eurem Großvater immer geholfen. Da war unsere böhmische Hausmeisterin, die sich tschechisch den Soldaten verständlich machte und alle Fragenden dahingehend beschwichtigte, daß hier nur Wiener und lauter Antifaschisten wohnten.

Ja, das ist alles schon so lange her, daß Ihr genau so wenig davon wissen könnt wie die jungen Russen, an denen ich vor einigen Jahren während eines kurzen Aufenthaltes im damaligen Leningrad, jetzt wieder St. Petersburg, meine schwachen Kenntnisse in ihrer Sprache ausprobierte. Sie lächelten mich an und fragten: „Do you speak English?" Und dann erhielten wir genau die Auskunft, die wir brauchten. Da war auch der Veteran, der in der Oper „Ein Leben für den Zaren" von Glinka neben uns saß und uns dann, freundlich lächelnd, ein paar Brocken Deutsch aus seiner Besatzungszeit hören ließ.

Im Jahre 45 war es aber noch lange nicht so weit. Ihr sagt, daß Euer Großvater und ich „so selbstverständlich glücklich" wären. Dahin war aber noch ein weiter Weg. Denn dazu kamen noch schreckliche Schwierigkeiten, die uns ganz besonders betrafen. Österreich war wieder ein selbständiger Staat geworden und Euer Großvater als Deutscher Ausländer. Die Einstellung den „Ausländern" gegenüber war in jener Zeit nicht gerade freundlich. Als er nach dem Einmarsch der Russen wieder in das Spital fuhr, in dem er als schwer Kriegsversehrter immer behandelt worden war, erklärte ihm ein neueingestellter Arzt, daß Ausländer nicht mehr behandelt würden. Doch wir fanden privat einen Arzt, der ihn nunmehr betreute. Heute, nach nahezu fünfzig Jahren, darf ich es sagen: Das Schicksal hat es trotz allem Schweren, das ich erleben mußte, doch gut mit mir gemeint. Wenn das Paradies Harmonie bedeutet und die tiefe Geborgenheit in dem geliebten DU, dann durften wir schon auf dieser Welt einen Vorgeschmack davon erfahren.

Vielleicht haben uns die gemeinsamen Sorgen und Ängste noch enger zusammengeschweißt. So widrig auch alle äußeren Umstände waren, viele gute Menschen halfen uns. Zum Glück hatte ich meinen Beruf, der mich unabhängig machte. In den letzten Kriegsmonaten waren zwar die Schulen geschlossen, doch wir Lehrer verschiedenen Dienststellen zugeteilt worden. Ich arbeitete in meinem Bezirk in der Kartenstelle, wo die Lebensmittelkarten ausgegeben wurden. Als unser Bezirk nach den Russen von den Engländern übernommen wurde, holte mich der damalige Vorsteher sofort als Dolmetscherin in sein Amt. Dann übernahmen mich die Engländer, später arbeitete ich bei den Amerikanern – hauptsächlich des Mittagessens wegen, das die Mitarbeiter erhielten. Auf diese Weise konnte ich auf einen Teil meiner Essensration verzichten und die Karten Eurem Großvater zukommen lassen. Er selbst illustrierte für den „Wiener Verlag" und für „Frau und Mutter", wo auch meine ersten Bücher erschienen. In den ersten Jahren malte und zeichnete er sich das Grauen des Krieges von der Seele. Allmählich überwand aber nicht nur sein Körper die schwere Verletzung, sondern auch seine Seele.

Ein unentbehrlicher Segen waren damals in vielen Familien die Großmütter, die uns Mütter tatsächlich ersetzen mußten. Sie taten es auch auf liebevollste und selbstlose Weise und blieben in unseren Herzen und in denen der Enkel – Euren Eltern –

in zärtlicher Erinnerung. Diese Frauen und Mütter, die zwei Weltkriege erleben mußten, oft Männer und Söhne verloren hatten, gaben uns noch im Alter ihre Kraft und Hilfe.

Bald konnten wir eine eigene Wohnung beziehen, wofür wir einen nicht unbeträchtlichen Betrag hinlegen mußten. Euer Großvater war zwar, seiner schweren Verletzung wegen, 1944 vom Militär entlassen worden, wurde aber dann in Wien nur mit dreißig Prozent Versehrtheit eingestuft. Dank der Hilfe des Kriegsopferverbandes kam es zu einer zweiten Untersuchung, und man stellte mit Hilfe neuer Untersuchungsmethoden fünfzig Prozent fest. Daß Euer Großvater seine schwere Verletzung völlig überwand, daß sich seine Gesundheit und damit das Glück unserer Gemeinschaft immer mehr festigte, danken wir auch dem Kriegsopferverband. Durch dessen Hilfe und Betreuung hat es für ihn heilende Kuraufenthalte und gewissenhafte Behandlungen gegeben, die ihn immer wieder bis zum heutigen Tage erhalten und herstellen. Das solltet auch Ihr, unsere Enkel, wissen, denen diese Zeilen gewidmet sind, die aber zugleich einen aufrichtigen und tief empfundenen Dank an jene Vereinigung ausdrücken sollen, ohne die es uns wahrscheinlich gar nicht mehr gäbe.

Prof. Erna Behrens-Giegl

Enttäuschte Hoffnung

Am 15. April 1943 wurde mein Gatte zur damaligen Deutschen Wehrmacht eingezogen. Ich blieb mit drei Kleinkindern zurück. Am 1. August 1944 kam die Vermißtenanzeige. Es kann sich niemand vorstellen, was wir gelitten haben. Die Hoffnung, daß mein Mann doch eines Tages zurückkommt, hielt mich noch aufrecht, um durchzuhalten für meine Kinder. Leider meldete er sich nicht mehr. 1950 mußte ich bei Gericht eine Todeserklärung beantragen. Dann erst bekamen wir eine Rente. Vom Landesinvalidenamt erhielt ich als Mutter S 100,– im Monat, jedes vaterlose Kind S 65,–. Wir mußten sehr bescheiden leben. Das war ein hartes Los. Als wir 1945 vor den Russen geflüchtet sind, wurde unsere Wohnung ausgeplündert. Wie es damals bei uns war, sehe ich jetzt an den schrecklichen Fernsehbildern aus dem ehemaligen Jugoslawien. Ich bete jeden Tag um Frieden.

Margarete Rotschopf

Abschrift:

Landesinvalidenamt für Wien, Niederösterreich und Burgenland

G. A. VII Bem.-Zl. 313.966/7 /1950 Wien, am 4.4.1950 19

Kriegsteilnehmer: ROTSCHOPF Georg geb. 21.1.1910

Gegenstand: Witwen/Waisenrente nach dem KOVG.

Bescheid

An

~~Herrn~~ — Frau Margarete Rotschopf,
geb. 1.2.1921

in Ober Waltersdorf 39
N.Ö.

Mit Wirkung vom 1. Jänner 1950 ist das Bundesgesetz vom 14. Juli 1949, B. G. Bl. Nr. 197, über die Versorgung der Kriegsbeschädigten und Hinterbliebenen (Kriegsopferversorgungsgesetz — KOVG.), ab 16. Juli 1951 in der Fassung des Bundesgesetzes vom 25. Juli 1951, B. G. Bl. Nr. 159, in Kraft getreten. Gleichzeitig haben alle bisherigen Versorgungsvorschriften ihre Geltung verloren. Die bisher geleisteten Abschlagszahlungen wurden daher mit 31. Dezember 1949 eingestellt [§ 101, Abs. (2), KOVG.].

Gemäß §§ 34, 36, Abs. (1), des KOVG. wird Ihnen nach Ihrem ~~am~~ vermißten Ehemann Georg Rotschopf, geboren am 21.1.1910, vom 1. Jänner 1950 angefangen, eine Witwenrente (Grundrente) zuerkannt.

Die Grundrente beträgt für eine Witwe, die für wenigstens zwei waisenrentenberechtigte Kinder zu sorgen hat- gem. § 35, Abs. (2), lit.a des KOVG vom 1.1.1950 mtl. S 100.-.

~~Die auf Grund des Bundesgesetzes vom 15. Oktober 1948, B. G. Bl. Nr. 219, bewilligte Ernährungs~~zulage in Höhe von 17 Schilling bzw. ab 1. Oktober 1950 67 Schilling und ab 16. Juli 1951 147 Schilling wird für ~~die Dauer des Zutreffens ihrer Voraussetzungen weitergeleistet.~~

~~Den~~ Den Kindern Georg, Walter u. Helmut,
, geb. am 7.10.1940, 23.10.1941, 30.10.1942
, geb. am ,
, geb. am ,

wird gemäß § 39 KOVG. nach ihrem am vermißten Vater Georg Rotschopf, geboren am 21.1.1910 vom 1. Jänner 1950 angefangen, Waisenrente zuerkannt.

Die Waisenrente beträgt gemäß § 42 KOVG. für eine vaterlose Waise mtl. S 65.-.

St. Dr. Lager-Nr. 125. — Österreichische Staatsdruckerei, Verlag. 10.358 51

Veteran zweier Weltkriege

Meine militärischen Dienste mußte ich in zwei Weltkriegen leisten. Zuerst wurde ich im Oktober 1914 zum Infanterie-Regiment 59 nach Salzburg eingezogen. Nach drei Monaten Ausbildung wurde ich an die Front nach Galizien geschickt, wo ich nach drei Monaten an Typhus erkrankte. Es folgten vier Monate Lazarettbehandlung und wieder Fronteinsatz, diesmal in Rußland. Nach langen Fußmärschen gab es endlich ein Lager im Regen.

Auf dem Weg zur Toilette erhielt ich einen Bauchschuß. Kameraden legten mir einen Verband an und trösteten mich mit dem Hinweis, daß für mich der Krieg zu Ende sei. Auf einem Heuwagen wurde ich zurücktransportiert. Schließlich landete ich in einem Spital in Krakau, wo ich erfuhr, daß das Geschoß im neunten Lendenwirbel steckte und nicht operiert werden konnte. Man schickte mich weiter nach Wien auf die berühmte Klinik Eiselsberg. Aber auch hier hielt man eine Operation für unmöglich. Ein ganzes Jahr verging, dann wurde ich zu 30% für kriegsbeschädigt erklärt und zum Dienst als Koch in der Offiziersmesse abkommandiert. Ich blieb Koch bis zum Ende des Ersten Weltkrieges.

Dann löste sich alles auf, es gab für mich keine Arbeit, keine Unterstützung und auch kein Arbeitslosengeld. Ich mußte wandern und suchen, bis ich wieder in meinem Beruf arbeiten konnte. Aber dann kam der Zweite Weltkrieg, und gleich ab dem ersten Tag war ich wieder dabei, natürlich als Koch. Das Geschoß begann zu wandern und kam nach all den Jahren aus der rechten Kniekehle heraus. Im dritten Kriegsjahr wurde ich aus Altersgründen vom Wehrdienst befreit.

Jetzt erhalte ich eine Kriegsversehrtenrente und die normale Altersrente. Ich freue mich auf die Feier meines 100. Geburtstages.

Heinrich Damoser

Der Tod war Erlösung

Mein Mann und ich waren am Bahnhof Ebenfurth bedienstet, mein Mann beim Verschub, ich bei der Personenkassa. 1942 wurde mein Mann zur Deutschen Wehrmacht einberufen und kam an die russische Front. 1943 wurde Ebenfurth von den Amerikanern bombardiert, wir hatten 38 Tote. Zum Glück war es Sonntag, und unsere beiden Kinder waren nicht in der Schule, denn diese wurde zusammengeschlagen. Fünf Kilometer von Ebenfurth liegt Groß-Mittel. Dort war die Munitionsfabrik. Die Munition kam zu unserem Bahnhof, von wo sie an die Front geschickt wurde. Wir saßen ständig auf einer Zeitbombe. Dauernd war Fliegeralarm, ich wußte nicht, soll ich in den Keller oder meine Kinder in Sicherheit bringen.

Am 1. September 1944 wurde mein Mann auf dem Rückmarsch aus Rußland in Polen schwer verwundet. Die Schwerverwundeten kamen nach Brünn ins Lazarett, von dort wurde ich verständigt. Am nächsten Tag fuhr ich mit den Kindern gleich los nach Brünn. Aber in Brünn im Lazarett kam die furchtbare Überraschung. Mein Mann hatte beide Füße amputiert und im Mund Splitter. Und solche Schwerstverwundete gab es 2.000 in diesem Lazarett. Ich schäme mich nicht, es zu schreiben, ich habe den Herrgott angerufen, er soll diese Menschen erlösen. Am 15. Dezember 1944 ist mein Mann erlöst worden. Ich habe ihn noch im Krematorium einäschern lassen, wo ich alles selbst bezahlen mußte.

Aber jetzt schreibe ich, was mir schon lange am Herzen liegt. Sie müssen nämlich wissen, daß ich nicht irgendein altes, schüchternes Weib bin, ich bin das 12. Kind einer Bergarbeiterfamilie. Alle meine Geschwister sowie auch ich haben nur gearbeitet, waren immer für unsere Familien da.

Albine Malzl

Lebenslauf einer Kriegerwitwe

Ich wurde 1913 geboren, hatte Volks- und Bürgerschule. Wir waren zu Hause vier Kinder, alle arbeitslos bis auf mich, ich hatte das Glück, fast immer Arbeit zu bekommen. Ich verdiente 36,– Schilling. Ich gab alles her bis auf 7,– Schilling, das war bis 1937. Mein lieber Mann, den ich 1934 kennengelernt habe, war Tischler bei seinen Eltern. Er bekam 5,– Schilling in der Woche, das andere wurde ihm gutgeschrieben. Wir gingen einmal in der Woche ins Kino, für beide kostete es 2,– Schilling, und Sonntag Tanzen bei zwei Kracherln und zwei Wurstsemmeln. Dann zogen wir zusammen. Seine Eltern waren nicht sehr erfreut, weil ich ein armes Mädl war.

Wir hatten ein Zimmer bei der Tischlerwerkstätte. Wir konnten unser Geld zusammenlegen und nach einem Jahr grober Zeit heiraten. Im Sommer 1941 kam unser Kind auf die Welt. Und schon im Mai darauf mußte mein Mann einrücken. 1942 wurde er verwundet, bekam zwei Monate Heimaturlaub. Dann mußte er wieder nach Rußland und kam nicht mehr heim.

Meine Tochter war schon drei Jahre und konnte noch immer nicht laufen. Da ging ich zum Arzt und erfuhr von ihrer unheilbaren Krankheit. Das Kind kam dann in eine Sonderschule und war arbeitsunfähig. Mein Kind brauchte mich, ich mußte oft meine Arbeit als Wäscherin unterbrechen, damals ohne Anspruch auf Entgelt.

Meine Tochter ist lieb und brav, ich habe ihr schon sehr viel beigebracht. Jetzt ist sie 52 Jahre, und ich bin 80 Jahre. Was wird weiter? Viele Nächte denke ich nach, was einmal aus ihr wird, wenn ich nicht mehr bin.

Seit mein Gatte gefallen ist, sind nicht viele Tage gewesen, wo ich gelacht habe. Rente bekommen wir vom Landesinvalidenamt.

Elisabeth Mateju

Einarmig Berufsmusiker geworden

Es ist neben den zahlreichen Verdiensten des Kriegsopfer- und Behindertenverbandes, dem ich schon seit Jahrzehnten angehöre, ein weiteres hervorzuheben, nämlich das vielleicht bisher zu wenig beachtete Gebiet der Wiederherstellung der Leistungsfähigkeit kriegsbeschädigter Menschen.

Ich habe das große Glück gehabt, durch meine Kriegsverletzung (Amputation des rechten Oberarmes) eigentlich erst in meine selbstgewählte Berufslaufbahn „hineinzuschlittern“, nämlich Berufsmusiker zu werden – so unwahrscheinlich das auch erscheinen mag. Und als ich als Hornist in Pension gegangen bin, haben sich auch meine schon vorher entwickelten Ambitionen, nämlich Instrumentenbau, Arrangieren, Komponieren, Dirigieren und Musikwissenschaft, ausgeweitet. Der Wiener Waldhornverein, eine Institution mit 110jähriger Tradition, dessen Leitung ich seit 15 Jahren inne habe, hat 1992 in seinen „WWV-Blättern“ mein ganzes Lebensschicksal veröffentlicht, angefangen von meinem Klavier- und Violoncellostudium, der Matura und der Mitwirkung im Musikzug des Reichsarbeitsdienstes bis zu meiner Verwundung als Soldat an der Ostfront im März 1943 und meinem Hornstudium. Letzteres befähigte mich zum Hornisten im großen Wiener Rundfunkorchester, dem späteren ORF-Symphonieorchester. Diesem gehörte ich ab 1946 bis zu meiner Pensionierung 1984 an. Die Freude am Musizieren erhält meine Lebensfreude.

Erhard Seyfried

Bauer und Funktionär

Als Sohn eines Landwirteehepaares besuchte ich die Volksschule, um anschließend im elterlichen Betrieb zu arbeiten.

Im Oktober 1940 erreichte mich die Einberufung zur Deutschen Wehrmacht. Nach der militärischen Ausbildung in Linz kam der Fronteinsatz in Rußland. Bei Charkow erlitt ich eine schwere Verwundung und leistete meinen Militärdienst in der Etappe weiter.

Von Jänner 1945 bis Kriegsende besuchte ich die Wehrmachtsfachschule für Verwaltungsdienst in Graz.

Nach dem Krieg in die zerstörte Gemeinde heimgekehrt, auch das Elternhaus war total zerstört, baute ich mit meinen fünf Geschwistern und meiner Mutter (der Vater war schon 1932 gestorben) die Landwirtschaft und das Elternhaus auf. Ich habe nach meiner Verehelichung 1951 mit meiner Frau von meiner Mutter sowie von den Geschwistern die Landwirtschaft übernommen und führte sie mit meiner Frau bis zur Pensionierung.

Viele Steine gab's und wenig Brot. Ich wurde Obmann der örtlichen Elektrizitätsgemeinschaft, die durch Eigenleistungen viel zustandegebracht hat. Heute bin ich Träger vieler Auszeichnungen vom Land Burgenland und der Landwirtschaftskammer. Auch bin ich Ehrenbürger der Gemeinde geworden.

Seit meiner Pensionierung leben meine Frau und ich zurückgezogen in meinem Elternhaus. Die Tochter und der Schwiegersohn haben die Landwirtschaft übernommen und haben ihr eigenes Haus, der Sohn lebt in Wien.

Franz Wappel

Vom Kriegsopfer zum Helfer

Im sehr schlechten Wirtschaftsjahr 1936 wurde ich von der Pflichtschule entlassen, eine Lehrstelle zu bekommen war sehr schwer. Als ich endlich eine Lehrstelle als Bau- und Maschinenschlosser bekam, war bereits Krieg. Noch vor der Beendigung meiner Lehrzeit wurde ich im Oktober 1941 zur Deutschen Wehrmacht nach Wien in die Karlskaserne einberufen. Nach kurzer Zeit Ausbildung als Kraftfahrer und Kanonier in einer Fliegerabwehrabteilung kommandierte man mich im Jänner 1942 an den Nordabschnitt der Ostfront ab. Krasnogwardejsk, Tichwin, Nowgorod, Staraja-Russia, Welikije-Luki, Tschudowo, Djemjansk und Opotschka sind einige Orte, wo ich bei schweren Kämpfen mit dabei war.

Am 7. November 1943 geriet ich bei einer Kesselschlacht im Raume Pustotschka allein in Gefangenschaft. Ich hatte schon mit meinem Leben abgeschlossen, doch ich hatte Glück und konnte nach einem Tag Gefangenschaft bei Nacht fliehen. Es dauerte aber zwei Wochen, bis ich wieder zu meiner Einheit fand. Nach diesem Erlebnis sehnte ich schon sehr ein Ende des Krieges herbei, doch es kam noch schlimmer. Am 1. März 1944 wurde ich bei einer Abwehrschlacht im Raume Newet schwer verwundet.

Durch eine Splittergranate, die neben mir einschlug, erhielt ich mehrere Splitterverletzungen an der linken Hand und am Unterarm, einen Splitterdurchschuß am rechten Kniegelenk und Hüftverletzungen. Nach der Erstversorgung am Hauptverbandsplatz kam ich in das Kriegslazarett Schaulen in Litauen. Es folgten die Lazarette Königsberg und Heiligenstadt in Thüringen, bis ich im Mai 1944 im Heimatlazarett Krems eintraf, wo ich bis Dezember 1944 blieb. Wegen der näherrückenden Front verlegte man mich nach Bad Kösen in Thüringen, von dort auf mein Ersuchen nach St. Pölten, anschließend nach Gösing bei Mariazell. Kurz vor Kriegsende kam ich in das Lazarett nach Melk, das von meinem Heimatort nur 5 km entfernt war, und ich wurde bis Kriegsende dort ambulant behandelt. Trotz meiner schweren Verwundung wurde ich am 13. Mai 1945 von Russen von zu Hause weg in ein Auffanglager bei Melk verschleppt. Durch viel Glück und günstige Umstände gelang es mir zu flüchten, und ich hielt mich dann, bis die Luft rein war, in meinem Heimatort versteckt.

Als sich die Lage etwas verbessert und sich das Leben den Umständen entsprechend normalisiert hatte und schon Züge nach Wien fuhren, meldete ich mich beim Landesinvalidenamt, um meine Kriegsverletzung einstufen zu lassen. Ich wurde mit 50% Erwerbsminderung eingestuft.

Da ich vor der Kriegsdienstleistung die Gesellenprüfung nicht mehr machen konnte, holte ich diese im April 1946 nach.

Wegen meiner Invalidität wurde mir vom Landesinvalidenamt eine Umschulung im Fachlehrgang für Technisches Zeichnen und Betriebstechnik gewährt, den ich erfolgreich beendete.

Wegen meiner Verwundung am Knie und einer sehr starken Eiterung wurde ich im Juni 1947 im Orthopädischen Krankenhaus, das sich damals in der Neuen Hofburg befand, stationär aufgenommen. Dort hat man mich einige Male operiert. Im Februar 1948 konnte ich das Krankenhaus verlassen. In der Folge wurde ich vom

Landesinvalidenamt trotz Berufung auf 30% Erwerbsminderung heruntergesetzt. Mit Unterstützung des KOV, des nunmehrigen Kriegsopfer- und Behindertenverbandes, bekam ich mit Bescheid des Invalidenamtes dann doch 40% zugesprochen.

Im Februar 1946 bin ich dem Kriegsopferverband beigetreten. Eineinhalb Jahre später wurde ich von der Generalversammlung der Ortsgruppe Loosdorf und Umgebung zum Obmannstellvertreter gewählt, der ich lange Zeit blieb. 1991 wählte mich die Generalversammlung zum Obmann. In ausgezeichneter Zusammenarbeit mit dem Landesverband in Wien kann ich meinen Mitgliedern in vielen Belangen Unterstützung und Hilfe vermitteln.

Leopold Denk

Sowjetunion, 22. 6. 1942: Verwundetenabschub.
Foto: Heeresgeschichtliches Museum, Wien

Freundschaft ist etwas Wunderbares

Die letzte Kriegsweihnacht feierte ich mit anderen Soldaten in einem Bauernhaus im Grenzgebiet zwischen Polen und Ostpreußen. Aus den polnischen Wäldern haben wir einen Nadelbaum geholt und mit wenigen Kleinigkeiten geschmückt. Aus dem Radio erklang das Lied „Im Prater blüh'n wieder die Bäume . . .“. Was wollte man damit zum Ausdruck bringen? Mir fiel Weihnachten 1942 ein, damals wurde im Radio vom heldenhaften Kampf der Soldaten in Stalingrad gesprochen, von jemandem, der selbst nie dort gewesen ist. Dann erklang das Operettenlied „Es steht ein Soldat am Wolgastrand, hält Wache für sein Vaterland“. Welche Soldaten bewachten ihr Vaterland? Hätten dieses Lied nicht die Russen bringen müssen?

Februar 1945. Es war kein schneereicher Winter, schmutziger Schnee lag zusammengeweht an den Straßenrändern und in den Gräben. Schon seit Tagen ging es in Richtung Westen. Endlose Trecks verstopften die Straßen. Diese wurden von den russischen Jägern mit MG beschossen und mit Bomben beworfen. Es war ein Chaos, Kinder, Frauen, alte Männer, sie alle wollten mit wenig Hab und Gut weg, wollten nicht in die Hände der Russen fallen. Sie ließen alles im Stich und verloren oft das Leben. Überall die Spuren des Kampfes, zerschossene Panzer und Fahrzeuge, viele Gefallene auf beiden Seiten, niemand hatte Zeit, diese Toten zu beerdigen, niemand weiß, wer sie waren. Der Boden war gefroren. Wir hatten bereits fast alle Fahrzeuge samt Schreibstubenwagen und sonstigem Troß gesprengt. Es blieben nur zehn Panzerwagen, Sturmgeschütze, ein Werkstattwagen, Munitions- und Treibstoffwagen. Viele alte Kameraden wurden an die Infanterie abgegeben. Wir waren in Ostpreußen fast völlig abgeschnitten und standen mit Maschinenschaden vor einem Gutshof. Ein Mann blieb beim Geschütz, die anderen gingen in das Gut. Vielleicht gibt es etwas zu essen. Zwei bildhübsche Mädchen zeigten mir das Gut. Mit Deutz-Traktor, Bibliothek, Musikzimmer, die Truhen mit der Heiratsausstattung. In der Stube hatte ich kein gutes Gefühl. Ich sollte recht behalten.

Der alte Gutsherr riß plötzlich von der Wand eine Jagdflinte herunter und wollte auf mich anlegen. Es war kein Kunststück, ihm die Waffe zu entreißen. Er schrie: „Ihr seid's schuld, daß der Russe nun in unser Land kommt, wir haben durchgehalten, aber ihr habt Kreuze gesammelt, habt in Frankreich gehurt. Wir haben alles verloren.“ Da fällt mir eines der Mädeln um den Hals: „Nimm mich, nimm uns beide mit. Ich verstehe euch.“ Ich konnte sie doch nicht auf den Panzer setzen. „Wir fahren doch noch Einsätze, und wenn wir abgeschossen werden? Nehmt das Wichtigste, einen Traktor und haut ab; oder Pferde, ihr müßt es versuchen“, riet ich. Dann sagte ich zu meinen Leuten: „Hätten wir geglaubt, daß ein Heimkommen, ein Kriegsende, so schwer sein wird?“

Ich mußte zum Stab und sollte einen besonderen Auftrag übernehmen. Mit vier Mann als Vorkommando nach Budapest. Was wollen wir in Budapest, und wie komme ich dorthin? 15 Minuten später erschien unser bayrischer General, er war einen Kopf kleiner als ich, Ritterkreuz mit Eichenlaub am Halse. „Kommando zurück, nicht mehr notwendig“ – und zu mir gewandt: „Weißt du, mein Sohn, es ist alles zu spät.“ Dann stemmte er die Hände in die Hüften und schrie: „Der Herr Hitler soll mich am A.. . .!“ Warum sagte er ihm das nicht selbst? Da kam ein ca. 17jähriger

Soldat gelaufen. „Bitte, was soll ich machen, dort vorne sind Russen?“ „Schießen“, will ich schreien, ich kann es nicht. Es ging um den ersten Schuß auf ein lebendes Ziel, nicht mehr auf einen Pappkameraden.

Es wurde bereits dunkel, als ich vom Stab wegging. Der General hatte noch die Frage nach dem Sinn des Krieges gestellt. „Herr General, ich will weiterleben, am besten Sie sehen einmal in einen Schützengraben, falls überhaupt noch einer vorhanden ist“, war meine Antwort, dann ging ich meine Batterie suchen. Am anderen Morgen find' ich sie bei einem Dorf. Vorne steht ein fremder Panzer. Plötzlich fällt neben mir ein Mann zu Boden – Kopfschuß eines Scharfschützen. Dort in dem Hause ist ein Scharfschütze. Da fällt mir der Trenker-Film „Berge in Flammen“ ein, jene Szene, als er im Schnee liegend in sein Heimatdorf hinabsieht, seinen daneben liegenden Kameraden anspricht und keine Antwort erhält. Der Abschuß einer Pak ertönt, ein Orgelton, ich kauere mich ganz zusammen und ein Schlag an der Ferse – verwundet! Der Verbandsplatz ist keine 100 Meter entfernt. Ein Unteroffizier von uns trägt mich auf dem Rücken dorthin.

Ich erhielt eine schmerzstillende und eine Tetanusspritze, ein Verwundetenzettel wurde mir noch umgehängt. Da ertönten Schreie: „Der Russe kommt!“ Ich springe auf und eile ins Freie. Von einem Schmerz ist nichts zu spüren. Los, alles rauf auf den Panzer, der noch vor dem Hause steht. Als letzter hänge ich mich an. Keine 100 Meter entfernt rollen ca. 20 russische T 34 den leichten Hang herab auf uns zu, dann weiß ich nichts mehr.

Als ich aufwache, liege ich allein in einem Raum, und eine unheimliche Stille umgibt mich. Ich schleppe mich hinaus und bin auf einer Dorfstraße. Warum hat man mich liegengelassen? Hat man mich für tot gehalten? Ich nehme meine Pistole, 54 Schuß kann mein Leben vielleicht noch dauern. Ob der 54. reserviert ist? Ich habe das Gefühl, von allen Seiten beobachtet zu werden. Ein Motorengeräusch kommt näher, dem Klange nach ein Maybach-Motor. Ein Panzerspähwagen der SS nimmt mich mit. „Rauf, wir sind die letzten, hinter uns ist nur mehr der Iwan.“ Der Motorenlärm tat direkt gut gegenüber dieser fürchterlichen Ruhe. Nach dem nächsten Halt geht es mit einem offenen, von Pferden gezogenen Plateauwagen, mit einer Decke zugedeckt, durch die Winternacht. Noch weitere sechs Mann sind dabei. Sie jammern und stöhnen, rufen nach der Mutter. Vor einer Kreuzung steht ein Sanitätsfeldwebel und weist in den Ort zum Bahnhof. Dort stehe ein Lazarettzug Richtung Heimat. Noch in der Nacht sollte er abfahren. Schöne Worte. Beim Einbiegen bricht die Deichsel. Irgendwie erreichen wir den Ort. Aber da kann kein Lazarettzug mehr wegfahren, nur Bombentrichter und Verwüstung. Die letzte Möglichkeit, der Einschließung zu entweichen, war das zugefrorene Haff. Verwundete und Truppenreste benützten bereits diesen Weg zu Fuß und mit allerlei Fahrzeugen, doch der Russe beschoß alles, was sich auf dem Eis bewegte, und warf Bomben, um das Eis zu sprengen. Ich hörte die Schreie, das gurgelnde Wasser untergehender Wagen. Neben mir stirbt einer, Schaum tritt aus seinem Mund – Lungenschuß. Endlich wird Kahlsberg an der Nenrung, ein einstiger Kurort, erreicht. Dort ist man schon vorbereitet auf einen Verwundetenansturm. Wir wurden in den ersten Stock eines Hauses mit Bahren hinaufgetragen. Saubere Zimmer mit Strohsäcken und Leintüchern darauf. Nachtkästchen gab es keine. Was sollte ich auch hineingeben? Mein Gepäck mit Waschzeug und Schreibsachen wird in einer Tasche irgendwo im Werkstattwagen geblieben sein. Die Türe öffnet sich, und eine 30- bis 35jährige Frau in Zivil tritt ein.

„Wer bist du, was machst du da, wie heißt du?“ waren sofort meine Fragen. „Mein Name ist Marianne, ich bin mit meinen drei Kindern auf der Flucht und helfe, Verwundete zu betreuen. Mein Mann kämpft irgendwo in Ostpreußen, habe schon längere Zeit kein Lebenszeichen von ihm. Ihr könnt Brötchen haben. Zu trinken darf ich euch nichts geben.“

Zwar habe ich keinen Bauchschuß, doch ich füge mich. Einen feuchten Schwamm mag ich nicht, danke. „Wenn es einmal deine Zeit erlauben sollte, setz dich zu mir“, sage ich der Frau. „Verzeih mir, wenn ich dich mit du anspreche, aber mir war es so, als ob ich dich schon seit Kindertagen als guten Freund kennen würde.“ „Du, mir geht es genau so.“ Sie stellte mir später ihre drei Töchter namentlich vor. Wir plauderten die halbe Nacht über das Leben, ihren Gutshof, über Tennis und Schwimmen, die Berge und das Meer. Dann bat ich um einen Sanitäter, weil mich mein verletzter Fuß schmerzte. Am Morgen trat ein Oberarzt an mein Lager und ließ mich in den Operationsraum bringen. Marianne hatte den Arzt aufgetrieben, vielleicht sogar gebettelt, zu mir zu kommen. Es sollen ca. 2000 Verwundete oder noch mehr in Kahlsberg gewesen sein und zwei Ärzte. Mit einer Bahre werde ich in die Küche des Hotels gebracht, welche als OP Verwendung fand. Vorher noch gab ich Marianne meine Pistole, Taschenlampe und mein Tagebuch. Auf dem anderen Tisch entfernte man einem Soldaten Granatsplitter. Wird bei mir auch geschehen, es ist ja nur einer, denke ich. Mein Fuß und meine Wade haben eine gelbbraune Farbe. Da steche ich mit einer Scherenspitze in die Wade, aber kein Schmerz. Nun, ich ahne, was da los ist. Marianne steht neben mir, ihr laufen die Tränen über die Wangen. Sie hält meine Hand, das ist beruhigend. Der Oberarzt sieht sich meinen Fuß an, fährt mit der Handkante über meinen Oberschenkel und spricht: „Sie werden wahrscheinlich ein Stück Fuß verlieren.“ Ätherflaschen werden gebracht, Skalpelle, eine kleine Säge. Es dauert lange, bis ich nicht mehr zählen kann. Als ich wieder erwache, liege ich in der Empfangshalle im Stroh und habe das Gefühl, mein Fuß hänge in ein Loch. Ich schlage die Decke weg, und ein weißer Verband wird sichtbar. Mein Fuß! Unter meinem Pullover knistert ein Zettel, darauf steht: „Gasbrand 9.2.45.“ Ich will aufstehen, es gelingt mir nicht. Am Beinstumpf hängen wohl 50 Kilo, so scheint es mir. Jetzt ist es also doch geschehen. Der Krieg wird aus sein, und ich werde in einem Lazarett liegen, und das ist noch gar nicht sicher. Als Kinder sahen wir fast täglich einen alten Mann mit den hohen Stützkrücken betteln, er hatte nur einen Fuß. Wegen seines Gesichtsbartes wurde er „Reserve-Christus“ genannt. Aber betteln werde ich nicht. Was heißt betteln? Wo ist meine Pistole? Ach, die habe ich Marianne gegeben. Wie hat der General gesagt? „Der Herr Hitler soll mich . . .“ Ach, da kommt schon Marianne und bringt mir meine Sachen. Die Pistole fehlte. Sie hatte mir in diesem Augenblick zum zweiten Male mein Leben gerettet. Marianne machte mir einen Glühwein, was damals keine einfache Sache war. Die Halle füllte sich mit Arm- und Fußamputierten, Verbände an allen Stellen des Körpers. Ich begann zu singen, und die meisten sangen oder gröhlten mit. Es war nicht der Chor der Gefangenen, sondern der Chor der Verstümmelten, die weiterleben wollten.

Die Stunde des Abschieds kam, Marianne gab mir ihre Taschenlampe, wir tauschten Anschriften aus. Ein letztes „Danke“, ein Händedruck, und ich war wieder allein. Und Marianne?

Mit dem KdF-Schiff „Glück auf“ kam ich noch am gleichen Tag in Danzig an – ohne Luftangriffe, ohne Torpedoschuß. In der Stadt gab es überfüllte Lazarette. Am nächsten Morgen hieß es: „Sie kommen sofort in den Lazarettzug in die Ostmark". Ein Wunder! Der Zug bestand aus Viehwaggons mit Stockbetten. Der Zug wurde immer voller mit Flüchtlingen und Deserteuren. Wer gehen konnte, erhielt manchmal etwas zu essen, manche dachten dabei auch an mich. Berlin wurde erreicht – Fliegeralarm! Die Gehfähigen liefen davon, durch die Wagenwände schlugen die Splitter. Auch das wurde überlebt. Doch aus der „Ostmark" wurde nichts. Nach einer Irrfahrt hörte man den Geschützdonner der Westfront. Frankfurt am Main, ein Luftwaffenlazarett war das Ziel. Eines Tages übernahmen die Amis das Lazarett – Kriegsende.

Nach so manchen Schwierigkeiten und mit Glück war ich im Oktober 1945 wieder dort, wo ich vor 4 Jahren zu den Waffen geholt worden bin und wo mich meine Mutter vor 23 Jahren dieser Welt übergeben hat. Ich war endlich wieder daheim.

Ob man es je vergessen kann? Wozu dieser Krieg? Nur nicht resignieren, nicht verzweifeln! Man ist doch Mensch geblieben. Ich habe sie fast alle erreicht, meine mir gesetzten Ziele, meine beruflichen Erfolge. Ich bin nicht betteln gegangen und bin nicht allein geblieben. Das Leben hat mir eine Frau zur Seite gestellt, die mehr als ein Kamerad ist: Ein prächtiger und unbedingt verläßlicher Freund, eine Frau und Mutter. Das ist unbezahlbar.

Karl Eisner

Von drei Brüdern zwei gefallen

Ich war dreimal bei der Musterung, der Grund: Ich war sehr klein und schwach. Am 15. August 1944 war es aber doch so weit, man schickte mich nach Brünn zur schweren Artillerie, dann zwei Monate zum Scharfschießen nach Kaisersteinbruch und ab in den Westen. Am 16. Dezember begann die Ardennen-Offensive, am 29. traf mich ein Granatsplitter. Nach der Operation auf dem Hauptverbandsplatz lautete die Diagnose: Schußbruch des rechten Unterarms.

Im Lazarett in Halle an der Saale folgten noch zwei Operationen. Gott sei Dank blieb mir meine Hand erhalten. Am 12. September 1945 wurde ich entlassen.

Durch Zufall erfuhr ich von einem Österreichischen Komitee, das meinen Abtransport veranlaßte. Über Umwege kam ich nach Amstetten, um Mitternacht des 24. November war ich daheim. Meine Mutter weinte, weil sie doch schon zwei Söhne verloren hatte, die in Rußland lagen. Nach geraumer Zeit bekam ich meine Versehrtenrente, wofür ich dem Kriegsopferverband heute noch danke.

Ab Oktober 1946 konnte ich wieder zur Arbeit gehen, in die Papierfabrik, wo ich vorher schon beschäftigt war und bis zur Pensionierung beschäftigt blieb.

Franz Holzer

Ein Bein verloren – das Leben gewonnen

Von meinen Jahrgangskollegen (1920) wurde ich als letzter zur Deutschen Wehrmacht einberufen, am 10. Dezember 1940 nach Eisenstadt in die Martinskaserne. Von dort ging es um 4 Uhr früh über Wien nach Budweis. In Budweis wurden wir in Schulen einquartiert. Dort gab es drei Monate Grundausbildung. Nach der Ausbildung ging es weiter per Bahn nach Königsberg. Dort wurden wir kleineren Soldaten einer Panzerabteilung zugeteilt, ausgebildet als Richtkanoniere und Richtschützen an einem französischen Panzerspähwagen. Dann transportierte man uns Richtung Litauen. Vorher hatten wir alle eine Kompaniebesprechung, nur um zu wissen, was los ist: Krieg gegen Rußland.

Der Krieg begann am 21. Juni 1941 um 4 Uhr früh. Bei Tilsit sind wir Richtung Grenze in Litauen einmarschiert. An der Grenze wurden wir mit Gewehrsalven empfangen. Es gab bei unserer Infanterie Tote, auch bei den Russen. Wir mit den Panzern kamen nicht zum Einsatz. Der Russe hatte sich zurückgezogen. Es ging weiter nach Kaunas und Schaulen. Noch gab es meist nur leichte Gefechte. Erst vor Riga wurde richtiger Krieg daraus. Flieger, schwere Geschütze, Infanterie, Panzer. Auch wir wurden jetzt eingesetzt. Durch Riga fließt der Dünafluß. Herüben waren wir, drüben war der Russe verschanzt. Wir eroberten Riga. Auf beiden Seiten gab es viele Tote und Verwundete. Unser Panzer wurde abgeschossen, doch Gott sei Dank ist uns selbst nichts passiert. Nach einer kleinen Ruhepause sind wir nach Pskow zum Pskowsee weitergezogen. Es kam der Befehl, daß wir mit unserem Panzerspähwagen das Gelände erkunden und die Bahnstrecke kontrollieren müssen. Wir haben den Panzer in einem nahen Wald getarnt stehen gelassen und sind zu dritt zum Bahndamm gekommen. Auf einmal schaut unser Feldwebel durch das Fernglas und sieht berittene Infanterie am Geleise daherkommen. Daher volle Deckung! Hier war Sumpfgebiet. Unterhalb des Bahndammes waren Wasserrohre gelegt, dort haben wir uns versteckt. Die Russen haben uns nicht erblickt und sind weiter geritten. Gott sei Dank, Glück gehabt! Nächsten Tag ging's weiter nach Staraja Russia. Dort wurde ich am linken Unterarm durch einen Granatsplitter verletzt.

Auf dem Hauptverbandsplatz wurde ich verarztet, und am nächsten Tag ging es wieder zurück zu meiner Einheit. Leider bestand Urlaubssperre. In einem Sumpfgebiet über Knüppelstraßen mußten wir weiter nach Ilmensee-Luga. Wieder Erkundungen des Geländes und der naheliegenden Ortschaft. Gott sei Dank, wieder Glück gehabt: Vor der Ortschaft lag ein russischer Soldat auf Wache, der aber eingeschlafen war. Wir haben ihn geschnappt und bei der Kompanie abgeliefert. Dafür bekamen wir das Sturmabzeichen. Weiter ging's nach Nowgorod, Wolchow, Ladogasee. Auf einer Knüppelstraße im Wald- und Sumpfgebiet haben uns die Russen überlistet: Sie haben im Wald gelauert und unsere Soldaten durchgelassen, ohne zu schießen. Dann der Überfall! Wir hatten ja keine Ahnung, daß der Russe im Wald lauert. Wir, mit Troß, Küche, Lastwagen, Verpflegung und Panzer, wurden von links und rechts mit schweren Waffen beschossen. Bei diesem Überfall, Ende Feber 1942 (bei 30 Grad Kälte), wurde ich schwer verwundet. Angeblich hat der Überfall nur eine Viertelstunde gedauert, dann sind die Russen fort und haben die Geschütze stehen gelassen. Mein Panzer erhielt einen Volltreffer, der Fahrer war tot, ich bewußtlos.

Eine Granate hat mir beim Knie den linken Fuß abgerissen. Dem Wachtmeister neben mir im Panzer ist nichts passiert, er hat mich aus dem Panzer herausgezogen, in eine Beiwagenmaschine gelegt und sofort zum Hauptverbandsplatz gefahren. Ich wurde gerettet, weil ich gleich Hilfe gehabt habe. Viel Blut habe ich verloren, hieß es. Ich wurde gleich operiert. Nach der Operation wurde ich sofort am nächsten Tag mit anderen Verwundeten in einen Güterzug eingeladen und zurück transportiert, 60 km zurück in ein Lazarett nach Dünaburg. In ein paar Stunden sollten wir dort sein, aber es dauerte drei Tage und drei Nächte ohne Essen und Trinken, auch ohne ärztliche Betreuung. Lauter Urwald, und der von Partisanen besetzt! Der Zug mußte öfters zurückfahren, da die Geleise gesprengt waren. In jedem Waggon war ein Sanitäter zur Betreuung. Ich brauchte ja keine ärztliche Betreuung, aber da waren Kameraden mit Kopfschuß oder Bauchschuß dabei. Ein Drittel der Verwundeten ist unterwegs gestorben. Bei dem Transport hat jeder ein Hemd gehabt und fünf Decken gegen die furchtbare Kälte. Der Sanitäter hat den toten Kameraden die Erkennungsmarke abgenommen und die leblosen Körper bei der Waggontür hinausgeworfen. Draußen haben schon die Wölfe gewartet. In jedem Waggon waren ungefähr 30 Verwundete untergebracht. In meinem Waggon sind fünf Kameraden gestorben. In Dünaburg angekommen, wurden wir ausgeladen, entlaust, gebadet, rasiert. Es war ein sauberes Lazarett mit lauter deutschen Schwestern und Krankenpflegern. Von dort sind wir nach einer langen Lazarettzugfahrt in Regensburg gelandet, im Krankenhaus der Barmherzigen Brüder. BDM-Mädchen und HJ-Buben haben uns Zigaretten, Zuckerln, Schokolade, Zahnpasta samt Bürsterl, Mehlspeisen und vieles mehr, gebracht. Nach vier Wochen wurde ich in Regensburg nachamputiert, nach sechs Wochen nach Wien in die Gassergasse im 5. Bezirk verlegt.

Später habe ich ein Kunstbein bekommen und wurde nach einigen Wochen vom Wehrdienst entlassen. Ich besuchte eine Fachschule und bekam zunächst eine Anstellung in der burgenländischen Landwirtschaftskammer. Nach dem Besuch der Weinbauschule in Klosterneuburg erhielt ich eine Anstellung bei der Esterhazy'schen Güterdirektion, Abteilung Weinbau. Dort arbeitete ich bis zu meiner Pensionierung.

Fazit: Beruflicher Werdegang gut, Versorgung durch den Kriegsopferverband sehr gut, Versorgung mit Kunstbein klappt.

Ich möchte noch, wenn es Gott will, das Jahr 2000 erleben.

Anton Erdt

Mit fünf Kindern als Kriegerwitwe durchgehalten

Im Jahre 1933 heiratete ich in einen großen, über 500 Jahre alten Bauernhof ein. Es war eine wirtschaftlich schlechte Zeit damals, und fast alle Höfe in unserer Gegend waren verschuldet. Auch mein Mann und ich mußten Schulden mit dem Hof übernehmen. Im Herbst 1938 brannte dieser Hof durch Kurzschluß bis auf das Wohnhaus nieder. Ein neuer Hof mußte gebaut, und zu den bestehenden Schulden mußten neue dazugemacht werden. Am 1. September 1939 war Krieg. Wir hatten vom Frühjahr 1939 bis Herbst 1940 die Stallungen und eine große Scheune schon aufgebaut, das Wohnhaus fehlte noch. Es gab bald kein Baumaterial mehr, der Weiterbau wurde nun eingestellt, und unsere Männer mußten einrücken. Wir bekamen kriegsgefangene Polen, Ukrainer und Franzosen zum Arbeiten. Drei Männer unserer Ortschaft mußten in den Krieg, alle drei hatten Familie mit Kindern, alle drei sind gefallen. Mein jüngster Bruder hatte eine Familie mit drei Kindern und ist seit Kriegsende vermißt. Der Krieg tobte in immer größerer Grausamkeit weiter. Anfang Jänner 1942 mußte auch mein Mann einrücken, obwohl ich mit dem vierten Kind schwanger war. Nun war ich mit meinen alten Schwiegereltern und den Gefangenen allein. Es war schwer, mit diesen Leuten zu arbeiten, da sie uns nicht verstanden, oft nicht verstehen wollten.

Ich versuchte alles, um meinen Mann frei zu bekommen. Im Sommer 1944 fuhr ich ins Kriegsministerium und erreichte, daß mein Mann Ernteurlaub bekam. Wir hatten als erste Bauern schon einen Traktor, und mein Mann mußte oft wo aushelfen, damit war er also oft fort. Am 6. November 1944 mußte er plötzlich wieder einrücken. Ich war inzwischen mit dem fünften Kind schwanger. Am 27. Jänner 1945 kam er ganz überraschend für drei Tage nach Hause. Der Abschied war bitter und auch der letzte. Drei Wochen später kam das Telegramm: Gefallen! Mein Schmerz und meine Verzweiflung waren grenzenlos. Tagelang irrte ich umher, konnte kaum einen klaren Gedanken fassen. Aus – alles aus, wie soll es weitergehen? Aber das Leben mußte weitergehen! Das Ende des Krieges begann sich abzuzeichnen. Man hörte das Donnern von Geschützen, Flüchtlinge kamen zuerst vereinzelt, bald in großen Gruppen, deutsche Soldaten kamen auf unseren Hof mit 70 Pferden. Die Haut hing diesen Tieren in Fetzen vom Leib, von Phosphor verbrannt. Schon kamen Flugzeuge und schossen herab. Der Troß zog weiter. In der Nacht von Karfreitag auf Karsamstag waren die Russen da. Ich habe keinen Augenblick von damals vergessen. Es war alles so gravierend und schmerzlich, daß wohl nur der Tod alles auslöschen kann. Nur die Jungen wollen nichts wissen davon, und so schweigen eben die Zeitgenossen darüber. Unser Haus war leer, Stall und Keller und Schränke auch. Zwar blieb eine Kommission im Ort, doch die Russen kümmerten sich nicht darum. Tag und Nacht kamen sie in die Häuser und holten sich, was noch zu holen war. Bei uns haben sie bei ihrem Einzug die Wäsche gewechselt, und die verlausten Fetzen lagen überall herum. Niemand kann sich das Chaos vorstellen, das es da gab. Im Ort gab es auch Kampfhandlungen, wo 19 Russen und 24 Deutsche starben. Bald kam die Anbauzeit, aber der Körnerboden war leer. Kein Saatgut, keinen Traktor, keine Ochsen. Eine Sau mit schönen Ferkeln hatten wir noch. Das war wenigstens ein kleiner Hoffnungsschimmer. Als die Ferkel 2 Monate alt waren, kamen am helllichten Tag Russen und nahmen sechs Stück mit. Das Baumaterial, das für das Wohnhaus zum größten Teil schon bereit lag, wurde abgeholt und nicht bezahlt. Nach der ersten möglichen Ernte war die ärgste Not gebannt. Es kamen aber viele Bettler und auch „Hamsterer“, oft bis zu 30 Leute am Tag. Ich gab, soweit es mir möglich war. Aber gestohlen wurde viel. Am Acker gruben sie uns die Erdäpfel aus, holten sich Karfiol, Bohnen, Kraut und Obst. Mit Wagerln und Säcken kamen sie an. Ich konnte diesen Menschen nicht böse sein, sie hatten eben Hunger. Am 6. Juli 1945 kam mein fünftes Kind zur Welt. Ich habe Tag und Nacht geweint. Nur die dauernden „Besuche“ der Russen, die Angst und Aufregung sorgten für „Abwechslung“. Die Gefangenen wurden nach Kriegsende bald abgezogen. Zwei Polen gingen schon einige Wochen vorher auf Urlaub und kamen nicht wieder. Ich hatte zwar noch zwei nette Praktikantinnen, aber für die Männerarbeit war niemand da. Eines Tages kam ein Mann, er sprach gebrochen deutsch und bat um Arbeit. Ich war sehr froh darüber und wollte ihn gleich auf der Gemeinde anmelden. Das lehnte er ab. Er sagte mir wohl auch nicht seinen richtigen Namen. Bald kamen eines späten Abends drei Russen und holten den zu Tode erschrockenen Mann ab. Ich habe nie erfahren, was mit ihm geschah. Noch einige Male versuchte ich, jemand Passenden zu finden. Immer wieder wurde ich enttäuscht. Erstens war es schwer, sich als Frau durchzusetzen, und zweitens sind ja viele Männer gefallen. Erst später, als einige Männer vom Krieg zurückkehrten, fand ich einen tüchtigen Menschen. Leider konnte er nicht Traktor fahren. Ich hatte für den Traktor inzwischen schon die Reifen, die von den Russen abmontiert wurden, besorgen können. Ein Bruder von mir, der nach Kriegsende noch lange in Gefangenschaft war, hat mir nach seiner Heimkehr viel geholfen.

Zum Invalidenamt kam ich am 4. Juli 1946 und bekam für mich und meine fünf Kinder hundert Schilling Grundrente. Ich weiß, daß Österreich damals bitter arm war, aber diese S 100,– haben mir leider auch nicht viel geholfen. An einen Fertigbau des Wohnhauses war unter diesen Umständen nicht zu denken. Der neue Hof wurde aus arbeitstechnischen Gründen an anderer Stelle gebaut. Es war ein beträchtlicher Höhenunterschied vom alten bis zum neuen Bau. Da nach zwei Jahren schon einige Türen da waren, mußte man täglich hinauf und herunter gehen. Oft auch in der Nacht, wenn etwa eine Kuh kalbte oder ein Tier krank war. Es gab damals kein einziges Auto in unserem Ort. Wenn dann ein Auto auf der Straße nebenan in Sicht war, wußte man sofort, daß Russen kommen. Vor Schreck und Angst fand man kaum Zeit und Kraft, um die Tür abzusperren. Es hätte auch kaum etwas genutzt, sie brachen ganz einfach ein. Das klingt heute wie ein Märchen, war aber bittere Realität. Am ärmsten war mein fünftes Kind. Vor allem hatte ich kaum Zeit für das kleine Mädchen. Es gab ja auch nichts für ein Baby, keinen Zucker, keine Babynahrung, keine Windeln. Selber konnte ich es nicht stillen, da ich durch den Kummer und die vielen Aufregungen und die viele Arbeit gesundheitlich nicht beisammen war. Ich wollte es ja die Kinder nicht zu sehr fühlen lassen, daß ihr Vater nie mehr kommen wird. Meine Schwiegereltern sind beide im Jahre 1946 gestorben. So war ich oft sehr, sehr unglücklich. Langsam und trostlos gingen die Jahre vorbei und bald wurde mir auch das Auf- und Abgehen vom alten zum neuen Hof zuviel. Endlich war mein ältester Sohn soweit, daß er mit dem Traktor fahren durfte.

Im September 1949 haben wir dann angefangen, am neuen Hof das Wohnhaus dazu zu bauen. Ich mußte mir von verschiedenen Kassen Geld borgen, meist nur gegen einen Wechsel, der dann nach gewisser Zeit fällig war und mir arges Herzklopfen machte, wo ich das Geld hernehmen sollte. Schließlich habe ich mich an die Landeslandwirtschaftskammer gewandt, und es wurde mir mit der ERP-Hilfe, die ja eine Spende der USA an Europa war, weitergeholfen. Man mußte dafür viele Verpflichtungen übernehmen, Kontrollen und Rechnungen in dreifacher Ausfertigung erstellen und vieles andere. Viele Nachtstunden gingen da für mich verloren, da am Tag dafür keine Zeit war.

Am 1. Jänner 1970 habe ich die Wirtschaft meinem jüngsten Sohn übergeben. Er war 2½ Jahre alt, als sein Vater sterben mußte. Er hat eine tüchtige Frau geheiratet. Beide haben Matura, und beide sind sehr fleißig. Sie haben jetzt drei erwachsene Söhne und eine Tochter. Auch die anderen Kinder sind alle tüchtige Menschen geworden. Mein ältester Sohn ist leider vor zwei Jahren an Krebs gestorben. Ich bin bald 86 Jahre alt, fast blind, und meine Hände zittern. Ich habe nur die Volksschule besucht, teilweise schon während des Ersten Weltkrieges, wo mein Vater 38 Monate in russischer Gefangenschaft war.

Maria Ernst

Dank an den KOBV

In Rußland wurde ich schwer verwundet, Abtrennung des linken Oberarmes. Vom Hauptverbandsplatz kam ich in das Frontlazarett nach Smolensk, von dort per Flugzeug nach Thorn in Oberschlesien. Mein Beruf war Maurer, und so machte ich mir Gedanken über meinen weiteren Lebensweg. Ich absolvierte vor meiner Wehrmachtentlassung einen Bauzeichnerkurs in der Wehrmachtbauschule Breslau. Nach der Entlassung konnte ich zuhause in Zwittau bei meinem Baumeister im Baubüro mitarbeiten. Ich beschloß, die Baugewerbeschule in Brünn zu besuchen, um Mittelschulingenieur zu werden. Die 1. und 2. Klasse habe ich abgeschlossen, die 3. konnte ich nur bis März besuchen, dann ging der Krieg zu Ende.

Nun begann für mich wieder ein schreckliches Ereignis. Es kam 1945 zu der blutigen Austreibung der Volksdeutschen durch Tschechen. 800 Jahre waren unsere Vorfahren in Mähren. Alles mußten wir zurücklassen, und so kamen meine Gattin und ich glücklicherweise nach Wien. Hier, bei Verwandten untergekommen, begannen wir bald beim Wiederaufbau fest mitzuarbeiten. Ich war vorerst Maurer, dann Vizepolier und Polier bei einer Baufirma. Arbeit war ja genügend, denn die Schuttberge lagen oft höher als die stehengebliebenen Häuser. Ich bekam bald die Staatsbürgerschaft und konnte so um die Invalidenrente ansuchen und bekam diese ohne Schwierigkeiten zuerkannt. Neben meiner beruflichen Tätigkeit besuchte ich die Abendschule für Bauwerkmeister, die ich mit Vorzug abgeschlossen habe. Dann stellte mich die Gemeinde Wien (Mag. Abt. 24) auf Grund eines Invalideneinstellungsscheines und meiner Kenntnisse ein. Ich wurde pragmatisiert und war dort 31 Jahre glücklich und zufrieden tätig. Zum Schluß möchte ich noch auf die gute und ununterbrochene Hilfestellung der Öffentlichen Hand sowie des Kriegsopfer- und Behindertenverbandes hinweisen.

Johann Werner

Meine RAD- und Militärdienstzeit 1939 bis 1945

Noch bevor ich zum RAD (Reichsarbeitsdienst) eingezogen wurde, habe ich mit der GESTAPO eine unliebsame Bekanntschaft gemacht. Zum Glück ist es bei einem Verhör geblieben. Es war im Winter 1938/39, und ich war damals Theologiestudent in Wien. Am 1. April 1939 begann mein Leben beim Reichsarbeitsdienst. Nirgends bin ich so schikaniert worden, auch nicht später beim Militär, wie beim RAD. Unsere Einheit bestand hauptsächlich aus Wiener Maturanten. Die Ausbilder waren von der österreichischen Legion. Das waren zum Teil Kriminelle, die in der Dollfuß-Schuschnigg-Zeit Terroranschläge verübt hatten und sich nachher nach Bayern absetzten. Dort wurden sie in Lagern zusammengefaßt, ordentlich geschliffen, und, weil sie keine Berufsausbildung hatten, als Ausbilder beim RAD eingesetzt. Obwohl ich durch die landwirtschaftlichen Arbeiten am elterlichen Bauernhof und auch sonst sportlich gut durchtrainiert war, habe ich in den ersten zwei Wochen 6 kg an Körpergewicht abgenommen. Das erste RAD-Lager war St. Andrä im Lavanttal in Kärnten. Dort arbeiteten wir an Drainagierungen mit Schaufel und Krampen und Scheibtruhen. Die Arbeit war zwar schwer, doch es gab keine Probleme. Zu schaffen machten uns nur der Drill und das damit verbundene Exerzieren. Ich erinnere mich noch an ein Strafexerzieren auf einer Wiese neben dem Lavantfluß. Wir mußten in Reih und Glied durch das Wasser marschieren und dann weiterexerzieren, bis wir wieder trocken waren. In den ersten sechs Wochen durften wir das Lager nicht verlassen. Dann gab es meist zum Wochenende einige Stunden Ausgang, den die meisten zu einem Gasthausbesuch auf ein Glas Bier benutzten. Mit vier anderen Theologen ging ich in das dortige Jesuitenkloster auf Besuch. Obwohl wir glaubten, es heimlich zu tun, wurden wir beobachtet und daraufhin in andere Lager versetzt. Ich kam in das RAD-Lager Griffen.

Als Grund für die Versetzung hatte man angegeben, „wegen kommunistischer Agitation". In Griffen haben wir Güterwege gebaut. Auf dem Weg zur Baustelle, das waren mehrere Kilometer, mußten wir unser Arbeitswerkzeug tragen, und immer hieß es: „Ein Lied!" Auf mich hatten sie es am Anfang besonders abgesehen: Einmal um Mitternacht, ich hatte schon geschlafen, kamen unsere Ausbilder betrunken nach Hause und holten mich grundlos aus dem Bett. Ich mußte mich anziehen und im Freien exerzieren, „auf und nieder". Aufgrund einer Beschwerde meiner Kameraden, die zu mir hielten, wurden derartige Übergriffe eingestellt. Einmal in der Früh, um 6 Uhr, war Wecken, und wir mußten barfuß, nur mit einer Turnhose bekleidet, einen Geländelauf machen. Dabei mußten wir einen Kopfsprung in einen Bach machen, dessen Wasser kaum 10 Grad hatte. Da sich dabei ein Kamerad verletzt hatte, wurde diese Bad-Schikane eingestellt. Am 30. 9. 1939 habe ich vom RAD abgerüstet und war während des Winters zu Hause bei meinen Eltern.

Am 15. Mai 1940 bin ich zur Wehrmacht eingezogen worden, und zwar zur Sanitäts-Ersatzabteilung 17 in der Roßauerkaserne in Wien. Die Grundausbildung war zwar streng, doch gegenüber dem RAD fast eine Erholung. Nach der Grundausbildung wurden wir auf einen sechswöchigen Sanitätskurs geschickt auf Schloß Neulengbach, wo geschlechtskranke Soldaten untergebracht waren. Den Abschluß bildete eine Prüfung, aufgrund der Sanitätssoldaten an Fronteinheiten abgestellt wurden. Aber ich wurde als Sanitäter zur Begleitung eines Urlauberzuges bestimmt – von Wien nach Breslau und wieder zurück. Diese Zugsbegleitungen wurden später zu einer Wehrmachtszugskontrollabteilung ausgebaut, mit der ich nach Belgrad, Saloniki, Athen, Bukarest und auch einige Male nach Sofia und sogar nach Odessa gelangte. Meine Aufgabe war das Betreuen von Kranken und Verwundeten und das Kontrollieren von Papieren. Am Balkan war es zu dieser Zeit schon gefährlich, denn die Züge wurden manchmal nachts von Partisanen überfallen, zur Entgleisung gebracht, auch Brücken wurden gesprengt. Um Weihnachten 1942 wurde unsere Abteilung aufgelöst, und ich erhielt den Marschbefehl nach Arys in Ostpreußen. Arys war der größte Wintertruppenübungsplatz des Reiches und liegt im Gebiet der Masurischen Seen. Hier wurden wir für den Winterkrieg in Rußland ausgebildet. Ich kam als Sanitäter zum Jägerbataillon 3, das überall dort eingesetzt wurde, wo es „brenzlig" war. Wir waren vollmotorisiert und hatten sechs 7,5-cm-Panzerabwehrkanonen (Pak). Diese Einheit wurde im Nordabschnitt fast aufgerieben. Im März 1943 wurde der verbliebene Rest unserer Einheit von Rußland nach Nömme in Estland (einem Vorort von Reval) verlegt und dort mit Reservisten auf volle Kampfstärke aufgestockt. Am 5. Mai 1943 wurden wir nach Finnland eingeschifft. Wir landeten am 7. Mai 1943 in Jakobsstadt und fuhren zum Waldlager von Kuusamo. Von dort ging es weiter zu kleinen befestigten Stützpunkten im karelischen Urwald. Es gab nur gelegentlich bewaffnete Auseinandersetzungen. Die Tätigkeit der Russen beschränkte sich auf das Verminen unserer Nachschubwege. So ein Stützpunkt war mit 20 Mann besetzt. Es fanden auch schwere und verlustreiche Kämpfe statt. Der Sommer war warm, der Winter kalt, und die Sonne kam nur wenig über den Horizont herauf, um gleich wieder unterzugehen. Trotzdem waren die Nächte hell durch das Leuchten der Sterne und auch durch das Nordlicht.

Unser Bunker, den die finnischen Soldaten, die vor uns dort waren, gebaut hatten, war mit einem Bärenfell und einem Wolfsfell ausgekleidet.

Am 1. November 1943 wurde ich zum Sanitätsunteroffizier befördert. Die Besserstellung gegenüber der Mannschaft hatte auch eine bessere Bezahlung gebracht. Beim RAD bekamen wir 25 Pfennig pro Tag, beim Militär anfangs 1 RM pro Tag und als Unteroffizier 175 RM monatlich. Dieses Geld wurde uns nicht bar ausbezahlt, sondern auf ein Bankkonto in der Heimat überwiesen.

Weil es im karelischen Urwald außer der Nachschubstraße, die auf Knüppeldämmen errichtet war, keinerlei Straßen und Wege gab, war im winterlichen Gelände ein Weiterkommen nur auf Skiern möglich. Bei einer solchen Skifahrt ereignete sich das Unglück: Ich stürzte so, daß ich mir dabei einen Oberschenkelbruch mit Knochenabsplitterung zuzog. Mein Glück im Unglück war dabei, daß für mich der Krieg mehr oder minder zu Ende war. Noch am selben Tag bekam ich am Hauptverbandsplatz einen Beckengips verpaßt, und zwar von der Fußsohle bis unter die Arme. Zwei Tage später wurde ich mit einem Transportflugzeug, einer Ju 52, in das Lazarett nach Kemi an der schwedischen Grenze geflogen. Dort mußte der Gips gewechselt werden, da sich darunter Läuse eingenistet hatten, die mich besonders nachts quälten. Von Kemi kam ich mit einem Lazarettzug über Schweden nach Aarhus in Dänemark und von dort per Schiff in das Luftwaffenlazarett Rerik in Mecklenburg. Dort hat man festgestellt, daß mein Bruch gut und fest verheilt, aber der Fuß um 5 cm kürzer geworden ist. Ein junger Stabsarzt wagte eine Korrektur, die Gott sei Dank gut ausging.

Im Mai 1944 wurde mir der Gips abgenommen, und ich mußte wieder gehen lernen. Kniegelenk und Hüfte waren infolge der Ruhigstellung durch den Gipsverband steif geworden. Eine Einschränkung der Beweglichkeit ist bis zum heutigen Tag geblieben. Wegen der Bombenangriffe wurde ich im September in das Reservelazarett „Waldidylle" nach Baden bei Wien versetzt, wo ich hoffte, das Kriegsende erleben zu können; und von dort war es nicht weit nach Hause zu meinen Eltern nach Hohenruppersdorf in Niederösterreich. Aber es sollte anders kommen: Das Lazarett wurde für Verwundete von der Ostfront geräumt, Kameraden, die halbwegs wieder genesen waren, schickte man wieder an die Front und mich in das Genesungslazarett nach Braunsberg in Ostpreußen. Obwohl im Lazarett nicht Radio gehört werden durfte, wußten alle, daß das Kriegsende nahte. In den ersten Jännertagen des Jahres 1945 wurde uns mitgeteilt, daß das Lazarett kriegsbedingt aufgelassen werden müsse. Jeder bekam einen Entlassungsschein sowie Verpflegung für einige Tage, und wir sollten uns in einem Lazarett in Deutschland melden. Dann begaben wir uns alle zum Bahnhof, wo bereits eine große Menschenmenge auf einen Zug nach dem Westen wartete. Bald sprach es sich herum, daß kein Zug mehr fahren könne, weil die Russen bereits bis an die Ostsee vorgestoßen seien und Ostpreußen abgeschnitten hätten. Der Schock war bei allen sehr groß. Ich war mit zwei anderen Kameraden zusammen, und wir kamen zur Überlegung, daß nur zwei Möglichkeiten in Betracht kämen, hier herauszukommen: Entweder ein Marsch über die zugefrorene Danziger Bucht, das wären ca. 100 km, oder auf dem Seeweg mit einem Schiff von Königsberg aus, aber auch dorthin war der Weg nicht kürzer. Wir haben uns für die erste Möglichkeit entschieden und sind losmarschiert. Ich trug damals an einem Fuß einen Stiefel und an dem anderen einen Filzpantoffel und ging außerdem mit einem Gehstock. Nach einigen Kilometern mußten wir einsehen, daß wir einem so langen Marsch nicht gewachsen sein würden, und sind wieder zum Bahnhof zurückgekehrt. Wie ich nach dem Krieg in einer ORF-Sendung sehen konnte, haben sich damals endlose Kolonnen über die zugefrorene Danziger Bucht Richtung Reich bewegt. Diese wurden von russischen Flugzeugen mit Bomben und Bordwaffen angegriffen. Fast alle sind dabei elend zugrundegegangen. Durch den Bahnhof ist nach langer Zeit ein Lastzug, bestehend aus leeren Waggons ohne Bordwänden, ganz langsam gefahren, allerdings nicht nach dem Westen, sondern ostwärts. Wir drei sind auf gut Glück aufgesprungen. Leider ist einer zwischen die Waggons gefallen, ließ sich unverletzt vom Zug überrollen und wollte noch auf den letzten Waggon aufspringen, aber der Zug fuhr schon zu schnell. Wir zwei fuhren weiter und kamen tatsächlich in Königsberg an. Das war ein kleines Wunder. Dort sind wir halb erfroren vom Waggon gestiegen und haben die Einheimischen nach dem Weg zum Hafen gefragt. Es war schon gegen Abend, als wir am Hafen ankamen, und dort vollzog sich das zweite Wunder an diesem Tag. Es stand nämlich dort ein großes Schiff fertig zur Ausfahrt, das uns noch aufnahm. Es war das letzte Schiff, das noch aus Ostpreußen herausgekommen ist. Das Schiff, etwa 5.000 BRT groß, war überfüllt mit Flüchtlingen und Soldaten, sodaß man kaum einen Platz fand, sich hinsetzen zu können. Nach Verlassen der Danziger Bucht erhob sich ein Sturm von unvorstellbarer Wucht. Ich glaube, es waren 10 m hohe Wellen. Ich bin sofort nach oben gegangen und habe mich unter die zahlreichen Seekranken gemengt. Die Wellen sind über das Schiff gerollt, das Wasser ist an Deck zu Eis geworden. Eine Person wurde nachts von den Wogen ins Meer gespült. Mit Scheinwerfern hat man zwar die Unglücksstelle abgeleuchtet, aber man konnte den Verunglückten nicht mehr finden. Am Morgen hatte sich der Sturm gelegt, und wir gingen in Rostock an Land. Meinen Kameraden sah ich nicht mehr. Dieser Sturm hatte auch eine gute Seite, denn bei diesem Unwetter konnten die russischen Flieger nicht starten, und so sind wir alle im damaligen (noch) Deutschen Reich angekommen. Von Rostock fuhr ich per Bahn nach Bad Wilsnak, einer kleinen Stadt südlich von Berlin, in ein Lazarett. Nach einem Monat arbeitete ich dort in der Schreibstube, kriegsbedingt wurde das Lazarett aber geschlossen. Ich sollte zu meiner Ersatzeinheit, die damals in Litzmannstadt war, in Marsch gesetzt werden. Ich konnte jedoch erreichen, daß ich nach Wien kommen konnte. Das war im Februar 1945. Ich meldete mich in der Wiener Radetzky-Kaserne. Es war die Zeit der schweren Bombardements der Stadt Wien durch die Alliierten. Es gab täglich Fliegeralarm. Nach solchen Angriffen wurden häufig Soldaten angefordert, die der Bevölkerung helfen sollten, in den Bombenruinen nach Überlebenden und Wertsachen oder Habseligkeiten zu suchen. Einmal rückten wir mit Krampen und Schaufel zur Ringstraße aus, da gab es wieder Fliegeralarm. Wir suchten Schutz im Hauptgebäude der Universität. Erst verweilten wir im Arkadenhof. Als wir aber die Flugzeuge hörten, gingen wir doch sicherheitshalber in den Keller. Fünf Bomben fielen in den Arkadenhof. Ein Glück, daß wir nicht oben geblieben sind.

Ein anderes Mal, es war am 12. März 1945, wurden wir zu den Siemens-Werken nach Floridsdorf geschickt. Das Werk war am Vorabend bombardiert worden. Als wir bei der Einfahrt zum Werksgelände angekommen waren, sagte uns der Portier, daß Fliegeralarm sei und es besser wäre, nach Leopoldau zu gehen, wo außerhalb des Ortes Schützengräben mehr Schutz vor Bomben geben würden. Als wir am Hauptplatz ankamen, hörten wir schon die herannahenden Flugzeuge. Vor der Apotheke, im Haus neben der Kirche, stand eine Frau als Luftschutzwart. Sie rief uns zu, wir sollten schnell in den Luftschutzkeller gehen. Dort angekommen, fand ich Platz in einem niedrigen Gewölbe. Es dauerte nicht lange, bis die ersten Bombeneinschläge zu hören waren. Eine Bombe traf das Haus, in dem wir uns befanden, sie durchschlug es bis in den Keller. Dort, wo ich mich aufhielt, widerstand das Rundgewölbe dem Bombentreffer. Leider gab es in diesem Haus viele Tote und Verwundete. Als der Angriff vorüber war, liefen wir Unversehrten vorerst ins Freie. Die Häuser ringsherum brannten. Wir versuchten, das Feuer mit Kübeln zu löschen, mußten uns jedoch gleich wieder in den Keller begeben, weil die nächste Staffel bereits wieder ihre Bomben abwarf. Ich erinnere mich noch, daß ich mitgeholfen habe, eine verschüttete Frau zu bergen. Sie bat uns, darauf zu achten, daß ihre Wohnungsschlüssel nicht verloren gehen. Aber das Tragische daran: Ihr Wohnhaus war total zerstört. Feuerwehr und das Rote Kreuz nahmen sich der Opfer an. Der Kirchenplatz bot ein Bild der Verwüstung, brennende Häuser, umgeworfene Straßenbahnwagen und weinende Menschen, die alles verloren hatten. Anschließend ging ich, physisch und nervlich am Ende, zu Fuß über die Reichsbrücke und die Ringstraße in die Radetzky-Kaserne nach Ottakring zurück. Am selben Tag, während des schweren Angriffes auf Leopoldau, wurde auch die Innenstadt von Wien schwerstens bombardiert. Es wurden dabei der Stephansdom, die Oper, der Heinrichshof und das Burgtheater getroffen. Die Oper, das Burgtheater und der Heinrichshof brannten völlig aus. Das Elend der Menschen war grenzenlos.

Am Ostermontag des Jahres 1945, es war der 2. April, hat man uns in der Kaserne zusammengerufen und mitgeteilt, daß die ganze Einheit aus Wien nach dem Westen abgezogen wird (also Richtung Amerikaner) und daß, da keine Fahrzeuge zur Verfügung stünden, jeder Mann einen täglichen Fußmarsch von 30 km (samt Gepäck) auf sich nehmen müsse. Zu diesem Zeitpunkt waren die Russen bereits in Wiener Neustadt. Nach einer Stunde war unsere Marschkolonne in Hütteldorf und ich mit meinen Kräften am Ende. Volle Autos und Pferdefuhrwerke bewegten sich nach dem Westen, aber niemand nahm mich mit, vermutlich aus Angst vor den gefährlichen Kontrollen. Schließlich ging ich mit einem anderen Kameraden in ein verlassenes Haus. Dort blieben wir bis zum Morgen. Die ganze Nacht hörten wir den Lärm der durchziehenden Fahrzeuge und Menschen, am Horizont sah man den Feuerschein brennender Häuser als Anzeichen der herannahenden Front. In der Früh sind wir ein Stück weitermarschiert, haben uns nach einer Weile in den Straßengraben gesetzt und aus unserem Gepäck Verschiedenes weggeworfen, damit wir leichter zu tragen hätten. Aus dem Garten eines danebenliegenden Hauses kam eine Frau heraus und fragte, wie sie uns helfen könnte. Sie gab uns ein Kinderwagerl, damit wir unser Gepäck nicht tragen müßten. So ging es wirklich leichter. Mit der einen Hand schoben wir den Kinderwagen samt Gepäck, in der anderen Hand hatten wir einen Gehstock. So marschierten wir über den Riederberg und erreichten am Abend mit letzter Kraft unser Marschziel, das Schloß Judenau, mit unserer Einheit. Als der „Spieß" uns beide mit dem Kinderwagen ankommen sah, hat er uns ordentlich zusammengeschimpft, und wir mußten den Kinderwagen beim Weitermarschieren abgeben. Dafür durften wir als einzige auf einem Traktoranhänger, der zum Gepäcktransport organisiert worden war, aufsitzen. Auf dem Marsch nach Westen, Ziel war Bayern, erwähnte ein Soldat im Kreise einiger Kameraden, daß seiner Meinung nach der Krieg schon verloren sei. Ein Parteifanatiker, der diese Äußerung gehört hatte, brachte den Mann vor das Kriegsgericht, von dem er zum Tode verurteilt und anschließend hingerichtet wurde. Ein Priester unserer Einheit, er war von der Paulanerkirche in Wien, leistete dem Verurteilten vor der Exekution noch den geistlichen Beistand.

Teils zu Fuß, teils mit requirierten Fahrzeugen, kamen wir in Braunau am Inn an und hofften, dort den Amerikanern übergeben zu werden. Doch es kam wieder einmal anders. Die Einheit erhielt den Befehl, für den „Endkampf" fünf Sanitätsunteroffiziere zur Neuaufstellung einer Infanteriedivision in Döllersheim abzukommandieren. Unter den dazu bestimmten war ich, schließlich auch ein Benediktinerpater des Stiftes Seckau. Auf sein Anraten gingen wir nicht nach Döllersheim, sondern nach dem Süden. Unser Ziel war das Stift Seckau. Dort, in dem großen, weitläufigen Gebäude hofften wir, untertauchen und das Kriegsende abwarten zu können. Um ja nicht von der Feldgendarmerie aufgegriffen zu werden, mieden wir verkehrsreiche Straßen. Bei Bauern baten wir um Essen und um Übernachtungsmöglichkeiten. Wir wurden überall großzügig bewirtet. So kamen wir bis Liezen, fuhren von dort weiter mit der Bahn bis Knittelfeld und gingen von dort zu Fuß die letzten 15 km bis Seckau, wo wir am 1. Mai 1945 beim Zwölf-Uhr-Läuten eintrafen. Das Stift war von den Nazis beschlagnahmt worden, die Patres hatten sie vertrieben. Nicht einmal der Pfarrer von Seckau, Pater Engelbert, durfte im Stift wohnen. Er war privat im Ort untergebracht. Ein Großteil des Stiftes war „Napola", eine nationalpolitische Erziehungsanstalt für die geistige Elite der Nationalsozialisten. Ein anderer Teil diente als Altersheim. Am Tag unserer Ankunft im Stift Seckau mußten Lehrer und Schüler wohl aus Angst vor den herannahenden Russen das Stift fluchtartig verlassen haben, denn im Speisesaal stand noch das Essen auf den Tischen. Der Pater und ich waren praktisch die ersten, die in das Stift einzogen. Wir haben sofort die Portierloge besetzt, um alle Aus- und Eingehenden zu kontrollieren, um etwaige Plünderungen zu verhindern. Die Nazis wollten die gesamte, sehr wertvolle Bibliothek von ca. 60.000 Büchern wegschaffen und hatten die Bücher bereits in der Eingangshalle zum Abtransport gelagert. Durch das Herannahen der Russen konnten sie ihr Vorhaben aber nicht mehr realisieren. Eine meiner ersten Aufgaben war es, die Bücher zurück in die Bibliothek zu schaffen und sie dort auf dem entsprechenden Platz wieder einzuordnen. Das dauerte 6 Wochen. Dieses Gebiet war zunächst englische Besatzungszone, doch wir haben nie einen englischen Soldaten gesehen. In der ersten Maiwoche, als ich die Stiftskirche nach der Maiandacht verließ, um zu meinem Quartier bei einer hilfsbereiten Familie zu gehen, sah ich plötzlich auf dem Platz vor der Kirche neben der Mariensäule fünf Russen mit Maschinenpistolen stehen – und ich steckte noch immer in der Wehrmachtsuniform. Zuerst wußte ich vor Schreck nicht, was ich tun sollte, bin aber dann umringt von den anderen Kirchenbesuchern an den Russen vorbeigekommen. Als ich beim nächsten Haus um die Ecke war, bin ich um mein Leben gelaufen. Die Uniform habe ich ausgezogen und ab sofort nur mehr geschenkte Zivilkleider getragen. Ich habe täglich in den Gartenanlagen des Stiftes gearbeitet. Im Stiftsgarten war ein großes Bienenhaus. Ich habe dort ca. 50 kg Honig geschleudert. In dieser Zeit, als es keinen Zucker zu kaufen gab, war das etwas sehr Wertvolles. Dieser Honig hat eine wesentliche Rolle gespielt, daß ich diese schwere Zeit gut überlebt habe. Für ein Glas Honig bekam ich einen Ausweis mit Paßfoto und Gemeindestempel samt Unterschrift des Bürgermeisters. Ein „Honigerwerber" verschaffte mir auf diesem Ausweis bei der russischen Kommandantur in zyrillischer Schrift die russische Übersetzung und noch den Zusatz „Dieser Ausweis gilt auch als Passierschein". Dieser Ausweis hat mich vor der russischen Gefangenschaft bewahrt.

Im September 1945 bin ich zusammen mit dem späteren Dechant von Payerbach-Reichenau von Seckau aus aufgebrochen, um mit der Bahn bis Steinhaus am Semmering zu fahren. Einheimische zeigten uns einen Waldweg über den Sonnwendstein. Als wir bereits gegen Gloggnitz gekommen waren, stand plötzlich eine russische Patrouille vor uns. Diese richtete die Maschinenpistole auf uns und verlangte von uns „Papiere". Wir zeigten ihnen unseren Ausweis mit der russischen Übersetzung und dem Vermerk „Passierschein". Sie kontrollierten noch unser Gepäck und ließen uns dann weitergehen. Wie uns Einheimische erzählten, wurden bisher alle illegalen Grenzgänger festgenommen, auf den Semmering gebracht und dann nach dem Osten abtransportiert. Uns ist dieses Schicksal Gott sei Dank erspart geblieben.

Von Gloggnitz fuhren wir mit der Bahn nach Wien. Dort habe ich bei lieben Bekannten übernachtet. Mein Ziel war, sobald wie möglich zu meinen Eltern und Geschwistern nach Hohenruppersdorf zu gelangen. Ich wußte, daß alle Donaubrücken, ausgenommen die Reichsbrücke, zerstört waren. Um über die Donau zu kommen, war es aber am günstigsten, die Floridsdorfer Brücke zu benützen, denn diese war bereits mit einem provisorischen Steg für Fußgänger versehen. An der engsten Stelle der Brücke standen russische Posten, die Passanten kontrollierten. Als sie gerade einen Mann näher kontrollierten, ging ich zusammen mit anderen Passanten schnell vorbei. Über die Brünner Straße marschierte ich Richtung Hohenruppersdorf, und das war ein Marsch von 35 km. In Kollnbrunn, 5 km vor Hohenruppersdorf, traf ich einen Bauern, der mit einem Pferdewagen einen langen Föhrenstamm nach Hohenruppersdorf transportierte. Auf diesem Stamm konnte ich aufsitzen und so die letzten 5 km fahren.

Am Abend des 12. September 1945 war ich endlich zu Hause angekommen. Meine Eltern und Geschwister saßen gerade beim Abendessen, ausgenommen Bruder Franz, der noch in Oberösterreich war, und Bruder Rupert, der am 12. April 1945 in Hohenruppersdorf gefallen war. Die Freude, wieder daheim zu sein, war allseits groß. Nachdem ich alle begrüßt hatte, bin ich zur Tür gegangen und dort zusammengefallen. So weit haben meine Kräfte gereicht.

Nach Abschluß des Studiums an der damaligen Hochschule für Bodenkultur fand ich eine gute Anstellung bei der Landeslandwirtschaftskammer für Niederösterreich und Wien, wodurch mir die finanzielle Grundlage für eine glückliche Familie mit zwei Söhnen geboten wurde. Zur Anerkennung meiner Invalidität als Dienstbeschädigung hat mir der Kriegsopferverband verholfen.

Dipl.-Ing. Jakob Esberger

RAD beim Spaten-Exerzieren. Foto: J. Esberger

E s b e r g e r
Jakob
geboren am
11.2.1918,
zu Hohenruppersdorf
Nieder-Oesterreich
wohnhaft in
S e c k a u Nr.1
bei Knittelfeld

Es wird bestätigt, dass obiges
Lichtbild den genannten Jakob
E s b e r g e r darstellt.
Der Ausweis gilt auch als Paßier-
schein.

Seckau, am 1o.7.1945

Der Bürgermeister :

Markt Seckau Landkreis Judenburg

Эсбергер Яков, род.
11.2.1918, в Хохенруппердорф,
Нижняя Австрия, прож. в Секау
№ 1, возле Книттельфельда.

Это удостоверение выдано
в том, что приложенная
фото-карточка изображает
действительно вышеупомя-
нутого Якова Эсбергера.

Этот документ служит
одновременно и пропуском.

Секау, 10.7.1945

Староста.

Trotz Kopfschuß das Leben bewältigt

Ich habe 1935 bis 1940 in Wien Konditor gelernt und war anschließend beim RAD. Nach kurzer Ausbildung ging es nach Frankreich in die Nähe von Paris. Dort mußte ich auf einem Bahnhof bei der Post Briefe und Pakete weiterleiten. Nach dem RAD wurde ich zum Heer einberufen. Ich kam nach Ulm an der Donau in die Wilhelmskaserne zum 2. Infanterie-Ersatzbataillon 56. Nach der Ausbildung landete ich in der Küche als Koch. Im August 1941 ging es per Zug über Berlin und Riga an die russische Front bei Tula. Hier fand eine besonders große Schlacht statt. Von 112 Mann meiner Kompanie kamen wir zu fünft zurück. Halb erfroren und verhungert wurden wir dem 1. Infanterie-Regiment 17 zugeteilt. Das waren die „Schwarzen Husaren", ein altes deutsches Regiment, welches aus Tradition auf der Mütze den Totenkopf mit gekreuzten Knochen hatte. Das war eine zusätzliche Gefahr bei einer Gefangenschaft. Am 10. März 1942 wurde ich im Nahkampf – wir waren eingekesselt – durch eine Gewehrkugel am Hinterkopf getroffen. Ich war sofort bewußtlos. Nach dem Erwachen meinte ich, daß ich jetzt sterben müßte. Es wurde mir auf einmal so warm, und es war so friedlich um mich, ich hatte keine Angst, hatte kein Entsetzen in mir. Nach zehn Tagen befand ich mich in einem Feldlazarett. Eines Tages war ich in einem Zug nach Warschau. Ich konnte nicht sprechen, wußte meinen Namen nicht und war auf der rechten Seite gelähmt. Nach ca. zwei Wochen ging es per Bahn nach Thorn an der Weichsel. Dieses Lazarett war vorher eine Schule. Eine Krankenschwester bat einen Kameraden in meinem Zimmer, er möge für mich ein paar Zeilen nach Hause schreiben. Nach einigen Wochen kam ich per Bahn nach Wien auf den Rosenhügel zur Untersuchung. Man konnte mir nicht helfen. Einen Stock bekam ich und eine gelbe Armbinde, das war alles. Es war schwer für mich, auch nur einen Bleistift in der Hand zu halten. Mit aller Kraft versuchte ich es. Der erste Versuch war, eine Linie zu ziehen. Immer wieder versuchte ich auch Namen und Wörter wie Bett, Sessel oder Tisch zu schreiben. Es war fürchterlich und ein enormer Energieaufwand. Ich hörte, daß ein Mann für Hirnverletzte Unterricht gäbe, es werde dort auch gerechnet. Ich ging natürlich hin. Obwohl der Unterricht sehr einfach war, kam ich nicht mit. Aus Wut, gepaart mit einer Portion Angst wegen meiner Zukunft, habe ich es dann doch halbwegs geschafft. Ich wurde am 18. Dezember 1943 „entlassungsfähig" geschrieben und erhielt Arbeit im Grand-Hotel als Konditor. Bei den Kämpfen um Wien wurde ich mit allen anderen Beschäftigten entlassen. Die Russen besetzten das Hotel. Im September 1945 bekam ich Arbeit im Parkhotel Schönbrunn als Patissier. Dieses Haus war von den Engländern besetzt. Für mich war es eine schwere Tätigkeit mit 60 Arbeitsstunden in der Woche. Andere Branchen hatten bereits die 48-Stunden-Woche. Die Hitze beim Herd war für mich eine zusätzliche Belastung. Es folgten noch epileptische Anfälle, die mich leider über 25 Jahren lang begleiteten. 1952 ging ich in die Ankerbrotfabrik mit einem Einstellungschein. Als Schwerkriegsversehrter war ich mit 80% eingestuft. Man begann damals mit einer Art Konditorei. Es war wieder eine große Umstellung. Ich wurde zum Mustermacher bestellt. Man sagt heute „Designer" dazu. Im Jahre 1953 habe ich die Meisterprüfung sehr erfolgreich bestanden. Mein Meisterstück wurde auf dem Titelblatt unserer Innungszeitung abgedruckt. Das war eine große Ehrung für mich bei meinen Taststörungen und einer Teilblindheit, die mich erheblich einschränkte. Ich wechselte zu den Hammerbrotwerken. Nach kurzer Zeit war ich Abteilungsleiter.

Nun lebe ich als Pensionist am Rande von Eggenburg, wo ich in einem Haus mit Garten endlich Ruhe in der Natur finde. Ich versuche immer noch, den Alltag mit aller Kraft zu bewältigen, trotz der vielen Unannehmlichkeiten, die mir meine schwere Hirnverletzung bereitet.

Walter Esberger

Ein leidvoller Weg zum Glück im Eigenheim

Als Sohn strenggläubiger Bauersleute wurde ich 1920 in Stronsdorf in Niederösterreich, bis heute mein Heimatort, geboren. Nach dem Besuch der hiesigen Volksschule und anschließend des nächstliegenden Gymnasiums (Matura 1939) sowie 1939/40 einer Lehrerbildungsanstalt wurde ich zur Deutschen Wehrmacht einberufen (St. Pölten). Nach Zwischenaufenthalten in Berlin, Polen und Ostpreußen war ich mit meiner Einheit vom ersten Tag des Einfalles in Rußland (21. Juni 1941) an bis in den Spätsommer 1941 stets an vorderer Front. Nach dem Einsatz vor Leningrad wurde unsere Einheit in die Ukraine verlegt (17. Armee). Über Shitomir und Krementschug ging es Richtung Isjum. Wir, noch in Sommerkleidung, mußten hier mitten im Winter 1941/42 vor einem übermächtigen und wintermäßig gut ausgerüsteten Feind bei minus 40 °C Kälte mehrere Kilometer bei meterhohem Schnee unter Zurücklassung von schweren Waffen und Geräten bei hohen Menschenverlusten und vielen Verwundeten (Erfrierungen) zurückweichen. Als Andenken an diese grausame Zeit erhielten wir den sogenannten „Gefrierfleischorden“ (Ostmedaille). Ich selbst habe aus diesem harten Winter Krankheiten zurückbehalten, die bis heute immer wieder in Erscheinung treten.

Im Sommer 1942 ging der Vormarsch dann weiter über Rostow in den gebirgigen Kaukasus. Als Folge der Ereignisse bei Stalingrad (Einkesselung der 6. Armee) begannen wir im Feber 1943 mit Absetzbewegungen im Raum Maikop – Krasnodar und der Bildung des Kubanbrückenkopfes. In diese Zeit fällt der „Heldentod“ meines um ein Jahr jüngeren Bruders als Panzergrenadier bei Orel (Mittelrußland). Trotz Herzfehler und schon vorhergegangener schwerer Verwundung (Lungensteckschuß mit nachfolgender Operation) wurde er nach kurzer Erholungszeit wiederum an die vorderste Front geschickt. Es war ein ganz schwerer und unersetzbarer Verlust für meine Eltern, da er nach dem Krieg den Bauernhof übernehmen sollte. Ich bekam Urlaub – meinen einzigen während des Rußlandfeldzuges.

Bald nach meiner Rückkehr vom Urlaub in der Heimat erfolgte Anfang Oktober 1943 die Räumung des Kubanbrückenkopfes, im Eiltransport ging es über die Krim in die Südukraine. In Tag- und Nachtmärschen erlebte ich hier die schweren Abwehrkämpfe über die Flüsse Ingul, Bug und Dnjestr. Es waren Rückzugsbewegungen als Abwehr hochüberlegener Panzereinheiten der Russen mit nur ganz wenigen panzerbrechenden Waffen von morgens bis abends bei anschließenden Nachtmärschen über 30 km in tiefem Schlamm. Das überschwere Gepäck, wobei das oftmalige Tragen der SMG-Lafette besonders ermüdete, zehrte sehr an der eigenen Substanz. Eine schwere Verbrennung im ganzen Gesicht im Zusammenhang mit den Kampfhandlungen bedeutete damals eine ca. fünf Wochen dauernde Pause im Truppenlazarett. Obwohl die Kost während des ganzen Rußlandeinsatzes hauptsächlich nur aus Dörrgemüse und Käse bestand – die ganz seltene Marketenderware wie Schnaps oder Zigaretten tauschte ich immer für Brot ein –, befand ich mich außer bei kurzfristigen Fieberzuständen und Darmbeschwerden sowie Fußbeschwerden infolge Fehlens geeigneter Socken und Schuhmaterials nie richtig im Krankenstand. Die Folgen dieser körperlichen und psychischen Überbelastung zeigten sich erst später nach Kriegsende zu Hause. Unsere Division bezog Anfang Juli 1944 ein gut getarntes Waldlager in Rumänien, südwestlich von Jassi. Hier erreichte uns die Nachricht vom Attentat auf Hitler, und es wurde der Hitlergruß eingeführt, mit dem wir uns nie recht anfreunden konnten. Mitte August 1944, knapp vor dem Umbruch in Rumänien, wurde unsere Division als „Feuerwehr" per Bahn über Ungarn und die CSSR nach Polen gebracht.

Sofort nach Ausladung in Kielce im Weichselbogen (Baranow – Sandomierz) wurden wir gegen den vom Feind gebildeten Brückenkopf eingesetzt. Die Lage war sehr unklar, als wir eine dünne Sicherungslinie und Schützengräben bezogen. Direkt vor uns war ein waldreiches Gelände, rechter Hand ein in einem Talkessel versteckter Ort, aus dem wir Tag und Nacht ein lautes Johlen des Feindes vernahmen. Unter schweren Verlusten konnten wir nach vorausgegangenen halbstündigen Feuerstößen von schweren Geschützen unsererseits und Panzerunterstützung im Morgengrauen des 30. August 1944 den Wald durchkämmen und am Ende des Waldes nach schnellem Eingraben in Stellung gehen. Doch was bot sich uns da für ein schauriger Anblick! Nur einige Meter vor uns in der Nähe von Getreidemandeln mehrere tote Frauen, auf ihrem Rücken wimmernde Kleinkinder. Die Frauen mußten auf der möglicherweise erzwungenen Flucht aus der Ortschaft im Kugelhagel umgekommen sein. Von den weiter zurückliegenden Höhen beschoß uns mit Dauerfeuer der Feind. Ein Kamerad gleich neben mir verlor dabei ein Auge, ein anderer blieb schwerverwundet liegen, ohne daß wir ihm helfen konnten, ein anderer wurde tödlich getroffen. In dieser fast aussichtslosen Lage und grauenvollen Umgebung befiel mich zum erstenmal Angst und Schauder, und ich begann, einen kurzen Abschiedsbrief an meine Eltern mit Bleistift auf ein Stück Papier zu kritzeln. Aber bald wurde ich mit einem anderen Kameraden auf Spähtrupp geschickt. Dabei entgingen wir nur ganz knapp einem Granattreffer, der aus der Richtung unserer eigenen Artillerie zu kommen schien und wahrscheinlich dem Feind gelten sollte. Am Abend erhielten wir den Befehl, uns vorsichtig wieder durch den Wald vorzuarbeiten. In Kriechstellung, gerade als ich die Arme vor dem Gesicht hatte, verspürte ich plötzlich nach dem Einschlag einer Granate im linken Arm einen leichten Schmerz mit Wärmegefühl, und schon rann Blut aus dem Ärmel. Granatsplitter waren direkt in das linke Ellbogengelenk eingedrungen. Welche Fügung! Die schützende Hand hatte eine vielleicht tödliche Kopfverletzung verhindert. Der Kompaniesanitäter legte einen Verband um das verwundete Gelenk und wies mir den Weg zum Truppensanitäter. Im Dunkel der Nacht fand ich diesen Helfer nach langwierigem Suchen. Er gab mir sofort eine Tetanusspritze und zeigte mir den weiteren Weg zum Truppenverbandsplatz. Als ich um Mitternacht herum dort einlangte, begann mein linkes Ellbogengelenk schon recht zu schmerzen. Der Truppenverbandsplatz war eine „Fleischbank“ voll Blut, Fleischfetzen und einigen verwundeten Kameraden, denen die Ärzte Granatsplitter aus dem Fleisch schnitten und anschließend Verbände anlegten. Ich wurde zunächst in eine angrenzende Scheune geschickt, wo bereits mehrere Verwundete wimmernd auf einem Strohlager auf den Abtransport in das nächste Lazarett warteten. Bei Morgengrauen erschien endlich ein Lastwagen, der diese Verwundeten und auch mich in das Lazarett nach Tschenstochau brachte. Dort wurde ich operiert. Es war die erste Operation unter Vollnarkose in meinem Leben. Mit einem Gipsverband über den ganzen linken Arm erfolgte schon am nächsten Tag mein Transport weiter zurück per Bahn nach Görlitz. Während dieser Fahrt wurden die Schmerzen im linken Arm derart arg, daß ich kurzerhand – ein begleitender Sanitäter war momentan nicht zu erreichen – den Gipsverband aufzuschneiden begann. Die nicht mehr zu ertragenden Schmerzen waren durch das jähe starke Anschwellen des Armes im enganliegenden Gipsverband entstanden. Im Lazarett Görlitz bekam ich hohes Fieber, worauf man eine Amputation des Armes in Erwägung zog. Gott sei Dank konnte aber der Arm gerettet werden. Die Heilung schritt langsam voran und schon nach einigen Wochen wurde ich in meine Heimatstadt Wien verlegt, wo ich bei Verwandten wohnen durfte und mich nur zur Kontrolle in einem dortigen Lazarett melden mußte. Bald wurde ich auf eigenes Ansuchen nach Hollabrunn und von hier wieder zur Erholung in das nahe gelegene Schloß Sonnberg verlegt. Von hier aus hatte ich die Möglichkeit, mit dem Fahrrad jedes Wochenende nach Hause zu meinen Eltern in meinen Heimatort zu fahren (25 km).

Noch vor Einbruch des Winters 1944 wurde ich – als „Bedingt-KV“ entlassen – zu meinem Ersatztruppenteil in das landschaftlich herrlich gelegene Bad Reichenhall im Berchtesgadener Land in der Nähe des Königsees abkommandiert (Quartier in einem Gasthaus in Bayrisch Gmain). Noch während des Winters 1944/45 wurde ich in die Gebirgsjägerschule Mittenwald verlegt (Wachmannschaft), wo ich nach neuerlicher Untersuchung „AV“ geschrieben wurde und damit der „Kriegsmaschine“ entging.

Um den 20. April 1945, als Wien bereits in russischen Händen und die militärische Lage für Hitler-Deutschland schon völlig aussichtslos war, erhielt ich von Mittenwald aus einen mehrwöchigen Urlaub zu meinen Eltern in meiner Heimatgemeinde. Dort war zu dieser Zeit „Kriegsgebiet“, die Russen befanden sich ganz in der Nähe. Ganz knapp vor meinem Urlaubsziel, in Zellerndorf, kontrollierten im Morgengrauen die sogenannten „Kettenhunde“ (Feldgendarmerie) meine Urlaubspapiere. Ohne jegliches Wort und zu meinem großen Erstaunen nahmen sie die Papiere an sich, nahmen mich an Ort und Stelle fest und transportierten mich in einem Lastwagen nach Hollabrunn. Ich hatte schon Strafkompanie oder Exekution vor Augen und versuchte, mit List zu entkommen, um auf irgendeine Art unterzutauchen und das bereits ganz nahe Kriegsende irgendwo abzuwarten. Mit einem gerade an die Front fahrenden Kampfpanzer nützte ich die Gelegenheit, um in die Nähe von Kammersdorf zu gelangen. Dort erhielt ich ein Fahrrad, um damit in meinen Heimatort zu gelangen. Hier versteckte ich mich in einer Scheune. Aber schon am nächsten Morgen erschien meine Mutter mit der Hiobsbotschaft, daß ich bereits im ganzen Ort von der anwesenden „SS“ gesucht würde, und bat mich inständigst, den Ort schnellstens zu verlassen. Für mich war das natürlich ganz bitter. Um den 25. April traf ich mit einem Flüchtlingszug wieder bei meinem Ersatztruppenteil in Mittenwald ein. Da in Bayern bereits die Amerikaner immer näher rückten, marschierten oder fuhren wir nach Fulpmes. Dort erfuhren wir schon in den nächsten Tagen vom Tod Hitlers, und bereits am nächsten Tag erhielt ich einen Wehrmachtsentlassungsschein in die Heimat – allerdings „Auf eigene Gefahr". Unterwegs, knapp vor der Ennsbrücke in Steyr, überholten uns auf einer mit flüchtenden Soldaten und Zivilisten verstopften Straße die Amerikaner. Da eröffneten wahnwitzige deutsche Soldaten, die in Gebüschen neben der Straße versteckt waren, das Feuer auf die Amerikaner. Es war ein völlig aussichtsloser Kampf noch „5 Minuten vor Kriegsende". Ich lag zusammengekauert wie ein Wurm in einem kleinen Loch zwischen zwei Fronten, bangend um mein Leben, das ich bisher so mühsam gerettet hatte. Was für ein Aufatmen nach dem Verhallen des letzten Schusses! Auf der Flüchtlingsstraße lagen Tote und Verwundete. Bereits in Zivil, verdingte ich mich bis zur Möglichkeit einer Heimkehr bei einem Bauern in Gründberg bei Steyr. Während des Krieges haben dort KZ-Häftlinge aus dem nahen Mauthausen bei grausamster Behandlung und unter schwersten Bedingungen unter „SS-Aufsicht" arbeiten müssen. Noch in den letzten Kriegstagen sind einige von ihnen umgebracht und in unmittelbarer Nähe des Bauernhofes gleich verscharrt worden. Ende Oktober 1945, nach mehrmaligen vergeblichen Versuchen, gelangte ich über die russische Demarkationslinie nach Wien zur Heimkehrerstelle auf dem Nordwestbahnhof und dann in die Nähe meines Heimatortes. Im Dunkel der Nacht traf ich nach mehreren Kilometern Fußmarsch überglücklich bei meinen Eltern ein, die mich nach langer Zeit der Ungewißheit sowie beiderseitigem Bangen und Sorge um das Schicksal voll Freude über meine Heimkehr in ihre Arme schlossen. Mein jüngster Bruder, der sich noch in Holland in Gefangenschaft befand, kehrte erst ein Jahr später heim. Zu Hause erfuhr ich von meinen Eltern, daß noch in den letzten Kriegswochen mein Großvater als Insasse eines Altersheimes als „nutzloser Esser" durch NS-Schergen umgebracht worden ist. Und einen alten Onkel haben Russen getötet.

Jedenfalls trat ich bereits wenige Tage nach meiner Heimkehr an der hiesigen Volks- und Hauptschule als Lehrer meinen Dienst an. Nach Kriegsende mangelte es an ordentlicher Bekleidung, die in den Kriegswirren abhanden gekommen war. Das größte Problem in der Schule war die Beschaffung von geeignetem Unterrichtsmaterial, wobei mir beim Erwerb verschiedener Notwendigkeiten die Lebensmittel meiner Eltern als Tauschmittel sehr zugute kamen.

1950, nachdem ich ein Jahr vorher geheiratet hatte, wurde ich in einem Nachbarort für einen erkrankten älteren Kollegen provisorischer Leiter einer einklassigen Volksschule. Nach fünf Jahren hat man mich an die Hauptschule meiner Heimatgemeinde versetzt. Nach einer sehr schweren Operation konnte meine Gattin, die mir zwei Kinder geschenkt hat, nur mehr leichtere Hausarbeiten verrichten. Trotzdem erbauten wir mit unseren Ersparnissen, mit Hilfe von Bausparverträgen und einem Landesdarlehen sowie einem Bezugsvorschuß ein Einfamilienhaus. Mein Gehalt betrug damals nur etwas über S 3.000,–, zusätzlich meiner kleinen Versehrtengrundrente.

Mein verletzter linker Arm und meine Kriegsfolgenleiden haben sich immer mehr verschlimmert, zahlreiche Spitalsaufenthalte und Operationen haben mich oft an den Rand der Verzweiflung gebracht. Dennoch habe ich die Hoffnung nicht verloren, meinen Lebensabend zufrieden im eigenen Heim verbringen zu können.

Franz Feldmann

„Für Sie hätte ich keine fünf Pfennige mehr gegeben."

Ich war als 17jähriger Kriegsfreiwilliger seit Anfang Dezember 1943 in Rußland bei der 16. Panzerdivision als Funker eingesetzt. Nach erfolgreicher Beendigung der Schlacht um die Beresina-Sümpfe, nahe der Stadt Bobroisk, wurde unsere Abteilung nach Süden zwischen Schitomir und Proskurow versetzt.

Am Vorabend des 12. Jänner 1944 mußten wir eine Funkstelle, die während der Kampfhandlungen ausgefallen war, durch unsere Funkergruppe ersetzen. Wir fuhren um ca. 22 Uhr los. Es war eine mondhelle Nacht, und trotz der Kälte brachen wir mit unserem Schützenpanzerwagen in ein zugefrorenes Bachbett ein und konnten nicht mehr weiter. Es war zu glatt, und die durchgleitenden Gummiraupen fanden keinen Halt. Es mußte Hilfe angefordert werden, die wir auch durch zwei Panzerwagen erhielten. Leider gelang es auch diesen nicht, unser Fahrzeug wieder flottzumachen. So blieb denn auch nichts anderes übrig als abzuwarten, bis es Tag wurde. Um 4.30 Uhr gaben wir nochmals den Standort durch. Hell schien der Mond, und ich beschäftigte mich in der Zwischenzeit mit dem Sammeln von Lebensmitteln, denn unweit von unserer Einbruchstelle hatte ein russischer Verpflegungswagen das gleiche Schicksal wie wir erlitten. Er war voll mit Speck, Mehl und sonstigem Eßbaren. Auch ein gebratenes, wenn auch gefrorenes Henderl konnte ich entdecken. Ein langersehnter kulinarischer Wunsch schien sich zu erfüllen...

Kurz vor 5 Uhr aber kam ein Infanterist, der unserem Unteroffizier die Mitteilung machte, daß einige hundert Meter entfernt eine vollkommen intakte Zugmaschine stehe, die uns aus dem Bachbett herausziehen könnte. Aber dazu kam es nicht, denn als der Unteroffizier und unser Fahrer die Zugmaschine holen wollten, sahen sie schon die russischen Panzer nahen. Sie liefen sofort zurück, und der Unteroffizier rief: „Die Panzer kommen!" Also schnell die Funkunterlagen her, Waffen raus, das Fahrzeug in Brand stecken. Da ich gerade im Fahrzeug meinen Dienst versah, brachte ich ihm die streng geheimen Funkunterlagen, lief dann zurück, um die Gewehre und meine Sachen aus dem Panzer zu retten. Inzwischen hatte der Fahrer einen Benzinkanister voll Treibstoff auslaufen lassen und stand mit einer Eierhandgranate vor der Tür. „Spring!" forderte er mich auf, zog die Granate ab und warf sie in den Innenraum. Ich wußte, 4,5 Sekunden ist Zeit, und sprang. In diesem Augenblick schlug auch schon die erste russische Granate ein und explodierte. Während des Sprunges war mir, als stürzte ich in Nebel – dann war es aus. Nach geraumer Zeit kam ich zu mir und richtete mich auf. Noch benommen und unbeschreiblich müde stellte ich fest, daß ich die rechte Hand nicht gebrauchen konnte, weil die Finger gelähmt waren. Der linke Handrücken war schwarz und rot, die Hautfetzen hingen herunter. Auch der ganze linke Arm war nicht zu gebrauchen. Über das Gesicht lief mir warmes Blut, und sehen konnte ich nur aus dem rechten Auge. Während ich noch bewußtlos dalag, hatte sich laut Aussage unseres Kompaniechefs folgendes abgespielt:

Die russischen Panzer griffen um 5 Uhr morgens an, überrollten die Hauptkampflinie der Infanterie, um die im nahen Dorf einquartierte 16. Panzerdivision zu beschießen. Jedenfalls wurde mit dem ersten Schuß unser Funkpanzerwagen vernichtet und ich schwer verwundet. Die anderen Kameraden wurden mit Maschinengewehren beschossen und ebenfalls verwundet, waren aber noch in der Lage, sich in

Sicherheit zu bringen und nach dem Angriff zur Kompanie zurückzukehren. Man versuchte später, mich zu bergen, was aber wegen des starken Beschusses nicht möglich war.

Nachdem ich das Bewußtsein wieder erlangt hatte, bewegte ich mich auf den Knien langsam zur offenstehenden Tür des brennenden Fahrzeuges, um an den Verbandskasten zu gelangen, leider vergeblich. So ergab ich mich eben in mein Schicksal und versuchte, den Rest meines halbverbrannten Wintermantels über die Schulter zu legen, da ich zu frieren begann. Nach einigen erfolglosen Versuchen gab ich auch das auf und legte mich zur Seite, indem ich den Mantelrest als Kopfpolster benutzte. So starrte ich in die Flammen des noch immer brennenden Fahrzeuges. „So ist es, wenn man im Krieg zugrundegeht", dachte ich bei mir.

Laut letzter Standortbestimmung waren wir nur 500 Meter vom nächsten Ort entfernt. Das mußte ich schaffen. Die Spuren unseres Panzerwagens im Schnee zeigten mir den Weg. Ich stand auf und begann, den Rückweg anzutreten. Ein kräftiger Morgenwind blies mir ins Gesicht und nahm mir den Atem. Deshalb mußte ich mich einige Male umdrehen, um wieder atmen zu können. Schließlich ging ich überhaupt verkehrt, um vorwärtszukommen. So wankte ich Richtung Dorf, das ich noch nicht sehen konnte, da das Gelände hügelig war. Endlich gelangte ich zu einem großen, überdachten Heustock. Dort wollte ich mich etwas ausruhen. Da erschrak ich, denn vor mir lag ein russischer Soldat. Obwohl er mich hätte töten können, benahm er sich durchaus friedlich und war offenbar selber froh, dem Kampfgetümmel entronnen zu sein. So legte ich mich einfach zu ihm, und gemeinsam benützten wir seinen aus Heu gebildeten Kopfpolster. Mit meiner rechten Faust schob ich etwas Heu über meine linke Hand, denn zum Schmerz gesellte sich auch die Kälte. Nach kurzer Zeit stellte ich fest, daß noch ein zweiter Russe da war. Die beiden wechselten einige Worte, und dann war es ruhig. Wir lagen im Mondschatten des Heuhaufens, fast taghell lag die vom Vollmond erleuchtete Schneelandschaft vor uns. Da sah ich, wie ein deutscher Kraftradfahrer mit einer Beiwagenmaschine daherkam. Sofort stand ich auf und ging aus dem Schatten heraus und schwenkte meinen rechten Arm. Der Kraftradfahrer hielt an und sein Beifahrer kam mit der Maschinenpistole im Anschlag näher. Ich muß fürchterlich ausgesehen haben, die Haare verbrannt und das Gesicht von den Verbrennungen und durch das Blut entstellt. Der Mann erkannte sofort die Lage und ließ mich in den Beiwagen einsteigen. Dann fuhr er mich zum Verbandsplatz. Dort angelangt wollte ich mich bei meinem Retter bedanken, konnte aber kein Wort herausbringen, weil durch die erlittene Gehirnverletzung infolge eines bohnengroßen Granatsplitters die Sprache gestört war. So verabschiedete ich mich mit einer dankbaren Geste. Der Schmerz in meiner linken Hand milderte sich im warmen Raum, und bald darauf senkte sich Schlaf oder Bewußtlosigkeit über mich. Daß ich mit einer JU 52 zurücktransportiert wurde, ist eine Tatsache, die ich nicht wahrnahm. Aber als ich nachher in den Sanitätswagen verladen wurde, war ich wieder wach. Im Flugzeug hatten mich schreckliche Fieberphantasien gequält. Im Luftwaffenlazarett in Proskurow, in der Nähe der rumänischen Grenze, wurde ich von ganz ausgezeichneten Ärzten operiert und behandelt. Eine Schwester, die dort Dienst machte, traf ich später in Wien. Sie hat mich nicht gleich wiedererkannt. Aber nachdem ich ihr schilderte, wo und neben wem ich gelegen bin, erinnerte sie sich: „Für Sie hätte ich damals keine fünf Pfennige mehr gegeben."

Hermann Fichtinger

Entstellt und entwurzelt

Am 1. Feber 1940 mußte mein Mann, damals waren wir noch nicht verheiratet, nach Braunau am Inn einrücken.

Nach vierjährigem Kriegseinsatz bekam ich Ende Feber 1945 die Nachricht, daß er schwerverwundet in Würzburg liege. Dann kam der 17. April, wo er plötzlich vor der Tür stand – mit einem halben Gesicht. Ein Explosivgeschoß hatte ihm die linke Gesichtshälfte zertrümmert, mitsamt dem Auge war alles bis zur Unkenntlichkeit verstümmelt. „Was nun?"

Jeder Arzt schickte ihn weg, weil keiner wußte, was er tun sollte. So mußten wir wieder nach Hause gehen, unverrichteter Dinge. Ich habe ihm jeden Tag mit Käsepappeltee die Wunde gereinigt, und das war die ganze Behandlung. Das dauerte bis zum Kriegsende. Im Spätherbst fuhr ich mit ihm nach Wien ins AKH, welches ihn aufnahm. Nun begann ein weiterer Leidensweg: Die nächsten zwei Jahre wurde er 13mal operiert und das unter den fürchterlichsten Verhältnissen. Es war ja nichts da, keine Medikamente, einfach ein Martyrium, was er durchmachte.

Mein Mann hatte von seinen Eltern eine kleine Landwirtschaft, welche ich zum größten Teil allein bearbeiten mußte, weil er zu einer schweren Arbeit nicht mehr einsetzbar war und wir von etwas leben mußten. Die 70 Schilling Rente, welche er damals vom Invalidenamt bekam, reichten nicht einmal für das Notwendigste. Ich mußte schwer arbeiten. Wenn ich heute zurückdenke, frage ich mich immer wieder, wie ich das wohl zustandegebracht habe.

Mein Mann ist ein völlig anderer Mensch geworden. Entstellt und entwurzelt litt er sehr unter Minderwertigkeitskomplexen. Seine Nerven waren am Ende, wodurch auch die Familie schwer zu leiden hatte. Arg waren auch die wirtschaftlichen Sorgen, er hatte nämlich nur die Grundrente. Erst drei Jahre vor seinem Tod wurde ihm die Zusatzrente zugesprochen, welche damals an die 2.000,– Schilling betragen hat.

Im Juni 1971 wurde mein Mann von seinem Leiden erlöst. Die letzten acht Jahre konnte er das Haus nicht mehr verlassen, weil er zu schwach war. Mittlerweile waren die Kinder zum Teil erwachsen, so arbeiteten wir halt gemeinsam weiter. Unter welchen Verhältnissen? Da darf man nicht daran denken.

Heute bekomme ich eine Witwenrente von 2.000,– Schilling und eine Bauernrente von etwas über 3.000,– Schilling, welche ich zum Großteil für Arztkosten brauche, weil meine Gesundheit sehr arg mitgenommen ist.

Franziska Fischer

Der Krieg – Zerstörer unwiederbringlicher Jugendjahre

Im Oktober 1941 war ich in die Meidlinger Kaserne in Wien eingerückt. Ich wurde zum Funker ausgebildet und im Mai 1942 einer Nachrichteneinheit des 17. Armeekorps zugeteilt. Der Vormarsch durch die südrussischen Steppen führte uns bis zu den Abhängen des Kaukasus. Vom Kuban-Brückenkopf zog sich meine Einheit über die Krim zur Frontlinie am Dnjepr zurück. Auf Grund eines Führerbefehls mußten alle jungen Jahrgänge zur kämpfenden Truppe überstellt werden. So gelangte ich im Winter 1943/44 zu einer Hamburger Einheit, die mit 21-cm-Mörsern ausgerüstet war. Von nun an war ich Funker des Beobachtungsoffiziers, der auf vorgeschobenem Posten das Feuer leitete.

Ich befand mich auf einem Industriegelände nördlich von Warschau in Stellung. Die ersten Tage verliefen ruhig. Da von unseren Geschützen aus nicht gefeuert wurde, waren wir von der feindlichen Aufklärung bisher unentdeckt geblieben. Wir Nachrichtenleute waren zunächst zum Bau eines Unterstandes eingeteilt worden. In einer gedeckten, ziemlich langen Halle sollte jeweils nahe der Stirnseiten je ein Bunker gegraben werden. Wir arbeiteten fieberhaft an der Fertigstellung des ersten. Kaum saßen wir im Schutz dieses Bunkers, setzte ein massiver Feuerüberfall ein. Als es wieder ruhig geworden war, hielten wir Nachschau. Unser Schock war groß: Das Dach der Halle war zerborsten, und aus dem kleinen Bunkerloch, das wir kurz vorher verlassen hatten, war durch einen Volltreffer ein tiefer und weiter Krater geworden. Weil der feindliche Beschuß immer heftiger wurde, kam es in der nächsten Nacht zum Stellungswechsel. Bis in die ersten Vormittagsstunden waren wir unterwegs zum neuen Standort. Plötzlich gab es abermals einen massiven Feuerüberfall auf die fahrenden Geschütze und Fahrzeuge, diesmal im offenen Gelände ohne Deckung. Ich verließ schleunigst das Fahrzeug und verkroch mich in eine flache und weite Grube, wie sie zum Splitterschutz für Fahrzeuge ausgehoben worden war. Wenige Augenblicke später krachte es unmittelbar neben mir, ein Geschoß hatte den Grabenrand getroffen, und ich bekam in Hände, Beine, Rücken und Gesäß die Splitter ab, aus einer Entfernung von nur einem Meter. Im ersten Augenblick verspürte ich keinen Schmerz. Bange Minuten vergingen, bis der Beschuß aussetzte. Ein merkwürdiges Rauschen ging durch meinen Körper. Ich erinnere mich genau an den metallischen Knall in meinen Ohren, an den Pulvergestank und den erdigen Geschmack im Mund. Das Empfinden dieses Augenblicks des hilflosen Hingestrecktseins sollte sich tief in mein Unterbewußtsein einprägen.

Ich habe es in den späteren Jahren wiederholt durchlebt, in Angstträumen und in extremen Streßsituationen des täglichen Lebens. Mit rührender und selbstloser Hingabe nahmen sich die Kameraden meiner an und versorgten meine größeren Wunden. Als mir der Sanitäter das rechte Hosenbein auftrennte, sah ich eine handtellergroße Wunde an der Innenseite des Oberschenkels und einen faustgroßen Dippel auf seiner Oberseite – ein nußgroßer Granatsplitter war im Muskelfleisch steckengeblieben. Den Transport zum Hauptverbandsplatz habe ich kaum wahrgenommen. Bewußt wurde mir mein Zustand erst im Lazarett von Litzmannstadt. Meine Genugtuung darüber, daß man das Bein nicht amputiert hatte, wurde durch die Tatsache gedämpft, daß ich auf beiden Ohren nichts hören konnte. Erst nach einigen

Wochen begann ich allmählich wieder die Stimmen der Menschen um mich wahrzunehmen.

Im Krankenhaus von Tuttlingen in Württemberg wurde ich gesund gepflegt und somit tauglich für einen neuerlichen Fronteinsatz. Kurz vor Weihnachten 1944 entließ man mich auf einen kurzen Genesungsurlaub in die Heimat. Auf der Heimfahrt in Richtung Wien war in Ulm a. d. Donau die Bahnlinie unterbrochen. Man mußte vor Ulm aussteigen, zu Fuß durch mehrere Stadtteile gehen, um am anderen Ende einen Zug zur Weiterfahrt zu erreichen. Wenige Tage vorher waren durch einen Bombenangriff nicht nur Geleise, sondern überhaupt ein großer Teil der Stadt zerstört worden. Ich sehe mich heute noch in der Dunkelheit und Kälte einer Dezembernacht durch die ausgebrannten Häuserzeilen der Stadt gehen. Es war ein unheimlicher Gang durch eine Geisterstadt mit leeren, ausgebrannten Fensterhöhlen. Für die gespensterhafte Beleuchtung der Szenerie sorgten die noch immer glühenden Ruinenteile. Ein bestialischer Brandgeruch lag in der Luft, die verbrannten Leichen zwischen den Trümmern hatte man noch nicht wegschaffen können. Mit dieser Deutlichkeit und Eindringlichkeit hatte ich bisher nicht einmal draußen im Feld die Sinnlosigkeit und Brutalität der Kriegsführenden erlebt. Dieses nächtliche Erlebnis hat mich zutiefst erschüttert und mir auch die Vorfreude auf den Heimaturlaub genommen. Ich gelangte schließlich zur Stelle, wo die weiterfahrende Zugsgarnitur auf uns wartete. Der letzte Teil der Heimreise verlief ohne Störung.

Das Verlassen der Familie am Urlaubsende war von banger Hoffnungslosigkeit erfüllt. Laut Marschbefehl mußte ich nach Norden fahren, meine Lieben aber im südöstlichen „Niederdonau“ zurücklassen. Ein ungewisses Schicksal stand ihnen bevor, zumal die Ostfront schon Ungarn erreicht hatte. Jedermann wußte damals schon, daß dieser Krieg längst verloren und es nur eine Frage der Zeit war, wann die Rote Armee auch die österreichische Grenze überschreiten würde.

Die Fahrt nach Norden verlief ohne Zwischenfälle und ohne jeglichen Aufenthalt. In Anbetracht der ständigen Bombardierungen war dies ein organisatorisches Wunder. In der Garnisonsstadt Ratzeburg kam ich in den ersten Jännertagen an. Meinem Wunsch, zur alten Einheit zurückgeschickt zu werden, wurde nicht entsprochen. Noch am selben Tag erhielt ich den Marschbefehl nach Varde, einer kleinen Stadt an der Westküste Dänemarks, unweit von Esbjerg. Außerhalb von Varde befand sich ein großes Sammellager für Soldaten aus verschiedenen Truppenteilen. Es war die Rede davon, daß neue Einheiten gegen die Invasionstruppen im Westen aufgestellt werden sollten.

Wir Neuankömmlinge richteten uns auf dem Boden einer großen Halle häuslich ein. Ein penetranter Geruch nach Pferden ließ den eigentlichen und vormaligen Zweck unserer Unterkunft erahnen. Der Dienstbetrieb war flau und uninteressant. Mehrständige Gewaltmärsche mit schwerem Gepäck hielten uns in Atem. Interessant wurde das Leben erst in den Kantinen. Die Dänen boten hier alle Lebens- und Genußmittel an, die wir seit Kriegsbeginn nicht mehr zu sehen bekommen hatten. Die neue „friedensmäßige“ Kost, aus der eigenen Tasche bezahlt, bekam uns aber überhaupt nicht, wir waren gutes Essen nicht mehr gewöhnt. Außerdem war es um die hygienischen Verhältnisse im „Pferdestall“ sehr schlecht bestellt. Schon das einfache Händewaschen war mit Schwierigkeiten verbunden. Sehr bald kam es zum Ausbruch der Ruhr, einer Darminfektionskrankheit. Die heftigen, blutig-schleimigen Durchfälle, das ständige Bauchgrimmen und das wiederholte Sitzen auf der Feldlatrine bei tiefwinterlichen Temperaturen sind meine schlimmsten Erinnerungen an das Auffanglager in Dänemark. Ein Arzt war nicht vorhanden, die Reviersanitäter waren ihrer Aufgabe nicht gewachsen. Erst das Medikament „Tannalbin“ aus einer Apotheke in Esbjerg brachte Hilfe. Innerhalb weniger Tage flaute die Krankheit ab, um einen latenten Schaden fürs ganze Leben im Dickdarm zurückzulassen.

In der Nacht vom 18. auf den 19. März 1945 wurden Mannschaft und Gerät in der Station Otsböl verladen, insgesamt wurden es drei lange Lastzüge, die sich auf die Invasionsarmeen der Alliierten zubewegten. Die Bahnfahrt verlief sehr langsam, fast in jedem Bahnhof gab es einen Aufenthalt, weil die Strecke stündlich durch dänische Freiheitskämpfer gesprengt wurde. Am Abend des 20. März hielten wir kurz vor Hamburg und wurden Augen- und Ohrenzeugen eines schweren Bombenangriffes auf die ohnehin schon stark zerbombte Stadt. Man vergißt es ein Leben lang nicht: das Rauschen der fallenden Bomben, die zuckenden Blitze der Explosionen und – bis zur Unerträglichkeit – das nachfolgende Anschwellen des infernalischen Lärms. Das tatenlose Mitansehen-Müssen der Vernichtung unschuldiger Menschen, von Frauen, Kindern und Greisen erweckte in mir Abscheu vor den Tätern und Verantwortlichen auf beiden Seiten. Jeder einfache Soldat hatte schon lange das böse Ende vorausgesehen, nur die sogenannte Führerclique hielt am Untergang eines ganzen Volkes fest.

Bei diesem Luftangriff wurde die große Eisenbahnbrücke über die Elbe zerstört, und unser Transport mußte wieder rückgeleitet und umgeleitet werden. Über Lübeck, Ratzeburg, Büchen und Lüneburg gelangten wir nach Bremen, wo wir abermals durch einen Luftangriff aufgehalten wurden. Am 22. März langten wir in den Morgenstunden vor Osnabrück ein. Durch die anhaltende Fliegertätigkeit war man gezwungen, die Transportzüge nur mehr nachts fahren zu lassen. Tagsüber riß das Dröhnen der alliierten Maschinen nicht mehr ab. Stündlich vernahmen wir aus verschiedenen Himmelsrichtungen das Niedergehen von Bombenteppichen. Über unseren Köpfen spielten sich vereinzelt Luftkämpfe ab, denen auch Abschüsse folgten. Nach durchfahrener und schlafloser Nacht hielten wir am Morgen in West-Bevern. Aus unmittelbarer Nähe mußten wir mitansehen, wie am hellichten Tag das schöne Münster in einen Bombenhagel geriet. Um ca. 10 Uhr setzten einzelne Maschinen über dem Zielgebiet Rauchsignale. Bald darauf flogen in mehreren Wellen die Bomber über die Stadt und luden ihre tödliche Fracht auf dicht besiedelte Stadtteile ab. Das Abwehrfeuer der Flak war noch immer heftig, wir sahen auch einzelne Maschinen abstürzen.

In der folgenden Nacht wurden wir ausgeladen und in Richtung Ruhrgebiet in Marsch gesetzt. Der Zielort Bocholt an der niederländischen Grenze war bereits in amerikanischer Hand. Ziemlich planlos fuhren wir durch brennende Dörfer, ständig von Tieffliegern beschossen und von Kolonnen fliehender Menschen behindert. Zum Einsatz unserer Flakgeschütze – ich war als Funker einer leichten Flakbrigade zugeteilt worden – kam es nur sporadisch. Die Lage war höchst unübersichtlich, und es war schwierig, Verbindung zu übergeordneten Dienststellen herzustellen und zu halten. Häufige Stellungswechsel zogen ein wiederholtes Auf- und Abbauen von Fernsprechleitungen nach sich. Genächtigt wurde im Fahrzeug, in Scheunen und Schuppen, zum Schlafen selbst kamen wir selten bis gar nicht. Eine grenzenlose Müdigkeit befiel uns in diesen Tagen, in denen Wachsamkeit besonders angezeigt gewesen wäre. Obwohl wir schon im Ruhrgebiet waren, bewegten wir uns doch immer im ländlichen Milieu. Mit den Leuten, die sich nicht zur Flucht entschlossen hatten, bekamen wir stets guten Kontakt. Sie versorgten uns, soweit es möglich war. Ich bewunderte in diesen Tagen der kriegerischen Turbulenz die Leute in ihrem Mut, ihrem Selbstvertrauen und in ihrem Gottvertrauen. Mit eigenen Augen habe ich gesehen, wie man trotz Tieffliegertätigkeit und nahem Gefechtslärm unerschrocken den Kirchgang einhielt und ein normales tägliches Leben führte. Beim Einzug der amerikanischen Panzer in Dorsten mußten unsere Geschütze (angeblich) aus Munitionsmangel gesprengt werden. Der Rückzug erfolgte bis zur nächsten Flakbatterie in der Nähe von Recklinghausen. Ich wurde dem Stab als Funker zugeteilt und nahm Abschied von den Kameraden meiner Einheit. Auch hier kam schon kurze Zeit später der Rückzugsbefehl. Per Funk wurde ein neuer Einsatzort durchgegeben. Der Stab hatte nur wenige Mannschaftswagen, sodaß einige von uns, auf den Trittbrettern stehend mitfahren mußten. In der Nacht vom Karsamstag auf den Ostersonntag (31. März/1. April 1945) bauten wir wieder einmal sämtliche Fernsprechleitungen ab, und dies im Sperrfeuer der amerikanischen Artillerie. Das Feuer ließ auch nicht nach, als wir nach dem Verladen im Morgengrauen den Rückzug in Richtung Castrop-Rauxel antraten. Es war ein grauenhafter Tag, ein Tag ohne Hoffnung, an dem es nicht hell werden sollte. Es nieselte leicht, mich fröstelte. Schlaftrunken hänge ich mich seitlich an einen langen Lastwagen. Ich bemerke nicht, daß der Wagen nach einer Brücke über den Dortmund-Ems-Kanal in eine Beton-Panzersperre einfährt. Sie war so eng gebaut, daß der lange Mannschaftswagen nur mit der Seitenfläche streifend passieren konnte. Um sich in die Öffnung der Sperre richtig einzufädeln, mußte die Kurve zwischen Brücke und Sperre eng angeschnitten werden. Die vor mir hängenden Kameraden erkannten die Gefahr und sprangen ab. Ich hänge in der Fahrzeugmitte und sehe die Gefahr erst, als es zu spät ist. Noch mit Brotbeutel und Gasmaske behangen, werde ich zwischen Fahrzeugwand und Betonkante eingequetscht, drehte mich zwischen den beiden „Mühlsteinen“ noch dreimal um die eigene Achse und falle außerhalb der Sperre zu Boden. Mit den schlimmsten Schmerzen meines Lebens winde ich mich auf dem Boden. Im ersten Augenblick zuckt mir der Gedanke durch den Kopf, Unterkörper und Brustkasten müßten zerquetscht sein. Ich erinnere mich noch an meine flehende Bitte an den Leutnant, der mich verzweifelt anstarrte: „Gebt mir doch eine Kugel, ich halte die Schmerzen nicht aus.“

Kameraden packten mich in den Kübelwagen des Leutnants, der mich im Zivil-Krankenhaus von Castrop-Rauxel ablieferte. Wenige Stunden später brachte mich ein „Sani-Wagen“ zum nächsten Hauptverbandsplatz, ebenfalls in Castrop-Rauxel. Nach einer kurzen Untersuchung – jede Bewegung meines Körpers war mit quälenden Schmerzen verbunden – konstatierten die Ärzte einen Beckenbruch mit inneren Verletzungen. Da der Harnfluß unterbrochen war und Blut aus der Harnröhre floß, wurde mir nach vielen Stunden ein Katheder eingesetzt, was zwar kurze Zeit die Schmerzen noch steigerte, später aber zu einer Erleichterung führte. Dieser Ostersonntag 1945 war der Leidenstag meines bisherigen Lebens. Noch am Nachmittag brachte mich ein Sanitätswagen in das Evangelische Krankenhaus von Lütgendortmund. Ich mußte mich auf eine Bettruhe von acht bis zehn Wochen gefaßt machen, am besten wäre eine Ruhestellung in einer Hängematte gewesen. Ich kam in einen Krankensaal mit außergewöhnlicher Höhe mit einer breiten Fensterfront zu liegen; etwa zwei Dutzend Kranke und Verwundete lagen schon in diesem Saal, der wie ein

Turnsaal aussah. Ich erinnere mich noch sehr gut an die vorbildliche Betreuung durch Ärzte und Pflegepersonal, obwohl der Dauerlärm von der näherrückenden Front ständig zu hören war. Einige Tage und schlaflose Nächte vergingen träge und ereignislos. In der Nacht zum 6. April lagen die Einschläge in unmittelbarer Nähe des Lazaretts. Die Front hatte uns somit eingeholt. Bange Minuten vergingen bis zur Explosion weiterer Granaten. Die nächste Salve schlug unmittelbar vor den Fenstern unseres Hauses ein. Ein entsetzlicher Krach erfüllte die Luft, das Fensterglas zerbarst und stürzte in den Krankensaal. Grelle Blitze von den explodierenden Granaten erhellten gespenstisch den Raum. Der eindringende Pulverdampf machte das Atmen schwer. Eine grauenvolle Situation. Ich lag bewegungsunfähig in meinem Bett und mußte zusehen, wie die anderen Kranken und Verletzten Schritt für Schritt, oft auf allen Vieren kriechend, das Zimmer in Richtung Keller verließen. Unaufhörlich krachten die Einschläge. Endlich holte man auch mich mit einer Tragbahre ab und schaffte mich in den Keller, der von Patienten schon überfüllt war.

Das schmerzvolle Liegen auf der schmalen Trage sollte eine ganze Woche andauern. Der Kampf um jeden Meter Gelände im Bereich des Lazaretts riß in diesen Tagen und Nächten nicht ab. Feuerstöße aus Maschinengewehren und Granatwerfern drangen immer wieder an unser Ohr. Als sich der Infanterie-Gefechtslärm endlich von uns zu entfernen schien, glaubten wir das Ärgste schon hinter uns zu haben. Leider war das eine Täuschung. Am nächsten Morgen eroberte ein deutscher Stoßtrupp das Gelände zurück, und vom 1. Stock des Lazarettgebäudes schoß man auf die amerikanischen Linien. Uns wurde erzählt, der Oberstabsarzt unseres Hauses hätte heftig gegen diesen eklatanten Verstoß gegen die internationalen Bestimmungen des Roten Kreuzes protestiert. Es war für uns der letzte Kampftag gewesen. Am Nachmittag des 9. April erschienen die ersten Amerikaner und inspizierten die Kellerräume und ihre Insassen. Wir waren alle froh darüber, daß die Front endgültig nach dem Osten weitergezogen war. Mein Zustand hatte sich in den letzten Tagen auch gebessert. Ich bekam ein eigenes Bett, und der Katheder konnte entfernt werden. Am 12. April zogen wir aus den Kellerräumen endgültig aus, und ich kam mit drei anderen Kameraden in ein kleines Zimmer im Hauptgebäude des Lazaretts, an dem keine sonderlichen Beschädigungen erkennbar waren. Hier blieb ich bis zu meiner Entlassung.

Im Bett neben mir lag ein Kamerad, der erst am 1. April zum Volkssturm eingezogen worden war. Er stammte aus der nächsten Umgebung und war schon in den ersten Tagen seines Einsatzes am Bein schwer verwundet worden. Nach der Amputation des verletzten Beines kam er in das mir benachbarte Bett zu liegen. Er konnte sich einfach nicht mit seinem Schicksal abfinden, zu schnell und unerwartet war das Unglück in den letzten Wochen des Krieges über ihn hereingebrochen. Eine Embolie am 4. Tage nach der Operation setzte seinem Leben ein Ende. Dieses Hinschlachten-Lassen von Menschen, die für einen Kampf überhaupt nicht gerüstet waren, war eines der letzten großen Verbrechen der damaligen Machthaber. Auch zwei verwundete Amerikaner kamen Anfang Mai in mein Zimmer. Nun lagen wir, die Feinde von gestern, auf Tuchfühlung beisammen und spürten keinerlei Abneigung oder Haß. Innerhalb weniger Tage begannen wir uns zu verständigen und Erfahrungen auszutauschen. Unvorstellbar war es, daß wir vor noch kurzer Zeit „Feinde“ gewesen waren, die auf höheren Befehl aufeinander schießen mußten, obwohl wir uns nicht kannten und gar keine Differenzen jeglicher Art hatten. In der Folgezeit wurden wir von den Amerikanern verpflegt, darüber hinaus bekamen wir Zimmergenossen immer einen Teil der Sonderverpflegung der Amis ab.

Am 29. Juni 1945 wurde ich aus dem Kriegsgefangenenlazarett Lütgendortmund entlassen. Schon über eine Woche lang hatte ich mit Erfolg Gehversuche und Kräftigungsübungen unternommen. Die Zeit der Entlassung und Heimreise war gekommen. Die amerikanischen Besatzer waren abgezogen, um den Briten den gesamten Ruhrbezirk zu überlassen. Bei meiner Abreise waren auch die englischen Wachtposten beim Spitalsportal verschwunden. Der zivile Entlassungsschein sollte in der Zukunft noch seine Tücken haben.

Die Heimreise nach dem östlichen Österreich war in diesen ersten Friedenswochen etwas abenteuerlich, aber selbst für einen Gehbehinderten durchaus zu bewältigen. In Lokal- und auf Lastzügen, per Autostopp und streckenweise zu Fuß fand sich früher oder später eine Gelegenheit zum Vorwärtskommen. Man muß es bei dieser Gelegenheit wieder einmal betonen: Die Bereitschaft zum Helfen war bei allen Menschen sehr groß. Es gab immer wieder hilfsbereite Menschen, die ausgemergelten Soldaten Brot und Unterkunft für eine Nacht gegeben haben. Trotz großer Not war man zum Teilen bereit.

Schon am 4. Juli langte ich in Nürnberg ein. Bedrückend war die Aussicht vom fahrenden Zug. Die Städte und Bahnhöfe Deutschlands boten ein trostloses Bild der Zerstörung. Hitlers großsprecherische Prophezeiung kam mir dabei immer wieder in den Sinn: „Gebt mir zehn Jahre Zeit, und Ihr werdet Deutschland nicht wiedererkennen." Es war in der Tat nicht mehr zu erkennen, so gründlich war es zerstört worden. Am 7. Juli erreichte ich Salzburg, wo es mir gelang, über den Sender Rot-Weiß-Rot eine Durchsage aufzugeben, die tatsächlich bei der Familie ankam. Über Linz, Enns und Klaus kam ich nach Liezen, wo ich bei einer bekannten Familie Unterkunft fand. Ich wollte erst heimkehren, wenn ich einen militärischen Entlassungsschein in Händen hätte. Dieser wurde angeblich in einem Anhaltelager bei der Stadt Salzburg, und zwar von den Amerikanern, ausgestellt. Auf der Fahrt nach Salzburg mußte noch die britisch-amerikanische Demarkationslinie passiert werden. Risikofrei war es nur durch Umgehung des Kontrollpunktes beim Mandling-Paß möglich. Vom 5. bis zum 18. August saß ich im Salzburger „Hungerlager" fest. Außer Hunger und Durst wurde hier nichts geboten. Wir bekamen mit, daß am 12. August 1945 die ersten Salzburger Festspiele nach dem Krieg eröffnet wurden. Ich wünschte der feiernden Gesellschaft denselben Hunger, den wir hier zu leiden hatten. Dazu hieß es stets, wir könnten hier auf unbestimmte Zeit festgehalten werden, obwohl wir freiwillig das Lager betreten hatten. Am 18. August war es aber so weit, der begehrte amerikanische Entlassungschein aus der deutschen Wehrmacht wurde mir ausgehändigt, nachdem wir von einem wienerisch sprechenden Mann in amerikanischer Uniform eingehend befragt worden waren. Kaum aus dem Lager draußen, war ich schon wieder guter Dinge. Nun gab es kein Hindernis mehr für meinen Aufbruch nach Niederösterreich.

Am 21. August 1945 saß ich in einem Personenzug, der von Mürzzuschlag auf den Semmering fuhr. Mein Unbehagen verstärkte sich, je mehr sich der Zug der russischen Demarkationslinie näherte. Ich wollte die steirisch-niederösterreichische Landesgrenze auf Umwegen überschreiten. Verschiedene Leute wußten zu berichten, daß die Sowjets auf der niederösterreichischen Seite alle Männer, derer sie in Grenznähe habhaft werden konnten, in Transporte steckten, die in regelmäßigen

Abständen mit unbekanntem Ziel nach dem Osten abgingen. In Steinhaus hieß es plötzlich, alle müßten den Zug verlassen. Mit mir stiegen etwa 30 Personen aus. Sie wollten alle dasselbe wie ich, nämlich illegal die Demarkationslinie überschreiten. Ich mischte mich unter die anderen und wartete mit ihnen auf etwas, was ich nicht kannte. Ein Mann stand plötzlich unter uns und rief: „So, Leutln, jetzt kann's losgehen!“ Im Gänsemarsch zuckelte die merkwürdige Gesellschaft den Berg hinauf. Ich war der einzige junge Mann darunter. Das Gros stellten Frauen mittleren Alters, die auch Kinder mit sich führten. Fast alle schleppten schwer an Rucksäcken und Taschen.

Plötzlich standen wir vor einem hohen Gitterzaun, von dem es hieß, er stelle die steirisch-niederösterreichische Grenze dar. Wir fanden ein großes Loch im Zaun, stiegen durch und standen somit auf niederösterreichischem Boden. Schweigend gingen wir durch düsteren Wald bergab. Unser Weg querte in halber Höhe des Berges einen ausgedehnten Schlag, der mit Gestrüpp dicht bedeckt war. Plötzlich standen wie aus dem Boden gewachsen vier Rotarmisten schräg unter uns. Entsetzlich lang währten die nächsten Sekunden. Die Uniformierten strebten mit angeschlagener Maschinenpistole auf uns zu. Doch ohne uns anzuhalten, schritten sie schweigend vorüber und stiegen den nächsten Hang hinauf. Wie der Spuk gekommen war, war er auch wieder verschwunden. Erleichtert setzten wir den Weg fort. Durch die Adlitzgräben wandernd, erreichte ich noch am selben Tag Gloggnitz, von wo ich am nächsten Morgen die Heimfahrt mit der Bahn antrat.

In meiner Heimat Piesting in Niederösterreich, wo ich meinen Lebensabend nach der Pensionierung als Professor an einer pädagogischen Akademie verbringe, erinnere ich mich immer in Dankbarkeit auch an jene Familie in der Nähe des Gloggnitzer Bahnhofs, die mir „Dahergelaufenen“ in selbstverständlicher und selbstloser Weise Unterkunft und Verpflegung geboten hat.

Prof. Raimund Fischer

Der Tod hat keinen Stachel mehr . . .

Es singt sich leicht vom Tod, wenn man ans Weiterleben glaubt. Und doch bleibt in der Ferne ein Rest von Angst vor dem Wie. Am 25. April 1945 hatte ich das Wie plötzlich vor Augen, aber ich bin sicher, es war keine Angst mehr dabei, sondern ein kaltes erstauntes Erkennen: Also jetzt ist es so weit.

Noch vor wenigen Minuten brummte mein Fernaufklärungsflugzeug vom Typ „Junkers 188" im hellen Sonnenschein über einem unendlichen Wolkenmeer dahin. Der Funker-Unteroffizier meldete mir, daß die Luftraumüberwachung eben beendet worden wäre. Die ganze Besatzung konnte das mithören. Der Bordmechaniker rief von unten aus der Bodenwanne: „Der Krieg ist aus, jetzt geht's wieder heim zu Muttern." Mein linker Nachbar in der Glaskanzel sah mich fragend an, ich nickte – und abwärts ging's durch die Wolkenwatte. Da schrie der Hauptmann-Meteorologe aus der oberen Kuppel, wo er die nach hinten gerichtete Bordkanone bediente: „Zwei amerikanische Mustangs!" Schon krachte es, die stürzende Maschine taumelte, Feuergarben loderten aus dem rechten Motor, aber die Luftschraubenverstellung war dort intakt, ich konnte die toten Propellerflügel in Segelstellung bringen, damit sie nicht mehr einseitig bremsten. Vielleicht konnten wir jetzt aus dem Trudeln kommen. Ach Gott, mein Flugzeugführer konnte sein rechtes Bein nicht mehr gebrauchen – schnell ergriff ich mit der linken Hand das Pedal für das Seitenruder. Mein Steuerknüppel für den Notfall nützte nichts mehr. Der Boden drehte sich immer näher. Mit einem Ruck setzte ich mich auf meinen Fallschirm, um besser zu sehen. Da gab es einen furchtbaren Schlag auf mein rechtes Bein und den Rücken, ein Gefühl, als wäre eine Seite gerissen. „Ich kann nicht mehr zurückschießen, meine Hand . . .", kam es aus der Kuppel. Ich rief den Bordmechaniker zu mir herauf, denn bei einem Aufprall auf dem Boden mit dem Flugzeugbauch hätte es ihn zermalmt. Über einem Waldstück trieb starke Thermik den brennenden Flügel hoch, da: ein Trichterfeld, die Zündung heraus, das Dach ab, schon schlitterten wir in einer dichten Dreckwolke dahin.

„Ruhig liegenbleiben", besänftigte mich ein gütiger Landser auf einem dahinratternden Lastauto. Es war, wie sich herausstellte, ein Milchtransport nach Waren am Müritzsee. Zunächst ging's aber zu einem Krankenrevier. Ich hielt ein Verbandspäckchen hoch, das der Oberarzt mitleidig belächelte, als er die stöhnenden, blutverschmierten Leiber in Empfang nahm. „Sind sie der Kommandant der Besatzung?" Ich bejahte und fragte besorgt nach dem Zustand meiner Leute. Überglücklich vernahm ich, daß alle überlebt hatten.

Unserem „Wetterfrosch" ist allerdings ein verhängnisvoller Fehler passiert: Er verlangte nach einer Schere, mit der er sich einen Finger abschnitt, der nur noch an einem Hautfetzen hing. So infizierte er sich tödlich.

In einem Behelfslazarett wurde ich operiert. Mein rechter Oberschenkel war aufgerissen und voller Granatsplitter. Von der Granate des Amerikaners wurde ich aber nicht zerfetzt, weil mich mein Fallschirm gerade noch rechtzeitig geschützt hat. Als ich dann schon auf dem Boden gelegen bin, haben mich die Bordwaffen der Mustangs noch einmal erwischt, aber – Wunder über Wunder – wieder nicht getötet. „Sie sind vom Saturn bestrahlt, da sind Sie nicht leicht tot zu kriegen", hat mir Jahre später eine astrologisch versierte Mitarbeiterin attestiert.

Während meiner ersten Operation gab es einen fürchterlichen Bombenangriff. Ich erwachte danach im Freien in einem Haufen menschlicher Leiber. Eigenartigerweise hatte ich meine Ledertasche mit Navigationsgeräten umgebunden. Auf dieser Tasche stand mein Name mit der Heimatadresse Wien. Das erregte die Aufmerksamkeit eines Unteroffiziers aus Wien, der mich herauszerrte und ansprach. Alsbald schwand mein Bewußtsein. Irgendwann in nächtlicher Dunkelheit fühlte ich mich auf einem Leiterwagen wieder und hatte schreckliche Schmerzen. „Kamerad, sei still, sonst verrätst du uns", flüsterte mir einer zu. Das nächste Mal erwachte ich über und über eingebunden in einem Güterwaggon voller Schwerverwundeter. Einer rief ständig nach seiner Mutter. Jemand erklärte, daß wir in einem britischen Lazarettzug wären. Einige Leute brachten uns etwas zu essen. Unter ihnen befand sich – wie nach meiner Heimkehr feststellbar war – mein Vater. Er hatte mich nicht erkannt und ich ihn nicht. Eine meiner Kriegsverletzungen hatte auch mein Sehvermögen gestört. Und mein Vater hatte als Angehöriger eines Marinekommandos an meiner gewohnten Heimflugroute mein ihm bekannt gewesenes Flugzeug brennend abstürzen gesehen . . .

Mein Abenteuer sollte noch lange nicht an Dramatik verlieren: Die Briten haben den Lazarettzug den Russen ausgeliefert, die gerade den Sieg über Hitler feierten. Es war ein barbarisches Inferno, bei dem einige meiner Leidensgenossen bestialisch massakriert worden sind. Ein besoffener „Sieger" spielte mit meinem Schädel Eierpecken, zertrampelte meine Gipsverbände, schoß auf meinen Nebenmann, der ihm seine Armbanduhr nicht geben wollte. Da kam plötzlich ein russischer Arzt zu mir, jagte den Berserker weg und fragte mich, woher ich käme. Zum Glück beherrschte ich noch von meinem Vater, der schon im ersten Weltkrieg in russischer Gefangenschaft war, einige Brocken Russisch, was meine Lage schlagartig verbesserte. Meine Wunden wurden versorgt, und wie ein rohes Ei trugen mich russische Soldaten aus dem Zug und legten mich, auf Tuchenten gepolstert, auf einen Lastwagen, der gleich losfuhr. Immer wieder blieb der Fahrer stehen und fragte mich in gebrochenem Deutsch: „Kamerad, zu schnell?" Auch so konnten Russen sein. In Neubrandenburg war in einem ehemaligen Kinopalast ein Gefangenenlazarett eingerichtet, wo man auch Tiere gepflegt hat. Mein Nachbar auf gleichem Stroh war ein liebes Pferd, das mich wärmte und mir mit seiner weichen Schnauze manches Stück Brot oder eine Rübe zuschob. Pferde liebe ich seither ganz besonders. Auch die russischen Betreuer meinten es gut: Eines Tages wurde eine Kuh totgefahren, da gab es Rindsuppe mit einem großen Stück Fleisch – ein paradiesisches Mahl für die an Hungerödem leidenden Gefangenen. Der Brechdurchfall hinterher leerte beinahe die ganze Heilstätte.

Mutige Frauen haben mich aus dieser Umgebung buchstäblich gestohlen und in eine private Wohnung gebracht, wo sie ihr karges Brot mit mir und noch anderen Schwerverwundeten teilten – wie barmherzige Samariter aus der Bibel. Diese einzigartigen Frauen, wahre Heldinnen der Nächstenliebe, brachten mich unter Einsatz ihres Lebens nach Berlin zu den Engländern, die Rücktransporte österreichischer Kriegsgefangener organisierten. Meine guten Englischkenntnisse verhalfen mir zu einer riskanten Eisenbahnfahrt über die russische in die amerikanische Besatzungszone Deutschlands. Diese Umleitung geschah aus Sicherheitsgründen, weil Transporte durch die Tschechoslowakei direkt nach Wien nicht angekommen sind. Das sagte jedenfalls der freundliche britische Kommandant.

Im amerikanischen Gefangenenlager auf kaltem Wiesenboden, später überdacht von Militärzelten, gab es farbige Soldaten, die uns Gefangenen heimlich Konserven zusteckten. Österreicher brachte man eines Tages nach München, von wo aus ein Badener Rechtsanwalt Repatriierungszüge zusammenstellte. Ich hatte damals „schon" 45 Kilo; auf 37 war ich in der russischen Gefangenschaft abgemagert. Ein Sturz aus der Münchener Tramway hätte beinahe meine Heimkehr in letzter Minute vereitelt. Dieses Mißgeschick verhalf mir aber zu neuen, damals ganz modernen Unterarmkrücken.

Der Bahntransport nach Wien endete abrupt in Linz. Ein deutscher Flüchtling, der aus Wien kam, erzählte mir vom dortigen Deutschenhaß und von schrecklichen Szenen an der russischen Demarkationslinie an der Enns, wo Besatzer Frauen aus den Zügen getrieben, ausgeraubt und vergewaltigt hätten. Er gab mir Zigaretten, die gefährliche Grenzsoldaten freundlich stimmen sollten, und brachte mich in einen abseits abgestellten Waggon, von dem er wußte, daß er nach Wien befördert würde. Wieder war ich einem barmherzigen Samariter begegnet.

Ich erwachte in einem Personenzug voller Leute, die in Koffern und Bündeln Nahrungsmittel nach Hause bringen wollten, von welchen sie dem ausgehungerten Soldaten reichlich abgaben. Ich hatte eine geschenkte grüne Infanteriehose und eine „neutralisierte" Uniformbluse an, auf der Schifferlmütze war ein rotweißrotes Kennzeichen mit einem blechernen Edelweiß aufgenäht.

Plötzlich wurden die Passagiere sehr nervös, denn der Zug blieb auf der Ennsbrücke stehen. Polternde russische Soldaten fragten immer wieder „Soldat?" Mich hatte jemand unter einer Decke mit daraufgelegten Habseligkeiten versteckt. Endlich ging die Fahrt weiter – und da geschah das, wovon mir der deutsche Samariter in Linz erzählt hatte. Die Männer wurden mit Gewehren und Pistolen in Schach gehalten, bis der Zug weiterfuhr. In Amstetten stiegen zwei Burgenländer zu, die mir dringend rieten, in der Nähe von Wien auszusteigen, weil mich sonst die Russen schnappen und nach Sibirien verschleppen würden. Als wir vor dem Bahnhof Hütteldorf kurz anhielten, halfen mir die beiden beim Aussteigen und gaben mir die Richtung an, in der ich über die Gleise humpelte – zu einem stehenden Straßenbahnzug. Ich fragte, wie ich nach Favoriten gelangen könnte. „Oh je", sagte ein Mann, „dort ist alles hin." „Auch bei der Antonskirche?" fragte ich. „Ja, die haben die Amerikaner z'sammg'haut." Ich beschloß, zuerst einen alten Onkel in der Nähe des Südbahnhofs aufzusuchen. Ihn hat man sicher nicht mehr in den Krieg geschickt. Unterwegs sah ich einen Ami-Soldaten mit zehn oder mehr Armbanduhren an den Unterarmen, die er triumphierend einem Kollegen zeigte. Die also auch . . . Der Südbahnhof war eine Ruine, ringsum sah es ebenso traurig aus. Aber das Haus meines Onkels stand – und ich traf ihn an, auch meine Kusine, die ihm den Haushalt führte. Ich brachte kein Wort heraus, der Onkel stammelte mit versagender Stimme: „Gott sei Dank, du lebst. Dein Vater ist auch schon gekommen . . ." Wir konnten die Tränen nicht mehr zurückhalten.

Die Kusine ging voraus, um meine Eltern vorzubereiten. Sie kamen mit einem Leiterwagerl, mit dem sie mich dann nach Hause führten. Sprechen konnten wir nichts, nur einander umarmen. Wie mager und alt meine liebsten Menschen auf der Welt doch geworden sind! Hauptsache, wir hatten einander wieder. Zu Hause sah es furchtbar aus. Bomben und Artillerie hatten unser Haus und den Vorgarten schwer beschädigt. In unserer Wohnung ist ein russischer Stab einquartiert gewesen, hat manches mitgehen lassen, sich aber ansonsten ziemlich zivilisiert benommen. Meine Mutter erhielt sogar Soldatenessen, nachdem die Muschiks die Vorräte von ihr aufgebraucht hatten.

Die allmähliche Entspannung ließ mich immer deutlicher fühlen, wie peinigend Kriegsleiden auch für einen erst 22jährigen sein können: eiternde und nichtheilenwollende Wunden, wandernde Granatsplitter, durchschossene Knochen und Nerven, die Seh- und Gehbehinderung, das Unvermögen, wie ein normaler Mensch sitzen zu können, kranke Nieren, ein lädierter Magen, Nachwirkungen einer Gelbsucht und rasende Kopfschmerzen. Wozu war ich noch zu gebrauchen? In meiner Verzweiflung stieß ich gutgemeintes Mitgefühl zurück und wurde, wie ich selbst meinte, unerträglich. Warum bin ich nicht „draußen" geblieben? Draußen auf den blutigen Schlacht- und Schandfeldern einer Menschheit, die immer wieder Kriege entfacht hatte, die für mich nichts anderes sein konnten als legalisierter Massenmord. Dort draußen hatte ich schon das erlebt, was Doktor Moody in seinem Buch „Nachgedanken über das Leben nach dem Tod" beschreibt: Ein Gefühl des Losgelöstseins vom eigenen Körper, völlig frei von Schmerzen – in einem Tunnelgang zu wunderschönem Licht.

Mit zunehmender Genesung lernte ich jedoch die vielen Wohltaten dankbar zu begreifen, die mich in ein neues – sinnvolles – Leben zurückgeführt haben. Eines ist geblieben: die Erinnerung an den wunderbaren Zustand an der Schneide von Leben und einem Tod, der für mich seinen Stachel verloren hat.

Mein Studium an der Universität in meist nicht heizbaren Räumen, erleichtert durch Lebensmittelzubußen der Schwedenhilfe, finanziert durch Arbeit in der juristischen Fakultätsbibliothek und mein erstes selbst verfaßtes Lehrbuch, um meinen Eltern nicht völlig in der Tasche zu hängen, war durch viele Spitalsbehandlungen und Gedächtnisstörungen nach Schmerzanfällen belastet. Meine Mutter machte mir immer wieder neuen Mut zum Durchhalten – bis das Studienziel, und damit eine solide Berufsgrundlage erreicht war.

Als Kind wollte ich unbedingt Bauer werden wie einer meiner Großväter und Generationen vor ihm. Ein wohlmeinendes Schicksal machte mich zum Rechtsberater, Interessenvertreter und Sprecher des Bauernstandes. Ich startete das, was man heute Public Relations und Human Relations nennt, war Autor und Volksbildner, leitete und gestaltete viele Jahre den sehr populär gewesenen „Landfunk" und ähnliche Rundfunksendungen, betätigte mich in der Volksmusikforschung, drehte erfolgreiche Filme zugunsten der Ernährung aus heimischen Produkten, gründete als Mitarbeiter zahlreicher Redaktionen den Berufsverband der Agrarjournalisten, arbeitete mehrsprachig als Auslandskorrespondent im Interesse der internationalen Land- und Forstwirtschaft, wurde UNIDO-Delegierter und begründete zuletzt das Lehrfach „Methodik und Praxis der Kommunikation" an der Wiener Universität für Bodenkultur.

Als Universitätslehrer durfte ich die Sternstunden erleben, jungen und alten Studenten verschiedener Fakultäten zu helfen, ihr erworbenes Wissen bestmöglich anzuwenden und weiterzugeben sowie in der Gesellschaft Sympathie und Vertrauen zu finden.

Als einer, der aus Heimatliebe am Wiederaufbau Österreichs in schweren Zeiten unter großen Entbehrungen mitgewirkt hat und dieses Österreich mit seinen hohen Werten unangetastet wissen will, habe ich mich auch in den Dienst der Landesverteidigung gestellt, wo ich bis zur Erreichung der Altersgrenze als Stabsoffizier im Intendanzdienst zweitberuflich in Verwendung stand.

Rückblickend danke ich Gott für jeden Tag und jede Stunde geschenkten Lebens, wo ich vielfältige Wunder der Schöpfung wahrnehmen, berufliche Erfolge feiern, eine liebenswerte Familie gründen und vielen Mitmenschen Freund sein konnte. Diese Gnade läßt mich die mir zugefügten Leiden und Folgekrankheiten annehmen und in schmerzfreien Zeiten das Dasein in Fülle genießen. „Per aspera ad astra", aus der Schicksalsrauheit zu den Sternen, so könnte ich mein Leben benennen.

Aus dankbarer Wertschätzung habe ich mich dem Verband der Kriegsopfer und Behinderten angeschlossen und diesem als Funktionär gedient; wissend, daß Gemeinschaft stark macht – nicht zuletzt bei der Überwindung gesundheitlicher Schäden oder in Aktionen gegen Gewalt und Krieg.

Prof. Mag. Dr. Theo Fischlein

Deutsches Junkers-Fernaufklärungsflugzeug Ju 188. Foto: Theo Fischlein

Vom Krieg für immer geschädigt

1942, bei der Schlacht um Kertsch und Sebastopol, erlitt ich die Gelbsucht, welche ohne ärztliche Behandlung während der Kämpfe im großen Donbogen August 1942 abklang. Während der Kesselschlacht in Stalingrad erlitt ich am 23. Jänner 1943 durch Granatsplitter einen Nasendurchschuß mit Nasenbeinverletzung und eine Verletzung des rechten Oberschenkels durch einen Granatsplitter, welcher erst im März 1952 im Kriegsgefangenenlager Revda im Uralgebiet von Sverdlovsk nach Fieber und Eiterung herausoperiert wurde.

Während Waldarbeiten vom Kriegsgefangenenlager Oranki aus erlitt ich drei Malariaanfälle, welche nach jeweiliger Spitalsbehandlung abklangen.

Bei Zwangsarbeiten für das Stadtbaukombinat Revda kam ich wegen starkem Rheuma in Spitalsbehandlung, wonach ich wieder an Gelbsucht erkrankte.

Anläßlich der Repatriierung im Oktober 1953 wurde ich durchuntersucht und erhielt wegen eines dauernden Leberschadens eine 40%-Invalidenrente zugeschrieben.

Franz Fitzka

40 Jahre Ehe mit einem Schwerstkriegsversehrten

Mein Mann, der voll Begeisterung (das muß ich leider sagen) in diesen Krieg gezogen ist, ist völlig verändert wieder nach Hause zurückgekehrt. Vorher war er ein fescher Sportler, Antialkoholiker, Nichtraucher, nachher das grantige Gegenteil. Es hatte ihn in den letzten Kriegstagen (Februar 1945) in Rußland erwischt, er verlor den rechten Oberschenkel. Nach einem Jahr in verschiedenen Lazaretten kam er als Schwerstversehrter zurück. Freilich hatten wir keinerlei materielle Not zu leiden, denn ich war immer berufstätig gewesen, und für die Kriegsversehrten wurde wirklich alles Menschenmögliche getan. Aber was konnte die Leiden des Versehrten selbst und die darauf folgenden Leiden seiner Familie wiedergutmachen? Geld jedenfalls nicht. Mein zu einem schwernikotinsüchtigen Trinker gewordener Mann fühlte sich nach seinen eigenen Aussagen nur als vollwertiger Mensch, wenn er in seinem Pkw fahren konnte. Und das tat er in jedem Zustand. Die Zahl seiner Anstände war groß. Es gab immer irgendeine Aufregung. Und so hat dieser Krieg nicht nur einen Menschen, sondern auch seine ganze Familie ruiniert. Mein Mann verstarb 1986.

Karoline Fritsch

Danke für die Hilfe

Da in unserer Zeit wirklich sehr viel Gutes getan wird für uns Kriegsopfer, habe ich versucht, etwas zu schildern aus meiner Militärzeit. Sicher haben andere weit mehr erlebt und mitgemacht als ich. Aber viele haben halt nicht mehr schreiben können. So ist es sozusagen eine Verpflichtung für diejenigen, die noch am Leben sind, zu berichten, wie es war. Ich war Soldat in Rußland und vier Jahre in Gefangenschaft. Hoffentlich braucht niemand mehr solche Zeiten zu erleben.

Als Bergbauernsohn wurde ich mit 19 Jahren im Jahr 1942 zum Militär nach St. Pölten zur Kraftfahrersatzabteilung 45 einberufen. Von dort ging's nach der Fahrschule nach Rußland zur 36. Infanteriedivisionmot, so hieß diese Einheit im Mittelabschnitt. Dort war ein Gelände, wo nur Wald zu sehen war und Schützengräben. Ich fragte die Landser dort, die aus einem Erdloch hervorkrochen, voll Bart, voll Dreck und voll Läuse „Wo habt ihr eure Lastwagen?" Die lachten und sagten, sie hätten nur noch einige Panjefahrzeuge, die Lastwagen hätte der Iwan geschnappt. Wir wurden vom Gruppenführer eingeteilt, jeder in sein Erdloch und alle zwei Stunden auf Posten. Es war im Dezember 1943, da wurde ich eingeteilt zum Essenholen vom Essensplatz, so 500 Meter hinter der Hauptkampflinie. Ich hielt meine sechs Kochgeschirre hin für die ganze Gruppe. Auf einmal ließ ich diese fallen, eine Kugel von einem Scharfschützen steckte in meinem Hals. Der Essensplatz wurde rasch geräumt, man hat mich gleich mitgenommen mit dem Essenfahrzeug zum Hauptverbandsplatz, dort wurde der Steckschuß entfernt. Der Arzt hat mich ersucht, ob er die Kugel behalten darf, er sammelte alle Dinge, die er herausoperiert hatte. Ich wurde dann in ein Lazarett nach Tilsit gebracht. Dort bekam ich 14 Tage Genesungsurlaub. Und dann hieß es zum Ersatzhaufen nach Kaiserslautern und nach 14 Tagen wieder zurück nach Rußland.

Es war halbwegs ruhig an der Front, nur vereinzelte Spähtrupps der Russen tauchten auf. So kam eines Tages ein russischer Spähwagen auf der Rollbahn daher, von den Deutschen in Brand geschossen, die Besatzung gefangengenommen. Aber weil die Sowjets nicht mehr zurückkehrten zu ihrer Einheit, starteten die Russen einen Angriff auf unsere Stellung in ungefähr 1 km Breite. Aber wir waren in diesem Abschnitt zu schwach besetzt: Eine einzige Pak und zwei oder drei MG, alles andere Karabinerschützen, und da nur alle 100 Meter ein Mandl. Es hieß dort, die Sowjets hätten siebenfache Übermacht. So war es auch, wir mußten unsere Stellung aufgeben oder uns von der Übermacht erschlagen oder fangen lassen. Es gab nur eines: Rette sich, wer kann, oder Heldentod! Die Russen stürmten unsere Stellung und feuerten aus allen Rohren den zurückflüchtenden Deutschen nach. Wir mußten über ein freies Feld zurück, es war ein Kartoffelfeld, die MG-Salven der Russen mähten das Kartoffelkraut nur so nieder und dazwischen tote Landser, die es erwischt hat. Es dauerte nicht lange, da fiel ich auch um, ein Schuß hat meinen linken Fuß erwischt, aufstehen war nicht mehr möglich. Ich ließ meinen Karabiner liegen und kroch, auf den Ellbogen robbend, einen Hang hinunter, da kam zufällig ein Kradmelder daher, der nahm mich mit zurück zum Hauptverbandsplatz. Dort haben sie mir den Stiefel vom Fuß geschnitten, alles war geschwollen, voll Blut. Mein Schußbruch wurde operiert und ich nach Orel gebracht, von dort mit einer Ju 52 nach

Deutschland. Nach einigen Monaten Lazarett ging's wieder zum Ersatzhaufen und wieder nach Rußland, zum drittenmal. Aber nach einigen Wochen war der kranke Fuß geschwollen wie ein Ofenrohr, ich konnte nicht mehr gehen. Also zurück zum Divisionsarzt, der fragte: „Welcher Arzt hat Sie mit so einer Verwundung wieder an die Front geschickt?“ Im Lazarett wurde wieder operiert, es kamen Uniformreste aus der Wunde heraus. Dann wieder nach Kaiserslautern zum Ersatzhaufen und wieder an die Front, aber diesmal gegen die Amerikaner an die Westfront zu einer Flakeinheit. Bei einem Feuerüberfall von Amerikanern gab es Tote und Verwundete, ich bekam in die linke Hüfte einen Steckschuß mit mehreren Splittern. Notdürftig verarztet verbrachte ich einige Tage im Lazarett, dann kam ich wieder an die Front und dort in amerikanische Gefangenschaft bei Mainz in Deutschland.

Nach der Heimkehr ist mir der Fuß wieder angeschwollen. Im Spital wurden wieder Uniformreste entfernt. Eingestuft wurde ich mit 30% MdE. Aber wieder hatte ich große Schmerzen, wieder Spital und operieren. Ich habe die Verschlimmerung gemeldet und bekam 50%, aber nach einer Kontrolle nur noch 40%.

Ich hätte nur einen Wunsch: Es bliebe so, und ich brauche in kein Spital mehr. Ich bin zufrieden und so halbwegs arbeitsfähig. Dazu möchte ich sagen, daß mir der Kriegsopfer- und Behindertenverband Kuren in Baden vermittelt hat, die meine immer wieder auftretenden Schmerzen gelindert haben.

Und dafür möchte ich danken.

Franz Gamböck

Zum Glück überlebt

In einer armen kinderreichen Familie wurde ich am 6. Dezember 1925 in Frauenkirchen im Burgenland geboren. Wir waren sechs Geschwister. Nach dem Besuch der achtklassigen Volksschule begann ich den Lehrberuf als Zimmerer.

1943 wurde ich zum Arbeitseinsatz nach Köln abgestellt. Hier lernte ich erstmals durch die Fliegerangriffe der Alliierten das Grauen des Krieges kennen. Im selben Jahr wurde ich dann zur Deutschen Wehrmacht einberufen. Nach einer harten Pionierausbildung in Klosterneuburg wurde ich nach den ersten Luftangriffen in Wien und Umgebung zu Aufräumungsarbeiten eingesetzt. Hier gab es immer wieder große Panik unter der Zivilbevölkerung.

Im Herbst 1944 wurde ich an die Ostfront – Kurland, Estland, Lettland und Litauen – zum Verteidigungskampf kommandiert. Nach brutalen Kämpfen und schweren Verlusten wurde unsere Einheit bis nach Königsberg zurückgeworfen und schließlich völlig aufgerieben. Mit viel Glück kam ich diesmal noch heil davon. Zu Weihnachten 1944 bis zum Neujahr 1945 hatte ich einen Fronturlaub. Nach dem Urlaub kam ich wieder mit meiner Pionier-Spezialeinheit an die Ostfront in den Raum Stettin. So weit waren die Russen inzwischen vorgedrungen. Hier tobten besonders schwere Kämpfe. Die Kampfmoral der Soldaten wurde immer schwächer. Die Müdigkeit und der große Hunger waren unsere ständigen Begleiter.

Am 15. März 1945 kam der große Schicksalsschlag in meinem Leben. Um 5 Uhr früh begann ein schweres Trommelfeuer auf unsere schwachen Stellungen, das bis ca. 8 Uhr dauerte. Dann folgten die Panzer mit großer Übermacht. Ein Versuch, mit Panzerfaust und geballten Ladungen – darauf war ich speziell ausgebildet – den Gegner aufzuhalten, gelang nicht. Die Russen hatten meine Kompanie mit ca. 130 Mann in einem Vorort von Stettin eingeschlossen. Nun begann ein Versuch auszubrechen, um nicht in Gefangenschaft zu geraten. Es tobte ein furchtbarer Kampf, bis von uns nur mehr ca. 20 Mann übriggeblieben sind. Nun versuchten meine Kameraden und ich einzeln auszubrechen. Ich wollte mich zwischen zwei T 34-Panzern durchschlagen. Da wurde ein Sperrfeuer hingelegt. Die Panzer schossen mit ihren Kanonen sogar auf einzelne Soldaten. Auf einmal spürte ich einen Schlag am linken Oberarm und auf der Brust und sah überall nur Blut. Ich schrie nach Leibeskräften um Hilfe, aber vergeblich, weil in der Umgebung niemand da war. Plötzlich wurde mir sehr übel, ich verlor das Bewußtsein und glaubte, es ist nun aus mit mir. Ich erinnere mich noch, daß ich meine Mutter gerufen habe, sie solle noch Vater und die Geschwister grüßen.

Nach einiger Zeit kam ich wieder zu mir und merkte meinen Zustand. Ich schmiß alle meine Ausrüstungsgegenstände weg, schaute mich um und sah weit und breit keine Hilfe. Ich preßte mit meiner rechten Hand den verletzten linken Oberarm fest zusammen, um nicht weiter so viel Blut zu verlieren.

Ich ging zwischen zwei russischen Panzern, die mich zu meiner großen Überraschung auch durchließen. Ich versuchte unter Aufbietung meiner ganzen Kräfte, mich zu den eigenen Reihen durchzuschlagen.

Nach ungefähr einem Kilometer mühsamen Fußmarsches fand ich am Straßenrand einen verletzten Kameraden und hoffte auf seine Hilfe. Dasselbe glaubte auch der Kamerad. Ich bat ihn, er möge mir meinen verletzten Arm abbinden, ich hätte noch ein Stück Verbandszeug. Dafür gab ich ihm die Hälfte des Verbandszeuges, um seinen verletzten Fuß abzubinden. Wir fühlten beide etwas Erleichterung und versuchten gemeinsam, unsere Linien zu erreichen. Nach einigen Metern brachen wir zusammen. Blutverlust, Müdigkeit, Kälte und Hunger hatten uns zu schwach gemacht. Weil ich immerhin noch gehen konnte, versuchte ich, allein weiterzukommen und für meinen Kameraden Hilfe zu holen. So geschah es auch. Bei Einbruch der Dunkelheit erreichte ich unter Aufbietung meiner allerletzten Kräfte die eigenen Linien, wo ich sofort notversorgt wurde und die Bergung meines verletzten Kameraden veranlassen konnte. Ich wurde zum Hauptverbandsplatz gebracht und dann, da mein Zustand immer schlechter wurde, ins Kriegslazarett nach Stettin gebracht. Dort wurde ich sofort operiert.

Als ich am nächsten Tag Kameraden sah, die beide Füße, Hände oder das Augenlicht verloren hatten, war ich zufrieden, nicht mehr abgekriegt zu haben. Ich habe mich bis heute mit meinem Schicksal abgefunden.

Kaum war ich drei Tage im Lazarett, griffen die Russen die Stadt Stettin an, es schlugen auch Granaten neben dem Lazarett ein. Aus diesem Grund wurde uns mitgeteilt: „Alles, was gehfähig ist, soll sofort zum Bahnhof gehen, denn um 12 Uhr Mittag geht der letzte Transport Richtung Westen.“ Fahrzeuge zum Bahnhof gäbe es keine mehr. Ich riskierte den Fußweg zum Bahnhof, um nicht in Gefangenschaft zu geraten. Für diesen Weg von nur 500 bis 600 Metern benötigte ich fast drei Stunden. Da der Bahnhof schon unter Beschuß lag, fuhr der Zug früher als vorgesehen ab. Die Verwundeten waren in Viehwaggons mit Strohbelag untergebracht. Auf der Fahrt gab es immer wieder Fliegerangriffe. Da die Lazarette überall überfüllt waren, konnten jeweils nur wenige Verwundete ausgeladen werden. Nach dieser mühevollen Fahrt traf der Zug in Hamburg ein.

Es wurde sofort ein Lazarettwaggon angekoppelt, um die Schwerverletzten umzuladen und zu behandeln. Kaum war ich umgeladen, gab es schon wieder Fliegeralarm. Der Zug wurde sofort aus dem Bahnhof gebracht, hinter meinem Waggon schlugen schon die Bomben ein. Es war ein fürchterlicher Anblick. Es gab nur wenige Überlebende. Ich hatte großes Glück, daß ich nach vorne umgeladen worden bin, wo ich noch davon kam. Nach längerer Pause ging mein Transport weiter. In Verden an der Ala wurde ich dann in einem Kriegslazarett untergebracht, wo man mich sehr gut gepflegt hat.

Nach einer Woche kamen die Engländer und besetzten das Lazarett. Das Kriegsende nahte, und es begannen die ersten Vorbereitungen für Entlassung und Heimkehr. Nach einem Aufruf, wer sich gesund zur Entlassung fühle, meldete ich mich auch, obwohl ich noch behandlungsbedürftig war. Leider war das ein „Bumerang“, denn ich wurde in das Kriegsgefangenenlager nach Münster in der Lüneburger Heide gebracht. Zu meinem großen Schrecken gab es hier keine Behandlung und sehr wenig Verpflegung. Das Lagerleben war sehr schwer, denn für die große Zahl der Gefangenen waren die hygienischen und sanitären Einrichtungen katastrophal. Als Ungarisch-Dolmetsch konnte ich für kurze Zeit etwas Zusatzverpflegung bekommen. Inzwischen kam das Kriegsende, und die Lage hatte sich noch verschlechtert. Bis zum Herbst 1945 wurde ich im Lager festgehalten und dann als Österreicher nach Lienz in Osttirol verlegt. Dort wurde ich in einer Baracke untergebracht, und es ging mir weit besser, weil ich mich auch frei bewegen durfte.

Die ersten Nachkriegsweihnachten erlebte ich auch dort. Eine sehr große Enttäuschung war für mich, daß ich bei den ersten freien Wahlen nicht wählen durfte, weil ich noch nicht 20 Jahre alt war. Im Jänner 1946 wurde ich nach Villach in ein Entlassungslager verlegt. Am 9. Feber war es dann soweit, und ich kam mit dem zweiten Transport in die Russenzone nach Wiener Neustadt, wo uns Bürgermeister Wehrl mit der heimischen Bevölkerung einen netten Empfang bereitet hat. Ich bekam den endgültigen Wehrmachtsentlassungsschein und etwas Verpflegung. Nun war ich ein freier Mensch. Per Bahn und teilweise auch zu Fuß ging es dann zögernd in die Richtung meiner Heimatgemeinde weiter, wo ich an einem späten Nachmittag eintraf.

Es hat sich im Ort schnell herumgesprochen, daß wieder Heimkehrer eingetroffen sind. Meine Eltern warteten schon auf mich. Es war für sie ein großer Schock, als sie sahen, daß mir ein Arm fehlte. Ich tröstete sie sofort, sie sollten froh sein, daß ich überhaupt lebend aus diesen schrecklichen Krieg heimgekommen bin. Wir waren vier Brüder im Krieg, und einer davon ist gefallen.

Zur Feier der Heimkehr wurde ein Schwein geschlachtet. Zum erstenmal nach langer Zeit gab es für mich reichlich gutes Essen. Im Juni 1946 wurde mir von der Gemeinde Frauenkirchen ein Dienstposten als Gemeindediener angeboten. Da ich meinen Beruf als Zimmerer nicht mehr ausüben konnte und auch keine höhere Schulbildung hatte, nahm ich gerne an. Meine Arbeit war oft sehr unangenehm. Die russischen Besatzer kamen immer wieder in die Gemeinde und forderten Naturalien wie Schweine, Geflügel, Eier, Wein, Schnaps etc. Auf Anordnung des Bürgermeisters mußte ich solche Naturalien besorgen, was nur teilweise gelang, weil die Bevölkerung ohnehin schon ausgeraubt war. Die Russen drohten, wenn ich nichts bringe, würden sie sich alles selber von der Bevölkerung holen. Daß ich an der Ostfront gegen sie gekämpft hatte, mußte ich verschweigen.

Mein Gehalt in der Gemeinde war damals so wenig, daß ich vom Landesinvalidenamt eine Zusatzrente bekam, weil ich nicht einmal das Existenzminimum erreichte. Hilfesuchend hatte ich mich auch an den Kriegsopferverband gewendet, der sich bemühte, helfend einzugreifen. Langsam wurden die Zeiten etwas besser. Im Mai 1948 heiratete ich. In meiner Ehefrau habe ich einen Partner gefunden, der mir mein Schicksal sehr erleichtert hat. Sie war vom Schicksal auch nicht verschont geblieben, denn sie wurde aus ihrer Heimat Ungarn vertrieben. Ihr Vater war zu 100% Kriegsinvalide vom Ersten Weltkrieg her. Meine Frau scheute keine Mühe, war immer liebevoll, opfer- und hilfsbereit zu mir. Durch unseren gemeinsamen Fleiß konnten wir uns nach fünfjähriger Bauzeit unter vielen Opfern und Entbehrungen ein Eigenheim errichten.

Zu unserer großen Freude wurden uns zwei Töchter und ein Sohn geboren, auf die wir sehr stolz sind, weil sie tüchtig in ihrem Berufsleben sind und einiges erreicht haben. Genauso stolz sind wir auf unsere drei Enkelkinder, die sich in der Berufsausbildung und im Studium befinden. Da wir nun das erste Urenkerl erwarten, reißt die Freude überhaupt nicht mehr ab.

Um meiner Familie in den ersten Nachkriegsjahren eine bessere Existenz zu verschaffen, habe ich auch eine Nebenbeschäftigung bei einer Versicherung angenommen und als Ortsvertreter einen großen Kundenstock aufgebaut. Fast 30 Jahre war ich auch Schiedsrichter für den Burgenländischen Fußballverband. Damit ein kleines Körberlgeld für die Familie übrigblieb, verzichtete ich auf öffentliche Verkehrsmittel und fuhr jedes Wochenende bis zu 40 Kilometer mit dem Fahrrad, um die Spiele zu leiten. Nach vierzigjähriger ununterbrochener Dienstzeit in meiner Gemeinde bin ich nun im Ruhestand. Mit meiner Ehefrau führe ich nun ein ruhiges und zufriedenes Pensionistenleben mit verschiedenen Hobbyarbeiten im Haus und im Garten.

Besonders hervorheben möchte ich die großen Leistungen des Kriegsopfer- und Behindertenverbandes im Sozial- und Fürsorgewesen sowie in Rentenangelegenheiten beim Schiedsgericht, auch die großzügigen Sonderaktionen.

Heinrich Horvath

Verwundet und ausgesiedelt

Als Achtzehnjähriger kam ich im Feber 1943 mit einem Transport an die russische Front. Ich kann mich nur mehr an die größeren Städte erinnern, die in unserem Abschnitt lagen, das waren Orel, Gomel, Briansk und Slobin. Wir waren bekleidungsmäßig nicht gerade gut versorgt, es hatte zu der Zeit so an die –35 bis –40 Grad Frost. Das einzige, wo wir uns verkriechen konnten, war ein Erdloch, und das mußte erst einmal gegraben werden, was bei dieser Kälte ein Problem war. So habe ich mir Erfrierungen an beiden Füßen geholt. Ich kam zurück zum Troß, wo auch ein Verbandsplatz war. Da aber die offenen Wunden nicht heilten, kam ich bis nach Warschau, wo ich nach einer weiteren Begutachtung mit Hunderten anderen Verletzten auf den Weitertransport in ein Heimatlazarett wartete. Ich kam ins Rheinland zur Ausheilung. Dann folgte ein Genesungsurlaub, und anschließend ging es ab zum Ersatz nach Ried im Innkreis. Dort hat man uns so „geschliffen", daß wir eigentlich wieder froh waren, an die Front zu kommen. So fuhr ich halt ein zweites Mal zu meiner Einheit, die in der Zwischenzeit schon sehr viele Verluste hatte. Kaum, daß ich noch jemand kannte, es wurde ja laufend neu aufgefüllt.

Den zweiten Winter (1943/44) habe ich dann auch noch mitgemacht, bis zu dem Tag, als ich verwundet wurde. Wir waren schon sehr dezimiert, unsere Bataillonsstärke betrug nur noch 30 Mann mit einem Leutnant, der gerade erst aus der Kriegsschule gekommen war und sich bewähren wollte. Als er uns in die russischen Stellungen hineingejagt hatte, wurden mir beide Beine durchschossen. Ich konnte mich nicht mehr bewegen. Ich wollte auf keinen Fall in russische Gefangenschaft kommen und dachte schon an Selbstmord, aber da kam schon mein „Schutzengel". Zwei Hände packten mich, und es dauerte nicht lange, da lag ich mit noch vier Schwerverletzten auf einem Panjewagen. Nun ging es zurück, für einen Notverband war keine Zeit, da die Russen schon wieder nachrückten. Am Verbandsplatz angekommen, hatten die Sanitäter schon alles gepackt, um sich abzusetzen. Irgendwie wurde ich noch schnell verbunden, und ab ging es bis zur nächsten Bahnstation. In einem Güterzug fuhren wir bis nach Wilna. Dort wurde ich dann operiert. Ein Explosionsgeschoß hatte mir einen Unterschenkel zerfetzt. Nach ca. zwei Monaten kam ich in ein Heimatlazarett, vorerst nach Thüringen, wo ich wieder soweit hergestellt wurde, um mit Krücken gehen zu können. Dort haben uns die Amerikaner noch einige Male bombardiert, aber unser Lazarett Gott sei Dank nicht getroffen. Nach einem längeren Erholungsurlaub mußte ich mich bei den Landesschützen in Hainburg melden. Dort habe ich so viele Kartoffeln geschält, wie mein ganzes Leben nicht mehr. Zu der Zeit war auch das Attentat auf Hitler, und wir bekamen wieder ein Gewehr in die Hand gedrückt. Aber der Spuk war schnell vorbei, ich kam zu einer letzten Untersuchung und zur Heeresentlassungsstelle in Wien. Dort lebten wir noch einige Wochen mit allerlei Ungeziefer in Baracken, bis ich den heißersehnten Entlassungsschein in Händen hatte. Mit 70% Invalidität kam ich nach Hause in meine südmährische Heimat. Es war Ende September 1944. Da wir auf dem Lande lebten, haben wir von den Bombardierungen wenig mitbekommen. So habe ich das Kriegsende zu Hause erlebt.

Im Juli 1945 habe ich meine jetzige Frau noch schnell geheiratet, damit sie als „Volksdeutsche" nicht verschleppt würde. Ich war wieder österreichischer Staatsbürger. Dann sind wir im März 1946 mit ein paar Habseligkeiten ausgesiedelt worden. Nach einigen Zwischenstationen kamen wir Anfang Mai nach Wien in Untermiete. Und nun hatte ich wieder einmal Glück und bekam nach längerer Suche eine Anstellung bei der Gemeinde Wien als Portier. Das war für mich als Gehbehinderter ein Haupttreffer. Ich übte diesen Beruf bis zu meiner Pensionierung nach achtunddreißig Dienstjahren aus.

Eduard Girsch

Vertrieben und kriegsversehrt

1911 wurde ich in Mudlau in der Tschechoslowakei geboren, wo ich meine Kindheit verbrachte und das Schmiedehandwerk erlernte. 1933 bis 1935 diente ich beim tschechischen Heer. 1936 lernte ich meine zukünftige Frau in Zlabings kennen. Meine Eltern, Schwiegereltern und ich kauften uns ein Haus samt Schmiede und einer kleinen Landwirtschaft. Unsere zwei Kinder kamen noch in Zlabings zur Welt. 1945 wurden alle Deutschen vertrieben.

Den Krieg habe ich in der Deutschen Wehrmacht von Anfang bis Ende durchgemacht und war in verschiedenen Ländern eingesetzt: Polenfeldzug, Frankreich, Belgien, Holland, Rußland und Deutschland.

Meine erste Verletzung erlitt ich in Ostpreußen beim Verladen schwerer Gasflaschen. Ich zog mir einen Wirbelsäulenschaden zu und kam sechs Wochen in ein Lazarett. Die zweite Verletzung erlitt ich im Kubangebiet durch Granatsplitter. Meine linke Hand wurde schwer verletzt, sodaß ich dann nach entsprechender Behandlung nach Regensburg zu einer Veterinäreinheit abgestellt und von dort als Schmied wieder an die Front kommandiert wurde.

Bei Fulda wurde ich neuerlich verwundet, ich erlitt einen Durchschuß am rechten Fuß und geriet in Gefangenschaft.

Nach zwei Monaten Lazarett wurde ich entlassen. Jetzt war ich aber heimatlos. Ich hatte zum Glück einen Bruder in Langau bei Geras, wo ich gelandet bin. Dort habe ich auch meine Frau mit den Kindern wiedergefunden, die man aus Zlabings vertrieben hat.

Ich konnte mich dann wieder selbständig machen. In Pulkau kauften wir ein altes Haus, wo eine Schmiedewerkstatt gebaut wurde. Mit zwei Lehrlingen habe ich wieder begonnen. In der Umgebung von fünf Ortschaften war ich nun als Schmied tätig. Ich hatte über 100 Pferde von Bauern zu beschlagen und bekam viele Geräte zur Reparatur.

Ich danke dem Herrgott, daß er mir die Fähigkeit gegeben hat, diese Arbeit zu leisten. Meine beiden Kinder sind nun verheiratet, und ich habe fünf Enkelkinder. Mein Sohn führt den Schmiedebetrieb mit einer kleinen Landwirtschaft weiter.

Heinrich Gangl

Bombenhölle Wiener Neustadt

In den Jahren 1939, 1940, als ich noch ledig war, wurde ich dienstverpflichtet an die Flugzeugwerke Wiener Neustadt. 1942 wurde ich Schrankenwärterin bei der Bahn. Jede Woche gab es Schulungen für den Fall eines Bombenangriffes. In aller Eile wurden Bunker gebaut. Ich trug eine Eisenbahneruniform mit Stahlhelm. Einmal, als ich wieder auf meinem Posten und mit meinen Gedanken ganz abwesend war, rief mir ein kleiner Bub zu: „Fräulein Poldi, Sie können schon den Schranken zudrehen, der Schnellzug kommt." Wie von einer Tarantel gestochen, rannte ich zum Schranken, ein vollbesetzter Autobus, Fahrräder, ein Pferdefuhrwerk, Mopeds, Frauen mit Kinderwagen, alles wollte auf die andere Seite hinüber. Es blieb keine Zeit mehr nachzudenken. Mit der roten Fahne stoppte ich ab, zugleich ließ ich den Schranken heruntersausen, da donnerte auch schon der Eilzug aus Villach vorbei, daß die Funken sprühten. Jetzt erst wurde mir klar, was ich da für einen Schutzengel hatte. Fast lautlos rollten auf Gleis 5 Güterwaggons vorbei, sie wurden abgekoppelt. Zum Glück war der Schranken noch zu. Ich hatte sieben Gleise abzusichern. Ich sagte zu dem Kind: „Fredi, du warst jetzt mein Schutzengel." Er lächelte nur. Ich konnte nicht ahnen, daß er am nächsten Tag wirklich ein Engel wurde. Seine Mutter kletterte bei jedem Fliegeralarm mit ihm auf den erstbesten Zug, der in höchster Eile hinausgeschleust wurde in den Föhrenwald. Doch da kamen die Tiefflieger und schossen bei den Fenstern hinein. Der Fredi sagte noch: „Mutter, ich fürchte mich", dann traf ihn ein Geschoß in den Kopf. Es waren schreckliche Zeiten. Überall wurden Luftschutzkeller gebaut, bei meinem Posten gab es einen Einmann-Bunker aus Beton, 2 m tief und 1 m breit. Eine schmale Eisenleiter führte hinunter. Ich wußte anfangs gar nicht, wie wichtig der einmal sein würde. Nach und nach ging alles drunter und drüber. Fabriken schossen wie Pilze aus dem Boden. Alles Mögliche wurde von der Hitlerjugend eingesammelt und verwertet. Zuerst kamen die Keller dran, dann die Hausböden. Glasscherben, Lumpen, alles konnten sie brauchen. Die Menschen lebten zwischen Hoffnung und Zweifel. Schließlich glaubten viele noch an die Wunderwaffe.

Es gab jeden Tag Fliegeralarm. Die Menschen gewöhnten sich daran. Vorsichtshalber hatten Tausende Wiener Neustädter schon ihren Wohnsitz verlassen. Es sah aus wie bei einer Völkerwanderung. Zum Übersiedeln war jedes Mittel recht: Alte Kinderwagen, Scheibtruhen, Leiterwagen, Ochsengespanne, Fahrräder. Vollbepackt sah man die Menschen schon am frühen Morgen die Stadt verlassen. Um 10 Uhr vormittags begann meistens der Kuckuck als Vorwarnung zu schreien, bald danach folgte der Fliegeralarm.

Am 13. August 1943, einem heißen Tag, den ich nicht vergessen werde, saß ich in meiner Eisenbahnerhütte und erwartete eine Lok. Da geschah etwas Merkwürdiges: Tauben, die auf der Dachrinne des Gebäudes nebenan saßen, stürzten sich wie in selbstmörderischer Absicht mit den Köpfchen voran an die Hausmauer mit solcher Wucht, daß sie tot zu Boden fielen. So etwas hatte ich noch nicht erlebt. Wie wild flogen andere Tauben scharenweise auf einander zu, ineinander und gegeneinander. Waren sie wahnsinnig vor Hitze oder Angst? Haben sie das Schreckliche, was meinen Augen noch verborgen war, voraussehen können? Auf einmal riß mich der

Luftdruck samt meinem Sessel in die Höhe. Ein Krachen und Bersten, Sirenengeheul, ich wollte bei der Tür hinaus, doch mein Fuß war steif und ließ sich nicht bewegen. Nur mühselig gelang es mir, den Schranken herunterzulassen, dann schaute ich hinauf und sah Hunderte und Aberhunderte Flugzeuge. Sie kamen wie die Heuschreckenschwärme. Ringsherum war die Hölle los, Leute rannten wie irrsinnig um ihr Leben. Ich kletterte mit letzter Kraft die Eisenleiter hinunter. Mein Bunker war so eng, daß ich nicht umfallen konnte. Wie zur Salzsäule erstarrt hing ich da an der Leiter, nicht fähig, ein Vaterunser zu beten. Immer wieder biß ich mir in die Lippen, um mein Zähneknirschen zu verhindern. Ober mir war der Deckel einen Spalt offen, es war, als müßte die Welt untergehen. Die Flak schoß aus allen Rohren, aber vergebens. Pausenlos donnerten die Bomben herunter. Der Himmel war rot und schwarz, es roch nach verbrannten Leichen. Überall hörte man Hilfeschreie. Mich überkam eine eisige Kälte, trotzdem rannte mir das Wasser von der Stirn. Die Luft zitterte von den explodierenden Bomben, und immer wieder kamen neue Verbände. Als nach zwei Stunden die Sirenen die Entwarnung gaben, kroch ich aus meinem Loch heraus. Entsetzlich! Eisenbahnwaggons, verstreut mit den Rädern nach oben, zerrissene Schienen ragten in den Himmel. Pausenlos rollten Rettungswagen vorbei. Überall gab es Tote und Verwundete. Zehn Minuten von meinem Posten entfernt hatte es einen Bunker getroffen, 40 Gefangene tot, Einfamilienhäuser neben dem Bahnhof waren weggerissen. Und erst in den Flugzeugwerken mit 3.500 Beschäftigten sah es furchtbar aus. 160 Tote gleich beim ersten Angriff. Einem Bekannten von mir wurde der Kopf abgerissen. Eine Freundin erwachte im Leichenhaus, weil man sie für tot hielt. Getroffene Flugzeuge, die spiralenförmig vom Himmel gefallen sind, brannten noch lange.

Am nächsten Tag, als meine Ablöse kam, durfte ich auf 24 Stunden meinen Posten verlassen. Die Mutter empfing mich mit offenen Armen. „Daß du nur wieder da bist!“ sagte sie. Hier draußen auf dem Land hatte noch keine Bombe etwas zum Wackeln gebracht. Es roch von Mutters Blumen im ganzen Zimmer. Ich kam mir vor wie ein verdurstendes Kamel, das doch noch einen Wasserplatz in einer Oase gefunden hat. Ich kroch sofort in mein Bett und rollte mich wie ein Igel zusammen. Jetzt kann kommen, was will, dachte ich mir, denn zu Hause fürchtete ich nicht einmal das Sterben. Die Mutter brachte mir heißen Tee. „Warte nur“, sagte sie, „bis der Krieg aus ist, wird alles anders.“ Ich fühlte mich jetzt schon in ihrer Geborgenheit unendlich glücklich.

Aber die Zeit blieb nicht stehen. Die 24 Stunden waren bald um, und ich mußte wieder hinein in die Stadt, in den offenen Sarg, auf dem nur mehr der Deckel fehlte. Von nun an kamen die Bomben fast jeden Tag, später oft nochmals am Tag. Ich kann es nicht sagen, wie mir zumute war beim Fliegeralarm, der mir durch Mark und Bein ging. Die ganze Stadt glich einem Hexenkessel. Das Militär, der Volkssturm und Gefangene suchten nach jedem Luftangriff in den Ruinen und Trümmern nach Überlebenden und Toten. Oft waren sie noch nicht fertig damit, hörte man schon wieder die Sirenen heulen. Der Tod hielt reiche Ernte. Überall hingen die Fetzen und Kadaver herum. Es gibt nichts Grauenhafteres als halbverbrannte Leichen.

Längst hatte man begonnen, die Flugzeugwerke in entlegene Orte zu verlegen, wo ein neues Wettrennen mit dem Tode begann. Einmal rannte ein Mann wie wahnsinnig daher, und gleich darauf hing er ober mir an der Eisenleiter. Es war höchste Zeit, denn gleich darauf hörten wir es krachen und poltern. Sooft ein Ziegelstein auf unseren Deckel fiel, dachte ich schon, eine Bombe hätte eingeschlagen. „Sie brauchen sich nicht zu fürchten“, sagte der Mann, „ich bin bei Ihnen.“ Dabei rann ihm selbst das Wasser von der Stirne. Ab und zu schob er den Deckel auf, um frische Luft hereinzulassen und ein wenig hinauszugucken. „Sie kommen wieder.“ Mit diesen Worten schob er den Deckel zu, im selben Moment war es herunten stockfinster. Wenn das Poltern vorbei war, wurde die Luke wieder einen Spalt geöffnet. Aber schon hörten wir das neuerliche Rauschen der Bomben. Wieviele Tode ich bei solch einem Angriff bis zur Entwarnung gestorben bin, kann ich nicht sagen, doch ich habe wie Jesus auf dem Ölberg gebetet: „Herr, wenn es möglich ist, laß diesen schrecklichen Krieg mit den furchtbaren Bomben zu Ende gehen!“ Als Entwarnung ertönte, krochen wir beide aus unserem Bunker, kreidebleich und am ganzen Körper zitternd. Der Mann brachte mir sofort Wasser, bedanken konnte ich mich nicht mehr. Denn wie nach jedem Angriff war mir der Hals wie zugeschnürt und die Zunge ausgetrocknet.

Bei der Schulung ging man nun daran, uns für die Nachtangriffe vorzubereiten. Strengste Verdunklung war oberstes Gebot, die Nebelfässer standen bereit und auch die dazu ausgebildete Mannschaft. Bei jeder Übung klappte es vorzüglich. Nachts würde es keinen Alarm mehr geben, um den Bahnhof nicht zu verraten. In einer stockfinsteren Nacht hörte ich in der Luft dieses monotone Summen. In Sekundenschnelle wurden die Fässer aufgedreht, ein wenig später war der ganze Bahnhof in Nebel eingehüllt. Minuten später fielen Leuchtraketen wie brennende Christbäume vom Himmel. Werden sie uns finden? Ich spürte wie immer dieses Kribbeln im Bauch. Sekunden wurden zur Ewigkeit. Endlich sind sie abgedreht, sie haben uns nicht ausgemacht. Doch im 8 km entfernten Neunkirchen, das sie wohl für Wiener Neustadt hielten, hörten wir es Krachen und Donnern. Das dortige Spital wurde bombardiert, es gab Verwundete und Tote. Schon in der nächsten Nacht begann das neuerliche Zittern. Ich war jung und stark, trotzdem haben meine Nerven von Tag zu Tag mehr unter diesem mörderischen Krieg gelitten. Ich konnte es kaum noch erwarten, bis die Ablöse kam. Da hieß es dann: „Auf Wiedersehen im Himmel, in der Hölle oder wo uns die noch hinbefördern!“ Der Krieg forderte von Tag zu Tag mehr Opfer. Einmal, um 1 Uhr nachts, ich war im Dienst, hörte ich den Kuckuck rufen. Höchste Luftgefahr, Alarmstufe 1, wurde im Radio durchgegeben. Ich rannte hinaus, vom künstlichen Nebel war die Schrankenkurbel naß, sie ist meinen Händen entglitten. In diesem Moment spürte ich einen furchtbaren Schlag auf der Nase. Dann war es aus. Ich erwachte erst nach einiger Zeit aus meiner Bewußtlosigkeit, als mich ein „Rata-tata-rata-tata“ ins Leben zurückholte. Bei allen höllischen Feindfliegern, wo bin ich denn? Da berührten meine Hände eine kalte Eisenbahnschiene. Ich lag daneben, während die Lastenzüge vorüberdonnerten. Ich rappelte mich auf, schleppte mich die paar Schritte in meine Hütte, um zu telefonieren. Kurze Zeit später waren die Sanitäter da, und ich durfte für drei Wochen nach Hause.

Mit geschwollener Nase mußte ich meinen Dienst wieder antreten. Doch was hatte sich in der Zwischenzeit in der Stadt und auf dem Hauptbahnhof alles abgespielt und verändert? Häuser, welche vorher noch standen, waren weg, dem Erdboden gleichgemacht, überall nur Trümmer und Schutt. In diesem Todeslabyrinth mußte jeder, der noch da war, krank an Leib und Seele, seinen Dienst verrichten. Eines Tages konnte ich nicht mehr, bat um Urlaub – und erhielt ihn. Da las ich in der Zeitung: „Landwirt sucht tierliebende Frau.“ Er hat sie gefunden, zehn Tage später kam er aus der Steiermark, um sich vorzustellen. Vier Wochen später waren wir verheiratet. Es war eine Blitzhochzeit wie im Bilderbuch. Vor Aufregung habe ich am Standesamt sogar zweimal „ja“ gesagt. Er war Witwer, um vieles älter als ich, aber ein gutaussehender Mann. Mein vormals blühendes Aussehen war durch die Strapazen und den Hunger verlorengegangen, so paßten wir eigentlich ganz gut zusammen. Bei der Hochzeit in der Steiermark wurde mit Böllern geschossen, der Kinderchor sang ein Lied, die ganze Obrigkeit war bei der Trauung versammelt. Es war der glücklichste Tag in meinem Leben. Das war im Juni 1944.

Mein Mann war Bürgermeister, er wurde von höherer Stelle beauftragt, Viehzählungen und Einberufungen und vieles mehr für die ganze Gemeinde durchzuführen. Wenn dann ein Mann, Bruder oder Schwager fiel, gaben sie dem Bürgermeister die Schuld. Auch mit der Viehzählerei gab es ständig Ärger, jeder Bauer wollte nach Belieben sein Vieh selbst schlachten. Es mußte aber jedes Schwein, jede Kuh, sogar jedes Huhn registriert werden wegen der Lebensmittelknappheit. Auf Vergehen stand die Todesstrafe. Jedem Menschen recht getan, ist eine Kunst, die niemand kann. Diese bittere Erfahrung mußte auch mein Mann machen. Täglich gab es Drohungen, obwohl mein Mann keiner Fliege etwas zuleide tat. Die Aufträge und Rennereien wurden immer mehr, zum Schluß mußte er gar seine eigene Wirtschaft vernachlässigen. Das brachte meinen Mann soweit, daß er sich entschloß, das Bürgermeisteramt zurückzulegen und die Wirtschaft zu verpachten. Ich war im fünften Monat schwanger und sehnte mich so sehr nach Ruhe und Frieden. In Niederösterreich, bei meiner Mutter, hoffte ich mein Kind in Sicherheit zur Welt zu bringen. Als ein Brief von meiner Mutter kam, daß sie uns vorübergehend einen Teil ihrer Wohnung richten würde und wir sobald wie möglich kommen sollten, stand unserer Übersiedlung nichts mehr im Wege. Mit freudigen Herzen, auch mein Mann war sichtlich erleichtert, fuhren wir im Spätherbst von der Steiermark weg und waren am nächsten Tag in meiner alten Heimat.

Obwohl das Radio noch immer vom baldigen Sieg faselte, begannen die Menschen in aller Eile, alles für die Flucht vorzubereiten. Einen Moment dachte auch die Mutter daran, mit uns von hier fortzugehen. Aber wohin? Plötzlich hieß es: Die Russen kommen. Um drei Uhr morgens wurden wir durch Panzerlärm und Kanonenschüsse aus dem Schlaf gerissen. Vorsichtshalber sind wir am Abend mit den Kleidern schlafen gegangen, so hatten wir jetzt keine Arbeit mit dem Anziehen. In aller Eile liefen wir zum nahen Felsenkeller. Hier war schon die halbe Ortschaft versammelt. Ein beherzter Mann hißte in letzter Minute ein weißes Leintuch. Schon hörten wir die Panzer näherkommen. Wir saßen zusammengedrängt in großer Angst auf dem Fußboden. Vereinzelt waren vom Berg herunter noch Schüsse zu hören. Erst als keine Gegenwehr mehr da war, ratterten die Panzer heran, trotz der Kinder war eine Totenstille herinnen. Gleich darauf standen die Russen im Keller. „Uhra – Uhra“, war das erste, was ich vernahm. So schnell wie möglich gab jeder die Ringe, Halsketten und Uhren den Russen ab. Neun Tage und Nächte verbrachten wir sitzend und schlafend im Keller, keiner hätte sich hinausgewagt. Erst als wir dachten, die Russen wären fort, hat uns der Hunger hinausgetrieben. Doch pausenlos rollten die Panzer vorbei. Das war ein Spießrutenlaufen ums nackte Leben. Der Krieg war noch in vollem Gange. Die Russen waren bestimmt auch gutmütige Menschen, aber jetzt waren sie Soldaten, die gehorchten und vollstreckten, was befohlen wurde. Im ganzen Land gab es Tränen, Hunger, Verzweiflung und Elend. Das war das Ende vom Krieg und der Anfang der „Befreiung“. Daß wir in unserer Familie dennoch unbehelligt blieben, verdankten wir unserer Mutter. Ihr Gebet blieb nicht unerhört in diesen Tagen, wo die Gewalt überall regierte. Tagsüber hielten wir uns in der Wohnung meiner Schwester auf, die Küche glich einem Flüchtlingslager. Die Frauen mit Kindern hatten sich hier einquartiert, sie trauten sich nicht zu, zu Hause zu bleiben. Als es dunkel wurde, schlichen wir hinauf in den Wald, still und lautlos, jedes Wort konnte gehört werden. Vom Ort herüber hörten wir Hilferufe verzweifelter Frauen. Ein Mann wollte helfen, er wurde zu Tode geprügelt. Manche Frauen schnitten sich und den Kindern die Pulsadern auf. Der Hunger quälte uns Tag und Nacht.

An einem Nachmittag überstürzten sich die Geschehnisse. Eine Nachbarin schrie bei unserer Tür herein: „Wir müssen fort, die Russen kommen, die bringen uns alle um.“ In Panik, wie wilde Tiere, sind wir hin und her gelaufen, auf der Flucht vor den Russen. Mein Mann war sehr besorgt um mich. Trotz aller Warnungen nahm er das Risiko auf sich, in den Markt hinüber zu gehen, um dem Baby Nahrung zu holen. Weil er so viele Stunden wegblieb, lief ich hinaus, um ihn zu suchen. Es wurde ein Wettrennen mit dem Tod. Panzer rollten vorbei, immer wieder konnte ich nur durch einen Sprung in den Graben mein Leben retten. Manche ratterten direkt auf mich zu. Eine alte Frau wollte bei einem Tor hinein, sie wurde von einem Panzer überrollt und zu Tode gefahren. „Heilige Maria, hilf!“ stieß ich immer wieder hervor. Schüsse fielen. Motorräder, Pferdekadaver, zerschossenes Kriegsmaterial, Aktentaschen voll mit Geld, alles lag auf der Straße. Niemand hätte sich zu bücken getraut, wo es ums nackte Leben ging. Da torkelte ein Russe vorbei, beide Hände weit ausgestreckt, vom kleinen Finger an voll behangen mit Armbanduhren. Bei solch einem Anblick fing sich auch mein Kind im Mutterleib an zu rühren an. Ich mußte alle meine Kraft zusammennehmen, um weiterzukommen. Dann stand ich endlich vor der Wohnungstür meiner Mutter. Mein Mann lag im Bett, es roch nach brandigem Blut und Fusel im ganzen Zimmer. Die wenigen Habseligkeiten und die Babynahrung lagen in Blut und Schmutz zertreten auf dem Boden. Mein Mann wurde von einem Russen, der auf Schnapssuche war, in der Küche mit einer Maschinenpistole niedergeschossen. Ich eilte sofort hinaus, um Hilfe zu holen. Der Zufall wollte es, daß eben ein russischer Arzt mit Rotkreuzhelfern des Weges kam. Der Arzt fand sich sofort bereit mitzugehen. Ein wenig später war mein Mann notdürftig verbunden und für den Transport in ein Hospital vorbereitet. Nun, als wollte er sich für die Tat, die nicht er verschuldet hatte, entschuldigen, legte der Arzt ein bißchen Tabak und noch eine Uhr auf den Tisch. Wir kamen aus dem Staunen nicht heraus. Vor ein paar Tagen wurde meinem Mann eine Uhr samt Kette von einem Soldaten brutal weggenommen. So betrachteten wir die gute Tat des braven Offiziers als ein Geschenk von oben. Ich dachte mir nur, gute Menschen gibt es überall, und der Herrgott wird es lohnen. Aber wo sollten wir jetzt ein Fahrzeug hernehmen? Mit Hilfe einiger alter Männer ist es mir gelungen, auf einem Handwagen meinen Mann ins 12 km entfernte Spital nach Neunkirchen zu führen. Es war höchste Zeit, diese Nacht hätte er nicht mehr überlebt.

Wieder im Haus der Mutter, es muß so um Mitternacht gewesen sein, hörten wir eine nicht enden wollende Schießerei. Hier herüber am Berg hörten wir es besonders laut krachen. Das ist das Ende, dachte ich mir. Da klopfte es an der Tür. Die Mutter nahm sofort ihr Fläschchen Weihwasser, das sie in diesen Tagen immer bei sich trug, und spritzte über uns alle. Ruhig und gefaßt machte sie das Kreuzzeichen, dann öffnete sie. Ein beherzter Mann stand draußen, er sagte: „Leute, der Krieg ist aus, die Russen schießen ein Freudenfeuer.“ Langsam kehrte Leben in meine erstarrten Glieder zurück, ich wußte nicht, ob ich vor Freude lachen oder weinen sollte. Die Wehen setzten ein, ein Zimmer wurde mir zur Verfügung gestellt. Nur die Mutter und die Hebamme durften bei mir bleiben. Um 3 Uhr morgens ist es angekommen, das Friedenskind, es war ein Mädchen. Nach sechs Monaten Spitalsaufenthalt konnte mein Mann sein Kind das erste Mal sehen. Die Freude war groß.

Mein Mann, der schon vom Ersten Weltkrieg her Kriegsopfer war, mußte wegen seiner früheren politischen Tätigkeit sehr lange auf seine Rente warten. Er bekam sie schließlich mit Hilfe des Kriegsopferverbandes, dem auch ich seit seinem Tode angehöre. Der KOBV hat oft geholfen, wofür ich sehr dankbar bin. Diesem Verband gebührt alle Achtung und Ehre.

Nun bin ich im 80. Lebensjahr und sehr krank. Meine Tochter und meine Enkelkinder, die ich sehr liebe, sind mir Trost für alle schweren Tage. Mein Mann ist längst schon dort, wo es keinen Krieg und keine Tränen mehr gibt, und ich hoffe, ihn in einer besseren Welt wiederzufinden.

Leopoldine Gross

Der zerbombte Wasserturm in Wiener Neustadt

Zwei Weltkriege erlitten und überlebt

Im Oktober 1915 wurde ich als Student zu den Waffen gerufen. Zuerst Offiziersschule und Rekrutenausbildung. Im Frühling 1916 war der Teufel los. Im Osten kam es zur Brussilow-Offensive. Der Russe griff in 24 Reihen an, begleitet von Granaten aller Kaliber. Ich wurde durch Granaten verschüttet. Nach meiner Bergung war mein rechtes Ohr taub. Notdürftig verbunden mußte ich wieder an die Front. Jeder Mann wurde gebraucht. Nach 14 Tagen bekam ich einen Oberschenkelschuß. Nun ging's in die Heimat. Der Schenkel wurde ausgeheilt, aber das Ohr blieb tot. Bei der Invalidenkommission wurde festgestellt, daß ich mit noch einem gesunden Ohr meinen Beruf als Lehrer ausüben könnte. Eingestuft mit 40% Invalidität bekam ich ab 1917 1.400,– Kronen monatlich. Ich war österreichischer Soldat und bekomme bis heute meine Invalidenrente.

Von 1923 bis 1938 war ich Volkschullehrer in Feistritz am Wechsel. Nach dem Ersten Weltkrieg mußte man sparsam leben. Aber man war zufrieden, und die Familien halfen einander. Auch meiner Familie und mir ging es gut, ich hatte ein Nebeneinkommen als Privatlehrer. Im Ersten Weltkrieg verteidigte ich als Leutnant mit einem Zug Bosniaken den Tonalepaß bis Kriegsschluß. Wer den Tonalepaß in Besitz hatte, der hielt Südtirol frei. So war Südtirol bis Kriegsschluß österreichisch.

Im Zweiten Weltkrieg mußte ich ohne Umschulung an die Nordfront: Von Leningrad bis in die baltischen Staaten. Ich wurde einem Sicherheits-Strafbataillon zugeteilt. Mein Chef war Generaloberst von Leeb. Auf einer Landkarte zeigte er mir meine Aufgabe: Aufstöbern von Partisanen im Urwald, die in Gruppen miteinander telefonisch verbunden waren und uns den Nachschub an Lebensmitteln und Munition ständig raubten. Die Aktion dauerte 14 Tage und Nächte. Es gab bei uns drei Tote und sechs Verwundete. Ich erlitt einen Brustschuß, lag im Schnee und erwartete den Tod durch Verbluten. Aber ich wurde fest verbunden und kam wieder per Schlitten zu unserem Stab. Ich wurde mit dem „Deutschen Kreuz" ausgezeichnet und zum Hauptmann ernannt.

Als Verwundeter kam ich ins Lazarett nach Wiener Neustadt. Als ich nach einigen Monaten wieder frontreif war, kam ich nach Norwegen. Das war geradezu eine Erholung für mich. Am 20. April 1945 geriet ich südlich von Berlin in russische Kriegsgefangenschaft und wurde nach Sibirien transportiert zum Wiederaufbau bei 35° Grad Kälte. Zehn bis fünfzehn Arbeitsstunden pro Tag waren keine Seltenheit. Hunger und Kälte waren unsere steten Begleiter. Ab 1950 durften aus Deutschland und Österreich Lebensmittel geschickt werden. Wer sein Soll in der Arbeit nicht erfüllte, bekam kein Paket. Und dann kam der denkwürdige Befreiungstag im Mai 1955: der Staatsvertrag.

Im Juni 1955 konnten wir unsere Heimat und unsere Lieben wiedersehen. Unbeschreiblich war der Empfang: Musik, Gesang, Festessen, Geschenke, eine Armbanduhr von den ehemaligen Schülern, selbst schon Eltern und Großeltern. Es war wie der Himmel auf Erden. Meinen 97. Geburtstag „feierte" ich im Krankenhaus, doch bin ich schon wieder zu Hause.

OSR Josef Gruber

Ein glückliches Berufsleben erarbeitet

Mein Vater war 1939 verstorben, meine Mutter wurde nach Kriegsbeginn für den Luftwarndienst in Wien dienstverpflichtet. Von ihren bescheidenen Bezügen lebten wir beide. Dennoch wollte sie mir ein Hochschulstudium ermöglichen. Um an der Universität inskribieren zu können, mußte man vorher ein halbes Jahr zum Reichsarbeitsdienst. Normalerweise wurde man dazu mit 20 einberufen. Im Hinblick auf mein geplantes Studium habe ich mich gleich nach der Matura zur Ableistung dieser Dienstpflicht gemeldet und war später sehr erstaunt, in meinem Wehrpaß den Vermerk „Kriegsfreiwilliger“ zu finden.

Im Herbst 1940 konnte ich endlich mit meinem Hochschulstudium für das Lehramt in Deutsch, Geschichte und Englisch an Höheren Schulen beginnen. Im Oktober 1941 wurde ich zur Wehrdienstleistung einberufen. Ich habe den Feldzug in Rußland im Sommer und Herbst 1942 in der Radfahrschwadron der 100. Jägerdivision mitgemacht, die Kesselschlacht um Charkow, den Vormarsch im Donbogen und den Kampf um Stalingrad. In Stalingrad-Mitte wurde ich Ende Oktober nachts in einem Ein-Mann-Loch durch den Splitterregen eines Salvengeschützes („Stalinorgel“) verwundet. Das rechte Knie war völlig zertrümmert, der linke Oberschenkel war durchgeschossen. Auf einer Zeltbahn wurde ich noch in der Nacht zum Hauptverbandsplatz zurückgeschleppt und am folgenden Tag, sobald es die militärische Lage zuließ, zum Feldlazarett gebracht. Als ich auf dem Operationstisch lag und das Wort „Gasbrand“ hörte, wußte ich, was mir bevorstand. Beim Erwachen aus der Narkose fühlte ich, daß unter der Decke ein Bein fehlte. Dafür lag auf der Decke das „EK II“. Langsam wurde mir bewußt, daß ich trotz allem noch Glück gehabt hatte, denn als es mich am Knie erwischte, steckte in meiner Hosentasche als Vorbereitung zum Straßenkampf eine Eierhandgranate.

Ein weiterer Glücksfall war, daß ich noch Mitte November – knapp vor der Einschließung – mit einem Krankenwagen aus dem Kessel Stalingrad herauskam. In Tschirr wurde ich in einen improvisierten Lazarettzug verladen und gelangte so über die Sammelstelle Lichaia schließlich nach Przemysl. Dort wurde in den nächsten Tagen ein Transport nach Wien zusammengestellt. Doch als es so weit war, erwies es sich, daß ich wegen Wunddiphterie nicht mitkommen konnte. Ich wurde später in ein Behelfslazarett nach Stendal (westlich von Berlin) verlegt. Dort bekam ich erstmals wieder Berührung mit einer anderen Welt, fernab vom kriegerischen Geschehen. Stendal war, wie ich wußte, die Geburtsstadt Winckelmanns, des Begründers der deutschen Kunstgeschichte. Aus der Stadtbücherei ließ ich mir einige seiner Werke bringen. Noch in Stendal machte ich die ersten Gehversuche mit langen Holzkrücken. Dabei kam ich im Lazarettkorridor zum Sturz, fiel auf den Amputationsstumpf und splitterte mir noch ein Stück des Knochens ab. Ab Feber 1943 war ich wieder in Wien. Hier wurde ich ein zweites Mal operiert und erhielt eine provisorische Prothese.

Noch als Wehrmachtsangehöriger mit dem Dienstgrad Gefreiter habe ich meine Studien wieder aufgenommen, dann wurde ich aus der Wehrmacht entlassen. Ich habe in den folgenden Monaten sehr intensiv gearbeitet und eine germanistische Dissertation zum Thema „Grillparzer und Lord Byron“ geschrieben. Es war ein Wettlauf mit der Zeit. Die Dissertation wurde im Jänner 1945 approbiert. Das Hauptrigorosum legte ich im Feber am Tage des großen Bombenangriffes auf die Ringstraßenbauten ab. Meine Promotion zum „Dr. phil." war eine sehr schlichte Feier, zu der nur noch der Promotor erschienen war. Die anderen akademischen Organe hatten sich bereits nach dem Westen abgesetzt. Unmittelbar nach der Überreichung des Doktordiploms gab es wieder Fliegeralarm. Das Philosophische Dekanat der Universität lag bereits in Trümmern. Meine spätere Frau und deren Eltern waren im Feber 1945 ausgebombt worden und hatten alles verloren. Ich hatte sie bei mir aufgenommen, und wir haben die kritischen Tage des Russeneinmarsches im April gemeinsam zumeist im Luftschutzkeller unseres alten Hauses verbracht.

Die Zeit drängte. Meine schwerkranke Mutter sollte auch noch meine Eheschließung erleben. Da es in den ersten Monaten der Zweiten Republik keine Standesämter gab, bemühte ich mich um die Genehmigung einer kirchlichen Haustrauung, die am 20. Mai stattfand. Zwei Tage später war meine Mutter tot.

Mein Berufsziel, das Gymnasiallehramt, lag noch in weiter Ferne. Die akademischen Behörden begannen erst im Sommer, die staatliche Lehramtsprüfungskommission erst im Herbst wieder zu arbeiten. Um den Lebensunterhalt für meine Frau und mich irgendwie zu bestreiten, versuchte ich zunächst, meine germanistischen und historischen Kenntnisse im Volksbildungswesen zu verwerten. Ich hielt Lichtbildervorträge und Vortragsreihen in der Urania und anderen Volksbildungshäusern. In den wiedereröffneten Museen veranstaltete ich Führungen, ebenso in der Wiener Altstadt. So kamen wir – mit Hilfe der bescheidenen Versehrtenrente – knapp über die Runden.

Am 4. September 1945 bin ich dem Kriegsopferverband für Wien, Niederösterreich und Burgenland beigetreten. Ich gelte nun als 80% erwerbsbehindert, was ich der Hilfe dieser Interessensvertretung verdanke. Im Dezember 1945 habe ich zum ersten möglichen Termin die Lehramtsprüfung für Höhere Schulen in den Fächern Deutsch und Geschichte abgelegt. Zwei Jahre später auch für das dritte Hauptfach Englisch. Danach durfte ich endlich den ersehnten Lehrberuf antreten. Das Invalideneinstellungsgesetz 1946 bot mir persönlichen Kündigungsschutz, doch ich war der Meinung, daß die Frage der Beschäftigung des Kriegsversehrten im Schuldienst im größeren Rahmen behandelt werden müsse. Ich fand dabei Unterstützung durch die Gewerkschaft der öffentlich Bediensteten, Sektion Höhere Schulen, und nahm auch Kontakt mit dem damaligen Generalsekretär und späteren Präsidenten des Kriegsopferverbandes Friedrich Karrer auf. Mit Zustimmung der Dienstbehörde führte ich eine Erhebung zur Erfassung aller kriegsversehrten Lehrer in Wien durch. In einer Vollversammlung dieses Personenkreises wurde ich am 10. März 1949 zum Hauptvertrauensmann gewählt. Es ist in der Folgezeit gelungen, die Beschäftigung aller kriegsversehrten Lehrer in Wien zu sichern. Ich war bereits 1946 durch einen älteren Kollegen eingeladen worden, am Aufbau einer „Arbeitermittelschule" mitzuwirken. Das waren Einrichtungen, die man später zum zweiten Bildungsweg zählte, richtige Abendlehranstalten (vierjährig, keine Paukkurse), in denen Berufstätige aller Schichten zur Hochschulreife geführt werden sollten. Sie waren in erster Linie für Personen gedacht, denen in der Jugend der Besuch einer höheren Schule aus sozialen oder familiären Gründen versagt war, aber auch für Schulabbrecher und Spätentwickler.

Da ich seit Beginn meiner Lehrtätigkeit eine besondere Neigung zur Unterrichtserteilung an erwachsene Personen hatte, kniete ich mich in diese neue Aufgabe voll hinein. Mein Interesse galt jedoch nicht nur dem Unterrichtsbereich, sondern auch organisatorischen und schulrechtlichen Fragen. Es kam mir sehr zugute, daß ich

1947 mit einem Zweitstudium (Rechtswissenschaften) an der Universität Wien begonnen hatte. Es gelang mir, die Voraussetzungen für die Zuerkennung des Öffentlichkeitsrechtes der Arbeitermittelschule zu schaffen. 1951 war es soweit. Der Schulvorstand bestellte mich mit Zustimmung der Schulbehörde zum Direktor der neuen Abendlehranstalt. Nahezu ein Jahrzehnt habe ich unter schwierigen Bedingungen eine Doppelfunktion ausgeübt: Vormittags als Gymnasiallehrer an der Bundesrealschule XV, abends als Direktor der Arbeitermittelschule, die sich glücklicherweise im selben Haus befand. Infolge dieser nebenberuflichen Tätigkeit mußte ich das juridische Studium abbrechen.

1961 erreichte der Schulvorstand nach jahrelangen Bemühungen die Verstaatlichung der Schule und damit die Sicherung des Bestandes der Abendlehranstalt auf Dauer. Ich schied als Professor aus dem Lehrkörper der Tagesschule (Realschule XV) aus und wurde vom Bundespräsidenten zum bundesstaatlichen Direktor des Abendgymnasiums ernannt. Auf Grund des Schulorganisationsgesetzes 1962 führt die Schule einen neuen Namen: Bundesgymnasium und Bundesrealgymnasium für Berufstätige Wien XV.

Ich habe diese Abendlehranstalt der Werktätigen bis zu meiner Pensionierung 1987 (Erreichung der Altersgrenze) insgesamt durch 36 Jahre geleitet. Ich betrachte den Aufbau und die Weiterentwicklung der Schule als mein Lebenswerk. In ihr konnten in meiner Amtszeit 1600 Studierende (darunter auch etliche Körperbehinderte und Blinde) zur vollen Hochschulreife geführt werden. Soweit mir bekannt ist, haben davon etwa 400 Absolventen bereits einen akademischen Grad erreicht. Meine singuläre Stellung im Wiener Schulsystem als Experte für den schulischen Zweiten Bildungsweg war auch Anlaß für meine Berufung in verschiedene beratende Gremien des Bundesministeriums für Unterricht und meine Wahl in das Kollegium des Stadtschulrates für Wien.

Meine Frau hat mich in all den Jahren sehr unterstützt. Sie ist Fachkollegin (Dr. phil.). Unsere 1957 geborene Tochter ist Gymnasialprofessorin. Ich blicke heute auf ein erfülltes Leben zurück. Ich habe wohl alles erreicht, was im Rahmen meiner Berufssparte möglich ist: 1970 erhielt ich den Preis der Stadt Wien für Volksbildung, 1972 den Staatspreis für Erwachsenenbildung, 1973 den Hofratstitel, 1979 das Goldene und 1987 das Große Ehrenzeichen für Verdienste um die Republik, 1988 das Goldene Ehrenzeichen des Landes Wien. Als Pensionist nach insgesamt 42 Dienstjahren kann in nun wieder, entpflichtet von den Berufsaufgaben, meinen wissenschaftlichen Interessensgebieten und einigen Hobbies nachgehen. Ich beschäftige mich gern mit klassischer Archäologie und antiker Numismatik. Ich gehe auch gern mit meiner Frau auf größere Reisen, zumeist mit selbst zusammengestelltem kunsthistorischem Programm. Seit ein Schiffsunglück im Ionischen Meer 1971 meine Familie und mich in Lebensgefahr brachte, vermeiden wir Seereisen.

Wegen einer Operationsnarbe mußte ich auf die Prothese verzichten und gehe seither mit Stützkrücken. Leider bin ich mit den Krücken im Laufe der Jahre zweimal gestürzt und habe mir einen Handwurzelknochen und später einen Mittelhandknochen gebrochen. Ich vermeide daher, bei Schlechtwetter außer Haus zu gehen.

In meinem Haus habe ich in allen Räumen sichere Fußbodenbeläge machen lassen. Wir wohnen seit 14 Jahren in einem Reihenhaus am Stadtrand von Wien. Ein kleines dazugehöriges Gärtchen macht uns große Freude.

Hofrat Dr. Ferdinand Hübner

Das qualvolle Sterben meines Mannes

Nach all der Not der Vorkriegszeit und dem Leid des Krieges habe ich im Jahr 1945 einen kriegsverwundeten jungen Mann kennengelernt. Er hatte einen Durchschuß im rechten Unterschenkel und viele Schmerzen. Seine Verwundung erlitt er in der Nähe von Split durch Partisanen. Er erzählte mir, daß er mit viel Glück von Stalingrad herausgekommen ist und dann nach Jugoslawien verfrachtet wurde.

1947 haben wir geheiratet, denn inzwischen hatte er die Meisterprüfung für Bäckerei gemacht. Er mußte wegen seines kranken Fußes noch viel liegen, dabei hat er immer fleißig gelernt. Anfang 1948 haben wir dann in Grein an der Donau mit einer Pachtbäckerei begonnen. Wir waren voll Zuversicht und Hoffnung auf ein besseres Leben. Leider kam alles anders. Durch die schwere Arbeit – es mußte ja noch alles händisch gemacht werden, den schweren Teig mischen, die Mehlsäcke tragen – wurde der Fuß sehr belastet, und mein Mann hatte viel Schmerzen. Jeden Tag war der Fuß geschwollen, sodaß ich oft fürchtete, er platzt auf. Jede Nacht, außer Sonntag, jahrelang dieses Übel, dann war er oft furchtbar grantig vor Schmerz. Als er dann endlich in ärztliche Betreuung kam, war alles zu spät. Wenn er krank im Bett lag, war der Fuß nicht geschwollen, es stellte sich aber laut ärztlichem Befund heraus, daß ein Eiterherd im Körper ist. Es wurden meinem armen Mann sämtliche plombierten Zähne gezogen, die Mandeln wurden entfernt, aber der schlechte Gesundheitszustand blieb. Zeitweise war er im Spital, ich mußte mich mit einem Lehrling und fremden Leuten abplagen, wir mußten ja von der Bäckerei leben. Vom Invalidenamt erhielt mein Mann ganz wenig. Ich weiß nur, daß er täglich sechs Zigaretten geraucht hat und sagte, das sei genau das, was er als Entschädigung bekomme. Mein Leben war schrecklich neben diesem Mann, denn er litt auch psychisch sehr, oft war er blutig im Mund, wenn er sich im Traum in die Wangen gebissen hat, oder er schlug umher, immer wieder war er im Krieg und verzweifelt. Sein Zustand wurde immer schlechter, dann hatte er einen Schlaganfall, und er wurde mir als Pflegefall vom Spital nach Hause gebracht. Ich konnte nun auch nicht mehr alles bewältigen, und so wurde unser Bäckereibetrieb wegen Erwerbsunfähigkeit 1972 geschlossen. Ein Jahr war mein Mann dann noch total bettlägrig. 14 Tage vor seinem Tod kam der Amtsarzt noch einmal zur Untersuchung. Er stellte fest, daß die Nieren durch ein dauerndes Eitern von der Verletzung vergiftet waren. In letzter Zeit konnte mein Mann auch den Harn nicht mehr halten, ich hatte dadurch sehr viel Wäsche zum Waschen. Er konnte sich überhaupt nicht mehr bewegen, zum Schluß ist er noch wund geworden. Obwohl der Arzt oft kam, war es hoffnungslos. Am 17. Juli 1974 ist mein Mann im 56. Lebensjahr verstorben.

Ich bin seither Mindestpensionistin und bin froh, daß der Großteil dieses Lebens schon vorbei ist. Ich hatte in meinem ganzen Leben keinen Urlaub und keine schönen Kleider, mein einziger Trost waren und sind meine Kinder und Enkeln.

Brigitta Haas

Hitler hat unser Leben ruiniert

1940 habe ich geheiratet, mein Mann war Wagner, ich Dienstmagd. Im Jänner haben wir ein Häusl mit kleiner Landwirtschaft in Pacht genommen. Dann kam unser Sohn zur Welt, 1942 noch eine Tochter. Aber dann mußte mein Mann einrücken, und ich konnte nicht alles allein machen, so half mir meine Schwester. Im Juli 1943 wurde mein Mann in Rußland schwer verwundet. Die linke Hand amputiert, die Rechte beim Ellbogen gelähmt, das war eine schwere Zeit für ihn, der die Hände als Wagner so notwendig brauchte. Aber das Wichtigste war, daß der Krieg aus war für ihn. Wir mußten dann ein Haus kaufen und ein Stück dranbauen für eine Werkstatt. Er bekam dann einen Gehilfen und mußte mit Prothesen mit eisernem Ring und Zange weiterarbeiten. Für Sonntag gab es eine schönere Prothese. Das Hauptproblem war das notwendige Geld. Das bißchen Ersparte wurde noch in Reichsmark umgewechselt, dabei stark verkürzt. 350 Schilling gab es im Monat für mich und die kleinen Kinder. Da hat sich der Kriegsopferverband eingeschaltet und 70% Einstufung erwirkt, später 80 %. Im Jahre 1949 wurde noch eine Tochter geboren.

Besonders schlimm im Leben meines Mannes war, daß er nicht Auto fahren konnte und im Geschäft viel zu erledigen war. Mit einer alten Bandsäge und Hobelmaschine gab es noch viel Handarbeit. Mein Mann hat viel gearbeitet und viel geschaffen für uns und brauchte selbst Hilfe und Pflege. Das ganze Leben waren Schmerzen und Plage. Dann, als er nichts mehr arbeiten konnte und mit dem Herzen zu tun hatte, plagten ihn Depressionen, es war sehr schwer mit ihm, nichts war ihm recht. Im Jahre 1985 war sein Leben zu Ende. Im 77. Lebensjahr ging er von uns.

Die Kinder und ich mußten viel arbeiten, auch in der Landwirtschaft zusammenhelfen, wo es notwendig war.

Durch den Krieg bedingt hatte ich schwere Entbindungen und mußte lange daran leiden. Im Jahre 1963 bekam ich Leberentzündung, an der ich bis heute laboriere. Die Kinder sind sehr gut zu mir. Frische Luft habe ich, und das Landesinvalidenamt hilft mir mit einer Zusatzrente weiter.

Bin nun schon im 82. Lebensjahr, Stricken und kleine Arbeiten lassen mich die Altersbeschwerden leichter ertragen. Der Kriegsopferverband hat mir viel geholfen beim Begräbnis des Mannes und bei der Rente. Der Herrgott hat uns auch in den schwersten Zeiten immer wieder geholfen, weil wir ihm vertraut hatten.

Wollte eigentlich nicht mehr an diese Zeiten denken, aber weil es vielleicht anderen nützen könnte, habe ich einiges aufgeschrieben. Wir waren sehr gegen den Hitler, er hat unser ganzes Leben ruiniert. Da ist keine Strafe groß genug für solche, die wieder damit anfangen wollen.

Leopoldine Haberreiter

In der Tatra zum Krüppel geschossen

Ich wurde in Prinzendorf an der Zaya geboren. Meine Eltern waren Landwirte, mein Großvater ist im Ersten Weltkrieg gefallen. Mein Vater ist im Jahre 1935 mit 33 Jahren im Weinkeller erstickt. Meine Mutter hat dann noch einmal geheiratet, und unsere Landwirtschaft hat sich dadurch vergrößert. Da keine Kinder mehr gekommen sind, sollte ich die Landwirtschaft später übernehmen. Ich wollte das auch gerne tun. Ich habe die Schule in Prinzendorf besucht und dann in der Landwirtschaft meiner Eltern bzw. beim Stiefvater gearbeitet. Damals war schon Krieg. Im Jahre 1938, als die Deutsche Wehrmacht in Österreich einmarschiert ist, sind sie auch durch unseren Ort gefahren und waren auch einquartiert bei uns. Wir Jungen waren damals begeistert. Auch sonst war der Großteil der Bevölkerung für den Anschluß an Deutschland, da die Zeiten damals sehr schwer waren. Es war wenig Geld vorhanden, und viele waren verschuldet. Es sollte alles besser werden, und es wurde zuerst auch besser. Aber alles war auf die Kriegswirtschaft ausgerichtet. Ich war bei der Hitler-Jugend und öfters in Schilagern und Wehrertüchtigungslagern. Das hat uns Burschen gefallen. Im Jahre 1943 wurde ich beim Dreschen in der Scheune durch einen herabgesprungenen Riemen an der Stelle, wo ich später verwundet wurde, schwer verletzt, der rechte Arm wurde mir unterhalb des Ellbogens halb durchgerissen, und ich konnte diesen nicht mehr ganz ausstrecken. Ich habe damals alles getan, damit es wieder wird. Ich wollte auch dort sein, wo alle anderen Burschen und Männer waren, bei der Deutschen Wehrmacht. Nazi-Deutschland hatte damals eine sehr gute Propaganda. Es hat mir sehr gut gefallen, daß die deutschen Gebiete, welche im Ersten Weltkrieg abgetreten werden mußten, befreit wurden. Außerdem hat es die Propaganda immer so dargestellt, als wenn wir immer zuerst angegriffen worden wären. Heute, nachträglich, sieht man das alles anders.

Ich bin im Oktober 1943 zum ehemaligen Reichsarbeitsdienst eingerückt. In Wiener Neustadt haben wir Fliegerabwehrstellungen gebaut. Nach drei Monaten kamen fast alle von uns zur SS. Ich kam zum Stab des Reichsarbeitsdienstes nach Baden bei Wien. Nach weiteren drei Monaten wurde ich nach Hause entlassen, doch schon Anfang Mai 1944 wurde ich nach Mährisch-Weißkirchen als Panzergrenadier zur 2. Panzerdivision einberufen. Dort hatten wir sechs Wochen Ausbildung und anschließend 14 Tage auf dem Truppenübungsplatz Döllersheim/Waldviertel Scharfschießen. Dann kamen wir sofort in die Slowakei in den Einsatz. Die Slowaken waren damals ein eigener Staat und hatten bis 1944 auf deutscher Seite gekämpft und sich erst dann gegen Deutschland gerichtet. Wir hatten in den Karpaten und in der Hohen Tatra schwere Kämpfe, auch Nahkämpfe in den Ortschaften von Haus zu Haus zu bestehen und dabei schwere Verluste erlitten, weil die Slowaken das Gelände viel besser kannten. Innerhalb von acht Wochen erhielt unsere Einheit dreimal Ersatz. Ich war damals bei einer schweren Maschinengewehrabteilung MG-Schütze 2. Später, nachdem der MG-Schütze 1 gefallen war, wurde ich zum Gefreiten befördert und wurde MG-Schütze 1. Einmal war unsere Kompanie auf drei Lkw zusammengepfercht unterwegs und wurde von den Bergen unter Beschuß genommen, die halbe Kompanie blieb tot oder verwundet liegen. Die Lkws brannten aus. Da wir dort öfter so schwere Verluste erlitten, wurde unsere Taktik geändert, wir hielten dann nur sämtliche Ortschaften besetzt und haben die Slowaken von ihrer Verpflegung abgeschnitten. Und weil dort schon zeitig im Oktober ein strenger Winter war, mußten sich die Slowaken nach und nach ergeben und kamen von den Bergen herunter.

Anfang Dezember 1944 wurden wir in einen Zug verladen, und ich kam an die Westfront in den Raum Trier in einen Westwallbunker. Kaum haben wir uns dort häuslich eingerichtet, wurden wir um zwei Uhr früh geweckt. Wir mußten uns gefechtsfertig machen, Verpflegung und Munition fassen, dann wurde uns der Führerbefehl vorgelesen, daß wir in einem großen Gegenangriff (Ardennenoffensive) die Alliierten wieder aus Luxemburg, Belgien und Frankreich verdrängen sollten. Wahnsinnig viel Militär und Panzer („Tiger" und „Königstiger") waren zusammengezogen. Der Überraschungsangriff begann am 16. Dezember 1944 um 5 Uhr früh und kam ca. eine Woche lang gut voran. Unsere Einheit hatte den Auftrag, die amerikanischen Linien zu durchbrechen und mit unserer Panzereinheit über die Maas eine Brücke zu besetzen und zu sichern, damit der deutsche Vorstoß ungehindert weitergehen konnte. Dazu war geplant und notwendig, daß wir ein amerikanisches Treibstofflager zum Auftanken erreichen sollten. Die Amerikaner hatten dieses Lager jedoch vor unserem Eintreffen gesprengt und in Brand gesetzt, so konnten wir nicht mehr weiterfahren. Wir wurden von allen Seiten angegriffen – mit schwerer Artillerie und ständig aus der Luft von den Fliegern beschossen. In vier Tagen waren wir aufgerieben. Es war eine Katastrophe. Den schrecklichsten Tod hatten die verwundeten Panzersoldaten. Wenn ein Panzer abgeschossen wurde, kamen sie halb verbrannt heraus und mußten elendiglich zugrunde gehen. Wir hatten den Befehl, die Stellung zu halten, bis Nachschub kommt. Aber es kam keiner. Ich wurde bereits am 2. Tag durch einen Granatsplitter schwer verwundet und durch ein Granate durch die Luft geschleudert. Ich hatte einen Splitter im Oberschenkel stecken, und ein anderer hat mir den rechten Unterarm gleich unter dem Ellbogen halb durchgerissen. Das war am Christtag, dem 25. Dezember 1944. Weihnachten! Ein Kamerad hat mir mit dem Riemen von meiner Feldflasche den Arm abgebunden. Dann wurde ich in einen Keller gelegt. Daß ich nicht verblutet bin, ist darauf zurückzuführen, daß die Wunde durch Dreck und Ruß verkrustet war. Die Zivilbevölkerung in Belgien hat uns etwas zu essen gegeben. Am 27. Dezember war der Kampf aus, es kamen die Amerikaner. Aber es war alles mit Verwundeten überfüllt, wahrscheinlich auch bei den Amerikanern. Die ließen mich noch einen Tag liegen, dann wurde ich in einem Zeltlager der Amerikaner behandelt. Zu diesem Zeitpunkt hatte ich schon den Gasbrand, die Wunde war ganz schwarz und brandig. Der rechte Arm mußte mir oberhalb des Ellbogens amputiert werden. Ich habe in meiner Verzweiflung nach meiner Mutter gerufen, das weiß ich noch. Die Behandlung und Verpflegung im Lazarettzelt der Amerikaner war bis zum Kriegsende gut. Blut haben wir keines erhalten, aber Traubenzucker.

Nach dem Kriegsende mußten wir das Lazarett verlassen und kamen in verschiedene Lager, zuletzt in das Entlassungslager Stenay mit 40.000 Mann. Dort war es furchtbar. Täglich haben sie die Verhungerten hinausgeführt. Sehr viele sind in die riesigen tiefen Latrinen hineingefallen. Niemand konnte ihnen helfen, niemand hat sie herausgetan. Niemandem sind sie abgegangen. Ein Krieg ist furchtbar. Hoffentlich waren wir die letzten, die dies mitmachen mußten.

Am 1. Februar 1946 wurde ich aus der amerikanischen Kriegsgefangenschaft nach Hause entlassen. Ich stand dann mit 19 Jahren mit nur dem linken Arm da und wußte nicht, was ich anfangen sollte. Die Eltern, Mutter und Stiefvater waren noch da, die Schwester war in Wien. Das Haus war geplündert worden, die Pferde mußten erst wieder eingetauscht werden. Anfangs glaubte ich, man kann mit einer Hand nichts machen, ich traute mich fast nicht unter die Leute, da einem sehr viele bemitleideten und sagten: „Na, dich haben sie hergerichtet, was wirst du jetzt machen?“ Wenn man es selbst nicht weiß!

Ein Kriegsinvalide hat mich zum Landesinvalidenamt nach Wien mitgenommen. Dort wurde ich untersucht, und alles wurde aufgenommen. Ich wurde als 70%iger Schwerkriegsbeschädigter eingestuft und bekam eine Rente von monatlich 70,– Schilling, später auch eine Prothese. Zum Kriegsopferverband bin ich erst später gestoßen, da wir in unserem Ort keine Ortsgruppe hatten. Jedenfalls habe ich mir dann gedacht, ich darf den Kopf nicht hängen lassen und darf mich nicht selbst bemitleiden, denn es wird dadurch ja nicht besser. In der Landwirtschaft, so dachte ich, kann ich mit einer Hand nichts machen. Ich kam als Portier in den sowjetischen Erdölbetrieb in die Nachbargemeinde Rannersdorf. Als ich dann schon Heizer im Kesselhaus war, wurde ich über Nacht fristlos entlassen. Und zwar hatte ich leichtsinnig gefälligerweise meinen Firmenausweis hergeborgt, da unsere Untermieterin, eine Wienerin, dringend nach Wien fahren mußte, und ohne Ausweis durfte sie damals im Bus nicht mitfahren. Gerade an diesem Tag war eine Kontrolle, dieser Frau wurde mein Ausweis abgenommen, und ich mußte am nächsten Tag zur russischen Kommandantur nach Zistersdorf fahren. Dort hieß es: „Sabotage, du nach Sibirien.“ Aber dann nahm mich ein baumlanger Russe beim Kragen und warf mich bei der Tür hinaus. Das war Ende 1946. Zu Hause habe ich bald festgestellt, daß man mit einer Hand auch in der Landwirtschaft viel machen kann, wenn man nur will. Ich habe mit den Pferden alle Arbeiten gemacht und auch zu Hause im Stall. Zu Arbeiten, welche ich nicht machen konnte, bekam man damals genug Hilfskräfte, da der Ort mit vertriebenen sudetendeutschen Flüchtlingen voll war. Der Stiefvater war ja auch noch da.

Dann habe ich als Gemeindesekretär zu arbeiten begonnen. Ab 1971, nach der Gemeindezusammenlegung, war ich im Gemeindeamt Hauskirchen Angestellter. Ich hatte das große Glück, ein nettes und fleißiges Mädchen aus unserem Ort kennen und lieben zu lernen, welches auch bereit war, das große Wagnis einer Heirat mit einem einarmigen Schwerkriegsinvaliden einzugehen. Wir hatten uns entschlossen, unsere Landwirtschaft auch neben meiner Tätigkeit als Gemeindesekretär weiter zu betreiben. Nach unserer Heirat haben wir im Mai 1949 unseren ersten Sohn bekommen. Wir haben unsere Landwirtschaft nach und nach durch Zukauf und Zupachtungen vergrößern können. 1961 schafften wir uns den ersten Traktor an und begannen damit die Mechanisierung unseres Betriebes. Die anderen Maschinen und Geräte betrieben wir gemeinsam mit anderen Landwirten. 1959 bekamen wir unseren zweiten Sohn. Unser erster Sohn Alfred wollte immer schon ein Bauer werden und hat es auch geschafft, er ist fleißig und tüchtig und als selbständiger Bauer seit seinem 20. Lebensjahr tätig. Meine Gattin und auch ich haben den Führerschein für den Traktor erworben. Ich mußte damit immer zu technischen Überprüfungen. Änderungen, welche für mich notwendig waren, wurden mir vom LIA ersetzt. Auch der Kriegsopferverband hat uns in allen Fragen unterstützt und Hilfe gewährt und mir bei meiner späteren höheren Einstufung geholfen.

Unser zweiter Sohn hatte kein Interesse an der Landwirtschaft. Er lernte Betriebsschlosser bei der ÖMV (Österreichische Mineralölverwaltung) und ist auch heute noch in diesem Betrieb beschäftigt. 1976 begannen wir mit dem Neubau eines Einfamilienhauses in Prinzendorf.

Meine Gattin und ich sind seit Ende 1984 in Pension, betreiben aber noch eine kleine Landwirtschaft mit einem großen Garten und noch Kleinvieh (Hühner und Hasen). Wir helfen den Kinder noch etwas, wenn wir können. Die Gattin leidet allerdings durch die große Arbeitsbelastung, weil ich als Schwerkriegsbeschädigter nicht alle Arbeiten erledigen konnte, an schweren Abnützungserscheinungen.

Trotz der schweren Verwundung und Amputation des rechten Armes bin ich dankbar, daß ich diesen furchtbaren Krieg überlebt habe und daß es mit Hilfe des Kriegsopferverbandes für mich möglich war, ein erfülltes Leben zu leben. Voraussetzung hiefür war, die Behinderung anzunehmen und nicht täglich darüber zu lamentieren.

Karl Hammer

Ein Leben erzählt

Am 11. Juli feierten wir unsere Hochzeit, Karl Handler, Bauer in Schlatten Nr. 45, mit der Anna Lechner aus Ofenberg 54. Es war eine Doppelhochzeit. Auch mein Bruder Sepp hatte sich zur Heirat entschlossen. Es war ein strahlend schöner Sommertag. Am nächsten Tag zeigte sich ein großer Unterschied zwischen den beiden Paaren. Sepp fuhr mit seiner Frau weg, sie machten eine schöne Hochzeitsreise. Wir zwei Bergbauersleute mußten gleich am nächsten Tag das Getreide mähen. Mit Sense und Sichel wanderten wir auf unserem Berghang bergauf und bergab. Es machte mir nichts aus. Mein Mann war gut zu mir, es herrschte Ruhe und Friede, ich war zufrieden und guter Laune und hatte kein Heimweh. Aber nach fünf Wochen wurde der Friede gestört. Hitler erklärte den Krieg. Karl mußte sofort über Nacht einrücken. Der Hafer lag noch auf dem steilen Feld. Mit neunzehn Jahren mußte ich bei der Arbeit den Mann ersetzen. Sehr viel Mut und Überwindung mußte ich aufbringen, um auf dem steilen Gelände mit dem Ochsengespann richtig umzugehen, den Hafer richtig aufzuschlichten und den steilen Anger hinunterzuführen.

Nach fünf Tagen, als ich den Hafer eingebracht hatte, kam Karl wieder nach Hause. Als selbständiger Bauer durfte er wieder abrüsten. Die ersten Ehemonate begleiteten die Kriegsgeschehnisse. Getreide mußte abgeliefert werden, und Lebensmittelkarten wurden eingeführt. Wir durften nur einen Teil des Getreides mahlen lassen, für jede Person einen Teil, der Rest mußte zu Spottpreisen abgeliefert werden. Die Menschen aus der Stadt beneideten uns wegen des Essens. Es war auch genug da, allerdings bedurfte es einer genauen Einteilung.

Das Jahr 1940 brachte ein böses Hochwasser. Ich mußte die Rüben zweimal anbauen, obwohl ich im achten Monat schwanger war. Ich mußte mich den ganzen Tag bücken. Es war eine ungeheuere Arbeitsmühe, und ich weinte. Am 7. Juli wurde unser erster Sohn geboren. Er wurde nach seinem Vater Karl getauft. Ende Juli hagelte es, großer Schaden entstand im Getreide. Jetzt mußte auch die Natur noch zuschlagen, wo doch die Lebensmittel knapper wurden. Am Ostersonntag im Jahre 1941 gab es große Aufregung, weil ein großes Nordlicht zu sehen war. Der ganze Himmel war rot, als stünde die Welt in Flammen. Viele alte Leute prophezeiten eine Katastrophe. Keiner wußte, woher das Licht gekommen war. Nach einigen Stunden verschwand es, wie es gekommen war.

Hitler erklärte Rußland den Krieg. Alle Menschen wußten, was das für das ganze Volk bedeutete. Jeder hatte Angst vor einem Einberufungsbefehl. Das Jahr 1941 war ein gutes Erntejahr. Getreide, Erdäpfel und Obst gab es in Fülle und auch dementsprechend viel Arbeit. Es gab keine Helfer, sie waren im Krieg. Das kleine Kind wurde von der Schwiegermutter versorgt, welche nicht mehr helfen konnte, weil sie gichtleidend war.

Mein zweiter Sohn wurde geboren. Viele von unserem Tal mußten einrücken. Mein Mann war noch zu Hause, und das gab viel Gerede. Nach vier Wochen kam wieder ein Einberufungsbefehl. Karl mußte sofort einrücken. Die Großmutter half mir sehr viel bei den Kindern. Ihre Gelenke waren gekrümmt, und sie brachte große Opfer. Sie kümmerte sich um Karli, der eineinhalb Jahre war und um Hansi, der erst sechs Wochen alt war. Ich konnte dadurch die Feldarbeit machen. Aus der Nachbarschaft trat auch ein Mädchen bei mir in den Dienst. Sie war eine große Hilfe und nahm mir vor allem die Frauenarbeit ab, sodaß ich meine ganzen Kräfte einsetzen konnte, um die Männerarbeit zu erledigen. Ohne Maschinen damals war die Arbeit auf einem Bergbauernhof wahrlich keine Kleinigkeit.

Das Jahr 1942 war für mich und viele andere das schwerste im Leben. In Rußland tobten die Kämpfe mit großen Niederlagen für Hitler. Viele Erben der Berghöfe verbluteten in Rußland. Die Mütter weinten um ihre Söhne und die Frauen um ihre Männer. Karl und meine Brüder Josef und Hans kämpften vor Stalingrad. Schweren Herzens wartete ich auf die Feldpost.

Es waren nur einfache Zettel, die etwas Freude und Beruhigung brachten. Aber oft waren die paar Zeilen nicht mehr aktuell. Als ich wieder einmal die Zeilen von Karl las, war es schon passiert. Bei einem Angriff am 10. Juni 1942 traf ihn ein Panzergeschoß und riß ihm den rechten Arm ab.

Erst nach Wochen erhielt ich eine Karte, die eine Krankenschwester geschrieben hatte. Er wäre schwer verwundet und würde in nächster Zeit in die Heimat abtransportiert. Ich dankte Gott, daß er lebte. Doch mir wurde auch bewußt, was es bedeutet, wenn der Bauer nur mehr einen linken Arm hat. Im September kam er für ein paar Tage nach Hause. Er freute sich, weil er seine Lieben und seine Heimat wieder sah. Die paar Tage reichten aus, um eine schwangere Frau zu hinterlassen. Von einer Station zur anderen mußte er wandern, bis er endlich zu Weihnachten nach Wien kam. Sogar Urlaub bekam er zu den Feiertagen, sodaß wir gemeinsam unter einem ärmlichen Christbaum, der mit selbstgemachten Puddingzuckerln behangen war, frohen Herzens Weihnachten feiern konnten.

Der Winter von 1942 bis 1943 war eine Katastrophe. Mein Bruder Hans konnte wegen einer schweren Krankheit mit dem letzten Zug Stalingrad verlassen. Nach seiner Genesung wurde er nach Albanien versetzt, weil seine Division in Stalingrad zugrunde gegangen war.

Der Frühling kam und mit ihm unsere erste Mähmaschine in das Haus. Es wäre nicht möglich gewesen, eine zu kaufen, aber wegen der Invalidität meines Gatten bekam ich eine Zuteilung. Sie wurde von den Ochsen gezogen und brachte eine enorme Arbeitserleichterung. Auch eine Russin namens Tanja wurde mir zugeteilt. Sie war eine von jenen, die nach Deutschland geschleppt wurden, um für wenig Lohn in Fabriken oder auf Bauernhöfen zu arbeiten. Unsere Tanja war ein sehr fleißiges Mädchen. Sie nannte mich immer Mutter, und ich hatte das Gefühl, daß wir uns wie Mutter und Tochter mochten.

Viele Arbeiten nahm sie mir freiwillig ab, weil ich guter Hoffnung war und die Männerarbeit erledigen mußte. Meiner starken Natur konnte ich es verdanken, daß ich mein Kind austragen konnte. Karl wurde am 18. Juni vom Militär entlassen, und ich konnte ihm am nächsten Morgen seinen dritten Sohn Peter schenken. Als mein Mann wieder gemeldet war, durfte er um einen Knecht ansuchen. Ein älterer Bauer, der nicht eingerückt war, hatte einen beschränkten Knecht. Dieser wurde uns zugewiesen.

Mein Mann litt sehr an Minderwertigkeitskomplexen. Da nützte auch mein Zureden wenig. Wenn ich ihn auslachte, wurde er sehr böse. Ich sollte nur für ihn da sein und ihn bedienen. Er brauchte ohne Zweifel Hilfe, ich übersah es aber immer wieder, daß er mit einer Hand nicht zurecht kam. Viele Vorwürfe mußte ich einstecken, bis ich mich an die Situation gewöhnte.

Ich kränkte mich schrecklich, weil ich neben der vielen Arbeit auch den Säugling zu betreuen hatte. Während der Abwesenheit von Karl hatte ich sehr viel geleistet, seiner Meinung nach aber die Wirtschaft nicht gut genug geführt. Ich mußte mich wieder seinen Befehlen fügen, auch wenn ich anderer Meinung war. Es war eine schwere Zeit für unsere Ehe. In der Nacht weinte ich oft. Langsam gewöhnte sich auch Karl an die neue Situation, und er konnte schließlich mit einem Arm sehr geschickt arbeiten.

Ein großes Problem brachte auch die Invalidenrente. Weil Karl einen Bauernhof hatte und ihm dieser allein verschrieben war, bekam er nur eine kleine Rente, nämlich die Grundrente, welche jedem gebührte, egal wie groß sein Einkommen war. Meinen Vorschlag, mir den Hof zu verschreiben, um eine angemessene Rente zu bekommen, lehnte er wütend ab. Er warf mir sogar vor, ich wolle ihn jetzt, wo er Invalide sei, von seinem Vaterhaus verdrängen. Ich ließ meinen Verstand siegen und gab nach.

Die Großmutter konnte sich wegen ihrer Krankheit kaum waschen. Sie konnte sich selbst nicht kämmen, weil sie die Arme nicht heben konnte. Trotzdem trug sie einen langen, schwarzen Zopf, den sie schön aufgesteckt haben wollte. Nach den drei Kindern mußte ich auch meinem Mann beim Waschen helfen. Fünf Personen mußten von mir gepflegt werden. Tanja half mir sehr brav.

Der Krieg tobte weiter. Fast täglich schrie im Radio der Kuckuck, das Warnsignal vor Fliegerangriffen. Wenn die Städte bombardiert wurden, spielten sich bei uns oft furchtbare Luftkämpfe ab. Am Pfingstmontag 1944 wurde Wien bombardiert. Beim Rückflug wurden zwei große Bomber von der Luftabwehr abgeschossen. Einer kreiste brennend über uns und krachte dann herunter nach Ofenbach. Die toten Soldaten liegen auf dem Friedhof in Thernberg. Der zweite Bomber stürzte in Dreibuchen zu Boden.

Der 4. Juli 1944 brachte zwei Ereignisse. Auf Hitler wurde ein Anschlag verübt. Viele wurden daraufhin hingerichtet. Sie mußten sterben, weil sie den Frieden wollten. In Rußland hatte der Rückzug längst begonnen. Das zweite Ereignis spielte sich im Schlattental ab. Um drei Uhr nachmittags verfinsterte sich der Himmel und öffnete alle Schleusen. Ein furchtbares Hochwasser war die Folge. Fünf Brücken und Teile der Straße nahm es mit sich. Die Wiesen verwandelten sich in Wildbäche, in denen Steine und Holzklötze mitgetrieben wurden. Von den Sägewerken wurde das Schnittholz mitgenommen, von den Küchengärten blieben nur ein paar krumme Holzsäulen der Zäune, die von einem kleinen Paradies kündigten, das in einer Stunde zerstört war.

Der Krieg wütete mit seinem Schrecken weiter. Die Front kam näher, und als der Schnee 1945 schmolz, hörten wir die Schüsse. Die Russen waren bereits an der burgenländischen Grenze. Ich hatte unheimliche Angst, bis ich zusammenbrach. Ich konnte nicht mehr aufstehen. Der Arzt stellte Herzmuskelentzündung fest. Bei jedem Schuß schreckte ich hoch und zitterte am ganzen Körper. Drei Wochen lang lag ich im Bett. Am Karfreitag kroch ich hinaus, um Lebensmittel und Kleider vor den Russen in Sicherheit zu bringen. Schon hörten wir die Panzer rollen. Das Dröhnen kam aus Hollenthon. Schnell weckten wir die Kinder, um das Haus zu verlassen, das neben der Straße keine Sicherheit bot. Wir flüchteten in den Wald und lagerten bei einem Streuhaufen, weil er viel wärmer war als die Erde. Großmutter führte Karl, mein Mann trug Hansi huckepack. Mit dem kleinen Peterle, welcher bereits eineinhalb Jahre zählte, fuhr ich hinten nach. Als das Dröhnen etwas verstummte, hörten wir vom Annaberg das Schießen der Gewehre. Viele Soldaten fanden dort den Tod. Um sieben Uhr früh wurde es ruhiger, und um zehn Uhr war Totenstille.

Nachdem Vater die Lage im Haus überprüft hatte, kehrten wir aus dem Wald zurück. Es war gut so, denn in jenen Häusern, wo die Leute geflüchtet waren, erlaubten sich die Russen alles. Wir zeigten uns als Freunde und hießen sie willkommen. Sehr viel half uns Tanja und noch mehr, daß auch ich einige Worte russisch konnte und verstand. Zu den Kindern waren die Soldaten sehr freundlich. Die Front verlagerte sich weiter. Viele Russen kamen nach, sie blieben aber nicht lange. Karl fürchtete sich am wenigsten hinauszugehen und sah nach, was aus den versteckten Sachen im Wald geworden war. Ich hatte Angst, daß in der Erde alles verschimmeln würde. Karl kam mit einem leeren Schmalztopf zurück. Entsetzen packte mich, und ich wußte sofort alles. Die Russen hatten unser Versteck gefunden, weil sie dort Stellungen gruben. Die große Holztruhe hatten die Soldaten aufgerissen, die Hemden angezogen und die Bettwäsche als Fußlappen verwendet.

Die russischen Frauen räumten unser Zimmer halb aus. Ein Lastauto wurde bereitgestellt, wo sie alles verstauten, was Platz hatte. Meine Nähmaschine hatte keinen Platz auf dem Auto und blieb stehen.

Eines der beiden Zimmer mußte immer frei sein. Jede Nacht trommelte es am Hoftor. Fast immer wünschten Russen ein Nachtlager. Sehr oft wollten sie auch Essen. Aus Angst tat ich alles. Später kamen die ausländischen Arbeitskräfte mit Ochsengespann oder Pferden auf ihrem Heimweg durchgefahren. Sie plünderten das, was die Soldaten nicht gefunden hatten. Auch unsere Tanja ging mit ihnen. Für mich war es sehr schwer, von ihr Abschied zu nehmen.

Als die Kämpfe vorüber waren, kam der Nachschub mit vielen Pferden. Die Soldaten räumten die Scheune aus. Das Futter, das Heu und sogar das Stroh lag auf der

Wiese und wurde von den Pferden der russischen Armee gefressen. Als alle weg waren, arbeiteten wir wie besessen, sammelten die Reste ein und freuten uns, dem Vieh noch etwas füttern zu können. Unser Entsetzen war groß, als am Abend wieder Pferde kamen und den Rest auffraßen. Wir weinten, und unsere Tiere brüllten vor Hunger. Karl ging am nächsten Tag auf den Berg zu den Nachbarn, um Futter zu erbetteln. Einige Kühe brachten wir zu anderen Bauern, die uns dafür Milch gaben. Einer schenkte uns eine Fuhre Heu. Wir schauten auf die Bergwiese, ob sie schon grün würde. Nach einigen Wochen konnten wir die Tiere wieder heimholen und auf der Weide fressen lassen.

Nach einigen Tagen erschraken wir gewaltig. Als wir auf der Weide waren, begann ein Getöse und ein Schießen. Wir hatten schon Angst, die Front käme zurück. In den Häusern brach Jubel aus. Der Krieg war aus. Weil die Russen unseren Radioapparat zerstört hatten, wußten wir nicht, was los war. Es war der achte Mai. Die Russen schossen vor Freude in die Luft. Der schlimmste Tag war für mich der 13. Mai. Es war Sonntag und Muttertag. Spät abends begehrten Russen beim Hoftor mit viel Getöse Einlaß. Wir verließen schnell die Betten. Karl sperrte das Tor auf. Das mußte man tun, sonst wäre man nicht mit dem Leben davon gekommen. Ich eilte auf den Dachboden, um mich zu verstecken. Ich suchte einen kleinen Winkel unter einem alten Bett. Als die Russen eindrangen und das leere Bett sahen, fluchten sie und suchten mit der Taschenlampe. Sie zogen mich aus meinem Versteck hervor und trieben Karl mit dem Gewehr drohend aus dem Raum. Ich hatte die Monatsregel und wollte mich auf russisch rechtfertigen. Es half nichts. Fünf Russen vergewaltigten mich. Eine solche Schmach hatte ich schon vor dem Einmarsch befürchtet.

Von diesem Abend an war auch ich eine Kriegsgeschädigte. Meine Nerven wurden nie mehr gesund. Viele Jahre lang rannten mir die Russen im Schlaf nach, das Gewehr auf mich gerichtet. Karl weckte mich immer auf, wenn ich jämmerlich aufschrie. Ich konnte keine Ruhe finden. Schuld daran war dieser schreckliche Krieg. Mein Mann wurde zum Krüppel, und ich wurde seelisch ruiniert.

Am 14. Februar 1946 wurde unser vierter Sohn Josef geboren. Wirtschaftlich gesehen war es die schlimmste Zeit, die ich erlebt habe. Die Russen holten zwei Stück Vieh und bezahlten dafür nur ein paar Schilling. Sie suchten sich die fettesten Kühe aus. Auch Schweine gab es nach ein paar Wochen keine mehr. Am 23. September 1946 war wieder eine Schreckensnacht. Schüsse fielen, Fensterscheiben klirrten und Scheiben fielen zu Boden, sodaß wir alle aufschreckten. Russen hatten ein Fenster auf der Gartenseite eingetreten. Großmutter, die in dem Zimmer schlief, verließ fluchtartig den Raum. Ein Russe bedrohte sie mit einem Messer. Die anderen zerrten die Schweine aus dem Stall. Die Muttersau wurde mit ihren Jungen im Bauch erschossen. Der Lohn monatelanger Arbeit war verloren. Wir hatten kein bißchen Fleisch mehr zu essen.

In diesem Jahr 1946 kamen den ganzen Tag Durchreisende, die irgendwelche Sachen gegen Lebensmittel eintauschen wollten. Wir hatten anfangs noch Milch. Weil das Brot zuwenig war, wurde täglich das Backrohr mit Erdäpfeln gefüllt. Die Hungrigen durften Milch trinken und bekamen dazu drei Erdäpfel. Auch unter den Brotteig wurden Erdäpfel gemischt, um alles ein wenig zu strecken.

In diesem Jahr war ein sehr früher Sommer. Am 19. Juli haben Hagelkörner so groß wie Taubeneier die Gerste und den Hafer auf dem Feld ausgedroschen. Verzweifelt fragten wir uns, warum Gott das zulasse. Das Brotgetreide war bereits in der Tenne aufgeschichtet, wir brauchten es aber als Futter für die Schweine. Aus dem Gemüsegarten wurde der Zwiebel gestohlen, als wir den Mohn abschneiden wollten, hatten es bereits andere getan. Im Herbst wurde auch das Kraut in der Nacht weggeschleppt. Das einzige, das blieb, waren Erdäpfel.

Viele Fremde, die vorbeikamen, warfen uns vor, daß wir uns fettfressen würden, während sie verhungern müßten. Sie hatten keine Ahnung, was es heißt, zu säen und nicht zu ernten.

Meine Brüder Sepp und Toni waren gesund aus dem Krieg nach Hause gekommen. Toni feierte im Jahre 1949 Hochzeit und übernahm im Jahre 1950 das Elternhaus in Ofenberg. Vater wurde im Krankenhaus an Magenkrebs operiert. Ich war mit meiner Mutter im Krankenhaus. Nach einem Gespräch mit dem Arzt sagte sie mir, daß er nur mehr ein paar Monate zu leben habe. In dieser Stunde habe ich nicht geahnt, daß meine Mutter vorher sterben würde. Sie verunglückte am 18. März, als sie die Kühe zur Tränke führte. Am 10. Juni starb auch mein Vater.

Ich bekam noch einen fünften Buben. Im Winter kaufte mir mein Mann eine Strickmaschine. Das Ochsengespann wurde durch einen Einachsschlepper ersetzt, sodaß statt der Ochsen Stiere gezüchtet werden konnten. Für Karl war das Fahren mit dem Einachsschlepper auf den steilen Feldern Schwerstarbeit. Eine Wasserleitung wurde gebaut, sodaß sich das tägliche Wassertragen erübrigte. Im Jahre 1959 kauften wir auch eine Melkmaschine, sodaß meine Hände nicht mehr vom Kühemelken schmerzten. Jedes Jahr wurde gebaut und modernisiert.

Peter war der erste, der von uns wegging. Er verließ uns im Herbst 1955 und begann sein Studium im Gymnasium Hollabrunn. Die Kinder waren brav. Vater war gut und zufrieden, und der Ehehimmel lachte. Es traf mich, als ich mit einundvierzig Jahren nochmals schwanger war. Diesmal fühlte ich mich sehr elend. Als ich dann das Kind in den Armen hielt, weinte ich vor Freude: Es war ein Mädchen.

Es nahte unser Goldener Hochzeitstag. Von allen Seiten, von der Bezirkshauptmannschaft und von der Gemeinde kamen die Gratulationen. Die Kinder feierten mit uns am 10. Juli 1989 in Schlatten: Die sechs Kinder, die Schwiegertöchter, Schwiegersohn und dreizehn Enkelkinder. Das vierzehnte Enkelkind war bereits unterwegs. Wir feierten in der Kirche einen Dankgottesdienst. Es war ein schöner Tag. Am folgenden 30. August feierte mein Mann seinen 75. Geburtstag. Kaum hatten wir die Inhalt der Geschenkkörbe von der Goldenen Hochzeit aufgegessen, folgten bereits neue. Vater wurde vom Bauernbund, vom Kriegsopferverband und von seinen Kindern beschenkt und war bester Laune. Vier Tage später kam er vom Milchholen nicht zurück. Er hatte noch sein Bienenhaus aufgesucht, das oberhalb eines Steinbruches stand, und ist dort hinuntergestürzt. Beim Sturz hatte er sich das Genick gebrochen. Ihn drücken keine Sorgen mehr. Und für mich ist jeder Tag zu leben ein Geschenk Gottes. Ich bin stolz darauf, daß meine Kinder zu tüchtigen Menschen herangewachsen sind.

Anna Handler

Mein Heiliger Abend im Kriegsjahr 1944

Klirrende Kälte begleitete uns auf dem Marsch. Unser Ziel war ein neuer Einsatzort. Nach jedem Kilometer ersehnten wir eine kurze Rast. Endlich waren wir am Ziel. Vor uns lagen Erdwälle und gezogene Gräben, wo sich unsere Vorgänger vor feindlichen Überfällen schützen mußten. Der Feind lag über einen Kilometer weit von uns entfernt. Nur vereinzelt knallten Infanteriegeschosse zu uns herüber. Ich stand mit drei anderen Kameraden unserer Kompanie frei vor den Gräben und redete übers Essen und Trinken. An so einem Tag wie dem Heiligen Abend gab's doch Sonderrationen.

Plötzlich vernahmen wir ein Sausen und Zischen, darauf einen fürchterlichen Knall. Wie vom Blitz getroffen stürzten wir zu Boden. Ich spürte weder Hände noch Füße. Es mußte sie mir weggerissen haben. „Das ist das Ende meines Lebens! Ohne Hand und Fuß kann der Mensch kaum leben!“ Das waren die ersten Gedanken.

Der Kompaniesanitäter kroch zu mir, zog meine Hände und Füße hervor, die unter meinem Körper verkeilt lagen. Aus vielen Körperteilen drang Blut. Einer von uns vier Kameraden, die eben noch beisammen standen, war tot. Ein anderer wurde nur an den Fingern leicht verletzt. Wir wurden andauernd von Granatwerfern beschossen, und die Helfer konnten nur unter Einsatz ihres Lebens Hilfe bringen. Von uns vieren, die da frei herumstanden, blieb nur einer unverletzt.

Obwohl ich immer noch kein Gefühl in Armen und Beinen verspürte, diese aber sehen konnte, begann ich wieder zu hoffen. Man hatte mir, um den Blutverlust einzudämmen, die Wunden mit Gummibändern abgeschnürt. Zu allem Überdruß hatte der Rettungswagen, der mich zum Hauptverbandsplatz bringen sollte, eine Panne und kam nicht von der Stelle. Noch verspürte ich keinen Schmerz. Mein ganzer Körper war wie gelähmt. Allmählich erst kam Leben in die Glieder, damit leider auch der Schmerz. Den rechten Arm und dessen Finger konnte ich bald ohne Schwierigkeiten bewegen. Jedoch vermochte ich den linken mit eigenen Kräften kaum zu bewegen. Nun galt es, so rasch wie möglich zum Hauptverbandsplatz zu kommen. Mein Herz begann immer stärker zu schlagen, das Blut staute sich in den Adern. Niemand dachte daran, die Gummibänder zu lösen, um zumindest zeitweise den Blutkreislauf zu ermöglichen. Nun begann ich laut um Hilfe zu bitten. Ein Zustand überkam mich, der nahe an eine Ohnmacht grenzte. In dieser Not kam ein zweiter Krankenwagen vorbei, an den wir unseren anhängten und so den Hauptverbandsplatz glücklich erreichten. Fünf Minuten vor Zwölf! Jetzt erst lernte ich das ganze Elend des Krieges kennen. Anfangs wurden wir auf Strohsäcken hingebettet. Überall ein Jammern und Stöhnen. Neben mir lag ein Schwerverletzter, der um ein Glas Wasser bettelte, dann drehte er sich zur Seite und starb.

Nach einer medizinischen Notversorgung kamen wir später in saubere Betten. Sauber? Die Nacht über war das Zimmer hell erleuchtet, weil wir die vielen Wanzen abwehren mußten, die uns besonders am Abend plagten. Ich habe heute noch einen Horror vor diesen kleinen, stinkigen Biestern. Ich konnte nur auf dem Rücken liegen, da Hände und Füße in einem Gipsverband steckten. Ich hatte das Aussehen einer Mumie und konnte mich kaum bewegen, war also bei jeder Handlung auf die Hilfe anderer angewiesen. Wunden, nichts wie Wunden. Nun begannen diese heftig zu schmerzen und mich zu quälen. Es vergingen – Gott sei Dank – nur ein paar Tage in diesem Elend des Hauptverbandsplatzes. Weiter ging es mit der Bahn, näher der Heimat zu. Gerade um Mitternacht, in der Silvesternacht 1944, hielt der Lazarettzug im Bahnhof von Lemberg. Überall hörte man Knallen und Schießen, als seien wir wieder in den Krieg geraten. So leicht können Menschen am Schießen Freude finden.

Es konnte nicht mehr weit bis Breslau sein. Bis dahin wollte ich kommen. Viele Erinnerungen verbanden mich mit dieser Stadt. In Krakau aber wurde endgültig Halt gemacht. Im Lazarett dieser Stadt wurde ich einer genauen Untersuchung unterzogen. Ich kam sogleich auf den Operationstisch und erhielt die Narkose. Es muß eine lange Zeit verstrichen sein, ehe ich wieder in meinem Bett lag. An den Füßen hatte ich einen neuen Gipsverband, der linke Arm war mit einem Gewicht hochgezogen, der rechte unter die Decke gelegt. Bei diesem hatte ich ja überall Gefühl. Als ich nach der Narkose wieder das Bewußtsein erlangte, erschien mir die Umgebung freundlich, das Zimmer war mit einem Christbaum geschmückt. Plötzlich trat die Krankenschwester an mein Bett, als wollte sie mir eine große Überraschung verraten. Die war es auch: „Wissen Sie es schon, Ihnen wurde der rechte Arm abgenommen." Wie ein Blitz trafen mich diese Worte. „Aber wieso denn?" stammelte ich. „Den rechten Arm konnte ich doch normal bewegen und hatte überall in den Fingern Gefühl! Warum?" Das Leben schien für mich zu Ende zu sein. Als ein Krüppel wollte ich nicht mehr leben. Ich nahm keine Speisen mehr zu mir, sprach kein Wort, lag teilnahmslos in meinem Krankenbett. Welch unbegreifliches Schicksal! Man hat mir den falschen Arm amputiert, dachte ich. „Der größere Eiterherd mußte beseitigt werden", erklärte mir im Nachhinein der Arzt. Ich weiß nicht mehr, wie lang es dauerte, bis ich wieder einigermaßen ansprechbar war in meinem Leid. Ich weiß nur, daß ich täglich hohes Fieber hatte. Hiezu müssen die vielen Abszesse beigetragen haben, die sich in meinem linken Oberarm gebildet hatten. Nun fürchtete der Arzt, daß auch der zweite Arm amputiert werden müsse, aber dieser erholte sich wieder und mit ihm mein gesamter Gesundheitszustand. Auch mein seelischer Zustand verbesserte sich zusehends. Das linke Ellbogengelenk und die Finger blieben zwar für alle Zeiten fast unbeweglich, trotzdem ist der linke Arm eine Hilfe.

Als mich später mein Vater im Lazarett besuchen durfte und sich beim Arzt über meinen Gesundheitszustand erkundigte, sagte dieser wörtlich: „Mit Ihrem Sohn ist ein Wunder geschehen! Danken Sie dem Herrgott dafür!"

Johann Hitsch

Die Existenzgrundlage zerstört

Anfang Feber 1942 wurde mein Jahrgang ausgemustert und zum Arbeitsdienst einberufen. Da ich zu dieser Zeit als Filmvorführer in einem Kino beschäftigt war, zur damaligen Zeit eines der wichtigsten Propagandamedien, wurde mir der Arbeitsdienst erlassen. Anfang Oktober 1942 wurde ich zur Wehrmacht nach Nikolsburg zu einem Wiener Regiment (Hoch- und Deutschmeister) eingezogen.

Nach der Grundausbildung und Einschulung auf das damals neuentwickelte MG 42 wurden wir als schwere Maschinengewehrkompanie am 24. Dezember nach Rußland als Ersatz für in Stalingrad liegende Regimenter überstellt.

Nach 8 Tagen Fahrt durch Rußland in Viehwaggons, die in zwei Etagen geteilt waren, standen wir vor dem bereits eingeschlossenen Stalingrad. Da wir hier nichts mehr tun konnten, wurde der ganze Transport von 1600 Jungmännern der 27. Jägerdivision (einer schlesischen Einheit) zugeteilt, die am Einschließungsring Leningrads lag. Hier im Norden am finnischen Meerbusen begann für uns 18jährige der Krieg in seiner vollen Härte und Grausamkeit. Es war nicht nur der tägliche Kampf mit dem Feind, sondern auch mit der unerbittlichen Natur. Bei Temperaturen um 30 Grad Minus im Winter lebten wir in provisorischen Erdlöchern und im Frühjahr in den Gräben voller Schlamm, und noch dazu ohne die nötige Bekleidung.

Die volle Tragweite dieses grausamen Krieges sollte ich am Palmsonntag 1943 erleben. Nach einer Artillerievorbereitung von 2 bis 4 Uhr begann der Russe mit Luft- und Marineunterstützung einen Großangriff auf unsere Stellungen. Nach schweren Verlusten mußten wir unsere Stellungen aufgeben und uns auf eine Auffangstellung absetzen. Nach Erhalt von Verstärkungen begann unser Gegenschlag. Am Abend lagen wir wieder in unseren alten Stellungen. Aber der Tod hatte reiche Ernte gehalten. So ging der Kleinkrieg den ganzen Sommer dahin, bis im Juli 1943 der Russe nach Heranführung neuer Reserven den Ring um Leningrad aufbrach und immer heftigere Kämpfe tobten. Am 31. Juli 1943 erhielt unsere Division den Befehl, einen wichtigen Eisenbahnknotenpunkt, das sogenannte Gleisdreieck, welches beim Aufbrechen des Ringes verlorenging, wieder zurückzuerobern. In dieser drei Tage dauernden Schlacht auf Divisionsbreite wurde unsere schwere Maschinengewehrkompanie an den verschiedensten Brennpunkten eingesetzt. So auch am 2. August. Im Morgengrauen wurden wir an eine Einbruchstelle mit unseren schweren Maschinengewehren geworfen, die der Russe mit Panzerunterstützung erweitern wollte. Nachdem wir unsere Gewehre in Stellung gebracht hatten, erhielt ich den Befehl, eine Garbe über die vor uns nur schemenhaft erkennbaren Soldaten zu schießen, um festzustellen, ob es eigene oder feindliche Truppen seien. Es waren feindliche. Und ich kam zu keinem zweiten Feuerstoß mehr.

Ein nur 50 m weit entfernter T 34-Panzer hat sich auf meinen Feuerstoß einvisiert und mit einer Panzersprenggranate alle fünf Mann unserer Gewehrbedienung erwischt. Drei davon waren leicht verwundet, sodaß sie sich sofort absetzen konnten. Einen davon habe ich in der Heimat wieder getroffen – ohne linken Unterschenkel.

Ich selbst erlitt Splitterverletzungen in der Lunge, eine Zertrümmerung des linken Sprunggelenkes, einen Durchschuß des rechten Unterarms, sowie viele nicht unmittelbar lebensbedrohende Splitterverletzungen. Da mir trotz meiner Rufe niemand zur Hilfe kam, versuchte ich mich mittels meines Verbandspäckchens und meines Hemdes notdürftig zu verbinden. Dann begann ich mich aus den vordersten Linien wieder abzusetzen. Nach ungefähr 2 km bei glühender Hitze sah ich einen Erdbunker, auf dem die Rotkreuzflagge gehißt war.

Sobald ich merkte, daß man mich gesehen hatte, war meine Energie zu Ende. Zwei Sanitäter brachten mich in diesen Bunker, wo ich die erste Hilfe erhielt. Nachdem ich eine Spritze gegen Starrkrampf und den blutstillenden Verband erhalten hatte, bat ich den Sanitäter um etwas zu trinken, worauf er bestürzt erwiderte: „Du hast innere Verletzungen, du darfst nichts trinken". Aber der Arzt, der mitgehört hatte, sagte: „Gib ihm zu trinken, was er will, denn wenn er in einer halben Stunde nicht operiert wird, ist alles umsonst." Zu meinem Glück fuhr ein Sanka (Sanitätskraftwagen) vor, und mit drei weiteren Verwundeteten brachte man mich zum Hauptverbandsplatz, wo ich sofort operiert wurde. Es gab an diesem Kampftag 500 Verwundete, und sieben Ärzte operierten in einem Zelt auf mit Leintüchern bedeckten Brettern bis zur Erschöpfung. Solche Männer waren die Helden des Krieges. Ich denke oft in Dankbarkeit an diese Männer, die nicht nur mir, sondern hunderttausenden Verwundeten das Leben gerettet haben. Von meiner Operation weiß ich nur mehr so viel, daß man mich auf den Brettertisch legte, mit einer großen Schneiderschere Kleider und Stiefel vom Leib schnitt, und dann war Nacht um mich. Am nächsten Abend, als ich wieder bei Bewußtsein war, lag ich mit meiner Erkennungsmarke um die linke Hand gebunden, nackt auf einem Feldbett in einer Holzbaracke in einer Waldlichtung. Da ich nicht transportfähig war, lag ich dort sechs Wochen. Dann wurde ich zum nächstgelegenen Güterbahnhof gebracht und auf einem bulgarischen Lazarettzug in ein Lazarett nach Lyck (damals Ostpreußen, heute Polen) gebracht. Nach einer Nachoperation wurde ich nach einem Monat nach Pinkafeld ins Burgenland verlegt. Nach mehreren Monaten und weiteren Operationen wurde ich im Feber 1944 in das Schwerpunktkrankenhaus der Barmherzigen Brüder nach Graz verlegt. Hier erfolgte die inzwischen fünfte Operation. Ab diesem Zeitpunkt begann die Genesung. Weitere Behandlungen gab es in einem Lazarett in Straubing. Im Mai 1944 wurde ich in das Heimatlazarett nach Mattersburg verlegt und von hier aus im Juni 1944 in die Genesungskompanie nach Breslau eingewiesen. Nach diversen Untersuchungen wurde ich als dienstunfähig im Spätherbst 1944 zur Heeresentlassungsstelle 2/17 in Wien-Lainz überstellt. Hier wurden die Abschlußuntersuchungen sowie die Beratungen für einen Übertritt in das zivile Leben durchgeführt.

Im Herbst 1945 sammelten sich die schon in der Heimat weilenden Verwundeten zu einer Gemeinschaft und gründeten eine Ortsgruppe der Kriegsopfer. Ich heiratete meine Braut, die in den drei Jahren meiner Kriegszeit meinen Arbeitsplatz als Filmvorführerin übernommen hatte. Ihre Mutter war die Besitzerin. Aber der als unsere Existenzgrundlage gedacht gewesene Betrieb wurde durch Kriegseinwirkung total zerstört. Aufgrund meiner technischen Kenntnisse versuchte ich in der Nachkriegszeit mit diversen Jobs über die Runden zu kommen, zum Beispiel mit Lautsprecherwerbung für eine politische Partei, Aushilfe bei einem befreundeten Spenglermeister, vor allem als Radioreparateur. Da inzwischen die Familie um zwei Kinder gewachsen war, versuchte ich, einen festen Job zu bekommen.

Eine in meiner Nähe gelegene Molkerei suchte damals eine auf mehreren Gebieten versierte Kraft. Ich bewarb mich um die Stelle, die ich auch bekam. Nach einer vereinbarten Einarbeitungszeit wurde ich als technischer Angestellter übernommen.

Ich war während meiner 30jährigen Zugehörigkeit zum Betrieb mit allen technischen, mechanischen und elektrischen Arbeiten betraut, die ich, wie ich glaube, auch zur vollsten Zufriedenheit versehen habe. Neben meiner Aufgabe für den Betrieb widmete ich mich auch meinen Mitarbeitern, deren Interessen ich 25 Jahre lang als Betriebsratsobmann in arbeitsrechtlichen Belangen vertreten habe.

Am 31. Jänner 1984 (meinem 60. Geburtstag) trat ich nach 30jähriger Zugehörigkeit zum Betrieb in den Ruhestand.

Meine Kinderzahl hatte sich im Laufe der Jahre auf vier erhöht. Sie haben bereits alle auf Grund ihrer Studien und Ausbildung ihren Weg gemacht.

Karl Hofstätter

Ein erfolgreicher Kampf mit dem Schicksal

Ich wurde 1926 in Wien geboren und hatte sieben Geschwister. Meine Heimat habe ich in Sommerein am Leithagebirge. Ich wuchs unter sehr ärmlichen Verhältnissen auf und besuchte eine achtklassige Volksschule. Bei der Firma Wertheim in Wien erlernte ich den Beruf eines Maschinenschlossers und legte 1944 die Facharbeiterprüfung ab. Meine Zeit beim Reichsarbeitsdienst verbrachte ich in Bergheim, Salzburg. Nach meiner Entlassung am 1.6.1944 wurde ich in die Luftwaffenkaserne nach Augsburg zur Luftnachrichtentruppe eingezogen. Ich wollte Bordfunker werden. In Augsburg wurde ich als Luftnachrichtensoldat ausgebildet und nach einer Ausbombung nach Frankreich in eine Kaserne in Belfort verlegt, wo die Ausbildung weiter ging. Der Wunsch, einmal Bordfunker zu werden, wurde durch die Invasion der Alliierten zerschlagen, wir wurden zu Frontsoldaten ausgebildet. Unsere erste Tätigkeit war die Absicherung von militärischen und sonstigen wichtigen Anlagen durch Bewachung und die Arbeit mit Zivilpersonen im Schanzeinsatz. Wir wurden auch zur Bekämpfung von Saboteuren eingesetzt, aber es gab kaum Erfolge, weil die Aussichtslosigkeit des Krieges abzusehen war. Wir wurden dann in kleinen Gruppen an die Front nahe der Schweizer Grenze geschickt. Meiner Gruppe wurde ein erfahrener Frontsoldat zugeteilt, und wir bezogen mit drei Mann eine Stellung mit Unterkunft-Gefechtsstand. „So", sagte dieser Soldat zu uns, „nun seid ihr an der Front." Mir wackelten die Knie, und ich brachte kein Wort heraus, es war alles mäuschenstill. Wir lagen bis zum Anbruch des Tages auf der Lauer. Dann wurde ich in den Kompaniegefechtsstand geführt und mußte mein Soldbuch wegen verschiedener Eintragungen abgeben.

Fallweise fielen Schüsse, aber von direkten Kämpfen war nichts zu merken. Bald kam es anders. Erst kreiste ein Aufklärungsflugzeug über unserer Stellung und flog wieder weg. Nach einigen Stunden begann ein sehr schweres Granatfeuer, sodaß uns allen das Hören und Sehen verging, mir besonders, denn es war ja meine Feuertaufe. Ich rannte wieder zu meinem Unterstand, mußte aber ständig in Deckung gehen. Da sah ich unseren Zugmelder schwer verletzt auf dem Boden liegen. Als noch ein Kamerad hinzukam, legten wir ihn auf eine Zeltplane, aber er war leider schon verstorben. Ich war sehr traurig. Wir trugen ihn zum Kompaniegefechtsstand, und der Hauptmann sagte, nun wären schon zwei seiner Brüder gefallen und er müßte der Mutter schreiben. Dieser Kamerad hatte schon Zehenamputationen und mußte trotzdem wieder an die Front. Das habe ich einem meiner Kameraden erzählt, der noch in derselben Nacht in die Schweiz geflohen ist. Morgens wurde ich abgeholt und mußte mich vor dem Hauptmann rechtfertigen, denn es wurde vermutet, daß ich Mitwisser sei. Der Kompaniechef mußte Meldung machen, ich kam nach hinten, es wurden mir die Waffen abgenommen, und ich mußte auf ein Verfahren vor dem Kriegsgericht warten. Nach ca. acht Tagen kam ich nach Besançon vor das Kriegsgericht und wurde wegen angeblicher Mitwisserschaft zur Frontbewährung verurteilt. Mein Kompaniechef hatte gut für mich ausgesagt. Ich wurde an die Kampffront nach Mouthe geschickt, ebenfalls nahe der schweizerischen Grenze, dort waren schwere Kämpfe. Die Franzosen rückten aus dem Süden vor, es wurden mehrmals die Stellungen durch Kämpfe gewechselt, und beide Seiten hatten Verluste. Nach einigen Wochen wurden schwere Geschütze und Luftwaffen eingesetzt. Die Stellungen waren sehr zerstört, es regnete, kalt war es und die Lage fast aussichtslos, weil kaum etwas funktionierte.

Gegen Abend des 16. November 1944 wurden wir von Mouthe zurückgezogen, wir hatten ein kleines E-Werk abzusichern und verschanzten uns im nahen Wald. Es wurde schon leicht dunkel, und wir freuten uns auf eine ruhige Nacht und haben uns eingegraben. Plötzlich hörte ich Pferde und Soldaten, unser Unteroffizier gab Alarm und befahl zu schießen. Ein Kamerad brachte unser Flieger-MG in Stellung und eröffnete das Feuer. Wir waren schon in Deckung, und der Feind schoß zurück, ein Kamerad aus dem Schwabenland war durch Kopfschuß sofort tot, ein Bayer erlitt einen Schulterschuß, er lag neben mir. Plötzlich bekam ich einen Schlag am linken Oberschenkel, mir war, als ziehe jemand diesen Fuß in ein tiefes Loch. Ich griff zum Oberschenkel und hatte die ganze Hand voll Blut. Das Feuer wurde eingestellt, die Franzosen kamen näher, haben uns Verwundete versorgt und nahmen alle anderen mit. Ich wurde in ein altes Haus gebracht, wo viele Verwundete waren, wurde neuerlich versorgt und bekam Spritzen, es kam ein Pfarrer zu mir, betete und ich schlief dabei ein, so erschöpft war ich. Morgens wurde ich in ein großes Spital gebracht und dort operiert, bekam einen Beckengips und konnte mich kaum bewegen. Von dort kam ich nach ca. eine Woche in das Hospital St. Jaques nach Besançon. In meinem Saal lagen nur verwundete deutsche Soldaten, da fühlte ich mich sehr wohl. Die Betreuung erfolgte durch Klosterschwestern. Es ging uns sehr gut, wir waren wie im Himmel. Dort wurde ich mehrmals und lange operiert, anfangs wollte man mir den Oberschenkel amputieren, denn ich hatte von einem Explosivgeschoß eine sehr große Wunde am Oberschenkel mit großen Knochenbrüchen und Nervenzerreißung. Ein gut Deutsch sprechender Arzt versprach mir, das Bein möglichst zu erhalten. Nach Monaten kam ich in ein Heeresspital, wo viele Verwundete mit Amputationen und schweren Verwundungen lagen. Es war alles sehr einfach, schlechtes Essen und keine gute medizinische Versorgung. Dort erlebten wir das Kriegsende. Es war für uns sehr deprimierend. Die Franzosen haben gefeiert und uns alle sehr verspottet. Dann kamen viele Verwundete von den Minenkommandos. Manche hatten die Füße verloren, andere hatten Erfrierungen. Wir wurden nicht besonders gut versorgt und haben uns durch gegenseitige Hilfe über die Runden gebracht. Weihnachten 1945 war sehr traurig, aber wir haben versucht, das Fest für alle erträglich zu gestalten. Wir durften Briefe schreiben, und meine Briefe wurden auch beantwortet, weil sie das Rote Kreuz befördert hat. Ich war sehr erfreut, weil mein Vater, mein Bruder und meine Schwester, die alle einrücken mußten, schon zu Hause waren. Am 6. März 1946 wurde ich entlassen und kam zwei Tage später zu Hause an. Vieles war mir fremd. Die russischen Besatzungssoldaten haben mich nie belästigt, wenn ich mit meinen Achselkrücken ging. Ein Arzt aus der Nachbargemeinde hat mich versorgt, aber ich konnte meinen Beruf nicht ausüben. So wurde ich in das orthopädische Spital in die Wiener Neue Burg verwiesen. Mein verletztes Bein war durch Lähmung total verkrümmt.

Gleich nach meiner Heimkehr bin ich dem Kriegsopferverband beigetreten und habe eine Ortsgruppe aufgebaut. Nach meiner Anmeldung beim Landesinvalidenamt wurde ich dort untersucht und erhielt die Versehrtenstufe III. Kurz darauf erfolgte die Einlieferung in das orthopädische Spital Speising, wo ich immer wieder operiert wurde, um gehfähig zu werden, sogar eine leider nicht erfolgreiche Nervennaht wurde durchgeführt. Zuletzt sind mir noch vier Zehen amputiert worden.

Meine Rückkehr war anfangs für mich schwer zu verkraften, war ich doch unter meinen Freunden der einzig Schwerverwundete und konnte keiner Arbeit nachgehen. Ich konnte keinen Sport ausüben und mich nicht fortbewegen wie alle anderen. Bei den spärlichen Tanzunterhaltungen saß ich dort, machte meine Witze, für welche ich sehr bekannt war. Die Mädchen tanzten natürlich mit den gesunden Burschen.

Und doch fand sich ein Mädchen, dem meine Verwundung nichts ausmachte. Wir wurden ein Liebespaar, und sie nahm sich meiner an. Mein damaliger Bürgermeister verschaffte mir die Stelle eines Gemeindesekretärs. Vorher hatte ich Schuhe repariert, Taschen und Spielzeug gemacht, um etwas zu verdienen. 1950 haben wir in Mariazell geheiratet – ich mit einem geborgten Anzug. So war es damals. Wir haben uns ein Haus gemietet, nach der Möglichkeit meiner Einkünfte eingerichtet, dabei vieles selbst gebastelt. Wir führten eine sehr gute Ehe, auch ein Baby war schon unterwegs. Meine Frau kam nach Wien ins Spital, wo am 23. Oktober 1950 unser Sohn Johann geboren wurde. Aber acht Stunden nach der Entbindung erreichte mich die Nachricht, daß meine Frau an Nierenversagen verstorben war. Für mich brach die Welt zusammen. Unser Sohn kam in das niederösterreichische Kinderpflegeheim von Perchtoldsdorf und verblieb dort bis Mai 1951, bis meine Mutter, die schwer krank war, die Pflege des Kindes übernehmen konnte.

Auf dem Gemeindeamt war ich „Mädchen für alles", Gemeindesekretär, Gemeindekassier, Amtsdiener, sogar die Gemeindeabgaben mußte ich selbst kassieren, ebenso Vermessungen auf den Feldern durchführen. Aber die Arbeit hat mir sehr große Freude gemacht, und ich fühlte mich wieder als vollwertiger Mensch im Dienste der Allgemeinheit. Der Wiederaufbau gab mir sehr viele Möglichkeiten. Ich schrieb für viele Menschen Ansuchen an die Behörde, machte auch Steuererklärungen. Die Bindung zur Bevölkerung war einmalig. Unsere Postamtsleiterin hat für mein Kind großes Interesse gezeigt, es wuchs Freundschaft und Liebe daraus, später haben wir geheiratet. Natürlich haben mich meine Spitalsaufenthalte immer in der Arbeit zurückgeworfen, immer wieder war vieles aufzuarbeiten.

Sehr viel meiner Freizeit habe ich für die Kriegsopfer, den Sportverein mit einer Theatergruppe und den Musikverein aufgebracht. Ich war auch im Bezirksausschuß des KOBV tätig, da doch nach dem Kriege sehr viel im Versorgungswesen zu tun war und mir die Hilfestellung des Verbandes sehr zugute kam. Ich war nach dem Krieg zweimal auf Kur in Bad Hofgastein und Bad Hall, so konnte ich mich nach der Arbeit in der Gemeinde erholen, was mir gut tat. Auch die Versorgung mit meinen orthopädischen Behelfen war immer sehr zufriedenstellend, wofür ich den zuständigen Stellen sehr dankbar bin. Insbesondere bin ich für die umfangreiche medizinische Versorgung dankbar und kann sagen, wir in Österreich können mit dieser Versorgung zufrieden sein.

Im Laufe der Jahre waren wir schon drei Angestellte im Gemeindeamt, der Wiederaufbau nahm uns alle sehr in Anspruch. Wir arbeiteten in einem Team gemeinsam 25 Jahre lang, es war eine wunderbare Zeit. Es wurde die Gemeinde neu errichtet, die Schule, das Gemeindeamt, der Kindergarten, Gemeindebauten, der Wasserleitungsbau, die Kanalisation, der Güterwegenetzausbau, der Straßenbau mit Gehsteigen, Neuelektrifizierung, 350 neue Einfamilienhäuser wurden errichtet und Betriebsansiedlungen, ein Dorf ist wieder erwacht. Mein damaliger Bürgermeister war auf der Suche nach einem Nachfolger und trat an mich heran, für dieses Amt zu kandidieren, obwohl wir beschlossen hatten, 1980 gemeinsam in Pension zu gehen. Nach Rücksprache mit meiner Familie habe ich mich entschlossen, als Bürgermeister zu kandidieren. Auf Anhieb erhielt ich 74% der Stimmen und gewann die Wahl. Meine Frau war inzwischen als Amtsleiterin des Postamtes in Pension gegangen, sie erkrankte an Brustkrebs und ist für mich viel zu früh im Dezember 1982 verstorben. Nun war ich wieder ein einsamer Mensch mit gebrochenem Herzen. Aber ich hatte schon drei Enkelkinder, die mir Freude machten. Leider schlug das Schicksal wieder zu, und mein jüngstes Enkerl bekam eine Gehirninfektion und war bis zu seinem Tod total gelähmt. Im April 1984 habe ich mein Amt als Bürgermeister freiwillig zurückgelegt. Ich hatte eine schwere Zeit, doch wieder kam mir Gottes Hilfe zugute, ich habe eine sehr nette Witwe kennengelernt, welche meine Frau wurde.

Nun bin ich der Obmann vom Pensionistenverein und auch Obmann der Bezirksgruppe des KOBV. Am 16.11.1994 sind es 50 Jahre seit meiner Verwundung, und ich habe in der Kriegsgefangenschaft und zuletzt im Spital die Leiden der vielen Kameraden gesehen und wünsche sehnlichst, es möge nie wieder Krieg entstehen. Danken wir unserem KOBV und der Zentralorganisation der Kriegsopfer- und Behindertenverbände, die allen Kriegsversehrten, Kriegerwitwen, Waisen und Elternrentnern zu der vorzüglichen Versorgung verholfen haben. Ich bin stolz, dabei ein kleines Rädchen gewesen zu sein.

Johannes Hornacek

Mehrmals verwundet

Ich bin im Oktober 1940 eingezogen worden, kam im August 1945 nach Hause. Unter anderem war ich 6 Wochen in Stalingrad bei der 100. Jäger-Division. Ich kam wegen einer Verwundung Mitte November ins Hinterland, so blieb mir die Einkesselung erspart. Bei der Neuaufstellung der 100. Jäger-Division ging's 1943 nach Albanien. Es folgte wieder eine Verletzung. Im Frühjahr 1944 mußte ich wieder nach Rußland.

Im Jänner 1945 lagen wir in Oberschlesien, noch im Jänner wurde ich wieder durch einen Steckschuß an der rechten Schulter verwundet. Damals war ich allein, ich merkte nicht, daß sich die Kameraden zurückgezogen hatten. Trotz der Schmer-

Unbekanntes Soldatengrab, 1942

zen überquerte ich die zugefrorene Oder und erreichte nach Stunden den Verbandsplatz. Erst am dritten Tag wurde ich in Borna bei Leipzig operiert.

Nun, wie bin ich mit der Verletzung fertig geworden? Von 1946 bis 1949 war ich Angestellter in meiner Heimatgemeinde bei der Kartenstelle. Später wohnte ich in Wien, beschäftigt als Hilfsarbeiter am Bau, hatte eine Frau und ein Kind zu versorgen. Beruf hatte ich keinen, da ich vor dem Krieg bei den Eltern gebraucht wurde.

1950 hat mir das Invalidenamt in Wien eine Erwerbsminderung von 30% zuerkannt. 1951 konnte ich in zwei Jahren durch das Amt einen Beruf erlernen. Nun, das war nicht einfach für einen Familienvater mit Frau und zwei Kindern. Die letzten 20 bis 25 Jahre vor der Pensionierung war ich Kraftfahrer.

Karl Kager

Von Paris bis Stalingrad

Im März 1940 wurde ich zur Deutschen Wehrmacht eingezogen. Nach 6 Wochen Ausbildung in Horn wurde ich zur 297. Infanterie-Division überstellt. Im Mai wurde die gesamte Division nach Frankreich in Marsch gesetzt. Wir sind über Belgien und Eupen-Malmedy nach Paris vormarschiert. Nach der Kapitulation der französischen Hauptstadt erhielt unsere Einheit den Befehl, den Marsch bis Rouen und Le Havre fortzusetzen. Hier wurde uns die Kapitulation ganz Frankreichs bekanntgegeben. Befehlsgemäß ging es wenige Tage später nach Lyon, wo wir „nach Hause" verladen wurden. In Wien kam der Befehl, daß es weiter nach Polen ginge. Wir durften in Wien nicht einmal aussteigen.

Weiter ging es nach Polen, bis Sandomierz. Juni, Juli 1940 lagen wir dort bis zum Beginn des Rußlandfeldzuges. Bis Christinopol ging es über den Bug, Vormarsch über Cherkassy, Dnjepr, Krementschug, Mareva, Charkow, Kiew, Donez, dann Winterstellungen jenseits des Donez. Weihnachten 1941 erfolgte ein Einbruch der Russen bei Issijum, der aber zurückgedrängt wurde. Als Unteroffizier wurde ich dort mit dem EK II ausgezeichnet.

Dann begann der Marsch auf Stalingrad. Nach zwei Monaten waren wir an jenem Ort, der für uns eine so schicksalhafte Bedeutung bekommen sollte. Unser Bataillon war im südlichen Kampfabschnitt eingesetzt, in unmittelbarer Nähe der rumänischen Divisionen. Vom 4. September 1942 bis Anfang Oktober 1942 war ich noch zu Hause auf Urlaub. Wieder bei meiner Einheit zurück, erfolgte der Durchbruch der Russen in der Kalmückensteppe von Stalingrad. Zwei Tage später waren wir eingeschlossen (22.11.1942). Es begann das große Leiden und Sterben. Wir wurden von den Russen bis Stalingrad-Mitte zurückgedrängt. Von da an gab es nur mehr 5 dag Brot und Pferdefleisch als Tagesration zu essen. Benzin- und Munitionsvorräte gingen zur Neige. Wir mußten uns bis zur Maritza-Schlucht zurückziehen. Von dort zogen wir uns in das Zentrum von Stalingrad zurück. Drinnen traf ich unseren „Spieß", der mir riet, bei seiner – bis auf 7 Mann geschrumpften – Kompanie zu bleiben. Jedes Vorgehen gegen die Russen sei in dieser Situation aussichtslos. In einem kleinen Keller unterhalb der total zerstörten Stadt fanden wir Zuflucht. Wir warteten eng zusammengedrängt im kalten Kellerloch auf das Ende. Zwei Tage später, am 30. Jänner 1943, wurde ich gefangengenommen. Ein Hungermarsch begann. Bei Temperaturen von 30–35 ° minus wurden wir in einem 10 Tage dauernden Marsch bei Tag und Nacht unaufhörlich und unter unmenschlichen Strapazen nach Kalatsch getrieben. Hartes Brot und Salzfische waren unsere Verpflegung. Ruhr und Fleckfieber brachen aus. Im Schafstall einer Kolchose war unser Marsch vorläufig zu Ende. Der russische Bewacher befahl uns zu sitzen. Wir saßen buchstäblich einer auf dem anderen, so „viele" waren wir noch. Nach 3 Wochen, als wir nach Usbekistan verladen wurden, waren von 4000 Kameraden noch 800 übrig geblieben. Zu je 50 Mann wurden wir in die Viehwaggons verladen. Das Sterben ging auch hier weiter. Sooft die Waggontür von den Russen geöffnet wurde, wurden die Toten hinausgeworfen. „Malo" sprach der Russe, zu wenige waren seiner Meinung nach draufgegangen. Schließlich überlebten nur etwa 20 Mann aus jedem Waggon.

In einem Bunkerlager in Usbekistan „landeten" wir. Primitive Erdlöcher sollten uns Schutz vor der glühenden Hitze des Tages und den bitterkalten Nächten gewähren. Jetzt starben unsere Kameraden bei Wassersuppe und grünen Paradeiserhälften wie die Fliegen.

Stalingrad 1942. Infanteristen in Erdbunkern. Foto: Heeresgeschichtl. Museum, Wien

Von 24.000 Angekommenen überlebten nur ganz wenige. Diese wurden schließlich halb verhungert und total entkräftet ins Lazarett nach Kokant gebracht.

Dort wurde ich bei vollem Bewußtsein einer Operation unterzogen. Ein Stück Rippe wurde mir abgezwickt und das in mir infolge Unterernährung angesammelte Wasser abgezapft. Ich wog damals 38 kg. Von Mai 1943 bis November 1943 wurden wir dort bei guter Behandlung wieder aufgepäppelt. Ich wog bereits 52 kg, als wir einen 32 km langen Marsch ins Lager 26 auf uns nehmen mußten. Vor Erschöpfung landete ich wieder im Lazarett. Die Bedingungen waren hier erträglich. Bald kam ich in eine Tischlerwerkstätte für Ausbesserungsarbeiten im Lager. Mein Körpergewicht stabilisierte sich. Es starben hier nur noch wenige Kameraden.

Am 16. November 1947 war die Gefangenschaft endlich aus. An dem Tag war ich wieder zu Hause, mit einem „Loch" im Rücken und mit einer zur Hälfte verhärteten Lunge. Ich litt an großen Atembeschwerden und wurde zu 30 % invalid geschrieben. Ich begann, einen Betrieb als Wagnermeister aufzubauen. Über die unmenschlichen Erlebnisse der Gefangenschaft durften wir nicht reden, so lange unsere Heimat von den Russen besetzt war.

Josef Kirschner

Eine glückliche Versehrtenehe

Als ich 18 Jahre alt und schon Soldat war, wurde ich während eines Spähtrupps in der Nähe von Lüttich durch einen Granatsplitter verwundet. Es war Heiliger Abend, und ich geriet noch am selben Tag in amerikanische Kriegsgefangenschaft. Am 8.2.1946 wurde ich entlassen. Weil ich aber meine Lehrzeit wegen der Kriegsdienstleistung unterbrochen hatte, war ich noch ein Jahr Verkäufer-Lehrling und machte 1947 die Kaufmanns-Gehilfenprüfung. Meine rechte Hand ist fast unbrauchbar (Krallenhand), daher kam ich zur Umschulung. Das LIA bewilligte mir einen kaufmännischen Grund- und Aufbaulehrgang in der Geigergasse in Wien. Dort lernte ich u.a. das Schreiben mit der linken Hand, wobei ich auch das Glück hatte, meine Frau kennenzulernen. Aufgrund meines guten Abschlußzeugnisses stellte mich die Firma Persil (heute Henkel-Austria) als Bürokraft ein. Nach 35 Dienstjahren als Lagerleiter reichte ich das erstemal um einen Kuraufenthalt beim LIA ein. Dieser wurde mir bewilligt. Seitdem kann ich jedes Jahr (ich bin nun acht Jahre Pensionist) zur Kur fahren.

Mindestens zehnmal konnte ich an einem Versehrtenschikurs teilnehmen. Und weil mir das Laufen Freude macht (gesund und billig), nehme ich seit 8 Jahren an diversen Stadtläufen teil. Vor 5 Jahren erhielt ich beim „Weinstraßenlauf" (von Baden bis Mödling, 9,7 km) den ersten Pokal in meiner Altersklasse, inzwischen habe ich bereits 39 Pokale – trotz 50 % Invalidität. Der Höhepunkt war wohl mein erster Marathon am 26.9.1993 in Berlin in 4 Stunden und 26 Minuten. Natürlich habe ich mich diesmal auch für den elften Wiener Frühjahrsmarathon („Lauf für den Frieden") angemeldet. Tatsache ist, daß ich aufgrund der Kuraufenthalte sowie des Laufsports und des wöchentlichen Konditionstrainings so gesund bin wie noch nie. Ich habe z.B. nicht einmal mehr Kopfschmerzen bei Föhnwetter.

Meine Frau hat als 15jähriges Mädchen - sie war die älteste von 5 Kindern in einer kleinen Landwirtschaft - an der Dreschmaschine den linken Arm verloren, ihr Oberarm mußte amputiert werden. Als sie vom Spital in Mistelbach, NÖ, entlassen wurde, verstarb dort ihr 13jähriger Bruder an Wundstarrkrampf. Gleichzeitig erfuhr ihre Mutter, daß ihr Mann in der Kriegsgefangenschaft in Rußland an Ruhr verstorben war. Er hatte in Drasenhofen eine Faßbinderei neben der kleinen Landwirtschaft. Ihre Mutter mußte alle diese Schicksalsschläge verkraften. Der Direktor der Bauernpensionsversicherung kümmerte sich um meine jetzige Frau, weil sie ihm leid tat, wie sie mit einem Prothesenring bei der Feldarbeit mitgeholfen hat. So wurde ihr die Handelsschule in Wien bewilligt und auch der Aufenthalt im Landesinvalidenheim.

Als wir 1952 heirateten, durften wir ein Zimmer allein für uns beziehen. 1954 kam unser Sohn Ewald zur Welt. Damals waren wir beide berufstätig. Die Fürsorgerin wollte uns das Kind wegnehmen, konnte sich aber davon überzeugen, daß meine Frau trotz der Behinderung und des Waschkessels im 4. Stock und anderer Schwierigkeiten das Baby bestens betreut hat. Als 1957 der zweite Sohn geboren wurde, hatten wir bereits eine 40 m^2 Wohnung mit einem Brausebad. Diese mußte uns noch genügen, als unsere Tochter Margit bereits 6 Jahre alt war. Endlich, es war 1970, erhielten wir eine geräumige Gemeindewohnung. Nach 17 Jahren im Haushalt bzw.

bei den Kindern suchte sich meine Frau eine Halbtagsbeschäftigung, denn mein Verdienst (monatlich S 5.700,— brutto) hatte nicht gereicht, um z.B. die Schulschikurse zu bestreiten oder die notwendigen Einrichtungsgegenstände zu erwerben.

Nun ist meine Frau auch bereits 6 Jahre in Pension, und ich danke Gott, daß wir nach fast 42 Jahren Ehe noch nie bemerkt haben, daß der Partner behindert ist. Inzwischen haben wir sieben allerliebste Enkerln.

Franz König

Heimkehrer-Entlassungsstelle.
Amstetten

PVA d. Ang./VSNR
1728 301126

Heimkehrer-Entlassungsschein

Dienstgrad und Standesverhältnis	Soldat d. Res
Vor- und Zuname	K ö n i g Franz
Geburtsdaten	Tag, Jahr: 30 11.26. Ort: Kornberg Bezirk: Amstetten
Heimatberechtigt	Ort: Kornberg Land: N Ö Bezirk: Amstetten
Evidenzdaten	Wehrmeldeamt: Amstetten Wehrbez.-Kdo.: [illegible]elk Wehrnummer:
Assentiert, gemustert	Ort: Amstetten am: 1943 eingerückt nach [illegible] Pz Gren Btl
Rückkehr aus der Gefangenschaft, aus welcher, wann, über	amerik., 7.2.46. Golling Linz Amstetten
Gebühren empfangen	S g
Bekleidung empfangen (Art)	
Aufenthaltsort, Anschrift	Dippersdorf 7, Neuhofen
Gegenwärtiger Gesundheitszustand	Nervenlähmung re. Hand d. Oberarmdurchschuß
Entlassungstag	8. Feb. 1946
Merkblatt .... beigeschlossen	

Amstetten, am 8. Feb. 1946 19......

[signature]
Leiter.

6/D/50.000/VIII/45

Kriegs-Lebenslauf

Ich bin das jüngste von sechs Kindern, meine Mutter starb, als ich 15 Jahre, mein Vater als ich 20 Jahre alt war. Weil ich Jahrgang 1915 bin, das war der erste Jahrgang der allgemeinen Wehrpflicht in Österreich, hatte ich am 24.6.1936 Musterung und 1937 die Stellung zur Wehrpflicht. 1938 kam Hitler, und das bedeutete, daß alle, welche schon bei der österreichischen Wehrmacht gedient hatten, eine militärische Umschulung machen mußten. Ich kam auf zwei Monate (Jänner, Februar 1939) nach Glauchau bei Leipzig. Nun dachte ich, jetzt werde ich doch längere Zeit Ruhe haben, aber im gleichen Jahr brach noch der Krieg aus, nämlich am 1. September 1939. Jetzt konnte ich schon jeden Tag mit der Einberufung rechnen, aber es hat doch noch bis zum 10.1.1940 gedauert. Ich kam nach Engerau wieder zur Ausbildung und im November 1940 nach Polen an die russische Grenze. Der Winter war sehr kalt (–30°), aber er war noch mild gegenüber dem nächsten mit –40° bis –45°.

1941 wurde im Donezbecken zu Winterbeginn ein Brückenkopf gebildet. Unsere Führung war der Ansicht, der Fluß sei eine natürliche Verteidigungslinie. Aber es kam ein strenger Winter, der Donez fror einen Meter dick zu, und es war zu befürchten, daß die Russen dort mit den Panzern über den Fluß fahren würden. Von jedem Bataillon wurde eine Kompanie herausgenommen und in dieses gefährdete Gebiet überstellt, so auch ich. Am Palmsonntag um 5 Uhr früh griffen wir die Russen an. Als erster fiel gleich ein Gefreiter aus Wien mit einem Herzschuß. Wir feuerten drei Tage lang, fast wie bei einer Übung, aber am vierten Tag morgens haben uns die Russen eingekesselt. Bald hatten wir Munitionsmangel. Zwei Panzer von uns stießen durch, brachten uns 40.000 Schuß MG-Munition. Nun waren wir wieder ein paar Tage gerettet. Am vierten Tag der Einschließung wurde auch ich verwundet. Ein Granatsplitter riß mir den linken Oberschenkel auf und blieb im Geldbörsel stecken. Die Lage wurde immer schlimmer, die Stimmung immer schlechter, der Einschließungsring immer enger, wir hatten viele Ausfälle. Einige Kameraden konnten mich herausholen und zum Verbandsplatz bringen. Nach der Wundversorgung kam ich ins Lazarett mit einer Lungenentzündung. Nach Krakau und Zakopane war meine neue Station Olmütz.

Nach einem Lehrgang in Bruck an der Leitha kam ich zur neu aufgestellten 44. Infanterie-Division nach Antwerpen in Belgien. Nach Monaten bekam ich wieder Lungenentzündung, die sich monatelang hinzog. Dann wurde ich nach Südfrankreich versetzt, kam in die Hände eines tüchtigen Unterarztes, und dieser führte eine Radikaloperation durch. Wir waren drei Mann, welche die gleiche Krankheit hatten, und alle drei kamen durch. Ich bekam zwei Bluttransfusionen, der Arzt kam an die Front, hat uns aber seine Heimatadresse (Kärnten) hinterlassen, da es ihn interessierte, wie es uns weiter erginge.

Nachdem die Engländer und Amerikaner in Frankreich gelandet waren, wurde ich schließlich am 5.1.1945 mit einer 50%igen Minderung der Erwerbsfähigkeit entlassen.

Ich dachte nun, der Krieg wäre für mich aus. Aber weit gefehlt, ich sollte ihn noch hautnah kennenlernen. Während der Kampfhandlungen in der Umgebung meines Heimatortes Zlabern „wohnten“ wir 5 Tage lang im Weinkeller. Der Keller liegt im

Wald, die Kampfhandlungen wurden mit einem Fliegerangriff eingeleitet, wobei ich nochmals verwundet wurde – durch vier Granatsplitter (einer knapp oberhalb des Knies). Dadurch hatte ich wochenlang einen steifen Fuß. Ein 20jähriger Flüchtling, der nur 2 m hinter mir ging, wurde getötet. Das alles war am 20.4.1945. Ich bekam noch von einem deutschen Sanitäter am 21.4. eine Tetanusinjektion, seine Batterie lag am Waldrand in Stellung. Auch ein 16jähriges Mädchen wurde verletzt, erhielt zwar auch eine Injektion, ist aber trotzdem nach vier Wochen unter fürchterlichen Schmerzen verstorben. Sie hatte Splitter im Kopf und im Rücken. Mein Haus wurde ein Opfer des Fliegerangriffs.

Alles vergeht, auch diese böse Zeit ist vergangen. Ich habe noch im November 1945 geheiratet, und 1948 fing ganz langsam der Wiederaufbau an. Am 8.12.1950 sind wir in das wiederaufgebaute Haus übersiedelt. Inzwischen waren zwei Geldentwertungen im Verhältnis 3 zu 1, das heißt: 3 Schilling vorher waren danach nur einen Schilling wert. Vom Invalidenamt bekam ich eine Kriegsentschädigung, die sich langsam steigerte.

Inzwischen wurden uns vier Kinder geschenkt. Aus den kleinen Kindern wurden Erwachsene, zwei haben die Matura gemacht, ein Sohn ging auf die Technische Universität. Er arbeitet jetzt als Dipl.-Ing. für Nachrichtentechnik in der Abteilung Programm- und Systementwicklung bei Siemens.

Wir sind überhaupt mit den Kindern sehr zufrieden, sie sind brav und fleißig, haben geheiratet, und jedes hat ein eigenes Dach über dem Kopf. Wir haben acht Enkelkinder.

Im Jahre 1975 sind wir in Pension gegangen, haben nun etwas mehr Zeit, um über unser ereignisreiches Leben nachzudenken, ob wir alles richtig gemacht haben.

Franz Kreuzinger

Angst vor den Russen

Ende April 1945 kamen die Russen bis St. Pölten. In Afing stellten sie ihre Panzer auf und schossen auf uns (drei Wochen lang). Wir versteckten uns in den Kellern der umliegenden Dörfer und gingen nur ganz selten, wenn es ruhiger war, nach draußen. Da kamen jedoch gleich die Tiefflieger und schossen auf uns.

Am 8. Mai war es mit der Schießerei auf einmal aus, und wir gingen nachschauen. Wir sahen, daß die Russen mit Pferden und Kühen, die sie von den Nachbarorten mitnahmen, auf uns zukamen. Wir hatten fürchterliche Angst und versteckten uns auf dem Dachboden. Wir waren vier Mädchen. Gegen Mitternacht gab es ein fürchterliches Schießen im Hof, und wenige Augenblicke später waren die Russen schon auf dem Heuboden und schossen herein. Wir sprangen sofort alle vier vor Angst aus dem Dachbodenfenster und verletzten uns ziemlich schwer. Ich brach mir meine Beine. Trotzdem schleppte ich mich kriechend in den Keller, wo schon alle auf mich warteten. Gleich darauf kam ein Russe nach und verband mich mit einem Leintuch. Ich hatte einen offenen Bruch und blutete sehr stark. Er ging mit dem Versprechen fort, daß er uns am nächsten Tag in das Hospital bringen würde. Er kam jedoch nicht. Da luden uns dann Männer auf einen Leiterwagen und zogen uns bis zum nächsten Ort. Da war noch eine Kuh übriggeblieben, welche die Männer gleich vor den Leiterwagen spannten. Wir kamen jedoch nicht weit, weil uns einige Russen entgegenkamen und uns die Kuh gleich wieder wegnahmen. So zogen uns die Männer selbst nach St.Pölten ins Spital.

Dort wurden wir gleich aufgenommen und behandelt. Ich lag drei Monate im Spital und hatte nachher einige Monate einen Gips. Mir ging es danach nicht sehr gut, ich konnte kaum gehen. Weil ich deswegen nicht arbeiten konnte, war ich glücklich, daß mich eine Bekannte aus Gablitz zu sich nahm. Hier lernte ich auch meinen Mann kennen.

Ich reichte um eine Invalidenrente ein, die ich aber erst nach fünf Jahren bekam. Am Anfang waren es 30%. Ich hatte dann eine Operation (das linke Sprunggelenk wurde versteift), wodurch mein Fuß um 4 cm kürzer wurde. Nach dieser Operation bekam ich dann 70% und bin seither schwerkriegsbeschädigt. Fertig wurde ich mit meinen Verletzungen nie. Da der linke Fuß versteift und kürzer ist, leidet mein ganzer Körper darunter. Ich habe große Schmerzen. Um eine kleine Erleichterung zu erlangen, bin ich immer in Behandlung. Die medizinische Behandlung ist natürlich heute viel besser als früher.

Johanna Kolar

Den Tod geahnt

Im Jahre 1940 habe ich geheiratet, 1942 kam unser Sohn zur Welt, und mein Mann mußte einrücken. Die letzte Post von meinem Mann bekam ich am 4. März 1943. Er schrieb mir „Ich sehe Dich und das Kind nicht mehr, und Du wirst ihn allein großziehen müssen.“ Nach sechs Tagen bekam ich die offizielle Todesanzeige. So mußte ich mich nun in meinem Leben mit dem Kinde alleine bitter durchkämpfen. Zwei meiner drei Brüder habe ich auch im Krieg verloren. Unser Haus mit einem Grundstück habe ich für meinen Sohn durch mühsame Arbeit erhalten können.

1951 wurde ich Mitglied beim KOV, wo ich nach einer Schulung im Freiland verschiedene Funktionen ausgeübt habe.

Theresia Laser

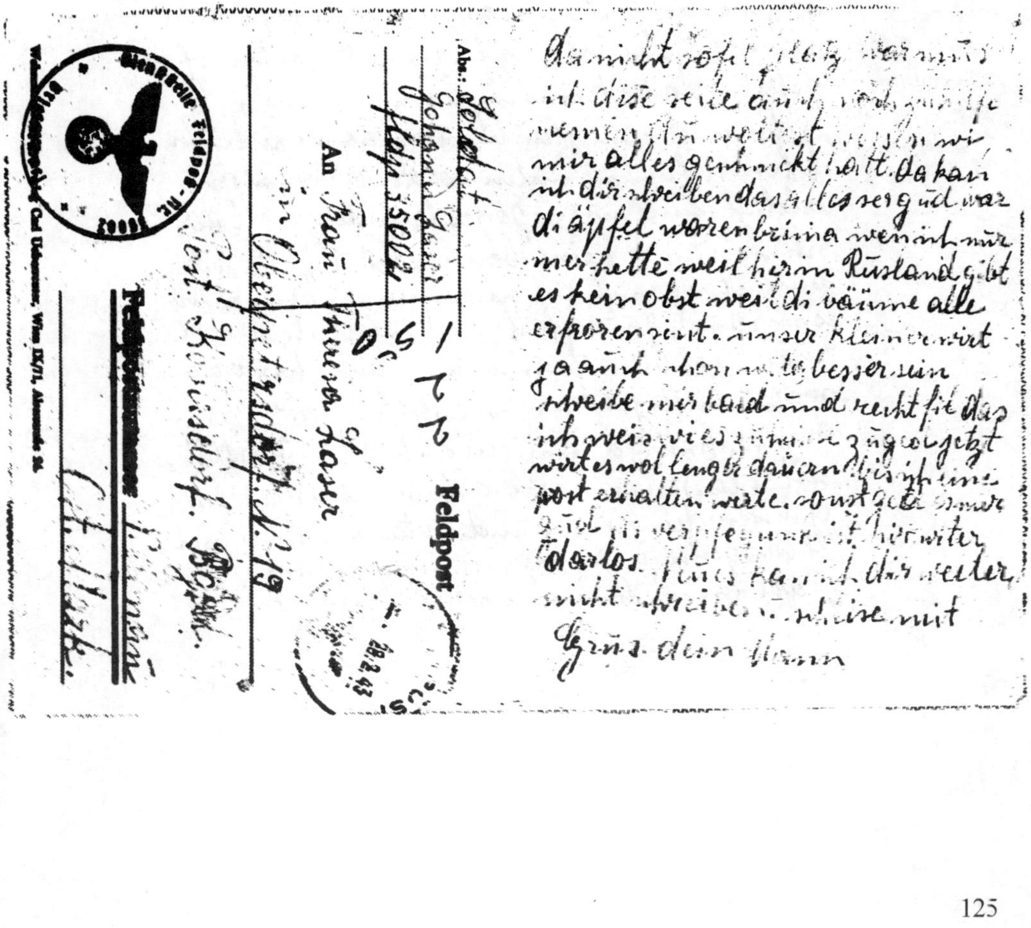
Feldpost

Abs.: Gefreiter Johann Laser

An

da nicht sofil platz war muss
ich dise seite auch [illegible]
nemen. Du woltest wissen wi
mir alles geschmeckt hatt. da kan
ich dir schreiben das alles ser güd war
di äpfel waren brima wen ich nur
mer hette weil hir in Russland gibt
es kein obst weil di bäume alle
erfroren sint. unser kleiner wirt
ja auch schon [illegible] besser sein
schreibe mir bald und recht fil das
ich weis [illegible]
wirt es wol lenger dauern bis ich eine
post erhalten werde. sonst geht es mir
güd [illegible]
darlos. [illegible] kan ich dir weiter
nicht schreiben. schlise mit
Grus dein Mann

Rusland. d. 25. II 43   25/II 43

Liebe Resi und Mama

in mein par zeilen grüsse ich euch aufs herzlichste
bin soweit gesund was ich auch euch wünsche
habe di reise von der ich dir schrieb schon hinter
mir bin jetzt in einer gantz anderen gegend
hatten eine gantz schöne fart konten den
gantzen dag di tür offen haben weil es nicht
kalt war di letzte nacht hatten wir einen
fliger angrif alls wir auf einen banhof waren
eine bombe ist ungefer 100 meter von banhof
gefalen da hats uns ein par mal in di luft
gehoben das ich glaubte der wagen kibt um
aber in fünf minuten war der Iwan schon
erledigt hatt in ein Jäger herunter geholt der
schmeisst mer keine bombe. heute hatte wieder
pech ich war nemlich auf einen stützpunkt wo
es mir gantz gut gefallen hat weil ich dort meine
ruhe gehabt hätte und auch gude kameraden
waren und jetzt bin ich wieder bei der Kompani
di gäne hatt der sanitäter auch wieder aufgeschriben
sist se lassen einen keine Ruhe. schliese mit fillen
grüssen dein Mann und tata. lebt Wohl und
bleibt gesund auf wider sehn. grüsse auch an
Vatter und Michael Onkel von Briansk.

Erst nach fünf Verwundungen heimgeschickt

Mein Vater war Schlosser, meine Mutter Näherin. 1935 kam ich nach dem Besuch der Volks- und Hauptschule in Heidenreichstein in die Lehre und arbeitete fallweise in einer Metallwarenfabrik. Im Jahre 1938, nach dem Einmarsch Hitlers, wurde ich dienstverpflichtet und arbeitete in Norddeutschland beim Flugplatzbau. Am 5. September 1940 wurde ich zur Wehrmacht zu den Pionieren 80 nach Klosterneuburg eingezogen. Im Oktober 1940 wurde ich nach Polen zur Bereitstellung gegen die UdSSR kommandiert. Zu Beginn des Rußlandfeldzuges haben wir als Pioniere die Truppen am Bug übergesetzt.

Ich wurde während des Krieges fünfmal verwundet. Das erste Mal ein Oberschenkelstecksplitter, am 20. Juli 1942 ein Splitter der durch den Hals ging und im rechten Kiefer stecken geblieben ist, am 19. August 1943 einen Schuß durch das linke Handgelenk (Schußbruch), dann ein Artillerievolltreffer in einem Haus, in dem ich mich gerade befand, mit einer Augenverletzung, schließlich erhielt ich noch Stecksplitterverletzungen am Hinterkopf. Nach Lazarettbehandlungen gings jeweils wieder in den Krieg, zuletzt kam ich allerdings nach Klosterneuburg zur Stammkompanie. Dann ging General Unruh durch die Kasernen mit einer SS-Kommission, da wurden die Halbkrüppeln nochmals durchsortiert. Ich wurde „dienstunfähig" geschrieben und mit einer Einstufung von 50% zur Heeresentlassungsstelle verwiesen. Ich besuchte dann bis Kriegsende eine Wehrmachtsfachschule für Technik in Wien.

Mit den Kriegsverletzungen habe ich zum Teil noch heute Schwierigkeiten. Durch meine Russischsprachkenntnisse und mein landwirtschaftliches Wissen wurde ich von der damaligen russischen Verwaltung aufgenommen und als Praktikant, später als Adjunkt, in einer Gutsverwaltung beschäftigt. 1955 suchte ich mir in Wien einen Hauswartposten und bekam auch in der Zentralküche des Allgemeinen Krankenhauses eine Stelle als Küchengehilfe. Von dort kam ich 1962 durch einen Kriegskameraden in das Sanatorium Hera als Hausarbeiter. Ich besuchte einen einjährigen Kurs als Operationsgehilfe, diesen Beruf übte ich von 1962 bis zu meiner Pensionierung im Jahre 1975 aus. Durch einen Herzinfarkt wurde ich 55jährig wegen Berufsunfähigkeit pensioniert.

Franz Löschinger

Du sollst nicht töten!

Unsere schlecht verpflegte und ständig durstige Truppe eilte durch glühend heißen Steppenstaub, durch Wälder, Schluchten, über Bäche, Flüsse, Sümpfe, jeden Widerstand brechend. Unseren bedauernswerten Gefährten, den Pferden, wurden gleichfalls enorme Leistungen abverlangt. Die Panzerspitze und Vorausabteilungen erreichten den Don in der Gegend bei Kalatsch. Mit massiver Unterstützung der Luftwaffe gelang die Bildung eines Brückenkopfes auf dem Ostufer des Flusses, von dem aus in rascher Folge bis an den Stadtrand von Stalingrad durchgestoßen werden konnte. Das XI. AK erreichte den trägen Don in seinem großen Bogen, der Befehl lautete: Hauptkampflinie errichten, die in den Wintermonaten verteidigt werden kann.

Mit großer Erleichterung registrierten die abgekämpften und von den Anstrengungen der vergangenen Monate erschöpften und ausgelaugten Krieger die Seßhaftmachung. Direkt ein wohliges Behagen kam auf angesichts des erhofften „geruhsamen Winterschlafes". Das Einbuddeln und das Pfostenschleppen aus Kosakensiedlungen hatte Sinn bekommen.

Als die vage Hoffnung Formen annahm und die Zuversicht gestiegen war, einen stabilen Hort erkoren zu haben, an dem ein Verschnaufen und Regenerieren möglich wird, verdüsterten bedrohliche Anzeichen die Lage. Schon seit Tagen bezogen sowjetische Panzerverbände Ausgangspositionen. Aus Erfahrung wußten wir, daß die relative Ruhe dem Ende zusteuerte und bald ein Großangriff erfolgen würde.

Am Abend des 18. November war es soweit. Schlagartig begann auf dem Abschnitt, den rumänische Einheiten besetzt hatten, die Operation der Roten Armee. Ein in solcher Intensität noch nicht erlebtes Trommelfeuer der Artillerie aller Kaliber erhellte die Nacht bis in die Morgenstunden. Unseren Vorgesetzten war gesteigerte Nervosität anzumerken, sie hingen am Feldtelefon.

Wie befürchtet, gelang dem Gegner der Durchbruch nicht nur beim IV. rumänischen Armeekorps, zwei Tage später auch im Sektor der Italiener, panikartig flüchtende Überlebende vor sich treibend. Auf der Donhöhe, etwa einen Kilometer hinter unseren Stellungen, intensivierte sich der Kampflärm: T 34-Panzer mit aufgesessener Infanterie zertrümmerten die deutschen Versorgungsdienste und Kommunikationen. Am dritten Tag nach Beginn ihrer Offensive vereinigten sich die feindlichen Panzersäulen, die 6. Armee war eingekesselt.

Die Verwirrung angesichts der aufgezwungenen Situation eskalierte von Stunde zu Stunde, ein Verweilen am Ort wäre vernichtend gewesen. Vom obersten Feldherrn Adolf Hitler erhielt das XI. AK den Befehl: „Sofortiger Stellungswechsel mit Übersetzung des Don bei Wertjatschi in den Stalingrader Korridor." Nachdem die Trosse und die bei ihnen stationierten Zugpferde bereits vom Iwan kassiert waren, konnten schwere Waffen nicht mitgeführt werden. Eilig zerstörten wir die Panzerabwehrgeschütze, ebenso die erst mühsam errichteten Bunkerstellungen.

Bei der Absetzbewegung fügte uns der nachdrängende Gegner schwerste Verluste zu. Nach Erreichen des östlichen Donufers mußte sofort eine HKL (Hauptkampflinie) geschaffen werden, mit Schußrichtung nach Westen. So weit es im gefrorenen und verschneiten Boden möglich war, gruben wir Erdlöcher und Schützenmulden.

Im Ruinenfeld der Wolgastadt toben Straßen- und Häuserkämpfe, und da wird verlangt, bloß mit Handfeuerwaffen einem weit überlegenen Angreifer Paroli zu bieten. Aber nicht nur „bis zum letzten Mann" sollte ausgeharrt werden, die Betroffenen mußten sich mit den Tücken der Witterung unter unglaublich schweren Bedingungen herumschlagen.

General Paulus meldete dem OKH (Oberkommando des Heeres): „Bei der zu bildenden West- und Südfront des Kessels findet die Truppe keinerlei vorbereitete Verteidigungsanlagen, dazu kein Holz für Stellungsbau vorhanden und das im Winter. Die Versorgungslage muß die Widerstandskraft der Armee zum Erliegen bringen." – Umgehend wurde Hitlers Wunsch nach bedingungslosem Endkampf erneuert, Paulus Alarmruf war demonstrativ abgeschmettert. – Als ich im März 1938 auf dem Dach eines Wartehäuschens der Straßenbahn Hitlers triumphalen Einzug in Wien erlebt hatte, ahnte ich nicht, daß dieser Mann einmal mein Verderben fordern wird.

Es mangelte an allem, von Munition, Bewaffnung, Verpflegung bis zur persönlichen Ausrüstung. Infolge fehlender Winterbekleidung waren wir dem „Väterchen Frost" permanent ausgesetzt, keine Heizung sorgte für ein bißchen Wärme, auch die mit Zeltplanen überdachte Schlafgrube bot keinen Schutz vor der Kälte. Bei diesen Umständen war an Körperreinigung und Bartrasur nicht zu denken, was den Läusen behagte, die prächtig gediehen.

Geschossen durfte nur im äußersten Notfall werden, und wer eine Verwundung erlitt, die mehr als das eigene Verbandspäckchen erforderte, war dem Verbluten ausgesetzt. An Bedeutung verlor auch die „Hundemarke" (Erkennungsmarke) an der Brust, niemand scherte sich jetzt um derlei Firlefanz, keiner besaß Energien, Nachweise über das Sterben zu sammeln, zu registrieren und weiterzuleiten.

Wenn in der Abenddämmerung der Panjeschlitten eintraf und die Verteilung der Rationen begann, kam Bewegung in die erstarrten Gestalten. Bis knapp vor Weihnachten wurden für 24 Stunden zugewiesen: Ein Kommißbrot für vier Mann, ein Liter Pferdebrühe, in der Fleischbröckchen schwammen, zwei bis drei Scheiben Knäkkebrot, ein Löffelgupf Kunsthonig und einige Zigaretten. In die Feldflasche wurde Tee oder Kaffeesurrogat gefüllt. Es war nicht verwunderlich, wenn der Hunger als Dauergast in den Eingeweiden saß und Leute den Hungertod erlitten. Allerdings war nicht feststellbar, ob wer verhungert oder erfroren ist.

Die Iwans hatten Zeit, sie warteten ab. In Kenntnis der verzweifelten Lage des in der Falle sitzenden Feindes, dessen Substanz an Kampfkraft immer schwächer werden mußte, verblieben die Belagerer mit Ausnahme gelegentlicher Stoßtruppunternehmen und sporardischem Ari-Beschuß in Ruhestellung. Zum Unterschied von den Deutschen, die tagsüber in den Löchern blieben, bewegten sich die Rotarmisten auch bei guten Sichtverhältnissen aufrecht im Gelände. Sie wußten, daß der Gegner – zumindest an diesem Frontabschnitt – Schußverbot hatte. Jeder Mann besaß ja nur zwanzig bis dreißig Patronen. Von drüben erklangen Gesang und Ziehharmonikalaute, Fröhlichkeiten, die wir schon lange nicht mehr kannten. Die Überraschung war komplett, als über Megaphon in deutscher Sprache die Aufforderung erging, wir sollten unser Leben retten und hinüberkommen.

Die eklatante Unterlegenheit und Ohnmacht, in der wir uns befanden, verdüsterte noch mehr die deprimierte Stimmung. Der Gewissenskonflikt eskalierte, je länger die physische und psychische Peinigung andauerte. 2.000 Kilometer von der Heimat und den Angehörigen getrennt, hatte nun der eingehämmerte Gehorsam seine größte Bewährungsprobe: Diszipliniert und ergeben vegetierten die Befehlsempfänger ihren Gräbern in den Schneelöchern entgegen.

Mitte Dezember 1942 war unsere Division derart dezimiert, daß sie praktisch nicht mehr existierte. Kurz vor Weihnachten, in einer Mulde auf Horchposten liegend, merkte ich eine Veränderung an den Füßen. Sie wirkten seltsam warm und gefühllos, als wären sie infolge schlechter Durchblutung „eingeschlafen". Dieses Empfinden verstärkte sich, und ich ahnte, was bald danach sichtbar wurde: Beide Vorderfüße waren stark geschwollen, sie konnten in diesem Zustand nicht mehr in den Stiefeln bleiben. Die Haut über den Geschwülsten glänzte wie eingefettet, an den Zehen waren Blasen. Es war nicht möglich, wieder in die Stiefel zu schlüpfen. Als der Kompanieführer meine Meldung hörte und den Zustand der Erfrierungen sah, sagte er: „Ach Mann, hau ab zum Verbandsplatz." Die Füße mit Tuchfetzen verhüllt, schlurfte ich durch die einsame Schneewüste in das Kesselinnere. Bei der Suche nach der Sanitäterstelle begegnete ich einem wie versteinert wirkenden Pferd, dem ein dünner Blutstrahl aus der Flanke spritzte. Ich überlegte, ob ein Gnadenschuß erlösend wäre, konnte mich dazu aber nicht aufraffen und wankte weiter. Endlich fand ich den Verbandsplatz. Auf Stöcke gestützte Gestalten standen neben einem Haufen blutiger Verbände, andere Verwundete lagen auf Tragbahren. Ringsum häuften sich leere Konservenbüchsen und Menschenkot, das Umfeld diente als Latrine. Von Zucht und Ordnung war hier nichts mehr zu bemerken, alles wirkte ungemein deprimierend.

Nach dem Eintreten durch das offenstehende Tor erkannte ich, daß ein in den Hügel gegrabener ehemaliger Stall als Notspital diente. Ein warmer Geruch aus Karbolsäure und Pferdeausdünstung schlug mir entgegen. Nach der Gewöhnung an die Düsternis waren beiderseits vom Mittelgang Verschläge zu sehen, auf denen in Stockpritschen vor Schmerzen jammernde Kameraden lagen. Hinten, am Gangende, befand sich ein Podium, auf dem Tische standen. Die auf einen Draht gehängte Dekke verbarg nur spärlich einige Chirurgen, die bei Karbidbeleuchtung Erstversorgungen und Amputationen vornahmen... Behilflich waren Frauen, wobei unkenntlich war, ob es sich um deutsche Krankenschwestern oder einheimische Mädchen handelte.

Den Soldaten mit Erfrierungen wickelte ein Sanitäter ohne sonstige Behandlung Papierrollen um die betroffenen Körperteile und schickte sie hinaus ins Freie. Zum Glück dauerte es nicht lange, bis einige von uralten Dorfansässigen kutschierte Panjekarren kamen. Die Räder waren auf Kufen genagelt, und die bis auf das Skelett abgemagerten Pferdchen drohten jeden Augenblick umzusinken. Die transportfähigen Verwundeten krochen auf die Plateaus, und nach mehrstündiger Holperfahrt im eisigen Gegenwind langte der elende Konvoi auf dem Feldflugplatz Pitomnik ein. Es dunkelte bereits, als Sanitäter der Luftwaffe die zwanzig Angekommenen in den leeren Raum einer Blockhütte wiesen. Wir setzten uns auf den Boden, die Schultern an die Wände gelehnt. Ermattet, aber irgendwie erleichtert, fiel ich in tiefen Schlaf.

Als es tagte, war der 24. Dezember, der Heilige Abend, angebrochen. Medizinische Betreuung wurde uns nicht erwiesen, auch die Verbände blieben so, wie sie mitgebracht wurden. Daß ich fieberte, spürte ich am Zittern. Die erfrorenen Stellen begannen zu jucken, ein leichter Schmerz stellte sich ein. Dunkle Verfärbungen waren das typische Zeichen von Erfrierungen dritten Grades. Dabei bin ich relativ „gut bedient" gewesen, anderen waren die Gliedmaßen bis zu den Ellbogen oder den Knien abgefroren. Natürlich waren die Essensrationen noch dürftiger als in der HKL, wir erhielten lediglich Erbsensuppe, die immerhin wohltuend heiß war. Der Suppenverteiler verkündete, am Abend würde es als „Bescherung“ zum Weihnachtsfest pro Mann zwei Knäckebrote und drei Zigaretten geben. Dieses Versprechen wurde dann tatsächlich eingelöst, das Fest der Liebe und des Friedens konnte „gefeiert“ werden.

In jener klirrend frostigen „Heiligen Nacht“ goß der Mond ein fahles Licht über die eng gereihten, niedrigen Hütten am Rande des improvisierten Flugplatzes. Belästigungen durch „Nähmaschinen“ (ratternde Russenflugzeuge) unterblieben, von den Fronten tönte mäßiger Schußlärm herüber. Fast hätte man glauben können, die Iwans zeigen Verständnis, um den „Fritzen“ einige Stunden weihnachtlicher Besinnung zu gönnen. Wie schön wäre es, jetzt bei seinen Lieben in einer warmen Stube zu verweilen. Die trostlose Realität erzeugte aber den Glauben, verlassen und vergessen zu sein. Dabei führte man den gewohnten aussichtslosen Privatkrieg gegen Läuse, die mit Vorliebe in den Wunden schmarotzten. Die Psyche stumpfte mit jedem Tag weiter ab, man glaubte kaum noch daran, ausgeflogen zu werden. Der ekelhafte Gestank in der Bude wurde immer scheußlicher, abgestorbenes, faules Menschenfleisch stinkt bestialisch. Geschwulste brachen auf, das zerstörte Gewebe ging sofort in Verwesung über, wobei die Gefahr besteht, daß eigenes Leichengift in den Blutkreislauf gelangt und zur Sepsis führt.

Mein Wille zum Weiterleben war ungebrochen, obwohl der Kräfteverfall fortschritt. Die Aussicht auf Rettung zerfloß, diese Hoffnung war fast erloschen. Heute, ja heute vor zwanzig Jahren, am 29. Dezember, hat mich meine Mutter geboren. Die liebe, gute Mutter, wie wird es ihr ergehen? Es ist gut, daß sie mich nicht sehen kann, als verwahrlostes, lausiges Menschenbündel. Ihr Kummer ist schon groß genug.

Plötzlich tritt ein junger Sanitätsfeldwebel der Luftwaffe ein und sieht musternd jedem ins Gesicht, und siebenmal vergibt der engelsgleiche Mann ein Papierchen, das gerade groß genug ist, ein einziges mit Maschine geschriebenes Wort mit einer Stampiglie zu fassen. Mich durchflutet eine Welle der Glückseligkeit – ich darf weiterleben! Die „Flugkarte“ ermöglicht den Eintritt in mein zweites Leben, ich werde auferstehen von den Toten.

War diese Fügung eine himmlische oder war sie bloßer Zufall? Bei der Erlaubnis für den Flug aus der Hölle waren Kriterien gesetzt: Der Kampfbomber He 111 konnte zur dreiköpfigen Besatzung sieben Mann aufnehmen, und wer auszuwählen war, richtete sich nach dem körperlichen Zustand des Selektierten. Militärökonomisch waren nur Verwundete auszufliegen, die „reparierbar“ erschienen, die wieder einsatzfähig werden konnten. Mein Leben hing am dünnen Willkürfaden dieses Feldwebels.

Alles weitere vollzog sich rasch. Hinter dem Flugzeugpiloten eilten wir, so gut es ging, zur startbereiten Maschine. Ich kam mit den Füßen im Bombenschacht zum Sitzen, die Motoren heulten auf, der stählerne Vogel holperte über die Piste, beschleunigte, erhob sich. Nach halbstündigem Flug in 3.000 Meter Höhe landeten wir bei Stalino. Aus dem Rumpf quälten sich sechs Passagiere, der siebente konnte nicht mehr, er war bereits gestorben.

Eine Oase absoluter Stille nach dem Getöse und der Hektik im Kessel hat sich aufgetan – das war der erste Eindruck von dieser anderen Welt. Ordnung und Sauberkeit herrschten in der Baracke, wo Kameraden vom Bodenpersonal sich um uns Wracks bemühten. Erstmals nach 41 Tagen bekam ich ausreichend zu essen: Ein gefülltes Kochgeschirr mit Graupenbrei und Dörrgemüse, Brot nach Belieben, ebenso Zigaretten. Beim Verbandwechsel kam auf die Erfrierungen eine Salbe.

Nach etwa zwei Stunden Aufenthalt in jenem Nirwana besteigen die Versehrten den Frachtraum einer Ju 52. Die „Tante Ju" brachte uns in ein Notlazarett in Rostow am Don. Im Dämmerzustand des seelischen Zusammenbruches ließ ich Entlausung, Körperreinigung und Rasur über mich ergehen. Nach weiteren Stationen des Rücktransportes landete ich im Diakonissen-Krankenhaus im damals auf Litzmannstadt eingedeutschten Lodz. Von den Zehen wurde ein Teil der Großzehe amputiert und ein Nagelbett abgenommen.

Nach zehnmonatiger Rekonvaleszenz kam ich zum Einsatz an die Südfront beim Monte Cassino. Erst nach zweijähriger Kriegsgefangenschaft in Louisiana (USA) war das Drama des aufgezwungenen blutigen Handwerkes zu Ende, und ich konnte nach Wien zurückkehren. Angesichts meiner Wohngegend in Favoriten, die zu zwei Dritteln in Trümmern lag, erneuerte ich meine längst gefaßte Absicht, mit unwissenden jungen Menschen über das Leid des Krieges zu sprechen und den Segen des Friedens. Ganz im Sinne der großen Österreicherin Bertha von Suttner, die anläßlich der Verleihung des Nobelpreises 1905 in Christiana, Oslo, eine Mahnung an die Menschheit richtete:

„...Grundlage jener Wahrheiten ist die, daß Frieden die Grundlage und das Endziel des Glückes ist, und eines jener Rechte ist das Recht auf das eigene Leben. Der stärkste aller Triebe, die Selbsterhaltung, ist gleichsam eine Legitimation dieses Rechtes, und seine Anerkennung ist durch ein uraltes Gebot geheiligt, welches heißt: Du sollst nicht töten! ...."

Sepp Mahler

Als „Sani“ in Rußland

Im April 1940 wurde ich 31jährig zur Deutschen Wehrmacht einberufen. Da ich in den dreißiger Jahren einen Sanitätskurs absolviert hatte, wurde ich als Sani eingeteilt. Wir kamen in Rußland bis Velikie Luki. Es war ein Kampf hin und her, wir hatten sehr viele Verluste. Bei einem dieser Gegenstöße wurde einer meiner Kameraden durch einen Oberschenkeldurchschuß verletzt. Ich versorgte ihn so gut es ging und trug ihn ca. 60 Meter bis zur Straße, wo er auf einer Lafette zurücktransportiert wurde. Ich selbst hatte dann das Pech, als ich wieder nach vorn in die Stellung ging, daß mir ein Granatensplitter den rechten Unterschenkel zertrümmerte; es waren beide Knochen durch. Nach ca. zwei Stunden wurde ich gefunden und zum Hauptverbandsplatz transportiert, kurz versorgt und zurück nach Wilna in die Universität gebracht. Dort mußte ich nach sofortiger Operation vier Wochen im Streckverband auf dem Rücken liegend verbringen. Nach ca. acht Wochen wurde ich nach Warschau ins Lazarett verlegt. Da die Wunde stark eiterte, wurde ich wieder operiert. Von Warschau kam ich nach Bad Elster, schließlich nach Purkersdorf. Im Jahre 1945 wurde ich von dort zu einer Ersatzeinheit nach Horn im Waldviertel verlegt. Da durch die Verwundung das Sprunggelenk und die Zehen des rechten Fußes steifgeblieben sind, konnte ich keine Stiefel tragen und wurde nach Prag zu einem Militärchirurgen geschickt. Mit dessen Befund ging’s nach Brünn zu einem orthopädischen Schuhmacher, doch auf diese Schuhe warte ich heute noch, da inzwischen der Krieg aus war.

Im November 1945 bin ich nach Hause gekommen, die Wohnung war ausgeraubt, meine Frau war mit den Kindern umquartiert in Oberösterreich. Ich habe meinen Dienst bei den Wiener Verkehrsbetrieben angetreten. Es war keine gute Zeit, aber mit S 120,– Monatslohn hat man sich durchgehungert. Bis 1956 hat meine Wunde leider geeitert, sie fistelt bis zum heutigen Tag. Im Laufe der Jahre, durch die Überanstrengung des linken Beines, mußte ich mich zu einer Hüftoperation (1978) entschließen. Auf Anraten des Chirurgen wurde mir später auch die rechte Hüfte operiert.

Im Betrieb war ich Fahrer, Schaffner und Kontrollor.

Leopold Mazal

Für Hitler gebüßt

Als eines von sieben Kindern eines Seidenwebers wurde ich nach dem Besuch der Pflichtschulen in einem Textilbetrieb als kaufmännischer Lehrling eingestellt. Später übte ich als Buchhalter meinen Beruf aus. Aber nicht sehr lange, denn bei einer der großen Entlassungen der dreißiger Jahre wurde auch ich mitentlassen.

Nach über zwei Jahren Arbeitslosigkeit war ich „ausgesteuert", so wie tausende andere junge Österreicher auch. Es bestand keine Aussicht, jemals wieder Arbeit zu bekommen. Diese Not, der Hunger, das Elend und keine Aussicht auf eine wirtschaftliche Besserung brachten ein starkes Ansteigen der Kriminalität und der Selbstmordrate mit sich. Da tauchten zwei politische „Heilsbringer" auf, die den ausgesteuerten und arbeitslosen Österreichern Arbeit und ein menschliches Leben versprachen:

Hitler und Stalin.

Ich wußte als junger Mensch sehr wenig von den politischen Zielen dieser neuen Politiker, ich wollte nichts anderes als Arbeit. Da ich hörte, daß Hitler in Deutschland in wenigen Monaten dem größten Teil der Millionen Arbeitslosen wieder Arbeit gegeben hat, schloß ich mich seiner Partei an, die in Österreich ebenso wie die Sozialdemokraten und Kommunisten verboten war. Das Wunder geschah, nach 1938 gab es für mich Arbeit und Verdienst. Und mit einem Ehestandsdarlehen konnte ich auch eine Familie gründen.

Aber 1939 brach der Zweite Weltkrieg aus, und ich wurde, so wie 1,200.000 Österreicher auch, zur Deutschen Wehrmacht eingezogen. 1942 wurde ich in Rußland schwer verwundet. Ich habe beide Füße verloren und rüstete 1944 als „DU" (dienstunfähig) ab. Ich bekam einen Posten in der DAF (Deutsche Arbeitsfront), wobei ich die gleiche Arbeit wie heute, nämlich als Gewerkschaftssekretär, verrichtete.

1945, als der Krieg vorbei war, wurde ich verhaftet und nach dem NS-Verbotsgesetz zu einem Jahr Kerker verurteilt, weil ich ja einmal „Nazi" war, noch dazu illegal. Die Rechtsfolgen dieser Verurteilung waren grausam und unmenschlich:

Berufsausübungsverbot (nur Hilfsarbeiter), Entzug des Führerscheines und Gewerbescheines, Vermögensverfall, Beschlagnahmung der Wohnung samt Möbeln, Einrichtungsgegenständen, Wäsche usw. Entzug der Staatsbürgerschaft, wenn der Verurteilte der österreichischen Legion angehörte. Dazu kamen noch weitere Sühnemaßnahmen, z.B. monatelange Zwangsarbeit, Aufräumungsarbeiten (mit Kalk auf dem Rücken aufgemaltes Hakenkreuz) oder lt. Gesetz vom 12. Juni 1945, StGBl. Nr. 36, Entzug der Invalidenrente und der orthopädischen Hilfsmittel.

Als doppelamputierter schwerverwundeter Frontsoldat ohne Vermögen, Wohnung und Arbeit nahm uns, meine Frau, unseren Sohn und mich, ein Bauer im Waldviertel auf. Arbeitslohn war das Essen für die tägliche Arbeit. Zum „Birlhaka" (die Äste aus dem geschlagenen Wald in passende Größen zerkleinern), zum Ofenheizen, werde ich schon zu gebrauchen sein, meinte der Bauer. Untergebracht waren wir in einem Einzelraum. Einrichtung waren drei Strohsäcke, auf denen wir schliefen, alte Pferdedecken und ein großes Stockerl als Tisch. Das war alles.

Im Herbst 1952 wurde mein Gnadengesuch genehmigt, und ich wurde wieder als Normalstaatsbürger eingestuft.

Hans Maier

Russisch hat mir geholfen

Am 4.8.1944 schrieb ich an meine Frau, daß unsere 2. Panzerdivision in schwere Abwehrkämpfe verwickelt war und im Wehrmachtsbericht besonders erwähnt wurde. Ich hatte dabei selbst einen Sherman-Panzer abgeschossen. Tage danach fuhr ich in einem Sturmpanzer gegen eine kanadische Einheit durch eine Schlucht vor. Wir wurden abgeschossen, zum Glück explodierte die Granate nicht, sie blieb in meinem Brotbeutel stecken! Wir sprangen aus dem Sturmgeschütz und gingen in Deckung. Dabei wurde ich durch einen Granatsplitter an der Halswirbelsäule verwundet. – Als ich kurz das Bewußtsein wiedererlangte, merkte ich, daß mein Rock und Hemd blutüberströmt waren. Ich raffte alle meine Kräfte zusammen, torkelte über eine kleine Wiese zurück, obwohl um mich andauernd Granatwerfereinschläge zu beobachten waren. Dann fiel ich einem Soldaten in die Arme. Vermutlich luden sie mich auf einen Wagen. Vom Abtransport im Zug weiß ich nur noch wenig.

Erwähnen möchte ich, daß meine Frau während des Krieges (Ostfront und Westfront) 300 Briefe geschrieben hat. Ich bekam von meiner Ersatzeinheit Genesungsurlaub nach Wien und durfte nach einer Ohrenoperation bei den Barmherzigen Brüdern sogar mein Universitätsstudium beenden, nicht zuletzt dank der aufopfernden Pflege durch meine Frau.

Ich hielt mich durch Privatstunden über Wasser. Da ich Russisch inskribiert hatte, bekam ich die notwendigen Lebensmittelkarten für mich und meine Familie (3 Kleinkinder). Ab September 1947 durfte ich Russisch unterrichten, weil der Stadtschulrat fast keine Russischlehrer hatte.

Ich wollte anfangs der Gemeinschaft nicht zur Last fallen, da ich ja arbeiten konnte. Seit einigen Jahren gewährte mir das LIA Erholungsurlaubswochen. Durch den Krieg erlittene Erkrankungen (Hepatitis und Herzbeschwerden) konnten durch Medikamente behandelt werden.

Prof. Friedrich Mandl

Eine Gnade Gottes

Ich wurde am 2. Oktober 1940 zum Deutschen Wehrdienst nach Admont zur 12. Kompanie, III. Bataillon, Rgt. N 138 einberufen. Nach der Ausbildungszeit kamen wir nach Jugoslawien. Eines Tages kam der Marschbefehl nach Norwegen. Über Stettin, Trondheim und Narvik kamen wir nach Tromsö. Dort wurde ich der 3. Gebirgsdivision zugeteilt. Es ging nun weiter bis Kirkenes. Dort wurden wir auf den Rußlandfeldzug vorbereitet. Zu Fuß marschierten wir durch Finnland zur russischen Front. Im Dezember 1942 erlitt ich Erfrierungen an beiden Füßen. Nach meiner Genesung wurde ich zur 4. Gebirgsdivision versetzt. Es ging neuerlich los übers Schwarze Meer zum Kubanbrückenkopf Noworosisk. Wir wurden eingeschlossen, und es gab keine andere Möglichkeit, als nachts über einen großen Fluß durchzuwaten. Wir mußten die ganze Nacht patschnaß zurückmarschieren. Dabei wurde ich durch Granatstecksplitter am rechten Oberschenkel verwundet. Der Splitter steckt heute noch drinnen. Anschließend erkrankte ich an Gelbsucht und Malaria und kam zurück bis nach Przemysl (Polen). Dann mußte ich wieder hinaus ins Feld. So ging es bis zu meiner letzten und schwersten Verwundung am 2. Oktober 1944 in Ungarn bei Miskolc. Zwei Granatstecksplitter drangen in meinen Hinterkopf ein, und ich wurde bewußtlos. Danach konnte ich drei Tage fast nichts sehen. Ich erfuhr noch von einem Lungenstecksplitter und vier weiteren Granatsplittern in der Brust.

In Wien wurde ich am 10. Mai 1945 vom Wehrdienst entlassen. Ich empfinde es als eine Gnade Gottes, daß ich von diesem grausamen und schmerzlichen Krieg nach Hause gekommen bin.

Johann Marth

Von Russen traktiert und bemitleidet

Im Sommer 1944 wurde ich zu einer vormilitärischen Ausbildung in die Gegend der Seetaler Alpen einberufen, bald danach zum Bau des Ostwalles im Raum Neusiedl am See. Unterkunft bezogen wir im Schloß Harrach in Bruck an der Leitha. Dort sahen wir schon bald die ersten Rückzugskolonnen der Deutschen Wehrmacht, der Russe war ihnen dicht auf den Fersen. Jetzt wurden die Verpflegungslager geöffnet, alles gab es da, Büchsenfleisch, Schokolade, Rauchwaren, um nur einiges zu nennen. Jeder konnte sich mitnehmen, soviel er schleppen konnte.

Nun wurden Alte und auch so Junge wie mein Jahrgang zum Volkssturm eingeteilt. Da ich meine Freiwilligenmeldung bei mir hatte, woraus zu ersehen war, daß ich jeden Tag mit der Einberufung zur Luftwaffe zu rechnen hatte, ließen sie mich in Ruhe.

Im Februar 1945 wartete ich zu Hause noch immer auf meine Einberufung, aber dazu kam es nicht mehr. Bei einem der zahlreichen amerikanischen Fliegerangriffe auf die NOVA (heute ÖMV) erhielt der Splittergraben, der in der Nähe unseres Hauses angelegt war, einen Bombenvolltreffer. Mein Bruder, zwei seiner Freunde und ein alter Mann waren sofort tot, ich lag schwer verletzt am Rande des Bombenkraters im Schnee. Erst gegen Abend wurde ich notdürftig von einem Sanitäter versorgt, anschließend ins Rudolfspital nach Wien transportiert.

Dort bekam ich wegen meiner Beckenverletzung einen Gips vom Kopf bis zu den Füßen. Wegen der täglichen amerikanischen Fliegerangriffe auf Wien gab es fürchterliche Zustände, meistens kein warmes Wasser. Auch war es in den Zimmern immer kalt, es gab nur wenig Brennmaterial, die Fensterscheiben waren fast alle zerbrochen und nur notdürftig mit Packpapier verklebt. Tagsüber oder auch in der Nacht wurden wir der Fliegerangriffe wegen mehrmals in die Keller getragen. Es war eine Tortur, die Schmerzen waren fast nicht auszuhalten. Medikamente gab es nur spärlich. Uns war schon alles egal, so blieben viele, darunter auch ich, trotz der Bombengefahr im Zimmer. Oft explodierten Bomben ganz in der Nähe, da bröckelte der Putz von der Decke, das Zimmer war voll von Staub und Rauch.

Zu Ostern 1945, man hörte schon den Donner der schweren Artillerie von den Russen, wurde das Spital nach Oberösterreich verlegt. Mich brachten sie, obwohl ich noch nicht gehfähig war, nach Hause. Da lag ich nun, jeden Tag war Fliegeralarm, ich konnte nicht aus dem Bett, mein alter Großvater war auch nicht imstande, mich die Stiegen zum Keller hinunter zu tragen. Als die ersten russischen Soldaten auftauchten, hielten sie mich für einen aktiven Wehrmachtsangehörigen, stießen mir den Gewehrkolben in den Rücken, legten die Maschinenpistole auf mich an. Es gab aber auch andere, die mir zu Essen gaben. Auch mußte ich mit ihnen Wodka trinken, bis ich mich vor Trunkenheit selbst nicht mehr kannte. Heute noch denke ich mit Schaudern an diese Zeit. Nun hatte ich den Gips schon drei Monate auf meinem Körper, überall scheuerte und brannte es. Im Nachbarhaus war ein sehr menschlicher russischer Soldat. Er war zwar meistens betrunken, doch erbarmte er sich meines Zustandes und brachte mich mit einem Militärlastwagen ins Wiener Rudolfspital. Dort hieß es, ohne Krankengeschichte machen wir gar nichts. Der Russe fluchte, zog die Pistole, trotzdem behandelte mich niemand. Also schleppte er mich wieder zum Auto und brachte mich nach Hause. Mein Großvater, er war von Beruf Schlosser, nahm daraufhin ein Stemmeisen, Hammer und Fuchsschwanz und machte sich, obwohl er von Medizin keine Ahnung hatte, ans Werk. Es schmerzte mich höllisch, wenn er der Haut zu nahe kam, trotzdem biß ich die Zähne zusammen und gab keinen Laut von mir, war froh, das schwere Ding los zu werden. Hatte ich geglaubt, nun gehen zu können, wurde ich arg enttäuscht. Die Muskeln waren erschlafft, das Knie ließ sich nicht abbiegen. Physikalische Behandlungen gab es nicht. Es dauerte recht lange, bis ich mich einigermaßen bewegen konnte, doch war ein Bein kürzer als das andere.

Ich versuchte, in der NOVA Arbeit zu bekommen. Diese war damals ein USIA-Betrieb und stand unter russischer Verwaltung. Es gab dort neben dem Lohn noch zusätzlich Naturalien, was meiner Familie sehr zugute kam, gab es doch außer den Bezug auf Lebensmittelkarten nur im Schleichhandel etwas zu kaufen, wofür wir aber nicht genug Geld hatten. Die Arbeit war für mich mit starken Schmerzen verbunden, so wurde ich zu Weihnachten 1946 entlassen. Nun ging ich wieder auf Arbeitssuche. In der Waggonfabrik Simmering hatte ich Glück, bekam eine leichte Beschäftigung. Dort blieb ich bis zu meiner Pensionierung. Zunächst habe ich von keiner öffentlichen Stelle eine Unterstützung erhalten, weil ich nirgends als Bittsteller vorsprechen wollte. Nie ist es mir in den Sinn gekommen, daß ich ja auch zum Kreis der Kriegsbeschädigten gehörte. Auf Anraten eines Freundes, er ist selbst kriegsversehrt, trat ich im Juni 1982 dem Kriegsopferverband bei. Vom dortigen Referenten wurden alle Eingaben für mich beim Landesinvalidenamt erledigt. Von diesem Zeitpunkt an bekam ich eine Versehrtenrente, auch wurde mir rückwirkend eine Nachzahlung bewilligt.

Franz Muhr

Kriegs-Lebenslauf

Ich war in den Kriegsjahren in einem Heim auf der Wiener Hohen Warte. Nach jedem Bombenangriff mußten wir per Auto nach Floridsdorf, um zu helfen, wo man uns brauchte. Eines Tages fuhren wir wieder helfen. Als wir ankamen, wir waren ungefähr 15 bis 20 Mädchen zwischen 10 und 14 Jahren, bot sich uns ein fürchterlicher Anblick: Die kleinen Siedlungshäuschen waren zum Großteil kaputt. Auf einem Wäschepinkel saß eine Frau völlig fertig und konnte fast nicht reden. Ich setzte mich zu ihr und tröstete sie so gut ich damals in meinen Kinderjahren konnte. Langsam erfuhr ich ihr grausames Schicksal: Ihr Mann war gefallen, der Sohn vermißt und die Tochter auswärts im Pflichtjahr. Ich glaube, das werde ich mein ganzes Leben lang nicht vergessen. Ich wünsche es keinem Kind, daß es das einmal erleben muß.

Margarete Müller

Die Meidlinger Hauptstraße nach einem Luftangriff. Foto: Wr. Verkehrsbetriebe, Lichtbildstelle

Mein Kind gab mir Lebenskraft

Seit fünf Jahren wohne ich im Pensionistenheim. Hier fühle ich mich geborgen und frei von vielen Sorgen. Vor 51 Jahren habe ich geheiratet, während eines dreiwöchigen Fronturlaubes meines Mannes. Wir waren als Nachbarskinder schon befreundet. Mein Mann wurde mit 21 Jahren 1938 zum Wehrdienst eingezogen und dann in Polen, Frankreich und Rußland eingesetzt. Es waren Jahre voller Angst und Sorge. Freude brachte nur ein Brief von ihm oder ab und zu ein kurzer Urlaub. Ein solcher Urlaub endete mit einem Abschied für immer. Er war so glücklich, als ich ihm mitteilte, daß er Vater wird. Er schrieb noch voller Hoffnung und Freude über Zukunftspläne und das Kriegsende. Dann folgten viele Tage ohne Post bis zur schrecklichen Todesnachricht. Zum 50. Todestag schrieb ich beiliegendes Gedicht.

Gefallen für Großdeutschland

Grad 50 Jahre sind es nun,
daß mein Mann in fremder Erd' muß ruh'n.
Niemals kann ich je vergessen,
was an ihm ich hab besessen.
Oft denke ich noch zurück
an unser kurzes Eheglück.
Als wir saßen verträumt Hand in Hand
unterm Sternenzelt auf der Gartenbank.
Bald kam die Post von mir zurück,
„Gefallen für Großdeutschland“ war mein Geschick.
Für's Kind unterm Herzen mußte ich leben.
Es hat für die Zukunft die Kraft mir gegeben.

Maria Nürnberger

Schon als Mädchen kriegsversehrt

Die NS-Zeit (die nationalsozialistische Zeit Hitler-Deutschlands) begann im März 1938, als ich gerade in die erste Volksschulklasse ging und endete im Mai 1945, als ich die vierte Hauptschulklasse besuchte. Im Sommer 1944 begannen die Bombenangriffe auf Wien. Besonders häufig wurde Floridsdorf, mein Heimatbezirk, bombardiert. Fast alle diese Bombardements erlebte ich mit meiner Familie im Keller unseres Wohnhauses am Enzersdorferweg. Nach einem schrecklichen Angriff am 12. März 1945 beschlossen wir, in unser Gartenhäuschen nach Hagenbrunn zu übersiedeln, um der ständigen Gefahr der Bombardierung zu entgehen. Wir waren sechs Personen, die nach Hagenbrunn auswanderten: Meine beiden Großmütter, mein Vater, meine Mutter, mein Bruder Poldi und ich.

Nur das Allernotwendigste packten wir auf unseren Leiterwagen, etwas Geschirr, etwas Wäsche, etwas Lebensmittel. Trotzdem war der Wagen schwer beladen, handelte es sich ja um das Gepäck für sechs Menschen und für unbestimmte Zeit. Mein Vater spannte sich vor den Wagen, wir schoben abwechselnd hinten an. Der Weg schien endlos. Zu diesem Zeitpunkt war meine Großmutter väterlicherseits schon schwer krank. Sie starb wenige Monate später. Papa richtete für jeden von uns ein Lager, wir rückten eng zusammen, und es ging. Das weitaus größere Problem war der Hunger. Durch die vielen Bombenangriffe klappte die Versorgung mit Lebensmitteln nur mehr äußerst mangelhaft. Außerdem konnten wir in Hagenbrunn nichts einkaufen, da wir in Jedlesee rayoniert waren.

Ich war so ausgehungert, daß ich immer wieder dachte: Wenn die Bäume und Sträucher schon Blätter hätten, ich würde versuchen, sie zu essen. Diese Märzwochen 1945 in Hagenbrunn waren die ärgste Hungerperiode meines Lebens.

Korneuburg wurde bombardiert, und das lag nicht allzu weit entfernt. Außerdem schoß die Flak auf dem Bisamberg wie verrückt. Und alles, was hinaufgeschossen wurde, kam in Form von Splittern wieder herunter. Wir saßen zusammengedrängt und verängstigt in der Gartenhütte, denn wir hatten keinen Keller. Nach einem dieser Angriffe lagen dicke, schwarze Rauchwolken über Floridsdorf. Es hieß, das Shell-Lager sei getroffen worden.

Mein Bruder ging im Schuljahr 1944/45 in die dritte Volksschulklasse. Meine Mutter fühlte sich verpflichtet, Poldi in die Hagenbrunner Volksschule zum Unterricht zu schicken. Da das Hauptschulgebäude in Jedlesee von Bomben zerstört war, ergab sich für mich keine Möglichkeit mehr zum Schulbesuch. Eines Tages packten wir wieder unsere Sachen und sind mit dem Leiterwagen zurück nach Jedlesee marschiert. Ich glaube, es war der Hunger, der uns in die alte Heimat trieb. Nun mußten wir nicht nur die amerikanischen Bomber fürchten, sondern auch die russischen Tiefflieger, die mit Maschinengewehren einzelne Menschen und Menschengruppen beschossen.

Mit viel Mühsal kamen wir heim in unser desolates Haus. Es war Ende März oder Anfang April 1945. Von den sieben Hausparteien waren nur mehr wir und ein Ehepaar da, alle anderen hatten getrachtet, irgendwohin zu flüchten. Mein Vater mußte zuletzt noch einrücken. Auf der Prager Straße wälzten sich schier endlose Menschenmassen dahin, dazwischen riesige Kuhherden. Beim Anblick der vielen Kühe, die da weggetrieben wurden, weinte meine Mutter und sagte: „Kinder, ihr werdet lange Jahre keine Milch mehr sehen." Und sie hatte recht.

Am 8. April 1945 hieß es: „Am Spitz sind drei hohe Offiziere gehängt worden, weil sie nicht wollten, daß die Stadt ganz zerstört wird." Auch ich wollte nicht, daß noch mehr zerstört werden sollte. Hatte nicht jeder schon genug? Da wurde in der Anton-Bosch-Gasse von der Deutschen Wehrmacht eine Kanone aufgestellt. Mama und ich hatten uns beim Bäcker um Brot angestellt. Es war das letzte Brot, das man vor dem Eintreffen der Russen noch zu kaufen bekam. Eigentlich sah das Brot nicht mehr wie Brot, sondern eher wie Fladen aus, denn der Bäcker hatte beim Backen wegen Fliegeralarm und Energiemangel einige Male unterbrechen müssen. Aber es war eßbar, und wir hatten großen Hunger. Beim Heimweg war die Kanone schon in Betrieb. Die Geschosse zischten mit ohrenbetäubendem Lärm über unsere Köpfe hinweg. An diesem und den folgenden Tagen stand ich in unserem Haustor und sah hinüber auf die Berge. Immer schon hatte ich diesen Anblick so geliebt. Die Kanone schoß hinüber auf den Kahlen- und Leopoldsberg und nach Nußdorf. Kleine Rauchwolken stiegen auf. So frühlingsfrisch blickten die vertrauten Berge herüber, und über die Welt wölbte sich ein wunderbarer blauer Himmel. Auf dem „Grabeland" vor unserem Haustor hatte irgendwann ein Optimist ein Mandelbäumchen gepflanzt. Es stand in voller Blüte. Sein Anblick war rührend und schmerzlich zugleich. Wie sollte es eine Zukunft haben in dieser haßerfüllten Welt?

Nachts rückten wir ganz nahe zusammen. Das Radio hatten wir eingeschaltet. Ich erinnere mich noch an die letzten Aufrufe und Durchhalteappelle. Ein Sprecher des deutschen Rundfunks sagte: „Wien wird in die Geschichte des Deutschen Reiches eingehen als ein Schandfleck sondergleichen, weil die Ostmärker nicht bereit sind, zu kämpfen bis zum letzten Stein." Dann verstummte er – für immer.

Eine ungeheure Detonation, die lauteste, die ich je gehört hatte, riß uns hoch. Was war das? Später hieß es: Sie haben die Donaubrücken gesprengt.

Die Tage wurden immer infernalischer. Wir übersiedelten in den Keller. Poldi und ich schliefen in den Stellagen, die ansonsten zum Abstellen von Gurken- und Marmeladegläsern gedient hatten. Auf der Prager Straße schleppten sich jetzt nicht nur Flüchtlinge aller Art und Kuhherden nordwestwärts, sondern es setzte der Rückzug der Deutschen Wehrmacht voll ein. Wir wußten, nun geben sie uns auf. Die Prager Straße war damals der einzige noch mögliche Fluchtweg aus der Stadt.

Alle Lebensmittel- und sonstigen Vorratslager wurden von ihren Bewachern fluchtartig verlassen. Unter den Zurückbleibenden – dazu gehörten auch wir – verbreitete sich rasch die Kunde, wo es etwas zu holen gab. Im Brauhaus Jedlesee befand sich ein Weizenlager. Wir erbeuteten dort zirka 20 kg Weizen. Dieser Weizen war nach dem Einmarsch der Russen, als man monatelang nahezu nichts Eßbares zu kaufen bekam, unsere einzige Nahrung. Meine Mutter versteckte diesen Schatz sehr gut. Es muß am 10. oder 11. April 1945 gewesen sein, da gelang es meinem Vater, sich kurz von seiner Einheit beim Volkssturm zu lösen und auf einen Sprung zu uns nach Hause zu kommen. Er sagte zu meiner Mutter: „Packt euch zusammen und geht wieder nach Hagenbrunn. Ihr seid dort sicherer, denn ich habe gehört, daß es in Floridsdorf zu Kampfhandlungen kommen wird." In dieser Nacht machten wir uns auf den Weg. Die Nacht war erhellt von den Feuersäulen überall. Dabei hörte man das dumpfe Grollen der herannahenden Front. Werden wir unser Ziel Hagenbrunn noch erreichen? Als es schon Tag zu werden begann, kamen wir in Hagenbrunn an.

Auf halbem Weg zu unserem Häuschen holte uns eine Bäuerin des Ortes, die uns gut kannte, ein und beschwor uns, sofort umzukehren, da sich in unserem recht abseits gelegenen Gartenhäuschen Banditen festgesetzt hätten. Wir kehrten in den Ort Hagenbrunn zurück und blieben diesen Tag und die Nacht im Keller der Bäuerin. In jedem Haus befanden sich Soldaten der Deutschen Wehrmacht. Am 13. April rückte die Front immer näher, und das deutsche Militär rüstete mehr und mehr zum Aufbruch. Auch unsere Gastgeberin wollte nicht länger in ihrem Haus bleiben und legte uns nahe, in einen günstiger scheinenden Keller zu übersiedeln. Wir packten unsere Habseligkeiten und fanden, bevor es Nacht wurde, Unterschlupf in einem Keller an der Hauptstraße. Plötzlich war unser Papa da. Er befand sich bei den abrückenden Einheiten. Er umarmte uns und drückte uns an sich, immer wieder, und der Schmerz schnürte uns fast das Herz ab. Wie hatte er uns nur gefunden? Wir erstickten fast an unseren Tränen. Wann und wie und wo würden wir uns wiedersehen?

Der Keller war hinten im Hof, bestand aus einem langen, schmalen, schlauchartigen Tunnel, und darüber befand sich eine Scheune, in der Stroh gelagert war. Im Keller lagen Erdäpfel. Ich erinnere mich noch, daß der Anblick der Erdäpfel mir das Wasser im Mund zusammenrinnen ließ. Die Erdäpfel waren jedoch roh, und wir hatten keine Möglichkeit, sie zu kochen.

Die ganze Nacht wurde mit Artillerie geschossen. Außer uns waren noch mehrere Leute im Keller, alles Flüchtlinge jener letzten Kriegstage, die die Front vor sich hertrieb. Als der Beschuß immer ärger wurde, befürchteten alle, daß wir, sollte die Scheune über uns in Brand geschossen werden, nicht mehr ins Freie gelangen könnten. Als der Morgen graute – es war Samstag, der 14. April 1945 – beschlossen wir, in den Keller des schräg gegenüberliegenden Gasthauses hinüberzulaufen. Als wir glaubten, daß nun eine Feuerpause eingetreten wäre, machten wir uns auf den Weg. Doch kaum waren wir auf der Hauptstraße, begann wieder der Beschuß. Das Wirtshaus hatte eine Einfahrt, durch die liefen mein Bruder und ich in den Hof. Links im Hof befand sich die Kellertüre, die stand offen. Mein Bruder befand sich bereits auf der zweiten Kellerstufe, ich stand direkt vor dem Kellerabgang, meine Mutter einige Schritte hinter mir und unsere Großmutter zum Glück noch in der Einfahrt, als ein Artilleriegeschoß vor uns einschlug und explodierte.

Mein Bruder und ich wurden die Kellerstufen hinabgeschleudert, meine Mutter hatte sich instinktiv zusammengekauert. Ein Bursche, etwa 16 Jahre alt, der vor ihr stand, rettete ihr das Leben – und verlor das eigene, indem er wie ein Schild den Splitterregen auffing. Am nächsten oder übernächsten Tag begruben ihn sein Großvater und seine Mutter an der Mauer der Hagenbrunner Kirche. Meine Mutter war durch die Explosion hingefallen und erlitt einen Nasenbeinbruch. Mein Bruder und ich waren beide schwer verwundet. Die deutschen Soldaten legten uns im Keller auf eine Decke. Unsere gute Mutter, selbst verwundet, verband unsere gräßlichen Wunden mit Handtüchern. Als sie keine trockenen Handtücher mehr hatte, wand sie die blutdurchtränkten immer wieder aus und verband uns neuerlich. Unsere Großmutter, sie war damals 71 Jahre alt, kniete neben uns und betete.

Gegen 14 Uhr drangen die ersten Russen in unseren Keller ein. Die vier deutschen Soldaten hatten ihre Waffen vor die Kellertüre gelegt und leisteten ihrer Gefangennahme keinen Widerstand.

Ohne jede Hilfe lagen wir volle drei Tage und drei Nächte in diesem Keller. Das waren die längsten Tage und Nächte meines Lebens. Draußen auf der Hauptstraße rollten die russischen Militärfahrzeuge durch den Ort. Der Beschuß ging weiter. Direkt vor dem Tor auf der Straße lag ein toter russischer Soldat. Jedes Fahrzeug rollte über ihn hinweg, und keiner räumte ihn zur Seite. Unsere gute Mutter wollte erste Hilfe wenigstens für uns erflehen. Es war vergebens. Immer wenn sie glaubte, eine Beschußpause sei eingetreten, lief sie hinauf in den Hof, um in einem Krug für uns Wasser zu holen. Wir hatten entsetzlichen Durst. Die meiste Zeit kniete sie neben uns.

In der Nacht vom 16. auf den 17. April 1945 wurde das Haus über uns in Brand geschossen und brannte bis auf die Grundmauern nieder. Zu dieser Zeit waren nur wir noch im Keller, alle anderen hatten die Flucht ergriffen.

Am Dienstag, dem 17. April 1945 früh morgens, als der Brand fast erloschen war, ging meine Mutter voller Verzweiflung auf die Hauptstraße hinaus. Da stand vor dem Tor ein Handwagen, ein Plateauwagen mit vier Rädern und einer Stange zum Ziehen. Meine Mutter zog schnell den Wagen in den Hof und bald lagen mein Bruder und ich darauf. Unsere Mutter zog den Wagen, meine Großmutter schob hinten an. Nach fast übermenschlichen Anstrengungen kamen wir zum Heeresspital in Stammersdorf, das bereits von Russen besetzt war. Dort versuchte unsere Mutter für uns Hilfe zu bekommen. Mit lautem Geschrei jagte uns aber das Militär davon. Nun beschlossen meine Mutter und meine Großmutter, mit uns zu unserem langjährigen Hausarzt in die Anton-Störck-Gasse zu fahren. Ich erinnere mich noch genau, als ich neben meinem Bruder auf dem Wagen lag, an den wunderbaren blauen Frühlingshimmel über uns, der in so argem Kontrast stand zu dem vielen Leid auf dieser Erde. Flugzeuge zogen weiße Kondensstreifen in das zarte Blau, aber es erschreckte uns nichts mehr – was sollte uns noch erschrecken?

Gegen Mittag kamen wir bei unserem Arzt an. Mich ließ er in seine Ordination bringen. Meine Verletzungen waren jedoch zu schwer, als daß er etwas Wirksames hätte tun können. Meinen Bruder ließ er erst gar nicht abladen, sondern gab unserer Mutter den Rat, mit uns gleich weiter zu fahren, und zwar in die Franklinschule nach Donaufeld. Diese Schule war nämlich in ein Notspital umfunktioniert worden. Für den 21. und 22. Bezirk und die angrenzenden Gebiete in Niederösterreich gab es sonst kein Krankenhaus.

Es war gegen 14 Uhr, als wir in diesem Notspital eintrafen. Unser Wagen stand im Hof des Spitales. Der Primarius ließ uns die blutverkrusteten Kleider vom Leib schneiden, und in diesem Augenblick wußte ich, wir sind gerettet. Zu unserer Mutter und zu unserer Großmutter sagte er: „Gehen sie in die Küche, und lassen sie sich eine Suppe geben." Das war das erste Essen nach langen schrecklichen Tagen. Meinen Bruder und mich ließ er ins Haus tragen und auf den Operationstisch legen. Als wir wieder aus der Narkose erwachten, lagen wir nebeneinander in einem Klassenzimmer. Unsere Mutter durfte bei uns bleiben. Sie blieb die ersten sechs Wochen den ganzen Tag über bei uns. Als Laienkrankenschwester betreute sie, selbstverständlich freiwillig und ohne Lohn, alle Verwundeten des Zimmers, in dem wir lagen. Allen tat sie viel Gutes, und alle liebten sie. Es sollte meinem Bruder der rechte Arm und mir die linke Hand amputiert werden, um uns damit das Leben zu retten. Unsere Mama bat jedoch mit erhobenen Händen, diesen Eingriff nicht durchzuführen. Sie wollte uns die Gliedmaßen erhalten. Letztlich verdanken wir es ihr, daß wir noch leben und daß wir unsere Hände behalten konnten.

Die medizinische Versorgung in diesen Tagen war recht primitiv. Die Krankenzimmer waren ohne Fensterscheiben, und es gab fast keine Nahrungsmittel. Als das hohe Fieber allmählich wich, kam zum quälenden Durst auch der quälende Hunger. Ich erinnere mich an die Bestandteile unserer Verpflegung: Ungesüßter Tee, Gulaschsuppe aus Pulver zubereitet, Porreegemüse und hin und wieder Hirse. Ich wog zirka ein Jahr nach meiner Verwundung, also mit 15 Jahren, 36 Kilo. Mit 13 Jahren hatte ich 48 kg gewogen. Mein Bruder, der eine Schulterverletzung und den rechten Oberarm total zerschmettert hatte, wurde nach etwa sechs Wochen zur Begutachtung ins Krankenhaus der Barmherzigen Brüder in den zweiten Bezirk geschickt. Dieses Krankenhaus verfügte über einen Röntgenapparat. Zu diesem Zweck mußte er, unsere Mutter begleitete ihn, die gesprengte Floridsdorfer Brücke überqueren. Das war ein lebensgefährliches Unterfangen. Man mußte über Leitern auf dem im Wasser liegenden Brückenbogen hinunter und dann wieder hinauf klettern. Dazwischen lagen Bretter auf Booten, die man überqueren mußte, das strömende Wasser unter den Füßen. Ein falscher Griff, ein falscher Tritt, und man wäre verloren gewesen. Mein Bruder trug den verwundeten rechten Arm in der Schlinge und konnte sich bei den Klettereien nur mit der linken Hand am Seil oder den Latten anhalten. Meine Mutter und mein Bruder kamen Gott sei Dank wieder heil nach Floridsdorf zurück.

Bei mir dauerte es einige Monate, bis ich wieder gehen konnte, denn ich hatte außer einer Bauchverletzung und Verwundung der linken Hand noch fünf Stecksplitter in den Beinen. Auch nach unserer Entlassung aus dem Spital mußten wir noch lange Zeit zum wöchentlichen Verbandwechsel in die Ambulanz des Krankenhauses.

Poldi durfte als erster das Spital verlassen. Er trug zwar noch lange seinen Arm in der Schlinge, doch er hatte gesunde Beine. Drei Monate nach seiner Entlassung konnte auch ich nach Hause. Verbissen übte ich, um das Gehen neu zu erlernen. Es war ein mühsames Training. Um die linke Hand hatte ich noch einen dicken Verband gewickelt. Nach und nach kamen fast alle, die geflüchtet waren, wieder heim.

Im August 1945 war ich so weit, daß ich, mit einem Stock zwar, wieder gehen konnte. Von meinem Vater hatten wir kein Lebenszeichen. War er mit dem Volkssturm noch bis Oberösterreich gekommen? War er jetzt in amerikanischer Kriegsgefangenschaft oder hatten ihn die Russen verschleppt? Lebte er überhaupt noch? Die Sorge um ihn und auch die bange Frage, wie es mit uns ohne Ernährer weitergehen würde, nagte an uns, vor allem an unserer Mama. Noch dazu mußte entschieden werden, was mit mir beruflich geschehen sollte. Durch meine Kriegsverletzungen war ich bleibend behindert, und durch die Abwesenheit meines Vaters waren wir ohne Einkommen. Während der Ferien 1945 ging meine Mutter mit mir in die Hauptschule Deublergasse. Der neue Hauptschuldirektor schrieb mir ein Abschlußzeugnis, damit ich beweisen konnte, der Schulpflicht entsprochen zu haben. Er gab den Rat, mich in die Floridsdorfer Handelsschule einschreiben zu lassen. Ein handwerklicher Beruf kam wegen der Verkrüppelung meiner linken Hand nicht in Frage.

Ende August 1945 stand unser lieber guter Papa in der Türe. Kahlgeschoren und gezeichnet von Kummer, Hunger und Strapazen kam er aus der russischen Gefangenschaft. Auf abenteuerliche Weise war es ihm gelungen, der Gefangenschaft zu entkommen und mit dem ersten Heimkehrertransport nach Wien zu gelangen. In dieser Zeit hatte ich Schmerzen im rechten Fuß. Auf der Sohle, nahe der Ferse, hatte sich eine große Beule gebildet. Mein eigentliches „Sorgenkind" war mein linkes Bein, das ich mit Müh' und Not soweit gebracht hatte, daß ich das Knie, in dem sich bis heute ein Stecksplitter befindet, wieder einigermaßen abbiegen konnte. Nun aber tat auch der rechte Fuß weh, und ich konnte nicht mehr auftreten. Wie sollte ich bloß ins Floridsdorfer Krankenhaus kommen? Mein Vater setzte mich auf den Sattel eines Fahrrades und fuhr mich, das Fahrrad schiebend, ins Spital. Dort wurde mir die Beule an der Fußsohle aufgeschnitten. Die Wunde eiterte aber den ganzen Herbst und den ganzen Winter. Erst im Frühjahr zeigte sich ein Zipfel von einem Metallsplitter, der mir dann im Krankenhaus herausgenommen wurde. Mit Ausnahme jenes Splitters, den ich im linken Knie habe, bahnte sich im Winter 1945/46 jeder Splitter – insgesamt waren es vier – seinen Weg in die Freiheit. Man kann sagen, es dauerte ein volles Jahr, bis ich fast „splitterfrei" war.

Meine Mutter hatte mich in der Floridsdorfer Handelsschule angemeldet. Der Beginn des Schuljahres 1945/46 bedeutete für mich nicht nur den Neuanfang eines neuen Lebensabschnittes, sondern vielmehr den Beginn eines neuen Lebens, eines mir neu geschenkten Lebens. Der Anfang war schwer, weil ich, kaum genesen, täglich große körperliche Anstrengungen auf mich nehmen mußte. Ich hatte zwei kranke Beine und eine verkrüppelte, gerade erst verheilte Hand. Um die Wunden des linken Beines trug ich einen Verband, und in den rechten Schuh konnte ich nicht ganz hinein, weil die Ferse verbunden war. Außerdem konnte ich mit dem rechten Fuß, so lange der Splitter in der Sohle saß, nur mit den Zehen auftreten. Ich besaß nur Halbschuhe, nämlich die, die ich bei meiner Verwundung getragen hatte. Täglich mußte ich aber den weiten Weg von Jedlesee bis Donaufeld und zurück zu Fuß zurücklegen. Das war jeden Tag ein Marsch von zwei Stunden, denn öffentliche Verkehrsmittel gab es nicht. Bis Ende August hatte ich das Gehen mit dem Stock geübt. Ab dem ersten Schultag ließ ich ihn zu Hause und hielt mich lieber ab und zu an einer Hausmauer fest. Ich schämte mich seiner, und außerdem brauchte ich die gesunde rechte Hand, um die Schultasche tragen zu können. Das einzig Aufmunternde nach der täglichen anstrengenden Wanderung quer durch Floridsdorf war eine warme Suppe, die wir im Keller der Schule bekamen. Es handelte sich dabei um eine von Amerika (USA) gestiftete Ausspeisung für Kinder und Jugendliche. Einmal pro Woche gab es Kakao und ein Weckerl. Diese Kakao-Tage waren wahre Festtage. Während ich die warme Suppe im ehemaligen Luftschutzkeller der Schule schlürfte, drängte sich mir immer wieder der Gedanke auf: „Zuerst werfen sie ihre Bomben auf uns, bringen uns fast um, und jetzt versuchen sie, uns wieder hochzupäppeln. Ist das nicht eine verrückte Welt?"

In diesem Winter fand der Unterricht in ungeheizten Klassen statt, denn es gab kein Brennmaterial. Wir saßen in Mänteln und lernten trotzdem viel. Die Schule verfügte über keine Schreibmaschinen, wir aber sollten das Maschinschreiben lernen. So erhielten wir ab Jänner 1946 Maschinschreibunterricht in einer Privatschule in der Siebensterngasse im 7. Bezirk, einmal pro Woche an einem Vormittag. Die Fahrt in die Siebensterngasse war schwierig und kompliziert. Weite Strecken mußte man zu Fuß gehen, einige Straßenbahnlinien verkehrten bereits wieder. Vor der ersten Maschinschreibstunde ging ich zur Lehrerin und wies auf meine linke Hand hin. Sie meinte: „Du kannst dich ja vom Maschinschreiben befreien lassen, für eine Bürotätigkeit wirst du sowieso nie geeignet sein." Wie wenig sich doch ihre prophetische Sicht bewahrheitet hatte! Ich investierte meinen ganzen Stolz und meinen Ehrgeiz in diesen Gegenstand – und nicht nur in diesen –, und am Ende dieses Schuljahres erhielt ich das beste Zeugnis meiner ganzen Schulzeit.

Vom September 1946 an besuchte ich die Handelsakademie in der Wiener Akademiestraße und maturierte dort im Mai 1950. Während dieser Zeit erhielt ich von der Gemeinde Wien wegen meiner guten Lernerfolge ein Stipendium. Nach der Matura machte ich mich auf Postensuche. Ein Unternehmer einer Firma auf der Mariahilfer Straße hatte sich an die Handelsakademie gewandt, mit der Bitte, ihm eine Absolventin zu schicken. Ich wurde ihm empfohlen. Beim Vorstellungsgespräch eröffnete ich ihm, daß ich Kriegsinvalide sei, da wollte er von meiner Einstellung nichts mehr wissen. So meldete ich mich zur Vermittlung beim Arbeitsamt für Körperbehinderte. Jede Woche vertröstete man mich auf nächste Woche. Endlich erhielt ich per 1. September 1950 die Stelle einer Buchhalterin im Bestellbüro einer Kohlenhandlung. Eine echte Chance, mich im Berufsleben bewähren, weiter- und fortbilden zu können, bot sich mir jedoch erst im Februar 1956, als ich in einer Privatlehranstalt die Stelle einer Lohnbuchhalterin erhielt. Diese Stelle hatte ich bis 1984 inne. Mit 1. Jänner 1986 konnte ich mit 55 Jahren in Pension gehen.

Mein privater Lebensweg gestaltete sich ebenfalls befriedigend, sogar erfolgreich. Ich bin seit fast 37 Jahren verheiratet und Mutter von drei Kindern. Daß ich die Anforderungen von Beruf, Haushalt und Familie trotz Invalidität bewältigen konnte, lag einerseits daran, daß mir mein langjähriger Chef gestattete, einen Teil meiner beruflichen Arbeiten daheim zu erledigen, andererseits auch daran, daß ich vor keiner körperlichen Arbeit zurückscheute. Gottes Hilfe und der Hilfe vieler guter Menschen, die an meinem Lebensweg standen, verdanke ich es, daß ich trotz Invalidität ein erfülltes Leben leben durfte. Eines ist sicher: Behinderte Frauen haben es sowohl im Beruf als auch im Familienverband um etliches schwerer als behinderte Männer. Ich will die Problematik keines Behinderten herabwürdigen, aber bei einem kriegsversehrten Mann genügte es meistens, wenn er sich im Beruf behaupten konnte. Bei einer kriegsversehrten Frau stellten sich die Anforderungen, denen sie gewachsen sein mußte, nicht nur im Beruf, sondern vor allem dort, wo ihre eigentliche Lebensaufgabe liegt, in der Familie.

Hedwig Öhler

Entminungsdienst nach dem Krieg

Abziehende deutsche Soldaten hatten einige Felder und Hänge in der Ortschaft Gaubitsch vermint, um die Russen aufzuhalten. Als aber die fremden Soldaten kamen, wußten sie genau, wo die Minenfelder waren und wichen ihnen aus. Auch die Dorfbewohner mieden die verminten Felder und Hänge, da sie ja gesehen hatten, wo die Minen verlegt worden waren. Einige Monate waren die Russen im Dorf, ehe sie abzogen. Vom Krieg blieben nur mehr die Minenfelder zurück, die mit Stacheldraht abgegrenzt wurden. Einige Tafeln warnten „Achtung Minen – Lebensgefahr". So wurde es Juni 1946. Der Sommer war ins Land gezogen, alles grünte und blühte. An den Kirschbäumen hingen saftige Früchte. Ein Bild des Friedens und der Ruhe. Nur der mit Stacheldraht abgegrenzte Streifen am Rande der Ortschaft erinnerte noch immer an den Krieg. Und hinter dem Stacheldraht lauerte noch immer der Tod. Jeden Tag mußten Kinder, wenn sie zur Schule gingen, an diesem Todesstreifen vorbei. Wie lange noch? In der Dienststelle des Entminungsdienstes in der Wiener Hohenstaufengasse versammelten sich einige Männer, die bereit waren, den Minenfeldern zu Leibe zu rücken. Dieser Gruppe gehörte auch ich an. Unser erster Einsatz war in Gaubitsch. Es war eine recht mühevolle Arbeit. Verlegt waren Holzschachtelminen, die bei einem Druck von 3,5 kg in die Luft gehen. Bis zum Abend hatten wir etliche Minen aufgenommen und entschärft. Die Zünder der Minen waren alle noch wie neu. Nach drei Wochen waren hunderte Minen schon aufgenommen und gesprengt worden. Wir hatten großes Glück, daß nichts passierte, denn bei manchen Minen war der Sicherungsstift durch die Belastung des Erdreiches fast ganz herausgedrückt, und es bedurfte nur eines kleinen Druckes, und die Mine konnte explodieren. Bei solchen Minen legten wir vorsichtig ein Sprengpaket daneben und sprengten sie in die Luft. Jetzt konnten die Bauern die betreffenden Felder wieder bearbeiten, die Kinder konnten sich von den Obstbäumen, die früher im Minenfeld standen, die Früchte wieder holen, die Dorfbewohner wieder das ernten, was Gott für sie wachsen ließ, ohne sich in Lebensgefahr zu begeben. Wir aber zogen weiter zu den nächsten Einsätzen. Im November 1946 stach ein Kamerad den Zünder einer Mine an, diese explodierte und tötete ihn. Nach diesem Unfall haben wir beschlossen, ohne elektronische Minensuchgeräte nicht mehr weiterzuarbeiten.

Anfang des Jahres 1947 wurde in Wien ein Flakturm von Munition gesäubert. Messingsammler haben die Granaten abgewürgt und das Schwarzpulver liegengelassen. Durch eine weggeworfene Zigarette ist es zu einer Explosion im Bunker gekommen, wobei hunderte Granaten durcheinander gewirbelt wurden. Der Entminungsdienst mußte diese Granaten entfernen und sprengen.

Da in Wien viele Bombenruinen weggeräumt wurden, gab es auch sehr viele Blindgänger, die man entschärfen und beseitigen mußte. Viele Granaten und Fliegerbomben, die wir im dichtverbautem Gelände fanden und die nicht zu entschärfen waren, transportierten wir behutsam wie rohe Eier nach Dornbach in den Dombachgraben, wo wir sie dann sprengten. Durch Dummheit und Gedankenlosigkeit hat es unter den Metallsammlern viele Unfälle gegeben. Aber auch beim Entminungsdienst gab es viele Opfer.

Unser ältester Sprengmeister, der von Anfang an die Minensuchgruppe von Niederösterreich leitete, ging nach der Sprengung von Munition nach der vorgeschriebenen Wartezeit nachsehen, ob alles gesprengt sei. Als er eine Granate aus dem gesprengten Haufen herauszog, explodierte diese und riß ihm beide Hände weg.

Am 9. Juli 1948 machten wir uns auf den beschwerlichen Aufstieg zu Minenfeldern auf den Sonnwendstein. Es war ein schöner, sonniger Tag. Wir lösten einander beim Minensuchen ab, da es sehr anstrengend war, jeden einzelnen Eisensplitter auszugraben, den uns das Suchgerät anzeigte. Endlich freuten wir uns schon auf das Heimfahren zu unseren Familien, doch da passierte mein Minenunfall. Als ich einen der letzten Splitter ausgrub, geriet ich mit dem rechten Fuß zu weit nach vorne und löste eine Holzschachtelmine aus. Sie explodierte und verletzte mich. Ich hatte großes Glück, daß ich nur mit den Zehen darauf gestiegen bin und neue Gummistiefel mit einem dicken Profil anhatte. So hat es mir „nur" die Zehen gebrochen. Der Druck des Sprengstoffes hat mich fast einen Meter hoch geschleudert. Ich bin im Krankenhaus von Neunkirchen behandelt worden und mußte drei Monate lang pausieren. Einige Jahre später zündete ich versehentlich eine Mine mit Spanndrahtzünder beim Minensuchen. Es war gut, daß ich die Treibladung zischen hörte. Ich schrie, so laut ich konnte: „Mine!" Da ungefähr 29 Meter weiter mein Kamerad Wawara an einem Minenfeld arbeitete, warf ich mich zu Boden. Die Mine schoß 1,5 Meter hoch und fiel, ohne zu explodieren, neben meinem Kopf in den Boden. Als die Schrecksekunde vorbei war, schraubten wir gleich die Mine auf. Da sahen wir, daß die Zündkapsel verkehrt hineingegeben worden ist, mit dem Zündloch nach oben. So hatte es das Schicksal gut mit mir gemeint. Ein Jahr verging fast ohne Blutzoll, dann holte sich der Tod erneut seine Opfer. Wenn man den Tod herausfordert, muß man damit rechnen, von ihm besiegt zu werden. Das war jedem vom Entminungsdienst klar. Aber das Bewußtsein, daß mit der gefahrvollen Arbeit des Entminungsdienstes viele Menschen von Unglück und Tod bewahrt bleiben, gab uns die Stärke, den Kampf weiterzuführen. Ich arbeitete jedenfalls beim Entminungsdienst weiter, auch als ich mich an einem angeschlagenen Behälter mit Gelbkreuzkampfstoff verletzte. Ich wurde sofort abgelöst und auf schnellstem Wege ins Allgemeine Krankenhaus gebracht, wo man mich behandelte. Nach drei Wochen konnte ich meinen Dienst wieder versehen. Den Hautschaden habe ich noch heute.

Ich danke Gott, daß die tödliche Gefahr an mir vorbeigegangen ist.

Ernst Papez

Jetzt erst recht!

Am 13. Dezember 1943 hatte ich im Raum Witebsk als Leutnant des 51. Jäger-Regiments einen Stoßtruppauftrag mit 45 Mann Freiwilligen durchzuführen. Kurz vor Erreichen unseres Zieles gerieten wir in einen Hinterhalt. Ich wurde am rechten Fußgelenk und am linken Bein durch eine Handgranate verwundet und wollte mich selbst zum Stützpunkt durchschlagen. Auf einmal kam mir ein Geschoßhagel entgegen, und ich bekam noch einen Schulterdurchschuß ab. Noch konnte ich die Gegner mit meiner Pistole in Schach halten, überrumpelte sogar drei Russen und ließ sie mit erhobenen Händen vor mir in Richtung deutsche Stellungen gehen. In einer Waldlichtung knallte es, und ich ging mit einem Aufschrei in die Knie. Mein linker Unterarm war von einer Gewehrkugel durchschossen. Die Gefangenen stürzten sich sofort auf mich, einer umklammerte mich, erwischte meinen Daumen und verbiß sich darin. Durch meine Schmerzen und den Blutverlust bedingt, dürfte ich kurz das Bewußtsein verloren haben. Wieder erwacht, merkte ich, daß eine Messerklinge in meiner linken Augenhöhle steckte. Es gelang mir, eine Eierhandgranate zu zünden. Ich weiß nicht, was dann geschah. Ich lag jedenfalls fast blind im Niemandsland. Im linken Auge steckte der Dolch, ein lebloser Körper lag auf dem meinen. Irrsinnig schmerzte der zerbissene Finger. Mit letzter Kraft versuchte ich, mich ungefähr 1 km durch sumpfiges Gelände zu den eigenen Stellungen durchzuschlagen. Es lag sehr wenig Schnee. Wie oft ich auf der leicht vereisten Strecke hin fiel? Bald hatte ich keine Kraft mehr, mich zu erheben.

Zwei Soldaten holten mich aus dem Minenfeld. Bei der Erstversorgung auf dem Hauptverbandsplatz wurde der Dolch aus dem Schädel entfernt und ich mit einem Fieseler-Storch nach Dünaburg geflogen. Dort wurden meine Augen behandelt und mir am 27. Dezember mitgeteilt, daß ein Auge gerettet werden konnte. Mein rechter Fuß wurde in einem Lazarett in Königsberg am 4.2.1944 amputiert. In den Lazaretten Braunsberg, Bad Kreuznach, Baden bei Wien, Wien-Gassergasse und Hartmannkloster sowie abschließend in Badgastein wurden alle weiteren Behandlungen durchgeführt.

Am 25.7.1945 wurde ich einbeinig und einäugig aus der amerikanischen Kriegsgefangenschaft halbverhungert entlassen. Ich habe bald nachher in Gastein geheiratet. Einst war ich Langstreckenläufer und Leistungssportler, nunmehr 80 % kriegsversehrt. „Jetzt erst recht!“ dachte ich. „Beweise, daß du auch als Krüppel noch zu etwas taugst!“ Der damaligen Not gehorchend, versuchte ich mich in verschiedenen Berufen. Über meine Initiative mit Unterstützung des Leiters des Salzburger KOV starteten wir mit handgezeichneten Plakaten die Aktion „10 Groschen pro Lebensmittelkarte für die Kriegsversehrten“. Nach Wien heimgekehrt, war an eine behördliche Unterstützung nicht zu denken. Als Untermieter delogiert, bot mir der Vater eines befreundeten Kriegsblinden Unterschlupf in seinem Schrebergartenhäuschen.

Als sich mir die Gelegenheit bot, eine selbständige Handelsvertretung zu übernehmen, begannen schier unüberwindliche Schwierigkeiten. Um einen Gewerbeschein zu bekommen, war der Nachweis eines ordentlichen Wohnsitzes erforderlich. Das hieß, ich benötigte eine Wohnung. Dafür brauchte ich Geld, hatte aber keines. Meine Ersparnisse fielen der Währungsreform zum Opfer.

Aus dieser Verzweiflung befreite mich der damalige Präsident des KOV, der mir S 3.500,– borgte. Anläßlich einer persönlichen Vorsprache beim Bürgermeister Körner wurde mir eine (zwar verwahrloste) Zimmer- und Küchewohnung im 5. Bezirk zugewiesen, und damit bekam ich auch meine erste Gewerbeberechtigung. Durch Bücher und Fachkurse bildete ich mich weiter, meine Wochenarbeitszeit betrug bis zu 90 Stunden. In der Folge errichtete ich einen Betrieb zur Herstellung chemischer Entrostungs- und Rostschutzpräparaten. Außerdem schuf ich durch persönliche praktische Großversuchsarbeiten auf dem Sektor Industrie- und Konstruktionsentrostung die Voraussetzung für ein Patent. Ein für damalige Begriffe Großauftrag der ehemaligen Schiffswerft Winterhafen gab mir die Möglichkeit dazu. Täglich mit einem ca. 15 kg schwerem Rucksack zu Fuß von der Endstation der Straßenbahn 80 bis zum Hafenbecken und am Abend zurück waren meinem Beinstumpf zu viel. Täglich war Blut in der Prothese, und die ersten Schritte am darauffolgenden Morgen waren die Hölle.

Trotzdem, ich habe alles durchgestanden, erhielt das Patent, erweiterte das Arbeitsgebiet, erhielt Anerkennung und Aufträge namhafter Industrie- und Kommunalbetriebe in ganz Österreich. Heute bin ich ein glücklicher und zufriedener Pensionist.

Franz Pratter

Für die SS gebüßt

1939 wurde ich Angehöriger der SS-Leibstandarte Adolf Hitler. In dieser Einheit, der späteren 1. SS-PZ.-Division „Adolf Hitler“, diente ich bis zum Kriegsende und wurde dabei fünfmal verwundet. Mit Kriegsende war ich SS-Sturmbannführer und Major der Waffen-SS.

Wegen meines Einsatzes mit meiner Panzerabteilung im Raum Malmedy wurde ich nach meiner Gefangennahme zum Kriegsverbrecher erklärt und angeklagt. Zuerst wurde ich zum Tod durch Erhängen verurteilt, dann zu 20 Jahren Zwangsarbeit in Kalifornien, letztens doch nur zu 4 Jahren Kerker in Landsberg.

Während der Untersuchungshaft wurde ich, um Aussagen zu machen, von einer amerikanischen Captain-Untersuchungsrichterin nach Ablegen meiner Uniform am Penis mit der Rute geschlagen. Eine weitere Folterung war der Keller mit Heiß-Kaltwasser, wobei man auch geschlagen wurde. Diese Behauptungen kann ich durch ein Buch belegen, mit einem Bild von mir als Angeklagten.

Nach meiner Rückkehr in mein Heimatland Österreich war ich plötzlich staatenlos. Weder Deutschland noch Österreich wollten mich als Staatsbürger haben, obwohl ich dort als Soldat gedient hatte. Aber es gab für mich doch noch einen Staat: Ägypten. Man verwendete mich dort in der Armee als Ausbilder und Instruktor für die deutschen Panzerwaffen. Ich brachte es bis zum Oberst im Armeestab mit Diplomatenpaß. Als solcher kam ich 1954 nach Erhalt der österreichischen Staatsbürgerschaft nach Wien, in meine Heimat. Hier baute ich meine Existenz als Architekt auf. Aufgrund der Folterungen sind Spätfolgen in meiner Gesundheit eingetreten, die wurden aber nicht anerkannt, ebensowenig wie meine Verwundungen. Ich war ja ein ehemaliger SS-Offizier. Während meiner Kerkerhaft bekam ich für drei Tage eine 5 kg Dose Marmelade ohne Löffel oder anderes Gerät. Ich mußte mit den Händen essen – ohne Wasser. Wer das nicht konnte, wurde mit Fußtritten dazu gezwungen. Es gab verschiedene Arten von Peinigungen, die man da als Offizier, nur weil man die falsche Uniform trug, erdulden mußte. Ich war kein politischer Verbrecher, sondern Frontoffizier der Waffen-SS.

Nach dem Krieg hat mir in Österreich niemand geholfen. Hätte ich nicht das Internationale Rote Kreuz und die ägyptische Botschaft gehabt, wäre ich wahrscheinlich als Staatenloser zum Sandler geworden.

Louis Plechinger

Eine neue Existenz beim Militär

Ich kam aus sehr armen Verhältnissen, erlernte von 1938 bis 1942 den Beruf eines Maschinenbauers. 1942 mußte ich einrücken und wurde das erstemal im November 1942 am linken Unterarm in Jugoslawien durch einen Steckschuß verwundet. Nach der Genesung kam ich zu meiner Einheit zurück, war dann beim Einmarsch nach Ungarn dabei, und von dort ging es dann nach Italien. Sieben Wochen vor Kriegsende wurde ich am rechten Unterschenkel schwer verwundet. Die Behandlung in den Lazaretten von Bozen und Meran war ausgezeichnet. Im September 1945 wurde ich nach Riedersburg in Bayern verlegt. Das Lazarett war ein Kloster, Räumlichkeiten und Verpflegung waren sehr gut, doch leider gab es dort keine Ärzte mehr. Im Feber 1946 wurde ich von Deutschland mit einem Eisenbahntransport nach Wien entlassen. Mit meiner Kriegsverletzung bin ich eigentlich schnell fertig geworden. Obwohl ich ein leidenschaftlicher Fußballer gewesen war, habe ich mir immer selbst eingeredet: Hauptsache, daß ich nach Hause gekommen bin. Da die Wohnung meines Vaters, wo auch ich wohnte, ausgebombt war, die Mutter ist im Krieg verstorben, hatte ich nur den einen Wunsch, sobald wie möglich zu arbeiten, um Geld zu verdienen. Dies gelang mir bald bei meiner alten Firma, jedoch unter der Bedingung, daß ich mithelfen mußte beim Ausgraben der durch Bomben verschütteten Maschinen. Mit der Zeit machten meine Verletzungen leider immer wieder Schwierigkeiten. So entschloß ich mich, 1958 zum Bundesheer zu gehen, um einen sicheren Posten zu haben. Am Anfang kam ich wieder zur Werkbank in eine Infanteriewerkstatt. Ein Jahr später machte ich die Waffenmeisterprüfung, wodurch ich von der Werkstätte fort auf einen sitzenden Arbeitsplatz kam. Danach machte ich nach Dienstschluß die B-Matura und bekam kurze Zeit danach einen B-Posten. Später stieg ich dann bis zum technischen Leiter der Waffenzeuganstalt Wien mit ca. 220 Leuten auf. Ich bekam zusätzlich eine monatliche Rente für 40 % Minderung der Erwerbsfähigkeit. Bis jetzt habe ich neun Operationen hinter mir. Die letzten Jahre habe ich immer mehr Schwierigkeiten mit meinen Kriegsverletzungen, sodaß ich manche Tage fast nicht gehen kann.

Heinrich Prokisch

Jetzt geht es mir erstmals gut

Ich wurde am 18.8.1918 geboren. Nach Besuch der Pflichtschule lernte ich das Malerhandwerk. Am 20.7.1939 wurde ich zur Luftwaffe einberufen. Im Herbst 1944 wurde ich von der Ostfront zur Ardennen-Offensive in den Raum Aachen verlegt. Am 10.12.1944 wurde ich durch Granatsplitter verwundet: Verlust des rechten Auges und Knochensplitter im Kopf. Ich kam erst ins Lazarett Düsseldorf, dann nach Prag, schließlich im März 1945 ins Lazarett nach Pilsen, wo wir im Mai den Amerikanern übergeben wurden. Im Juni haben mich die Amerikaner nach Salzburg entlassen. Dort war ich kurze Zeit im Landeskrankenhaus. Man sagte mir, es müsse nur noch eine Korrektur am Auge gemacht werden.

Ich meldete mich beim Salzburger Invalidenamt und bekam eine kleine Geldzuwendung und Arbeit bis Oktober 1945 in einer Buchbinderei. Am 15.10.1945 fuhr ich mit einem Transport nach Wien. Was mich dort erwartete, übertraf meine ärgsten Befürchtungen. Ich meldete mich beim Invalidenamt in Wien, bekam Versehrtenstufe II und einen Einstellungsschein. Man bezahlte mir auch die Meisterschule und die Meisterprüfung. Ich war dann ca. 5 Jahre selbständiger Malermeister in Obersiebenbrunn. Im Jahre 1953 lernte ich meine Frau kennen. Wir heirateten und zogen 1954 nach Wien. Dort bekam ich einen Posten als Kriegsversehrter beim Finanzamt in Wien I und hatte erstmals Kontakt mit dem Kriegsopferverband und trat bei. Wir hatten fünf Kinder und bekamen eine Unterstützung. Im Finanzamt tat ich mir mit einem Auge und den vielen Kopfschmerzen sehr schwer. Da ich eine große Familie zu erhalten hatte (meine Frau konnte ja nicht arbeiten gehen bei fünf Kindern), mußte ich eben durchhalten bis zu meiner Pensionierung im Jahre 1980. Seit dieser Zeit kann ich erstmals sagen, daß es mir gut geht. Ich wurde eben in eine sehr schwierige Zeit hineingeboren. Als ich erst vier Jahre alt war, starb meine Mutter. Was das für mein Leben damals bedeutete, kann man sich ja vorstellen.

Franz Radl

Die Rente ist ein Trostpflaster

Ich wurde 19jährig am 29.11.1938 zur Ableistung der Wehrpflicht zur Deutschen Wehrmacht eingezogen. Am 1.9.1939 begann der Zweite Weltkrieg. Bei der Flak in der Kagraner Karlskaserne ausgebildet, war ich vom ersten Tag an bei der kämpfenden Truppe. Sowohl den Polenfeldzug als auch den Frankreichfeldzug überstand ich als Frontsoldat verhältnismäßig gut. Der Rußlandfeldzug endete für mich – vorläufig – 1942 bei den ersten Kämpfen um Stalingrad, wo ich nach einer Granatsplitterverwundung am linken Auge mit einem Verwundetentransport nach Leipzig gebracht wurde.

Nach meiner Ausheilung wurde ich am 4.12.1942 nach Polen verlegt, wo die 12. und 13. Luftwaffen-Sturmdivision aufgestellt wurde. Der 13. Lw.-Sturmdivision zugeteilt und per Bahn verladen, mußte ich wieder an die russische Front. Ausgerechnet an meinem Geburtstag, am 21.1.1943, wurden wir ausgeladen. 14 Monate mußten wir dort ausharren, und das bei Sommertemperaturen bis +60° und Wintertemperaturen bis –52°. Es war ein fixer Stellungskrieg mit beiderseits viel Verlusten. Der große Rückzug begann am 1.3.1944. Die Russen versuchten, uns einzukesseln, doch erreichten wir nach unzähligen schweren Abwehrkämpfen im September 1944 die estnisch-lettische Grenze. Dort ging für uns die Hölle los. Die russische Artillerie eröffnete mit einem Trommelfeuer den Großangriff auf uns. Kurz danach kamen uns Menschenmassen in schwarzen Uniformen (Kosakenregiment, ca. 4000 Mann stark) mit „Hurrä“-Rufen laufend und schießend entgegen. Trotz verzweifelter Abwehr konnten wir unsere Stellung kaum 10 Minuten halten, dann hieß es nichts wie raus aus dem Graben und zurück! An Gegenwehr war nicht mehr zu denken. Die meisten Kameraden von uns fielen oder blieben verwundet liegen. Ich drehte mich im Lauf einmal kurz um, kaum 30 m hinter uns liefen die Russen und schossen unentwegt. Bei einem Hügel warf ich mich in ein Gebüsch und versteckte mich. Alles rannte, schrie und schoß. Plötzlich war Stille. Der Russe bildete vor dem Hügel eine Linie und ging in Stellung. Vermutlich war der Russe der Meinung, daß ihn hinter dem Hügel ein größerer deutscher Verband erwartete. In Wirklichkeit waren keine Truppen mehr vorhanden. Ich kroch im Buschwerk zum Hügel hinauf und ließ mich auf der anderen Seite vor Erschöpfung hinunterkollern.

Ca. 1 km dahinter sammelte sich der Rest unseres ehemaligen Bataillons (1 Oberleutnant und 40 Mann). Der Oberleutnant bekam per Fernspruch vom Regimentskommandeur den Befehl zum Gegenangriff, Panzerunterstützung wurde zugesagt. Wir warteten ... Der Russe verhielt sich ruhig und grub sich auf der anderen Seite des Hügels inzwischen ein. Es wurde Nachmittag. Endlich kam, wir trauten den Augen nicht, ein einziger Panzer angefahren. Ungeachtet dessen gab uns der Oberleutnant den Befehl zum Gegenangriff. Ich sollte den Stoßtrupp bilden. Auf die von mir geäußerten Bedenken der Sinnlosigkeit dieses Unternehmens dem Oberleutnant gegenüber zog dieser seine Pistole und drohte, jeden zu erschießen, der seinem Befehl nicht gehorche. Um ca. 15 Uhr fuhr also der einzige Panzer ins Vorfeld des Hügels, und wir stießen nach. Nach etwa 20 m war jedoch unser Gegenangriff beendet. Der Panzer erhielt einen Volltreffer, die Kuppel flog in die Luft und hunderte Granaten regneten auf uns nieder. Zwischen mir und dem Oberleutnant schlug eine Granate ein, welche dem Oberleutnant den Kopf abtrennte. Er lief noch ohne Kopf einige Schritte weiter, ehe er umfiel. Ich selbst spürte vorerst nur einen kräftigen Schlag am Bein, wirbelte durch ungeheueren Luftdruck in die Höhe und blieb liegen. Ich wurde bewußtlos und wachte in Abständen wieder auf. Rund um mich lagen Tote und Verwundete, sonderbarerweise auch Russen. Da dies durch unseren „Angriff" kaum sein konnte, blieb nur die Vermutung, daß diese Russen durch ihre eigenen Granatwerfer niedergemäht wurden. Dies kam leider auch auf deutscher Seite vor, insbesondere durch die eigene Artillerie. Es dämmerte bereits, als ich merkte, daß mein Fuß vom Schienbein abgetrennt neben mir lag. Sehnen und Muskeln waren noch mit dem Fuß verbunden. Meine rechte Hand blutete stark und war bewegungslos. Am rechten Oberarm hatte es mich auch erwischt. Neben mir lag ein verwundeter Russe. Dieser sah mich an und sagte zu mir: „Towarisch, woina plocha!" (Genosse, der Krieg ist schlecht!) Er konnte sich schwer bewegen, entzündete sich jedoch eine Zigarette, machte einige Züge und reichte sie mir. Ich dankte und gab ihm recht, dann verlor ich nach einigen Zügen wieder das Bewußtsein. Als ich wieder erwachte, war es dunkel um mich. Ich verlor laufend Blut, was mich sehr schwächte. Ehe ich wieder die Besinnung verlor, waren meine Gedanken daheim, verbunden mit der Angst, der Russe greift wieder an, Gefangene werden nicht mehr gemacht, ... es ist aus.

Auf einem Hauptverbandsplatz kam ich wieder zur Besinnung. Wie ich später erfuhr, blieben von unserem um 6 Uhr morgens noch 800 Mann starken Bataillon nachmittags nur mehr 15 Mann übrig, davon 4 Mann unversehrt. Kameraden hatten bemerkt, daß ich mich bewegte, also noch lebe, und mich unter eigener Gefahr aus dem Vorfeld geholt und auf einem Pferd zum Hauptverbandsplatz transportiert. Dort wurde ich notversorgt und künstlich ernährt. Ich konnte weder essen noch sprechen. Tags darauf wurde ich mit anderen Verwundeten in ein Lazarett gebracht, wo man mir das Bein vorerst zusammenflickte. Der rechte Arm wurde an einem Drahtgestell einbandagiert. Bei der Visite eröffnete mir der Stabsarzt, der Fuß müsse abgenommen werden, es wäre nichts zu machen. Kurze Zeit später war Alarm im Lazarett. Alle Schwerverwundeten wurden auf ein Lazarettschiff transportiert, darunter auch ich. Nun wußte ich erst, wo ich mich befand. Es war ein Hafen bei Riga. Es war das letzte Lazarettschiff nach Danzig. Die Russen waren bereits in der Vorstadt von Riga. Ich wurde mit einem Kran an Bord gehievt, Matrosen trugen mich in den untersten Laderaum. Der Gestank war fürchterlich. Das Schiff war überfüllt. Leichtverwundete mußten wieder von Bord gehen, um Schwerverwundeten Platz zu machen. Die Fahrt dauerte drei Tage und Nächte. Keiner glaubte mehr, Danzig zu erreichen. Die Gefahr der Versenkung war groß, der Feind achtete schon längst nicht mehr auf das Rote Kreuz.

Wir erreichten Danzig. Von dort wurde ich mit anderen Verwundeten in das oberschlesische Lazarett Heuerstein bei Oppeln eingeliefert. Dem dortigen Stabsarzt verdanke ich die Erhaltung meines Fußes. Nach zweimaliger Operation erholte ich mich zusehends. Nach weiteren drei Wochen konnte ich mit Krücken die ersten Schritte machen. Ich hatte noch das Glück, ehe die Russen Oberschlesien einnahmen, im November 1944 nach Wien verlegt zu werden, wo ich im Rainerspital (heute Hanusch-Krankenhaus) weiterbehandelt wurde. Im Jänner 1945 wurde ich aus dem Spital entlassen und sofort zu einer sogenannten Genesungskompanie nach Wagna bei Leibnitz (Steiermark) in Marsch gesetzt. Die Genesungskompanie wurde im März 1945 aufgelöst, Verwundete wurden als „letztes Aufgebot" wieder zum Einsatz befohlen. Auch das überlebte ich wie durch ein Wunder. Nach russischer Gefangenschaft, aus welcher ich flüchten konnte, wurde ich dann aus amerikanischer Gefangenschaft, der ich mich freiwillig stellte, entlassen.

Meine Verwundung machte mir insbesondere in den ersten Jahren nach meiner Rückkehr zu schaffen. Mit Gymnastik und Versehrtensport überwand ich manches. Im Februar reichte ich mein Ansuchen um eine Versehrtenrente ein. Am 1.6.1948 wurde ich durch einen Amtsarzt untersucht und erhielt ab 1.3.1948 die Versehrtenrente. Am 1.1.1950 trat ich dem Kriegsopferverband als Mitglied bei. Am 2.7.1953 wurde ich wieder zu einem Amtsarzt vorgeladen und mit Bescheid vom 10.9.1953 wurde mir die Versehrtenrente aberkannt. Ich wendete mich sodann an den KOV und bat um Hilfe. Es wurde gegen den letzten Bescheid berufen und durch die Schiedskommission des KOV der abweisende Bescheid aufgehoben und meine Verwundung als Dauerbeschädigung anerkannt. Infolgedessen erhalte ich bis heute meine Versehrtenrente. Wenn ich auch nur die Grundrente erhalte, ist und war diese für mich stets ein Trostpflaster für erlittenes Leid. Beruflich ging es mir gut. Ich wurde 1947 von der gleichen Versicherung, aus der ich 1938 ausschied, wieder aufgenommen. Von dieser ging ich 1979 als Vorstandsmitglied in den Ruhestand. An die Kriegsverletzung habe ich mich gewöhnt.

Herbert Rheinhardt

Im Sohn den Lebenstraum erfüllt

Ich wurde als dreizehntes Kind am 10.12.1917 in einer Mühlviertler Bauernfamilie geboren. Nach der Rückkehr meines Vaters aus dem Ersten Weltkrieg verbrachte ich eine behütete Kindheit und besuchte die sechsklassige Volksschule. Als recht gute Schülerin hätte mir mein verständnisvoller Lehrer geholfen, mich für den Lehrberuf weiterzubilden. Doch mein Vater schaffte es finanziell nicht. Es gab keine Kinderbeihilfe und auch keine Krankenversicherung. Ausgeträumt war mein Traum. Dieser sollte sich erst bei meinem Sohn verwirklichen. So verbrachte ich meine Jugend in der Landwirtschaft meiner geliebten Eltern. Ich lernte dann einen recht netten Partner kennen, wir heirateten, und ich dachte, daß ich nun versorgt sei. Leider dauerte unser Glück nur ein Jahr. Ich war hochschwanger, als die Einberufung für meinen Mann kam, und einen Tag nach dieser kam unser Sohn zur Welt. Nach einem Jahr sah der Vater sein Kind zum ersten Mal. Es war Liebe auf den ersten Blick. Nach zwei weiteren Heimaturlauben kam dann die schreckliche Nachricht, daß er im Raum Bobruisk in Rußland vermißt sei. Mich nährte die Hoffnung, daß er lebe. Meine lebenserfahrene Mutter sagte, ob die Gewißheit, tot zu sein, nicht besser wäre. Sie hatte recht mir ihrer Ansicht. Ich bin meiner guten Mutter so dankbar für ihre materielle und tröstliche Hilfe.

Nun ging mein Kampf los. Meine Wohnung war von Flüchtlingen besetzt, ich selbst mit dem Kind allein und ohne Beruf. Ich habe tief geatmet, die Ärmel hochgekrempelt und bin in gute Häuser, wo ich auch das Kind mitnehmen konnte, putzen gegangen. Nun kam die Schulzeit meines Sohnes, die Volksschule, die Mittelschule und dann die Lehrerbildungsanstalt, die er mit gutem Erfolg absolvierte, und kurz darauf bekam er eine Anstellung. Mein Sohn besuchte laufend Kurse und hatte damit viele Vorteile beim Aufstieg im Beruf. Gemeinsam bauten wir ein Haus, damit waren wir aus dem Gröbsten heraus. Nun hat er eine sehr liebe Familie. Meine leise Trauer löste stille Zufriedenheit ab, etwas Wohlstand kann ich noch gemeinsam mit einigen Kriegswitwen genießen. Der Kriegsopfer- und Behindertenverband ist für uns da, mir wurde schon öfter geholfen, dafür bin ich dankbar.

Somit habe ich das Gefühl, mein Leben gemeistert und nicht umsonst gelebt zu haben.

Maria Rehberger

Gemeinsam Not und Elend gemeistert

Mein verstorbener Mann wurde am 13. Oktober 1943 in Rußland im Mittelabschnitt bei Witebsk schwerst verwundet. Er kam nach Erfurt ins Lazarett. Mein Vater und ich besuchten ihn. Ich werde den Anblick mein Leben nie vergessen. Mein Mann hatte eine Kopfverletzung und eine Halbseitenlähmung. Die Schwester stand hinter mir, hielt meine Hände und sagte: „Mädel, sei tapfer, er ist es auch." Mein Mann war gelernter Gärtner. Wir wollten nach dem Krieg in meiner Heimat in Westböhmen eine Gärtnerei aufmachen. Den Grund bekamen wir von meinen Eltern, die Bauern waren. Im Jänner wurde mein Mann ins Heimatlazarett für Hirnverletzte verlegt. Das war Bamberg, aber er sagte, er wolle nach Pilsen, und er kam auch hin. Alle Samstage durfte er zu seiner Familie heim. Wir holten ihn immer ab, wir wohnten nur 11 km von der tschechischen Grenze entfernt. Er mußte wieder laufen lernen wie unser Kind. Er erholte sich ganz gut, er lernte wieder sprechen, aber mit dem Laufen gings schwerer, da die linke Seite noch lahm war. Es war für uns beide nicht leicht, aber meine Eltern und Geschwister behandelten ihn wie einen Gesunden. Er wollte kein Mitleid. Ich mußte ihn waschen und anziehen. Schließlich mußte er dann doch wieder ins Lazarett nach Bamberg. Da besuchte ich ihn öfters. Von dort wurde er aus der Wehrmacht entlassen. Er sattelte um auf Büroarbeit, in Weiden ging er zur Schule. Es kam das Kriegsende, und unser zweites Kind wurde geboren, eine Tochter. Es ging in dieser Zeit alles drunter und drüber in unserer Heimat. Im Juni wurden die Österreicher aus der Tschechoslowakei ausgewiesen, mein Mann, seine Schwester und die Tante kamen ins Lager nach Steyr. Vier Wochen später erlebten mein zweijähriger Sohn und ich das gleiche Schicksal, aber wir kamen nach Ried. Mein kleines Mädel blieb bei meinen Eltern, wir fuhren ja ins Ungewisse, da unsere St. Pöltner Wohnung zerbombt war. So lernten wir das Lagerleben und den Hunger kennen. Ich hatte soviel Heimweh.

Im November 1945 waren wir endlich alle zusammen. Wir hatten keine Wohnung und kein Geld. Als ich mit dem Kind allein war, gab man mir S 40,– Fürsorgeunterstützung, die mußten wir wieder zurückzahlen. Mein Mann versuchte, Arbeiten zu bekommen, aber wegen der Anfälle, die er hatte, schreckten sich alle. Oft kam er blutend nach Hause. Wir wohnten in einer Baracke. Dort waren die Leute recht nett zu uns. Ich suchte mir einige Bedienungen und wusch für Leute Wäsche. Da unsere Papiere in der Tschechoslowakei waren, dauerte alles sehr lange. Der Winter ging vorbei, wir kochten auf einem eisernen Ofen. Holz holten wir im Rucksack aus den zerbombten Häusern. Es ging uns saumiserabel. Im Februar holten wir unser Töchterl, die ein Jahr wurde, zu uns. Meine Eltern wurden nach Deutschland abgeschoben mit 80 kg Gepäck. Sie gaben uns Geld in 20-Mark-Scheinen, denn das galt noch in Österreich. So kam das Frühjahr, ich suchte mir Arbeit bei der Firma Stuag. Wir hatten eine kleine Wohnung am Mühlweg bekommen, da die Großtante meines Mannes, die ihn und die Kinder tagsüber versorgte, bei uns wohnte. Auch war beim Haus ein Garten, da hatten wir unser eigenes Gemüse, und als Hausmeister zahlten wir keinen Zins. Im Sommer bekamen wir die Rente von S 900,–, das war nicht viel, aber wir konnten damit Schulden abzahlen. Ich mußte mit meinem Mann zehn Jahre lang zum ärztlichen Dienst zu Untersuchung nach Wien, aber es wurde nicht besser.

Die Anfälle blieben. Die lahme Seite fing stark zu zittern an. Ich konnte nur beten, daß alles gut geht. Die Angst war immer unsere Begleiterin. Unsere Kinder wuchsen heran, kamen nach dem Kindergarten in die Schule. Einige Kinderkrankheiten wie Diphterie und Scharlach hatten sie schon hinter sich. Es ging uns besser. Wir konnten am Ersten Milch und Brot bezahlen. Mein Mann half beim Kriegsopferverband aus, da wurde er abgelenkt vom Grübeln. 1950 kam unser drittes Kind zur Welt, ein Sohn. Auch er hatte einige Krankheiten. Unsere Kinder kamen in die Lehre, der Sohn als Konditor, die Tochter als Verkäuferin. Sie haben in der Schule brav gelernt. Wir hätten ihnen gerne einen Schiurlaub vergönnt, aber es fehlte das Geld. Der Jüngste wurde Maschinenschlosser. Es ging langsam aufwärts. Das Jahr 1966 brachte uns eine Wohnung mit Bad. Mit Hilfe des Kriegsopferverbandes erhielten wir ein Darlehen von S 24.000,–. Unsere Kinder bürgten für uns. Der Sohn heiratete bald darauf und schenkte uns eine Enkelin. Er wanderte nach Deutschland aus. Wir nahmen die Kleine zu uns und zogen sie auf, da ihre Mutter arbeiten mußte. So vergingen die Jahre. Die Söhne bauten jeder ein Haus. Der Jüngste bekam noch fünf Kinder, wir haben sie alle gerne. Die Eigentumswohnung wurde ausbezahlt, es geht uns ganz gut. Vati hatte nicht weit ins Büro. 30 Jahre war er „ehrenamtlicher Bürochef", wie die Kameraden sagten. Leider ging es ihm dann schlechter. Zu Neujahr 1990 wußten wir schon, daß es für unseren Vati keine Hilfe mehr gab. Er war nach einem Gehirnschlag bewußtlos, Lungenentzündung kam dazu, und einen Tag vor meinem 64. Geburtstag starb unser Alles. Für mich blieb Einsamkeit und Leere.

Friederike Reichsebner

Die Greuel von Danzig überlebt

Ich war im damaligen Gau Danzig (Westpreußen) zu Hause. Eine Kompanie der Deutschen Wehrmacht war in unserem Ort untergebracht. Vier Soldaten wurden in unserem Bauernhof einquartiert, darunter mein späterer Mann. Er und ich blieben, nachdem die Truppen weitergezogen waren, im Schriftwechsel. Nach 1 1/2 Jahren an der Ostfront bekam er Urlaub. Wir verlobten uns, um nach einem Jahr zu heiraten. Im März 1944 wurde er schwer verwundet. Ein Oberschenkel mußte amputiert werden. Nach Monaten kam er ins Feldlazarett nach Danzig, welches im April 1945 aufgelöst wurde. So kam mein Mann zu mir und zu unserem 11 Monate alten Sohn nach Hause. Wir waren mitten im Kampfgebiet. Am 8. Mai 1945 kamen die Russen auch in unser Haus. Wir dachten natürlich, der Krieg wäre aus, aber für uns wurde von dem Tag an das Leben zur Hölle. Wir erlebten die grausamste Zeit unseres Daseins. Der größte Teil der Bevölkerung war mit Schiffen geflüchtet. Wir wenige Dageblienenen, die wir keine politische Schuld auf uns geladen und daher ein reines Gewissen hatten, mußten alles erdulden, was sich Rotarmisten an Schrecklichem ausgedacht hatten. Die russischen Soldaten fielen in Scharen über mich her, wobei ich selbst, mein Mann, unser kleiner Sohn und meine Eltern mit Gewehren und Pistolen in Schach gehalten oder niedergeschlagen wurden.

Unser Bauernhof war in kürzester Zeit völlig ausgeplündert. Alles Vieh, Hab und Gut, Maschinen, Möbel, Kleider – alles weg. Fanden nachfolgende Räuberkommandos nichts mehr, wurden sie noch bösartiger, zumal sie meist unter Alkohol standen. Es wurden 2½ lange Jahre, in denen noch Polen hinzukamen, deren Haß wir ebenfalls zu spüren bekamen. Sie setzten sich in die wenigen nicht vom Krieg zerstörten Häuser. Betonen möchte ich noch, daß wir in der ganzen Zeit keine Zeitung, keine Post, keinen Kalender, geschweige denn ein Radio hatten. Es gab keine Schule, keine Kirche, kein Amt, auch keinen Arzt mehr. Der Rest der deutschen Bevölkerung wurde dann von den Polen ausgewiesen. Mein Mann und ich als österreichische Staatsbürger waren die letzten deutschsprechenden Menschen dort. Im Oktober 1948 verließen wir mit unseren zwei Kleinen – ein Töchterchen kam im November 1945 ohne jegliche Hilfe auf diese schreckliche Welt – meine Heimat. Das war die Zeit mit ständiger Todesangst, totaler Hungersnot, der Willkür der neuen Herren ausgesetzt in einer völlig zerstörten Welt. Daß wir diese 2½ Jahre überlebt haben, grenzt an ein Wunder. Es gab auch einige gutmütige Polen, von denen wir, weil mein Mann bei ihnen arbeiten mußte, das Reisegeld für die Bahn von Danzig nach Wien bekamen. Besagte Bahn war ein polnischer Militärzug. Die Polen lagen im Zug auf den Sitzen, und wir mußten gleich an der Eingangstür, die keine Scheibe hatte, im Schneegestöber Tag und Nacht sitzen. Im Prag kamen wir in einen österreichischen Zug, danach wurde die Fahrt nach Wien besser. Nie werde ich die ersten deutschen Worte im österreichischen Dialekt vergessen: „Grüß Gott, bittschön die Fahrkarten". Freundliche Worte nach 2½ Jahren der Angst und Schikanen. Nun, wir kamen nach 4 Tagen in Wien an. Mein Mann kümmerte sich bei den Behörden um Papiere für unsere Weiterfahrt in die englisch besetzte Zone, nach Zeltweg in der Steiermark.

Auch hier war ein schwerer Anfang. Seelisch und finanziell waren wir total auf dem Nullpunkt. Wir waren auch sehr verängstigt, die Kinder schrien und weinten, wenn sie nur einen fremden Menschen sahen. Es gab viele Formalitäten zu erledigen, bis mein Mann als 80% Kriegsbeschädigter eine kleine Rente bekam. Ein paar Monate später bekam er in der „Alpine Zeltweg" Arbeit und auch eine kleine Wohnung. So konnten wir endlich aufatmen und ein fast normales Leben führen. Nun möchte ich vor allem betonen, daß mein Mann in der ganzen Zeit nie verzagt war, sondern mich immer aufgerichtet hat statt ich ihn. So lebten wir in seiner alten und meiner neuen Heimat recht zufrieden. Außer seiner Verwundung war mein Mann nie krank, deshalb war es ein unbegreiflicher Schock für mich und die Kinder, daß er am 24.9.1954 in der Nacht innerhalb weniger Minuten starb. Laut Arztbefund Embolie aufgrund der Beinamputation.

Nach einigen Jahren bin ich dann mit den Kindern nach Schleswig-Holstein gezogen, wo die meisten meiner Angehörigen lebten. Mein Mann war so zuverlässig und fürsorglich, da hatte ich nach seinem Tod, der so unbegreiflich für mich war, völlig den Lebenswillen verloren.

Ich danke meinem Mann für 11 Ehejahre, die teils sehr schwer, aber dennoch glücklich für uns waren.

Lydia Rampitsch

Ich muß mein Leben leben

Als Frau und Kriegswitwe eines Kleinlandwirtes war der Verlust meines Mannes Franz Riedl, geb. 1907, doppelt schwer. Ich hatte zwei Söhne, 10 und 13 Jahre alt, und niemanden zur Arbeit. Ich besaß 10 ha Äcker, Wiesen und Wald und eine Monatsrente, von der ich drei Tage einen Arbeiter bezahlen konnte. Bis die Kinder arbeiten konnten, hatte ich einen täglichen Kampf ums Überleben. Wir waren arm und bekamen keine Hilfe. In der Stadt hat man keine Ahnung, was der Erlös so einer kleinen Wirtschaft ist. Eine andere Kriegswitwe mit einer Tochter und keinem Besitz bekam so viel Rente, daß sie bescheiden leben konnte. Ich mußte schwer arbeiten, um mit meinen Kindern zu überleben. Einmal ging ich zu einem Nationalrat mit der Bitte, sich für mich einzusetzen, daß ich eine höhere Rente bekäme, damit ich weiterleben kann. Er sagte mir: „Wenn Sie keinen Arbeiter bezahlen können, so heiraten Sie".

Bevor mein Mann nach Rußland ging, war ich bei ihm in Amstetten, wo er in der Panzergrenadierabteilung stationiert war. Beim Abschied sagte er weinend zu mir: „Mama, wenn mir ein Unglück passiert, heirate wegen der Arbeit nicht mehr, du hast ja unsere Buben." Wir haben beide geweint und geweint. Und wirklich mußte er in Rußland sein Leben lassen. Am 21. Jänner hatte ihm ein Geschoß beide Schenkel abgerissen. Als man meinen Mann fand, war er verblutet. Der Arzt aus dem Lazarett hat mir geschrieben, mein Mann hat immer unzusammenhängend von Frau und Kindern fantasiert, aber sie konnten ihn nicht retten. Am 18. Feber 1944 bekam ich die Todesnachricht. Ich konnte es nicht glauben, daß wir unseren Vater nicht mehr hatten. Ich wollte nicht mehr weiterleben. Mein Arzt sagte mir, daß ich weiterleben müsse, da die Kinder mich brauchen. Können Sie ahnen, was das für ein Schmerz ist? 1959 heiratete Franz, der ältere Sohn. Ich teilte den kleinen Besitz in zwei Teile, um Franz eine Existenzgrundlage geben zu können, da sein Bruder Josef nicht vom Hof fort wollte, um etwas zu lernen. Ich war zu nachsichtig, und wir mußten so fortwursteln. Ich war ein armer Teufel. Ohne Mann wird man ja nur ausgenutzt. Ich bin nun 85 Jahre, war immer gesund und lebte in Frieden mit meinen Kindern. Doch im August dieses Jahres hatte ich einen Kreislaufkollaps und mußte ins Spital. Mit Infusionen hat man mich wieder so halbwegs hoch gebracht. Jetzt bin ich wieder zu Hause, aber allein und einsam. Ich habe eine Enkelin im Haus, die lebt ihr Leben mit ihrem Mann und Kind. Ich muß mein Leben leben. Meinen kleinen Dackel Waldi mußte ich weggeben, obwohl er meine ganze Freude war, damit er mit seinem Gebell die Kleine nicht aufweckt. Alles, was ich lieb hatte, mußte ich hergeben. Ich bleibe übrig. Von meiner Rente in Höhe von S 5.400,– lebe ich. Große Ansprüche ans Leben stelle ich sowieso nicht mehr. Alle Tage bete ich zum lieben Herrgott, daß er mich bald ruhig sterben lassen soll.

Aloisia Riedl

Ein Auge verloren, das Leben gewonnen

Ich wurde als zweites von fünf Kindern am 1.1.1921 geboren. Mein Vater bekam als Schwerkriegsbeschädigter des Ersten Weltkrieges nur Gelegenheitsarbeiten. Mit 14 Jahren beendete ich in den Weihnachtsferien 1934/35 mit gutem Erfolg die abgeschlossene Volksschule, eine Weiterbildung war aus Geldmangel unmöglich. Zwei Jahre versuchte ich vergeblich eine Lehrstelle oder Arbeit zu finden. Ich wollte Lastwagen-Kraftfahrer werden. 1940 wurde ich zur Eisenbahn verpflichtet und wurde in Wuppertal Stellwerkswärter. Dadurch war die Fahrdienstleiterlaufbahn für mich ein neues Ziel. Doch leider, am 7.1.1941, mußte ich in Wuppertal Soldat werden. Schon in den Kasernen begann eine unmenschliche Behandlung, dann kam der Fronteinsatz in Rußland. Dort wurde ich am 3. Jänner 1942 am rechten Oberarm verwundet und erlitt Erfrierungen an beiden Füßen und Händen (bei –55°C), dazu kam noch die Ruhr. Noch heute machen mir diese Leiden beachtliche Beschwerden. Die schwersten Kämpfe fanden vor Stalingrad statt. Dort waren wir einige Male eingekesselt. Granaten- und Stalinorgeleinschläge gab es ununterbrochen. Vor unserem Erdloch flogen Köpfe, Beine und Arme getöteter Kameraden nieder. Wir fingen an zu beten. Eine SS-Kompanie holte uns heraus. Während des Rückzuges gab es immer weniger Verpflegung. Am 27.11.1942 erlitt ich einen Nackenstreifschuß, eine Stunde später schlug ein Explosivgeschoß auf einem Stein neben meinem Maschinengewehr auf. Meine linke Kopfseite und beide Augen waren schwer verletzt. Lange war ich bewußtlos, ca. drei Wochen blind. Auf einem Hauptverbandsplatz wurde ich grob versorgt. Das linke Auge wurde mir in Krakau entfernt, aber mein Leben hatte ich gewonnen. Meine Eltern wollten sofort nach Krakau fahren, es wurde ihnen jedoch nicht gestattet.

1943 wurde ich „garnisonsverwendungsfähig“ geschrieben und zur Gefangenenbewachung nach Braunschweig abkommandiert. Mit meinem Kriegsleiden war diese Bewachung eine schwierige Aufgabe. 1945 war ich dann Küchenbuchführer bei einer Kompanie in Gmünd, damals noch „Niederdonau“.

Im Mai 1945 kam ich nach Hause. Kurze Zeit nach meiner Heimkehr meldete ich mich wieder bei der Eisenbahn. Es war für mich ein Schock, daß ich wegen meiner Kriegsleiden die Fahrdienstleiterlaufbahn nicht fortsetzen konnte. Es gab viele Probleme bei der Wiedereinstellung, man wollte anfangs Schwerkriegsbeschädigte gar nicht aufnehmen. Zuerst kam ich in den Kanzleidienst, darauf zur Arbeit am Oberbau. Schon 1945 traten mein Vater und ich dem KOV bei. Mein Vater gehörte schon ab Ende des Ersten Weltkrieges einem ähnlichen Verband an. Dem nunmehrigen KOBV habe ich es zu verdanken, daß ich im Laufe der Zeit einige Schulungen und Prüfungen absolvieren konnte und schließlich Verwaltungsbeamter bei den ÖBB bis zur Pensionierung sein durfte.

Nach dem Einmarsch 1945 wurden viele Frauen von den Russen vergewaltigt und Männer verschleppt. In der Nacht vom 15. auf 16. Mai 1946 wurden mehrere Familien von einem russischen Soldaten ausgeraubt. Meine Uhr, sämtliche Anzüge, ca. S 600,– Bargeld und vieles mehr hatte dieser Mann ein Jahr nach Kriegsende geraubt. Mein 14jähriger Bruder und meine Mutter mußten hilflos zusehen, was da vor sich ging. Unserer Mutter wurde übel, und sie wollte sich ein Glas Wasser nehmen, doch dieser Unmensch schoß auf die im Bett liegende Frau. Gott sei Dank ging die Kugel nur in die Bettwand. Einige Tage später haben unsere Gendarmen diesen Russen verfolgt und angeschossen zum Gendarmerieposten Alt-Nagelberg gebracht. Herbeigerufene Soldaten von der Kommandantur Gmünd, auch zwei tschechische Soldaten, nahmen diesem Räuber verschiedene Gegenstände ab und brachten ihn ins Krankenhaus Gmünd mit dem Bemerken, er sei beim „Wachestehen" angeschossen worden. Einige Tage später erhielten wir einen kleinen Teil der Beute von der Kommandantur zurück.

Ignaz Riener

Oboist mit einer Daumenprothese

Am 14.10.1942 mußte ich zur Deutschen Wehrmacht (Infanterie) einrücken. An der Ostfront wurde ich am 1.10.1944 verwundet. Ein Granatsplitter riß mir das erste linke Daumenglied weg. Dies war für mich ein sehr großer Schock, da ich als Oboist alle 10 Finger zur Berufsausübung benötigte. Vom Lazarett kam ich am 4.5.1945 drei Monate in amerikanische und dann neun Monate in französische Gefangenschaft. Am 28.4.1946 wurde ich von dort entlassen. Mein Vater war zu diesem Zeitpunkt schon verstorben.

Nach der Heimkehr habe ich mir eine Prothese für meinen Daumen gebastelt, um wieder Oboe spielen zu können. Die erste Frage bei der Anmeldung in der Staatsakademie für Musik und darstellende Kunst war, ob ich bei der NSDAP war. Wäre das der Fall gewesen, hätte ich nicht weiterstudieren dürfen. Ferner mußte ich für zwei restliche Semestermonate ein ganzes Semester Studiengeld bezahlen. Wir mußten alle bis zum Ende des Studiums (Reifeprüfung) Studiengeld bezahlen.

Ich habe hart studiert, um schnell weiter zu kommen, da ich ja Geld zum Leben brauchte. Ab November 1946 war ich ständiger Substitut in der Staatsoper im Theater an der Wien. Im März 1947 bestand ich mein Probespiel und wurde mit 1.9.1947 in der Volksoper engagiert.

Nun zur Hilfestellung durch die öffentliche Hand: Vorerst gab es keine. Beim Landesinvalidenamt für Wien, NÖ und Burgenland stellte ich einen Antrag auf Kriegsversehrtheit. Der Antrag wurde abgewiesen. Es ging vor allem darum, daß ich für meinen Beruf wenigstens die Prothesen für den Daumen bezahlt bekäme.

Ein Freund von mir, ein Rechtsanwalt, hat dann einen neuen Antrag gestellt. Ich kam vor eine neue Ärztekommission, und ohne jede weitere Untersuchung wurde ich mit 40 % als Kriegsversehrter eingestuft. Vom Invalidenamt bekam ich dann meine Daumenprothesen, bis ich mit 1.9.1985 in Pension ging. Ich mußte viel Energie haben, um diesen Beruf, der für mich Berufung war, auszuüben. Ich spielte mit oder unter den berühmtesten Dirigenten meiner Zeit, trat öfters als Solist auf und machte viele Opern- und Konzertreisen in fast alle Erdteile. Ich glaube, daß ich mit meiner Arbeit meinen Beitrag für das Ansehen Österreichs im Ausland geleistet habe und daß es mir vergönnt war, das zu tun.

Prof. Herbert Szabo

Den seelischen Schaden überwunden

Am 9.1.1945 wurde ein Stoßtrupp am Warka-Brückenkopf (Polen) durchgeführt, welcher fehlgeschlagen ist. Wir waren zwei Gruppen mit 13 Soldaten. Durch einen Granatsplitter wurde ich an der rechten Hand und am rechten Fuß schwer verletzt. Ich spürte nur, daß ich nicht mehr gehen konnte und mußte einfach weiterkriechen. Ich habe dabei die Richtung verloren. Ein Kamerad und ich kamen in ein Minenfeld. Mein Kamerad kam mit dem Fuß auf eine Mine, und diese explodierte. Meine rechte Körperseite war voll von Splittern. Durch abgeschossene Leuchtkugeln entdeckten wir, daß wir uns in die falsche Richtung weiterbewegt hatten. Wir machten kehrt und krochen mühsam zurück. Ein Bergungstrupp nahm uns dann auf und trug uns über den zugefrorenen Fluß Warka in die Stellung. Da war ich bereits bewußtlos. Als ich wieder erwachte, war ich im Bunker. Vor dort wurde ich zum Gefechtsstand gebracht, wo ich notdürftig verbunden worden bin. Mit Sanitätsautos brachte man uns Verwundete dann zum Hauptverbandsplatz. Dort hatte ich die erste Operation und habe nach meinem ersten Verbandswechsel die Verletzung erst erkannt. An der rechten Hand fehlten mir zwei Finger, am rechten Fuß hatte ich eine Schienbeinzersplitterung. Das Gesicht war voll von Holz- und Glassplittern (Brillenträger).

Nach dieser Operation wurde ich mit dem Sanitätswagen nach Lodz gebracht und kam dort in ein Lazarett. Am zweiten Tag ist dieses Lazarett bombardiert worden. Die Verwundeten wurden in den Keller gebracht. Am nächsten Tag war das ganze Ärzte- und Schwesternpersonal bereits geflüchtet. Ein junger Leutnant entdeckte uns Schwerverletzte im Keller und veranlaßte den Transport zum Bahnhof zu einem Lazarettzug. In diesen Lazarettzug wurden 867 schwer verwundete Soldaten verladen. Der Zug setzte sich in Bewegung, kam aber nur ca. 3 km weiter. Vor einer Brücke, die bereits gesprengt war, war dann für uns Endstation. Dies passierte am 19.1.1945. Schon am nächsten Tag wurde dieser Zug von polnischen Milizen, 14- bis 15jährigen Knaben, geplündert. Alle Kleidungsstücke, Geschirr und Decken wurden gestohlen. Wir mußten zum Teil nackt im eiskalten Zug liegen. Es wurde auch geschossen, viele Verwundete wurden von den halben Kindern erschossen. Da es in diesem Zug nur schwerverletzte Soldaten gab, konnte sich auch keiner fortbewegen.

Am Abend des zweiten Tages kamen die ersten russischen Soldaten, Frontkämpfer, die uns sehr gut behandelten und uns auch Brot brachten. Auch wurde uns von ihnen gute Behandlung in russischen Lazaretten versprochen. Dann blieben wir einige Tage ohne Versorgung. Die meisten Schwerverletzten starben. Der Zug wurde von Soldaten aus Angst vor Seuchen bewacht, und um die Zivilbevölkerung fernzuhalten. Einmal gelang es einem russischen Soldaten, einen Kübel mit heißen gekochten Kartoffeln in unseren Waggon zu bringen. Dann wurde der Zug nach Brest-Litowsk geführt, wo wir ausgeladen wurden. Von den am 30.1.1945 ausgeladenen Soldaten lebten nur mehr 225. Das Ausladen aus diesem Zug war ein einziger Wehschrei. Wir wurden auf eine Tragbahre gelegt und einfach in einen Lastwagen gekippt. Menschen wurden über Menschen geworfen. Wir wurden in ein russisches Lazarett geführt. Die ersten zwei Tage fühlten wir uns wie im Paradies. Dann wurde das russische Ärzte- und Schwesternpersonal abgezogen und durch völlig fachunkundiges Personal ersetzt. Das war der Beginn der schlechtesten Zeit in meinem ganzen Leben. Zu Ostern (April 1945) wurde mir zum ersten Mal der Verband gewechselt, und ich durfte mich zum ersten Mal waschen. Ich hatte eine Holzkrücke, konnte mich aber trotzdem kaum weiterbewegen, da ich diese Krücke mit der rechten Hand nicht halten konnte. Von einem Waschen im heutigen Sinn konnte nicht gesprochen werden. Einmal wurden wir auch in ein anderes Lager verlegt. Wir, die Schwerverletzten, die nicht gehen konnten, wurden ins Freie gebracht und drei Stunden im Regen sitzen gelassen. Ich bekam dann eine Lungenentzündung.

Im August 1946 kam ich, da ich „Muttersprache deutsch" angegeben habe, in ein Lager in Frankfurt an der Oder. Dort waren wir mit hochrangigen Nazis und sogar mit einem General samt Burschen beisammen. Auch in diesem Regime gab es Unterschiede – „Große und Kleine". Wir gewöhnliche Soldaten gehörten zu den ganz Kleinen.

Am 12.2.1947 sollten die österreichischen Gefangenen nach Rumänien in ein österreichisches Lager überführt werden. Da wir aber über Gmünd nach Wien fuhren, wurde die österreichische Bevölkerung aufmerksam, und in Wien haben die Eisenbahner den Zug blockiert. Die Regierung wurde ebenfalls verständigt, und nach drei Tagen kam es zur Entlassung in Wien.

Am 26.2.1947 kam ich mit einem Milchlieferauto aus Wiener Neustadt in meine Heimatgemeinde Pernitz. Man schrieb 1940, als ich zum Arbeitsdienst nach Rußland eingezogen wurde, und 1947, mit 23 Jahren, kam ich wieder nach Hause. Meine eigentliche Jugendzeit habe ich im Krieg verbracht. 1947, bei meiner Heimkehr, war der Heilungsprozeß noch lange nicht abgeschlossen. Der Fuß war noch offen und die Hand, wo zwei Finger fehlten, war sehr empfindlich gegen Kälte und Berührung. Da ich Büroangestellter war, begann ich sofort das Schreiben zu üben, und ich bin stolz darauf, daß ich es in wenigen Tagen schaffte. Arbeiten mit Hammer und Schraubenzieher sind für mich bis heute noch ein Horror, weil mir Zeigefinger und Mittelfinger fehlen und die Bewegungsfähigkeit der übrigen Finger sehr eingeschränkt ist. Nach einem Monat konnte ich wieder in meiner früheren Firma zu arbeiten beginnen. Am 25.4.1947 kam ich in das Lohnbüro der Fa. Bunzl & Biach AG in Ortmann. Von dort bin ich 1984 in Pension gegangen.

Seelisch konnte ich die Verwundung nach einigen Jahren überwinden. Ich habe geheiratet, und wir haben zwei Kinder bekommen. Diese Kinder konnten studieren und haben heute selbst Familien. Wir haben vier Enkelkinder.

Richard Seidel

Beruflicher Aufstieg nach der Verwundung

Am 20. September 1944 erhielten wir, mein Kamerad und ich, den Auftrag, nach unserem Troß (Küche) zu suchen. Wir waren schon zwei Tage ohne Verpflegung. Da wir uns auf dem Rückzug befanden und überraschend zur Flankensicherung eingesetzt wurden, hatten wir den Kontakt zu unserem Troß verloren. Wir zogen los und versuchten, da ein Weiterkommen im Karelischen Urwald beschwerlich war, die Straße zu erreichen. Das war in Finnland, im Abschnitt Sala-Korja. Wir erreichten diese Straße, als ich meinen Namen rufen hörte. Ein Jugendkamerad aus meiner Ausbildungszeit aus Eggenburg/NÖ hatte mich erkannt, und es gab ein freudiges kurzes Wiedersehen. Er lag als Panzerjäger seit einiger Zeit in Stellung und riet uns, die Straße zu meiden, da diese von den Russen eingesehen werden konnte und häufig mit der „Ratsch Bumm", einer gefürchteten 7,62 cm-Kanone, beschossen würde. Wir bedankten uns und zogen mit einem Kanten Brot versorgt weiter. Keine 100 Meter weiter bückte ich mich, um einen aufgegangenen Schuhriemen zu binden, während mein Kamerad weiter ging. Ich machte noch einen Schritt, da, ein Knall, und ich lag in einer Rauchwolke auf dem Boden. Ich spürte Schmerzen am linken Fuß, der Schuh war weg, der Vorfuß hing an einer Sehne. Ich war auf eine Schützenmine getreten, die, wie sich später herausstellte, von Pionieren verlegt worden war. Ich band mir das Bein mit einem Mantelriemen ab, um den Blutverlust zu stoppen. Mein Kamerad versuchte, mich zum Bunker der Panzerjäger zu tragen, da gab es wieder einen Schlag, und wir beide lagen auf dem Waldboden. Wir hatten wieder eine Mine ausgelöst. Durch die Detonationen und unsere Rufe kamen die Kameraden der PAK-Einheit gelaufen, um uns zu helfen. Wir riefen ihnen zu, nicht weiter herzukommen, wir seien in einem Minenfeld. Auf allen vieren kriechend, mußten wir feststellen, daß auch Tellerminen auf Zug verlegt waren. Wir überwanden diese vorsichtig und erreichten unsere Helfer, die uns notdürftig versorgten und zu einem 2 km entfernten Verbandsplatz trugen. Mit einem Sanitätsfahrzeug ging es dann zum Hauptverbandsplatz, wo mein Bein amputiert und den Umständen entsprechend versorgt wurde. Nach zwei Tagen wurden wir mit dem Zug nach Torneo in Mittelfinnland und nach dem Verbandswechsel mit dem Lazarettzug durch Schweden nach Oslo gebracht. Hier kam mir erst so recht zu Bewußtsein, was mir mit meinen 21 Jahren im künftigen Leben bevorstand. Da ich gern Sport betrieben habe, schien es mir, daß ich auf vieles verzichten würde müssen. Nun begann eine „Odyssee", die bis zu meiner Heimkehr nach Wien zwei Jahre dauern sollte.

Nach meiner Heimkehr meldete ich mich sofort bei meiner Firma, bei der ich meinen Beruf als Fleischhauer erlernt hatte, aber es gab keine Arbeit für mich. Im Arbeitsamt für Kriegsversehrte riet man mir nach einem Test, beim Veterinäramt der Stadt Wien vorzusprechen und um eine Umschulung zum Fleischbeschauer zu bitten. Der dortige Direktor nahm mich noch als Amtsgehilfen auf. Nach einigen Kursen habe ich es zum Aufseher und zuletzt zum Schlachthofmeister gebracht. Nach 36jähriger Dienstzeit bin ich nun im Ruhestand.

Alfred Seemann

Nie wieder Krieg!

Mein Einrücktermin war am 29.11.1938. Ich höre heute noch meinen Vater: „Loisi, Hitler bringt nur Krieg, ihr habt nichts Gutes zu erwarten." Ich wollte es nicht glauben, aber die ältere Generation hatte durch ihre Reife eine andere Einstellung. So wurde ich im Großdeutschen Reich als Soldat verpflichtet. Am 1.9.1939 begann der Krieg gegen Polen und damit der Zweite Weltkrieg. Im Februar 1941 heiratete ich, die Heimat sah ganz anders aus. Wie recht mußte ich meinem Vater geben! Viele Freunde und Schulkameraden sind gefallen, aber der Krieg wurde mit allen technischen Mitteln weitergeführt. Der geplante kurzfristige Blitzfeldzug gegen die UdSSR war nicht geglückt, die Niederlage zeichnete sich ab. Gleich bei der ersten Angriffswelle vor Stalingrad wurde ich verwundet, das stolze Flakregiment, mit welchem ich am 15.8.1939 ausgezogen bin, wurde aufgerieben, schonungslos hielt der Tod Einzug. Ich kam Mitte September 1942 mit einem Verwundetentransport nach langer Fahrt nach Lemberg, dann weiter nach Regensburg und schließlich nach Wien. Das Ende von Stalingrad hat mir der Herrgott erspart.

Im August 1945 kam ich aus amerikanischer Gefangenschaft nach Hause. Fast 50 Millionen Menschen mußten in aller Welt ihr Leben lassen, weil es nicht gelungen war, mit friedlichen Mitteln die Probleme der Welt zu lösen. Österreicher, die 1918 geglaubt hatten, alles zu verlieren, erkannten 1938, was es noch zu verlieren gab. Und sie begriffen 1945, was sie wieder gewinnen konnten. Abschließen möchte ich meinen Bericht mit der Inschrift eines Soldatenfriedhofes: „Laßt uns die letzten sein, die gefallen sind!"

Alois Szkutta

Durchsuchung eines brennenden Dorfes. Foto: Heeresgeschichtl. Museum, Wien

Als verwitwete Kleinbäuerin durchs Leben gekämpft

Mein Mann ist am 16. Oktober 1944 in Litauen gefallen, ich bin mit drei Kindern allein gewesen, das jüngste war $1^{1}/_{2}$ Jahre. Wir hatten eine kleine Landwirtschaft, das Haus haben wir im Jahre 1937 gekauft, natürlich mit viel Schulden. Im Jahre 1936 haben wir geheiratet, da hatten wir kein Geld. Ich war auf einem Bergbauernhof das älteste von neun Kindern. Mein Mann war Zimmermann. Was er sich erspart hatte, das war unser ganzes Vermögen. Trotzdem waren wir sehr glücklich. Aber das Schicksal war unbarmherzig, nun stand ich allein da mit soviel Schulden. Das Haus war alt und baufällig. Also mußte ich mich aufraffen und fleißig arbeiten. Um 3 Uhr früh stand ich im Sommer schon auf dem Feld zum Unkrautjäten und Futtermähen. Ich verkaufte ein paar Schweinderln, damit ich die Schulden zahlen konnte. Es hat auch eine Zeit gedauert, bis ich vom Invalidenamt eine Rente bekam. Als ich dann einmal S 1.000,– mit der Kinderbeihilfe erhielt, da fühlte ich mich schon reich. Ich habe gespart und Schulden gezahlt, ich mußte ja meinen Kindern die Heimat erhalten. Meine jungen Jahre sind natürlich draufgegangen. 20 Jahre sind vergangen, bis ich die letzte Hypothek bezahlt hatte. Aber ich habe es geschafft. Tränen habe ich viel vergossen. Ich bin den Kindern zuliebe allein geblieben. Nun werde ich schon 81 Jahre alt und wohne bei meinem jüngsten Sohn. Jetzt, in meinem Alter, geht es mir gut, die Kinder sind alle anständig und haben alle ihre Arbeit. Ich habe sieben Enkel und sechs Urenkel, und alle haben ihre Oma gern. Ich bin dem Kriegsopferverband recht dankbar für die Unterstützung. Ich bin sehr zufrieden und freue mich, daß ich noch leben darf. Vielleicht läßt mich der Herrgott noch ein paar Jahre auf dieser Welt.

Auguste Scharner

Matura vom Krankenbett aus

Es war Freitag, der 9.März 1945, als beim Brückenkopf Wesel am Rhein aus dem dichten Frühnebel in schemenhaften Umrissen ein großer englischer Panzer mit aufgesessenen „Lederjacken" auf mich zufuhr. Lederjacken waren Spezialeinheiten der englischen Infanterie. Ich gehörte zum linken Flügel meiner Einheit und lief, so rasch ich konnte, in einen naheliegenden Bunker in Deckung. Der kleine Bunker war in einen Erdwall hineingearbeitet, hatte eine Größe von etwa 4 m^2, und war mit einem Pfosten abgestützt. Ein noch jüngerer Kamerad schloß sich mir an, es war für ihn die erste Begegnung mit dem Feind, seine Feuertaufe. Der Panzer kam immer näher, das dröhnende Geräusch der Panzerketten wurde immer intensiver. Im Bunker hingegen wurde es erschreckend still, obwohl durch den fahrenden Panzer die Erde zitterte und von der Decke rieselte. Plötzlich blieb der graue Koloß vor unserem kleinen Bunker stehen. Ich hörte das Abspringen der Soldaten und sah voll Entsetzen, wie eine Eierhandgranate auf uns zurollte. Sie blieb ungefähr einen halben Meter vor uns liegen. Ich schaute sie bewegungslos an und hörte das abbrennende Zündgeräusch. Dann folgte eine furchtbare Detonation. Jetzt ist alles vorbei, dachte ich. Aber ich lebte. Erst später bemerkte ich, daß mein rechter Unterschenkel gleich unter dem Knie zerschmettert war. Die Wucht der Explosion hatte mich auf den Boden geworfen, wo ich mich langsam aufsetzen konnte. Die begleitende Ruß- und Rauchentwicklung war so stark, daß ich längere Zeit nichts sehen konnte. Durch enormen Blutverlust geschwächt, tastete ich im Dunkel herum und spürte an meiner linken Seite den leblosen Körper meines Kameraden. Ich fühlte mich schuldig, weil er an meiner Seite Schutz suchte, was ihm den Tod brachte.

Langsam verzog sich der schwarze Rauch, der nach Pulver roch, durch das niedrige Einsteigloch des kleinen Bunkers. Ich schrie um Hilfe. Die Engländer hörten mich und stürzten mit vorgehaltener Maschinenpistole auf mich zu. Mit letzter Kraft hob ich meine Hände hoch. Nachdem die Engländer mich meiner persönlichen Habe beraubten, leisteten sie mir erste Hilfe. Mit Fetzen und einem Spaten legte man mir einen Stützverband an. Den rechten Oberschenkel hatten sie mir mit einem Strick abgebunden. Ich wurde dann aus dem Bunker herausgezogen und auf das Deck des Panzers gelegt. Die Schmerzen wurden jetzt immer ärger. Bauern gaben mir zu essen. Bei der Weiterfahrt durch die englischen Kampflinien sah ich die in fünf Reihen aufgestellten schweren Geschütze, die den deutschen Gegner immer wieder beschossen, während die deutschen Soldaten in ausgedienten Kinderwägen Panzerfäuste transportierten.

Man lud mich bei einem Notverbandsplatz ab. In einem Zelt wurde ich auf einen Behandlungstisch gelegt. Dreckig, bärtig, halb verhungert, mit aufgerissener Uniform und zerschmettertem Unterschenkel lag ich blaß und erschöpft da. Der Druckverband wurde gelockert, um den Kreislauf nicht ganz abzusperren, den Spaten ersetzte man durch eine Schiene, um zum Weitertransport in Richtung Hauptverbandsplatz einigermaßen gerüstet zu sein. Während dieser Prozedur kam der Leiter dieses Notverbandsplatzes zu mir und bot mir eine Zigarette an. Ich bedankte mich und gab ihm zu verstehen, daß ich ein Nichtraucher bin. „Tee wollen Sie aber bestimmt", sagte er. Äußerst dankbar für dieses Angebot bejahte ich. Er brachte mir Tee, und beim Trinken verbiß ich mich förmlich in den Rand der Tasse und ließ gierig das erfrischende Getränk in mich hineinrinnen. Es blieb nicht bei der einen Tasse, es waren noch mehrere, die meinen Durst lindern halfen.

Dann wurde ich mit der Tragbahre zu einem Lazarettauto getragen. Der Arzt begleitete mich, drückte mir die Hand und wünschte mir für die Gesundheit alles Gute.

Viele meiner Freunde sind gefallen. Ich bin dem Schicksal dankbar, daß ich noch leben darf. Bei den Jahrgängen 1922/23/24 gab es die größten Verluste. Und die Heimgekehrten, meist verwundet, mußten sich erst eine Existenz unter schwierigsten Verhältnissen aufbauen.

Wegen der Schwere meiner Verwundung wurde ich mit dem Flugzeug nach England gebracht. Durch die vielen Operationen, ca. 15 in der englischen Gefangenschaft, und durch das in England verwendete Penicillin konnte mein rechtes Bein vor einer Amputation gerettet werden. Eine handgroße Muskellappentransplantation von der linken Wade auf das rechte Bein konnte meine große Wunde halbwegs abdecken. Es konnte sich auch mein Schienbein langsam festigen, obwohl ich 15 Monate mit einer Knochenmarkseiterung zu tun hatte. Zu Weihnachten kam ich in ein Lager, wo es kein Bettzeug gab. Wir schliefen in verwanzten Stockbetten mit dem Gewand, einschließlich Mantel, denn es gab nichts zu heizen. Zur spärlichen Verpflegung konnte man sich einmal in der Woche eine Spinatsuppe kaufen. Ich war als einziger Österreicher in der sogenannten Ausländerbaracke. Der Lagerkommandant, ein deutscher Oberzahlmeister, teilte mich auch als Ausländer den Russen, Rumänen oder Ungarn zu. Er hatte von den Engländern freie Hand. Mein letzter Gipsverband war schon ein halbes Jahr auf meinem Bein, und mein transplantierter Lappen begann zu eitern. Der leitende Arzt, ein sehr netter Ungar, meinte, ich bräuchte täglich 20 Dekagramm Speck und einen neuen Gips, aber leider könnte er mir nichts geben.

Ich wurde dann nach Wittmund in Ostfriesland verlegt und aus der englischen Kriegsgefangenschaft entlassen. Leider gab es keine Gelegenheit, in die Heimat zu kommen. In den Krieg kommt man schneller, da wird man sogar geholt. Es etablierte sich im nahen Wilhelmshaven ein privates Autounternehmen, das in der Woche zweimal mit einem Lkw die Strecke Wilhelmshaven – Linz fuhr. Ein Kamerad, der gut bei Fuß war, teilte mir das alles mit, einschließlich Fahrpreis. Da ich kein Geld hatte, verkaufte er für mich die von mir als Nichtraucher gesammelten Zigaretten auf dem Schwarzmarkt und besorgte um deren Erlös eine Fahrkarte nach Linz. Ich mußte einen Revers unterschreiben und konnte dann die Fahrt in die Heimat antreten. Die Strapazen waren fast unerträglich. Männer, Frauen und Kinder saßen eng auf hineingestellten Bänken, ich mit meinen Krücken und steifem Bein konnte kaum einen richtigen Platz finden. Die Fahrt mit dem Lkw dauerte mit eingeschobenen Pausen 48 Stunden. In Linz mit meinem Seesack angekommen, durfte ich nicht nach Amstetten weiterfahren, weil Amstetten in der russischen Zone lag. Drei Tage lag ich in einer Baracke, bis die Formulare für den Zonenübertritt ausgestellt waren. Meine Eltern wußten nicht, daß ich nur mehr 64 km von ihnen entfernt war. Die Baracke war in der Nähe des Hauptbahnhofes, und da kam mir die Idee, ein Telegramm abzuschicken, daß ich nach Hause komme. Das war wieder mit Schwierigkeiten verbunden, ich hatte doch kein Geld. Da bemerkte ich, daß ein alter Schulfreund an einem Postschalter Dienst tat. Er erkannte mich gleich, und ich erklärte ihm meine Lage. Er gab das Telegramm auf und bezahlte die Kosten. Von Linz bis

Amstetten fuhr ich fast sechs Stunden. Meine Eltern erwarteten mich schon. Die Freude des Wiedersehens kann man nicht beschreiben. Mein Bein war durch die Fahrt rot und blau und zu einer dicken Säule angeschwollen. Durch die häusliche Pflege ging aber die Schwellung allmählich zurück. Durch Übungen konnte ich auch die Versteifung langsam in den Griff bekommen. Als ich im Herbst 1946 nach Hause kam, war ich trotz meiner Verwundung bestrebt, die vor dem Krieg begonnene Schule in Linz fortzusetzen, um eine abgeschlossene Schulbildung mit Matura zu haben. Ich wohnte zwei Jahre bis zur Matura in Linz. Leider mußte ich kurz vor der Matura nochmals operiert werden. Eine Knochenmarkseiterung ließ mich nicht zur Ruhe kommen. Im Hause der Barmherzigen Brüder wurde ich dreimal operiert. Meine Eltern brachten mir Zusatzverpflegung aus der Amstettner Gegend, die sie von bekannten Bauern für mich auftreiben konnten. Sie mußten sich am Linzer Bahnhof immer vorsichtig durchschlängeln, um nicht von der Polizei wegen Schwarzhandel festgenommen zu werden. Die gute Bauernmilch und ein wenig Speck trugen zur Genesung wesentlich bei. Als der Termin zur Matura immer näher rückte, wollte ich aufgeben. Aber viele Professoren redeten mir gut zu, sprachen wie Väter zu mir. Meine Kollegen vom Jahrgang versorgten mich mit Lernunterlagen, die ich so recht und schlecht im Bett bei mir hatte und daraus lernen konnte, wenn es meine Schmerzen zuließen. Auch meine Eltern gaben mir seelischen Beistand und ermunterten mich, sodaß ich mich in letzter Minute zur Matura anmeldete. Der Primar gab mir vorher die Erlaubnis, an der Matura teilzunehmen. Eine Krankenschwester begleitete mich zur Handelsakademie. Eine Woche lang, jeden Tag am Vormittag ein anderer Gegenstand, bis die schriftliche Matura beendet war. In den Mittagsstunden kam ich halb erschöpft wieder ins Krankenhaus, wo ich dann das warmgestellte Mittagessen einnahm. Bald wurde ich vom Spital entlassen und verbrachte die Zeit zu Hause, wo ich mich auf die mündliche Matura vorbereitete. Da ich immer noch ein Krückengänger und schwach auf den Beinen war, begleitete mich meine Mutter, und wir traten die beschwerliche Fahrt mit der Bahn nach Linz an, wo ich die mündliche Matura ablegte. Ich war 25 Jahre alt und endlich im Besitze eines Maturazeugnisses. Vom Weiterstudieren hatte ich vorläufig die Nase voll, ich wollte endlich etwas verdienen. Ich hatte eine Menge Stellengesuche geschrieben, die aber alle negativ behandelt wurden.

Mittlerweile kam ein Invaliden-Einstellungs-Gesetz heraus, wonach für jeden 15. Mitarbeiter eines Betriebes ein Kriegsversehrter einzustellen war. Im November 1948 bekam ich vom Arbeitsamt ein Schreiben, wonach mich in Amstetten der Besitzer des Bahnhofsrestaurants auf Grund der Gesetzeslage nehmen würde. Ich bemühte mich sehr, dort in kürzester Zeit den Schriftverkehr, die Buchhaltung mit der komplizierten Lohnverrechnung in dieser Branche zu erledigen, wodurch ein gutes Betriebsklima entstand. Nach einem Jahr verständigte mich mein ehemaliger Lehrer und Landesschulinspektor für kaufmännische Lehranstalten in NÖ, daß ich als Lehrer für Stenografie und Maschinschreiben in die Handelsschule Horn gehen könnte. Ich sagte zu, machte im Laufe der nächsten Jahre das Lehramt für mittlere und höhere Lehranstalten Österreichs und war dann bis zur Pensionierung mit einer Zwischenstation in Retz an der Handelsakademie und Handelsschule in Krems im Lehramt.

Im Zweitberuf bin ich Maler, Grafiker und Holzschneider.

Hubert Schmid

Krieg und Greueltaten überlebt

Zu Beginn 1938 war mein Bräutigam Gemeindebediensteter im Gaswerk Leopoldau, wir hatten Glück mit einer Wohnung und wollten zu Ostern heiraten. Da war der Einmarsch der Deutschen. Die Hochzeit mußte verschoben werden zur Beschaffung des Ahnenpasses. Unterdessen war ich schwanger, und mein „Mann“, der 16er Jahrgang war und „ledig“, bekam für 1. Dezember 1938 die Einberufung zum Heer. Damals war eine Heirat mit Erhalt der Einberufung verboten. Aber da ich den Ahnenpaß schon hatte und kein ärztliches Zeugnis mehr brauchte wegen der Zeugungsfähigkeit, gingen wir trotzdem aufs Standesamt und heirateten am 6. September 1938. Ich trug nun wohl den Namen meines Gatten, die Ehe war legal, nur beim Militär und der Gemeinde Wien galt sie nicht. Mein Mann und ich waren für sie „ledig“. Unser Sohn wurde am 5.10.1938 geboren und ehelich anerkannt. Wegen des verworrenen Rechtszustandes gab es für uns weder Krankenkassa noch bekam ich von der Gemeinde Wien den uns zustehenden vollen Unterhalt, lediglich 42,– RM. Miete bezahlte ich 19,– RM. Den Rest brauchte ich für das Baby. Mein Mann brachte mir am Wochenende Militärbrot heim. Das und Milch, welche mein Kind nicht mehr trank, war mein Essen. Hin und wieder bekam ich von den Nachbarinnen etwas Gekochtes.

Nachdem ich vom Gauleiter und noch anderen Stellen, wo ich mich schriftlich um Hilfe hinwandte, Antworten bekam, es würde genug für uns gesorgt, schrieb ich in meiner Wut an Herrn Adolf Hitler, Reichskanzlei Berlin, legte die Antwortschreiben sowie ein Gutachten des Arztes bei, ich wog nur mehr 44 kg. 10 Tage später war mein Mann daheim. 6 Wochen nur, dann wurde er wieder eingezogen. Für unseren weiteren Lebensunterhalt als anerkanntes Ehepaar wurde endlich gesorgt.

Weihnachten 1940/41 hatte mein Mann drei Wochen Urlaub. Damals versprach Hitler den Frauen und Müttern: „Weihnachten 1941 sind eure Männer und Söhne wieder daheim“. Am 6.9.1941, unserem Hochzeitstag, kam unser zweites Wunschkind, ein Mädchen. Von meinem Mann kam nur mehr selten Post, aus Tschechien, Polen, dann aus Estland von einem Lazarett. Ich hatte einen Volksempfänger im Kasten versteckt, wo ich ausländische Sender abhörte und orientiert war, was sich wirklich abspielte.

1943 kam mein Mann auf Urlaub, nach drei Wochen Urlaub ein schwerer Abschied. Ich fürchtete, daß wir uns nie mehr sehen würden, daß die Kinder ihren Vater das letztemal hatten. Er ging, aber eine Stunde später war er wieder bei uns. Er wollte desertieren. Aber Desertion hieß beim Erwischtwerden den sicheren Tod, die Rückkehr an die Front vielleicht ein Überleben. Also ging er ein zweites Mal – und kam nie wieder.

Nachdem ich nun schon öfters mit den Kindern nachts in den Keller gehen mußte, von meinem Mann drei Monate keine Post mehr erhalten hatte, obwohl ich täglich einen Brief wegschickte, nahm ich das Angebot an, uns evakuieren zu lassen.

Am 14.7.1944 kamen wir nach Mödlau, ca. 17 km von Brünn. Wir bekamen zwei kleine Räume. Unsere Wirtin war 81 Jahre alt. Anfang November 1944 erhielt ich sämtliche Post von meinem Mann zurück, mit dem Vermerk „Empfänger vermißt“.

Zu dieser Zeit wurden wir in Wien total ausgebombt, diese schreckliche Nachricht kam mit einem Lebenszeichen von meiner Mutter. Alles verloren. Wenn ich nicht die Kinder gehabt hätte, hätte ich mich damals umgebracht. Es war zu viel in diesen Tagen. Eine Woche später sollte ich wegen einer Auskunft nach Brünn fahren. Die Kinder mußte ich daheim lassen. Bevor der Zug noch zum Abfahren kam, gab es Fliegeralarm. Ich hinaus aus dem Zug in die Felder, rennen, was ich konnte, nur weg vom Bahnhof. Da das bekannte Brummen, nieder in eine Ackerrille. Schon krachten die Bomben. Ich wurde verschüttet, konnte mich aber selbst herausbuddeln, was wie ein Wunder war. Die Gedanken an meine Kinder und das erste Mal der Hilferuf an Gott. Ich fuhr trotz Aufforderung nicht mehr nach Brünn und ließ meine Kinder keine Minute allein. Die Front kam immer näher, Flüchtlinge aus Weißrußland und Siebenbürgen waren bei uns bereits auf Zwischenstation, dann folgten österreichische und deutsche Soldaten. Im April 1945 gruben wir uns laut Befehl an der Iglau Schutzgräben. Eine Stunde vor Eintreffen der Russen hieß es hinaus! Ich nahm einen Schubkarren mit einem Strohsack für die Kinder, Dokumente, Geld und meinen Schmuck um den Hals. Ich machte das Scheunentor auf und wollte zu unserem Graben, als Schüsse krachten. Den Luftzug von den Kugeln spürte ich am Kopf. Ich ließ den Schubkarren stehen und eilte mit den Kindern in unseren Graben. Nach ca. einer Stunde tauchte ein berittener russischer Offizier vor unseren Gräben auf und sagte in deutscher Sprache, es sei alles vorüber, wir sollten ins Dorf zurück. Das war um 14 Uhr – wir blieben 12 Frauen mit 3 Kindern in einem Raum bei unserer Wirtin beisammen. Um 18 Uhr ein Lärmen, Pferdegetrampel, das Tor wurde eingetreten, herein kamen erst Mongolen, verdreckt, erschreckend. Alle Uhren nahmen sie weg, rissen uns alles, was glänzte, von den Ohren, Fingern und dem Hals. Als der Spuk vorbei war, verarztete ich die Wunden, ich war eingeschulte Samariterin. Dann wieder unheimliche Stille. Die Kinder schliefen bereits, und wir beteten leise. Um 20 Uhr wieder höllischer Lärm und Pferdegetrampel, durch unsere notdürftig gerichtete Tür trat ein russischer Uniformierter, sah sich im Raum um und zeigte auf mich, obwohl ich für alt hergerichtet war. Was das hieß, wußten wir alle. In diesem Augenblick wollte ich nur tot sein. Ich mußte vor ihm gehen. Er ging hinter mir her und schaute in die Ställe und Wirtschaftskammern. Da krachten Schüsse, jemand erschoß ihn. Ich ging wieder zu meinen Kindern.

Wir richteten uns sofort im Kartoffelkeller für längere Zeit ein Notquartier ein. Am dritten Tag, wir hatten die Kellertüre etwas geöffnet, stieg meine Kleine einige Stufen hinauf, als ein russischer Offizier vor der Türe stand, sich zu meinem Kind neigte und mit ihm deutsch sprach. Das Kind legte seine Ärmchen um seinen Hals und sagte „Papa“. Der Offizier war mit dem Kind am Arm aufgestanden und sagte zu mir, da er meine Angst sah, er hätte in Wien studiert, sei Arzt, seine Frau sei Wienerin, und er habe daheim auch ein blondes Engerl im selben Alter wie mein Mäderl. Er kenne aber sein Kind nur durch Briefe und Fotos. Er kam $3^1/_2$ Wochen, solange wir Hauptkampflinie waren. Deutsche Soldaten, die sich ergaben, wurden erschossen. Diese Salven kann ich bis heute nicht vergessen. Abends war immer Ablöse, da ging alles gut, aber morgens, wenn sie besoffen von den Gräben kamen, die wir für unseren Schutz gegraben hatten, da war die Hölle los für die Menschen im Dorf. Auch unsere 81jährige Wirtin mußte daran glauben, als sie sich zu spät verkroch. Eine Weißrussin wurde in ein Zimmer mit ihrem zweijährigen Kind gesperrt, und täglich standen sie in Schlangen vor ihrem Fenster – 15 bis 20 besoffene Soldaten vergewaltigten die arme Frau. Als die Russen abgezogen waren, lagen Mutter und Sohn mit durchschnittener Kehle im Zimmer.

Der „Papa“-Offizier versorgte uns alle noch mit reichlich Verbandzeug, Fiebermitteln, Salben und Medikamenten auch für unsere Kinder. Auf dem Tor des Bauernhofes ließ er zwei große, runde Plaketten befestigen, welche bei Todesstrafe verboten, den Hof zu betreten. Die Russen waren weg, dann kamen Tschechen, besetzten die Höfe, verschleppten, wenn es dunkel wurde, Frauen und Mütter mit Lastautos. Gefangene Soldaten, keine 18 Jahre alt, welche durch Mödlau zogen und vor Hunger sich um Eierschalen von der Straße bückten, wurden mit Gegröhle und Peitschenhieben gezwungen, Urin, welchen sie in Hundeschüsseln machten, zu trinken und Hundekot zu essen. Das kann ich beeiden! Wir mußten zusehen. Das Mäderl einer Wienerin, im gleichen Alter wie meines, wurde von besoffenen Tschechen wie ein Ferkel mit dem Bajonett zweigeteilt, die Frau niedergestochen! Den Buben, der zusehen mußte, nahmen wir als zittriges Bündel in unsere Obhut bis nach Wien. Einen 71jährigen Siebenbürgerflüchtling nagelten sie an den Schweinekotter, er ging elendig zugrunde. Wir konnten nicht helfen, wir waren selbst in Gefahr. Den Mann einer Nachbarin, welche 8 Tage vorher erst entbunden hatte, wurde eine Harmonika in die Hand gedrückt. Er mußte spielen, während 13 Tschechen diese Wöchnerin vergewaltigten. Sie starb durch Blutsturz, der Mann erschoß das Kind und sich.

Es kamen wieder russische Soldaten zum Schutz der deutschsprachigen Menschen ins Dorf, damit waren die Greueltaten des tschechischen Pöbels vorbei. Am 26.6.1945 wurden wir nur noch 6 Wiener Frauen mit unseren Kindern vom Roten Kreuz mit fast keinem Gepäck nach Pohrlitz gebracht und in einem Waggon mit verwundeten Soldaten, welcher nach Österreich fuhr, verfrachtet. In Preßburg mußten wir die ganze Nacht über warten. Die Verwundeten, welche zum Glück russisch sprechen konnten, verhinderten, daß der Waggon aufgebrochen wurde und wir gefunden worden wären. Es ging auch diese Nacht des Schreckens vorüber. In der Früh kamen Tschechen in Uniform, holten uns Frauen mit den Kindern aus dem Waggon und führten uns ein Stück zur Grenze. Dort mußten wir alles, was wir noch hatten, außer unseren Dokumenten, hergeben. Wir kamen mit Peitschenhieben über die österreichische Grenze, nur mit Büstenhalter, Hose und barfuß. Auch den Kindern nahm man alles weg, zog sie bis auf die Hoserln aus. Ich fiel, als wir die Grenze mit Schlägen hinter uns hatten, auf die Knie, trotz der Wunden durch die Peitschen – und küßte meine Heimaterde, dankte Gott, daß wir noch lebten und ich meine Kinder nicht verlor.

Bis nach Wien brauchte ich zwei Tage mit meinen Kindern. Hier angekommen, wußten wir nicht wohin, ich war ausgebombt und fast nackt. Familie und Freunde gaben uns einmal zu essen, Kleidung und Quartier auf dem Boden. Ich war nach langem wieder glücklich, da ich in meiner Heimat war, die deutsche Sprache hörte und sprechen durfte ohne Gefahr.

Der Kampf ums tägliche Leben mit zwei Kindern war sehr hart. Ein Sparbuch rettete ich versteckt in der Unterhose, dafür bekam ich S 200,–. Eine leerstehende Kleinwohnung von einem Geflüchteten hatte ich in der Not vorübergehend belegt. Zweimal mußten wir weichen. Die Gemeinde Wien verwies mich an den Kriegsopferverband. Durch diesen bekam ich wenigstens die größten Sorgen los. Durch zusätzlichen Schwarzhandel und Näharbeiten – ich fand unter dem Schutt unseres ausgebombten Hauses meine noch brauchbare Nähmaschine – konnte ich das Notwendigste für meine Kinder anschaffen und einen Notgroschen weglegen für die Anschaffung eines anständigen eigenen Heimes. Als unser Haus wieder aufgebaut wurde, mußte ich binnen zwei Wochen eine beträchtliche Summe anzahlen, sonst hätte ich meine Wohnung nicht mehr erhalten.

Als mein Sohn von der Hauptschule ging, bekam er gleich eine Lehrstelle. Heute ist er Geschäftsmann. Meine Tochter lernte Friseurin, wurde dann Trafikantin und ist heute im Altenheim Lainz Stationsgehilfin. Ich habe es als alleinstehende Witwe nicht leicht gehabt. Die Stelle, welche immer mit ihren Mitarbeitern geholfen hat, war der Kriegsopferverband.

Maria Schmid

Für die Kriegsversehrten Lose verkauft

Mein Mann wurde im Juni 1940 zur Wehrmacht einberufen. Ich war mit dem zweiten Kind schwanger. Zwei Jahre hat es gedauert, bis wir wieder beisammen waren. Es war eine furchtbare Zeit für mich. Mein Mann war im Juli 1942 das erste Mal auf Urlaub. Im September 1943 wurde er in Rußland verwundet. Später wurde ihm das Bein amputiert. Er war bis zum Kriegsende 1945 im Lazarett.

Es war dann sehr schlimm für uns nach dem Krieg – wirtschaftlich und seelisch. Da mußten die Kinder schon früh mithelfen. Unser ältester Sohn mußte schon mit 10 Jahren hinter dem Pflug gehen, weil das der Mann nicht mehr konnte. Viel Unterstützung bekamen wir damals nicht, es waren S 250,– im Monat und die letzten zwei Jahre, bevor mein Mann starb S 800,–. Ich war froh, daß mein Mann von dem bösen Krieg nach Hause gekommen ist und noch eine schöne Zeit mit uns zusammen gewesen ist. Der böse Krieg war ein sehr großer Nachteil für unsere Söhne, denn heute, nach so langer Zeit, muß ich mir immer noch anhören: „Hättet ihr uns doch einen anderen Beruf lernen lassen!“ Aber das war damals nicht möglich. Durch die Verwundung meines Mannes brauchten wir die Kinder in der nur kleinen Landwirtschaft. Jetzt bin ich schon 23 Jahre verwitwet, mein Mann starb im November 1970. Ich wurde gleich Mitglied beim KOBV, zahlte Mitgliedsbeitrag, verkaufte Lose mit Kalender, erst seit 1978 bekomme ich eine Witwenpension.

Elisabeth Sommer

Entstellt, doch trotzdem gelebt

Der Krieg kam über uns wie ein Naturereignis, vom Nordlicht im Frühjahr 1939, wie viele meinten, unheilvoll angekündigt. Die Großmächte hätten Hitlers Größenwahnsinn erkennen müssen und vielleicht bremsen können, aber sie taten es nicht. Diejenigen in unserem Land, die sich dem Zeitgeist und der Manipulation widersetzten, wurden mit Gewalt zum Schweigen gebracht, die Vorsichtigen hielten gleich den Mund. Alle bezahlten mit Leben oder Gesundheit.

Daß ich Musiker werden würde, stand für mich fest. Mich interessierte gar nichts anderes; ich hatte bereits die letzten Jahre vor der Matura am Konservatorium Klavier und Horn studiert und heimlich Kompositionsversuche gemacht. Aber im April des Jahres 1942 erhielt ich die Einberufung zum „Reichsarbeitsdienst". Ich hatte bereits unangenehme Kontakte mit der Gestapo, der gefürchteten Geheimen Staatspolizei. Einer meiner Freunde saß wegen Zugehörigkeit zur „Österreichischen Freiheitsbewegung" des Klosterneuburger Chorherren Karl Roman Scholz im Gefängnis, und meine Schwester stand wegen des gleichen Deliktes vor einer Anklage. Ich hatte allen Grund, nicht aufzufallen. Ich war noch nicht achtzehn Jahre alt, als ich nach einem halben Jahr Arbeitsdienst zum Militär kam. Anfangs war das Soldatenleben gar nicht so schlimm. Beim Arbeitsdienst waren wir weit härter angefaßt worden. Die Ausbilder waren zum größten Teil schon an der Front gewesen; sie wußten also, was uns bevorstand und behandelten uns dementsprechend. Die Kompanie wurde von Mistelbach nach St. Pölten verlegt, wo eine Marschkompanie aufgestellt, kriegsmäßig ausgerüstet und ihr Transport in das Kampfgebiet vorbereitet wurde.

Im Jänner 1943 traten wir die Fahrt an die Front an. Wir fuhren tagelang im Viehwaggon. Die Böden waren mit sauberem Stroh belegt, in der Mitte des Wagens stand ein Kanonenöfchen, für das täglich Brennmaterial ausgegeben wurde. Wir erhielten regelmäßig unsere Mahlzeiten, die in den Kochgeschirren vom Küchenwaggon abgeholt werden mußten. Abends lagen wir, mit unseren Mänteln zugedeckt, im Stroh, einer spielte auf seiner Mundharmonika „Heimat, deine Sterne" oder ein anderes sentimentales Lied, und jeder war mit seinen Gedanken bei seinen Lieben daheim, bis uns das gleichmäßige Rütteln des Zuges in den Schlaf wiegte.

Die Endstation war Pleskau (Pskow). Es war kalt und finster. Wir waren durstig und füllten uns am Brunnen des Bahnhofs unsere Feldflaschen mit Wasser, das bis zum nächsten Durst fest gefroren war. Ein langer Marsch begann, Stunden um Stunden liefen wir in die Nacht hinein. Es war ein wunderschöner, sonniger Sonntagmorgen im Februar 1943, als unser Häuflein von Jungsoldaten – keiner älter als 18 Jahre – in die Hauptkampflinie, die „HKL", wie sie in der Militärsprache hieß, einzog. Zu Fuß natürlich, denn wir gehörten zu einer Einheit der Infanterie. Am Rand eines nicht sehr dichten Waldes verlief der Schützengraben, von dem aus sichere, mit starken Baumstämmen bedeckte Erdbunker erreicht werden konnten. Das Niemandsland vor dem Graben war eine weite, schneebedeckte Ebene; dahinter wieder Bäume, aus denen ein hoher Schuttkegel herausragte. Noch weiter hinten sollte irgendwo Leningrad liegen. Die Bäume waren einmal hoch gewesen, durch Granatenbeschuß aber waren die Wipfel abrasiert, und nur die Stämme ragten in den Himmel.

Vom Einzug junger, unerfahrener Soldaten in diesem Abschnitt der Front hatten die Russen gewußt. Sie teilten uns das durch Lautsprecher mit und forderten uns auf, die Waffen liegenzulassen und überzulaufen. Wie um diesen Worten Nachdruck zu verleihen, begann die russische Artillerie aus allen Rohren auf unsere Stellungen zu feuern. Mir war, als würde die Welt untergehen. Ein Pfeifen und Krachen erfüllte die Luft, die Erde zitterte unter den Einschlägen. Als Melder durfte ich im Befehlsstand im Bunker bleiben. Eine Schreckensmeldung nach der anderen wurde in den Bunker herein gerufen: „Der ist verwundet, der ist gefallen." Nach dem schweren Beschuß kamen die russischen Panzer. Sie versuchten jedoch keinen Durchbruch, sie öffneten die Luken und forderten die Soldaten auf, einfach aufzusteigen und mitzufahren. Zwei junge Burschen folgten ihnen und haben damit wahrscheinlich diesen sinnlosen Krieg überlebt.

Am Abend ein weiterer Meldegang. Diesmal den Schützengraben entlang zur benachbarten Einheit. Kaum hatte ich nach ein paar hundert Metern mein Ziel erreicht, brach an der Stelle, an der meine Einheit lag, mit lautem „Hurreee!" ein russischer Stoßtrupp ein. Es waren vielleicht nur fünf oder sechs Mann – in der Finsternis konnte ich das nicht erkennen –, aber sie schossen wild in der Gegend herum, so daß ich glaubte, meine letzte Stunde wäre gekommen. Nach ein paar Minuten war der Spuk wieder vorbei; die russischen Soldaten verschwanden so unbemerkt, wie sie gekommen waren, aber wir hatten mehrere Tote und Verwundete zu beklagen.

Erst beim nächsten Angriff, am zweiten oder dritten Tag meines Fronteinsatzes, blieb auch ich nicht verschont. Ich war mit einem zweiten Soldaten in einem kleinen Bunker, der als Maschinengewehrstellung ausgebaut war; durch einen schmalen Sehschlitz war das MG gegen die russischen Linien gerichtet, im Hintergrund befand sich eine Schlafstelle, auf der mein Kamerad den versäumten Nachtschlaf nachholte. Da – ein Krachen und Splittern! Mein Kamerad, der schon beim ersten Schuß munter geworden war, schrie auf. Er war durch einen Splitter am linken Oberarm verwundet worden. Und schon kam der zweite Treffer! Nun war ich es, der laut aufschrie. Ein Splitter hatte mir den rechten Unterarm durchschlagen. „Ich kann dir nicht helfen", rief der verwundete Kamerad, „lauf in den Nachbarbunker!" Und dort wurde ich dann selbst verbunden. Ich schrie vor Schmerzen. „Jetzt gehe in diese Richtung", sagte man mir, „dann kommst du zum Verbandsplatz, dort wird man dir weiterhelfen." Und ich ging, mutterseelenallein, mit der Linken den rechten Arm am Ellenbogen stützend, und war irgendwie ein wenig glücklich, der Hölle entronnen zu sein.

Vom Lazarett in Gumbinnen im damaligen Ostpreußen bekam ich Osterurlaub und durfte nach Hause fahren. Der rechte Arm war in Gips.

Als nach mehreren Monaten der Gips entfernt wurde, stellte sich heraus, daß der Knochen zwar zusammengewachsen war, aber schief, sodaß das Handgelenk nicht mehr vollkommen bewegungsfähig war. Außerdem waren die Fingermuskeln durch die lange Zeit der Untätigkeit ganz schlaff und für ein Klavierspiel untauglich geworden.

Untauglich war die Hand aber auch zum Gebrauch der Waffe. Ich wurde zwar nicht aus dem Militärdienst entlassen, aber „a.v.", also arbeitsverwendungsfähig geschrieben und zum Standortbataillon Breslau versetzt. In dieser Einheit waren Soldaten zusammengezogen, die aus irgendeinem Grunde nicht für den Kriegseinsatz geeignet waren. Wir hatten leichte Arbeiten in einem Heeresmagazin zu verrichten. Ein Kamerad hat mich auf die Möglichkeit eines Studienurlaubes hingewiesen, der mir auf mein Ansuchen auch prompt bewilligt wurde.

Zwei Semester lang konnte ich in Wien die Universität besuchen. Ich studierte Musikwissenschaft und Germanistik. Durch hartnäckiges Training gelang es mir, die Beweglichkeit der Finger halbwegs wiederherzustellen, sodaß ich nach dem Krieg sogar an einem Klavierwettbewerb teilnehmen konnte und auch die erste Auswahlprüfung bestand.

Nach den Ereignissen des 20. Juli 1944 (Attentat auf Hitler) wurde es für uns Soldaten sehr unangenehm: Das „Salutieren“ durch Anlegen der Hand an den Kappenrand wurde durch den „Hitlergruß“ mit erhobener Hand ersetzt, der Dienst wurde verschärft, die Arbeitszeit verlängert; selbst am Sonntag mußte nun gearbeitet werden. Noch folgenschwerer aber war die rigorosere Beurteilung der Einsatzfähigkeit. Schon bei der nächsten Untersuchung wurde ich „g.v.“ geschrieben; das hieß „garnisonsverwendungsfähig“. Ich wurde sofort in ein „Auffanglager“ geschickt, um schließlich wieder in einer Marschkompanie in St. Pölten zu landen, wo das „Maschinengewehr-Bataillon 50“ oder kurz „M.G.50“, aufgestellt wurde. Da ich nur „garnisonsverwendungsfähig“ war, wurde ich einer Kompanie-Schreibstube als Schreiber zugewiesen. Schließlich ging es wieder an die Front, diesmal nach Frankreich, zuerst nach Belfort, von dort nach Morvaillars, einem Dorf nahe der Schweizerischen Grenze. Hier wurde die Lage bald ernst: Die Amerikaner rückten näher und zwangen die deutschen Einheiten zum Rückzug.

Beim Nahen der amerikanischen Panzer hatte die Kompanie eine Abwehrstellung bezogen. Ich mußte meinen sicheren Platz hinter dem Schreibtisch verlassen, sollte mir im Waffendepot, einem Weinkeller außerhalb des Dorfes, ein Gewehr besorgen und die Kompanie suchen. Meine Kompanie fand ich nicht, aber ich mußte der feindlichen Linie ziemlich nahe gekommen und einem Scharfschützen vor das Visier gelaufen sein, denn plötzlich begannen Kugeln um meine Ohren zu pfeifen. Zum Glück fand ich eine große Grube, in die ich flüchten konnte. Der Schütze behielt offenbar den Platz im Auge, denn jedesmal, wenn ich meine Nase herausstreckte, schlugen ringsherum die Kugeln ein. Erst in der Finsternis schlich ich mich ins Dorf zurück und war schon darauf gefaßt, den Amerikanern direkt in die Hände zu laufen, aber es war doch ein deutscher Posten, der mich in Empfang nahm. Wir hatten noch die traurige Aufgabe, einen toten Kameraden zu begraben, und verließen dann als letzte deutsche Soldaten das Dorf. Spät nachts fanden wir den Rest unserer Einheit wieder.

Die Kompanie marschierte einen Tag lang oder zwei und wurde in finsterer Nacht in einen Wald eingewiesen. Kaum waren wir in den bereits ausgehobenen Schützengraben gesprungen, schossen die Amerikaner zur Begrüßung einige Granatwerfersalven herüber. Der Abschnittskommandant war soeben eingetroffen, er wollte sich über die Lage informieren. Mitten in unsere Berichterstattung hinein heulten einige Granaten heran und detonierten in unmittelbarer Nähe. Einige schrieen auf, ich erhielt einen starken Schlag gegen den rechten Oberarm, der mir den Uniformrock und die umgehängte Zeltplane zerriß. „Wer verwundet ist, geht gleich zurück zum Verbandsplatz!“, rief ein Offizier. Zwei oder drei meiner Kameraden eilten davon, ich ihnen nach. Der Verbandsplatz war aber erst in der nächsten Ortschaft, vielleicht zwei oder drei Kilometer Fußmarsch entfernt. Es war der 19. November 1944, mein 20. Geburtstag. Der Sanitätsunteroffizier am Verbandsplatz war ein sehr freundlicher Mensch, er konstatierte bei mir nur einen blauen Fleck, aber erhöhte Temperatur. Er stellte mir einen „Krankenschein" aus, eine Art „Paketkarte" zum Umhängen. Die Karte für Verwundete hatte einen roten Rand, die für Kranke einen grünen. Ich erhielt also eine grüne Karte umgehängt und wurde zusammen mit mehreren anderen Kranken und Verwundeten mit dem Auto zum nächsten Bahnhof gebracht, von dort ging es mit dem Zug nach Mühlhausen im Elsaß. Alles war in Auflösung begriffen, niemand wußte recht, was nun geschehen sollte. Am Abend wurde uns mitgeteilt, die Amerikaner stünden bereits vor der Stadt, wer laufen könne, sollte versuchen, zu Fuß Richtung Colmar zu gehen. Ich brauchte nicht lange zu laufen, ein Wehrmachts-Lastauto nahm mich und noch ein paar Soldaten mit nach Colmar. Mit meiner grünen Krankenkarte passierte ich sogar anstandslos eine Kontrolle der gefürchteten Feldgendarmerie. In Colmar kam ich gerade zur Beladung eines Lazarettzuges zurecht. Die Reise ging nach Ingolstadt. Mitten in der Nacht trafen wir im Lazarett ein, wurden sofort von den tüchtigen Krankenschwestern gebadet und in die Betten gesteckt. In großer Aufregung erwartete ich am nächsten Morgen die Visite des Arztes. Er stellte eine „abklingende Bronchitis" fest und verordnete einige Tage Bettruhe. Ich meldete mich fleißig zum Küchendienst und durfte Erdäpfel schälen, Karotten putzen und andere Arbeiten verrichten. Das hatte etwas Gutes, denn bei der Entlassung wurde mir dafür eine Woche Heimaturlaub gewährt, und ich durfte Weihnachten zuhause verbringen.

Nach dem Weihnachtsurlaub ging es in Viehwaggons auf die Reise, wiederum nach Osten. Gerade an meinem Namenstag, dem 28. Jänner 1945. Diesmal waren viele Angehörige der Luftwaffe mit dabei, die zur Infanterie überstellt wurden. Für die Flugzeuge gab es nicht mehr genug Treibstoff. Unsere Ankunft irgendwo in Oberschlesien wurde schon sehnlichst erwartet. Alle Truppenteile hatten große Ausfälle gehabt und holten ihren „Ersatz" direkt vom Zug ab. Noch am gleichen Abend saß ich in einem Schützenloch und hatte die ganze Nacht hindurch Wache zu halten. Der Mann, den ich ablöste, war froh, rauszukommen, ich aber wußte nicht einmal, wo ich war. „In dieser Richtung ist der Feind", sagte man mir. Auch wenn vorerst nur Späh- oder Stoßtrupps unternommen wurden, denen ich als MG-Schütze zugeteilt war, gab es immer Verwundete. Nach einigen Tagen wurde ich zu einer Truppe „z.b.V.", zur besonderen Verwendung, versetzt, die am Stadtrand von Rybnik, damals Oberschlesien, lag. Schon wenige Tage später begann der große russische Angriff in diesem Abschnitt. Unser Sonderkommando wurde auf ein Lastauto verladen und in die HKL, die Hauptkampflinie, gebracht. Verschiedene Truppenteile wurden dort in einem kleinen Dorf zusammengezogen, es hieß Schloßhof bei Königsdorf. Die Truppenkonzentration schienen auch die Russen beobachtet zu haben, denn sie empfingen uns mit Tieffliegern und einem Trommelfeuer der Artillerie. Mit der Weisung „Morgen um sechs Uhr früh Sturmangriff auf die russischen Stellungen!" wurden wir in die Keller der Häuser schlafen geschickt. Kurz vor sechs, es war noch nicht richtig hell, kamen deutsche Panzer angefahren und gingen in Stellung. In ihrem Schutz zogen auch wir Infanteristen los. Aber da begannen, punkt sechs Uhr, die Russen aus allen Rohren zu schießen. Uns neu Eingetroffenen blieb gar nichts anderes übrig, als in schon vorhandenen Löchern Deckung zu suchen. Nur saßen da schon welche drin, die keine Freude damit hatten, ihren Unterschlupf teilen zu müssen. In diesem Gedränge war es dann für alle schwierig, sich halbwegs sicher verkriechen zu können. Da hörte ich das Pfeifen einer heransausenden Granate und spürte einen Schlag ins Gesicht. Ich hielt mir den großen Fäustling vor das blutende Gesicht. Ich hatte das schreckliche Gefühl: Jetzt ist mein Gesicht weg. Der Kompaniechef, der gerade nach vorne gehen wollte, wickelte mir einen Verband um den Kopf und führte mich zum Verbandsplatz.

Mit einem Panzer wurden die Verwundeten zurückgebracht. Während der Fahrt merkte ich zu meinem großen Schrecken plötzlich, daß die Sitzfläche unter mir immer wärmer wurde – man hatte mich direkt auf die Motorhaube gesetzt! Im Lazarett in Schönbrunn an der Oder wurde meine Verletzung dann genauer festgestellt: Das linke Auge war noch da, es mußte aber in irgendeiner Weise beschädigt worden sein, denn ich konnte nichts sehen. Schlimmer war die Zersplitterung des linken Jochbeines und eine Öffnung der Kieferhöhle sowie eine Zerstörung des unteren Teiles des linken Nasenflügels. Die Schmerzen waren erträglich, die Wunde heilte zu, das riesige Nasenloch blieb vorerst.

Das Ende des Krieges erlebte ich in einem Lazarett in Prag. Zu dieser Zeit war die Wunde schon verheilt, und ich kam in russische Kriegsgefangenschaft. Weil ich aber doch sehr geschwächt war und nicht arbeiten konnte, wurde ich zusammen mit anderen Österreichern schon Ende August 1945 nach Hause entlassen. Obwohl wir schon am frühen Morgen auf dem Appellplatz antreten mußten, erfolgte der Abmarsch von Brünn erst am späten Nachmittag; so lange dauerte es, bis die offiziellen Entlassungsscheine ausgestellt und die Verpflegungsrationen, ein Stück Kommißbrot und ein paar Dekagramm Zucker für jeden, verteilt waren. Die ganze Nacht und den nächsten Tag hindurch marschierten wir fast ohne Pausen durch. Die Hundertschaften, in welchen man uns in Marsch gesetzt hat, hatten sich bald aufgelöst, aber am Abend des zweiten Tages trafen alle an der Grenze bei Drasenhofen wieder zusammen. Dort wurde uns nach einer kurzen Nachtruhe als Willkommensgruß der nun wieder österreichischen Heimat ein Glas Milch und ein Stück Brot gereicht. Das hatte der Bürgermeister für uns „organisiert“ und persönlich ausgeteilt. In Mistelbach sagte man uns: „Ihr werdet doch nicht bis Wien laufen, von hier aus fahren ja schon Züge!“ Also blieben wir in Mistelbach, um den Zug nach Wien abzuwarten.

Der Zug nach Wien war schon bei der Einfahrt in Mistelbach übervoll. Selbst auf den Dächern der Waggons saßen ein paar besonders Mutige. Ich wurde bis ins Wageninnere hineingedrängt. Und auf einmal – war mein Äußeres wirklich so bemitleidenswert? – hatte ich einen Sitzplatz und fuhr bequem nach Wien. Fahrkarte hatte ich keine, die brauchte ein heimgekehrter Soldat damals nicht. Und bis Wien fuhr der Zug auch nicht. In Kagran war Endstation. Die Eisenbahnbrücke über die Donau war zerstört, das andere Ufer nur zu Fuß erreichbar. Und für einen Soldaten in der Uniform der Deutschen Wehrmacht nur mit Entlassungsschein passierbar, denn russische Soldaten bewachten den Fußgängersteg und kontrollierten genauestens alle Passanten. Aber ich war schon fast zu Hause! Nur noch zum Franz-Josefs-Bahnhof! Die große Schalterhalle des alten Bahnhofs war am frühen Nachmittag ganz leer. Es verkehrten ja auch nur ganz wenige Züge, und das Betreten der Halle war nur den Inhabern von Fahrkarten gestattet. Ich hatte zwar keinen Fahrschein, durfte aber in der Halle warten. Dort saß ich mutterseelenallein, unrasiert, kahlgeschoren, mit einem durch die Verwundung entstellten Gesicht, in einer dreckigen, zerrissenen Uniform; ein Wehrmachtskochgeschirr, eine alte Kartentasche und eine schwarze Decke waren mein ganzes Gepäck.

Da betrat ein junges hübsches Mädchen als erster Fahrgast die Halle und kam auf mich zu. Ich erkannte sie sofort: Wir waren in der Volksschule in der gleichen Klasse gewesen und waren einander später beim Musikstudium wieder begegnet. Jetzt war sie die erste, die mich nach der Rückkehr aus dem Krieg freudig begrüßte. Und ich war sehr erleichtert, daß sie an meinem Aussehen keinen Anstoß nahm. Wir erinnern uns beide noch heute gerne an diese denkwürdige Begegnung, denn wir sind seit 44 Jahren glücklich verheiratet.

Im Frühjahr 1946 wurde meine Nase operiert. Ich schloß mein Studium mit dem Doktorat aus Philosophie (Musikwissenschaft) ab, machte später noch die Lehramtsprüfung für Musikerziehung und war Musiklehrer an verschiedenen Gymnasien. Heute bin ich in Pension, unterrichte aber noch am musikwissenschaftlichen Institut der Universität Wien als Lektor für Notationskunde.

Dr. Karl Schnürl

Zweimal den kriegsversehrten Gatten verloren

Mein erster Mann rückte im Jahr 1940 ein, war lange Zeit in Rußland. Nur einmal in vier Jahren kam er auf Urlaub. 1944 erlitt er einen Schädelbasisbruch und verstarb in einem Lazarett. Wir hatten ein kleines Wirtschafterl mit 7 Joch Grund, davon lebten die Schwiegereltern, zwei kleine Kinder und ich. Die Schwiegermutter war die meiste Zeit krank, der Schwiegervater hatte im Ersten Weltkrieg einen Arm verloren, wollte aber das Wirtschafterl weiterführen. Was ich dazumal Rente bekam, weiß ich nicht mehr, es war nicht viel. Die zwei Kinder bekamen eine Waisenrente.

Ich heiratete nochmals. 1949 bekam ich vom Invalidenamt S 5.000,– Abfertigung. Mein zweiter Mann hatte epileptische Anfälle, weil er im Krieg nach einem Sturz lange bewußtlos war. Wir kannten uns nirgends aus, dann hat uns jemand geraten, wir sollen zum Invalidenamt gehen. Aber dort wurden wir abgewiesen. Mein Mann hätte sofort nach dem Heimkommen aus dem Krieg zum Arzt gehen sollen. Ich wußte damals vom Kriegsopferverband nichts. Im Jahr 1956 hatte ich eine schwere Nierenoperation, die linke Niere mußte entfernt werden. Ach Gott, da standen wir arm da, hatten keine Krankenkasse, und ich war dazumal 6 Wochen im Spital. Die Operation kostete S 5.000,–. Das Spital schrieb alle drei bis vier Wochen eine Rechnung. Die paar Schweinderln, die wir hatten, mußten wir verkaufen, und zum Essen war nichts da. Ich war oft am Rand der Verzweiflung. Mein Mann konnte dann auch nicht mehr arbeiten, er mußte immer öfter ins Spital und verstarb am 7. Juli 1963 im 49. Lebensjahr.

Ich danke den Ämtern, daß ich heute eine Rente bekomme.

Rosalia Tatzber

Heimat und Habe verloren, ein neues Leben begonnen

Meine Wiege stand im österreich-ungarischen Nachfolgestaat Jugoslawien. Nachdem deutsche Truppen im April 1941 Jugoslawien besetzt hatten, waren dort sicherlich alle Deutschstämmigen stolz, der deutschen Volksgruppe anzugehören – bekannten sich unsere Vorfahren doch stets zu ihrem Volkstum bzw. Deutschtum. Ihre Urheimat war einst Südwestdeutschland, und sie wurden in der zweiten Hälfte des 18. Jahrhunderts in der Batschka angesiedelt. „Schwaben" wurden sie genannt, später auch „Volksdeutsche" und schließlich „Donauschwaben".

Es dauerte nicht lange, und es begann der Krieg im Osten. Vorerst wurde um Freiwillige für das deutsche Militär geworben, aber es waren nur wenige, die in den Krieg ziehen wollten. Im Herbst 1942 brauchte man schon dringend Kanonenfutter, und so wurden alle Männer der Jahrgänge 1900 bis 1925 zur Musterung in die Kreisstadt India berufen. Kaum 10 Tage später flatterte schon meine Einberufung ins Haus. Ich war damals 17 Jahre alt. Ich hatte mich am 17. Oktober 1942 in India auf dem Sportplatz einzufinden. Dort wurden wir zu dem bereitgestellten Transportzug gebracht, und schon ging es in Richtung Prag. In jedem Waggon waren zwei SS-Männer als Begleitschutz, die aus Prag angereist waren. Wahrscheinlich hatte man Angst, daß nicht alle am Ziel ankommen würden. Am 21. Oktober kamen wir in der Kaserne Prag-Rusin an. Dort wurden wir dann ordentlich „geschliffen". Die Geländeausbildung wurde am historischen „Weißen Berg" gemacht. Nach sechswöchigem Drill ging es am 4. Dezember zur Feldeinheit nach Frankreich, wo die Division „Das Reich" im Raume Rennes zur Auffrischung stationiert war. Ich kam zur 9. Kompanie, 2. Batl.Rgt. „DR", welche in Guignen mit neuen Schützenpanzerwagen (SPW) ausgerüstet wurde. Wir wurden dort am schweren Granatwerfer (sGrW) ausgebildet. Weihnachten konnten wir noch in Guignen feiern.

In meinem Zug gab es zwei Schützenpanzerwagen, die mit schweren Granatwerfern ausgerüstet waren. Sie hießen „Schweinfurt" und „Erlangen". Es ging das Gerücht um, daß wir in Afrika zum Einsatz kommen würden, doch am 31. Dezember 1942 hieß es: Antreten zum Winterbekleidungsempfang. Ich dachte, in Afrika könnte es doch nicht so kalt sein. Aber dann wurde uns mitgeteilt, daß es in Richtung Stalingrad geht. Gott sei Dank ging das alles nicht so schnell, und wir sind erst am 14.Jänner 1943 mit dem Schützenpanzerwagen am Bahnhof in Bruz verladen worden. Mit Dampf ging es bis Borispol bei Kiew. Vier Tage später ging es im motorisierten Marsch bis Charkow, wo wir nach dreitägiger Reise eintrafen. Während des Marsches kam der Schützenpanzer „Schweinfurt" auf eisiger Fahrbahn ins Rutschen und blieb auf einer 3 m hohen Böschung hängen. Wir, die Besatzung, mußten dann umsteigen und beim Schützenpanzerwagen „Erlangen" auf der Bordwand aufsitzen. Der verunglückte Panzerwagen blieb zurück und kam erst Tage später nach.

Ich kam von Charkow nach Bely-Kolodes, Stariza und Merefa, aber glücklicherweise nie an die vorderste Front. Am 12. Februar 1943 hieß es: „Wer Erfrierungen hat, zum Truppenarzt." Ich ging deswegen auch hin und wurde für den Transport in das Kriegslazarett nach Krakau eingeteilt. Jeder reichsdeutsche Soldat bekam seinen Genesungsurlaub direkt vom Lazarett aus. Ich aber – als im Ausland beheimateter Soldat – mußte zuerst zu meinem Ersatztruppenteil, welcher sich in Stralsund an der Ostsee befand. Dort angekommen, teilte man mir mit, daß die Genesungs-Kompanie in Breslau sei, also fuhr ich weiter und konnte von Breslau aus endlich die Urlaubsreise antreten. Am 12. Oktober war ich wieder im Einsatz. Die Russen waren durch die Linien gebrochen, hatten uns ins Visier genommen und gleich ordentlich getroffen. Dabei wurde ich am Oberarm schwer verwundet. Ehe ich mich besinnen konnte, war unser Panzer leer. Ich konnte mich auch irgendwie befreien und fand in einem tiefen Graben gleich neben dem Schützenpanzerwagen einen Zufluchtsort, in dem ich mich etwas schützen konnte. Ein Leutnant leistete mir dort erste Hilfe und brachte mich zum Verbandsplatz. Er meinte noch mit Galgenhumor: „Das ist der richtige Heimatschuß." Der Fahrer unseres Wagens hatte einen Splitter in die linke Brustseite abbekommen und war auf dem Weg zum Verbandsplatz verstorben. Drei Tage später wurde ich nach Vinniza ins Kriegslazarett verlegt, wo sofort eine Operation vorgenommen und der Arm auf eine Stützschiene gelegt wurde. Ich hörte schon, daß ich ins Heimatlazarett verlegt werden sollte, jedoch verschlechterte sich mein Zustand plötzlich. Am 25. Oktober erlitt ich in der Nacht einen Blutsturz. Der Blutverlust war so groß, daß ich eine Bluttransfusion bekommen mußte. Blutkonserven gab es damals nicht, also wurde das Blut direkt vom Spender übertragen. Die Folge war für mich ein ordentlicher Schüttelfrost. Ich bekam dann ein paar Tage später einen Gipsverband – Gipspanzer oder „Stuka", wie man damals sagte –, den ich bis April 1944 zu tragen hatte.

Anfang November wurde ich ins Heimatlazarett Bad Harzburg eingeliefert. Juli/August 1944 verbrachte ich – wie sich später herausstellte – den letzten Heimaturlaub bei meiner Mutter in Kroatien, denn am 6. Oktober mußte sie mit vielen anderen den Weg ins Ungewisse antreten, sie wurde evakuiert. Meine Mutter kam ins Mühlviertel, während mein Vater im Kriegseinsatz in Kroatien war. Er erlebte noch das Kriegsende, starb aber in den ersten Nachkriegstagen. 1945 wollte meine Mutter wieder zurück in die alte Heimat. Aus heutiger Sicht muß ich sagen, daß sie es glücklicherweise nicht geschafft hat, denn so wurde sie in Tulln (NÖ) ansässig. Ich wurde im Oktober 1944 in das Reservelazarett Wolfenbüttel/Niedersachsen verlegt. Von dort schickte man mich am 16. Februar 1945 weiter, weil man dringend Platz für Frischverwundete brauchte. Aber ausgeheilt war meine Verwundung noch lange nicht. Auf einer Lazarettzugfahrt nach Oberösterreich war am Bahnhof Sattledt Endstation. Wir konnten nicht weiter, weil die Strecke in Attnang-Puchheim bombardiert worden war. So warteten wir also dort auf die Amerikaner und das Kriegsende. Unser Lazarettzug wurde nach ein paar Tagen nach Bad Ischl weitergeleitet, wo wir in Schloß Engleiten untergebracht wurden. Anfang November wurde ich in das Gefangenenlager-Lazarett Gmunden-Cumberland verlegt, wo nochmals an meinem Arm operiert wurde. Es konnte mit Erfolg eine Nervennaht vorgenommen werden. Der Chirurg war selbst Kriegsgefangener.

Mitte April 1946 meldete ich mich freiwillig in das Entlassungslager Wegscheid bei Linz, weil ich hoffte, dadurch früher entlassen zu werden. Dort öffnete sich nach etwas mehr als einem Monat endlich das Lagertor in die Freiheit. Ich konnte aber nicht zu meinen Angehörigen in die sowjetische Besatzungszone, sondern wir wurden in einen Transportzug verfrachtet und sollten in ein Lager nach Saalfelden gebracht werden. Viele haben sich unterwegs verflüchtigt, auch ich. In St. Radegund meldete ich mich beim Gemeindeamt und bekam eine Lebensmittelkarte. Ich mußte mich bei Arbeitsamt in Braunau melden und wurde von dort zum Amtsarzt geschickt.

welcher mich untersuchte und eine 60%ige Erwerbsverminderung aufgrund meiner Verwundung bescheinigte. Wovon ich meinen Lebensunterhalt bestreiten sollte, interessierte damals niemanden. Durch Zufall traf ich meinen Bruder, der auch bereits aus der Kriegsgefangenschaft heimgekehrt war. Wir erlangten Passierscheine und machten uns sofort auf den Weg nach Tulln. Dort bekam ich vom Arbeitsamt eine Stelle in einer Gärtnerei zugewiesen, was für mich infolge meiner Kriegsverletzung nicht leicht war. Im November 1946 wurde ich im Baugewerbe, meinem erlernten Beruf, aufgenommen. Die Arbeit war nicht leichter, jedoch verdiente man wenigstens etwas mehr. Als Gartenarbeiter betrug mein Lohn 60 Groschen pro Stunde bei 60 Wochenstunden, im Baugewerbe immerhin S 1,41 bei 50 Wochenstunden. Später wurde ich des öfteren gefragt, warum ich nicht gleich um die österreichische Staatsbürgerschaft angesucht hatte. Nun, das war ganz einfach zu beantworten: Erstens war die Einbürgerungsgebühr von S 2.000,– für mich viel zu hoch bei dem damaligen Verdienst, und zweitens gab es die Klausel, wonach man eine Erklärung abzugeben hatte, daß man keinen Unterstützungsantrag an den Staat stellen werde.

Ende November 1948 wurde ich erstmals arbeitslos. Als Ausländer und Invalide war ich einer der ersten, die stempeln gehen mußten. Zunächst hatte man eine Woche Karenzzeit, und nach weiteren 14 Tagen konnte man sich das erste Arbeitslosengeld abholen. Diese Winterarbeitslosigkeit – für das Baugewerbe typisch – wiederholte sich immer wieder von Dezember bis März. Urlaub konnte man sich damals keinen leisten, und so wurde das Urlaubsgeld ausbezahlt. Ab 1950 bekam man übrigens erst Arbeitslosengeld, nachdem man den noch ausständigen Urlaub konsumiert hatte.

Später wurde das Optionsgesetz geschaffen. So habe ich am 7. Mai 1955 um die österreichische Staatsbürgerschaft angesucht, die mir im Mai 1956 gewährt wurde. Im April 1956 konnte ich um die Invalidenrente ansuchen, welche mir auch zuerkannt wurde. Die Erwerbsminderung wurde mit 60 % bestätigt. Noch im selben Jahr begann ich in Tulln mit der Errichtung eines Eigenheims. 1956 wechselte ich zu einer Wiener Baufirma, wo ich dann 1957 zum Polier ernannt wurde. Die letzten 20 Jahre bis zu meiner Pensionierung 1985 sind mir in angenehmer Erinnerung.

Peter Steigele

Einarmig Bauzeichner und Baumeister geworden

Ich bin in einer Kleinbauernfamilie mit 5 Geschwistern in ärmlichen Verhältnissen aufgewachsen. Zur Zeit meiner letzten Volksschulklasse kam auch schon der Einmarsch der Deutschen Wehrmacht, und aus Österreich wurde die Ostmark. Zwei Monate nach Schulabgang wurde mir eine Lehrstelle als Maurer angeboten. Es war nicht mein Wunschberuf, doch ich nahm an, weil damals die Lehrlinge im Maurerberuf die höchste Lehrlingsentschädigung erhielten, und ich daher meinen Eltern nicht allzusehr zur Last fallen mußte. Doch wie das Schicksal schon spielt, war es gerade dieser Beruf, der mir zu höchsten Stufe im Gewerbe verhalf. Nach der Lehrabschlußprüfung wurde ich nach Znaim einberufen und als Artillerist ausgebildet. Im Juni 1942 kam ich an die Front zur 6. Armee, Regiment 134, in den Südabschnitt Rußlands. Artilleristen wurden dort aber nicht gebraucht, und so wurden wir ca. 40 Mann hinter der Front auf die PAK (Panzerabwehrkanone) umgeschult. Mit unserer 5 cm-PAK standen wir an vorderster Linien und mußten auf alles, was da ankam, schießen – auf vorrückende Infanterie, Fahrzeuge und Panzer. Gerade letztere konnten wir nicht erledigen, weil die Durchschlagskraft unserer Geschoße für die Panzer zu schwach war. Darum bekamen wir dann die Panzerstielgranate 42. Sie sah aus wie eine Panzerfaust. Die Granate mußten wir bei der Rohrmündung hineinschieben und mit geladener Kartusche abfeuern. Es war jedoch für den „Schützen 1“ (Abdrücker am Zielfernrohr) eine Nervensache, er mußte den Panzer auf mindestens 50 m herankommen lassen und dabei abschätzen, um wieviel er höher zielen mußte. Die Granate flog nämlich im Bogen auf das Ziel zu, und es mußte der erste Schuß treffen, denn durch den Abschuß verrieten wir unsere gut getarnte Stellung. Am 20. November 1942 wurden wir von den Russen eingeschlossen. Bei einem Angriff am Nachmittag des 10. Dezember passierte es, ein Panzer hatte uns entdeckt. Ein paar Minuten beruhigte sich der Beschuß. Bei uns war ein rumänischer Offizier, der uns beim Schießen zuschaute. Unsere Nachbardivision war nämlich eine rumänische, dort brachen die Russen ein und rieben sie komplett auf. Die wenig Übriggebliebenen wurden unter deutschen Kampftruppen aufgeteilt, und so kam dieser Offizier zu uns. Als wir in unseren Löchern waren, ging er anscheinend interessiert zum Geschütz. Mit Handzeichen deuteten wir ihm, er solle in Deckung gehen, das Geschütz sei einzusehen. In diesem Augenblick krachte es auch schon, das Geschütz bekam einen Volltreffer, und ihn hat es hingeworfen. Um ihm beizustehen, kroch ich zu ihm, und als ich mich kniend aufrichtete, traf mich ein Explosivgeschoß am linken Oberarm. Nun ging alles sehr schnell. Kaum hatten mir meine Kameraden den Ärmel vom Mantel bis zum Hemd abgeschnitten, um zur Wunde zu gelangen, kamen auch schon die Russen. Sie wollten mich tragen, aber ich sagte: „Rennt nur, ich komme nach“. Ich kam jedoch nicht weit, mein Oberarm war derart zerrissen, daß ich durch den hohen Blutverlust die Kraft verlor, jedoch nicht das Bewußtsein und die Schmerzen. Es blieb mir nichts übrig, als mich tot zu stellen, und ich verschmierte mit dem reichlich vorhandenen Blut mein Gesicht. Mit dem zerrissenen Oberarm nach oben, das blutige Gesicht seitwärts gelagert, muß es wohl echt ausgesehen haben. Jedoch einer traktierte mich mit Fußtritten, und weil ich einen kurzen Augenaufschlag machte, sah er, daß ich noch lebte. Die Russen griffen immer mit dem aufgepflanzten Gewehr an, und so stieß er mir das Bajonett in die Brust. Der Stoß wurde zum Glück durch mein Soldbuch und etliche Fotografien aufgefangen, sodaß ich überlebte. Die Einstichnarbe an meiner Brust ist heute noch deutlich sichtbar. Hinter mir hörte ich eine arge Schießerei. Durch Einsatz von Panzern konnten die Russen wieder zurückgeworfen werden. Es war nicht leicht, die Gefallenen oder Liegengebliebenen gleich nachher aufzulesen, es wurde schon dunkel, und da war weit und breit hohes Steppengras. Dank meiner Kameraden, die in der Richtung, wo sie gelaufen waren, das Gelände absuchten, konnte ich gefunden werden. Für mich war es höchste Zeit. Am Hauptverbandsplatz angekommen, erhielt ich sogleich eine Blutspende. Der Arm wurde mir zwecks Ruhestellung mit vielen Metern Faschen auf den Bauch gebunden. Die notwendige Amputation konnte nicht durchgeführt werden, dazu war keine Einrichtung vorhanden. Die Ärzte mußten Tag und Nacht arbeiten. Zum Hauptverbandsplatz, wo auch die Flugzeuge landeten, kamen immer wieder Verwundete. Was ich mitansehen mußte, war fürchterlich.

Hier wurde gejammert, geschrieen und gestorben. Und weil ich nicht umhin konnte, auch Sterbenden mit Trostworten beizustehen, wurde mein Gemüt derart zerrüttet, daß ich ohne Tränen in den Augen heute noch niemand davon erzählen kann. Wegen Nebels kamen erst am dritten Tag wieder unsere Flugzeuge, es waren drei Transporter (JU 52) und zwei Bomber (HE 111). Ich ging zur HE 111, die konnte höher und schneller fliegen. Zwischen Bombenschächten war ein schmaler Gang, dort mußte ich mich hinhocken. Nach ca. einer Flugstunde kamen wir im Kriegslazarett Charkow an, wo jeder gleich behandelt wurde. Als der Arzt meinen Verband öffnete, sah er, daß der Arm abgestorben war und ich Gasbrand hatte. Sofort mußte ich operiert werden. Der Chirurg löste den Arm aus dem Schultergelenk. Mein Leben hing an einem dünnen Faden. Ich hatte schwer zu kämpfen, konnte nichts essen und war bis auf die Knochen abgemagert.

Es dauerte über drei Monate, bis ich zur Überstellung ins Heimatlazarett Wien transportfähig war. Dort begann die Genesung, Umschulung und Einführung ins Berufsleben. Wie jeder Kriegsbeschädigte kam ich erst zur Berufsberatung. Auf die Frage, was ich vor habe, antwortete ich: „Ich weiß nur, daß ich meinen Beruf nicht mehr ausführen kann.“ Darauf kam die Entgegnung: „Sie können Bauzeichner werden.“ Diesen Berufsstand gab es in Deutschland, in Österreich nicht. Schockiert fragte ich: „Mit einer Hand soll ich zeichnen?“ Nun, aus Berlin bekam ich ein Spezialreißbrett. Auf diesem Brett, welches heute noch vorhanden ist, habe ich in meinem Berufsleben nicht Hunderte, sondern nahezu 2.000 Pläne gezeichnet. Ich kam in die Wehrmachtsfachschule für Technik, und diese wurde mit drei halbjährigen Kursen mit dem Bauzeichnerbrief abgeschlossen. Die Eingliederung ins Berufsleben gleich nach Kriegsende war schwierig, denn mit meinem Bauzeichnerbrief konnte ich nichts anfangen. Die ausgezeichneten Erfolge in den vorgenannten Kursen bestärkten mich, mit der Schule weiterzumachen, und ich inskribierte in der damaligen Staatsgewerbeschule in Wien Schellinggasse. Mein Ansuchen um Unterstützung und einen Platz im Invalidenheim wurde positiv erledigt. Dann besuchte ich den Baumeisterkurs und legte die Baumeisterprüfung am 10.5.1951 ab.

Schon bei der Genesung im Lazarett sagte ich mir, jetzt mußt du alles machen, was ein Zweihänder macht, und es gelang mir beispielsweise schon, die Krawatte oder Schuhbänder genau so schnell und fest zu binden wie ein Zweihänder. Um voll und ganz anerkannt zu werden, muß man oft sogar besser sein, mußte ich erfahren.

Eines Tages, es war im Jänner 1952, kam eine Baumeisterstochter mit ihrer Tante aus Freundorf bei Tulln zu mir, sie kannte nur meinen Zunamen und daß ich im Invalidenheim wohne. Ihr Vater war vor einem Jahr mit dem Motorrad tödlich verunglückt, und ein Jahr lang durfte ihre Mutter als Witwe den Betrieb weiterführen, dann mußte aber ein Baumeister eingestellt werden. Als Geschäftsführer übernahm ich den Betrieb und kam zur Baumeisterfamilie. Die Witwe, meine Chefin, hatte zwei Töchter und zwei Söhne, alle schon aus dem schulpflichtigen Alter. Die älteste Tochter machte schon bei ihrem Vater die Lohnverrechnung und Buchhaltung. Wichtig wäre für mich noch der Autoführerschein gewesen. Ein Amtsarzt gab mir ein positives Gutachten, Fahrschule und Prüfungskommission bestätigten, daß ich der erste war, der mit einem Arm den Führerschein machte. Wenn ich heute zusammenzähle, waren es mindestens zwei Millionen Kilometer, die ich mit PKW oder auch LKW gefahren bin.

Baustellenbesuche mußte ich mit dem Moped machen. Als ich hörte, daß mich meine Chefin nicht mehr gegen einen Nichtbehinderten eintauschen würde, begann für mich ein neuer Lebensabschnitt. Wie schön war es, als vollwertig anerkannt zu werden. Nun waren alle Sorgen, Bedenken und entgegengebrachten Vorurteile vergessen, und ich konnte mich, wie ich glaube, sogar maßgeblich am Wiederaufbau der Republik Österreich beteiligen. Ich führte vier Jahre lang den Betrieb, doch dann mußte ich kündigen. Es geschah schweren Herzens, denn in der Familie war ich wie ein zugehöriges Mitglied und in meinem Wirkungskreis um Freundorf sehr gefragt und gut aufgenommen. Aber der eine Sohn stand vor der Baumeisterprüfung, dann hätte ich sowieso gehen müssen. Der entscheidendere Grund waren aber meine Eltern. Die Mutter weinte einmal sehr und sagte: „Von unseren fünf Kindern sind wir jetzt allein gelassen." Meine beiden Brüder sind im Krieg gefallen, eine Schwester ist in Wien, die andere in Bischofshofen verheiratet. So zog es mich nach Hause. Im März 1956 gründete ich einen eigenen Betrieb, der von Jahr zu Jahr einen größeren Aufschwung verzeichnen konnte. Den Aufschwung verdanke ich meiner lieben Frau, die ich bald nach Betriebseröffnung heiratete. Sie war tüchtig, schaffte die Lohnverrechnung und Buchführung problemlos, stand mir mit Rat und Tat zur Seite. Mit ihrer Hilfe konnte ich den Betrieb nach und nach erweitern. Mein höchster Beschäftigtenstand waren 60 Leute, als ich in Purbach ein Erholungszentrum mit 130 Wohnungen baute.

Der liebe Gott möge geben, daß es in Österreich keine Kriegsbeschädigten mehr geben wird. Und den durch Unfall oder sonst wie Behinderten möge mein Werdegang Mut geben, auch etwas zu tun. Es ist doch viel schöner und lebenserfüllender, wenn man auf ein arbeitsreiches und wie bei mir mit Erfolg gekröntes Leben zurückblicken kann.

Ich bin heute 70 Jahre alt und konnte vor fünf Jahren meinem Sohn nach seiner Baumeisterprüfung einen aktiven, mit Maschinen, Fahrzeugen und Gerüsten gut eingerichteten Betrieb übergeben. Zum Schluß möchte ich mich noch beim Kriegsopferverband bedanken, daß er mich tatkräftig unterstützt hat.

Josef Stifter

Den Mann verloren, für das Kind gelebt

Die heute Unzufriedenen sollten wissen, wie es uns jahrelang ergangen ist, ohne zu murren. Mit 23 Jahren heiratete ich, mein Mann wurde 1938 für ein Jahr von den Deutschen nach Magdeburg in eine Flugzeugfabrik dienstverpflichtet. Wir waren damals schon die Ostmark. Nach unserer Rückkehr nach Wien bekam er eine Anstellung als Flugzeugmechaniker in Liesing. Die Arbeiter wurden mit Bussen nach Wiener Neustadt gefahren, um dort beschädigte Flugzeuge zu reparieren. Da er oft seine eigene Meinung über die Reparaturen äußerte, war er der Führung unangenehm, man ließ ihn nach einem Jahr zur Wehrmacht einberufen. Nach der Ausbildung kam er nach Paris und dann gleich an die Front. Ich war damals fest überzeugt, der Krieg würde nicht lange dauern. Und so schrieb ich täglich Briefe. Auch er schrieb, wenn er Zeit hatte, um seine Seele zu erleichtern. Da wir keine eigene Wohnung hatten, wohnte ich bei meinem Schwiegervater in einem Kabinett. In meiner Freizeit ging ich zu meinen Eltern und half ihnen im Garten. Ich hatte auch für Steno und Maschinschreiben Kurse besucht und bekam 1939 eine Anstellung in Wien-Meidling in der Lungenfürsorge. Da bekamen wir den Krieg zu spüren mit Fliegeralarm und Bombenabwürfen. Wir liefen beim Kuckucksruf bis nach Hietzing ins Amtshaus, denn dort war ein Luftschutzraum. Aber oft kamen wir nicht so weit. Zuhause ging ich nur im Trainingsanzug schlafen und hatte meine Aktentasche mit dem Notwendigsten neben mir. Wenn abends oder nachts der Kuckuck im Radio zu hören war, liefen wir auf die Straße irgendwohin, wo wir glaubten, sicher zu sein. In dem Haus, wo ich wohnte, waren neun Parteien und eine wachte immer. Wenn es soweit war, klopfte diese an jede Tür und rief: „Alarm!"

An einem Sonntagvormittag war wieder Alarm. Ich war bei meinen Eltern auf Besuch. Meine Schwester hatte im Garten ein Loch gegraben und alles versteckt, was ihr wertvoll war. An diesem Sonntag liefen wir beide in einen Luftschutzraum, der angeblich sicher war. Der Luftschutzraum diente auch als Munitionslager. Meiner Schwester fiel ein, daß sie vergessen hatte, ihre Tuchent in das Loch zu schmeißen. Wir liefen zurück in den Garten, aber da fielen schon die Bomben. Heute höre ich noch das unheimliche Zischen und dann den Knall. Nach der Entwarnung kam die Schreckensnachricht, daß es in dem Keller, wo wir uns schützen wollten, über 100 Tote gab und rundherum alles zerstört war. So ging der Krieg weiter, bis es uns schon eine Gewohnheit war, zu hören, daß der und der gefallen ist. Mein Mann war seit Kriegsanfang in Rußland. Er bekam nur dreimal in den ganzen Jahren, seit er eingerückt war, Urlaub, zweimal Genesungsurlaub und einmal, als ich im Jahre 1944 total ausgebombt wurde.

Er wurde zwischen August und November 1943 fünfmal schwer verwundet. Dafür erhielt er das Verwundetenabzeichen in Schwarz, Silber und Gold. Auch das Infanteriesturmabzeichen in Silber, das Nahkampfabzeichen und das Eiserne Kreuz 2. und 1. Klasse.

Mir wurde als Ersatz für meine Wohnung ein Behelfsheim angewiesen, eine Hütte aus Holz. Wasser mußten wir von außen hereinholen in einem Kübel. Zum Heizen gab es fast nichts. Meine Nachbarin hatte zwei Kinder, und wir gingen in der Nacht heimlich Heizmaterial sammeln. Die Gefahr der Angriffe war hier groß, denn am

Maurerberg war die Flak aufgestellt, um die Flieger abzuschießen. Wir liefen dann immer bei einem Angriff zur Mitzi-Langer-Wand in den Stollen. Dort waren wir so halbwegs sicher. Nun war ich sicher, daß ich schwanger war. Ich ging trotzdem meinem Beruf nach, obwohl manche Tage stellenweise keine Straßenbahn fuhr. Zu essen hatten wir ja genug (auf Lebensmittelkarten). Ich sparte verschiedenes von meinen Marken, z.B. Zigaretten und Wurst, Kekse habe ich selbst gebacken, und schickte, was ich konnte, meinem Mann. Als Schwangere hatte ich auch Sondermarken.

Im Jänner 1945 bekam ich von meinem Mann die letzte Post, und zwar aus Lettland. Das Kriegsende kam immer näher, und zu Ostern 1945 sind die Russen in Wiener Neustadt einmarschiert. Ich war schon im siebenten Monat schwanger und wurde nach Oberbayern evakuiert. Wir wurden Bauern zugeteilt, aber man spürte die Ablehnung. Lebensmittelmarken hatten wir keine, und trotz unseres Geldes bekamen wir nichts zu kaufen, bis dann die Engländer Oberbayern in Besitz nahmen und wir Frauen und auch die Kinder Büchsenfleisch und Schokolade kriegten. Bei der Geburt half mir ein englischer Stabsarzt, der gerufen wurde. Mein Heimweh war so groß, daß ich beschloß, ganz einfach auf eigene Faust nach Österreich zu kommen. So fuhr ich in einem Lastwagen mit anderen Frauen, Säuglingen und Kleinkindern bis Linz. Das hatte uns nichts gekostet. Der Fahrer lud uns in Linz ab, aber was nun? Ich war ja nicht ortskundig und suchte einen Bahnhof. Da hielt ein englischer Jeep, ein Soldat schob mich und das Kind ins Auto und fuhr uns in die aufgelassenen Herman-Göring-Werke. Mit anderen Müttern und Kindern wurde uns in einer Baracke ein Raum zugewiesen. Jede Frau mit Kind erhielt eine warme Mahlzeit. Das Lager war aber so überfüllt, daß man sich zum Waschen und Essen anstellen mußte. Der größte Jammer war aber, daß die Baracken total verwanzt waren. Wir waren ca. zwei bis drei Monate dort, ich glaube über Weihnachten. Eines Tages hieß es, ein Zug gehe nach Wien, wer mitfahren will, der melde sich. Wir waren froh, endlich von den Wanzen loszukommen. Wir wurden mit Autos zum Bahnhof geführt, aber es wartete kein Personenzug, sondern sie verfrachteten uns in leere Viehwaggons ohne Sitzgelegenheit. So fuhren wir von Linz bis Wien – 5 Tage, weil der Russe die Fahrt nicht freigab. An den Raststätten blieben zwei Frauen abwechselnd bei den Kindern und Habseligkeiten, die anderen gingen zu den Russen, um Essen zu erbetteln. Die Windeln wuschen wir an den Raststätten, wenn die Züge stundenlang standen. Da erkundigten wir uns schon vorher. Die nassen Windeln wuschen wir gar nicht und ließen sie gleich im Zug trocknen. Am Nordwestbahnhof lud man uns aus. Wir hatten Angst vor den Russen. Es gab kein Bahnhofs-Rot-Kreuz und keine Auskunftsstelle für Flüchtlinge. Eine Frau mit Kind verabschiedete sich, weil sie in der Nähe wohnte. Wir wußten nicht einmal, wie wir durch die zerbombten Straßen nach Hause finden könnten. Es waren viele arme Leute unterwegs, sodaß wir gar nicht auffielen. Ohne einen Groschen Geld stiegen wir in die Straßenbahn. Was konnte uns schon passieren, wo wir doch schon genug hinter uns hatten? Eine Nacht schlief ich mit meinem Kind in Atzgersdorf bei meiner Schwägerin, wo wir uns endlich waschen konnten. Am nächsten Tag führte ich mein Kind in einem alten Kinderwagen zu meinen Eltern. Als ich vor dem Gartenzaun stand, rannte meine Schwester wie eine Wilde auf mich zu. „Du lebst!" schrie sie. „Fast ein Jahr haben wir von Dir nichts gehört." Meine Mutter drückte das Kind vor Freude und weinte. Sogar mein Vater weinte vor Rührung. Nun begannen erst die Fragen und zugleich die Sorgen.

Keine Post von meinem Mann, unser Behelfsheim von den Russen besetzt. Wieder keine Bleibe. Die paar Sachen, die noch in dem Behelfsheim waren, hatte meine Mutter vor dem Einmarsch mit einem Handkarren zu sich geholt. Meine zwei Brüder, ein Schwager und mein Mann waren vermißt oder gefallen. Mein älterer Bruder kam dann aus der Gefangenschaft heim. Ich war froh, ihn bei mir zu haben, denn die Russen suchten sich immer noch Opfer. Ich hatte Gott sei Dank Glück. Wir wohnten an der Südbahnstrecke, die Züge mit Material und Koks blieben oft tagelang stehen. Mein Bruder getraute sich, nachts auf die Waggons zu klettern und Koks zu holen. Zum Glück waren die Züge nicht bewacht, sonst hätte es ihm vielleicht das Leben gekostet. Die Gemeinde Perchtoldsdorf vergab an jeden Haushalt 1 m^2 Holz, das man selbst schlägern mußte. Wir wurden in einem Lastwagen in den Wald gefahren und mußten die angekreuzten Bäume umsägen. Meine Schwägerin und ich schlägerten 2 m^2 für meine Mutter und für mich. Am Abend wurden wir wieder abgeholt, hundemüde und hungrig. Das Holz bekamen wir gratis ins Haus geliefert, eine Weile konnten wir wieder heizen. Das war im Herbst 1946. Dann brach die Ruhr aus in der Ortschaft. Eine Familie verlor binnen zwei Wochen zwei Mädchen im Alter von 18 und 19 Jahren. Die Gemeinde vergab an jeden Haushalt 1 Liter Alkohol. Man mußte sehr sauber mit allem umgehen, Hände waschen und alles gut und rein kochen. Mit meiner Schwester ging ich hamstern, wenn wir etwas zu tauschen hatten. Abends fuhren wir vom Nordwestbahnhof bis Laa an der Thaya. Zurück kamen wir am nächsten Tag. Wir brachten Kartoffeln, Eier, etwas Mehl und manchesmal ein Stückerl Fleisch mit. Zu essen kriegten wir überall ein Stück Brot oder Milch. Man mußte stundenlang von einem Bauernhof zum anderen laufen. Obwohl mein Kind schon 9 Monate war, stillte ich es immer noch. Einmal bekam ich eine Gans, die ich aber nur lebend transportieren konnte. Sie war schwer am Rücken zu tragen, weil ich auch Kartoffeln im Rucksack hatte. Und die Gans war sehr unruhig. Meine Schwester trieb mich an, weil der Zug schon am Bahnhof stand und wir ihn unbedingt erreichen mußten. Ich war dann so außer Atem, daß ich mich gleich im Zug auf den Boden setzte und kein Wort sprechen konnte. In Wien angekommen, war die Gans tot. Wir mußten sie wegwerfen, weil das Fleisch ganz schwarz war. Meine älteste Schwester, die knapp vor Hitlers Einmarsch nach England als Hausgehilfin gefahren war, fing an, uns kleine Pakete zu schicken. Besonders meine Tochter profitierte davon. Sie schickte Zucker, Biomalz, Schokolade, Mehl, Kakao und Reis, sodaß ich nicht mehr hamstern gehen mußte.

1949 bewilligte man mir eine Hauswartstelle. Die Wohnung war nicht sonderlich, aber ich war zufrieden und machte mit den Jahren ein schönes Zuhause daraus. Ich gab meine Tochter mit vier Jahren in den Kindergarten, wo sie natürlich nicht glücklich war und manchmal davonlief. Noch immer schickte meine Schwester Pakete, jetzt schon hübsche Kleider und Mäntel, worüber ich sehr froh war. Ich habe ihr zu verdanken, daß sie mir in der größten Not so viel geholfen hat. Sie ist jetzt 87 Jahre und lebt im Altersheim Liesing, und ich betreue sie, so gut es geht. Meine Rente betrug ab 1.8.1949 vom Invalidenamt S 119,40. Für mein Kind bekam ich eine monatliche Kinderbeihilfe von S 91,90, ab 1.1.1961 dann eine Witwenrente von S 506,30 und als Waisenrente S 108,50 von der Pensionsversicherung der Arbeiter. Die Grundrente vom Landesinvalidenamt erhöhte sich mit Vollendung meines 55. Lebensjahres von S 119,40 auf monatlich S 373,–.

Als meine Tochter 12 Jahre alt war, fuhren wir auf eine Annonce hin in eine

Frühstückspension zur Arbeit. Wir hatten freie Kost und Quartier. Ich arbeitete von 5 Uhr früh bis spät abends: Frühstückmachen, bügeln, kochen, Zimmer putzen, na ja, alles was so anfiel. Ich bekam damals für 2 Monate S 600,–. Meine Tochter freundete sich mit den Bauernkindern an.

Als die Heimkehrerzüge ankamen, ging ich nicht auf den Bahnhof wie andere Frauen. Die Szenen zermürbten mich. Wenn Züge bei uns durchfuhren, ging ich nur zum Bahndamm und schrie mir meine Kehle heiß mit dem Namen meines Mannes und Bruders. Aber keiner kam. Ich glaubte nicht mehr, daß noch ein Wunder geschehen könnte. Ich weinte damals viel und oft, aber ich war glücklich, mein Kind zu haben.

Heute lebe ich 78jährig in einer Gemeindewohnung mit Fernwärme, und ich habe eine Rente, von der man gut leben kann. Ich schließe alle, die Kummer haben, in mein Herz und tröste sie.

Margaretha Strobl

Heimkehrerzug in Wiener Neustadt 1945.

ALLGEMEINE
INVALIDENVERSICHERUNGSANSTALT
Landesstelle Wien

Wien, den 22. FEB. 1950 194
V., Blechturmgasse 11
Fernruf U 46-5-80

Frau
Margarete S t r o b l ,
W i e n XXV.,
Rodaun a.d. Liesing

Krankenscheinnachweis ausgefolgt.

Aktenzeichen: Hb 59.276

Bei allen hierauf bezüglichen Schreiben ist das vorstehende Aktenzeichen anzugeben.

Bescheid

Ihr Anspruch auf Witwenrente nach dem ~~xxx~~ vermißten Rudolf S t r o b l
gemäß § 2, Abs. 1 des Bundesgesetzes vom 19. Mai 1949 (BGBl. Nr. 112)+) sowie auf Beihilfe* und auf Ernährungszulage** wird ab 1.8.1949 anerkannt.

Die Rente beträgt ab 1.8.1949 monatlich S 119.40

Die ab 1. 4. 1950 fällige Monatsrente im Betrage von S 119.40 wird Ihnen monatlich im voraus durch die Post ausbezahlt.

+) im Zusammenhalt mit §§ 1259 und 1260 der Reichsversicherungsordnung (RVO)

Gegen diesen Bescheid ist eine Berufung zulässig, die binnen drei Monaten nach Zustellung des Bescheides bei der Landesstelle der Allgemeinen Invalidenversicherungsanstalt in Wien, V., Blechturmgasse 11, oder beim Schiedsgericht der Sozialversicherung für die Stadt W i e n in Wien I., Riemergasse Nr. 7 einzubringen ist. Die Berufung ist in zweifacher Ausfertigung zu überreichen und hat eine gedrängte Darstellung des Streitfalles, die Bezeichnung der geltend zu machenden Beweismittel und ein bestimmtes Begehren zu enthalten. Urkundliche Behelfe, insbesondere der angefochtene Bescheid, sind in Ur- oder Abschrift anzuschließen.

Beilagen:
1 Lohnabrechng.
1 Merkblatt Nr. 4

Allgemeine Invalidenversicherungsanstalt
Der Direktor
im Auftrage: Nawrkitka

Abrechnung

Vom 1.8.1949 bis 31.3.1950 fälliger Rentenbetrag . . . S 987.20 +)
~~xxx~~ . . . . . . S -.--
~~xxx~~
~~einbehalten~~ ~~überwiesen~~ . . . . . S -.--
Der Betrag von . . . S 987.20 +)
wird Ihnen in den nächsten Tagen durch die Post ~~xxx~~ +)
überwiesen.

In diesem Betrag ist die Überbrückungshilfe von S 32.- enthalten

Zur Beachtung:

Der Antritt einer Beschäftigung bzw. die Aufnahme einer selbständigen Erwerbstätigkeit ist der gefertigten Anstalt sofort zu melden.

Die sonstigen zu meldenden Änderungen sowie die für die Rentenbezieher wichtigsten gesetzlichen Bestimmungen — insbesondere die Bestimmungen über die Krankenversicherung der Rentner — sind umseitiger Belehrung zu entnehmen.

* Bundesgesetz vom 3. Juli 1946 (BGBl. Nr. 159) in der Fassung des Bundesgesetzes vom 19. Mai 1949 (BGBl. Nr. 112) über die Änderung einiger Vorschriften in der Invalidenversicherung.
~~** Bundesgesetz vom 15. Oktober 1948 (BGBl. Nr. 223).~~

...er Rückkehr des Vermißten, bzw. vom Einlangen einer Nachricht, auf
...ich der Vermißte noch am Leben befindet, ist die gefertigte Anstalt
...züglich zu verständigen. Eine allfällige gerichtliche Todeserklärung

Drei Generationen im KOBV

Ich wurde am 26. Oktober 1938 geboren, mein Vater, Walter Schubert, der Vertragsbediensteter im Handelsministerium war, erhielt 8 Tage nach meiner Geburt ein Telegramm, wo er als „politisch nicht zuverlässig“ von seinem Posten per sofort enthoben wurde. Nach kurzer Tätigkeit bei den Böhlerwerken wurde er 1940 zur Wehrmacht eingezogen, wo er den Krieg in Frankreich und Rußland mitmachte.

Nach Monaten der Ungewißheit erhielt meine Mutter im Jahr 1943 die Nachricht, mein Vater befände sich in Bad Harzburg (Deutschland) im Lazarett. So trat sie mit mir meine erste große Reise an. So lernte ich erst als fünfjähriges Mädchen meinen Vater bewußt kennen: Er lag im Bett, Kopf und Hand verbunden, kurz danach kam ein Sanitäter, der ihn zu einer Untersuchung holte, der warf die Bettdecke zurück, ich sah ein Bein und einen kurzen blutdurchtränkten Stumpf. Dieses Bild vergesse ich mein ganzes Leben nicht.

Auch dort erlebten wir Sirenen und Luftangriffe. Wir verbrachten so viel Zeit wie möglich bei Papa (8 Tage), und ich hatte mich rasch an seine Kameraden, denen auch Gliedmaßen fehlten, gewöhnt, als wir wieder nach Hause fuhren.

Im Jahr 1944 fing für mich die Schule an. Um 8 Uhr mußten wir sagen: „Wir grüßen unseren Führer“. Oft gab es Voralarm, und wir wurden nach Hause geschickt. Fliegeralarm gab es bei Tag und Nacht. Mein Vater, der in Deutschland alle Nachrichten interessiert verfolgte, bat meine Mutter, mit mir zu seinen Eltern nach St. Pölten zu ziehen, dort war es noch ruhig. Kaum dort angelangt, wurde auch diese Stadt beschossen. Der Schulweg war sehr lang, wir Kinder wurden oft durch die Flüchtlinge, die mit Pferdewagen durch die Stadt zogen, aufgehalten, sodaß sich dann immer eine Mutter bereiterklärte, uns von Spratzern in die Stadt zur Schule zu begleiten. Da nun die Lage in den Städten überall ziemlich gleich war, zogen wir wieder nach Wien.

Weihnachten verbrachte Mama bei Papa im Lazarett, wo er ihr voll Stolz vorführte, wie er mit Krücken wieder gehen konnte. (Mein Vater hatte in Rußland einen Brust- und Bauchschuß sowie eine Amputation des rechten Oberschenkels und des Daumens der rechten Hand erlitten). Für mich war dieses Fest nicht sehr schön. Es gab wohl einen Christbaum und eine kleine Puppenwiege (die hat Opa gebastelt), aber Puppe war keine drinnen, und mir fehlten die Eltern. Mama brachte dafür die Nachricht mit, Papa werde in Kürze nach Baden bei Wien verlegt. Und dann gab es für uns jedes Wochenende die Fahrt ins Lazarett (eine große Villa). Von dort kam er nach Pottendorf, auch dort gab es ein Lazarett.

Papa, der nun eine Prothese erhielt, konnte deswegen oft nach Wien fahren. Am 13. März 1945 gab es keinen Voralarm, als wir schon die Flieger kommen hörten. Meine Mama und Oma rannten mit mir (ich hatte eine Halsentzündung und war nur notdürftig in eine Decke gehüllt) in den Keller. Opa wurde schon vom Luftdruck über die Stiegen in den Keller geschleudert. Kaum hatten wir in dem schmalen Kellerabteil Platz genommen, als eine Erschütterung durch das Haus ging. Mama meinte, sie muß schauen, ob wir durchs Nachbarhaus könnten, da waren Durchstiege mit vier losen Ziegeln, die bei Gefahr entfernt und die anderen leichter durchstoßen werden konnten. Sie griff, das Licht war aus, aber nur mehr in Schutt, und man hörte schon Wimmern, unser Nachbarhaus war bis in den Keller zerbombt. Wir hatten einen Schutzengel, auf uns lagen wohl drei Stockwerke, aber dieses kleine Abteil war verschont geblieben. Oma hatte ein kleines Herz-Jesu-Bild in diesem Kellerabteil aufgehängt, dieses hat noch heute, fast 50 Jahre später, seinen festen Platz in unserer Wohnung.

Nach einer – wie mir schien – Ewigkeit wurden wir aus unserem Gefängnis befreit. Draußen waren lauter Schuttberge, auf dem Baum im Garten hingen zwei Leichen, über den Gürtel floß Wasser wie ein Strom, es waren natürlich auch die Wasserleitungen getroffen worden. Später kam eine Tante vorbei, da sie erfahren hatte, daß unser Viertel getroffen worden war. Sie stellte mit Schrecken fest, daß unsere Wohnung und die Wohnung der Großeltern dem Erdboden gleich waren. Mama war völlig geschockt, es war zu allem Unglück auch noch ein Brand ausgebrochen, der wegen Wassermangel nicht gelöscht werden konnte.

So verbrachten wir, fünf Erwachsene und drei kleine Kinder, in einem Zimmer mit Küche, ohne Strom und mit nur wenig Wasser, die erste Nacht.

Durch einen Kameraden erfuhr Papa davon. Mama ging in den frühen Morgenstunden nochmals zu unserer ehemaligen Wohnung und versuchte vergeblich, vielleicht etwas zu retten. Am Nachmittag traf Papa ein und erlitt einen Lachkrampf, als er alles sah. Da haben wohl die Nerven komplett versagt. Er hatte Ausgang, und so waren wir jetzt neun Personen.

Nach einigen Tagen erhielten wir ein Notquartier in einer Villa in Gersthof, die Besitzer waren geflüchtet, und uns wurde ein Kellerraum zur Verfügung gestellt. Da unser Kaufmann ebenfalls alles verloren hatte, nützte uns auch unsere Lebensmittelkarte nichts, man hätte nur in seinem Geschäft etwas bekommen. Papa brachte einmal ein $^{1}/_{2}$ kg Brot mit, welches in kleine Stücke geschnitten und getrocknet wurde, und wenn der Hunger sehr groß war, durfte man ein Stück lutschen.

Einmal versuchte Papa, Brennessel zu holen. Vis-á-vis hatten die Russen gerade zwei Stalinorgeln und auf einem großen Grundstück ein Lager aufgebaut, als Papa sehr schnell von seinem Ernteversuch geschockt „nach Hause“ kam. Die Russen hatten vor ihm einen Kameraden erschossen, weil der auf die Frage „Wo du verwundet?“ Rußland sagte, Papa fiel nichts anderes ein als „AMERIKA“ – damit hatte er sein Leben gerettet.

An einem anderen Tag ging es turbulent zu, die Russen hatten die Firma Kattus geplündert, Sekt war ihnen anscheinend fremd, sie hieben die Flaschenhälse ab, und wenn es schäumte, warfen sie die Flaschen weg. Bald kamen sie darauf, daß man es trinken kann, na und dann gab es Tag und Nacht Betrunkene, die die Gegend unsicher gemacht, geschossen, geplündert usw. haben. Wir hatten nur, was wir am Körper trugen, bei uns war nichts zu holen. Ich bekam zu allem Überfluß Masern. Mama kämpfte sich bei Stalinorgelgepfeife zur nächsten Apotheke durch, aber auch die war dem Erdboden gleich. Keine Medikamente. Inzwischen wurde Papa vom Militär entlassen. Wir erhielten im Sommer das Wohnrecht in der Gentzgasse, wo wir – da wir vier Erwachsene und ein Kind waren – eine Küche, ein Zimmer und ein Kabinett benutzen durften. Die anderen Räume waren versperrt. Der frühere Besitzer – ein Arzt, der ein Nazi war – war geflüchtet.

Der erste „Besuch“ in der Wohnung waren Russen, welche die Telefone abschnitten, auf Lastwagen verluden und in den Donaukanal kippten. Später wurden uns, da meine Großeltern ja bei uns wohnten, die gesamten Räume zugeteilt, allerdings wurden alle Möbel den früheren Besitzern wieder zurückgegeben. So mußten meine Eltern wieder von Neuem anfangen.

Wien war damals (bis auf den 1. Bezirk) auf die vier Alliierten aufgeteilt. Währing war in der Hand der Amerikaner, welche in der Gentzgasse, im späteren Dorotheum, ihre Kaserne hatten. Jeden Tag um 6 Uhr früh war ihr Morgenturnen in der Gentzgasse.

Von der Schule aus durften wir bei den Amerikanern zu Weihnachten Lieder singen, da bekam ich meine erste Schokolade, welche in meiner Erinnerung die beste der Welt war. Wie war meine Enttäuschung groß, als ich vor ungefähr acht Jahren so eine Schokolade in einem Geschäft am Graben fand! Jede österreichische Schokolade ist besser, aber die Erinnerung an die erste war halt fest vorhanden.

Papa wurde im Handelsministerium angestellt. Er war Mitbegründer der Bezirksgruppe Währing des Kriegsopferverbandes (KOV, heute KOBV) und kam auch bald in den Hauptausschuß des Verbandes, später in den Vorstand, wo er vom Jahr 1963 bis zu seinem Tode im September 1980 als sachbeauftragter Vizepräsident tätig war.

Ich war natürlich von meiner Kindheit geprägt und landete auch im KOBV, wo ich ab 1960 Leiterin der Fürsorgeabteilung des Landesverbandes für Wien, Niederösterreich und Burgenland war – bis nach der Geburt meines zweiten Kindes. In der Bezirksgruppe Währing habe ich immer gerne mitgeholfen, nach dem Tode meines Vaters wurde ich Kassierstellvertreter, dann Kassier, und seit drei Jahren bin ich Obfrau. Da mein Sohn nach einem Unfall 40% Zivilbeschädigter ist, hat natürlich auch er den Weg in den Verband gefunden, er ist ebenfalls im Bezirksgruppenausschuß tätig. Also ist seit der Gründung der Bezirksgruppe Wien-Währing durch meinen Vater nun bereits die dritte Generation für den Verband aktiv.

Elisabeth Straubinger

Den Glauben nicht verloren

Ich wurde in Ungarn geboren. Meine drei Jahre ältere Schwester und ich haben schon in frühester Kindheit Leid und Verzweiflung kennengelernt, als unser Vater vom ersten Weltkrieg nach dreijähriger russischer Gefangenschaft mit einem amputierten Bein nach Hause kam und hilflos seinem Schicksal gegenüberstand. Unsere Mutter mußte nun für zwei arbeiten. Zum Glück waren da noch die Verwandten, auf ihre Hilfe waren sie jetzt angewiesen. Die Hoffnung, daß wir Kinder schnell heranwachsen und ihnen recht bald zur Hand gehen können, hatte sich ja erfüllt. Wir waren halt mit elf oder zwölf Jahren schon groß genug, was die Arbeit betrifft, und es war nur schwere körperliche Arbeit am Feld oder im Haus, wie es auf einem Bauernhof schon immer war.

Das Erwachsenwerden ging für mich fast zu rasch. Mit 21 bekam ich schon mein erstes Kind, ein Mädchen. Mein Mann, auch ein Bauernsohn aus unserem Dorf, mußte noch fünf Jahre als Berufssoldat dienen.

1936 kam mein erster Sohn zur Welt, 1937 ein drittes Kind, 1940 das vierte und 1941 das fünfte und letzte Kind. Jetzt hatten wir zwei Mädchen und drei Buben und sehr viel Arbeit, aber auch Freude. Das sollte jedoch nicht von langer Dauer sein, es war ja schon wieder Krieg. Die Männer wurden eingezogen.

1941 verstarb meine Schwester, ihr 9 Jahre alter Sohn blieb zurück, damit noch mehr Leid und Schmerz für meine Mutter. Es wurde immer trostloser. Ich, mit meinen fünf kleinen Kindern, meine Eltern und die Schwiegereltern hatten nun beide Landwirtschaften zu bewältigen. Dazu muß ich aber bemerken, daß damals die Menschen zusammengehalten haben. Wir haben Hilfe erfahren, wo man oft nicht damit gerechnet hat. Ich dachte in dieser Zeit oft: Wie lange werde ich das noch durchhalten? Daß es noch schlimmer kommen würde, ahnten wir nicht.

Bald kamen die ersten Flüchtlingstrecks durch unser Dorf gefahren. Auch unsere Leute machten sich auf den Weg. Den Pferdewagen vollgepackt, und los ging's. Auch Verwandte von uns brachen auf. Jetzt hatte auch mein Schwiegervater die schwere Entscheidung getroffen, denn er fühlte sich verantwortlich für uns alle. Meine Eltern wollten nicht mit. Das machte es mir noch schwerer. Weinend kletterten die Kinder auf den Wagen und zuletzt meine Schwiegermutter. Mein Schwiegervater und ich liefen neben dem Wagen her, so, als ob es noch nicht endgültig wäre. Wir waren schon am anderen Ende vom Dorf, plötzlich wendet er den Wagen, und unsere Pferde brachten uns schnurstracks zum Haustor hinein. „Alles absteigen!" sagte der Großvater zu den Kindern. „Sollen sie nur kommen, die Russen." Es war spätabends. Der Wagen blieb am Hof vollgepackt stehen, und wir gingen schlafen. Von meinem Mann wußten wir nur, daß er an der Front war. Die Front war bald direkt bei uns. In den ersten Apriltagen 1945 zogen die Russen über unser Dorf. Wir hatten uns im Keller versteckt: Meine Nachbarin mit fünf Kindern und meine fünf, ein Onkel und seine Frau.

Jemand riß die Tür auf, wir hörten auch Schüsse und gingen die Kellertreppe hoch. Ich glaube, die vielen verängstigten Kinderaugen haben die Kämpfer verscheucht, denn sie verschwanden wieder. Aber am Morgen danach sah es in unserem Dorf verheerend aus. Ich nahm die Kinder an der Hand, und wir gingen zu meinen Eltern. Mein Vater, der einigermaßen russisch sprechen konnte, stand am

Tor mit zwei Offizieren. Von da an brauchten wir keine Angst mehr zu haben. Nicht für alle im Dorf war das so, es gab auch fünf Tote.

Im August starb meine kleine Tochter an Hirnhautentzündung, sie war gerade fünf Jahre alt. Acht Tage später kam mein Mann nach Hause, er hatte seinen linken Arm verloren beim letzten Angriff in Budapest. Ein Elend holte das andere ein. Das Leben ging weiter, ich blieb jetzt mit meiner Familie im Elternhaus, bei den Schwiegereltern wohnte nun die jüngste Schwester meines Mannes mit ihrer Familie. 1946 starb mein Schwiegervater, es war eben doch zuviel, was er in den letzten Jahren geleistet hatte. Jetzt wurde schon unser großer Sohn mit 10 Jahren in die schwere Feldarbeit eingeführt. Es war nur gut, daß er mit Pferden umgehen konnte, aber hinter dem Pflug hergehen und sich nicht nur festhalten, sondern auch eine schöne Furche zustandebringen, war sehr schwierig. Er tat mir sehr leid, denn es war sichtlich zu viel für ihn, was sich auch später noch auswirken sollte. Wie sinnlos die ganze Plackerei war, stellte sich heraus, als am 27. Januar 1948 alle Familien, die zur Ausweisung bestimmt waren, im Gemeindeamt namentlich ausgeschrieben waren. Also auch noch die Heimat verlassen! Das blieb meinen Schwiegereltern erspart, denn 1947 war auch die Schwiegermutter gestorben. Mein Vater lag schwer krank im Bett, so mußte meine Mutter bei ihm bleiben. Ich mußte sie beide zurücklassen. An der Bahnstation im Nachbarort stand schon ein Zug für uns bereit; es waren nur Viehwaggons, wo man uns verfrachtet hat, und ab ging's durch die Tschechoslowakei nach Sachsen in Ostdeutschland. Von Bad Schandau brachte man uns ins Lager Prina, über der Einfahrt stand: „Seid gegrüßt, ihr deutschen Brüder!" Drei Wochen mußten wir hier auf die Aufteilung zu den jeweiligen Familien warten. Die mit erwachsenen Söhnen kamen in Richtung Plauen, andere mit Kleinkindern hat man in den Dörfern der Lausitz verteilt. Mein Mann mit einem Arm und vier kleinen Kindern und seine ältere Schwester mit fünf Kindern hat man in einem Sanitätshaus aus Holz untergebracht. Schönbach hieß der Ort; daß wir diesen Winter überlebt haben, lag wohl daran, daß wir 13 Personen in einem Raum waren. Trotzdem waren unsere Decken am Morgen immer an die Holzbretter gefroren. Die mitgebrachten Lebensmittel von zuhause waren bald aufgebraucht, und das Fasten begann. Mein Mann und sein Schwager haben in einer Ziegelei Arbeit bekommen. Der Verdienst war bescheiden, und die Lebensmittelkarte von meinem Mann mußte für alle reichen. Genug war es nie. Ich bekam Schwächeanfälle, es wurde unerträglich.

Endlich kam ein erster Brief von meiner Mutter, der sehr lange unterwegs war, mit einem traurigen Inhalt: Mein Vater war am 10. Februar verstorben. Meine Mutter war jetzt mit ihrem Enkelsohn allein, aber noch im Haus. Ich wurde noch unruhiger und hatte nur noch eines im Sinn: Nach Hause!

Im Spätsommer war es dann soweit, von einem Arbeiter aus der Ziegelei haben wir erfahren, daß er noch einen Nebenberuf hatte, nämlich Leute mit einem Lastwagen über die Grenze zu schmuggeln. Diese Möglichkeit haben wir Mitte Oktober wahrgenommen. Es war nicht leicht, doch er schaffte uns bei Aschersleben rüber; dort übernahm uns ein weiterer Fahrer, der uns bis Essen zur Bahnhofsmission brachte. Uns war kalt und schlecht von dieser Fahrt im Lastwagen, aber wir bekamen heißen Tee und Brote mit Marmelade. Hier waren die Amerikaner! Am Tag darauf kam ein Gefangenenzug aus Dänemark. Ich hatte noch nie einen so vollbeladenen Zug mit soviel Elend und soviel schwerverwundeten Soldaten gesehen. Uns hat man dann auch noch eingeladen. Es ging nur langsam voran. In jeder Stadt gab es lange Wartezeiten, bis man all die Leute abgeholt hatte. Wir fuhren von Essen nach Kassel, Frankfurt, Fulda, Würzburg, Nürnberg bis Passau. Hier war Endstation. Wieder hat uns die Bahnhofsmission übernommen und drei Tage versorgt. Dann fuhren wir mit dem Bus in Richtung österreichische Grenze. Bei Wegscheid mußten wir über einen Fluß, mein Mann brachte uns einzeln auf dem Rücken ans andere Ufer, hier ging's steil bergauf. Hundemüde oben angekommen, war ein Pferdewagen zu sehen, der Bauer holte sein Maisstroh ein, wir direkt auf ihn zu. Mein Mann erklärte ihm kurz unsere Lage und was wir vorhaben. Aber jetzt wollten wir nur ausruhen, und wenn es in der Scheune ist. Er ließ uns aufsitzen und zog das Maisstroh über uns, aus Vorsicht, dort in Oberösterreich war russische Zone. An seinem Hof angekommen, durften wir uns die Hände waschen. Eine Bäuerin begrüßte uns. Wir konnten beim Tisch Platz nehmen, sie stellte eine Schüssel Suppe in die Mitte, jeder bekam einen Löffel, und so sollten wir alle aus der einen Schüssel löffeln, für uns wieder etwas Neues, aber wir hatten zu essen.

Am nächsten Tag brachte uns der Bauer zur Bahnstation. Er muß für uns auch bezahlt haben. In St. Pölten mußten wir aussteigen und hatten sehr lange Aufenthalt. Endlich ging es mit einem Bummelzug weiter. Fast um Mitternacht fuhren wir über Nickelsdorf nach Ungarn. An der ersten Bahnstation haben wir im Warteraum ein paar Stunden geschlafen. Um drei Uhr früh weckte mich mein Mann. Neben ihm stand ein Bahnbeamter, der ein früherer Soldatenkamerad war. Er war ganz aufgeregt und sagte: „Auf dem schnellsten Weg zurück nach Österreich! Oder willst du mit deiner Familie eingesperrt werden?" Wir wurden beide weiß wie die Wand, alle Hoffnung, nach Hause zu kommen, war dahin. Um 4 Uhr morgens fuhr der nächste Zug zurück. Unseren Kindern war es ganz gleich, wohin es ging, vor Müdigkeit sind sie eingeschlafen. Ich selbst war jetzt hellwach und fühlte eine unbeschreibliche Leere in mir und weinte mich aus. Irgendwann stieg ein Mann in den Zug zu und sah uns immer nur an. Er fragte: „Wo wollt ihr denn hin?" „Wenn wir das wüßten . . .", sagte ich, und wir erzählten ihm von unserer mißglückten Heimreise. Nach kurzer Überlegung sagte er: „Ich bin zu Hause in St. Margarethen, und wir fahren alle zusammen da hin, und dann sehen wir weiter."

Endlich durften wir eine Woche lang ausruhen und uns sattessen, nachdem wir schon seit Ende Oktober unterwegs waren, denn inzwischen war schon der 6. Dezember. Das Ehepaar hatte beschlossen, die zwei Großen könnten gleich bei ihnen bleiben. Mein Mann und ich konnten bei einer Witwe in der Landwirtschaft anfangen. Die zwei Jüngsten hatten jetzt auch eine Bleibe. Einer bei einer Witwe, ihr eigener Sohn war fast genauso alt, und die zwei haben sich gut verstanden. Der Kleine kam zu einem kinderlosen Ehepaar, der Mann war Schlossermeister. So war unsere Familie im ganzen Dorf verstreut.

Es dauerte eineinhalb Jahre, dann haben wir erfahren, daß Flüchtlingsfamilien auf einem Gutshof – Sommerhof – außerhalb vom Dorf aufgenommen werden. Wir hatten Glück und holten die Familie zusammen. Der Besitzer hatte auch Wohnungen zur Verfügung, nur mußte man die mit einer zweiten Familie teilen, was für uns damals selbstverständlich war.

Am Anfang der fünfziger Jahre kamen immer noch Leute dazu. Die Arbeit war nicht leichter als sonst, aber wir waren wieder eine Familie. Die zwei Jüngsten mußten zur Schule gehen, es war ein weiter Weg, und am Nachmittag mußten sie eine große Herde Schafe hüten, was bei der großen Sommerhitze anstrengend war.

Die zwei Großen mit 14 und 16 mußten schon fleißig mithalten, sie hatten jetzt das gleiche Schicksal wie wir einst.

Die ersten Jahre waren schwer. Allmählich wurden Maschinen angeschafft. Vor allem eine Melkmaschine, denn lange hätte ich die Schmerzen in den Händen nicht mehr ausgehalten. Mein Sohn, ich und zwei andere Frauen hatten jeden Tag 32 Kühe zu melken, um 4 Uhr früh waren wir zur Stelle, um tagsüber am Feld und im Weinbau zu arbeiten.

Dieser Hof ist nur 5 km von der ungarischen Grenze entfernt, von unserer Heimat 140 km. Meine arme Mutter hoffte immer noch auf ein Wiedersehen, so wie ich, doch es war vergebens. Wir konnten einander schreiben, aber nicht ein einziges Mal durfte ich einreisen zu einem Krankenbesuch. Als sie schon schwer krank war, schrieb mein Neffe, sie will es nicht glauben, daß ich nicht kommen kann. Im ungarischen Konsulat in Wien sagten sie uns, alles, was sie für uns versucht haben, ist gescheitert. Dann mußte ich aufgeben. Meine Mutter starb am 30. Dezember 1955.

Ich versuche, all das zu vergessen, aber es gelingt mir nicht. Die vielen schlaflosen Nächte haben schon ihre Ursache . . . 1959 hatten wir mit Hilfe der Siedlungsbaugenossenschaft und unserem eigenen Ersparten einsteigen können beim Bau eines Einfamilienhauses. Und nun sind es bald 45 Jahre, daß wir in diesem Dorf, in St. Margarethen, unsere zweite Heimat gefunden haben. Und wir fühlen uns sehr wohl unter diesen freundlichen Menschen, die uns alle gut gesinnt sind.

Zwei Söhne haben selbst gebaut, und der jüngste hat bei uns am Haus angebaut. Die Tochter lebt in Deutschland mit ihrer Familie. Sie besuchen uns oft, und wir halten alle zusammen. Mein Mann starb 1976 an Herzversagen. Ich könnte jetzt einen ruhigen Lebensabend haben, wenn da nicht all die Schmerzen wären, an den Händen, am Rücken, die Füße sind krank und nicht zuletzt meine Nerven, die es nicht zulassen, daß ich fünf Minuten ruhig sitzen kann.

Die Ruhe habe ich verloren, aber nicht meinen Glauben. – Ein Lebenslauf, der für viele in dieser Zeit ähnlich war; manche Frau würde sagen: Es könnte meiner sein.

Maria Talakovics

Hinterbliebene Kriegsopfer

Ich habe zwei Söhne. Otto wird heuer zweiundfünfzig und Willi fünfundfünfzig Jahre alt, er hat seinen Vater noch gekannt. Otto hat ihn leider nie kennengelernt. Mein Mann Willy blieb in Stalingrad.

Ich muß da etwas ausholen. Ich wurde am 4. Februar 1918 geboren und verlor beide Elternteile an der schweren Grippe, die damals unter der unterernährten Bevölkerung wütete. Mit zehn Monaten wurde ich von Zieheltern angenommen und unentgeltlich aufgezogen. Man muß von einem Glücksfall reden, denn es waren sehr anständige Menschen, die mich liebten und das Wenige, das sie hatten, mit mir teilten. Als mein Mann und ich uns 1938 kennenlernten, war es Liebe auf den ersten Blick. Doch da ich teilweise in den Personenkreis des Nürnberger Rassengesetzes fiel, bekam mein Willy von der Wehrmacht keine Bewilligung zur Eheschließung. Nachdem wir mehrmals diesbezügliche Anträge gestellt hatten, die alle abgelehnt wurden, lebten wir ohne diese Bewilligung zusammen.

Als Jahrgang 1915 war Willy vom österreichischen Heer in die Deutsche Wehrmacht übernommen und im Sudetenland, in Polen und Rußland eingesetzt worden. Mein Mann wurde 1940 und 1941 für die Zuckerfabrik Leopoldsdorf je drei Monate zur Arbeit in der Rübenkampagne vom Kriegsdienst enthoben. In den späteren Jahren wurde er nicht mehr freigegeben. Am 25. März 1942 mußte er für die russische Front Waffenbestandteile von Warschau abholen. Da diese erst zusammengestellt wurden, durfte er bis 30. März nach Hause fahren. Es waren fünf glückliche Tage, die wir zusammen verlebt haben. Wir haben uns seither nie wiedergesehen. Am 24. Dezember kam unser zweiter Sohn Otto zur Welt. Und Anfang des Jahres 1943 starb unser Vati im Lager Frolow bei Stalingrad. Das Gemetzel in Stalingrad hat er überlebt, im Lager mußte er leider an Ruhr und Typhus sterben. Zuerst dachten wir noch, er wäre vermißt, aber nach dem Krieg berichteten uns Heimkehrer von seinem Tod. Wir, die Kinder und ich, haben damals viel geweint und gebetet. Ich bekam für die Kinder eine sehr kleine Rente und für mich seinen geringen Sold als Stabsgefreiter, als er noch als vermißt galt. Ich mußte für Leute nähen und flicken, damit es zum Leben reichte. 1945 flüchteten wir, als die Russen kamen und blieben übers Kriegsende in Droß bei Krems, da war kein Kriegsgebiet mehr.

Meine Ziehschwester hatte eine kleine Trafik, die sie als Kriegsopfer des Ersten Weltkrieges verliehen bekommen hatte, und ich machte für sie, nachdem ihr Sohn mit achtzehn Jahren gefallen war, die Buchhaltung und Markenverrechnung. Das mußte ich für sie bei der Verbrauchssteuerabteilung in Gänserndorf beim Finanzamt erledigen. Dort sagte mir der Abteilungsleiter einmal: „Sie sind ja schon eine ganze Trafikantin, warum suchen sie nicht selbst um eine Trafik an?“ Da dachte ich, warum eigentlich nicht?

Ich war seit 1946 Mitglied beim KOV, da fuhr ich einfach hin und erkundigte mich. Man zeigte mir eine Liste mit den offenen Standorten und sagte mir, was ich alles unternehmen müßte. Da die Finanzlandesdirektion und die Austria Tabak-Werke einverstanden waren und ich einen diesbezüglichen Antrag mit Unterstützung des KOV für eine Trafik in Gänserndorf gestellt hatte, bekam ich sie zugesprochen. Es war ein kleines Lokal mit einem alten Schreibtisch als Verkaufspult und einem

Regal ohne Rückenwand, nur mit einer grauen Wehrmachtsdecke abgedeckt. Dahinter war ein schmaler, kleiner Divan, wo ich schlief. Meine Buben blieben noch bei meinen Ziehschwestern in Untersiebenbrunn. Jeden Sonntag mittag ging oder fuhr ich mit einem geborgten Fahrrad dorthin, um die Kinder im Waschtrog zu baden und mit reiner Wäsche und Kleidung zu versorgen. Der kleine Otto weinte immer, so nahm ich ihn manchmal mit, und wir schliefen beide auf dem Divan. Der Willi ging in die Volksschule. Einmal lief er davon und kam vom Winde durchgeblasen mit viel zu großen Schuhen (man bekam ja noch nichts) mit ein paar gepflückten Veilchen bei mir an, und wir schliefen zu dritt auf dem Divan. Mit einem Pferdefuhrwerk konnte ich die Buben nach Untersiebenbrunn zurückschicken.

Willi war dann in der Bundesgewerbeschule in Mödling und wurde bei der Firma Universale in Straßhof als Oberwerkmeister und Otto bei der Wiener Allianz als Gebietsinspektor tätig. Später habe ich bei der Siedlungsgenossenschaft „Frieden" beim Bau eines Einfamilienhauses mitgemacht, wo wir im Dezember 1954 einziehen konnten. Um diese Zeit wurde ich vom damaligen Sekretär und späteren Präsident des KOBV verständigt, auch vom Landesinvalidenamt angeschrieben, daß ein neues Gesetz erlassen worden sei, wonach man, falls alle erforderlichen Belege vorhanden seien, meine aus rassischen Gründen verboten gewesene Ehe mit einem gefallenen Wehrmachtsangehörigen als zustandegekommen anerkennen würde.

Ich hatte alle Briefe von meinem Mann aus dem Krieg, alle Dokumente sowie die Bescheide der Wehrmacht auf der Flucht mitgenommen, alles Nötige war vorhanden. Auch mein Schwiegervater war einverstanden. Vom KOBV wurde mir der Rechtsanwalt beigestellt, und es wurde trotz eines Einspruchs der Finanzprokuratur die Ehe als geschlossen anerkannt. Wir durften den Namen meines Mannes tragen. Meine Söhne waren besonders glücklich, da sie nun als eheliche Kinder galten.

Seit 1946 bin ich Mitglied des K.O.B.V., ab 1954 war ich Hauptkassiererin und später Obmannstellvertreterin der Ortsgruppe Gänserndorf. In dieser Zeit habe ich gesehen, wie vieles durch die Organisation für die Mitglieder geleistet und erledigt wurde. Ich bin dem KOBV sehr dankbar, daß man mir so geholfen hat. Ich war durch diesen Verband im Helenental, in Selce und Punat im Urlaub und bin den Funktionären heute noch dankbar, daß sie sich so für uns Kriegswitwen und Kriegswaisen eingesetzt haben.

Gretl Tomaschek

Russische Soldaten gepflegt

Ich bin Jahrgang 1913. Ende 1943 kam die Einberufung. In der Normandie wurden wir zu Erntearbeiten eingesetzt, anschließend zum Schanzen. Es war am Morgen, ein herzzerreißendes Schreien hallte durch das langgezogene Tal – ein Kamerad hatte einen Bauchschuß erlitten. Vom Gelände kam schon Feindbeschuß. Wir mußten uns durchs Waldgelände in der Nacht durchschlagen. Jetzt bekam ich das MG zu tragen. Plötzlich schlug eine Granate ein, sie hat einen Unteroffizier und mich erwischt. Wir schrien, und die Kameraden trugen uns in den Hof eines Hauses. Der Unteroffizier verschied. Er hinterließ fünf Kinder. Meine linke Hand hing gefühllos herab. Notdürftig verbunden wurde ich mittels Saniauto zum Hauptverbandsplatz gebracht. Dort sah man schon viele verwundete Soldaten. Die nächste Liegestatt war ein großer Stall. Man mußte warten, bis man transportfähig wurde. Gott sei Dank wurde ich bald einwaggoniert – und dann ging es der Heimat zu. Um Mitternacht fuhren wir durch Budapest, um 3 Uhr früh ist der Zug in Wien-Aspangbahnhof angekommen. Es war der 5. Oktober 1944. Hilfspersonal verteilte uns in verschiedene Lazarette. Mein neues Zuhause war die Landstraßer Hauptstraße 4 (Elisabeth-Spital).

Alle umsorgten uns: Ärzte-Team, Pflegepersonal, geistliche und weltliche Schwestern. Dafür danke ich heute noch.

Die Fliegeralarme wurden immer häufiger. Beim Kuckuckruf durch das Radio mußten uns die armen Schwestern in den Luftschutzkeller tragen, oft vom Vormittag bis am späten Nachmittag, dann gab es einfaches Essen. Dennoch, nach Entwarnung fühlte man im Krankenbett eine Art Geborgenheit. Doch ernster wurde man, als der Schreiber kam und die Zurückgebliebenen aufschrieb, weil die Zeit es nicht mehr zuließ. Hie und da gab es Unterhaltung durch Lichtbilder. Als meine Hand vom Gipspanzer freigemacht wurde, dauerte es oft lange, bis ich sie an die Brust legen konnte. Nach ca. vier Monaten wurde ich zu den „Knochenbrechern“ in die Hofburg versetzt. Ich erinnere mich an die schweren Bombenangriffe dazumal, vom Fenster aus sah der ganze Horizont wie ein Flammenmeer aus. Die Oper brannte nieder. Man fühlte mit, welches Leid der armen Zivilbevölkerung angetan wurde.

Ende Februar wurde ich ins Allgemeine Krankenhaus versetzt. Gott sei Dank konnte ich schon selbst hingehen. Wegen Überfüllung gab es nur ein Notquartier auf dem Gang.

Es wurde immer dramatischer, die Russen erreichten meine Heimat, die „Bucklige Welt“, schließlich auch Wien. Der Russe übernahm uns. Gleich wurden wir sortiert, alle mußten hinaus, nur die Krückengeher konnten bleiben. Ich wurde zum Abmarschieren eingeteilt. Der Marschzug wurde immer größer: Militär und Zivil – alles was daher kam, mußte mit, so auch ein junger Mann in Hauspatschen. Ich befand mich am letzten Zipfel des großen Marschzuges, der sich zu einem großen Auffanglager nach Wiener Neudorf bewegte. Eine gemischte Kommission mit Dolmetsch ließ die Behinderten sich setzen, alle übrigen mußten zu einem Transport nach Osten. Uns Ausrangierte – ca. 40 Mann – führten strenge Bewacher zu Fuß weiter nach Baden. Gegen Abend in Baden angekommen, bekamen wir Quartiere in leerstehenden Häusern. Am nächsten Morgen wurden wir durch die Stadt getrieben,

Marschroute Helenental ins russische Lazarett. Ausgehungert bekamen wir russische Kascha. Wir betreuten verwundete Russen. Nach ein paar Wochen wurden wir nach Biedermannsdorf versetzt.

Eines Tages, so gegen Ende Mai, ließ man die Österreicher nach Hause gehen. Wir nahmen mit der Bevölkerung Fühlung auf, da wurde uns erklärt, wir kämen nicht weit und würden wieder eingefangen. Wir gingen daraufhin wieder zurück und verlangten vom russischen „Spieß" Entlassungspapiere – und bekamen sie auch.

In einem leerstehenden Heim fanden wir Kleider, die Uniform mußte schnell weg. So zogen wir zu dritt die Pottendorfer Bahnlinie entlang der Heimat zu: Als „Arbeiter" mit Heugabel oder Rechen. In Katzelsdorf haben wir bei guten Menschen ein Nachtquartier bekommen. Der nächste Tag – es war Pfingsten 1945 – brachte unsere Trennung.

Ich durfte die Aspangbahn gratis benützen, Endstation Edlitz-Grimmenstein. Am nächsten Tag ging es über Seitenwege und Höhen der Heimat zu nach Krumbach. Das Wiedersehen zu Hause war natürlich sehr erfreulich, jedoch überschattet von den schlimmen Ereignissen vergangener Wochen.

Ich danke dem Herrgott für mein gnadenvolles Schicksal. Den draußen gebliebenen Kameraden, deren große Sehnsucht nach der Heimat unerfüllt geblieben ist, gilt mein bleibendes Gedenken.

J. Tanzler

Am 9. April wurde Vösendorf von den Rotarmisten erobert – Kampf an der Badnerbahnstrecke Kreuzung Triester Straße/Schönbrunner Allee. Foto: Votava, 1020 Wien

Immer positiv denken!

Ich bin 78 Jahre alt und Hausfrau. 1942 habe ich geheiratet. 1943 mußte mein Mann nach Rußland einrücken. Knapp vor Weihnachten 1943 bekam ich die Nachricht, daß mein Mann schwer verwundet wurde. Ich war schwanger und hatte in Krems, wo ich wohnte, keine Verwandten. Diese waren alle in der Steiermark. Am Stephanitag kam die Nachricht, daß meinem Mann im Feldlazarett der Oberschenkel amputiert worden ist. Im Jänner bekam ich ein Schreiben, daß mein Mann nach Littau in Sachsen ins Lazarett überstellt wurde. Für mich gab es kein Überlegen, ich habe mir die Papiere verschafft, das Nötigste gepackt, vor allem Babywäsche, weil unser Baby schon im Februar kommen sollte. Hochschwanger, im überfüllten Zug bei Fliegerangriffen, habe ich in zwei Tagen die Reise geschafft. Mein Mann war überglücklich, als er mich sah, ich aber war bei seinem Anblick zutiefst erschüttert. Er hatte nur mehr 45 kg. Ich blieb eine Woche bei ihm. Der Arzt sagte, ich hätte ihm sehr viel Kraft und Lebensmut gegeben.

Nach seiner Genesung konnte mein Mann seinen gut bezahlten Posten nicht mehr ausüben. Er kam in die Kanzlei, wo er einen niedrigeren Gehalt hatte. Im Juli 1945 kam ein zweites Kind auf die Welt. Wir hatten wenig Geld und fast nichts zu essen. Mit zwei kleinen Kindern konnte ich keiner Arbeit nachgehen. Für uns wurde es immer schlechter. Die Russen haben die spätere VOEST übernommen. Meinem Mann wurde nahegelegt, der kommunistischen Partei beizutreten. Das hat er ganz entschieden abgelehnt. Wir haben das zu spüren bekommen. Sein Gehalt wurde nicht angehoben. Da er in Arbeit stand, bekam er als Kriegsopferrente anfangs 150–, dann 190,– und 240,– Schilling. Vor seinem frühen Tod im Jahre 1970, er war 69 Jahre alt, waren es, glaube ich, bei 500,– Schilling. Darüber hat sich mein Mann gefreut. Mein Mann war außer seiner Kriegsverletzung, die er tapfer ertragen hat, immer gesund. Im Dezember 1970 wurde er wegen Blinddarmentzündung ins Krankenhaus eingeliefert. Aber weil es Sonntag war, wurde er nicht gleich operiert. Am Montag hatte er einen Durchbruch, nach einer Woche war mein lieber Mann tot.

Viel später, ich weiß nicht mehr genau wann, bekam ich die Kriegsopfergrundrente, die heute S 2.031,– beträgt. Für diese möchte ich mich beim Kriegsopfer- und Behindertenverband herzlich bedanken. Ich kann mir damit doch mein Alter verschönern. Im Sommer, wenn es meine Gesundheit erlaubt, fahre ich in meine geliebten Berge zum Wandern. Mit 70 war ich noch am Hochschwab. Für mich zählt jedes Jahr, ja jeder Monat, wo ich mich noch gut fühle. Ich habe drei Operationen überstanden und gebe nie auf. Immer positiv denken! Ich will noch meinen 80. Geburtstag erleben.

Rosa Wallner

Für Nächstenliebe reich belohnt

Vor meiner Einrückung war ich als Fuhrwerker in Kirchberg am Wechsel tätig. Lieber wollte ich zur Post und hatte auch die Zusage, als Briefträger – damals hieß es Postfacharbeiter – anfangen zu können. Aber das Arbeitsamt sagte strikt nein. Ich habe mich auch zum Militär gemeldet, denn diejenigen, die 12 Jahre gedient hatten, bekamen eine Anstellung im öffentlichen Dienst. Aber weil ich erst 17 Jahre alt war, wurde mein Antrag abgelehnt. Ein Jahr später habe ich mich bei der Polizei beworben. Da ich nur 1,68 m groß war, aber eine Mindestgröße von 1,70 m vorgeschrieben war, wurde ich nicht genommen. 1941 bin ich dann zur Deutschen Wehrmacht eingerückt und kam zum Infanterie-Ersatz-Bataillon 61 nach München. Am 22. Juni 1941, als der Krieg mit Rußland begann, war ich auf Erntehilfe in Oberbayern. Wir mußten sofort zurück in die Kaserne nach München, wo die Marschbataillons aufgestellt wurden. Ich kam zum Marschbataillon 1007. Am 13. August 1941, um 2 Uhr nachts, wurden wir in Waggons verladen und nach Rußland transportiert. Die Fahrt dauerte 12 Tage. Bei Brest-Litowsk haben wir die russische Grenze überschritten und sind am 24. August in Smolensk angekommen. Überall waren Soldatengräber und Ruinen zu sehen. Wir waren erschüttert. Noch am selben Tag wurden wir auf Lastkraftwagen verladen und an die Front geführt. Dort trafen wir Männer, die schwere Kämpfe hinter sich hatten und schwer gezeichnet waren. Aus jungen Burschen waren alte Männer geworden. Für uns junge Soldaten, wir waren damals ca. 20 Jahre alt, war der Anblick deprimierend, und wir hatten Angst. Ununterbrochen Kanonendonner und Gewehrfeuer. Wir kämpften uns bis 60 km vor Moskau durch. Das Kampfgeschehen war grauenvoll. Wir Infanteristen waren die ärmsten Hunde. Wir hatten keine Winterbekleidung – und das bei ca. 50 °C Kälte. Im November kamen die ersten Kameraden mit Erfrierungen in das Lazarett.

Die Russen, die gut ausgerüstet waren, wehrten sich erfolgreich. Am 24. Dezember, am Heiligen Abend, mußten wir unsere Stellungen aufgeben und bei Nacht zurückmarschieren. Ich wurde mit fünf Mann zur Sicherung eingeteilt und ging als letzter unseres Bataillons. Nun mußten wir drei Tage und drei Nächte unter freiem Himmel verbringen. Wir versuchten, uns einzugraben, um Schutz zu haben, aber es war unmöglich. Die Russen griffen immer wieder an und erzielten rechts von uns einen Durchbruch. Am Abend des 26. Dezember bekam ich den Befehl, mit einem Kameraden den Waldrand zu sichern. Stundenlang mußten wir dort ausharren und konnten die Front nicht verlassen. Bei dieser Aktion erlitt ich schwerste Erfrierungen an Händen und Füßen. Wir waren eingeschlossen. Am 29. Dezember wagten wir den Ausbruch, der auch gelang. Wir mußten die ganze Nacht marschieren, um aus dem Kessel herauszukommen. Dabei wurden wir von den Russen heftig beschossen. Obwohl die Lage trostlos war, mußten wir am 30. Dezember einen Angriff starten. Am 31. Dezember 1941 ging ich vormittags noch mit in die Stellung, aber ich hielt es vor lauter Schmerzen nicht mehr aus. Ich konnte nicht mehr gehen. Meine Füße waren total erfroren und gefühllos. Meine Kameraden trugen mich in das Haus des Artilleriebeobachters. Ich war erledigt. Am Neujahrstag, dem 1. Jänner 1942, um 4 Uhr früh, brachten mich Kameraden mit einem Pferdeschlitten zum Regimentsarzt und später zur Krankensammelstelle. Da ich meine Stiefel nicht mehr ausziehen konnte, mußten sie heruntergeschnitten werden. Ich hatte Erfrierungen 2. und 3. Grades. Unser Bataillon wurde fast zur Gänze aufgerieben, es sind nur mehr 17 Mann übriggeblieben. Der höchste Dienstgrad war ein Unterfeldwebel.

Von der Krankensammelstelle kam ich zum Feldlazarett, dann ging es mit dem Lazarettzug nach Deutschland. Ich hätte in ein Lazarett nach Trier kommen sollen, aber mein Zustand hatte sich derart verschlechtert, daß ich am 27. Jänner in Sulzbach bei Saarbrücken ausgeladen werden mußte. Am 28. Jänner 1942 wurde ich operiert. Als ich aus der Narkose erwachte und sah, daß beide Unterschenkel weg sind, bekam ich einen Schock. Es war zum Verzweifeln. Ich konnte mir nicht vorstellen, wie ich ohne Beine leben sollte. Zum Zeitpunkt der Amputation war ich 21 Jahre alt. Ich wollte nicht mehr leben. Infolge des großen Blutverlustes und der Unterernährung wäre mein Wunsch beinahe in Erfüllung gegangen. Heute bin ich froh und glücklich, daß ich lebe, und ich möchte noch lange am Leben bleiben, so Gott will.

Am 17. Juni 1942 wurde ich in das Heimatlazarett im 5. Bezirk von Wien (Gassergasse) verlegt. Dort wurde ich abermals amputiert. Insgesamt wurde ich fünfmal amputiert. Mein Zustand hatte sich gebessert und auch der Lebensmut. Ich befaßte mich mit dem Gedanken, meine schulische Ausbildung zu verbessern und zu lernen. Am 13. April 1943 kam ich in die Wehrmachtfachschule für Technik in Wien und besuchte betriebswirtschaftliche Lehrgänge für Kriegsversehrte in den Fächern Betriebswirtschaftslehre, Schriftverkehr, Wirtschaftsrechnen, Buchhaltung und Steuern, Rechtskunde, Arbeits- und Sozialordnung, Bürokunde und Nationalpolitik. Am 23. Februar 1944 wurde ich von der Deutschen Wehrmacht als Unteroffizier entlassen. Mit den Prothesen konnte ich schon einigermaßen gehen. Nun bemühte ich mich, eine passende Stelle zu bekommen. Man hat mir in Wien eine Stelle in einem Amt angeboten. Aber ich wollte nicht in Wien bleiben, weil diese Stadt immer wieder das Ziel von Luftangriffen war. Am 1. Juli 1944 kam ich als Schreibkraft zur Gemeinde Kirchberg am Wechsel. Hier hatte ich auch die Möglichkeit, mehrere Kurse zur Weiterbildung zu besuchen. In der Zeit vom 3. September bis 17. Oktober 1946 besuchte ich in Hollabrunn den Einführungskurs in das Genossenschaftswesen und in die Aufgaben eines Landgemeindesekretärs, und zwar mit sehr gutem Erfolg. Dieser Kurs, bei dem ich Klassensprecher war, wurde vom Landesinvalidenamt und von der Landwirtschaftskammer organisiert. Nach mehreren Kursen legte ich am 17. November 1947 beim Amt der niederösterreichischen Landesregierung die Gemeindebeamtenprüfung mit Auszeichnung ab. Vorher hatte ich schon bei diesem Amt die Standesbeamtenprüfung ebenfalls mit Auszeichnung abgelegt. Mein Wunsch, das Wissen zu erweitern, ging immer weiter, und ich belegte einen Lehrgang für Allgemeinbildung. Einen Lehrgang bei der International School habe ich mit Erfolg beendet. Es stimmt: „Wissen ist Macht!“

Im Herbst 1946 wurde ich zum Kassenverwalter bestellt, am 1. Jänner 1949 wurde ich Standesbeamter des Standesamtes Kirchberg am Wechsel, ab 1. Jänner 1966 war ich Leiter des gesamten Verwaltungsdienstes, bis 1985 auch Leiter der Schulverwaltung. Nach fast 40 Dienstjahren bei der Marktgemeinde Kirchberg am Wechsel bin ich als Gemeindesekretär in den Ruhestand getreten. Trotz meiner schweren Verwundung und körperlichen Behinderung war ich während dieser Zeit kaum einen Monat im Krankenstand. Am 24. September 1982 beschloß der Gemeinderat meiner Marktgemeinde, mir in Würdigung meiner besonderen Verdienste den „Goldenen Ehrenring“ zu verleihen. Diese Ehrung wurde in Kirchberg zum allerersten Mal an mich vergeben. Vom Landesfeuerwehrkommando erhielt ich am 8. Mai 1983 die höchste Auszeichnung für einen Nichtfeuerwehrmann, die „Florianiplakette". Das Land Niederösterreich hat mich mit drei Orden geehrt. Auch vom „Schwarzen Kreuz, Kriegsgräberfürsorge" erhielt ich Auszeichnungen. Insgesamt wurden mir in meinem Leben ca. 30 Orden und Ehrenzeichen verliehen. Eine ganz besondere Freude bereitete mir die Verleihung des Ehrenzeichens in Silber am Bande des Kriegsopfer- und Behindertenverbandes für Wien, Niederösterreich und Burgenland am 17. Jänner 1991. Am 4. Juli 1954 habe ich geheiratet. Meine Frau ist die Tochter eines Volksschuldirektors und einer Volksschullehrerin. Wir haben sechs Kinder, die alle höhere Schulen und Universitäten besucht haben. Drei Söhne sind Akademiker, einer Elektroingenieur, eine Tochter ist Kindergärtnerin und eine Hauptschullehrerin. Ganz besonders wichtig ist mir meine Tätigkeit im Kriegsopfer- und Behindertenverband, welcher mich immer wieder tatkräftig unterstützt. Deshalb arbeite ich mit Freude und Begeisterung in dieser Organisation mit, wo ich viel praktische Nächstenhilfe leisten kann. Am 1. Mai 1944 trat ich dem Verband bei, am 27. Juni 1948 erfolgte meine Wahl zum Obmann der Ortsgruppe Kirchberg, am 24. Oktober 1965 zum Obmann der Bezirks-Arbeitsgemeinschaft Neunkirchen und am 21. März 1983 zum Vizepräsidenten des Kriegsopfer- und Behindertenverbandes.

All das konnte ich nur durch die wunderbare Unterstützung meiner Frau und unserer Kinder vollbringen. Sie haben mir mein Leben wesentlich erleichtert und verschönert. Ich hoffe und wünsche, daß ich noch lange meine Kraft und mein Wissen in den Dienst der Kriegsopfer und Behinderten stellen kann.

Man wird unser Leben danach beurteilen, was wir für andere getan haben.

Richard Waidhofer

Hilfe zur Selbsthilfe

Als Sohn eines Kleinlandwirtes wurde ich am 12. April 1942 zur Deutschen Wehrmacht, zur 2. Wiener Panzer-Division, einberufen. Nach kurzer Ausbildungszeit in Mährisch-Weißkirchen ging es nach Rußland an die Front. Mein Schicksalstag war der 7. Juli 1943 im Schlachtgeschehen des Unternehmens „Zitadelle". Es war ein heißer Kampftag im wahrsten Sinne des Wortes südlich von Orel, wo uns am Nachmittag ein russischer Schlachtfliegerverband angriff, und ich von einer Fliegerbombe, welche ganz nahe bei mir einschlug, schwer verwundet und verschüttet wurde. Kameraden hatten mich ausgegraben und notdürftig versorgt. Auf dem Hauptverbandsplatz verlor ich infolge des hohen Blutverlustes das Bewußtsein. Mir wurde das rechte Bein ober dem Knie amputiert. Auch am linken Fuß hatte ich erhebliche Verletzungen. Nach dem Erwachen im Feldlazarett Gromy war der Schrecken groß. Ich weinte bittere Tränen. Was fang ich nun an mit einem Fuß? Und noch so jung, erst 20. Mit dem Trost guter Kameraden faßte ich langsam wieder Mut. Auch die Briefe meines jungen Mädchens, welches ich erst drei Wochen zuvor im Heimaturlaub kennengelernt hatte, gaben mir Zuversicht und Kraft. So überwand ich die depressive Stimmung. Kurz vor Kriegsende wurde ich aus dem letzten Lazarettaufenthalt in Linz entlassen, kehrte Gott sei Dank wieder ins Elternhaus und zu meinen drei Geschwistern heim. Nun waren wir alle froh, daß der Krieg zu Ende war. Nun galt es, einen passenden Arbeitsplatz zu finden. Vater half mir dabei. Es hieß überall zunächst warten. Noch im Herbst 1945 trat ich der neu gegründeten Bezirksgruppe des Kriegsopferverbandes Ybbs bei, welche mir in manchen Problemen, bei der Arbeitssuche, der Versorgung mit einer Prothese und in Rentenangelegenheiten, behilflich war. Manchmal waren noch schwere Stunden zu überwinden, wenn ich nicht mehr alles mitmachen konnte, was sonst gesunde Burschen eben tun.

Ab Neujahr 1946 wurde ich als Halbtagsbeschäftigter in den Gemeindedienst von St. Martin am Ybbsfeld eingestellt. Da gabs noch manche Hürden zu überwinden. Erst mußte ich Maschinschreiben lernen und Kurse besuchen. Im November 1947 legte ich bei der NÖ-Landesregierung die Gemeindebeamtenprüfung ab. 37 Jahre war ich dann Gemeindesekretär. 1949 heiratete ich meine Soldatenbraut. Zunächst hatten wir im Dorf eine sehr kleine Wohnung, es stand daher der Wunsch im Raum, ein kleines Häuschen zu bauen.

Dieser Wunschtraum wurde Wirklichkeit, und so konnten wir Ende der sechziger Jahre mit viel Mühe, Fleiß und Schweiß bei äußerster Sparsamkeit ein Einfamilienhaus errichten. Dort verbringen wir jetzt als Pensionisten, von den „Jungen" umsorgt, den Lebensabend. Unsere vier Kinder sind gut versorgt. Mit einer positiven Lebenseinstellung habe ich als Schwerkriegsbeschädigter mit Hilfe meiner Frau das Leben gemeistert. Hinzufügen möchte ich noch, daß es wieder die Hilfe des Kriegsopferverbandes war, welche uns beim Hausbau über finanzielle Schwierigkeiten durch Darlehen und Rentenvorschuß beim Landesinvalidenamt behilflich war. Das war Hilfe zur Selbsthilfe. Danke!

Franz Weidinger

Ein alter KOV-Funktionär

Als im Herbst 1944 unsere 2. Panzerdivision in der Eifel in Ruhestellung lag, wurde sie mannschaftsmäßig wieder auf Kriegsstärke gebracht, wir erhielten neue moderne Panzer und alles notwendige Pioniergerät. Nun konnten wir auch annehmen, daß man mit uns wieder etwas vor hat, zumal wir an die Frontlinie am Fluß Our an der luxemburgischen Grenze vorgezogen wurden. Tatsächlich begann am frühen Morgen des 16. Dezember 1944 die letzte große deutsche Offensive im Westen. Diese sogenannte Ardennenoffensive unter Generalfeldmarschall von Rundstedt sollte die amerikanischen Linien überrennen und uns wieder in den Besitz der Kanalhäfen bringen. Da unsere Angriffsarmee großartig gerüstet war, glaubten wir alle an einen Erfolg. Zügig hatte unsere Panzervorausabteilung die Maas erreicht, doch hier sollte alles aus sein. Kein Benzintransport für die Panzer kam infolge der feindlichen Luftherrschaft mehr durch.

Unsere Kompanie hatte in einem Waldstück entlang einer kleinen Straße Stellung bezogen, bewaffnet nur mit Handfeuerwaffen und einigen MGs. Plötzlich tauchte auf der Waldstraße ein amerikanischer Panzer auf, gefolgt von Infanterie. Es kam zu einem kurzen, heftigen Feuergefecht, doch die großkalibrigen Waffen des Panzers waren überlegen. Der Kampflärm war groß, neben mir fiel ein Kamerad mit Kopfschuß, ein anderer schrie verwundet auf. Ich stand aufrecht und feuerte mit meiner Maschinenpistole auf die Angreifer. Da, plötzlich ein harter Schlag gegen mein linkes Bein, und ich drehte mich zusammen. Ein Geschoß aus dem Panzer-MG hatte mein Knie zerschmettert. Es gab Tote und Verwundete hüben und drüben. Plötzlich hörte der Kampflärm auf, und beide Kampfparteien begannen, ihre Toten und Verwundeten zu bergen. Auch ich wurde von zwei Kameraden geborgen und rund 1 km durch den Wald zurückgeschleppt. Wir gelangten zu einem Munitionstransportfahrzeug, wo auch schon andere Verwundete lagen. Provisorisch wurde ein Verband über mein Knie geschlungen und wir auf den Wagen verpackt, der über Stock und Stein zum Verbandsplatz fuhr. Dort gab es schon viele Verwundete, und wir erhielten nur den Zettel mit unserem Namen und der oberflächlichen Feststellung unserer Verwundung. Dann ging es, jetzt schon mit Sanitätskraftwagen, zu einem größeren Verbandsplatz. Dort saßen bereits Landser in langen Reihen und warteten auf die Versorgung durch die Feldärzte. Ich war noch nicht an der Reihe, als es Alarm gab, denn amerikanische Panzer waren am anderen Ende des Städtchens vorgefahren. Blitzartig wurden wir wieder auf die „Sankas" verladen, und ab ging es in Richtung zu den noch in deutscher Hand befindlichen Rheinbrücken bei Worms. Auf dieser Fahrt wurden sogar die Rotkreuzwagen von amerikanischen Flugzeugen beschossen, und die wehrlosen Soldaten waren ganz ihrem Schicksal überlassen. Unser Transportwagen hatte jedoch Glück, wir konnten noch knapp vor der Sprengung die Rheinbrücke passieren. Die Fahrt endete in einem Behelfslazarett in Bensheim an der Bergstraße.

Als ich nach 48 Stunden endlich vor einem Oberarzt, er war im Zivilberuf Landarzt, auf dem Operationstisch lag und dieser mein Bein sah, sagte er nur, er werde alles Nötige tun, dann versank ich in der Narkose. Als ich erwachte, glaubte ich im Himmel zu sein. Ich lag in einem weißen Bett in einem sonnigen Zimmer, und eine blonde Krankenschwester stand vor meinem Bett. Die Schwestern umsorgten uns freundlich und sagten mir, ich dürfe mich nicht rühren, damit ich bald wieder gesund werde. So vergingen zwei Tage. Nun fühlte ich mich schon etwas kräftiger und wollte mich aufsetzen. Doch was war das? Ich kippte im Bett nach der linken Seite um. Da keine Schwester da war, schlug ich die Bettdecke zurück und erstarrte, denn an Stelle meines linken Beines war nur ein großer, vermummter Klumpen. Ich schrie auf, eine Schwester stürzte herein und versuchte, mich zu beruhigen. Doch ich war fassungslos, ich konnte es nicht glauben, daß ich nun ohne Bein weiterleben sollte. Für Tage war mir der Appetit vergangen, und ich bat die Schwester flehentlich, mir eine Pistole zu bringen, ich wollte nicht so weiterleben. Meine Gedanken gingen im Kreis. Was werden die daheim sagen, ich kann nicht mehr gehen, tanzen und meinen geliebten Sport betreiben. Als ich mich dann in der Runde umschaute, bemerkte ich, daß alle vier Zimmerkameraden das gleiche Schicksal erfahren hatten, und wir begannen einander zu trösten. Ich glaube, es dauerte einige Wochen, bis mein erster Verband gewechselt wurde. Und ich sah dabei nur Blut und Eiter. Der Arzt beruhigte mich und sagte, die Amputation sei gelungen, und ich werde eines Tages wieder gehen können. Mit der Zeit fühlte ich mich besser, durfte das Bett aber noch immer nicht verlassen.

Da gab es eines Tages vor dem Lazarett Schüsse und einen großen Lärm. Als wieder Ruhe eingetreten war, erfuhren wir, der Amerikaner hatte den Ort besetzt, und an einer Straßenkreuzung nicht weit von unserem Haus entfernt hätten einige fanatische Hitlerjungen mit der Panzerfaust einen US-Panzer erledigt und einige Soldaten verwundet. Die 12- bis 14jährigen Buben wurden aber schnell überwältigt und getötet. Es waren einige Wochen vergangen, da sagte der Arzt, nun könne ich das Aufstehen probieren. Erst durch Massieren und Probieren brachte ich es zu einem wackligen Stehen auf zwei massiven Armkrücken. Beim Versuch, erstmals über einige Stufen zu gehen, stürzte ich jedoch diese hinunter, und es gab wieder einen Rückschlag im Heilungsprozeß. Gegen Ende April wurden dann alle gehfähigen Patienten in ein großes Kriegslazarett in einem Jugendheim verlegt, wo in einer großen Halle in langen Reihen die verwundeten Soldaten lagen. Bald darauf hat am 8. Mai 1945 das restliche Deutschland kapituliert, und es wurde damit der furchtbare Krieg beendet. Nun bekamen wir auch neue Zeitungen, und täglich erschienen amerikanische Propagandaleute im großen Saal und berichteten über deutsche Kriegsverbrechen. Was wirklich draußen geschehen war, wußten wir nicht. Ich durfte auch nicht nach Hause nach Retz schreiben, denn Niederösterreich war von den Russen besetzt worden, und auf diese war man nicht gut zu sprechen. Gegen Ende Juni war meine Amputationswunde schon teilweise verheilt, und ich konnte schon ein bißchen besser gehen.

Da wurde ich zusammen mit etlichen anderen verwundeten Kameraden auf einen amerikanischen Lastwagen gepfercht, und in rasender Fahrt ging es dahin. Unsere tolle Fahrt endete in einem riesigen Gefangenenlager bei Babenhausen am unteren Main. Auf dem Gelände eines ehemaligen Panzerübungsplatzes hatte man viele Tausende von Kriegsgefangenen eingesperrt, das Lager war von hohen Stacheldrahtzäunen umgeben, und davor patroullierten Amerikaner. Die ehemaligen Landser lagerten in Gruppen von ca. zwanzig Mann in Erdlöchern, die von Zeltplanen überdeckt waren. Auch für uns Verwundete gab es da keine Ausnahme. Die sanitären Verhältnisse waren schrecklich und die Verpflegung so spärlich, daß sich manche sogar über das Gras der Lagerwiese hermachten. Dieses Lagerleben wurde unterbrochen durch ständige Verhöre und Untersuchungen durch die US-Militärbehörden. Man nahm den Landsern noch den Rest ihrer Habseligkeiten weg, sie wurden ausgefragt und untersucht, mußten Daumenabdrücke geben usw. Bei wem man das SS-Blutgruppenzeichen unter der Achsel fand, der wurde sofort in ein noch härteres Lager abgeschoben. Eines Tages fragte man: „Gibt es Österreicher unter den Gefangenen?“ Wir meldeten uns in der Hoffnung auf eine etwas bessere Behandlung. Dann hieß es, Österreicher, die nicht in der russischen Zone beheimatet sind, können entlassen werden. Das war endlich eine gute Nachricht. Und aus allen gefangenen Österreichern waren sofort Westzonenbewohner geworden, und auch meine Heimat lag angeblich in der Nähe von Linz. Da keinerlei Dokumente vorlagen, wurde auch ich gegen Ende Juli zusammen mit etlichen anderen entlassen. Mit einem provisorischen Entlassungsschein, auf meinem stand „linker Fuß fehlt“, wurden wir vor das Tor des Lagers gejagt. Ich tat mich mit einem Landsmann aus der Eggenburger Gegend zusammen, und wir gelangten tatsächlich „per Anhalter“ weiter. Gemeinsam mit anderen Landsern organisierten wir in Oberösterreich einen Lastwagen, überquerten die Donau und fuhren ein Stück flußabwärts. Vor der russischen Demarkationslinie verließen wir den Lkw, und alle Landser verschwanden im Gelände, denn in der Nacht konnte man leichter über die Zonengrenze kommen. Mein Kamerad und ich stapften aber schnurgerade auf der Straße der russischen Absperrung entgegen. Wir zeigten den verdutzten Posten unseren amerikanischen Ausweis mit etlichen Stempeln und sagten, wir wollen heim, da „Amerikanski nicht gut“. Vielleicht auf Grund meiner Verwundung ließen uns die Russen tatsächlich passieren, und wir hatten es vorerst geschafft. In Schwertberg schlichen wir auf den Bahnhof und erkundigten uns, wie es weitergehen kann. Tatsächlich kam am nächsten Tag auf der Donauuferbahn links der Donau ein Lastzug, und wir fanden mit Hilfe der Eisenbahner im Zug ein Versteck und gelangten so nach Krems. Dort sah es fürchterlich aus, der Bahnhof und die ganze Umgebung war ein Trümmerhaufen, doch hatte man durch das Chaos wieder einige Geleise gelegt, und es gab einen relativ regen Lastzugsverkehr. Mit viel Glück erwischten wir einen Zug, der über Hadersdorf durch das Kamptal nach Horn und Sigmundsherberg an der Franz-Josefs-Bahn fuhr. Es war wieder ein großer Zufall, daß früh am nächsten Tag eine Zugsgarnitur die kurze Verbindungsstrecke nach Zellerndorf an der Nordwestbahn fuhr und mich mitnahm. Am Bahnhof in Zellerndorf stand eine einzige Lok unter Dampf. Als ich den alten Lokführer fragte, ob er nach Retz fahre, sagte er nur, steig herauf. Ich kroch zu ihm auf die Lok, und ab ging es die 7 km in meine Heimatstadt Retz. Überglücklich kroch ich in Retz von der Maschine und dankte herzlich dem alten Lokführer, der sich nicht einmal ein Trinkgeld geben ließ. Das war am 21. August 1945.

Ich machte mich auf den Weg zu meinem Heimathaus. Da kam mir ein Mann entgegen, den ich schon von weitem erkannte: Es war mein Vater, der sich auf dem Weg in die Volksbank befand, wo er als Vorstandsmitglied Dienst machte. Ich zuckte zusammen und wußte momentan nicht, wie ich mich verhalten sollte. Dann ging ich weiter und sah, daß mir der Mann zunickte, ich tat desgleichen und stapfte an ihm vorbei. Mein eigener Vater hatte mich nicht erkannt. Ich ging noch einige Schritte weiter, dann drehte ich mich um und rief: „Hallo, Vater!“ Der Mann drehte sich um, sah mich an, und erst als ich einige Schritte auf ihn zuging, erkannte er seinen heimgekehrten Sohn. Weinend fielen wir einander in die Arme und waren einige Zeit sprachlos. Mein Vater faßte sich zuerst und sagte: „Entschuldige, Bub, daß ich dich nicht erkannt habe, aber als ich dich sah, dachte ich bei mir, das ist auch so ein armer Kerl, den man aus dem Krieg heimschickt." Gemeinsam und stumm gingen wir dann den Weg zu meinem Elternhaus. Es war ca. 8 Uhr morgens, als mein Vater das Haustor aufsperrte. Auf dem rund 500 Meter langen Weg hatte uns niemand angesprochen. Wie dann das Wiedersehen mit meiner Mutter verlief, weiß ich wirklich nicht mehr, denn ich war in einem Freudentaumel, wieder daheim zu sein und den Krieg lebend überstanden zu haben.

Meine Eltern hatten seit Ende 1944 keine Post von mir erhalten und wußten auch nichts von meiner Verwundung. Ich wurde reichlich verwöhnt und konnte mich erholen. Ich sprach bei der Heimkehrermeldestelle und bei der Gemeinde vor, damit ich wieder als Retzer geführt werden konnte und Lebensmittelkarten bekam.

Als für den 20. November 1945 die ersten Nationalratswahlen in Österreich ausgeschrieben wurden, lernte ich im Zuge der Wahlvorbereitungen, wo ich mithalf, die verantwortlichen Leute aller Ortschaften des Gerichtsbezirkes Retz kennen, was mir später in meiner Arbeit für den Kriegsopferverband von großem Nutzen sein sollte. Schon im September 1945 hatte ich einer Notiz in der Hollabrunner Bezirkszeitung entnommen, daß sich in Wien eine Zentralorganisation der Kriegsopfer gebildet hatte, die den heimkehrenden verwundeten Soldaten helfen wolle. In dieser Zeitung las ich auch, daß Kriegsinvalide beim Landesinvalidenamt einen Antrag auf Gewährung von Abschlagszahlungen für erlittene Kriegsschäden stellen können. Da zündete etwas in mir, und ich sah vor mir eine große Aufgabe. Dank meiner Vorbildung konnte ich da meinen verwundeten Kameraden und den vielen Kriegshinterbliebenen helfen.

Im Oktober fuhr ich nach Wien, um über die Kriegsopferorganisation Näheres zu erfahren. In der Wallnerstraße traf ich zum erstenmal den schwerstverwundeten und blinden Vorsitzenden der Kriegsopferorganisation. Er bat mich, in Retz eine Ortsgruppe zu errichten. Bald danach kam meine offizielle Bestellung, und die Gründung wurde von der Vereinsbehörde im Bezirk nicht untersagt. Doch als der russische Kommandant etwas von einer Kriegsopferorganisation hörte, wurde ich vorgeladen. Ich konnte ihm erklären, daß wir eine soziale Hilfsorganisation seien, und unsere Arbeit wurde von dieser Seite nicht gestört. Dank fleißiger Mitarbeiter, welche die Kriegsopfermaterie schon von früher kannten, konnte in den folgenden Monaten viel für die verwundet heimgekehrten Soldaten getan werden. Neben der Antragstellung auf Rente gab es Lebensmittel und Zigaretten aus verschiedenen Spendenfonds, ferner Bekleidungsstücke und Mäntel aus UNRRA-Beständen (einer amerikanischen Hilfsorganisation). Noch heute sehe ich vor meinem geistigen Auge einige Kriegsversehrte, die jahrelang mit einem dieser amerikanischen Mäntel umhergingen. Bei unserer Arbeit wurden wir tatkräftig von der Vereinszentrale in Wien unterstützt, und manches Kriegsopfer erhielt bald eine kleine Rente vom Staat. In Würdigung unserer Aufbauarbeit wurde ich in das Vorstandsgremium der Kriegsopferorganisation in Wien berufen. Als dann im Jahre 1946 der Kriegsopferverband für Wien, NÖ und Burgenland gegründet wurde, kam ich Provinzmensch als Beisitzer in den neuen Hauptausschuß. Wir jungen Kriegsheimkehrer hatten damals einen mächtigen Respekt vor den erfahrenen, alten Kriegsopferfunktionären wie Hans Hirsch, Franz Schulz, Ladislaus Nogol, Robert Plischke, Sekretär Karl Baier und dem Rentenfachmann Schnürmacher. Wir konnten unter Anleitung dieser Männer viel über die Kriegsopferversorgung und alle einschlägigen Gebiete lernen. Die großen Erfolge der Kriegsopferorganisation in den folgenden Jahrzehnten konnten übrigens durch eine strikte Überparteilichkeit erreicht werden.

Beruflich betätigte ich mich 33 Jahre als Bankbeamter. Der direkte Kontakt mit den Kunden am Bankschalter machte mir viel Freude. Bald kamen zu meinen Funktionen im Kriegsopferverband noch weitere hinzu. Ich wurde Mitarbeiter in der Volkshochschule und im Pfarrgemeinderat. Auch fand ich wieder Vergnügen an der Beschäftigung mit den Briefmarken, zumal der Großteil der Sammlung meines Vaters und auch meine eigenen Schätze durch einen Zufall gerettet werden konnten.

Da mein Bruder Gottfried nach seiner Heimkehr seine alte Freundin wiedergefunden hatte, kam es im Feber 1948 zur ersten Heirat in unserer Familie. Das junge Paar war von meinen Eltern ausgestattet worden und konnte einen Teil des Bauernhofes meines Großvaters beziehen. Meine Braut und ich mußten jedoch mit der Hochzeit noch eine Zeitlang warten, da wir vorerst keine Wohnung finden konnten. Schließlich wurde mir vom Dienstgeber eine Wohnung im Bankgebäude vermittelt, und auch wir konnten ans Heiraten denken. Im November 1948 war es dann soweit.

Friedrich Weiß

Schwerkriegsbeschädigt, trotzdem Arzt

Mein Mann wurde 1914 als fünftes von sechs Kindern auf einem Bergbauernhof geboren. Nach Volksschule und Gymnasium inskribierte er als Werkstudent an der Medizinischen Fakultät der Universität Wien. Vor seiner letzten Prüfung zum Abschluß seines Hochschulstudiums wurde er zum Wehrdienst einberufen und mußte als Gefreiter bei einer Sturm-Division als MG-Schütze der Infanterie in die Ukraine. Einen Urlaub benutzte er, um sein letztes Rigorosum abzulegen. Dann mußte er gleich wieder an die Front. Ein Studienfreund vertrat ihn bei seiner Promotion. Er selbst war als Gefreiter im Truppenarztdienst eingesetzt. Bei diesem Einsatz erlitt er eine schwere Kriegsverletzung: Granatsplitter im Gehirn. Nach einem Monat Bewußtlosigkeit infolge einer Kopfoperation wurde er per Flugzeug nach Breslau und Wien überstellt. Hier wurde er zum Unteroffizier und später zum Militärunterarzt befördert. Anschließend machte er bei den Flugzeugwerken Wiener Neustadt als Truppenarzt Dienst, dann in Biedermannsdorf, wo er wieder einen Rückschlag mit Krampfanfällen erlitt und als militäruntauglich vom Heer entlassen wurde. Wir heirateten im Juli 1942. Am 31. Dezember 1942 kam dann die große Gehirnoperation im Allgemeinen Krankenhaus Wien, bei der Herr Professor Schönbauer einen großen Granatsplitter aus der Gehirnsubstanz entfernte. Nach einer freiwilligen Röntgenfachausbildung im Kaiserin-Elisabeth-Spital kam die unfreiwillige Notdienstverpflichtung nach Röschitz auf den Gemeindearztposten Es war ja großer Ärztemangel. Wir mußten innerhalb von 14 Tagen unsere schöne Wiener Wohnung mit einem Kleinkind verlassen und kamen im November in eine leere, unbeheizbare Wohnung. Nachdem unsere Wiener Wohnung ausgebombt wurde, mußten wir auch weiter draußen bleiben. Wir haben uns in unserem Leben kein Vermögen erarbeiten können, war doch die Leistungskraft zu gering. Außer der Kriegsopferversorgung hatten wir keine andere staatliche Unterstützung. Wir haben vier Kindern das Studium ermöglicht. Die Kinder haben nun wieder vier intakte Familien.

Mit vielen Sorgen und Plagen haben wir bis zur Frühpension durchgehalten. In den letzten Jahren wurde mein Mann vom Bürgermeister der Stadt des nächstgelegenen Krankenhauses ersucht, für kurze Zeit die Direktion des Krankenhauses zu übernehmen, weil es große Probleme mit der Ärzteschaft gab. Mein Mann sagte zu, es wurden 10 Jahre für Gottes Lohn daraus. Abfertigung und Pension gab es auch nicht dafür. Wir sind trotz allem zufrieden und fanden auch immer Hilfe beim Kriegsopferverband. Trotz seiner schweren Behinderung durch die Kriegsverletzung hat mein Mann die Landpraxis mit Erfolg bewältigt. Nach zwei Herzinfarkten, einer Herzdilatation und einem Schlaganfall ist mein Mann geistig und körperlich sehr gebrechlich und braucht ständige Hilfe. Ich versuche nun mit Heimhilfe, Massagen und Physiotherapie sein Leben zu erleichtern.

Maria Weninger

Einer unter vielen

Seit 1980 bin ich Pensionist und trotz einer schweren Kriegsverletzung (60%) jahrelang im Arbeitsprozeß eingegliedert gewesen.

Meine erste Verwundung erlitt ich in der Ukraine, nahe Mogilew. Es war endlich Frühling geworden, die Birken hatten schon kleine Blätter, ein lauer Wind wehte. Bei einem breiten Bach, über den eine Holzbrücke führte, hatten wir mit der Pak (Panzerabwehrkanone) Stellung bezogen. Die Mannschaft war in einer Kirche untergekrochen, da waren die Mauern noch stabil. Die Infanterie lag zwei Kilometer weiter vorne, unser Vorposten lag in einer abgebrannten Datscha, es war ruhig, fast friedlich. Da näherte sich in voller Fahrt ein Lastkraftwagen, gejagt von zwei russischen Schlachtflugzeugen. Ich hörte die harten Abschüsse der Bordkanonen, auf der Straße zeichneten sich die Aufschlagspuren ab. Die Leute sprangen in letzter Sekunde aus dem Auto. Schon saßen die Garben. Der Wagen brannte lichterloh. Aber auch zwei Panzer kamen durch das Bachbett. Auf eine solche Gelegenheit hatten wir gewartet. Zwei „Rumm-wumm"-Treffer, und diese Gefahr war vorbei. Jedoch die Flieger hatten uns ausgemacht. Neben uns spritzte Dreck empor, es dröhnte in meinem Schädel, ich knickte ein, verspürte einen höllischen Schmerz, der durch meinen Oberschenkel raste. Meine Hand, die hinunter griff, war voller Blut. Ein Kamerad schnitt meine Hose auf und verband mich notdürftig. Am Abend holte mich ein Sanitätswagen ab. Auf den ausgefahrenen Wegen sprang und rumpelte der Wagen, die Verwundeten stöhnten. Am Ziel, dem Hauptverbandsplatz, wurde ich in ein Zelt getragen und auf eine Strohschütte gelegt. Hunderte von Fliegen tummelten sich an den Wänden, der Geruch von Blut und Eiter lockte sie an. Überall Schreien und Stöhnen, bei mir kamen erst jetzt die großen Schmerzen, der Oberschenkel brannte wie Feuer.

Zwei Sanitäter hoben mich hoch, im OP setzten sie mich auf eine Bank – gerade in dem Moment, als ein Bein mit einem Stiefel dran in einen Eimer fiel. Schon kam ich an die Reihe. Ich wollte fragen, was mit meinem Bein los wäre, aber schon wurde mir die Mundmaske aufgelegt, tief atmen, zählen – weg war ich. Auf einer Tragbahre kam ich wieder zu mir. Eine Rotkreuzschwester verfrachtete mich in ein Bett, das ganz weiß war, ein richtiges Bett. Ich versuchte, mein Bein abzutasten, die Schwester sagte: „Eine Splitterverletzung im Oberschenkel. Nun, das dauert schon einige Wochen, bis Sie ausgeheilt sind." Meine Wunde heilte langsam, doch ausgerechnet in einer Nacht erfolgte plötzlich meine Entlassung. Ich fand keine Zeit zum Verabschieden, so schnell hatte der Oberstabsarzt den „Ostmärker mit seiner balkanesischen Aussprache" aus dem Lazarett befördert. In Mogilew ging ich wieder einmal in eine Kirche, eine russisch-orthodoxe Kirche. Es war die gleiche Ausstrahlung wie in den Kirchen zuhause, nur die Wandbilder und der Altar waren anders gestaltet. Dann fuhr ich wieder nach vorn, an die Front.

Das alte Spiel ging weiter: Der Russe griff an, wir warfen ihn zurück und umgekehrt. Vom einstigen Birkenwäldchen war keine Rede mehr. Alles zusammengetrommelt, nur mehr zersplitterte Baumstrünke. Es vergingen Wochen. Gerade als ich in meinem Unterstand einmal eingenickt war, weckte mich ein ratterndes Geräusch. Ich taumelte in den Splittergraben hinaus. Da fauchte es in der Luft, ich setzte den

Stahlhelm auf, vernahm nur mehr einen großen Krach und wurde an die Grabenwand geschleudert, dabei verspürte ich einen Schlag auf den Helm. Furchtbare Schmerzen durchbohrten mich, dann war eine furchtbare Leere, alles war wie ausgelöscht. Einmal vernahm ich die Worte: „Er ist zu sich gekommen" und sah über mir grelles Licht. Von woher kam das? Und wieder hörte ich eine Stimme: „Wir haben Sie, so gut es ging, verarztet, als Sie vom Hauptverbandsplatz zu uns nach Pulavy kamen. Einige Tage müssen Sie noch hier in Polen bleiben, dann werden Sie in ein Heimatlazarett verlegt. Sie haben links eine Oberarmfraktur, Granatsplitter im Hinterkopf, zahlreiche kleinere im ganzen Rückenbereich. Ansonsten sind Sie noch ein ganzer Mensch, wir werden Sie schon wieder hinkriegen." Bald waren drei Monate vorüber. In einem Massentransport ging es nach Wiener Neudorf in ein ehemaliges Frauengefängnis, das man zu einem Lazarett umgestaltet hatte. Besonders gefiel mir ein wunderschöner, großer Garten. Das Arztteam setzte die Behandlungen fort, die Schwesternbetreuung hatten hier Ordensschwestern vom Karmeliterorden über. Das Essen war jetzt auf alle Fälle reichhaltiger und besser. Eines Tages wurden wir sogar nach Wien in die Staatsoper gefahren. Als Verwundete hatten wir den Vorzug, in der alten Kaiserloge sitzen zu dürfen.

In unserer Bibliothek wurde ich zur Leseratte. Im Zimmer hatten wir einen Volksempfänger, der wurde nur zu den Nachrichten oder Wunschkonzerten aufgedreht. Zu Weihnachten hatte man mir den Gipspanzer gewechselt. Von einer Befreiung war noch nicht die Rede, der Arm war noch nicht stabil genug. Als Freizeitbeschäftigung stellten wir mit den Schwestern Strohsterne her, schnitten aus farbigem Papier Körbchen, schmückten die Kapelle mit Blumen aus der Gärtnerei.

Mitte Jänner bekam ich vier Wochen Genesungsurlaub verordnet, mit wöchentlichem Verbandswechsel am jeweiligen Aufenthaltsort. Vater war eingetroffen, er machte nicht viele Worte. „Seien wir froh, daß es nicht schlimmer ist", meinte er. „Du wirst es schon schaffen, mit Unterstützung der Familie."

Nach einer Verlegung in das Zweiglazarett Lichtenstein schickte man mich in die Hofburg zu einer therapeutischen Behandlung. Die Wiener Hofburg war nämlich als orthopädisches Spital eingerichtet worden. Dieses Lazarett wurde von den Landsern „Knochenmühle" genannt. Dann kam es, wie es kommen mußte: Rücküberstellung zu meiner Stammeinheit nach Leipzig. Über meinem Kopf eine Bandage, den linken Arm in einer Schlinge, aus grauem Tuch ein Koffer-Rucksack, so stieg ich hundemüde durch die lange Fahrzeit aus dem Zug im Leipziger Hauptbahnhof, von wo mich ein blondes Mädchen zu meiner Kaserne geleitete. Dort hat man mich für „verwendungsfähig ohne Waffe" befunden und als Bewacher in einem Gefangenenlager für russische Offiziere nach Österreich auf den Orglerboden bei Kaprun geschickt. Lagerleiter war ein Hauptmann mit einer Arm- und Fußprothese. Später wurde ich einem Gefangenenlager in Villach zugeteilt. Es war gut dreimal so groß wie das vorherige und wurde von einem Major geleitet. In der Erwartung, daß für mich der Krieg aus sei, reichte ich hier um Hochzeitsurlaub ein – samt Genesungsurlaub. Dieser wurde genehmigt, allerdings mit einem Wermutstropfen: In den Papieren waren auch die Marschpapiere beigelegt zur Stellung am 3. März in Leibnitz bei der 125. Infanteriedivision, einer neu zusammengestellten Einheit, untergeordnet den Resten der 10. Panzerdivision, meiner alten Fronteinheit. Also schnell ein Telegramm nach Hause. Alles ging viel schneller, als wir angenommen hatten, für den Beamten war es die erste Trauung, aber wer fragt im vierten Kriegsjahr danach. Die anschließende Feier fand nur im engsten Bekanntenkreis statt. Der Abschied war schwer. Es ging an die Ostfront. Wir kamen in den Raum Kirowograd. Aber wo waren unsere so gepriesenen Divisionen? Trotz der Auffrischung gab es keine schweren Waffen mehr, keine Panzer, von Vollmotorisierung keine Rede. Alles bunt zusammengewürfelt, solche Einheiten benannte man der Einfachheit halber „Kampftrupps". Eines stand für mich fest: Das deutsche Heer war ausgeblutet, dezimiert, geopfert an den vielen Fronten.

An einem Morgen wurde ein großer Spähtrupp der Russen abgewiesen. Ich hatte ein komisches Gefühl, trennte das Innenfutter meines Mantels auf, versteckte dort meinen Ehering, auch meine Armbanduhr, und vernähte alles wieder. Als ich fertig war, erzitterte der Boden unter schweren Einschlägen. Lautsprecher brüllten wie schon seit Tagen herüber: „Deutsche Kameraden, der Krieg ist für euch verloren. Wollt ihr eure Heimat wiedersehen, so kommt zu uns herüber, hier habt ihr gutes Essen und werdet nach Kriegsende sofort nach Hause geschickt." Wenn das alles wahr wäre. Da: Explosionen in der Nähe, Schüsse aus einer Maschinenpistole, die angelehnte Holztür flog auf, ein Russe schrie: „Ruki werch!" Schnell Hände hoch und hinaus. Wir wurden zunächst in einer großen Scheune untergebracht und bekamen eine Blechdose und eine Schnitte klebriges Brot in die Hand gedrückt. In die Dose erhielt jeder eine Kelle voll Suppe. Die Wärme tat dem Magen gut. Weit über hundert Mann waren hier versammelt. Endlich Abmarsch. Eine graue Menschenschlange setzte sich in Bewegung. Flucht war ausgeschlossen, denn die Posten schossen sofort. Als wir einen Bahnhof erreichten, zwängte man je 50 Mann in einen Güterwaggon. Mir hatte ein Eisenbahner eine Decke zugeworfen, auch Zigaretten, die aber vor dem Waggon zu Boden fielen. In den Waggons lag wenig Stroh, die Türen wurden zugeworfen und verriegelt. Luft kam von den kleinen, vergitterten Seitenfenstern in den Ecken ganz oben. Nach zehn Tagen hielt der Zug in einer großen Station. Aus einigen Waggons wurden Tote ausgeladen. In der Abendsonne blinkten die Kuppeln von Zwiebeltürmen. Wir durften die Waggons verlassen, es gab Essen, wie es auch die Russen hatten – Erdäpfel, Gemüse, zwei Schnitten des klebrigen, ungesalzenen Brotes, dazu eine Kanne Wasser, überall durfte das Stroh erneuert werden. Wir bettelten um Tabak und bekamen Marchorka. Den wuzelten wir genauso wie die Russen in eine Papiertüte und qualmten wie sie. Wir konnten mit den anderen Kameraden sprechen, die Posten hinderten uns nicht daran. Wir erfuhren, daß die Stadt mit den schönen Türmen Omsk war. Bald fuhren wir weiter. Alle konnten nicht gleichzeitig liegen, so hatten wir eine Einteilung getroffen: Ein Drittel steht, das zweite hockt, der Rest liegt. Nur das Umdrehen war eine anstrengende Prozedur, es wurde gruppenweise durchgeführt. Wir nannten es „Löffelsystem". Ein Tag verging wie der andere, doch einmal hielten wir an, die Wachmannschaft warf uns Marchorka zu, und einer der Wachsoldaten schrie: „Hitler-Svinje bald kaputt, Rote Armee in Berlin!"

Wir fuhren weiter und weiter bis nach Sibirien, wo im Lager 1517 unsere eigentliche Gefangenschaft mit Zwangsarbeit begann. Die Nacht vor dem Eintreffen im Lager verbrachten wir im Freien. Am Morgen froren wir wie die Schneider. Nochmals überprüfte man die Kopfzahl, dann gab es Tschaj und Chleb, also Tee und Brot. Dann wurde eine Karawane zusammengestellt mit etlichen Panjewagen, aber es gab keine Zugpferde, die waren wir. So gingen wir volle vier Tage durch die Gegend, immer von den Kosaken auf ihren kleinen Pferden umkreist. Diese Begleitsoldaten hatten Erfahrung. Langsam aber sicher wurde unser Zustand labiler. Es waren sehr viele junge Soldaten in den Reihen. Die Zurückgefallenen machten mit der Nagaika, der Peitsche, Bekanntschaft. Ständig wehte der Wind über die Steppe. Bald hatte jeder von uns einen Vollbart, der Dreck an den Uniformen wurde von Tag zu Tag dicker. Hier ist der Faden zu einer normalen Welt, wie wir sie kannten, abgerissen. Hunger brauchten wir nicht zu leiden. Am Abend errichteten wir große Holzstöße, die angezündet wurden und große Wärme ausstrahlten, rundherum mußten wir lagern. Die Mägen waren mit Kascha (Brei) vollgestopft, immer war warmer Tschaj vorhanden. Endlich sahen wir das Lager. Zwei hohe Holztürme, von dort aus ein Stacheldrahtzaun, ein großes Tor mit rotem Tuch umspannt, ein überdimensionales Stalinbild mit Sichel und Hammer. Die Begleitmannschaft trieb uns wie eine Herde an, bis der letzte Mann im Inneren des Lagers gelandet war. Wieder begann das schon bekannte Abzählen, dann wurden wir zu 40 Mann in Baracken eingewiesen. An den Wänden rohe Holzgestelle, die zukünftige Bettstatt. In der Mitte ein durchlaufender roher Holztisch. Zwischen den Betten etwa einen Quadratmeter große Lüftungsluken. Vor dem Tisch Bänke, in der Mitte ein blubbernder Ofen, dessen Abzugsrohr durch die Baracke ging, einfach mit Draht an einem Strebebalken festgemacht. Als Toilette mußte ein Kübel ausreichen. Beleuchtung gab es keine. Unsere Säcke mit den Habseligkeiten und der Mantel dienten als Unterlage für das Bettholzgestell. Die Tür war einfach hinter uns zugeworfen und verschlossen worden. Von den Fenstern aus konnte man nur die Rückseite einer anderen Baracke sehen. Alle waren hundemüde, es dauerte auch nicht lange, bis die ersten laut schnarchten. Am nächsten Morgen erhielten wir Brot und Grützesuppe mit Spuren von Fleisch und dunkles Brot, dann mußte wieder angetreten und abgezählt werden. Dann hat man uns in Arbeitskommandos eingeteilt. Jede Gruppe mußte einen verantwortlichen Vertreter bestimmen. Bei Nichtbefolgung der Lagerordnung wurde uns Kürzung der Essensration sowie Bunkerhaft angedroht, bei groben Verstößen die Einweisung in ein Straflager. Vor allem sollten wir darauf Wert legen, unsere Uniformen in Ordnung zu halten. So lange die Rote Armee noch im Kampf stünde, gäbe es keinen Kleidernachschub. Die Baracken mußten peinlich sauber gehalten werden, um ansteckende Krankheiten zu verhindern.

Die Worte des befehlenden Offiziers klangen eisig, uns sprach er fortan mit einer Nummer an, die wir ja nun waren. Unsere Arbeit bestand zunächst im Bäumefällen, Holzschneiden und in Verbesserungsarbeiten an den Lagereinrichtungen. Oft sackte einer zusammen. Wenn einer krank wurde, war das meist sein Todesurteil, denn die ärztliche Versorgung war sehr dürftig. An einem Nachmittag, in Sibirien war noch tiefer Winter, kam ein Oberstleutnant der Roten Armee als neuer Lagerkommandant zu uns. Er sagte: „Für euch ist der Krieg zu Ende, ihr seid vom Soldateneid entbunden.“ Zu unserer schweren Arbeit kamen jetzt noch Pflichtbesuche an politischen Propagandavorträgen – also nicht viel anders als in Hitlerdeutschland, nur mit anderen Vorzeichen. Als ich einmal heimlich Grütze für Kameraden und mich als erhoffte Zusatzration in den Stiefel gestopft hatte, wurde ich ertappt und in ein Straflager gesteckt. Ich mußte in einer Braunkohlengrube meine Strafe abdienen, in einem Halbstollen, wo man nicht aufrecht stehen konnte. Nach Luft ringend klopften wir kniend die Kohle herunter. Jeder Trupp mußte vierzig Körbe fördern, dann gab es Pause. Nach einer Stunde mußten wir wieder hinein. Zu meinem „Glück“ hatte ich mir den Fuß verstaucht und kam humpelnd ins Nebenlager 4173 Kirowograd. Dort entdeckte eine russische Ärztin meine Kriegsverwundungen und war erstaunt, daß ich damit nochmals in den Krieg geschickt worden bin. Sie war lange Zeit für mich ein wahres Schutzengerl. Ein Ausspruch von ihr war: „So lange ich Ärztin in diesem Lager bin, werde ich mein Bestes geben, damit viele Pleni (Gefangene) wieder nach Hause kommen können.“

Neun Jahre war ich schon von zu Hause fort, es ging auf den Mai zu. Der Schnee taute ab, die Außenarbeiten begannen wieder. Plötzlich hieß es: „Alles raustreten.“ Der Oberst, unser Lagerkommandant, grüßte lachend „Morgen Leute!“ Er klopfte auf die Mappe in seiner Hand und sagte, das sei eine Order aus Moskau, daß die Kriegsgefangenen mit sofortiger Wirkung entlassen werden. Zuerst Schweigen, dann brach ein Tumult aus, wir fielen einander in die Arme, weinten und lachten zugleich. Innerhalb von drei Wochen ging jeden zweiten Tag ein Transport ab. Bei einem war auch ich dabei. Nach tagelanger Fahrt, unsere Garnitur hatte angehalten, stieg mir durch ein geöffnetes Fenster ein herrlicher Gulaschduft in die Nasenlöcher. Niemand rief mehr „Dawaij bistro!“ Ein Uniformierter mit grauer Tellermütze, darauf die rot-weiß-rote Kokarde, ein österreichischer Gendarm, reichte mir einen vollen Teller Gulasch. Gulasch! Wann hatte ich es zum letzten Mal gegessen? Ich kaute ganz bedächtig, ein himmlischer Genuß.

Nie werde ich das vergessen. Und erst der Empfang im Wiener Südbahnhof! Eine unübersehbare Menschenmenge drängte sich am Bahnsteig, die Jubelschreie übertönten die Musik – Kameraden sprangen aus den Fenstern, mein Herz klopfte zum zerspringen. Meine Augen durchsuchten die Menge, dort waren meine Eltern, meine Frau. Die Füße waren wie aus Blei, als ich vom Trittbrett stieg. Ein Aufschrei, Mutter hing an allen erreichbaren Stellen. Ich wurde abgeküßt, Tränen flossen. Vater stand an die Wand angelehnt, auf einer Krücke abgestützt, seine ersten Worte an mich waren: „Bub, ich freu' mich!“ Wir mußten noch warten, der Bürgermeister Theodor Körner hielt eine Begrüßungsrede. Dann konnten wir den Bahnhof verlassen. In der Wohnung roch es nach Schweinebraten, es gab dazu Waldviertler Knödel. Ein köstliches Mahl im Familienkreis. Aber dann überkam mich die Müdigkeit. Welch ein Schlaf im eigenen weichen Bett!

Die nächsten Tage waren hektisch, immer wieder Besuche von Verwandten und Bekannten. Alle wollten etwas wissen – ich dagegen vergessen. Dann viele Laufereien von einem Amt zum anderen, polizeiliche Meldung, Einreichung mit dem Entlassungsschein wegen einer Lebensmittelkarte. Der Magistratsbeamte sagte mir freundlich: „Es wird scho wieder wean.“ Das war mein geliebter Wiener Ton.

Der Alltag hatte wieder begonnen. Mit meinem erlernten Beruf als Glasschleifer und Graveur hatte ich trotz der 1947 abgelegten Meisterprüfung große Probleme wegen meiner körperlichen Behinderung als Folge der Kriegsverletzungen. Ich konnte nicht mehr beide Arme in der erforderlichen Weise gebrauchen und wählte daher schließlich den artverwandten Beruf eines Glasers.

Der Kriegsopfer- und Behindertenverband war mir bei meinem oft sorgenvollen Existenzkampf bis heute eine wichtige Vertretung und Hilfe.

Franz Wolf

Finger und Zehen abgefroren

Ich wurde am 10. Dezember 1940 gemustert. Vom Reichsarbeitsdienst war ich befreit, weil ich in der Landwirtschaft arbeiten mußte. Ich rückte am 1. Oktober 1941 zur Wehrmacht ein und kam zur Ausbildung nach Leoben. Dort machte ich die Ausbildung beim Gebirgsjägerregiment 138. Später kam ich zur Hochgebirgsausbildung nach Norwegen.

Ende August ging es per Schiff nach Reval in Estland, wo wir einige Tage Ruhe fanden. Von dort sind wir über Oranienburg und Peterhof nach Schlüsselburg in den Einsatz marschiert, von dort nach Illmensee, wo wir aufgerieben wurden. Unser Rest wurde dann in der Stadt Dosnow verladen und nach Novosolonke gebracht. Dort wurden wir aufgefrischt und gingen in den Einsatz nach Velikijeluki. Von dort wurden wir wieder abgezogen und fuhren in den Südabschnitt nach Audiefka. Dann marschierten wir über den Don bis Bateisk. In Bateisk wurden wir wieder verladen. Wir fuhren Richtung Millorobow zu einem italienischen Abschnitt, wo uns die Russen bald eingekesselt haben. Das dauerte von Weihnachten 1942 bis 16. Jänner 1943.

Dann ist uns ein Ausbruch aus dem Kessel gelungen. Dabei sind mir die Finger und die Zehen erfroren, ich kam ins Krankenrevier von Golofka und von dort ins Feldlazarett 620. Nach drei Tagen kamen russische Panzer, und man räumte das Lazarett. Wir fuhren auf Umwegen bis Saporoschje. Ich wurde wieder verbunden, und dann ging es am nächsten Tag nach Lemberg. Meine Wunden eiterten schon durch die Verbände, und ich hatte große Schmerzen. Schließlich kam ich ins Lazarett nach Wittenberg. Dort haben sie mir die Zehen amputiert. Wegen der ständigen Fliegerangriffe schickte man mich in mein Heimatlazarett nach Pinkafeld. Dort wurde ich noch einmal amputiert. Im September 1943 wurde ich vom Lazarett entlassen und kam zum Ersatztruppenteil nach Kufstein. Weil meine Wunden noch offen waren, wurde ich zu den Landesschützen nach Lienz abgeschoben, dann nach Wolfsberg, um bei Kriegsgefangenen Dienst zu leisten.

Nach einem Außenkommando in einem Franzosenlager wurde ich zuletzt in einem Sägewerk beschäftigt, wo ich bis zum Kriegsende war. Von Bauern bekamen wir etwas zu essen. Ich schlug mich über Voitsberg nach Graz durch und fuhr mit dem Zug nach Gleisdorf. Dort haben die Russen den Zug durchstöbert. Ich bin mit drei Kameraden beim Fenster hinausgesprungen. Wir vier sind dann weitermarschiert, von einem Bauern zum anderen. Ich kam am 18. Juli 1945 in meinem Heimatort an. Als die Abendglocken läuteten, war ich zu Hause.

Rudolf Zetter

Nie wieder Krieg!

Ich stamme, wie man zu sagen pflegt, aus ärmlichsten Verhältnissen. Mein Vater starb, da war ich noch nicht fünf Jahre alt. Meine Mutter war tief religiös. Ich meine heute, daß nur ihr Gebet über die schlimme Zeit hinweggeholfen hat, für drei Buben allein sorgen zu müssen. In der Schule warf mich das Ereignis von 1938 weit zurück: War ich vorher Vorzugschüler, lief es ab nun wesentlich schlechter. Als Ministrant war ich den neuen Machthabern in meiner Heimatstadt Deutschlandsberg offensichtlich suspekt. So wurde ich mit anderen Ministranten verdächtigt, am Zerschlagen von Schallplatten mit dem „Horst-Wessel-Lied" oder dem Werfen eines Sprengkörpers dabei gewesen zu sein und mußte zweimal die Nacht auf dem Gendarmerieposten verbringen. Dann wurde ich in das Gestapo-Gefängnis von Marburg eingeliefert. Ich werde die markerschütternden Schreie der in den Kellern malträtierten Gefangenen nie vergessen. Nach dem Verhör wurde ich in das Gefangenenhaus Graz eingeliefert, wo ich zwei Wochen inhaftiert blieb.

Im März 1943 wurde ich nach Jennersdorf zum Reichsarbeitsdienst einberufen, im August darauf zur Deutschen Wehrmacht. In Altlack nahe Krainburg habe ich indirekt den ersten Granatwerferangriff der Partisanen miterlebt. Indirekt deshalb, weil ich wegen der verspäteten Rückkehr vom ersten Wochenendurlaub „im Bau" saß, während draußen die Granaten einschlugen. Mein erster Fronteinsatz ereignete sich noch während meiner Ausbildungszeit bei eben diesem Kampf gegen die Partisanen. Nach einem Kurzaufenthalt im winterkalten Udine und der Vergatterung zum Fronteinsatz in der Tessendorf-Kaserne bei Klagenfurt ging es mit dem Zug ab in den russischen Südabschnitt, wo wir der 3. Gebirgsdivision unterstellt waren (unsere Nachbarn waren zeitweilig Angehörige der SS-Division „Brandenburg"). Ich erinnere mich an die Zeit in Nikopol, an wunderschöne Weintrauben, die zuhauf auf den Straßen lagen, natürlich auch an hitzige Gefechte mit dem „Feind", bei denen es für mich gimpflich verlief, speziell an die Einnahme und den darauffolgenden Verlust eines Dorfes, der mit den legendären T 34-Panzern erzwungen wurde. Und ich erinnere mich besonders schmerzlich an das Sterben von Kameraden, die in gegrabenen Erdlöchern stehend mit der Panzerfaust Panzer abschießen sollten und dabei von schräg anfahrenden Panzern überrascht und durch das Wiegen auf den Löchern lebend begraben wurden.

Was fällt mir noch ein? Das damals unter den gegebenen Umständen Übliche: Tote Kameraden auf Schlachtfeldern, denen wir die untere Hälfte der Erkennungsmarke abnahmen; tote Kameraden in Behelfslazaretten, von denen wir uns Bekleidung besorgten - ich beispielsweise einmal Schuhe, da die Sohlen meiner Schuhe schon mit Spagat am Oberteil befestigt waren, und ein blutdurchtränktes Hemd, das aber immer noch besser war als meine verschlissene Unterkleidung. Und dann sahen wir natürlich viele verendete Tiere, von denen die Pferde mit ihren aufgedunsenen Bäuchen besonderes Aufsehen erregten, und verängstigte Menschen, die es gar nicht glauben wollten, daß wir bei unserem Aufenthalt in ihrer Lehmhütte - im Vorraum stand bei offenem Feuer meistens eine Ziege, im einzigen Wohnraum ein großer Kachelofen - nichts anderes im Sinn hatten, als ein wenig auszuruhen. Neben einer Zeile solcher Lehmhäuser stand frei ein großer leerer Stadel, in dem ich vor dem

Wind Zuflucht genommen und mit den vorhandenen Resten von Stroh Feuer gemacht hatte. Darauf bereitete ich im Kochgeschirr eine warme Erbsensuppe, die Grundlage waren Erbsenwürfel. Nie vorher oder nachher hat mir eine Suppe so gut geschmeckt.

Verwundet wurde ich am 7. April 1944 nahe Tirasopol. Ein Unteroffizier und ich bildeten eine Maschinengewehreinheit. Ich trug das MG und lief in die Richtung, in die alle liefen, zum Feind. Dieser begrüßte uns mit schwerem Artilleriefeuer, wobei die sogenannten Stalinorgeln eine nicht unbedeutende Rolle spielten. Einige Splitter erwischten mich an der Hüfte und am linken Arm. Ich tat, was mir immer eingebleut worden war: Ich suchte Deckung in einem Granattrichter. Dem Unteroffizier ging ich ab und er brüllte: „Moser, wo bist du?“ Ich hob den lädierten Arm und schrie: „Hier!“ Da traf ein Schuß dieses selbst angebotene Ziel. Ich wurde zum Verbandsplatz in einem Waldstück gebracht, wo ich das Frontkämpferpaket mit Schokolade, Zigaretten und anderen Köstlichkeiten überreicht erhielt. Dann ging es mit einem Leiterwagen ab zum Hauptverbandsplatz, wo mir die Splitter aus dem Arm, nicht aber die Splitter aus der Lendengegend herausoperiert wurden. Letztere, so vermutete der Arzt, könnten zu nahe beim Magen liegen, da wäre die Operation hier zu riskant gewesen. Also ging es weiter nach Galats, nun schon motorisiert. Dort wurden alle Ankömmlinge entlaust - welch wunderbares Gefühl - in einem Behelfsspital untergebracht und von dort in ein Heimatlazarett, das wir nennen durften, verschickt. Mit einem alten italienischen Transportflugzeug, das wegen Feindberührung zweimal zwischenlanden mußte, wurden wir vorerst nach Budapest transportiert. Von dort ging es mit der Bahn direkt nach Hause. Das heißt: So direkt auch nicht. Unser Zug stand stundenlang auf freier Strecke, während der Bahnhof massiv von Flugzeugen angegriffen wurde.

Meine Mutter erschrak ob meines Anblickes: Ein zerfetzter, blutdurchtränkter Uniformrock, eine behelfsmäßige Schiene, auf der mein Arm festgemacht war. Das Lazarett in meiner Heimatstadt war noch nicht aufnahmebereit, weshalb ich 14 Tage im Neurologischen Lazarett in Graz untergebracht war, ehe die Zweigstelle Deutschlandsberg den Betrieb aufnahm. Dort wurde ich in vier Monaten für einen neuen Fronteinsatz hergerichtet.

Zusammengestellt wurde die Genesungskompanie in Wagna bei Leibnitz; von dort ging es wieder Richtung Osten. Gran, ein Ort am gleichnamigen Fluß, war unser nächstes Ziel, und es sah gar nicht nach Krieg aus. Nachdem der vorher gebildete Brückenkopf jenseits der Gran aufgegeben worden war, wurde es still. Artillerieangriffe hüben wie drüben gehörten zwar zur täglichen Pflichtübung, aber sie richteten kaum Schaden an. Diese „Idylle“ ging so weit, daß eine am Ufer der Gran gelegene Spritfabrik zu bestimmten Zeiten von den Russen und zu bestimmten Zeiten von uns besucht wurde. Das Ziel war wohl hüben wie drüben dasselbe: Schnaps. Als die Schrapnelle über bestimmte Ziele unserer Frontlinie einschließlich der Erdbunker, in denen wir als Funker Quartier bezogen hatten, in der Luft explodierten, wußten wir: Mit der Idylle ist es jetzt vorbei. Zudem wurden wir von einem im nächstgelegenen Gut Sandor Halma ansässigen Konspiranten gewarnt: Morgen ist es soweit. Es wurde furchtbar. Die russische Artillerie pflügte Meter um Meter um, russische Bodentruppen überquerten trotz heftiger Gegenwehr den Fluß, aber es dauerte bis Mittag, ehe sie die Hauptkampflinie durchbrachen. Wir Funker versuchten verzweifelt, unter diesem Granathagel die Fernsprechleitungen zu flicken, freilich zunehmend ohne Erfolg. Schließlich trieben die Russen die Kameraden von der vordersten Front vor sich her und hatten, wie wir an russischen Lauten bald bemerkten, die Erdbunker erreicht. Wir waren vier, aber nur drei erklärten sich zum Wagnis bereit, hinauszulaufen und zu versuchen, dem Tod, der uns im Falle der Gefangenschaft prophezeit wurde, zu entgehen. Wir liefen praktisch mit den Russen mit, um zur vorgesehen gewesenen und inzwischen auch von den Kameraden besetzten zweiten Hauptkampflinie zu gelangen. Fast gleichzeitig fielen meine Kameraden. Es gelang mir, zu den Kameraden meiner Einheit in einen Schützengraben zu laufen. Ich duckte mich und nahm das Zischen der Kugel wahr, wie sie über mich hinwegzog. Vielleicht hat mich mein Aussehen gerettet: Ich hatte den Stahlhelm verloren, war über und über voll Dreck, als ich mit den Russen mitlief. Da haben mich die Russen wohl als einen der ihren angesehen. Wir vermochten uns längere Zeit zu behaupten, wohl auch wegen der uns zur Verfügung stehendenen PAK (Panzerabwehrkanone) und einer vom Hügel hintan operierenden Vierer-Flak (Fliegerabwehrkanone). Als wir dann doch das Weite und auf dem Hügel Schutz unter einer wohl als Windfang gepflanzten Baumreihe suchten, schien das Schlimmste überstanden. Doch da schlug eine Granate in der Nähe ein und tötete einen Kameraden direkt neben mir. Ich hatte in diesem Krieg unverschämtes Glück. Das bewies sich bald wieder, als wir auf dem Rückmarsch in Nitra Station machten. Dabei gerieten wir unter fürchterlichen Beschuß durch amerikanische Flugzeuge, die auf alles, was sich da unten bewegte, im Tiefflug schossen. Ich drückte mich mit dem Rücken an eine Hauswand, sah Soldaten und Zivilisten schreien, purzeln, dahinsterben, hörte und fühlte, wie die Kugeln um mich herum auf der Hauswand einschlugen und blieb dennoch unversehrt.

Das Ende des Krieges kam überraschend. In den ersten Maitagen 1945 zogen wir durch Ortschaften, in denen bereits weiße Tücher die Bereitschaft bekundeten, die nachfolgenden russischen Truppen als Freunde willkommen zu heißen. Wir wurden hingegen mit stummer Verachtung bedacht. Immer wieder haben uns russische Jagdbomber angegriffen. Schließlich gelangten wir in die Nähe von Znaim. Erst als am Morgen des 8. Mai alles ruhig blieb, wollten wir den Menschen glauben, der Krieg sei aus. Aber dann landete General Schörner mit einem Fieseler Storch vor der angetretenen Truppe und verkündete, daß es nicht weit zu den Amerikanern sei und wir dorthin die Nachhut zu bilden hätten - auch um den Preis weiterer Kämpfe mit den nachrückenden Russen. Doch es kam nicht dazu: Irgendwie löste sich unsere Kompanie auf, ein Kamerad und ich versuchten mit Erfolg, Zivilkleidung zu erhalten. Ich erhielt akkurat einen Steireranzug. Tagsüber suchten wir Schutz in Wäldern, um nicht von den tschechischen Partisanen aufgegriffen zu werden. Einmal wurden wir dadurch an einem Waldesrand Zeugen eines erschütternden Ereignisses: Rund um einen Ortsbrunnen lagen offensichtlich die Frauen der Ortschaft mit dem Kopf zum Brunnen geordnet, und die russischen Soldaten bedienten sich. Für einige Tage fand ich Aufnahme in einem Waldviertler Bauernhof, wo ich zum ersten Mal Waldviertler Knödel erhielt. Vorher wurde mir durch das dortige Gemeindeamt eine Bestätigung ausgestellt, in der es hieß: „Es wird gebeten, Herrn Johann Moser nach Deutschlandsberg passieren zu lassen.“ Aber Stempel war vorerst keiner aufzutreiben, bis der Gemeindebeamte mit Stempeln aus der k. u. k. Monarchie herausrückte und den alten Prägestempel auf das Schriftstück setzte. Solcherart „bewaffnet“ fuhr ich mit Bauchgrimmen über die Donau. Drüben wurde ich von einem russischen Posten angehalten. Ich übergab ihm meine Bestätigung, die er sich lange ansah, ehe er fragte:

„Nix ruski Dokument?" Da ging ein Aufleuchten über sein Gesicht, und er sagte: „Ah, amerikanski Dokument!" Ich begriff sofort und bestätigte seine Vermutung. Freundlich verabschiedete er sich. Nicht auszudenken, wenn ich zu guter Letzt in russische Gefangenschaft geraten wäre.

Es war zu Pfingsten, als ich einige Tage bei der Familie eines Kameraden blieb, um dann über einen Berg hinüber ins Tal zu gehen, durch das die Mariazeller Bahn fährt. Ich wurde von der Bahn, die extra anhielt, dann auch aufgelesen. So kam ich nach Mariazell, was mir Gelegenheit bot, mich der Muttergottes dankbar zu erweisen. Dabei lernte ich einen Kameraden aus Graz kennen. Er und ich bekamen einen auch russisch geschriebenen Ausweis.

Die nächste Station war Seewiesen. Tatsächlich wurden uns von einem russischen Offizier die Papiere abverlangt. Der Offizier war sehr freundlich. Wir hatten Vertrauen gefaßt und erzählten bereitwillig über unsere Fronteinsätze. Da lief der gut deutsch sprechende Offizier rot an und schrie: „Ihr wart auch dabei, als unsere Kinder getötet, unsere Frauen vergewaltigt wurden ..." Er schrie in einem fort, brüllte uns schließlich an: „Hierbleiben, bis ich wieder komme!" Uns gelang es, durch ein Fenster zum Wald hin zu entkommen. Als wir uns schon in Sicherheit wiegten, wurden wir von einem russischen Soldaten entdeckt, der uns zurückbringen wollte. Da standen plötzlich zwei Frauen vor uns. Die ältere fiel meinem Kameraden, die andere mir um den Hals, und beide frohlockten überglücklich: „Da seid ihr ja, wo seid ihr so lange gewesen?" Und zum Posten gewandt erläuterten die Frauen: „Das ist mein Mann, das ist mein Bruder." Diese spontane Eingebung der beiden Frauen rettete uns wahrscheinlich das Leben, zumindest aber bewahrte sie uns vor langjähriger Gefangenschaft.

Mit dem Zug fuhren wir tags darauf nach Kapfenberg und von dort über Bruck bis Pernegg, wo uns bedeutet wurde, auszusteigen, da in diesem Abschnitt scharf kontrolliert wurde. Wir gingen zu Fuß weiter, wobei wir uns jeweils am Beginn eines Ortes landwirtschaftliche Geräte (Rechen, Sense u.ä.) ausborgten, die wir am Ortsende vereinbarungsgemäß ablegten. Damit wollten wir den Eindruck einheimischer Arbeitskräfte vermitteln. Wir gelangten unbehelligt nach Graz, und nach der Übernachtung bei meinem Kameraden kam ich tags darauf nach Hause.

Als Fazit dieses Erlebnisberichtes bleibt die Erinnerung an die unbedingte Kameradschaft, die auch nach dem Krieg noch angehalten hat. Der Erlebnisbericht wäre nicht vollständig, wollte ich nicht des Kriegsopferverbandes gedenken, der schon in den ersten Nachkriegsjahren zu einer Anlaufstelle menschlicher und kameradschaftlicher Verbundenheit geworden war. Ich empfand und empfinde dies jedenfalls so und schätze die Tätigkeit dieses nunmehr auch für Zivilversehrte offenen Verbandes sehr hoch ein. Einig bin ich mit der Jugend in deren Bestreben, es nie wieder zu einem Krieg in unserem Vaterland kommen zu lassen.

Prof. Johann Moser

50 Jahre Kriegsopferversorgung in der Zweiten Republik

Abkürzungen

aaO	am angegebenen Ort
Art	Artikel
ASVG	Allgemeines Sozialversicherungsgesetz
ATF	Ausgleichstaxfonds
AUVA	Allgemeine Unfallversicherungsanstalt
AVG	Allgemeines Verwaltungsverfahrensgesetz
BBG	Bundesbehindertengesetz
BEinstG	Behinderteneinstellungsgesetz
BG	Bundesgesetz
BGBl	Bundesgesetzblatt
BMAS	Bundesministerium für Arbeit und Soziales
BMfsV	Bundesministerium für soziale Verwaltung
BPGG	Bundespflegegesetz
BSVG	Bauern-Sozialversicherungsgesetz
BSB	Bundesamt für Soziales und Behindertenwesen
B-VG	Bundesverfassungsgesetz
BVG	(deutsches) Bundesversorgungsgesetz
DRdA	Das Recht der Arbeit
DRGBl	Deutsches Reichsgesetzblatt
EB	Erläuternde Bemerkungen
Erk	Erkenntnis
ff	und die folgenden
FIOT	Forschungsinstitut für Orthopädie-Technik
GdB	Grad der Behinderung
GP	Gesetzgebungsperiode
HVG	Heeresversorgungsgesetz
IBG	Invalidenbeschäftigungsgesetz
idF	in der Fassung
IEinstG	Invalideneinstellungsgesetz
IEG	Invalidenentschädigungsgesetz
KOBV	Kriegsopfer- und Behindertenverband
KOV	Kriegsopferverband
KOVG	Kriegsopferversorgungsgesetz
MdE	Minderung der Erwerbsfähigkeit
NR	Nationalrat
Nr	Nummer
PSchVO	Personenschädenverordnung
RVG	Reichsversorgungsgesetz
S	Schilling
S.	Seite
StGBl	Staatsgesetzblatt
ua	unter anderem
UNRRA	UN Relief and Rehabilitation Administration
VfGH	Verfassungsgerichtshof
vgl	vergleiche
v.H.	von Hundert
VO	Verordnung
VwGH	Verwaltungsgerichtshof
WISMIC	WVF-International Socio-Medical Information Centre
WFVG (EWFVG)	Wehrmachtfürsorge- und -versorgungsgesetz (Einsatz-Wehrmachtfürsorge- und -versorgungsgesetz)
WVF	World Veterans Federation
Z	Ziffer
Zl	Zahl

Rechtslage während der deutschen Okkupation

In der Festschrift *60 Jahre Kriegsopferversorgung in Österreich* meint Wilhelm Hasiba, daß die Darstellung der Kriegsopferversorgung seit 1945 zwangsläufig einen Rückblick auf die Zeit bis 1938 erfordere. Die Rechtslage im „Dritten Reich" bis zum Inkrafttreten des neuen österreichischen Kriegsopferversorgungsrechtes mit 1. Jänner 1950 hatte entscheidenden Einfluß auf die Versorgung der Kriegsopfer Österreichs.

Erst mit dem Inkrafttreten des Kriegsopferversorgungsgesetzes gibt es wieder ein umfassendes österreichisches Versorgungsrecht, das im Laufe der Zeit durch 50 Novellen (davon 8 vor der Wiederverlautbarung des Gesetzes im Jahre 1957) schrittweise, entsprechend den wirtschaftlichen Möglichkeiten, ausgebaut und verbessert wurde.

Das Verständnis der eigenständigen Entwicklung der Kriegsopferversorgung setzt die Kenntnis der politischen, vor allem aber der wirtschaftlichen Verhältnisse zur Zeit des „Anschlusses" voraus.

Immerhin hat es in Österreich am 30. Juni 1938 noch 59.276 Kriegsinvalide mit einer MdE von über 35 v.H., 59.961 mit einer MdE von 35 v.H. und einer geringeren MdE (mit Ansprüchen auf Heilbehandlung usw.) und 52.176 Hinterbliebene mit Rentenansprüchen aus dem Ersten Weltkrieg gegeben.

Die eingeschränkte Arbeitsfähigkeit der Kriegsbeschädigten sowie das Fehlen des Ernährers bei den Hinterbliebenen führte dazu, daß dieser Personenkreis am stärksten von der katastrophalen Wirtschaftslage betroffen war. Das Heer der Arbeitslosen – die Zahl lag zeitweise über 400.000 (im Jänner 1938 waren es rund 401.000, davon 40 bis 50 % Ausgesteuerte) – ließ die Chance der Kriegsopfer auf eine geeignete Beschäftigung auf ein Minimum sinken. Die schwere wirtschaftliche Rezession und die damit verbundene Aussichtslosigkeit auf eine Besserung waren schließlich ausschlaggebend für die Euphorie des Anschlusses, die weite Schichten der Bevölkerung ergriff. Ideologische Gründe waren von sekundärer Bedeutung. In der Tat sank die Zahl der Arbeitslosen im Dezember 1938 auf rund 150.000.

Die Geschichte der Menschheit zeigt immer wieder, daß in wirtschaftlich und politisch unsicheren Zeiten das „Führerprinzip" durchschlägt, das mit rasch entschlossenem Handeln gleichgesetzt wird.

Es liegt in der Natur der Sache, daß auf demokratischem Wege zustande kommende Entscheidungen erheblich mehr Zeit in Anspruch nehmen als solche in einem autoritären Willensbildungsprozeß. Der in der Demokratie unerläßliche Entscheidungsmechanismus darf jedoch nicht zur Entscheidungsschwäche führen. Die Unschlüssigkeit der westlichen Alliierten, die Unentschlossenheit der österreichischen Regierung, die falsche Einschätzung der politischen Lage, die schließlich zur Ausschaltung der Arbeiterbewegung und zur Kooperation des „alleingelassenen Österreichs" mit dem Italofaschismus führte, trugen das ihrige zum Untergang der Republik bei.

Dennoch ist Österreich nicht gleichzusetzen mit dem „Heldenplatz". Viele Österreicher erkannten die heraufdämmernden Gefahren. Es waren vor allem jene Bevölkerungsschichten, welche den Ersten Weltkrieg bewußt miterlebt, insbesondere aber jene Gruppen von Österreichern, die durch den Krieg körperliche Schäden erlitten oder einen Angehörigen verloren haben. Nur wenige von ihnen ahnten jedoch, in welchem Ausmaße der Zweite Weltkrieg menschliche Opfer fordern würde. Es ist erwiesen, daß in diesem Krieg die Zahl der Opfer jene aller in der Menschheitsgeschichte vorhergegangenen kriegerischen Auseinandersetzungen um ein Vielfaches übersteigt.

So hat Urlanis in *Bilanz der Kriege*, Berlin 1965, S. 367, eine Auflistung der Zahl der Opfer in den größten Kriegen der Neuzeit veröffentlicht.

Danach hätten Revolutionskriege 1 Million, die Napoleonischen Kriege 3 Millionen, der Erste Weltkrieg hätte 9 Millionen und der Zweite Weltkrieg 30 Millionen Gefallene gefordert. Andere Statistiken sprechen von 55 Millionen Toten und 35 Millionen Versehrten in Europa und Asien (*Bilanz des Zweiten Weltkrieges*, M. Färber, Stuttgart).

Wenn auch diese Daten zum Großteil auf Schätzungen beruhen und nur mit Vorbehalt akzeptiert werden können, läßt sich aus ihnen die Tendenz eindeutig ablesen.

Nach der Okkupation Österreichs kam es zu einer umfassenden Umgestaltung der Rechtslage. Obwohl nicht in Abrede gestellt werden soll, daß die neuen Gesetze eine Reihe von positiven Aspekten enthielten, bedeuteten sie einen Bruch mit der österreichischen Rechtstradition.

Dem besseren Verständnis der inneren Zusammenhänge und der weiteren Rechtsentwicklung nach Wiederherstellung der Republik möge die nachfolgende kurze Zusammenfassung dienen.

Auf Grund der Einführungsverordnung vom 22. Dezember 1938, DRGBl I, S. 112, sind mit Wirksamkeit vom 1. Jänner 1939 die Vorschriften über die Sozialversicherung, nämlich die Reichsversicherungsordnung, das deutsche Angestelltenversicherungsgesetz und das Reichsknappschaftsversicherungsgesetz, in Kraft getreten.

Anstelle des österreichischen Invalidenentschädigungsgesetzes – IEG – trat das Reichsversorgungsgesetz – RVG (Verordnung über die Einführung von Versorgungsgesetzen im Land Österreich vom 24. September 1938, RGBl I, S. 1196, und Verordnung über die Versorgung der Kriegsbeschädigten und Kriegshinterbliebenen im Lande Österreich vom 28. Feber 1939, RGBl I, S. 422). Im Vordergrund der Leistungen des Reichsversorgungsgesetzes stand die Rentenversorgung. Gegenstand dieses Gesetzes bildete die Versorgung der Kriegsopfer des Ersten Weltkrieges und der Versorgungsanspruch von Personen, welche sich auf eine vor dem 14. März 1938 beendete militärische Dienstleistung gründet (alte Wehrmacht). Zuständige Versorgungsbehörden wurden anstelle der Landesinvalidenämter die Versorgungsämter. Diese waren dem Hauptversorgungsamt Ostmark-Wien unterstellt. Der Wirkungsbereich der Versorgungsämter richtete sich, mit einigen Abweichungen, nach der politischen Gliederung (Reichsgaue). So wurde Osttirol dem Versorgungsamt Klagenfurt und das südliche Burgenland dem Versorgungsamt Graz zugewiesen. Mit 1. April 1939 wurden die Versorgungsämter Bregenz und Salzburg aufgelöst und das Versorgungsamt Innsbruck dem Hauptversorgungsamt Bayern unterstellt.

Zum Unterschied von den Grundsätzen des deutschen Versorgungssystems, worin die fürsorgerechtliche Betreuung der Kriegsbeschädigten und ihrer Hinterbliebenen den Fürsorgestellen überlassen wurde, konnte die umfassende Betreuung der Kriegsopfer, einschließlich der Arbeits- und Berufsfürsorge, der Gesundheits-, Wohnungs- und Erholungsfürsorge, der Erziehungsfürsorge sowie der Hilfe bei Existenzgründungen, erfreulicherweise auch nach der Umwandlung der österreichischen Landesinvalidenämter in die Versorgungsämter mit 1. Oktober 1938 für das ehemalige österreichische Gebiet beibehalten werden (Verordnung über die Errichtung der Reichsversorgungsverwaltung im Land Österreich vom 3. November 1938, RGBl I, S. 1549). Beibehalten wurde auch das aus dem Jahre 1920 stammende Invalidenbeschäftigungsgesetz (StGBl Nr 459) über die begünstigte Eingliederung der Kriegsbeschädigten in das Erwerbsleben, welches im Jahre 1940 auf andere Gruppen von Invaliden ausgedehnt wurde.

Die Versorgung der Angehörigen der neuen deutschen Wehrmacht wurde auf Grund des Wehrmachtsfürsorge- und -versorgungsgesetzes – WFVG – vom 26. August 1938 (RGBl I, S.1077) ohne Unterschied, ob es sich um Berufsmilitärpersonen oder Wehrpflichtige handelte, geregelt. Zulagen über das Versehrtengeld hinaus konnten nach dem Einsatz-, Wehrmachts-, Fürsorge- und Versorgungsgesetz für besonderen Einsatz gewährt werden. Die Durchführung der beiden genannten Gesetze wurde zuerst eigenen Behörden, nämlich den Wehrmachtsfürsorge- und Versorgungsämtern, zugewiesen und später, als nicht mehr genügend Berufsmilitärpersonen zur Verfügung standen, den Versorgungsämtern übertragen (Erlaß des Führers über die Wehrmachtsfürsorge und -versorgung vom 11. Oktober 1943, RGBl I, S. 569). Deutsche Staatsangehörige, die infolge des Angriffes auf das Reichsgebiet oder eines besonderen Einsatzes der bewaffneten Macht Schaden an Leib oder Leben (Personenschäden) erlitten haben, sowie deren Hinterbliebene wurden nach der Personenschädenverordnung – PSchVO – vom 10. November 1940 (RGBl I, S. 1482) versorgt. Die Erlassung der Personenschädenverordnung war vor allem in Hinblick auf die Zunahme der Luftangriffe der Alliierten und der dadurch stark zunehmenden Zahl der Opfer in der Zivilbevölkerung erforderlich. Viele Verletzungen erfolgten auch durch von den Streitmächten deponierte oder zurückgelassene Sprengkörper oder sonstige Kampfmittel. Typische Schadensfälle dieser Art sind die Explosion von Sprengkörpern bei landwirtschaftlichen Arbeiten und das Hantieren mit aufgefundenen Sprengkörpern vor allem durch Kinder und Jugendliche. Damit wurde auch für diese Personen eine ausreichende Versorgung geschaffen.

Das Gesetz über das Verfahren in Versorgungssachen vom 10. Jänner 1922, RGBl S. 59, und die hiezu ergangene Verordnung über das Versorgungswesen vom 2. September 1939, RGBl I, S. 1686, brachte eine völlige Abkehr vom österreichischen Instanzenzug und damit die weitgehende Ausschaltung des rechtsstaatlichen Prinzipes. Die ursprüngliche Anfechtungsmöglichkeit von Versorgungsbescheiden wurde aufgehoben bzw. die Anordnung getroffen, berufungsfähige Bescheide nicht zu erteilen.

Ende des „1000jährigen Reiches"

Wenn man bedenkt, in welches Chaos unsere Heimat insbesondere in den letzten Kriegsmonaten gestürzt wurde, verwundert es sehr, daß die Versorgung im wesentlichen bis zum Ende des Krieges funktionierte.

In welchem Zustand sich unsere Heimat gegen Ende des Krieges befand, möge durch einige wenige Fakten charakterisiert werden.

Rund 800.000 Österreicher waren zum Dienst in die deutsche Wehrmacht oder zu militärdienstähnlichen Leistungen herangezogen worden. Alle Altersgruppen der Bevölkerung waren vertreten; von den Luftwaffenhelfern, den Jugendlichen in vormilitärischer Ausbildung und beim Schanzenbau (Südostwall), den Angehörigen des Arbeitsdienstes und sonstiger Sondereinheiten (z.B. Organisation Todt), den Soldaten der Wehrmachts- und SS- Verbände bis hin zu den zum „Volkssturm" Einberufenen. Der Volkssturm wurde mit Erlaß am 18. Oktober 1944 aufgestellt. Betroffen waren alle 16 bis 60jährigen Staatsbürger. Es waren zum größten Teil sowohl betagte Männer als auch Jugendliche, darunter die sogenannten „Babydivisionen" (Vorarlberger Nachrichten).

Großen Wert hat man auf die freiwillige Meldung zur Dienstleistung gelegt. Zu diesem Zweck kamen Werber aller Waffengattungen in die Oberstufen der Schulen und machten Propaganda für den Dienst mit der Waffe. Viele Jugendliche meldeten sich als Offiziers- oder Reserveoffiziersbewerber; die meisten von ihnen hatten nicht einmal das 16. Lebensjahr vollendet. Bezeichnend für den Fanatismus war ein Artikel in der letzten Ausgabe des „Völkischen Beobachters", der eine Gebrauchsanweisung für die Benützung der Panzerfaust enthielt.

Diese Kriegshysterie erreichte mit der Rede des „Einpeitschers des Naziregimes", Joseph Goebbels, zum totalen Krieg im Sportpalast in Berlin ihren Höhepunkt und fand im Zerstörungsbefehl Hitlers vom 19. März 1945 seine unrühmliche Fortsetzung. Ein ganzes Volk sollte damit abgeschrieben werden. Das Vermächtnis der Kriegsjahre war verheerend.

Die Zahl der Österreicher, die durch Kriegseinwirkung getötet wurden, wird auf 1/4 Million geschätzt, etwa 24.300 Zivilisten sind bei den Luftangriffen oder sonstigen Kriegshandlungen ums Leben gekommen. 65.500 österreichische Juden wurden ermordet, 2.700 Österreicher hingerichtet, 16.100 Österreicher starben in der Gestapo-Haft, 16.500 Österreicher starben in Konzentrationslagern.

Nicht nur, daß die Zahl der österreichischen Kriegsopfer von Tag zu Tag stark anstieg, unser Heimatgebiet war das Durchzugs- und Aufenthaltsland für ungeheure Menschenmassen, die vom Krieg betroffen wurden und zum Großteil wieder in ihre Heimat kommen wollten.

Hinzu kam, daß im März 1945 über eine Million Angehörige der Besatzungstruppen im Anmarsch waren. Im Mai 1945 erreichte dann die Flüchtlingswelle ihren Höhepunkt. Über 3 Millionen alliierte Soldaten, Kriegsgefangene, deutsche Soldaten, Zwangsverschleppte, Fremdarbeiter, Flüchtlinge und Vertriebene hielten sich auf österreichischem Gebiet auf. Partisanenverbände fielen in Kärnten ein. Viele Kinder und Jugendliche waren mit ihren Müttern „kinderlandverschickt" und wollten zu ihrem Wohnsitz zurückkehren.

Zu erwähnen ist weiters, daß es auf dem Gebiet Österreichs neben dem Konzentrationslager Mauthausen 46 Nebenlager gegeben hat. In den 47 Lagern wurden im Laufe des Krieges rund 196.000 Menschen aus allen Teilen Europas eingeliefert, rund 86.000 haben die Haft nicht überlebt. Die Überlebenden versuchten zum größten Teil, ebenfalls in ihre Heimat zurückzukehren.

Aufbau einer eigenständigen Kriegsopferorganisation

Die Vertreter der Kriegsopfer waren von Anfang an beim Aufbau Österreichs und eines neuen Versorgungssystems dabei.

Am 13. April 1945 hatte die russische Armee Wien erobert. Bereits am 17. April 1945 wurde die Kriegsopferorganisation in Wien wieder errichtet. Ihr erster provisorischer Obmann war HANS HIRSCH. Mit Bescheid des Staatsamtes für Inneres, Zl 3452-4/1945, wurde die vom Proponentenkomitee eingereichte Satzung der Zentralorganisation genehmigt. Zum Unterschied zur Kriegsopferorganisation in der ersten Republik fanden sich Exponenten aller demokratischen Parteien zusammen, um eine überparteiliche Organisation zu errichten. Darüber hinaus konnte Hans Hirsch bereits im Mai 1945 den Verband der Kriegsblinden in seinen alten Statuten wieder aktivieren.

In den anderen Bundesländern konstituierten sich ebenfalls autonome Kriegsopferverbände. Die Aufnahme der Verbindung mit den Bundesländern gestaltete sich sehr schwierig.

Neubeginn der Kriegsopferversorgung

Im Jahre 1945 war die Zahl an versorgungsberechtigten Kriegsopfern auf rund 505.000 angestiegen. Im Dezember 1948 betrug die Zahl der anerkannten Versehrten, Witwen, Waisen und Eltern 495.124, im Dezember 1949 erhöhte sich die Zahl auf 510.474. Hinzu kam, daß jene Beschädigten, deren MdE mit weniger als 30 v.H. festgestellt wurde bzw. deren Versehrtheit nicht die Stufe I erreichte und die deshalb keinen Rentenanspruch hatten, überhaupt nicht erfaßt wurden. Zudem waren bestimmte Gruppen von Kriegsopfern nach den damaligen Gesetzen von der Rentenversorgung ausgeschlossen.

Trotz größter Entbehrungen ist es gelungen, in verhältnismäßig kurzer Zeit eine Kriegsopferversorgung ins Leben zu rufen, die die Opfer vor dem Verhungern bewahrte und die wichtigsten Bedürfnisse vor allem in der gesundheitlichen Betreuung, wie z. B. Heilbehandlung, orthopädische Versorgung, gedeckt hat. Rasches Handeln war geboten.

Zur Wiederherstellung einer provisorischen Versorgung hat die provisorische Staatsregierung am 12. Juni 1945 das Gesetz über vorläufige Maßnahmen zur Entschädigung der Kriegsopfer (StGBl Nr 36) beschlossen. Auf Grund des Rechtsüberleitungsgesetzes (StGBl Nr 6) wurden mit gewissen Ausnahmen auf allen Rechtsgebieten die deutschen Gesetze vorläufig als österreichische Rechtsvorschriften in Kraft gesetzt.

Es galten somit alle Gesetze und Verordnungen weiter. Aufgehoben wurden nur solche Bestimmungen, die mit dem Bestand eines freien, unabhängigen Staates Österreich oder mit den Grundsätzen einer echten Demokratie unvereinbar waren, die dem Rechtsempfinden des österreichischen Volkes widersprachen oder typisch nationalsozialistisches Gedankengut enthielten.

Das Staatsamt für soziale Verwaltung wurde ermächtigt, den im Gebiete der Republik Österreich wohnhaften, einer staatlichen Hilfe bedürftigen Beschädigten und Hinterbliebenen auf die nach den bestehenden versorgungsrechtlichen Bestimmungen zu leistenden Entschädigungen (Renten, Versehrtengelder) bis zur gesetzlichen Neuregelung des Entschädigungswesens Abschlagszahlungen zu gewähren. Unter den bestehenden versorgungsrechtlichen Bestimmungen waren insbesondere die bereits erwähnten reichsdeutschen Versorgungsgesetze, nämlich das Reichsversorgungsgesetz, das Wehrmachtsfürsorge- und -versorgungsgesetz und die Personenschädenverordnung zu verstehen, ferner das Invalidenbeschäftigungsgesetz, das die deutsche Rechtsordnung aus dem österreichischen Rechtsbestand übernommen hat.

Die Höhe der Abschlagszahlungen war für die Zeit ab 1. Oktober 1945 in Richtlinien enthalten, die jährlich vom Staatsamt bzw. in der Folge vom Bundesministerium für soziale Verwaltung erstellt und in den „Amtlichen Nachrichten" verlautbart wurden (siehe Jahrgang 1945, S. 70, Nr 54; Jahrgang 1946, S. 15, Nr 15 und S. 293, Nr 159; Jahrgang 1947, S. 258, Nr 141; Jahrgang 1949, S. 9, Nr 13 und S. 208, Nr 76). Die katastrophale wirtschaftliche Lage Österreichs erlaubte lediglich die Rentenauszahlung im gekürzten Ausmaß. Die Kürzungen betrugen zwischen 20 und 85 %, mit Ausnahme der Schwerstbeschädigtenrente, die ungekürzt geleistet wurde. So betrug z.B. die Rente für Witwen vor vollendetem 45. Lebensjahr, die kinderlos waren, 15 % und für Beschädigte entsprechend einer MdE von 70 oder 80 v.H. 80 % des festgestellten Rentenbetrages.

Von den Rentenzahlungen waren jedoch vorerst ausgeschlossen:

1. Personen, die am 13. März 1938 die österreichische Staatsbürgerschaft nicht besaßen bzw. ihren Entschädigungsanspruch von solchen Personen ableiteten;
2. Personen, die zwischen dem 1. Juli 1933 und dem 13. März 1938 nach Vollendung des 18. Lebensjahres jemals der NSDAP oder einer ihrer Wehrverbände angehörten bzw. Hinterbliebene nach solchen Personen, ausgenommen Waisen, wenn in ihrer Person kein Ausschließungsgrund gegeben war;
3. die Opfer der nationalen Bewegung und ihre Hinterbliebenen sowie die nach den Bestimmungen über die Versorgung der ehemaligen Angehörigen der Waffen-SS und ihrer Hinterbliebenen versorgten Personen.

Angehörige von Vermißten und noch nicht heimgekehrten Kriegsteilnehmern erhielten Versorgung nach dem Familienunterhaltsgesetz (StGBl Nr 106/1945). Im Jahre 1945 standen über hunderttausend Personen im Rentenbezug. Durch eine Novelle zu diesem Gesetz, BGBl Nr 155/1947, wurden die Angehörigen von noch nicht heimgekehrten Kriegsteilnehmern mit Wirkung vom 1. Jänner 1948 den Hinterbliebenen nach Kriegsteilnehmern gleichgestellt.

Mit den Regierungsbeschlüssen vom 29. August 1945 und 18. Oktober 1945 wurden, allerdings ohne Rechtsanspruch, den Umsiedlern aus Südtirol und aus dem Canaletal gleichfalls Abschlagszahlungen gewährt.

Auf Grund des Behörden-Überleitungsgesetzes vom 20. Juli 1945, StGBl Nr 94, wurde die österreichische Behördenorganisation wieder eingeführt. Das Hauptversorgungsamt Ostmark und die Versorgungsämter wurden aufgelöst. Deren Geschäfte wurden dem Staatsamt für soziale Verwaltung (bzw. dem späteren Bundesministerium für soziale Verwaltung) und den Landesinvalidenämtern übertragen. Die örtliche Zuständigkeit der Landesinvalidenämter richtet sich nunmehr wieder nach den Grenzen der Bundesländer. Für die Bundesländer Wien, Niederösterreich und Burgenland wurde wieder ein gemeinsames Landesinvalidenamt errichtet (Verordnung des Bundesministeriums für soziale Verwaltung vom 17. Jänner 1946, BGBl Nr 55).

Zum Unterschied von der Organisation in anderen Sozialbereichen ist es – wie bereits erwähnt – gelungen, den von der österreichischen Kriegsopferversorgung beherrschenden Grundsatz der totalen Betreuung der Kriegsopfer auch während der Zeit des „Anschlusses" beizubehalten (siehe *Einführung in das österreichische Sozialrecht*, Fahringer, S. 45). Dies hat die Rückführung in die österreichische Behördenorganisation wesentlich erleichtert.

Trotz des Behörden-Überleitungsgesetzes bestanden durch die Aufteilung Österreichs in Besatzungszonen unüberwindbar scheinende Hindernisse.

Zusammenschluß der Kriegsopferverbände

Am 4. Juli 1945 wurde in London das erste Kontrollabkommen und das Abkommen über die endgültigen Besatzungszonen unterzeichnet. Das „befreite" Österreich unterstand de facto einer alliierten Militärregierung. Obwohl der Alliierte Rat nur eine oberste Kontrolle über die österreichische Regierungstätigkeit ausüben sollte, konnte ohne seine Genehmigung kein Gesetz Gültigkeit erlangen und vollzogen werden (Österreich, der Weg der Republik 1918-1980, *Schausberger*, S. 60).

Auf der Konferenz der GROSSEN DREI, die vom 17. Juli bis 2. August 1945 in Potsdam abgehalten wurde, kam die Österreich-Frage noch einmal zur Sprache. Gegenüber dem sowjetischen Vorschlag, die Zuständigkeit der provisorischen Bundesregierung in Wien auf das gesamte Bundesgebiet auszudehnen, verhielten sich die westlichen Alliierten hinhaltend (*Schausberger,* aaO S. 62).

Aber dennoch war im Jahre 1945 die Situation Österreichs eine wesentlich andere als nach dem Zusammenbruch der Monarchie. Ein Österreich-Bewußtsein mit einem bisher unbekannten nationalen Zusammengehörigkeitsgefühl war entstanden und in allen Bundesländern hat sich die Idee des gemeinsamen Staates voll durchgesetzt (*Schausberger*, aaO S. 64).

Dieser Standpunkt wurde auch beim Zusammentreffen der Vertreter aller Bundesländer der westlichen Besatzungszonen am 20. August 1945 einhellig vertreten. Um der provisorischen Regierung den vom Westen gewünschten repräsentativen Charakter zu verleihen, wurde für 24. September 1945 in Wien die erste gesamte österreichische Länderkonferenz einberufen, die eine Erweiterung der Regierung Renner durch Politiker der westlichen Bundesländer beschloß und eine eindrucksvolle Demonstration für ein gemeinsames Vaterland ablegte. Damit waren die entscheidenden Weichen für den Weiterbestand eines geeinten Österreichs erfolgt (*Schausberger,* aaO S. 66).

Diese Entwicklung war für die österreichischen Kriegsopfer und ihre Organisation ebenfalls von großer Bedeutung.

Auf Grund der freien Wahlen zum Nationalrat am 25. November 1945, der Bildung der Bundesregierung und der Wahl des Bundespräsidenten durch die Bundesversammlung war erst zu diesem Zeitpunkt die demokratische Republik wiedererstanden. In der Folge hat der Nationalrat das Bundesverfassungsgesetz, in der Fassung 1929, wieder voll in Wirksamkeit gesetzt.

Da gleich mit dem Nationalrat die Landtage gewählt wurden, war auch die endgültige Liquidierung der nationalsozialistischen Reichsgaue abgeschlossen, und die Republik Österreich konnte ihre föderalistische Tradition fortsetzen.

Die Nationalratswahl brachte ein überwältigendes Votum für ÖVP und SPÖ. Bei der Interpretation des Wahlergebnisses muß allerdings berücksichtigt werden, daß fast eine Million Österreicher nicht mitentscheiden konnten. Über eine halbe Million ehemaliger Nationalsozialisten waren auf Grund des Verbotsgesetzes nicht wahlberechtigt, und ungefähr ebenso viele Österreicher befanden sich noch in Kriegsgefangenschaft (*Schausberger,* aaO S. 67).

Die Aktivitäten der am 17. April 1945 in Wien errichteten Organisation der Kriegsopfer, insbesondere die Bemühungen zur Errichtung eines bundesweiten Verbandes, wurden fortgesetzt. Mit den Organisationen in den westlichen Bundesländern konnte zufolge der Demarkationslinien erst allmählich Verbindung aufgenommen werden.

Mit großen Schwierigkeiten kam am 5. und 6. Dezember 1945 in Wien die erste Länderkonferenz der Zentralorganisation der Kriegsopferverbände zustande. Die Vertreter von Salzburg, Tirol und Vorarlberg konnten jedoch wegen Reise- und Paßschwierigkeiten daran noch nicht teilnehmen. Die Konferenz hatte vorbereitenden Charakter. Es wurden die Grundsätze für die Organisation festgelegt, wie z. B. die Überparteilichkeit und Einheitlichkeit, die Autonomie der Landesverbände sowie die Vereinigung in einer Dachorganisation. Im materiellen Bereich wurden eine Reihe von Gesetzen beraten, wie z.B. das Invalidenbeschäftigungsgesetz, das Gesetz über die vorläufigen Maßnahmen für Kriegsopfer sowie die Neuordnung des Tabakverschleißwesens.

Vom 5. bis 7. März 1946 fand eine weitere Landeskonferenz in Salzburg statt, an der Vertreter aller Landesorganisationen teilnehmen konnten. Auf dieser Konferenz wurde der Grundstein für die Einheit der Gesamtorganisation gelegt. In einer Resolution wurde die Notwendigkeit der Vereinheitlichung der fürsorge- und versorgungsrechtlichen Vorschriften gefordert. Ein neues Versorgungsrecht sollte so rasch wie möglich beschlossen werden. Schon damals wurde der Grundsatz aufgestellt, daß das künftige Gesetz nach dem Entschädigungsprinzip und nicht nach dem Fürsorgeprinzip zu gestalten sei.

Nachdem noch in der Zeit vom 24. bis 26. April 1946 die dritte Länderkonferenz stattgefunden hatte, fand am 19. und 20. Oktober 1946 der erste Verbandstag der Zentralorganisation der Kriegsopferverbände in Wien statt, auf dem FRANZ SCHULZ zum Obmann gewählt wurde. Mit der demokratischen Wahl seiner Verbandsorgane hatte die Zentralorganisation den Status einer Dachorganisation für alle Landesorganisationen in Österreich erlangt.

Die Kriegsblinden hatten – wie bereits erwähnt – eine eigene Organisation, gegliedert in autonome Landesverbände. Auf dem ersten ordentlichen Delegiertentag am 28. September 1946 hat sich der Verband konstituiert. Er hatte damals etwa 1.500 Blinde zu betreuen. Der Verband der Kriegsblinden Österreichs als Interessenvertretung aller Landesorganisationen ist Mitglied der Zentralorganisation der Kriegsopferverbände Österreichs.

In erster Linie ging es der Zentralorganisation um die Schaffung eines neuen, den Bedürfnissen der österreichischen Kriegsopfer entsprechenden Versorgungsrechtes. Für seine Verwirklichung bedurfte es noch umfangreicher Vorarbeiten. Bis dahin war es noch ein weiter Weg.

Enorme Schwierigkeiten für eine ausreichende Versorgung der Kriegsopfer

Die Republik Österreich stand nach der bedingungslosen Kapitulation infolge der Besetzung durch die Alliierten vor einem wirtschaftlichen und sozialen Desaster. Das wenige, das noch geblieben war, fiel *Beschlagnahmungen* zum Opfer. Die Sowjetunion verlangte enorme Reparationsleistungen. Am 5. Juli 1946 befahl Generaloberst KURASSOW, der russische Oberbefehlshaber, die Übergabe des gesamten deutschen Eigentums in der russisch besetzten Zone Österreichs an die Sowjetunion. Die Russen bestimmten selbst, welche Betriebe als „Deutsches Eigentum" anzusehen sind. Darunter befanden sich wichtige Betriebe wie die gesamte Erdölindustrie und die DDSG. Später wurden diese Betriebe zur USIA zusammengefaßt, die von der Steuerzahlung ausgenommen waren. Nicht nur Maschinenparks wurden abmontiert und über die Grenze gebracht, sondern die Erdölvorkommen im Osten unseres Staates wurden zur Abstattung der Reparationsschulden ausgebeutet. So bitter diese Maßnahmen der Besatzungsmacht für Österreich waren, so zeigten sie bald auch eine gute Seite. Die Beschlagnahmung der zum Großteil veralteten Anlagen machte nämlich den Weg zu einer neuen, prosperierenden Wirtschaft mit modernen Technologien frei und beschleunigte diesen Prozeß.

Nicht vergessen werden darf in diesem Zusammenhang die massive wirtschaftliche Hilfe durch die Vereinigten Staaten. Bereits im August 1945 wird Österreich in die UNRRA-Hilfe einbezogen, wobei die ersten Lieferungen erst im März 1946 eintrafen. Am 25. Juni 1947 wurde ein Hilfsabkommen zwischen den USA und Österreich abgeschlossen, am 2. Juli 1948 wurde Österreich in den MARSHALL-PLAN einbezogen. Auf Grund des Abkommens durfte der Verkaufserlös der von den USA kostenlos gelieferten Güter aller Art von der Regierung für den Wiederaufbau verwendet werden.

Die katastrophale Lage Österreichs, insbesondere in der sowjetischen Besatzungszone, machte es dem Staat anfangs äußerst schwierig, die unbedingt notwendigen finanziellen Mittel für eine notdürftige Versorgung zur Verfügung zu stellen, um die Renten termingerecht auszahlen zu können. Wie bereits erwähnt, konnten die Renten nur im gekürzten Ausmaß gezahlt werden (vgl Seite 231). Auch in den anderen Besatzungszonen sind nach wiederholten Interventionen durch die Kriegsopferverbände die unbedingt erforderlichen Geldmittel zur Verfügung gestellt worden.

Gesundheitliche Wiederherstellung der Kriegsbeschädigten

Neben den Rentenzahlungen gab es zwei weitere vordringliche Probleme der Kriegsopferversorgung, nämlich die Wiederherstellung des Gesundheitszustandes der Kriegsversehrten und ihre rasche Eingliederung in das Erwerbsleben.

Hinzu kam die große Zahl (rund 500.000) der aus der Kriegsgefangenschaft Heimgekehrten. Während die Rückführung der Kriegsgefangenen durch die westlichen Alliierten mit wenigen Ausnahmen mit Ende Oktober 1946 abgeschlossen war, mußten die Kriegsgefangenen der Sowjets auf ihre Heimkehr noch monatelang, zum Teil sogar jahrelang, warten. Viele von ihnen haben die ersehnte Heimkehr nicht erlebt, sie starben an den Strapazen, Entbehrungen und Schikanen in den Lagern weit entfernt von ihrer Heimat. Trotz dieser schmerzlichen Verluste war es für die österreichische Bevölkerung ein unvergeßlicher Freudentag, als am 12. September 1947 der erste Rücktransport in Wr. Neustadt eingetroffen war. Die letzten Transporte erfolgten erst kurz vor Abschluß des Staatsvertrages im Jahre 1955. Bis Dezember 1947 wurden rund 162.000 österreichische Kriegsgefangene aus der Sowjetunion rückgeführt.

Zwei Generationen treffen sich im Rollwagen im wundervollen Park des Heimes. Zwei Generationen und doch das gleiche Schicksal. „Dreißig Jahre bin ich schon an den Rollstuhl gefesselt, und trotzdem habe ich mir die Freude am Leben bewahrt", sagt der alte Kriegsveteran, dessen freundliche Worte dem jungen Kameraden und Schicksalsgefährten gutgemeinter Trost sein sollen.

Die Zahl der nach dem Jahre 1947 in Sondertransporten zurückgekehrten Österreicher, die wegen verschiedener Anschuldigungen in der Sowjetunion zurückgehalten wurden, ist nie bekannt geworden.

Viele der Heimkehrer litten unter schweren Gesundheitsschädigungen, die sie sich in der Gefangenschaft zugezogen hatten. Sie mußten ebenso wie die übrigen Kriegsteilnehmer mit Kriegsbeschädigungen und die zivilen Opfer eine rasche medizinische Behandlung erhalten.

Die Heilbehandlung, welche im wesentlichen die ärztliche Behandlung, die Versorgung mit Arzneien und kleinen Hilfsmitteln, die Krankenhauspflege sowie die Zahlung bestimmter Geldleistungen umfaßte, erfolgte regelmäßig durch die gesetzlichen Krankenversicherungsträger. Das 1947 ergangene Sozialversicherungs-Überleitungsgesetz (BGBl Nr 142/1947) hat das Leistungs- und Beitragssystem der deutschen Sozialversicherung im wesentlichen beibehalten.

Für Kriegsbeschädigte, die nicht sozialversichert waren, erfolgte die Heilbehandlung durch das Landesinvalidenamt, wobei die Kriegsbeschädigten gegen Kostenersatz der zuständigen Gebietskrankenkasse zur Behandlung zugeteilt werden konnten.

Das Heim der Kriegsinvaliden in der Fasangartenstraße in Wien hat durch die Opfer des Zweiten Weltkrieges für viele von uns wieder Bedeutung erhalten. Neben der Betreuung der Kriegsveteranen von 1914/1918 finden Opfer des Zweiten Weltkrieges dort Aufnahme, Betreuung und Beratung.

Orthopädische Versorgung

Ebenso dringend wie die Heilfürsorge war die Ausstattung mit orthopädischen Behelfen und Hilfsmitteln. Österreich hat eine langjährige Tradition auf dem Gebiet der Entwicklung orthopädischer Behelfe. Schon vor dem Ersten Weltkrieg genoß Österreich Weltruf.

Hervorzuheben wäre der Begründer der „trockenen" Orthopädie ADOLF LORENZ. Seine „unblutigen Operationen" (im Gegensatz zur „nassen" Chirurgie) machten ihn weltberühmt. Das von ihm im Jahre 1897 begründete Universitätslaboratorium für orthopädische Chirurgie im Wiener Allgemeinen Krankenhaus wurde während des Ersten Weltkrieges erweitert und diente als Kriegsspital. HANS SPITZY machte sich besondere Verdienste um das orthopädische Spital in der Gassergasse in Wien 5. Er verschaffte dem Institut Weltruf. Im Bereich der Unfallchirurgie gehörte zu den weltweit anerkannten Kapazitäten LORENZ BÖHLER. Das hohe Niveau der Orthopädie Österreichischer Schule kam nun auch den Kriegsversehrten zugute.

Neben privaten Firmen lieferten die Bundesstaatlichen Prothesenwerkstätten spezifische Produkte. Eine Reihe von Entwicklungen – wie z. B. die ZAWODNIK-Hand und die STRYDY-Prothese – haben Weltruf erlangt.

Sowohl die privaten Firmen als auch die staatlichen Prothesenwerkstätten hatten nicht die Kapazität, um alle Versehrten ausreichend zu versorgen. Es gab daher betriebliche Initiativen, die für die bei ihnen beschäftigten Versehrten entsprechende orthopädische Behelfe auf eigene Kosten zu beschaffen suchten.

So haben die Steyr-Werke in den Jahren 1950, 1951 für die im Werk beschäftigten Invaliden in Kufstein die damals neuartigen STRYDY-Prothesen anfertigen lassen. Andere Betriebe und Gemeinden sind diesem Beispiel gefolgt.

Bundesstaatliche Prothesenwerkstätten

Die Bundesstaatlichen Prothesenwerkstätten Wien und Linz gehen auf einen Entschluß der österreich-ungarischen Militärverwaltung im Jahre 1914 zurück.

Im Jahre 1915 wurden die beiden Werkstätten eröffnet und bis zum Jahr 1939 ohne Unterbrechung weitergeführt. Ihnen oblag die Gesamtversorgung der Kriegsbeschädigten und Versehrten der Eisenbahn. Im Jahre 1948 wurden die beiden Werkstätten wieder eröffnet.

Auf Grund der Kriegshandlungen des Zweiten Weltkrieges war der Bedarf an orthopädischen Hilfsmitteln so groß, daß die Arbeiten auf alle orthopädischen Firmen im freien Markt aufgeteilt wurden. Aus diesem Grund mußten auch die erwähnten Betriebsaktionen durchgeführt werden.

Die Werkstätten sind stets bemüht, ihre Produkte auf dem letzten Stand der Technik zu halten; sie dienen auch als Preiskalkulator auf dem freien Markt.

Im Jahre 1992 wurden einige internationale Projekte eingeleitet (Näheres siehe im Abschnitt *Perspektiven*, S. 314 ff).

Rasche Eingliederung in das Erwerbsleben

Vordringlich war die Regelung der Arbeitslosenfürsorge (BGBl Nr 97/1946). Auch auf diesem Gebiet blieben die reichsrechtlichen Bestimmungen vorerst aufrecht. Erst das Arbeitslosenversicherungsgesetz (AlVG BGBl 184/1949) stellte die österreichische Rechtsgrundlage (Versicherungsgrundsatz und Pflichtversicherung) mit namhaften Verbesserungen wieder her.

In Österreich zählte man am Ende des Krieges etwa 170.000 Versehrte, und dazu kam noch eine annähernd gleiche Zahl von Heimkehrern, für die die Eingliederung in das Berufsleben das vordringlichste Problem geworden war.

Oberstes Ziel der Kriegsopferverbände war daher, für die Kriegsopfer geeignete Arbeitsplätze zu schaffen. Das erste Gesetz, das die Interessenvertretungen verlangten, war das Invalideneinstellungsgesetz; erst danach ging man daran, eine Rentenversorgung wiederaufzubauen.

Die Versorgungsbehörden richteten nicht nur Umschulungskurse ein, sondern riefen die Betriebe, die ihre Produktion nach Kriegsende wiederaufnehmen konnten, auf, an der Umschulung von Kriegsversehrten mitzuwirken. Auch die öffentlichen Stellen wurden durch die Bundesregierung aufgefordert, bei der Anstellung und bei Ablegung der Dienstprüfung die Kriegsversehrtheit von Bewerbern entsprechend zu berücksichtigen. In den Ländern haben die Landesinvalidenämter, die Arbeitsmarktverwaltung, die Wirtschaftskammern und die Arbeiterkammern gemeinsam mit den Kriegsopferverbänden Aktionen durchgeführt.

Der größte Teil der Schwerbeschädigten konnte in den Arbeitsprozeß eingegliedert werden. In den Anfangsjahren der wiedererstandenen Republik waren dies weit über 50.000 Menschen. Allerdings darf nicht außer acht gelassen werden, daß ein beträchtlicher Teil der Vermittelten bereits vor der Kriegsbeschädigung eine berufliche Ausbildung absolviert hatte und damit schon an das Arbeitsmilieu gewöhnt war.

Der Umschulung der Kriegsbeschädigten haben sich neben staatlichen Stellen auch private Unternehmen angenommen; vor allem größere Betriebe (Verstaatlichte Industrie) haben hiezu wesentliches beigetragen. So errichtete die VOEST eigene Invalidenwerkstätten, in denen Versehrte durch besonders geschulte Meister in verschiedenen Berufssparten ausgebildet worden sind. Unter den staatlichen Einrichtungen ist die Bundesfachschule für Technik in Wien zu erwähnen. Hier wurden Kriegsbeschädigte in Büroberufen und verschiedenen anderen Berufen (wie z.B. zum Baupolier, technischen Zeichner, Hobler und Fräser) ausgebildet. Aus der Bundesfachschule für Technik hat sich im Laufe der Jahre ein modernes Schulzentrum entwickelt. Während die Anstalt ursprünglich in verschiedenen, keineswegs behindertengerechten Gebäuden untergebracht war, befindet sich das Schulzentrum, das nunmehr aus drei Anstalten besteht, nämlich der Höheren Technischen Bundeslehranstalt, der Bundeshandelsakademie und der Bundeshandelsschule, seit 1987 in Wien III. Ungargasse 69. Das moderne Bauwerk, in dem Körperbehinderte und Nichtbehinderte gemeinsam unterrichtet werden, nimmt auf die besonderen Bedürfnisse Körperbehinderter Rücksicht. Es verfügt über einen eigenen Therapietrakt mit geräumigem Schwimmbad und ein Schülerheim, das es Behinderten aus ganz Österreich erlaubt, ihre Ausbildung hier zu absolvieren.

Die Anstalten bieten eine reiche Palette von Ausbildungsmöglichkeiten mit entsprechenden staatlichen Abschlußprüfungen, wie z.B. das Wirtschaftsingenieurwesen, die Betriebs-

Mit einer entsprechenden Beschäftigung und der damit verbundenen Sicherung des Lebensunterhaltes für sich und die Seinen ist auch die Ruhe und das Glück in das kleine Heim dieses Kriegsversehrten wieder eingekehrt.

Auf dem Stand des Kriegsopferverbandes auf der Wiener Messe verkauft der Mann den offiziellen Führer durch die Leistungsschau.

In den Werkstätten der Invalidenfachschule in der Geigergasse in Wien werden junge Menschen wie hier an der Bohrmaschine zu tüchtigen Fachkräften ausgebildet und dann der Industrie vermittelt.

Auch in der Landwirtschaft, die bekanntlich besonders große Anforderungen an ihre Menschen stellt, ist der Beinamputierte ein nützlicher Arbeiter, der nahezu jede Arbeit bewältigt.

In der Sonderschule für körperbehinderte Kinder, Wien XV, Kauergasse, werden die jüngsten Opfer des Krieges betreut. Vor allem müssen sie Selbstvertrauen und Sicherheit wiedererhalten.

Ausnahmslos Kriegsopfer werden von einer Liesinger Handweberei beschäftigt. Die Firma stellt nach Einschulung den Beinamputierten Spezialwebstühle zur Verfügung; sie machte gute Erfahrungen.

Ein schwerer Beruf auch für Nichtkörperbehinderte, die Autogen- und Elektroschweißerei. Dennoch haben sich viele Kriegsversehrte dafür entschieden und stellen heute wie andere ihren Mann.

informatik, die Handelsakademie, die Fachschule für Maschinenbau- und Fertigungstechnik, die Handelsschule sowie eine Fachschule für Lederdesign. Weiters gibt es einen betriebswirtschaftlichen Lehrgang für Erwachsene und eine einjährige Orientierungsstufe, die dazu dienen soll, daß Schüler behinderungsbedingte Defizite abbauen, um für eine kaufmännische und technische Ausbildung gerüstet zu sein.

Schaffung einer zeitgemäßen gesetzlichen Grundlage für die Einstellung Schwerbehinderter

Das Invalidenbeschäftigungsgesetz bot für die Wiedereingliederung der Kriegsopfer in das Berufsleben sowohl nach dem Ersten Weltkrieg als auch in der Zeit der nationalsozialistischen Okkupation die gesetzliche Grundlage. Obwohl sich dieses Gesetz jahrzehntelang bestens bewährt hat, zeigte sich bald, daß dieses im Wege der Rechtsüberleitung rezipierte Gesetz den geänderten Bedürfnissen nicht mehr Rechnung trug.

Der Nationalrat hatte deshalb am 25. Juli 1946 (BGBl Nr 163/1946) ein neues Invalideneinstellungsgesetz beschlossen. Einerseits war die Zahl der Kriegsbeschädigten stark angestiegen, andererseits mußte für die Eingliederung der politischen Opfer in das Erwerbsleben Vorsorge getroffen werden. Danach waren private Dienstgeber verpflichtet, auf 15 Dienstnehmer mindestens einen Invaliden und auf je 20 weitere Dienstnehmer mindestens einen weiteren Invaliden zu beschäftigen. Die öffentlichen Dienstgeber waren verpflichtet, auf mindestens 5 v.H. ihrer Arbeitsplätze Invalide zu beschäftigen. An Stelle der Pflichteinstellung war vom Arbeitsamt die Entrichtung einer Ausgleichstaxe vorzuschreiben, wenn die Dienstgeber ihrer Beschäftigungspflicht nicht nachgekommen sind. Das Gesetz brachte aber auch andere Neuerungen, wie z.B. den besonderen Kündigungsschutz für Invalide, die in Privatbetrieben mit einer Belegschaft von mindestens 15 bzw. 20 Dienstnehmern (je nach Betriebsgattung) beschäftigt waren.

Den Schutz des Invalideneinstellungsgesetzes genossen nur Invalide ab einer MdE von 50 v.H. (begünstigte Invalide). Das Gesetz bot jedoch die Möglichkeit der Gleichstellung von Leichtversehrten, wenn sie ohne die Gleichstellung einen Arbeitsplatz nicht erlangen konnten und dadurch die Einstellung Schwerversehrter nicht gefährdet erschien.

Bei den Landesarbeitsämtern wurden Invalidenausschüsse und bei den Landesinvalidenämtern Einstellungsausschüsse eingerichtet. Zu den Aufgaben des Invalidenausschusses gehörten die Zustimmung zur Kündigung, ferner Entscheidungsbefugnisse bei der Berechnung der Pflichtzahl und bei der Erfüllung der Beschäftigungspflicht. Der Einstellungsausschuß hatte in der Hauptsache die Anträge auf Gleichstellung zu behandeln.

Ausgefertigt wurden die Einstellungsbescheinigungen und die Gleichstellungsbescheinigungen durch das örtlich zuständige Landesinvalidenamt. Über Berufungen gegen Bescheide eines Arbeitsamtes entschied der Invalidenausschuß, über Berufungen gegen Bescheide, die der Invalidenausschuß in erster Instanz erließ, sowie über Berufungen gegen Bescheide des Landesinvalidenamtes und des Einstellungsausschusses entschied das Bundesministerium für soziale Verwaltung.

Das neue Invalideneinstellungsgesetz bildete aber auch die rechtliche Grundlage für die Berufsfürsorge. Durch eine enge Zusammenarbeit zwischen Arbeitsmarktverwaltung, Landesinvalidenämtern und den Kriegsopferverbänden konnten trotz der katastrophalen wirtschaftlichen Lage erstaunlich gute Erfolge erzielt werden. Dies zeigt auch der Umstand, daß die Zahl der Schwerbeschädigten, die einkommensabhängige Leistungen zur Deckung des Lebensunterhaltes bezogen haben, im Verhältnis zur Gesamtzahl der rentenberechtigten Kriegsbeschädigten stets als gering bezeichnet werden kann (Näheres siehe Ausführungen zu *Hilfe zur Selbsthilfe*, S. 255 f).

Erleichterungen und Begünstigungen bei Ausübung einer selbständigen Erwerbstätigkeit

Das Invalideneinstellungsgesetz beschränkte sich nicht allein darauf, Hilfe zur Erlangung einer unselbständigen Arbeit zu gewähren, sondern hat auch Begünstigungen und Förderungsmöglichkeiten für die Ausübung einer selbständigen Erwerbstätigkeit geschaffen. Auch konnten durch Interventionen der Zentralorganisation beim Bundesministerium für Handel und Wiederaufbau Erleichterungen bei Antritt eines Gewerbes oder bei Erteilung einer Konzession erreicht werden. Förderungen im Bereiche der selbständigen Erwerbstätigkeit hat es vor allem durch die Vergabe von Tabaktrafiken gegeben. Kriegsbeschädigte und Witwen hatten in diesem Wirtschaftszweig ein Vorzugsrecht (vgl Ausführungen im Abschnitt *Vorzugsrecht der Kriegsopfer bei Vergabe von Tabakverschleißgeschäften*, S. 267 f.).

Die Darstellung zeigt in groben Zügen, daß die Kriegsversehrten durch ihre berufliche Eingliederung keinen unbedeutenden Beitrag zum Wiederaufbau und zur heutigen wirtschaftlichen Prosperität Österreichs geleistet haben.

Einen ebenso wichtigen Beitrag haben aber auch jene Frauen geleistet, die den Ehegatten durch Kriegsereignisse verloren und alleinstehend ihre Kinder großgezogen oder die die Pflege des Ehegatten, der durch die Kriegsbeschädigung pflegebedürftig geworden ist, übernommen haben. Sie haben gesellschaftliche Aufgaben erfüllt, die zwar in Geldbeträgen nicht meßbar sind, aber – von menschlichen Aspekten ganz abgesehen – eine gewaltige Entlastung der öffentlichen Hand gebracht haben.

Verbesserung der Rentenversorgung in vordringlichen Bereichen

Ehe das Ziel, eine völlig neue, den Bedürfnissen der österreichischen Kriegsopfer entsprechende Versorgung zu schaffen, erreicht werden konnte, hat die Zentralorganisation einige Verbesserungen durchgesetzt, die keinen Aufschub duldeten.

So sind mit Wirkung vom 1. Jänner 1946 die Kürzungen der Renten für die Beschädigten ab einer MdE von 70 v.H. und für Versehrte der Stufe III weggefallen.

Mit dem Gesetz vom 24. Juli 1946 über die Behandlung der Nationalsozialisten wurde insoferne eine Erleichterung erreicht, als minderbelastete Personen, wenn sie Kriegsversehrte der Stufe III, und Belastete, wenn sie Kriegsversehrte der Stufe IV waren, von der Sühnepflicht ausgenommen wurden und daher eine Rente erhalten konnten.

Am 21. April 1948 hat der Nationalrat ein weiteres Gesetz beschlossen, das den Großteil der wegen Zugehörigkeit zur ehemaligen NSDAP registrierten Personen von den Sühnefolgen befreite. Von den knapp 524.000 Personen hat diese Befreiung 482.000 sogenannte „Minderbelastete" betroffen.

Die „Belasteten" waren gemäß § 60 des am 1. Jänner 1950 in Kraft getretenen KOVG weiterhin von der Versorgung ausgeschlossen. Diese Bestimmung wurde vom Verfassungsgerichtshof im Jahre 1952 aufgehoben (Kundmachung BGBl Nr 32/1952).

Eine Linderung der schlechten finanziellen Lage der Kriegsopfer bildete die Gewährung einer Sonderzahlung im Dezember 1946 in der Höhe der Vormonatsrente und die Erhöhung der Renten ab 1. Jänner 1947 zum Ausgleich der Verteuerung. So sind die Kürzungsbestimmungen für Beschädigte entsprechend einer MdE von 50 v.H. und 60 v.H. und für Versehrte entsprechend der Versehrtenstufe II sowie für Witwen der höchsten Kategorie weggefallen. Die Abschlagszahlungen ab einer MdE von 70 v.H. bzw. der Versehrtenstufe III (einschließlich der Zulagen) sind auf 140 % der festzustellenden Zahlbeträge erhöht worden.

Abgeltung der Preissteigerungen

Im Jahre 1947 wurde zu den mittlerweile weiterhin eingetretenen Verteuerungen der Lebenshaltung das erste Lohn- und Preisabkommen abgeschlossen. Das Abkommen brachte eine drastische Anhebung der Löhne und Preise. Zu den Abschlagszahlungen für Kriegsopfer wurden mit 1. August 1947 Teuerungszulagen gewährt. Sie bewegten sich in der monatlichen Höhe von S 10 bis S 100. Für erwerbsunfähige Zusatzrentenempfänger hat die Teuerungszulage monatlich 120 S betragen. Die inflationäre Preisentwicklung setzte sich fort und machte am 16. September 1948 ein weiteres Lohn- und Preisabkommen erforderlich. In der Folge wurden die Abschlagszahlungen ab 1. Oktober 1948 generell um 6 % erhöht. Mit Bundesgesetz vom 15. Oktober 1948 (BGBl Nr 219/1948) wurde eine Ernährungszulage gewährt. Diese Zulage betrug ursprünglich S 34 und für Witwen und weibliche Elternrentner S 17 (Näheres siehe Ausführungen zur *Ernährungszulage*, S. 260).

Zur Abgeltung weiterer Teuerungen wurden auf Grund eines Erlasses des BM für soziale Verwaltung die Abschlagszahlungen um 4,5 % und bei Leistung einer Ernährungszulage um 9 % ab 1. Juli 1949 abermals erhöht.

Endlich das Ziel einer eigenständigen Kriegsopferversorgung erreicht

Nach langwierigen und schwierigen Verhandlungen mit der Zentralorganisation hat das Parlament am 14. Juli 1949 in seiner letzten Sitzung vor den Wahlen das Kriegsopferversorgungsgesetz (KOVG), BGBl Nr 197, beschlossen, das am 1. Jänner 1950 in Kraft getreten ist. Der langersehnte Tag war gekommen, an dem die Kriegsopfer eine eigenständige, ihren Bedürfnissen Rechnung tragende Versorgung erhielten.

Österreich hatte nun wieder ein einheitliches Versorgungsgesetz, das alle Gruppen von Kriegsopfern erfaßte und dem Anspruchswerber ein gesetzlich geregeltes Verfahren im rechtstaatlichen Sinne einräumte.

Zur Vereinheitlichung der Versorgung für alle Gruppen von Kriegsopfern durch das KOVG zählte auch die Abschaffung der Ortsklassen. Das Reichsgebiet war in Ortsklassen eingeteilt. Die Höhe der Rente richtete sich nach den reichsrechtlichen Vorschriften danach, in welche Ortsklasse der Wohnsitz des Rentenempfängers gefallen ist.

Als Kuriosum bezeichnete Hasiba in seinem Artikel *Sechzig Jahre Kriegsopferversorgung in Österreich*, daß eine einzige „reichsrechtliche" Vorschrift bestehe, welche zur Folge des Rechtsüberleitungsgesetzes weiterhin in Geltung blieb. Es war dies die Verordnung über Vergünstigungen für Kriegsbeschädigte im öffentlichen Personenverkehr vom 23. Dezember 1943, DRGBl 1944 I, S. 5. Er meinte wörtlich: „Da die Frage der Erstattung der Fahrgeldausfälle der betreffenden Verkehrsunternehmen in diesem Zusammenhang die ausschlaggebende Rolle spielt, rührt man bedachtsamerweise – echt österreichisch – diese Angelegenheit am besten nicht an." Übrigens, man hat sie, was den innerstädtischen Verkehr betrifft, bis heute nicht angerührt (§ 113 KOVG).

Jene Leser, die von den damaligen Vorgängen betroffen oder in anderer Weise mit diesen als Zeitzeugen befaßt waren, können beurteilen, welche „Lawine an Verwaltungsarbeiten" durch das neue Gesetz ausgelöst wurde. Sämtliche Versorgungsfälle mußten neu beurteilt werden. Zu den bereits in Versorgung stehenden Personen kam noch eine Flut von Neuanträgen, vor allem auch der aus der Kriegsgefangenschaft heimgekehrten Soldaten. Die Anträge mußten in einer für die Antragsteller zumutbaren Zeit erledigt werden. Aber auch die Zahl der Hinterbliebenen von gefallenen oder verstorbenen Kriegsteilnehmern und die Zahl der Angehörigen von Vermißten oder noch nicht Heimgekehrten nahm drastisch zu. Alle diese Gruppen warteten dringend auf die Versorgung.

Die starke Zunahme der Anträge mag auch darin eine der Ursachen gehabt haben, daß die Anmeldung der Ansprüche im KOVG mit 31. Dezember 1951 befristet war und man sich nicht der Gefahr des Verschweigens aussetzen wollte (§ 50 Abs. 1 KOVG). In der Dokumentation zur Geschichte des oberösterreichischen Kriegsopferverbandes befindet sich eine detaillierte Aufstellung jener Kriegsopfer, die zum 1. Mai 1949 Abschlagszahlungen erhielten:

a)	Invalide des Ersten Weltkrieges	51.996
	Invalide des Zweiten Weltkrieges	116.313
	Gesamtzahl der Invaliden	**168.309**
b)	Hinterbliebene und Gleichgestellte (Angehörige nicht heimgekehrter Kriegsteilnehmer)	
	Witwen des Ersten Weltkrieges	28.329
	Witwen des Zweiten Weltkrieges	56.345
	Frauen noch nicht heimgekehrter Kriegsteilnehmer	46.870
	Waisen des Ersten Weltkrieges	2.171
	Waisen des Zweiten Weltkrieges	83.901
	Kinder noch nicht heimgekehrter Kriegsteilnehmer des Zweiten Weltkrieges	64.871
	Eltern des Ersten Weltkrieges	6.068
	Eltern des Zweiten Weltkrieges	40.762
	Eltern noch nicht heimgekehrter Kriegsteilnehmer	10.486
	Zahl der Hinterbliebenen und Gleichgestellten	**339.803**
	Gesamtzahl der Versorgungsberechtigten	**508.112**

Das KOVG faßt als Versorgungsberechtigte im wesentlichen alle Personenkreise zusammen, die nach dem Invalidenentschädigungsgesetz und den späteren reichsrechtlichen Bestimmungen (RVG, WFVG, EWFVG sowie PSchVO) Versorgungsansprüche hatten.

Hiezu zählten die Angehörigen der Streitkräfte der vormaligen Österreichisch-Ungarischen Monarchie und ihre Verbündeten; ferner Arbeiter, die nach dem Kriegsleistungsgesetz vom Jahre 1912 in Betriebe kommandiert wurden, welche für militärische Zwecke arbeiteten, landsturmpflichtige Arbeiter, welche aufgrund des Landsturmgesetzes aus dem Jahre

1886 zu besonderen Dienstleistungen für Kriegszwecke herangezogen wurden, und Arbeiter, die nach dem österreichischen Wehrgesetz aus dem Jahre 1912 Dienstleistungen erbrachten. Zum Personenkreis zählten ferner Angehörige der Volkswehr, des vormaligen österreichischen Bundesheeres und die Angehörigen der ehemaligen deutschen Wehrmacht ab dem 13. März 1938. Die Angehörigen der Waffen-SS und die Angehörigen des Volkssturms waren nach den reichsrechtlichen Vorschriften Bestandteile der deutschen Wehrmacht.

Zum Personenkreis der Versorgungsberechtigten zählten auch eine Reihe von Personengruppen, die, ohne der deutschen Wehrmacht als Soldaten angehört zu haben, eine Gesundheitsschädigung erlitten haben, wie z.B. die Angehörigen des ehemaligen Reichsarbeitsdienstes, Luftwaffenhelfer, Marinehelfer, Flakwaffenhelferinnen, Truppenhelferinnen, Angehörige des Schutzkorps und der Frontmiliz, Reichsbahnbedienstete, die zur Wehrmacht abgeordnet wurden, ebenso wie Angehörige des verstärkten Bahnschutzes, verschiedene Kategorien von Zivilpersonen oder Angehörige von NS-Organisationen (z.B. NSKK), Arbeiter, die außerhalb der Reichsgrenzen zu Dienstleistungen (z.B. auf Einsatzfliegerhorsten und im Marinefestungsgebiet) herangezogen wurden (§ 1 Abs. 1 und 2).

Die angeführten Personen sind versorgungsberechtigt, wenn sie durch die Dienstleistung eine Gesundheitsschädigung (Dienstbeschädigung) erlitten haben. Hat die Dienstbeschädigung den Tod verursacht, sind die Hinterbliebenen versorgungsberechtigt. Die Angehörigen der Kriegsgefangenen und Vermißten stehen den Hinterbliebenen gleich (§ 1 Abs. 3).

Eine Gesundheitsschädigung, die ohne Zusammenhang mit einer Dienstleistung in einer der angeführten militärischen Organisationseinheiten durch unverschuldete Verwicklung in militärische Handlungen oder durch unverschuldete Einwirkung von Waffen und Kampfmitteln als Folge militärischer Maßnahmen eingetreten ist, wird wie eine Dienstbeschädigung entschädigt. Hierunter fallen vor allem die Freiheitskämpfer im Kärntner Abwehrkampf, die Opfer der Februarunruhen 1934, Personen, die Körperschäden durch Luftangriffe oder durch aus dem Krieg zurückgelassene Kampfmittel erlitten haben. Ferner zählen hiezu ua die aufgrund der Notdienstverordnung vom 15. Oktober 1938 Dienstverpflichteten, die Angehörigen der Organisation Todt, Nachrichten- und Betreuungshelferinnen im Heimatgebiet, HJ-Angehörige im Grenzeinsatz (§ 2).

Schließlich wird eine Gesundheitsschädigung, die im unmittelbaren, ursächlichen Zusammenhang mit den durch die militärische Besetzung geschaffenen Verhältnissen (ohne Verschulden des Beschädigten) eingetreten ist, wie eine Dienstbeschädigung entschädigt. Zu den Besatzungspersonenschäden zählten nicht nur die durch Besatzungsangehörige zugefügten Gesundheitsschädigungen durch Waffen oder Kampfmittel, sondern auch Gesundheitsschäden, die aus Verkehrsunfällen mit Fahrzeugen der Besatzungsmacht resultierten, wenn den zu Schaden Gekommenen kein Verschulden traf (§ 2).

Staatsbürgerschaft

Eine weitere Voraussetzung für einen Versorgungsanspruch bildet, daß der Versorgungsberechtigte die österreichische Staatsbürgerschaft besitzt (§ 3).

Ausnahmen von diesem Grundsatz bestanden für bestimmte Kategorien von Südtirolern und Kanaltalern. Aufgrund der Kabinettsratsbeschlüsse vom 29. August und 18. Oktober 1945 waren die genannten Volksgruppen nichtitalienischer Zunge, die in den durch den Staatsvertrag von St. Germain-en-Laye Italien einverleibten Teilen Tirols bzw. Kärntens das Heimatrecht besaßen, im Zuge der durch das Deutsche Reich veranlaßten Umsiedlungsaktion aus ihrer Heimat ausgewandert sind und ihren Wohnsitz in Österreich genommen, bis 27. April 1945 aufrecht erhalten und auch danach beibehalten sowie die deutsche Staatsbürgerschaft erworben haben, unter bestimmten Voraussetzungen so zu behandeln, wie wenn sie am 27. April 1945 die österreichische Staatsbürgerschaft erworben hätten. Diese Personen wurden aufgrund eines Erlasses des BM für soziale Verwaltung auf ihren Antrag in die Versorgung einbezogen, wenn sie lediglich wegen des Mangels der österreichischen Staatsbürgerschaft keinen Versorgungsanspruch hatten. Die Versorgung wurde nur vorschußweise geleistet. Einen Rechtsanspruch auf Versorgungsleistungen hatten diese Personen nicht.

Personen, die nach Prüfung ihrer Personalverhältnisse bei der Verleihung der österreichischen Staatsbürgerschaft einen Verzicht auf irgendwelche Gehalts-, Pensions-Rentenansprüche oder sonstige öffentlich-rechtliche Ansprüche an den österreichischen Staat abgegeben haben, waren grundsätzlich nicht versorgungsberechtigt. Davon waren jedoch bestimmte Personengruppen ausgenommen, wie z.B. Personen, die ihren Wohnsitz schon vor dem 13. März 1938 im Gebiete der Republik Österreich hatten, und Personen, die aufgrund der Verehelichung mit einem Ausländer die Staatsbürgerschaft in der Zeit vom 13. März 1938 und 17. April 1945 verloren und in der Folge gemäß § 10 Abs. 2 des Staatsbürgerschaftsgesetzes wiedererlangt haben, wenn sie jedoch die Voraussetzungen für den Wiedererwerb durch Erklärung gemäß § 2a des Staatsbürgerschafts-Überleitungsgesetzes erfüllt hätten, ferner minderjährige Kinder, auf deren Eltern die zuvor angeführten Voraussetzungen zutrafen, und Personen, die nach dem 13. März 1938 auf dem Gebiet der Republik Österreich geboren worden sind.

Mit den Novellen zum KOVG vom 25. Juli 1951, BGBl Nr 159, und vom 17. Juli 1952, BGBl Nr 164, wurde hinsichtlich des Besitzes der österreichischen Staatsbürgerschaft zur Erlangung eines Versorgungsanspruches eine weitere Ausnahme gemacht. In die Versorgung wurden Personen deutscher Sprachzugehörigkeit einbezogen, die infolge einer Dienstbeschädigung erwerbsunfähig, hilflos oder blind geworden sind. Gleiches galt für die Hinterbliebenen solcher Beschädigter, die Versorgungsberechtigung erlangt haben (§ 3 lit. e).

Der Ausschluß von Personen, die bei der Verleihung der österreichischen Staatsbürgerschaft einen Verzichtrevers unterfertigt hatten, wurde mit der Novelle zum KOVG vom 1. Juli 1953, BGBl Nr 103, zur Gänze beseitigt. § 3 Abs. 2 bestimmt, daß ein Versorgungsanspruch auch dann nicht ausgeschlossen ist, wenn beim Erwerb der Staatsbürgerschaft (§ 5 Abs. 2 Staatsbürgerschaftsgesetz 1949) ein Verzicht auf vermögensrechtliche Ansprüche abgegeben worden ist.

Dasselbe galt für Volksdeutsche, die aufgrund des § 3 Abs. 2 des Bundesgesetzes BGBl Nr 142/1954 die österreichische Staatsbürgerschaft erworben haben. Damit wurden die vielschichtigen Probleme des Besitzes der Staatsbürgerschaft für die Begründung eines Versorgungsanspruches mit 1. September 1953 weitgehend gelöst.

Für die Südtiroler und Kanaltaler wurde die Wirksamkeit der Kabinettsratsbeschlüsse aus dem Jahre 1945 mehrfach verlängert. Nach dem Ministerratsbeschluß vom 16. Dezember 1958 wurde jenen Südtirolern und Kanaltalern, deren Reoption am 16. Dezember 1958 von Italien bereits abgewiesen war, die Gleichstellung mit österreichischen Staatsbürgern letztmalig bis Ende Dezember 1959 zugestanden.

Die Beendigung der Gleichstellung hatte mit Rücksicht auf § 3 KOVG, wonach nur österreichische Staatsbürger versorgungsberechtigt sind, zur Folge, daß den betreffenden Personen mangels Besitzes der österreichischen Staatsbürgerschaft die Versorgung mit 31. Dezember 1959 entzogen werden mußte.

Südtirolern und Kanaltalern, deren Reoption am 18. Oktober 1960 von Italien bereits angenommen oder bis dahin noch nicht erledigt war, wurde aufgrund des Ministerratsbeschlusses vom 18. Oktober 1960 die Weiteranwendung der Kabinettsratsbeschlüsse aus dem Jahre 1945 bis zum 31. Dezember 1962 zugestanden.

Ursächlicher Zusammenhang

Versorgung ist grundsätzlich nur für Gesundheitsschädigungen zu gewähren, die zumindest mit Wahrscheinlichkeit im ursächlichen Zusammenhang mit einem durch das Gesetz anerkannten schädigenden Ereignis oder mit den der Dienstleistung eigentümlichen Verhältnissen stehen. Wenn eine Gesundheitsschädigung nur zum Teil auf solche Ursachen zurückzuführen ist, so besteht ein Anspruch auf Entschädigung nur für diesen Teil, es sei denn, der ursächliche Anteil der Gesundheitsschädigung ist mit Hilflosigkeit oder Blindheit verbunden (§ 4).

Einschätzung der Minderung der Erwerbsfähigkeit

Während nach den Bestimmungen des RVG wie nach denen des IEG der Grad der MdE für die Höhe der Rente maßgebend war, richtete sich die Versorgung der Beschädigten des Zweiten Weltkrieges entsprechend den Bestimmungen des WFVG nach der Schwere der Versehrtheit, die in Stufen (I-IV) eingeteilt war. Das KOVG sieht die Einschätzung der Dienstbeschädigungsleiden einheitlich nach dem Grad der Minderung der Erwerbsfähigkeit (MdE) vor. Die MdE wird nach durch 10 teilbaren Hundertsätzen festgestellt, die Durchschnittssätze darstellen. Eine um 5 geringere MdE wird von ihnen mitumfaßt (§ 9 Abs. 1). Beschädigte mit einer MdE von 50 v.H. oder darüber hinaus heißen Schwerbeschädigte. Als erwerbsunfähig gelten Schwerbeschädigte mit einer MdE von 90 und 100 v.H. (§ 9 Abs. 2).

Ursprünglich erfolgte die Einschätzung der MdE nach den objektiven Merkmalen der Schwere der Dienstbeschädigung und nach den Auswirkungen der Dienstbeschädigung auf die Tauglichkeit zu einer ihm nach seinem früheren Beruf oder nach seiner beruflichen Vorbildung billigerweise zuzumutenden Erwerbstätigkeit (§ 8 KOVG). Das WFVG stellte bei der Einstufung der Dienstbeschädigung hingegen allein auf das objektive Merkmal der Schwere des Körperschadens ab.

Aufgrund der Novelle zum KOVG vom 17. Juli 1952, BGBl Nr 164, wurde bestimmt, daß die MdE, welche als die durch die Dienstbeschädigung bewirkte körperliche Beeinträchtigung in Hinsicht auf das allgemeine Erwerbsleben zu verstehen ist, nach Richtsätzen einzuschätzen ist, die den wissenschaftlichen Erfahrungen entsprechen. Das Bundesministerium für soziale Verwaltung wurde ermächtigt, hiefür nach Anhörung des Invalidenfürsorgebeirates verbindliche Richtsätze aufzustellen (§ 7 Abs. 2).

Die ursprünglich erlassene Richtsatzverordnung des Bundesministeriums für soziale Verwaltung stammt vom 27. Jänner 1953, BGBl Nr 27. Der Verwaltungsgerichtshof hat in einer Reihe von Erkenntnissen seine Rechtsansicht zum Ausdruck gebracht, daß der Beschädigte einen Rechtsanspruch auf die Einschätzung nach den Richtsätzen hat, wobei die Behörde verpflichtet ist, die Anwendung der Richtsatzposition schlüssig und ausreichend zu begründen, ansonsten ist der Bescheid mit einem wesentlichen Verfahrensmangel behaftet und von der Aufhebung bedroht (Erk des VwGH vom 24. September 1952, Zl 1578/52).

Die Verordnung vom 27. Jänner 1953 wurde im Hinblick auf die neueren wissenschaftlichen Erkenntnisse durch die Ministerialverordnung vom 9. Juni 1965, BGBl Nr 150, ersetzt. Sie ist mit 1. Juli 1965 in Kraft getreten. Die Richtsatzverordnung enthält 725 Positionen, in denen die Leidenszustände beschrieben und für jeden der MdE-Wert in Stufen von 10 v.H. oder ein Rahmensatz (z.B. von 0 – 30, von 20 – 50) angeführt ist. Die Verordnung enthält auch Bestimmungen, wie die Behörde einzuschätzen hat, wenn in der Verordnung für einen Leidenszustand keine Richtsatzposition angeführt ist, und wie die Behörde die Gesamteinschätzung vorzunehmen hat, wenn beim Beschädigten zwei oder mehrere Gesundheitsschädigungen als Dienstbeschädigungen anerkannt sind.

Berufskundliche Beurteilung

Bei der Feststellung des Grades der MdE ist aber auch zu prüfen, ob sie bei Berücksichtigung der Tauglichkeit des Beschädigten zu einer Erwerbstätigkeit, die ihm nach seinem früheren Beruf oder nach seiner Vorbildung billigerweise zugemutet werden kann, höher als nach § 7 einzuschätzen ist (§ 8). Diese zusätzliche Einschätzungsmethode wurde durch die 3. Novelle zum KOVG (BGBl Nr 164/1952) eingeführt. Da die Bestimmung des § 8 in der Stammfassung nur sehr allgemein gehaltene Anhaltspunkte enthielt, kam es bei Anwendung dieser Gesetzesbestimmung zu sachlich nicht gerechtfertigten unterschiedlichen Entscheidungen. Die allgemeine Rechtsunsicherheit führte in der Folge zur Aufhebung einer beträchtlichen Zahl von Bescheiden durch den Verwaltungsgerichtshof. Der Verwaltungsgerichtshof hat in seinen Erkenntnissen für die berufskundliche Einschätzung ein eigenes Verfahren entwickelt, in dem die Anforderungen des zumutbaren Berufes festgestellt und die

Einschränkung ihrer Bewältigung durch die Dienstbeschädigung ermittelt werden. Ergibt sich aufgrund der festgestellten beruflichen Sonderverhältnisse eine höhere Einschätzung der MdE, so ist diese der Rentenbemessung zu Grunde zu legen.

Im folgenden wird das durch den Verwaltungsgerichtshof zur Einschätzung beruflicher Sonderverhältnisse entwickelte Verfahren (vgl Erk des VwGH vom 25. November 1955, Zl 2657/54) zum besseren Verständnis kurz dargestellt:

a) *Berufsgeschichte*

Die Darstellung der Berufsgeschichte erfordert die Ermittlung des früheren Berufes und der Vorbildung des Beschädigten. Zu ermitteln sind alle Berufe und Ausbildungsgänge, die der Beschädigte bis zum Rentenverfahren ausgeübt hat.

b) *Berufszumutbarkeit*

Die Beurteilung, welche Erwerbstätigkeit dem Beschädigten nach seinem früheren Beruf billigerweise zuzumuten ist, hängt von der Berufsgeschichte ab. Als *früherer Beruf* ist aus der Berufsgeschichte des Beschädigten jener heranzuziehen, den der Beschädigte während der von ihm erreichten günstigsten sozialen Höhenlage seines Berufslebens längere Zeit hindurch, in der Regel vor Eintritt des schädigenden Ereignisses, ausgeübt hat. Hat sich der Beschädigte dieser in seinem Berufsleben bereits erreichten sozialen Stellung aus Gründen entfremdet, die mit der Dienstbeschädigung nicht zusammenhängen, dann ist der Beruf, dem er sich aufgrund der freien Berufswahl zugewendet hat, der Beurteilung zugrunde zu legen.

Hat der Beschädigte vor dem schädigenden Ereignis keinen Beruf ausgeübt, ist seine Vorbildung für die Beurteilung der Berufszumutbarkeit maßgebend.

Berufszumutbarkeit ist grundsätzlich dann gegeben, wenn die dem Zustand des Beschädigten entsprechende Tätigkeit in ihrer sozialen Wertung seinem früheren Beruf und seiner Vorbildung wenigstens annähernd gleichkommt.

c) *Berufsbild*

Das Berufsbild des als zumutbar anerkannten Berufes stellt Art und Maß der Anforderungen dar, die diese Erwerbstätigkeit an die Konstitution des Beschädigten stellt.

Als maßgebend sind nur jene Anforderungen zu berücksichtigen, deren Bewältigung durch die Art der Dienstbeschädigung und deren Auswirkung erschwert oder ausgeschlossen sind. Aber auch diese Anforderungen rechtfertigen nur dann die Anwendung des § 8 KOVG, wenn die Belastung, die sie hervorrufen, den Durchschnitt übersteigt.

d) *Berufseinschätzung*

Die Berufseinschätzung ist davon abhängig, wie sich der als Dienstbeschädigung anerkannte Leidenszustand des Beschädigten zu den maßgebenden Anforderungen verhält. Dabei ist das körperliche und seelische Verhalten des Beschädigten zu jeder einzelnen als maßgebend festgestellten Anforderung für sich allein zu beurteilen und die Tauglichkeit zu ihrer Bewältigung in einem Hundertsatz festzulegen. Sodann ist ähnlich der Vorgangsweise bei § 7 eine Gesamteinschätzung vorzunehmen.

Die Einschätzung wird vom Zusammenwirken der festgestellten Tauglichkeitsverminderung hinsichtlich aller maßgebenden Anforderungen abhängen.

Beschädigtenrente

Nach dem Grad der MdE richten sich die Versorgungsansprüche.

Ein Anspruch auf Beschädigtenrente besteht aber erst ab einer MdE von 25 v.H. Im Stammgesetz bestand der Rentenanspruch, wenn die MdE 30 v.H. betrug; mit der Novelle zum KOVG vom 17. Juli 1952, BGBl Nr 164, wurde dieser Prozentsatz auf 25 herabgesetzt (§ 7).

Die Beschädigtenrente ist nach dem Grad der MdE abgestuft (§ 11 Abs. 1); sie wird als Grundrente und für Schwerbeschädigte bis zu einer bestimmten Einkommensgrenze als Zusatzrente gewährt (§ 12). Zur Zusatzrente gebühren Frauen- und Kinderzulagen (§ 16 und 17). Der Anspruch auf diese Zulagen wurde durch die Novelle BGBl Nr 614/1977 mit Wirkung vom 1. Jänner 1978 neu geregelt.

Pflege- und Blindenzulage

Pflegezulage (§ 18) und Blindenzulage (§ 19) sowie Führhundzulage (-beihilfe § 20) dienen dazu, die besonderen Bedürfnisse einzelner Gruppen der Beschädigten, die einer Wartung und Pflege bedürfen, zu befriedigen. Die Pflege- und Blindenzulagen wurden ursprünglich in 4 Stufen entsprechend dem Ausmaß von Wartung und Pflege gewährt, wobei auf Grund der Novelle vom 17. Juli 1952, BGBl Nr 164, eine betragliche Erhöhung der höchsten Stufe der Pflege- oder Blindenzulage bei besonders schweren Gesamtleidenszuständen vorgesehen war (§ 18 Abs. 3 und § 19 Abs. 5).

Der Vollständigkeit halber sei darauf hingewiesen, daß die Erhöhung der Beschädigtengrundrente wegen Alters (*kleine* und *große Alterszulage* – § 11 Abs. 2 und 3) erst durch die Novellen zum KOVG BGBl Nr 319/1961 bzw. BGBl Nr 94/1975 eingeführt wurde (Näheres siehe bei der Darstellung dieser Novellen S. 260, 281 f). Die Schwerstbeschädigtenzulage für erwerbsunfähige Schwerbeschädigte wurde erst durch die Novelle vom 30. Juni 1967, BGBl Nr 258, mit Wirkung vom 1. Juli 1967 eingeführt (Näheres siehe bei der Darstellung dieser Novelle S. 269 f).

Heilfürsorge, berufliche Ausbildung und orthopädische Versorgung

Wie bereits eingangs erwähnt, spielten für die Kriegsbeschädigten in der Nachkriegszeit die Leistungen der Heilfürsorge (§§ 23 ff), der beruflichen Ausbildung (§§ 21 und 22) sowie der orthopädischen Versorgung (§§ 32 und 33) eine besondere Rolle. Durch gezielte Maßnahmen auf diesen Gebieten konnte in vielen Fällen nicht nur die Verschlimmerung des Kriegsleidens verhindert bzw. eine Besserung des Leidenszustandes herbeigeführt, sondern auch die überwiegende Anzahl von Beschädigten in das Erwerbsleben eingegliedert oder wieder eingegliedert werden.

Der Beschädigte hat Anspruch auf unentgeltliche Heilfürsorge bei jeder als Dienstbeschädigung anerkannten Gesundheitsstörung und deren Folgen. Erwerbsunfähige haben Anspruch auf unentgeltliche Heilbehandlung bei jeder Gesundheitsstörung.

Seit der Novelle zum KOVG BGBl Nr 319/1961, die mit 1. Jänner 1962 in Kraft getreten ist, haben den gleichen Anspruch auch die übrigen Schwerbeschädigten (das sind Beschädigte mit einer MdE von mindestens 50 v.H.), wenn sie Zusatzrente beziehen und weder der gesetzlichen Krankenversicherung unterliegen noch Anspruch auf Unfallheilbehandlung gegen den Träger der gesetzlichen Unfallversicherung haben (§ 23 Abs. 3).

Die Heilfürsorge umfaßt die als notwendig erkannte Heilbehandlung (ärztliche Hilfe, Zahnbehandlung, Beistellung von Heilmitteln und Heilbehelfen, Hauskrankenpflege, Pflege in einer Krankenanstalt) sowie die Gewährung von Kranken- und Familien(tag)geld (§ 24 Abs. 1). Ist der Beschädigte in der gesetzlichen Krankenversicherung versichert, hat er Anspruch auf die Leistungen seiner Krankenversicherung (§ 26 Abs. 1), ansonsten wird er der Gebietskrankenkasse zur Durchführung der Heilfürsorge zugeteilt (§ 26 Abs. 2).

Wenn diese Heilfürsorgemaßnahmen keinen genügenden Erfolg zeitigen oder erwarten lassen, ist dem Beschädigten eine Heilstättenbehandlung oder ein Kuraufenthalt als *erweiterte Heilbehandlung* zu gewähren (§ 23 Abs. 2). Die Bewilligung der erweiterten Heilbehandlung erfolgt durch die Versorgungsbehörde. Hervorzuheben ist, daß der Beschädigte einen Rechtsanspruch auf diese Leistungen hat.

Der Beschädigte hat auch Anspruch auf Unterbringung in einer Kranken- oder Heilanstalt, wenn es die Art der als Dienstbeschädigung anerkannten Gesundheitsschädigung im Zusammenhang mit seinen persönlichen Verhältnissen, in seinem Interesse oder in dem seiner Umgebung erfordert (§ 25 Abs. 1). Ist die Gesundheitsschädigung eines in voraussichtlich dauernder Anstaltspflege untergebrachten Beschädigten nicht mehr besserungsfähig, so gilt die Heilfürsorge als abgeschlossen. Der Bund kann die Kosten der weiteren Anstaltspflege eines Schwerbeschädigten durch Umwandlung der Beschädigtenrente übernehmen (§§ 25 Abs. 2 und § 56).

Zur Wiedergewinnung seiner Erwerbsfähigkeit hat der Beschädigte Anspruch auf unentgeltliche Ausbildung, wenn er infolge der Dienstbeschädigung eine begonnene berufliche Ausbildung oder seinen bisherigen oder einen anderen Beruf, der ihm unter Berücksichtigung seiner Lebensverhältnisse, Kenntnisse und Fähigkeiten billigerweise zuzumuten ist, nicht auszuüben vermag (§ 21 Abs. 1). Für die Dauer dieser Ausbildung erhält der Beschädigte die Grund- und Zusatzrente für Erwerbsunfähige, wenn er durch die Ausbildung an der Ausübung einer zumutbaren Erwerbstätigkeit gehindert ist. Jugendliche erhalten eine gekürzte Geldleistung (§ 21 Abs. 4).

Zum Zwecke der Wiedergewinnung oder Erhöhung seiner infolge der Dienstbeschädigung geminderten Erwerbsfähigkeit oder zur Erleichterung der Folgen der Dienstbeschädigung hat der Beschädigte Anspruch auf orthopädische Versorgung. Ebenso wie in der Heilfürsorge (§ 23 Abs 3) haben Erwerbsunfähige Anspruch auf orthopädische Versorgung für Körperschäden, die mit der Dienstbeschädigung in keinem ursächlichen Zusammenhang stehen. Den gleichen Anspruch haben auch die übrigen Schwerbeschädigten, wenn sie eine Zusatzrente beziehen und weder der gesetzlichen Krankenversicherung unterliegen noch Anspruch auf Heilbehelfe im Rahmen der gesetzlichen Unfallheilbehandlung oder auf Körperersatzstücke, orthopädische Behelfe oder andere Hilfsmittel gegen den Träger der gesetzlichen Unfallversicherung haben (§ 32 Abs. 1 idF BGBl Nr 319/1961).

Die orthopädische Versorgung umfaßte nach dem Stammgesetz die Ausstattung mit Körperersatzstücken, orthopädischen Behelfen und anderen Hilfsmitteln, deren Wiederherstellung und Erneuerung (§ 32 Abs. 1 und § 33 Abs. 2). Der Umfang der Leistungen wurde durch den Gesetzgeber schrittweise erweitert. Nach dem durch die Novelle zum KOVG BGBl Nr 687/1991 festgelegten Leistungskatalog umfaßt die orthopädische Versorgung auch den Kostenersatz für die Änderung an Gebrauchsgegenständen sowie für die Installation behindertengerechter Sanitärausstattung, ferner Zuschüsse zu den Kosten für die behinderungsgerechte Ausstattung von mehrspurigen Kraftfahrzeugen und Beihilfen zur Anschaffung von mehrspurigen Kraftfahrzeugen.

Während die Heilfürsorge im wesentlichen durch die gesetzliche Krankenversicherung geleistet wird, erhält der Beschädigte die orthopädische Versorgung durch die zuständigen Versorgungsbehörden des Bundes (§ 32 Abs. 3).

Der Beschädigte kann sich die notwendigen orthopädischen Behelfe und andere Hilfsmittel selbst beschaffen. Die Kosten sind ihm jedoch nur in dem Ausmaß zu ersetzen, die dem Bund erwachsen wären, wenn die orthopädische Versorgung durch diesen erfolgt wäre (§ 32 Abs. 4).

Nach der Stammfassung des KOVG konnten Blindenführhunde beigestellt werden (§ 32 Abs. 2). Blinde, die mit einem Führhund beteilt wurden, erhielten eine Führhundzulage (§ 20). Konnte ein Führhund nicht benutzt werden, so war Beziehern einer Blindenzulage in Höhe der Pflegezulage der Stufe III und IV zur Bestreitung der Unkosten eine Beihilfe in der jeweiligen Höhe der Führhundzulage zu gewähren.

Der Führhund bildet trotz vieler moderner technischer Hilfsmittel noch immer eine wesentliche Hilfe für den Blinden. Der Verband der Kriegsblinden bildete die Hunde für seine Mitglieder selbst aus. Er hatte eigene Ausbildungsstätten. Die Anfänge reichen in das Jahr 1919 zurück.

Zuletzt hatte der Verband ein umgebautes Kanalwächterhaus im Wiener Prater zur Ausbildung adaptiert. Im Dezember 1977 gab der Verband die Führhundeausbildungsstätte dem Bund zurück. Durch das zunehmende Alter der Mitglieder ließ die Nachfrage nach Hunden so stark nach, daß die Anlage geschlossen werden mußte.

Ursprünglich bestimmte Art und Umfang der Ausstattung mit Körperersatzstücken, orthopädischen Behelfen und anderen Hilfsmitteln das Bundesministerium für soziale Verwaltung nach Anhörung des Invalidenfürsorgebeirates im Wege von Richtlinien (§ 33 Abs. 5). Die ersten Richtlinien erließ das Bundesministerium am 27. Dezember 1949 unter der Zahl IV-181.633-15/49.

Ab 1. Jänner 1962 (BGBl Nr 319/1961) waren Art und Umfang der orthopädischen Versorgung in der Anlage des Kriegsopferversorgungsgesetzes festgelegt (§ 32 Abs. 3). Aufgrund der Novelle zum KOVG, BGBl Nr 687/1991, wurde der Bundesminister für Arbeit und Soziales ermächtigt, Art, Umfang und Gebrauchsdauer der Leistungen durch Verordnung im Einvernehmen mit dem Bundesminister für Finanzen festzulegen (§ 32 Abs. 3). Die Verordnung des Bundesministers für Arbeit und Soziales wurde im Bundesgesetzblatt unter der Nr. 120/1992 kundgemacht (Näheres siehe Abschnitt *Neuordnung der orthopädischen Versorgung*, S. 305 f).

Neugestaltung der Hinterbliebenenversorgung

Mit dem Kriegsopferversorgungsgesetz 1950 wurde auch der Anspruch auf Hinterbliebenenrente von Grund auf neu geregelt. Das Kausalitätsprinzip für den Anspruch auf Versorgung wurde selbstverständlich beibehalten. Hinterbliebenenrente wird somit nur gewährt, wenn der Tod die unmittelbare oder mittelbare Folge einer Dienstbeschädigung ist (§ 34). Anspruchsberechtigte sind somit Hinterbliebene nach Gefallenen, sei es, daß diese Angehörige der Deutschen Wehrmacht bzw. einer anderen im Gesetz angeführten Organisation oder als Zivilpersonen durch Kriegseinwirkung den Tod gefunden haben; ferner sind Hinterbliebene nach Personen versorgungsberechtigt, die infolge einer Gesundheitsschädigung gestorben sind, welche auf die der Dienstleistung eigentümlichen Verhältnisse oder auf eine Kriegseinwirkung (schädigendes Ereignis) oder auf eine von der Behörde anerkannte Dienstbeschädigung (§ 4 Abs. 1) ursächlich zurückzuführen ist. Dabei stellt das KOVG die unwiderlegbare Rechtsvermutung auf, daß der Tod stets als Folge einer Dienstbeschädigung gilt, wenn ein Beschädigter an einem Leiden stirbt, das als Dienstbeschädigung anerkannt war und für das er bis zum Tode Anspruch auf Beschädigtenrente hatte (§ 34, 2. Satz).

Hinterbliebene nach Personen, die unmittelbar und unverschuldet einen tödlichen Körperschaden durch Maßnahmen oder Unfälle mit Fahrzeugen der Besatzungsmacht erlitten haben, sind bzw. waren ebenso versorgungsberechtigt wie die Angehörigen der Kriegsgefangenen und Vermißten.

Von dem Kausalitätsprinzip gibt es aber auch Ausnahmen. So hatten bereits nach dem Stammgesetz Hinterbliebene Anspruch auf Versorgung, wenn der Tod des Ehegatten bzw. Vaters nicht die Folge einer Dienstbeschädigung war, der Verstorbene aber bis zu seinem Tode Anspruch auf Beschädigtenrente für Erwerbsunfähige hatte (§§ 36 Abs. 1, 43 Abs. 1). In die Begünstigung wurden Eltern von verstorbenen Schwerstbeschädigten durch die Novelle zum KOVG BGBl Nr 163/1972 ab 1. Juli 1972 einbezogen.

Was ursprünglich nur für Hinterbliebene nach erwerbsunfähigen Schwerbeschädigten galt, wurde schrittweise auf die Hinterbliebenen nach allen Schwerbehinderten ab einer MdE von 60 v.H. ausgeweitet (vgl die Ausführungen zum Abschnitt *Anspruch auf Hinterbliebenenversorgung bei akausalem Tod des Schwerbeschädigten*, S. 283). Hinsichtlich der Versorgung von Witwen nach Schwerbeschädigten entsprechend einer MdE von 50 v.H. wird auf die Ausführungen zu der am 1. Jänner 1992 in Kraft getretenen Novelle zum KOVG BGBl Nr 687/1991 verwiesen.

Das KOVG sah ursprünglich die Gewährung von Hinterbliebenenrente für Witwen, Waisen und Eltern vor. Im Zuge der Verwirklichung des Gleichbehandlungsgrundsatzes wurde ab 1. Jänner 1982 den Witwern ein Anspruch auf Hinterbliebenenversorgung eingeräumt (BGBl Nr 594/1981). Anlaß bildete das Erkenntnis des VfGH G6,25,54/79, in dem die unterschiedlichen Anspruchsvoraussetzungen bei der Witwen(r)pension als dem Gleichheitsgrundsatz widersprechend festgestellt wurden (vgl 36. ASVG-Novelle).

Bestimmte Tatbestände schlossen den Bezug von Witwenrente aus, z.B. wenn die Ehe im Zeitpunkt des Todes des Verstorbenen dem Bande nach nicht bestanden hatte, es sei denn, daß der Verstorbene an der Auflösung des Ehebandes allein oder überwiegend schuldig erkannt worden ist, die eheliche Gemeinschaft aus alleinigem Verschulden des Gatten nicht bestand, die Ehe erst nach dem schädigenden Ereignis geschlossen wurde und noch nicht ein Jahr gedauert hatte, sofern der Ehe nicht ein versorgungsberechtigtes Kind entstammte (§ 37).

Mit der Novelle zum KOVG BGBl Nr 594/1981 wurde diese Bestimmung mit Wirkung vom 1. Jänner 1982 von Grund auf neu geregelt.

Die Witwenrente wird als Grund- und Zusatzrente geleistet (§ 35 Abs. 1).

Die Witwengrundrente wurde abgestuft entsprechend dem Alter, der Erwerbsfähigkeit der Witwe bzw. nach der Zahl der waisenberechtigten Kinder unabhängig vom Einkommen der Witwe gewährt (§ 35 Abs. 2).

Den mittellosen oder minderbemittelten Witwen ein Mindesteinkommen zu garantieren, dient der Anspruch auf Zusatzrente (§ 35 Abs. 3).

Hinsichtlich der mit 1. Juli 1960 in das Versorgungssystem eingeführten Witwenzulage (§ 35 a) wird auf die Ausführungen zur Novelle zum KOVG BGBl Nr 289/1959, S. 257, verwiesen.

Bereits das Stammgesetz sah für jene Witwen und Waisen, deren Ehegatte als Schwerbeschädigter anerkannt, aber nicht an den Folgen einer Dienstbeschädigung gestorben war, und keinen Anspruch auf Erwerbsunfähigenrente hatte (§ 36 Abs. 2 und § 43 Abs. 2), die Gewährung von Beihilfen vor, deren Höhe nach dem Einkommen bemessen wurde. Die Beihilfe betrug höchstens zwei Drittel der Witwen- bzw. Waisenrente (§ 36 Abs. 3 und § 43 Abs. 3). Durch die schrittweise Einbeziehung der Hinterbliebenen in den Rentenanspruch haben die Bestimmungen über die Beihilfe stark an Bedeutung verloren.

Im Falle der Wiederverehelichung – ausgenommen der Wiederverehelichung mit einem Schwerbeschädigten – erlischt der Anspruch auf Witwenrente. Es gebührt jedoch eine Abfertigung. Die Abfertigung wurde in Höhe des dreifachen Jahresbetrages der Witwenrente geleistet. Auf Grund der Novelle zum KOVG BGBl Nr 169/1954 wurde sie auf den fünffachen Jahresbetrag erhöht. Der Anspruch kann unter bestimmten Voraussetzungen wiederaufleben, wenn die Ehe aufgelöst oder für nichtig erklärt wurde (§ 38 idF BGBl Nr 594/1981 – Näheres hiezu siehe Abschnitt *Weitere dynamische Entwicklung des Versorgungsrechts*, S. 286).

Waisenrente erhalten die ehelichen Kinder des Verstorbenen bis zum 18. Lebensjahr (§ 39).

Den ehelichen Kindern stehen die unehelichen und Stiefkinder gleich, wenn der Verstorbene bis zu seinem Ableben für deren Unterhalt aufgekommen ist, ferner die Wahl- und Pflegekinder, für deren unentgeltliche Pflege er bis zu seinem Ableben gesorgt hat (§ 40 Abs. 1).

Bei Schul- oder Berufsausbildung sowie bei Selbsterhaltungsunfähigkeit wegen geistiger oder körperlicher Gebrechen wird die Waisenrente über das 18. Lebensjahr hinaus geleistet; im Falle der Ausbildung bis zur Vollendung des 25. Lebensjahres, wird während dieser Zeit der Präsenzdienst absolviert, bis zur Vollendung des 26. Lebensjahres. Nach der Stammfassung konnte die Waisenrente wegen der Ausbildung bis zur Vollendung des 24. Lebensjahres belassen werden (§ 41 Abs. 1). Diese Bestimmung wurde entsprechend den einschlägigen Gesetzesbestimmungen im ASVG (§ 252 Abs. 2 Z 1 mit Wirkung vom 1. September 1992) geändert (BGBl Nr 474/1992).

Der Waisenrentenanspruch erlischt in der Regel mit der Verehelichung (§ 41 Abs. 2).

Vollwaisen gebührt eine erhöhte Rente. Sie können unter Berücksichtigung ihres sonstigen Einkommens eine Zuwendung zur Doppelwaisenrente erhalten (§ 42).

Mit Wirkung vom 1. Jänner 1962 haben Empfänger von Waisenrenten, die wegen Selbsterhaltungsunfähigkeit über das 18. Lebensjahr hinaus gewährt wird, und Empfänger von Zuwendungen zur Doppelwaisenrente (als Ersatz für den Wegfall der Ernährungszulage) einen Anspruch auf eine Erhöhung ihrer Rente, wenn ihr Einkommen die im § 42 Abs. 3 angeführte Einkommensgrenze nicht erreicht (BG BGBl Nr 319/1961).

Anspruch auf Elternrente haben die ehelichen Eltern, die uneheliche Mutter, Adoptiveltern, Pflege- und Stiefeltern, wenn die Adoption, die Übernahme in die unentgeltliche Pflege oder die Schließung der das Stiefverhältnis begründenden Ehe vor dem Eintritt des schädigenden Ereignisses erfolgt ist (§ 44 KOVG). Eltern nach Schwerbeschädigten, die bis zum Tod Anspruch auf Beschädigtenrente für Erwerbsunfähige oder auf eine Pflegezulage hatten, ist der Anspruch auf Elternrente auch dann gewährt, wenn der Tod nicht die Folge einer Dienstbeschädigung war (§ 45 Abs. 1, vgl Ausführungen zum Abschnitt *Kausalitätsprinzip*, S. 244).

Die Elternrente wird als Elternteil- und als Elternpaarrente geleistet. Anspruch auf Elternrente besteht nur dann, wenn die Eltern nicht arbeitsfähig sind. Die Prüfung der Arbeitsfähigkeit entfällt, wenn der Vater das 60., die Mutter das 55. Lebensjahr vollendet hat (§ 45 Abs. 2). Die Elternrente ist nur insoweit zu leisten, als das Einkommen der Eltern die im Gesetz festgesetzte Grenze nicht erreicht (§ 46).

Für den Fall der Erkrankung werden die Witwen (Witwer), Waisen und Eltern bei der Gebietskrankenkasse in der Krankenversicherung der Kriegshinterbliebenen versichert (§ 68). Der Krankenversicherung können freiwillig beitreten: Kinder und Ehegatten von Schwerbeschädigten, wenn und solange der Schwerbeschädigte für diese Familienangehörigen Familienzulage bezieht, und Personen, die die unentgeltliche Pflege und Wartung eines Empfängers einer Pflege- oder Blindenzulage nicht nur vorübergehend übernommen haben, von diesem erhalten werden und bedürftig sind (§ 69).

Die Versicherten haben einen Versicherungsbeitrag zu entrichten (§ 74).

Ausgenommen sind Personen, die auf Grund anderer gesetzlicher Vorschriften bei einem Träger der gesetzlichen Krankenversicherung versichert sind (§ 70).

Stirbt ein versorgungsberechtigter Beschädigter oder ein versorgungsberechtigter Hinterbliebener, gebührt als Ersatz für die entstandenen Bestattungskosten ein Sterbegeld (§ 47).

Ferner haben die Hinterbliebenen und Pflegepersonen im Falle des Todes eines Beschädigten unter bestimmten Voraussetzungen Anspruch auf die Gebührnisse für das Sterbevierteljahr. Diese bilden eine einmalige Leistung in dreieinhalbfacher Höhe (nach der Stammfassung in dreifacher Höhe) der im Sterbemonat gebührenden Beschädigtenrente samt Zulagen.

Die Gebührnisse für das Sterbevierteljahr sind auf die für die ersten drei Monate nach dem Sterbemonat gebührenden Hinterbliebenenrenten anzurechnen (§ 48).

Einheitliche Verfahrensvorschriften

Durch das mit 1. Jänner 1950 in Kraft getretene KOVG wurde nicht nur ein neues umfassendes Leistungsrecht geschaffen, sondern auch das Verfahren zur Durchsetzung der Ansprüche auf eine einheitliche Grundlage gestellt. Dabei hat der Gesetzgeber im Versorgungsbereich das AVG (Allgemeine Verfahrensgesetz 1950), das sich schon in vielen anderen Bereichen der österreichischen Verwaltung jahrzehntelang bestens bewährt hat, für anwendbar erklärt.

Über die Anerkennung einer Gesundheitsschädigung als Dienstbeschädigung sowie über die gebührenden Versorgungsleistungen entscheiden in erster Instanz die Landesinvalidenämter, jetzt Bundesämter für Soziales und Behindertenwesen (Bundessozialämter), in zweiter und letzter Instanz die bei diesen Behörden errichteten Schiedskommissionen (§ 78). Örtlich zuständig ist die Versorgungsbehörde des Wohnsitzes, sonst des Aufenthaltsortes des Versorgungswerbers (§ 79). Die Schiedskommission entscheidet in Senaten, die aus einem Vorsitzenden und zwei Beisitzern bestehen. Die Anzahl der Senate der einzelnen Schiedskommissionen bestimmt der Bundesminister für soziale Verwaltung (jetzt der Bundesminister für Arbeit und Soziales), welchem überdies die Bestellung aller Mitglieder der Schiedskommissionen, sowohl der Vorsitzenden als auch der Beisitzer, obliegt. Das Vorschlagsrecht für diese Bestellung steht hinsichtlich der Vorsitzenden (Stellvertreter) dem Landeshauptmann, für die ersten Beisitzer der Interessenvertretung der Kriegsopfer und für die zweiten Beisitzer den Vorständen der Landesinvalidenämter (jetzt BSB) zu (§ 81). Die Anfechtung der Entscheidungen der Schiedskommissionen durch Beschwerde beim Verfassungs- bzw. beim Verwaltungsgerichtshof ist zulässig.

Die Mitwirkung der Kriegsopferverbände im Bereich der Vollziehung der Gesetze

In diesem Zusammenhang sei hier angemerkt, daß die Kriegsopferverbände vom Anfang ihres Bestehens an den Mitspracheanspruch in allen die Kriegsopfer betreffenden Angelegenheiten sowohl auf bundes- als auch auf landespolitischer Ebene geltend gemacht haben. Sie haben aber auch durchgesetzt, daß sie in den durch Gesetz geschaffenen Beratungsgremien Sitz und Stimme erhalten und durch die aufgrund ihrer Vorschläge bestellten Mitglieder an den Entscheidungen der Schiedskommissionen teilnehmen. Darüber hinaus sind bzw. waren sie in einer Reihe von anderen Gremien, z.B. im Invalidenfürsorgebeirat beim Bundesministerium für soziale Verwaltung, im Einstellungsausschuß, im Invalidenausschuß (nunmehr Behindertenausschuß), im Ausgleichstaxfondsbeirat, im Kuratorium des Nationalfonds, im Kriegsopferfondsbeirat und in der Trafikbesetzungskommission, vertreten.

Der Invalidenfürsorgebeirat wurde mit Bundesgesetz vom 3. Juli 1946, BGBl Nr 144, beim Bundesministerium für soziale Verwaltung eingerichtet. Der Beirat hatte die Aufgabe, den Bundesminister in allen grundsätzlichen Fragen der Fürsorge der Kriegsopfer, insbesondere die Angelegenheiten der Gesetzgebung auf diesem Gebiet, zu beraten. Der Invalidenfürsorgebeirat wurde mit dem Inkrafttreten des Bundesbehindertengesetzes (BBG) ab 1. Juli 1990 (BGBl Nr 283/1990) durch den Bundesbehindertenbeirat (§ 8 BBG) und durch den Kriegsopferfürsorgebeirat (§§ 101–107 KOVG, BGBl Nr 283/1990) ersetzt.

Während der Bundesbehindertenbeirat zur Beratung der Angelegenheiten aller behinderten Menschen berufen ist, ist der Kriegsopferfürsorgebeirat für die Beratung und Erstattung von Vorschlägen spezieller Angelegenheiten der Kriegsopfer zuständig.

Dem aufgrund des Invalideneinstellungsgesetzes beim Landesinvalidenamt errichteten Einstellungsausschuß oblag ua die Entscheidung über die Anträge auf Gleichstellung eines Leichtversehrten mit einem Schwerinvaliden.

Der auf Grund des Invalideneinstellungsgesetzes beim Landesarbeitsamt errichtete Invalidenausschuß entschied über die Anträge des Arbeitgebers auf Kündigung eines begünstigten Invaliden, über Berufungen gegen die Vorschreibung der Ausgleichstaxe und die Anrechnung der Kriegswitwen auf die Pflichtzahl (§ 4 IEinstG). Diese Ausschüsse wurden durch den mit dem Invalideneinstellungsgesetz 1969 einheitlich organisierten Invalidenausschuß beim Landesinvalidenamt ersetzt.

Der Ausgleichstaxfonds-Beirat hat ua die Aufgabe, den Bundesminister bei der Vergabe der Förderungs- und Fürsorgemittel aus dem genannten Fonds (§ 10 BEinstG) und bei der Änderung der Pflichtzahl (§ 1 Abs. 2 BEinstG) zu beraten.

Das Kuratorium (§§ 31 und 33 BBG) ist das Entscheidungs- und Kontrollorgan des Nationalfonds.

Ruhen der Versorgung

Mit Rücksicht auf die schlechte wirtschaftliche Lage mußten einschneidende Maßnahmen in Kauf genommen werden. So ruhte der Anspruch auf Beschädigtengrundrente ab einem monatlichen Einkommen von 1.500 S und der der Witwe ab einem Einkommen von monatlich mehr als 800 S. Im Hinblick auf die rasche Erholung der Wirtschaft konnten jedoch die Ruhensbestimmungen (§ 108) bereits mit Wirksamkeit vom 16. Juli 1951, auf Grund der Novelle BGBl Nr 159/1951, aufgehoben werden.

Andere von der Bundesregierung geplante *Einsparungsprojekte*, wie z.B. das Vorhaben, Kriegsbeschädigten mit einer geringeren MdE als 50 v.H. und kinderlosen Witwen, die das 45. Lebensjahr noch nicht vollendet hatten, vorerst überhaupt keine Rente zu zahlen, konnten von der Zentralorganisation abgewehrt werden.

Rechtzeitige Anmeldung des Versorgungsanspruches

Die enorme Zahl von Neuanträgen auf Versorgung hat den Gesetzgeber veranlaßt, eine Frist für die Antragstellung nach dem neuen Gesetz, und zwar mit 31. Dezember 1951, festzusetzen.

Gemäß § 50 Abs. 1 erlosch der Versorgungsanspruch, wenn er nicht innerhalb von zwei Jahren nach Eintritt seiner Voraussetzung geltend gemacht wurde. Soweit das schädigende Ereignis, auf das sich eine Dienstbeschädigung gründet, nach dem 1. Oktober 1938 eingetreten ist, begann der Lauf der zweijährigen Anmeldefrist mit 1. Jänner 1950. Für die Kriegsteilnehmer, die erst nach diesem Zeitpunkt aus der Kriegsgefangenschaft zurückkehrten, begann der Lauf der zweijährigen Anmeldefrist mit dem Entlassungstag.

Beim Vorliegen berücksichtigungswürdiger Gründe konnte das Bundesministerium für soziale Verwaltung von den Folgen der Fristversäumnis Nachsicht erteilen (§ 50 Abs. 4). Schließlich wurde die Präklusivfrist mit Wirksamkeit vom 1. Jänner 1962 (BGBl Nr 319/1961) völlig beseitigt.

Die Wirtschaftslage ließ nur geringe Leistungen zu

Um sich ein ungefähres Bild über das Ausmaß der Rentenversorgung machen zu können, seien in der Folge einige Rentensätze angeführt, die mit Inkrafttreten des KOVG gegolten haben:

Beschädigtengrundrente entsprechend einer MdE von 30 v.H.	monatlich 20 S
Beschädigtengrundrente entsprechend einer MdE von 50 v.H.	monatlich 70 S
Beschädigtenrente entsprechend einer MdE von 90 v.H. und 100 v.H.	monatlich 280 S
Zusatzrente für Beschädigte entsprechend einer MdE von 50 v.H.	monatlich 110 S
Zusatzrente für Beschädigte entsprechend einer MdE von 90 und 100 v.H.	monatlich 240 S
Witwengrundrente für eine Witwe mit zwei versorgungsberechtigten Kindern	monatlich 100 S
alleinstehende Witwe vor Vollendung des 45. Lebensjahres	monatlich 25 S

Die Höhe der Zusatzrenten für Witwen bewegten sich zwischen 120 S und 80 S monatlich. Kinderlose Witwen vor Vollendung des 45. Lebensjahres hatten keinen Anspruch auf Zusatzrente.

Waren die Kriegsopferrenten von Anfang an schon äußerst gering, wurden sie durch das ständige Ansteigen der Preise von Monat zu Monat stärker entwertet. Die Verbände verlangten daher die Sicherung des Realwertes der Rente, die Einführung einer 13. Monatsrente und die Erhöhung der Einkommensgrenze für jene Rententeile, deren Bemessung von der Höhe des Einkommens des Kriegsopfers abhängig ist und die unmittelbar zur Bestreitung des Lebensunterhaltes dienten.

Die Inflation führte schließlich zum Abschluß des 4. Lohn- und Preisabkommens. Die Verhandlungen wurden am 26. September 1950 abgeschlossen. In der Folge kam es zu dem bekannten kommunistischen Putschversuch, der in erster Linie von der unter russischer Verwaltung stehenden USIA ausging. Dem raschen und entschlossenen Eingreifen des ÖGB und der Bundesregierung ist es zu danken, daß der Streik bereits am 6. Oktober 1950 zusammengebrochen ist.

Die Verhandlungen über die Erhöhung der Renten als Abgeltung der eingetretenen Verteuerung gingen nach Abschluß des 4. Lohn- und Preisabkommens weiter; sie gestalteten sich äußerst schleppend. In den Bundesländern kam es deshalb zu Protestdemonstrationen. Letztlich konnten die Verhandlungen mit der Regierung zum Abschluß gebracht werden.

Der Nationalrat hat sodann die 1. Novelle zum KOVG (BGBl Nr 159/1951) beschlossen, die mit Wirkung vom 16. Juli 1951 in Kraft getreten ist. Sie brachte beträchtliche Rentenerhöhungen. So wurden die Beschädigtengrundrenten für Schwerbeschädigte zwischen 30 S und 70 S (je nach Grad der MdE) erhöht. Die Witwengrundrenten wurden je nach Kategorie zwischen 10 S und 25 S erhöht.

Aufschlußreich erscheint auch die Statistik der Versorgungsberechtigten und der Budgetausgaben aus dieser Zeit.

Im Jahre 1950 (Stand 1. Jänner) waren laut amtlicher Statistik 510.474 Personen versorgungsberechtigt, im Jahre 1952 waren es 494.057. Somit war eine geringfügige Abnahme zu verzeichnen. Dem gegenüber steht ein budgetärer Aufwand im Jahre 1950 von 632,8 Millionen Schilling und im Jahre 1952 von 940,1 Millionen Schilling.

Neben der allgemeinen Rentenerhöhung hat diese Novelle darüber hinaus für bestimmte Gruppen von Kriegsopfern zusätzliche Verbesserungen gebracht.

Wie bereits erwähnt, ist die Ruhensbestimmung des § 108 KOVG weggefallen. Versorgungsansprüche wurden den Volksdeutschen, die anläßlich ihrer Einbürgerung eine Verzichtserklärung abgegeben haben, eingeräumt, vorerst jedoch nur den Schwerstbeschädigten (§ 3 lit. e idF BGBl Nr 159/1951, vgl Ausführungen zur *Staatsbürgerschaft*, S. 243 f). Den übrigen Gruppen von Kriegsbeschädigten und Hinterbliebenen jener Volksgruppe wurde dieses Recht erst mit der 3. Novelle zum KOVG, BGBl Nr 103/1953, mit Wirksamkeit vom 1. September 1953 zugestanden. Die vollständige Einbeziehung der eingebürgerten Volksdeutschen in die Kriegsopferversorgung geht auf ein Memorandum der Zentralorganisation aus dem Jahre 1951 zurück. Dieses Memorandum enthielt noch eine Anzahl weiterer Novellierungswünsche auf dem Gebiete der Kriegsopferversorgung und der Invalideneinstellung.

Neben der letztgenannten Novelle führte das Memorandum zu zwei weiteren Novellen des KOVG, und zwar vom 17. Juli 1952, BGBl Nr 164, und vom 6. Juli 1954, BGBl Nr 169.

Die Novelle aus 1952 brachte die Verpflichtung für die Versorgungsbehörden, verbindliche, der wissenschaftlichen Erfahrung entsprechende Richtsätze zur Einschätzung der MdE aufzustellen. Diese Richtsätze sind in einer eigenen Verordnung festzusetzen, damit eine möglichst einheitliche Beurteilung erreicht werde (§ 7). Ferner ist aufgrund der Novelle ein Anspruch auf gesonderte berufskundliche Einschätzung zu statuieren (§ 8). Beide Bestimmungen wurden bereits an anderer Stelle ausführlich kommentiert (vgl Ausführungen in den Abschnitten *Einschätzung der Minderung der Erwerbsfähigkeit* und *Berufskundliche Beurteilung*, S. 245 f).

Die Novelle aus dem Jahre 1954 brachte ua die Auszahlung einer 13. Monatsrente (Sonderzahlung gemäß § 109), die Einführung der Pflege- (Blinden-)zulage der Stufe V für Wartung und Pflege wegen besonders schwerer Leidenszustände (§ 18 Abs. 2 und 3), eine Erhöhung des Abfertigungsbetrages anläßlich der Wiederverehelichung der Witwe und das Wiederaufleben der Witwenrente nach erfolgter Abfertigung des Anspruches, wenn die zweite Ehe geendet hat, der Witwe aus dieser Ehe kein ausreichender, den Lebensunterhalt deckender Anspruch auf Versorgung (Unterhaltsanspruch) erwachsen und die Ehe nicht aus dem Verschulden der Witwe aufgelöst worden ist (§ 38 Abs. 2).

Ursprünglich hatten nur Rentenempfänger Anspruch auf Sonderzahlung, sofern sie eine Ernährungszulage bezogen. Für die Zeit ab 1. Oktober 1958 wurde die Sonderzahlung allen Rentenempfängern ohne Bindung an den Bezug der Ernährungszulage geleistet (BGBl Nr 264/1956).

Die Bestimmungen des § 38 wurden durch die Novelle zum KOVG vom 9. Dezember 1981, BGBl Nr 594, hinsichtlich des Unterhaltsanspruches und der Verschuldensfrage neu geregelt.

Ausbau der Invalideneinstellung

Ebenso wie die Kriegsopferversorgung wurden auch die Hilfen und Begünstigungen nach dem Invalideneinstellungsgesetz sehr verstärkt. In den 50er Jahren warteten noch viele Kriegsbeschädigte auf eine geeignete Arbeit. Viele von ihnen mußten wegen der Kriegsbeschädigung in ihrem Beruf nachgeschult oder auf andere Berufe umgeschult werden oder mußten nach Durchführung einer Arbeitserprobung oder eines Arbeitstrainings neuen Beschäftigungen zugeführt werden.

Hilfe zur Selbsthilfe (berufliche Eingliederung)

Nicht zuletzt durch die Erfahrung beider Weltkriege hat sich auch ein Wandel in der Einstellung zur Hilfe für behinderte Menschen im allgemeinen ergeben. Nicht mehr die Fürsorge sollte im Vordergrund stehen, sondern die Hilfe zur Selbsthilfe. Eine der tragenden Ideen auf diesem Weg war die Rehabilitation. Darunter verstand man alle Maßnahmen medizinischer und beruflicher Art, die den behinderten Menschen in die Lage versetzen sollten, einer Beschäftigung nachzugehen und sich den Lebensunterhalt selbst zu verdienen. Auch der österreichische Gesetzgeber hat diesen Weg beschritten und begonnen, die einschlägigen Bundesgesetze entsprechend umzugestalten. Es waren vor allem die Sozialversicherungsgesetze und das AMFG, in welchem Bestimmungen über die Rehabilitation Eingang fanden, aber auch das Invalideneinstellungsgesetz (nunmehr Behinderteneinstellungsgesetz) wurde zu einem allgemeinen Rehabilitationsinstrument in den folgenden Jahren schrittweise ausgebaut. Erste Voraussetzung war dafür, nicht nur den Katalog der Förderungsmöglichkeiten zu erweitern, sondern die Begünstigungen und den Schutz des Invalideneinstellungsgesetzes auch anderen Gruppen von behinderten Menschen zugänglich zu machen.

Nach dem ersten nach Ende des Krieges in Kraft getretenen Invalideneinstellungsgesetz (1. Oktober 1946, BGBl Nr 163) galten nur Personen als begünstigte Invalide, die

– durch eine Kriegsbeschädigung oder eine nach den versorgungsrechtlichen Bestimmungen einer solchen gleichgehaltenen Schädigung oder

– in einem nach der gesetzlichen Unfallversicherung anerkannten ursächlichen Zusammenhang oder

– infolge einer der im § 1 Abs. 1 lit. c des Opferfürsorgegesetzes vom 17. Juli 1945, StGBl Nr 90, angeführten Ursachen oder

– durch Zusammenwirken mehrerer der angeführten Ursachen

an ihrer Gesundheit so geschädigt sind, daß ihre Erwerbsfähigkeit um mindestens 50 v.H. herabgesetzt ist oder eine Versehrtheit mindestens der Stufe II vorliegt. Diesen Invaliden konnten Personen gleichgestellt werden (Gleichgestellte), die aus einer der vorstehenden Ursachen oder durch Zusammenwirken mehrerer dieser Ursachen in ihrer Erwerbsfähigkeit um wenigstens 30 v.H. vermindert oder nach Versehrtenstufe I versehrt waren.

Die Gleichstellung war an die Voraussetzung gebunden, daß sich die Gleichzustellenden infolge ihres Gebrechens ohne die Gleichstellung einen geeigneten Arbeitsplatz nicht zu verschaffen oder erhalten vermochten und daß durch die Gleichstellung die Unterbringung der begünstigten Personen nicht gefährdet wurde.

Bereits durch die Novelle BGBl Nr 146/1950 wurde der Personenkreis erweitert. Zivilblinde und Zivilinvalide (letztere im Wege der Gleichstellung) wurden in den begünstigten Personenkreis aufgenommen.

Das Gesetz umfaßte nun zwei Gruppen von Invaliden, die den begünstigten Invaliden gleichgestellt werden konnten:

a) Kriegsbeschädigte, Opfergeschädigte und Unfallversehrte mit einer MdE von weniger als 50 v.H., jedoch von mindestens 25 v.H.;
b) Zivilbehinderte mit einer MdE von wenigstens 50 v.H., die auf ein körperliches Gebrechen zurückzuführen ist (§ 2 Abs. 2).

Die Erweiterung des begünstigten Personenkreises wurde in den nächsten Jahren konsequent fortgesetzt. Mit Wirksamkeit vom 1. Jänner 1974 wurde durch eine weitere Änderung des Invalideneinstellungsgesetzes (BGBl Nr 329/1973) das bisher geltende *Kausalitätsprinzip* durch das *Finalitätsprinzip* zur Gänze ersetzt, d.h., daß ab dem genannten Zeitpunkt die Ursache der Behinderung für die Zugehörigkeit zum begünstigten Personenkreis ohne Bedeutung ist. Auf diesbezügliche Änderungen des Invalideneinstellungsgesetzes wird in der Darstellung später noch zurückgekommen werden.

Weiterer Kampf um die Erhaltung der Rentenkaufkraft

Wenn man die Kriegsopferrententabellen der Jahre 1951 bis 1956 vergleicht, kann man feststellen, daß die Rentensätze mit Ausnahme der Pflegezulagen seit dem Juli 1951 unverändert geblieben waren, während die Lohn- und Gehaltsempfänger Bezugserhöhungen erhalten haben. Die Zentralorganisation sah sich daher gezwungen, mit einer Eingabe vom 22. Juni 1955 an die zuständigen Ministerien heranzutreten und neuerlich darauf hinzuweisen, daß die Rentenkaufkraft wiederhergestellt werden müsse. Obwohl die Forderung seitens der Bundesregierung grundsätzlich als berechtigt anerkannt wurde, waren auch im Budget für das Jahr 1956 keine zusätzlichen finanziellen Mittel vorgesehen. Erst kurz vor Weihnachten konnte ein bescheidener Verhandlungserfolg erzielt werden. Man einigte sich nicht auf eine generelle Rentenerhöhung, sondern es sollten nur jene Kriegsopfer eine Erhöhung ihrer Zusatzrenten, Familien-, Pflege- und Blindenzulagen erhalten, insoweit sie vom Landesinvalidenamt die Ernährungszulage bezogen haben. Das waren in ganz Österreich nur ca. 39.000 Versorgungsberechtigte.

Die Enttäuschung der Kriegsopfer über die am 29. Februar 1956 beschlossene 5. Novelle zum KOVG war daher ziemlich groß. Diese Enttäuschung wurde auch auf dem Delegiertentag der Zentralorganisation am 24. Juni 1956 zum Ausdruck gebracht.

Sozialminister ANTON PROKSCH, der auf diesem Delegiertentag anwesend war, bekräftigte neuerlich die Berechtigung der Forderungen, indem er meinte, daß man den Kriegsopfern „etwas schuldig geblieben sei."

Seit Juni 1951 haben die Renten durch die Teuerung teilweise bis zu 45 % ihrer Kaufkraft eingebüßt. Die Situation wurde dadurch verschärft, daß das Bundesministerium für soziale Verwaltung einen Entwurf des Heeresversorgungsgesetzes zur Begutachtung ausgesendet hat. Der Entwurf sah die Rentenbemessung für beschädigte Präsenzdiener des Bundesheeres nach den Grundsätzen der gesetzlichen Unfallversicherung vor. Da sich die Bemessung der Renten nach dem vor der Schädigung erzielten Arbeits- oder Erwerbseinkommen richtete, lagen die Renten im allgemeinen bedeutend höher als die der Kriegsopfer. Diese unterschiedliche Behandlung verschärfte den Unmut der Kriegsopfer. In scharf gehaltenen Resolutionen an die Bundesregierung protestierten die Kriegsopfer gegen die ständige Verschlechterung der Rentenversorgung und verlangten im Bereich der Kriegsopferversorgung die Wiederherstellung der Rentenkaufkraft. Die Kriegsopferverbände wendeten sich auch gegen die Schaffung eines eigenen Gesetzes für die Präsenzdiener des Bundesheeres mit der Begründung, daß für gleiche Ursachen gleiche Rechte gelten sollten.

Auch in den Bundesländern hat es zahlreiche Protestaktionen verschiedener Art gegeben. Obwohl der Unmut über die beabsichtigte Versorgung weiter schwehlte, konnten in der Kriegsopferversorgung doch einige fühlbare Verbesserungen erreicht werden.

Der Nationalrat beschloß, die Kriegsopferrenten in zwei Etappen, und zwar mit Wirkung vom 1. Jänner 1957 und mit Wirkung vom 1. Jänner 1958, generell zu erhöhen (BGBl Nr 264/1956). Damit wurde zwar keine Fortentwicklung, jedoch eine Nachziehung zum Realwert entsprechend den eingetretenen Teuerungen erreicht.

So wurde z.B. die Beschädigtenrente entsprechend einer MdE von 30 v.H. von 25 S auf 40 S, entsprechend einer MdE von 50 v.H. von 100 S auf 135 S, entsprechend einer MdE von 90 und 100 v.H. von 350 S auf 485 S, die Witwengrundrente für eine Witwe mit zwei Kindern von 125 S auf 170 S und die Waisenrente von 85 S auf 120 S erhöht.

Die Novelle hat auch die Erfüllung eines langgehegten Wunsches gebracht, nämlich die Zahlung der 13. Monatsrente an alle Rentenempfänger (vgl Ausführungen zur Novelle zum KOVG vom 6. Juli 1954, BGBl Nr 169, S. 254).

Um das KOVG übersichtlicher zu machen und die Durchführung zu erleichtern, hat die Bundesregierung das Gesetz mit Kundmachung vom 4. Juni 1957, BGBl Nr 152, wiederverlautbart. Seither lautet die offizielle Bezeichnung *Kriegsopferversorgungsgesetz 1957*. Man begann von diesem Zeitpunkt an, die Novellen neu zu zählen.

Um die Entwicklung der Kriegsopferversorgung in der damaligen Zeit zu verstehen, ist es von Interesse, die Rentenstände und den jährlichen Budgetaufwand zu kennen.

Während es im Jahre 1950 über 510.000 Versorgungsberechtigte gab und der Rentenaufwand 632,8 Millionen Schilling betrug, wurden am Beginn des Jahres 1957 über 451.000 Versorgungsberechtigte gezählt, und der Aufwand für Rentengebühren war auf 1.085,5 Millionen Schilling gestiegen. Im Jahre 1958 (2. Etappe der 2. Novelle zum KOVG 1957) ist der Rentenstand weiter, und zwar auf rund 430.500 gesunken. Demgegenüber stiegen die Ausgaben auf 1.242,2 Millionen Schilling. In den beiden folgenden Jahren (1959 und 1960) haben die budgetären Aufwendungen das Niveau des vorangegangenen Jahres nicht erreicht.

Da befürchtet wurde, daß, wie in den vergangenen Jahren, die Renten wieder erheblich hinter dem Realwert zurückbleiben, forderten die Kriegsopfer endlich die Vollvalorisierung der Renten.

Am 17. Dezember 1959 beschloß der Nationalrat mit dem BG BGBl Nr 289 eine weitere spürbare Rentennachziehung mit Wirkung vom 1. Juli 1960 und vom 1. Jänner 1961; ferner wurde eine erhöhte Blindenzulage der Stufe V für Blinde, die infolge der Dienstbeschädigung beide Hände verloren haben (§ 19 Abs. 5), eingeführt.

Witwen, die zumeist viele Jahre hindurch ihren schwerstbeschädigten Ehegatten gepflegt haben, waren nicht in der Lage, einer geregelten Beschäftigung nachzugehen, um Versicherungszeiten zu erwerben. Für die Existenzsicherung solcher Witwen hat der Gesetzgeber durch die Gewährung einer Zulage zur Witwenrente mit Wirkung vom 1. Juli 1960 Vorsorge getroffen. Anspruch auf die Zulage hatten nach den damals geltenden Bestimmungen Witwen nach Empfängern einer Pflegezulage der Stufe III oder einer höheren Stufe oder einer Blindenzulage, wenn die Ehe mindestens fünf Jahre gedauert und die eheliche Gemeinschaft bis zum Tode des Ehegatten bestanden, der Altersunterschied zwischen den Ehegatten höchstens 30 Jahre betragen und insofern das Einkommen der Witwe die Einkommensgrenze (Grundrente, Zusatzrente und zwei Drittel der Pflege- bzw. Blindenzulage) nicht erreicht hat. Entstammte der Ehe ein versorgungsberechtigtes Kind, so blieb der Anspruch auf die Zulage auch dann gewahrt, wenn die Ehe weniger als 5 Jahre gedauert und der Altersunterschied zwischen den Ehegatten mehr als 30 Jahre betragen hat (§ 35 Abs. 1 und 2).

Die Witwenzulage beträgt in voller Höhe zwei Drittel der dem Verstorbenen zuerkannten Pflegezulage. Sie gebührt jedoch nur in halber Höhe, wenn die Ehe mit dem hilflosen Ehegatten weniger als 5 Jahre, jedoch mindestens 1 Jahr gedauert oder wenn der Altersunterschied mehr als 30 Jahre betragen hat (§ 35a Abs. 3).

Aufgrund der Novelle zum KOVG BGBl Nr 258/1967 (mit Wirkung vom 1. Juli 1967) wurde der Anspruch auf Witwenzulage neu geregelt. Dadurch soll gewährleistet werden, daß künftighin nur solche Witwen die Zulage zur Witwenrente erhalten, deren Ehegatte einen bestimmten Mindestzeitraum vor seinem Ableben pflegebedürftig war. Das Gesetz stellt nunmehr auf den Bezug der Pflege- oder Blindenzulage innerhalb eines bestimmten Zeitraumes ab.

Voraussetzung ist, daß der Beschädigte die Pflege- oder Blindenzulage innerhalb von zwei Jahren vor dem Tod insgesamt zwölf Monate lang bezogen hat oder vor seinem Tod 5 Jahre lang einen rechtskräftigen Anspruch auf eine solche Zulage hatte.

Kriegsopferfonds

Von großer Bedeutung für die Fürsorge der Kriegsopfer war das Kriegsopferfondsgesetz vom 19. Oktober 1960, BGBl Nr 217. Der Fonds diente der Fürsorge für Kriegsbeschädigte und Kriegerswitwen. Diesem Personenkreis wurden später Bezieher von Versorgungsleistungen nach dem Heeresversorgungsgesetz (§ 96) gleichgestellt.

Aus den Mitteln des Fonds werden zinsenlose Darlehen zur Befriedigung eines Wohnbedürfnisses, zur Schaffung oder Erhaltung einer Erwerbsmöglichkeit, zur Ermöglichung der Berufsausbildung der Kinder oder zur Abwendung eines bestehenden oder drohenden Notstandes gewährt. Die Erstattung des Darlehens erfolgt durch Abzug von der Kriegsopferrente. Der Fonds, der vom Bundesministerium für Arbeit und Soziales verwaltet wird, gewährt die Darlehen bis zu einem Höchstbetrag (60facher Betrag der monatlichen Rente). Er hat lange Tradition. Der erste bundesweit wirkende Kriegsopferfonds wurde mit der II. Verordnung zum Spielabgabengesetz vom 13. Dezember 1920, BGBl Nr 43, errichtet. Das Geld erhielt dieser – ebenfalls vom Bund verwaltete – Fonds aus der Spielabgabe, weiters aus dem Kriegsbeschädigtenfonds und aus den Taxen anläßlich der Verleihung der Kriegserinnerungsmedaille.

Mit dem Inkrafttreten des Kriegsopferfondsgesetzes ist die genannte Verordnung außer Kraft getreten. Das vorhandene Vermögen ging auf den neuen Fonds über. Auch die Novelle zum Kriegsopferfondsgesetz BGBl Nr 687/1991 erweiterte den Personenkreis, der Darlehen aus dem Kriegsopferfonds erhalten kann, wesentlich (Näheres siehe zum Abschnitt *Erweiterung der Förderungsmöglichkeiten aus dem Kriegsopferfonds*, S. 307).

Ausgleichstaxfonds

Neben dem Kriegsopferfonds bildete der Ausgleichstaxfonds im Sinne des Behinderteneinstellungsgesetzes (früher Invalideneinstellungsgesetz) ein wichtiges Instrument der karitativen Fürsorge für Kriegsopfer.

Auch er hat langjährige Tradition und geht auf das Invalidenbeschäftigungsgesetz zurück. Mit diesem Gesetz wurde erstmals ein Ausgleichstaxfonds errichtet, der neben der Förderung der beruflichen Eingliederung ebenfalls der karitativen Fürsorge für Kriegsopfer diente. Der Ausgleichstaxfonds wird seitens der Dienstgeber gespeist, die ihre Beschäftigungspflicht nicht oder nicht voll erfüllen und aus diesem Grund eine Ausgleichstaxe zu zahlen haben.

Die Förderungsmöglichkeiten aus dem Ausgleichstaxfonds wurden, wie an anderer Stelle dargestellt, sowohl was den begünstigten Personenkreis als auch was die Förderungsmaßnahmen anbelangt, im Laufe der Jahre wesentlich erweitert.

Während Zuwendungen aus dem Kriegsopferfonds nur in Form von Darlehen an Kriegsopfer bzw. Versorgungsberechtigte nach dem HVG gewährt werden, können Zuwendungen aus dem Ausgleichstaxfonds auch in Form von nicht rückzahlbaren Zuschüssen, insbesondere im rehabilitativen Bereich, an Schwerbehinderte nunmehr ohne Rücksicht auf deren Schädigungsursache erbracht werden (vgl Ausführungen zur *Invalideneinstellungsgesetznovelle* aus dem Jahre *1973*, S. 274 ff).

Die Entwicklung zeigt, daß das Hauptgewicht der Zuwendungen aus diesem Fonds bei der Förderung beruflicher Maßnahmen (Zuschüsse zum Ausgleich der Lohnkosten, behindertengerechte Ausstattung der Arbeitsplätze, Zuschüsse zur Errichtung und den Betrieb von Behindertenwerkstätten) liegt.

Allerdings darf dabei nicht unerwähnt bleiben, daß die Kriegsopferverbände selbst zum überwiegenden Teil die Erholungsfürsorge und die karitative Fürsorge der Kriegsopfer durchführen. Zu diesem Zweck werden auch erhebliche Mittel des Ausgleichstaxfonds in Form von Subventionen zur Verfügung gestellt. Die Fürsorge erstreckt sich nicht nur auf Hilfeleistung in Einzelfällen für bedürftige Kriegsopfer, sondern dient auch zur Erhaltung und zum Betrieb der von den Kriegsopferverbänden geführten Erholungs-, Kur- und Spitalseinrichtungen.

Fondsmittel werden weiters für den Betrieb des Kurhauses Ferdinand Hanusch in Bad Hofgastein zur Verfügung gestellt, das ebenfalls dem Kurgebrauch Kriegsbeschädigter dient.

Neben dem Kriegsopferfonds hat es für die Kriegsblinden einen speziellen Fonds gegeben.

Kriegsopferfürsorge aus Landesmitteln

Neben diesen finanziellen Ressourcen auf Bundesebene für die Kriegsopferfürsorge gibt es noch bedeutende zusätzliche Einnahmequellen auf Landesebene. In den westlichen Bundesländern wurden Landeskriegsopferfonds mit eigener Rechtspersönlichkeit hiefür eingerichtet. So haben verschiedene Verbände schon in der ersten Republik erhebliche Einnahmen aus Lichtspieltheatern erzielt. Als die Attraktivität des Kinos jedoch zurückging, mußte man sich um andere Einnahmequellen bemühen.

Eine weitere gängige Einnahmequelle war die Einhebung eines Zuschlages zu Landesabgaben. So wurde durch Landesgesetze die Einhebung von Zuschlägen zur Vergnügungssteuer eingeführt. Diese Abgabe fließt den Kriegsopferverbänden zu. Die Opferbefürsorgten und die Kriegsblinden erhalten ebenfalls einen Teil davon.

Mit Rücksicht auf den ständigen Rückgang der Zahl an Kriegsopfern und die steigenden Bedürfnisse der Zivilbehinderten wurden die Organisationen dieses Personenkreises in die Verteilung der finanziellen Mittel einbezogen. So trat z.B. an die Stelle des bereits im Jahr 1921 gegründeten *Landeskriegsopferfonds* mit 1. Juli 1992 der *Tiroler Kriegsopfer- und Behindertenfonds*. Der Steirische Landtag hat jüngst ein neues Lustbarkeitsabgabengesetz beschlossen. Der Abgabepflicht unterliegt das Halten von Geldspielapparaten und Glückspielautomaten.

Seit Jahren kämpfen nun die Kriegsopferorganisationen, daß zur besseren Absicherung der erforderlichen Mittel die Bestimmungen über die karitative Fürsorge in das KOVG aufgenommen werden. Eine ähnliche Regelung befindet sich bereits im deutschen Bundesversorgungsgesetz. Der Finanzminister hat jedoch dieser Forderung bisher kein Gehör geschenkt.

Immerhin ist es anläßlich der Novellierung des Behinderteneinstellungsgesetzes gelungen, in das KOVG eine Bestimmung aufzunehmen, wonach für Zwecke der Erholungsfürsorge und deren Einrichtungen für den nach dem KOVG versorgungsberechtigten Personenkreis Mittel aus dem Ausgleichstaxfonds bereitzustellen sind. Über die Höhe der bereitzustellenden Mittel entscheidet der Bundesminister für Arbeit und Soziales nach Anhörung des Beirates gemäß § 10 Abs. 2 Behinderteneinstellungsgesetz (§ 6 Abs. 4 KOVG idF BGBl Nr 565/1985).

Weiterentwicklung der Kriegsopferversorgung

Im Dezember 1959 hatte der Nationalrat eine Entschließung gefaßt, wonach der Budgetrahmen von 1961 für die nächsten Jahre zur Durchführung von Verbesserungen der Kriegsopferversorgung in derselben Höhe gehalten werden sollte.

Bei einer Vorsprache einer Delegation der Zentralorganisation am 12. April 1961 versprach Bundesminister PROKSCH, sich für die Verwirklichung dieser Forderung der Kriegsopfer einzusetzen. Er sagte auch zu, sich für die Realisierung noch anderer Forderungen, z.B. die Beseitigung der Wechselwirkungen zwischen dem ASVG und dem KOVG bei der gegenseitigen Einkommensanrechnung, den Einbau der Ernährungszulage in die Versorgungsbezüge und vor allem die Zahlung einer 14. Monatsrente zu verwenden.

Mit der 4. Novelle zum KOVG (BGBl Nr 319/1961) wurde eine Reihe weiterer wichtiger und zum Teil schon seit langem erhobener Forderungen erfüllt. So hatte mit Wirkung vom 1. Jänner 1962 jeder Beschädigte Anspruch auf rechtskräftige Anerkennung seiner Dienstbeschädigung mittels Bescheides (§ 4). Damit wird bewirkt, daß die Anerkennung einer Gesundheitsschädigung als Dienstbeschädigung im Spruch des Bescheides Dauerwirkung hat, die sich auch auf die Hinterbliebenenversorgung erstreckt. Eine Neubeurteilung der Entstehungsgründe für den Anspruch auf Versorgung, auch wenn eine Gesundheitsschädigung nur mit einem ursächlichen Anteil als Dienstbeschädigung anerkannt worden ist, findet gesetzlich keine Deckung (Erlaß des BMfsV vom 19. Dezember 1961, Zl IV-145.474-20a/61).

Personen, die durch die vormilitärische Ausbildung in einem Wehrertüchtigungslager eine Gesundheitsschädigung erlitten haben, wurden in den Kreis der Versorgungsberechtigten aufgenommen (§ 1 Abs. 2 Z 4).

Für Schwerbehinderte wurde eine sogenannte *(kleine) Alterszulage* eingeführt (§ 11 Abs. 2). Die als Arbeitsbegriff bezeichnete Alterszulage bildet in rechtlicher Hinsicht die Erhöhung der Grundrente für Schwerbeschädigte mit Vollendung des 60. Lebensjahres (bei Frauen des 55. Lebensjahres), um die Erschwernisse des Alters pauschal abzugelten.

Die weitere Erhöhung der Grundrenten für Schwerbeschädigte *(Alterserschwerniszulage)* bei Vollendung des 65., 70., 75. und 80. Lebensjahres abgestuft nach der Höhe der MdE wurde erst mit Wirkung vom 1. Jänner 1976 durch die Novelle BGBl Nr 94/1975 eingeführt (Näheres bei der Darstellung dieser Novelle zum KOVG, S. 281 f).

Der Anspruch auf erhöhte Pflegezulage der Stufe V wurde Beschädigten eröffnet, die infolge einer Dienstbeschädigung vier Gliedmaßen verloren haben, sowie Beschädigten mit gleichzuachtenden schweren Leidenszuständen (§ 18 Abs. 4).

Beschädigte mit im Gesetz taxativ aufgezählten Dienstbeschädigungsleiden erhalten zur Abgeltung des Kleider- und Wäscheverbrauches ein eigenes Kleider- und Wäschepauschale (Anlage VII zu den §§ 32 und 33).

Ferner wurden im Rahmen der orthopädischen Versorgung die Gewährung von Beihilfen zur Ausstattung von Motorfahrzeugen von gehbehinderten Kriegsbeschädigten eingeführt.

Schließlich wurde – wie bereits erwähnt – die zweijährige Ausschlußfrist des § 50 KOVG für die Geltendmachung von Versorgungsansprüchen aufgehoben. Seither können Anträge auf Gewährung von Versorgung jederzeit gestellt werden, unabhängig davon, wann die Schädigung eingetreten ist.

Ernährungszulage

Aufgrund des Bundesgesetzes vom 15. Oktober 1948, BGBl Nr 219, wurden zu den Kriegsopferversorgungsrenten zum Ausgleich für die gesteigerten Lebenshaltungskosten Ernährungszulagen gewährt. Die Ernährungszulage betrug für Beschädigte, Elternpaare und männliche Empfänger einer Elternrente zuletzt 239 S, sonst 147 S. Dieses Bundesgesetz wurde mit Art II Abs. 1 BGBl Nr 319/1961 mit 31. Dezember 1961 außer Kraft gesetzt (vgl Erkenntnis des VfGH vom 24. März 1962, G 3/61). Mit diesem Erkenntnis hat der Verfassungsgerichtshof die Bestimmung des § 3 Abs. 1 Z 1 des Kriegsopfer-Ernährungszulagen-Gesetzes aufgehoben. Der Verfassungsgerichtshof erblickte im Ausschluß von Personen, die selbständig erwerbstätig sind, vom Bezug der Ernährungszulage die Verfassungswidrigkeit – Kundmachung des Bundeskanzleramtes vom 30. Mai 1962, BGBl Nr 148. An Stelle der Ernährungszulage wurden Erhöhungsbeträge (erhöhte Zusatzrente – § 12 Abs. 4, § 35 Abs. 5, erhöhte Waisenrente – § 42 Abs. 3, etc.) eingeführt (vgl auch Ausführungen zum Abschnitt *Abgeltung der Preissteigerungen*, S. 241).

Die genannte Novelle hat also eine große Palette von Verbesserungen gebracht. Diese wurde noch dadurch ergänzt, daß mit der Novelle zum KOVG vom 11. Juli 1962, BGBl Nr 218, am 1. Dezember 1962 eine weitere Sonderzahlung in Höhe eines Viertels und am 1. Dezember 1963 in Höhe der Hälfte der Rentengebührnisse gewährt wurde (§ 109). Außerdem wurden die erhöhten Versorgungsleistungen für die einkommenslosen und minderbemittelten Versorgungsberechtigten um durchschnittlich 60 S monatlich erhöht.

Die Hauptforderung blieb jedoch nach wie vor offen, nämlich die allgemeine Erhöhung der Rentenleistungen.

Ein weiteres Problem blieb ungelöst, und zwar die Wechselwirkungen zwischen den Leistungen des ASVG und des KOVG. Der Umstand, daß bescheidene Rentenerhöhungen in der Sozialversicherung zu Kürzungen oder Einstellung von Leistungen führten und sich dadurch das Gesamteinkommen trotz der steigenden Teuerungen nicht erhöhte, wurde als eine besondere Härte angesehen.

Neue Förderungen aus den Mitteln des Ausgleichstaxfonds

In anderen Bereichen hat es zum Ende der Fünfzigerjahre bzw. am Beginn der Sechzigerjahre zwei große Fortschritte gegeben, nämlich die Aufnahme des Betriebes der Hörbücherei für Kriegsblinde und die Gewährung von Studien- und Lehrlingsbeihilfen aus den Mitteln des Ausgleichstaxfonds.

Hörbücherei der Kriegsblinden

Aus den Mitteln des Ausgleichstaxfonds wurde auch die Hörbücherei des Kriegsblindenverbandes Österreichs gefördert. Sie erfreute sich starken Zuspruchs nicht nur von seiten der Kriegsblinden, sondern auch von seiten der Zivilblinden. Im Jahre 1958 wurde der Betrieb im verbandseigenen Studio aufgenommen. Die Hörbücher waren von hoher Qualität. Die Schauspielprominenz (wie Janatsch, Meinrad, Thiemig, Meister) stellte sich als Sprecher zur Verfügung.

Nach zehn Jahren des Betriebes wurden bereits 1.100 Titel in 4.500 Exemplaren produziert. Im Durchschnitt zählte man 29.000 Entlehnungen pro Jahr. Das große Interesse entwickelte sich weiter. Im 25. Bestandsjahr verfügte die Bibliothek bereits über 2.290 Werke, die von 2.182 Hörern frequentiert wurden. Insgesamt wurden bis 1982 785.000 Entlehnungen durchgeführt. Im Herbst 1989 waren von den Interessenten nur mehr 10 % Kriegsblinde. Im Hinblick auf den starken natürlichen Rückgang der Zahl an Kriegsblinden übergab der Verband mit 1. Jänner 1990 die gesamte Bibliothek mit ihren 3.000 Werken dem Österreichischen Blindenverband zur Weiterführung.

Förderung der Schul- und Berufsausbildung

Bereits am Beginn der Sechzigerjahre hat Bundesminister PROKSCH eine großangelegte Aktion zur Förderung der Schul- und Berufsausbildung von Waisen, Kindern von Kriegsbeschädigten und von begünstigten Invaliden eingeleitet. Die Voraussetzungen für die Bewilligung einer Beihilfe wurden in Richtlinien festgesetzt. Die Studien- und Lehrlingsbeihilfen werden in monatlichen Beträgen bemessen und ausgezahlt. Studienbeihilfen nach dem Studienförderungsgesetz sowie Schul- und Heimbeihilfen nach dem Schülerbeihilfengesetz sind hiebei zu berücksichtigen. Für die Gewährung sind insbesondere die wirtschaftlichen Verhältnisse und ein positiver Studien- und Ausbildungserfolg maßgebend. Zu diesem Zweck wurden im Jahre 1981 6,8 Millionen Schilling und im Jahre 1992 8,4 Millionen Schilling an Beihilfen aus dem Ausgleichstaxfonds gezahlt. Ansonsten gab es über die damalige Versorgungslage nicht sehr viel Erfreuliches zu berichten.

Verhärtung der Verhandlungen

Trotz der Entschließung des Nationalrates vom Dezember 1959 mußte die Kriegsopferorganisation mit Bestürzung feststellen, daß im Budget 1963 für die Erfüllung der dringenden Forderungen der Kriegsopfer keine Vorsorge getroffen wurde. In der Aussprache mit Finanzminister DR. KORINEK am 26. April 1963 erklärte dieser, daß das Budget auf einer Vereinbarung der beiden Koalitionsparteien beruhe und er keine zusätzlichen Mittel bereitstellen könne.

In der Spezialdebatte über das Bundesfinanzgesetz 1963 hatten die Abgeordneten LIBAL, KINDL und DR. PRADER darauf hingewiesen, daß dieses eines der betrüblichsten Finanzgesetze sei.

Die Geduld der Interessensvertretung war nun endgültig zu Ende. Diese wies darauf hin, daß die Regierungsparteien ihr Versprechen nicht eingelöst hätten. Hinzu kam, daß der Ministerrat am 25. Juni 1963 den Entwurf des Heeresversorgungsgesetzes gebilligt und als Regierungsvorlage beschlossen hat.

Wegen der Mißachtung der Lebensrechte der Kriegsopfer wurde ein Protestmarsch nach Wien angedroht, falls die Regierung für das Budget 1964 keine Vorkehrungen treffen sollte, um die dringenden Forderungen zu erfüllen.

Vom Nationalrat wurde lediglich die sogenannte *Schwarzbrotnovelle* (BG vom 23. Oktober 1963, BGBl Nr 256) beschlossen. Sie brachte zum Ausgleich der gestiegenen Preise für Grundnahrungsmittel die Erhöhung um 10 S bei den erhöhten Versorgungsleistungen.

Mit dieser Novelle wurden auch die Beiträge in der Krankenversicherung der Kriegshinterbliebenen ab 1. Juli 1963 neu festgesetzt.

Der geplante Protestmarsch wurde dennoch wieder abgesagt, weil die Regierung die Aufnahme neuer Verhandlungen zugesagt hatte.

Eigenständige Versorgung der Angehörigen des Bundesheeres

Die Verhandlungen über das neue Heeresversorgungsgesetz wurden intensiv fortgesetzt. Schon bei der ungewöhnlich großen Zahl von Sitzungen im Ausschuß für soziale Verwaltung bzw. im Unterausschuß zeigte sich, daß die Auffassungen sehr weit auseinandergingen. Für die Beschlußfassung eines eigenen Versorgungsgesetzes durch den Nationalrat am 5. Februar 1964, BGBl Nr 27, das den Titel *Bundesgesetz über die Versorgung der den Präsenzdienst leistenden Wehrpflichtigen und ihrer Hinterbliebenen – Heeresversorgungsgesetz (HVG)* trug, waren im wesentlichen folgende Überlegungen ausschlaggebend:

Nach Abschluß des Staatsvertrages 1955 wurde aufgrund des Wehrgesetzes vom 7. September 1955, BGBl Nr 181, das Bundesheer gebildet.

Damit ergab sich gleichzeitig die Frage, welchen sozialversicherungsrechtlichen und arbeitsrechtlichen Schutz ein Soldat des Bundesheeres und seine Angehörigen haben, welche Besoldung und Verpflegung ein Soldat erhalten soll und welche Ansprüche er hat, wenn er infolge seiner militärischen Dienstleistung eine Gesundheitsschädigung erleidet.

Das Wehrgesetz sah darüber keine nähere Regelung vor, sondern verwies auf noch zu erlassende besondere Gesetzesvorschriften. Aufgrund dieser Bestimmungen wurden das Heeresgebührengesetz, das Bundesgesetz über den sozialversicherungsrechtlichen Schutz der den Präsenzdienst leistenden Wehrpflichtigen und das Arbeitsplatzsicherungsgesetz erlassen.

Bei der Vorbereitung des Heeresgebührengesetzes war von den Interessenvertretungen der Arbeitnehmer und vom Bundesministerium für soziale Verwaltung die Auffassung vertreten worden, daß das KOVG auf die Versorgung der Personen, die beim neugebildeten Bundesheer eine Gesundheitsschädigung erlitten haben, und deren Hinterbliebene nicht anwendbar sei. Deshalb arbeitete das Bundesministerium für soziale Verwaltung unter Mitwirkung des Österreichischen Arbeiterkammertages und des Österreichischen Gewerkschaftsbundes – federführend war hier der spätere Sozialminister Dr. Weissenberg – den Entwurf eines Heeresversorgungsgesetzes aus, der auf den Grundsätzen der Unfallversicherung aufgebaut war (BMfsV, Zl IV-95.797-15/1956).

Da jedoch über diesen Entwurf auf Regierungsebene keine Einigung erzielt werden konnte, weil eine Reihe von Stellen die Auffassung vertrat, daß das KOVG ohnehin anwendbar sei, wurde die Lösung dieser Frage zurückgestellt.

Ausschlaggebend war schließlich das Erkenntnis des Verwaltungsgerichtshofes vom 16. September 1960, Zl 370/59. Darin kommt der Gerichtshof zur Rechtsansicht, daß das KOVG nicht angewendet werden dürfe. Dieses Gesetz wollte nur Personen umfassen, die in der Zeit vom Ersten Weltkrieg bis zu der an den Zweiten Weltkrieg anschließenden Besatzungszeit Gesundheitsschädigungen im unmittelbaren oder mittelbaren Zusammenhang mit einem kriegerischen Ereignis erlitten haben. Der Gesetzgeber habe überdies bei der Beschlußfassung über das KOVG auf eine in der Zweiten Republik bestehende militärische Einrichtung gar nicht Bedacht nehmen können, weil eine solche erst ungefähr sechs Jahre später errichtet worden und damals – 1949 – noch nicht absehbar gewesen sei, wann die Voraussetzungen für die Wiedererrichtung eines Bundesheeres gegeben sein werden. Überdies habe § 40 des Wehrgesetzes einen besonderen Anspruch auf Fürsorge in Aussicht gestellt. Da somit der Gesetzgeber in der angeführten Gesetzesstelle besondere versorgungsrechtliche Bestimmungen für Wehrpflichtige angekündigt habe, könne nicht angenommen werden, daß er die Vorschriften des KOVG angewendet wissen wollte.

Nachdem im Jahre 1961 der Plan gescheitert war, eine Regelung nach den Grundsätzen der Unfallversicherung im Wege eines gemeinsamen Initiativantrages durch Abgeordnete beider Regierungsparteien herbeizuführen, legte Bundesminister ANTON PROKSCH dem Ministerrat am 5. Juli 1962 einen Gesetzesentwurf mit dem Antrag auf Weiterleitung an den Nationalrat vor. Da auch im Ministerrat trotz dreimaliger Beratungen keine Einigung erzielt werden konnte, wurde der Antrag zurückgestellt. Auf politischer Ebene gingen die Verhandlungen jedoch weiter.

Der Gesetzesentwurf wurde wiederholt überarbeitet und von Sozialminister Proksch am 25. Juni 1963 neuerlich dem Ministerrat vorgelegt. Diesmal wurde seinem Antrag stattgegeben und der Gesetzesentwurf als Regierungsvorlage dem Nationalrat zugeleitet (158 der Beilagen zu den stenografischen Protokollen des Nationalrates, X. GP). Die Regierungsvorlage wurde dem Ausschuß für soziale Verwaltung zugewiesen, der in seiner Sitzung am 3. Juli 1963 beschloß, zur Vorberatung einen Unterausschuß einzusetzen. Ausschuß und Unterausschuß wurden für permanent erklärt, um durch die Beendigung der Frühjahrssession des Nationalrates keine Unterbrechung eintreten zu lassen. Nach langwierigen Verhandlungen erarbeitete der Unterausschuß in acht Sitzungen eine Reihe von Änderungsvorschlägen, die der Ausschuß für soziale Verwaltung in seiner Sitzung am 24. Jänner 1964 berücksichtigte. Der Ausschuß hat eine Entschließung angenommen, worin die Bundesregierung ersucht wird, im Rahmen der pensionsrechtlichen Neuregelungen dafür Sorge zu tragen, daß Berufsoffiziere und Beamte, die zur Ausübung einer Unteroffiziersfunktion herangezogen werden, den Wachebeamten in dieser Beziehung gleichgestellt werden (349 der Beilagen zu den stenografischen Protokollen des Nationalrates, X. GP).

Zum Unterschied zu den in der Entschließung genannten Personengruppen hatten die zeitverpflichteten Soldaten und die Vertragsbediensteten des Bundesheeres den vollen Schutz des ASVG.

Im Motivenbericht zu dem vom Nationalrat am 5. Februar 1964 beschlossenen Gesetz wurde schließlich darauf hingewiesen, weshalb die Entschädigung der den ordentlichen oder außerordentlichen Präsenzdienst leistenden Wehrpflichtigen nach den Grundsätzen der Unfallversicherung erfolgte. Die Präsenzdienenden erleiden durch die Dienstleistung eine Unterbrechung ihrer beruflichen Laufbahn. Sie verlieren daher entweder, wenn sie schon berufstätig waren, einen bestehenden unfallversicherungsrechtlichen Schutz oder dieser Schutz wird, wenn sie schon berufstätig geworden wären, erst später wirksam (vgl Erläuternde Bemerkungen zur Regierungsvorlage, 158 der Beilagen zu den stenografischen Protokollen des Nationalrates, X. GP).

Die Beratungen im parlamentarischen Unterausschuß führten zu dem Ergebnis, daß durch die Schaffung eines eigenen Versorgungsgesetzes für die Angehörigen des Bundesheeres eine Verletzung des durch die Bundesverfassung gewährleisteten Rechtes der Gleichbehandlung (Art 7 B-VG) nicht besteht. Dies schon deshalb nicht, weil nach herrschender Rechtsansicht die Heeresversorgung nicht dem Kompetenztatbestand *Fürsorge für Kriegsteilnehmer und Hinterbliebene* (Art 10 Abs. 1 Z 15 B-VG), sondern dem Kompetenztatbestand *militärische Angelegenheiten* zu unterstellen ist und sich schon daraus eine sachliche Differenzierung ergibt (vgl 604 und 608 der Beilagen zu den stenografischen Protokollen des Nationalrates, VII. GP., und S. 3.460 der stenografischen Protokolle zur 77. Sitzung des Nationalrates, VII. GP).

Im übrigen wurde schon die Soldatenversorgung in der Ersten Republik diesem Kompetenztatbestand zugeordnet (Näheres siehe *Heeresversorgungsgesetz, kommentierte Ausgabe der Schriftenreihe des ÖGB Nr 92, Janik-Ernst*).

Da sowohl die *Kriegsopferfürsorge* als auch die zum Kompetenztatbestand *militärische*

Angelegenheiten zählende Heeresversorgung Bundeskompetenzen bilden, hatte der Bund freie Gestaltungsmöglichkeit, welches System der Versorgung er wählen würde. Die Heranziehung der Grundsätze der Unfallversicherung für die Bemessung der Rente war letztlich eine politische Entscheidung.

Das HVG, das am 1. Jänner 1964 in Kraft getreten ist, sieht die Gewährung von Versorgung wegen Gesundheitsschädigungen vor, die ein Soldat infolge des ordentlichen oder außerordentlichen Präsenzdienstes erlitten hat. Das gleiche gilt für Gesundheitsschädigungen, die ein Wehrpflichtiger oder eine Person, die sich zur Leistung des Präsenzdienstes freiwillig gemeldet hat (§ 14 Abs. 2 des Wehrgesetzes), bei der Meldung oder Stellung erleidet. Ferner begründet einen Anspruch auf Versorgung eine Gesundheitsschädigung, die im Zusammenhang mit der Teilnahme an Inspektionen und Instruktionen oder im Zusammenhang mit der Verwahrung von Bekleidungs- und Ausrüstungsgegenständen steht, sowie Unfälle, die auf dem Weg zum Bestimmungsort oder auf dem Rückweg eingetreten sind. Die Wegunfälle sind im § 1 Abs. 2 HVG taxativ aufgezählt (§ 1 Abs. 1).

Versorgungsberechtigt sind schließlich noch Personen, die ohne Zusammenhang mit dem Präsenzdienst unverschuldet einen Unfall erlitten haben, der durch ein Kampffahrzeug oder ein anderes im Einsatz stehendes oder auf einer Einsatzübungsfahrt befindliches Fahrzeug des Bundesheeres verursacht worden ist, oder wenn solche Personen in militärische Handlungen verwickelt werden oder durch unverschuldete Einwirkung von Waffen und sonstigen Kampfmitteln als Folge militärischer Maßnahmen des Bundesheeres verletzt worden sind (§ 1 Abs. 2).

Im Falle des kausalen Todes sind die Hinterbliebenen versorgungsberechtigt (§ 1 Abs. 4).

Es würde hier zu weit führen, das gesamte Gesetz zu besprechen. Grundsätzlich ist zu sagen, daß im Vordergrund der Versorgung die Rehabilitation (§ 5) steht. Da es sich bei den Angehörigen des Bundesheeres vorwiegend um jüngere Staatsbürger handelt, haben Maßnahmen zur Wiedereingliederung in den Beruf bzw. in das Erwerbsleben absoluten Vorrang.

Zur Rehabilitation zählen die Heilfürsorge, die orthopädische Versorgung, die berufliche Ausbildung und die Begünstigungen zur Beibehaltung eines Arbeitsplatzes (§§ 4 und 5). Ab 1. Jänner 1978 wurden diese Leistungen in den Abschnitten II und III des Heeresversorgungsgesetzes unter dem Begriff Rehabilitation zusammengefaßt (BGBl Nr 612/1977). Als arbeitsmarktpolitische Maßnahmen sieht das Gesetz die Zahlung von Zuschüssen vor, wenn der Beschädigte in der Einarbeitungsphase bis zur Erlangung der erforderlichen Fertigkeit nicht die volle Produktivität erreicht, ferner zur Gründung einer den Lebensunterhalt gewährleistenden selbständigen Erwerbstätigkeit.

Als Maßnahmen der sozialen Rehabilitation kommen Zuschüsse zu den Kosten für die Erlangung der Lenkerberechtigung und für Rollstuhlfahrer Zuschüsse zur Adaptierung einer Wohnung in Betracht (§§ 20 und 20a).

Schwerbehinderte Präsenzdiener genießen überdies im vollen Umfang den Schutz und die Begünstigungen des Behinderteneinstellungsgesetzes. Obwohl die Rehabilitation nach der Systematik des Gesetzes zweifellos Priorität genießt, hat man auch in diesem Gesetz den Grundsatz *Rehabilitation vor Rente* in letzter Konsequenz nicht verwirklicht. Auch nach dem HVG wird der Rentenanspruch grundsätzlich mit der Geltendmachung – unabhängig vom Ausgang des Rehabilitationsverfahrens – fällig (§ 55). Die Leistung der Versorgung kann ua versagt werden, wenn sich der Versorgungsberechtigte einem ihm zumutbaren Rehabilitationsverfahren ohne triftigen Grund nicht unterzieht oder durch sein Verhalten den Erfolg eines Rehabilitationsverfahrens gefährdet oder vereitelt (§ 67 Abs. 1 Z 3 und 4).

Wenn das Rehabilitationsverfahren eine Besserung der Dienstbeschädigung zur Folge hat, hat das Landesinvalidenamt – wie bei jeder anderen Besserung des Leidenszustandes – die Rente neu zu bemessen (§ 56). Die Herabsetzung der Rente wegen des *Zustandes der Gewöhnung*, wie dies in der gesetzlichen Unfallversicherung zulässig ist (§ 183 Abs. 1 ASVG), ist im HVG nicht vorgesehen (vgl Erk des VwGH zu § 183 ASVG vom 3. Feber 1949, Zl 723/5/489).

Entsprechend dem Grundsatz der gesetzlichen Unfallversicherung bildet die Grundlage für die Rentenbemessung bei einem Beschädigten, der unselbständig erwerbstätig ist, ein

Vierzehntel des Jahreseinkommens, das der Beschädigte vor der Schädigung oder – wenn dies für ihn günstiger ist – vor dem Antritt der militärischen Dienstleistung erzielt hat (§ 24 Abs. 1).

Bei selbständig Erwerbstätigen bildet die Bemessungsgrundlage das zu versteuernde Jahreseinkommen (§ 24 Abs. 5).

Das Gesetz enthält spezielle Bestimmungen für jene Beschädigten, die vor der Schädigung noch nicht ein Jahr erwerbstätig waren, die sich noch in Schul- oder Berufsausbildung befanden oder die in Familienbetrieben tätig sind. Zeiten, in denen nicht das volle Arbeitseinkommen infolge Erkrankung, Unfalls, Arbeitslosigkeit oder Kurzarbeit erzielt wurde, bleiben bei der Bemessung außer Betracht.

Befand sich der Beschädigte zum Zeitpunkt des Eintrittes der Schädigung noch in Berufs- oder Schulausbildung, so wird von dem Zeitpunkt an, in dem die begonnene Ausbildung voraussichtlich abgeschlossen worden wäre, die Bemessungsgrundlage nach dem Einkommen errechnet, das für Personen gleicher Ausbildung durch Kollektivvertrag festgesetzt ist oder sonst von ihnen im Durchschnitt erreicht wird. Eine Erhöhung des Einkommens, die der Beschädigte erst nach Vollendung des 30. Lebensjahres erreicht hätte, ist nicht zu berücksichtigen (§ 24 Abs. 8).

Das HVG enthält eine Mindest- und Höchstbemessungsgrundlage, die – ebenso wie das Einkommen, das als Bemessungsgrundlage dient – jährlich aufgewertet wird (§ 24 Abs. 9 und § 24a).

Die MdE wird, ebenso wie in der Kriegsopferversorgung, nach durch 10 teilbaren Hundertsätzen festgestellt (§ 23 Abs. 1). Die zu § 7 KOVG erlassene Richtsatzverordnung hinsichtlich der Einschätzung der MdE (BGBl Nr 150/1965) findet auch im Bereiche der Heeresversorgung Anwendung (§ 21 Abs. 2). Liegen berufliche Sonderverhältnisse vor, ist analog zur Regelung im § 8 KOVG die Einschätzung der MdE auch nach § 22 HVG durchzuführen.

Anspruch auf Beschädigtenrente besteht ab einer MdE von 25 v.H. (§ 21 Abs. 1). Beschädigte mit einer MdE von 50 oder darüber gelten als Schwerbeschädigte. Als erwerbsunfähig gelten Schwerbeschädigte entsprechend einer MdE von 90 v.H. und 100 v.H. (§ 23 Abs. 2).

Die Beschädigtenrente beträgt im Falle der Erwerbsunfähigkeit 2/3 der Bemessungsgrundlage (Vollrente), ansonsten den Teil der Vollrente, der dem Grad der MdE entspricht (Teilrente). Bei Schwerbeschädigten ist die Beschädigtenrente um 20 v.H. ihres Betrages zu erhöhen (§ 23 Abs. 3). Solange ein Beschädigter infolge der Dienstbeschädigung unverschuldet erwerbslos ist, kann die Teilrente unter Anrechnung des sonstigen Einkommens auf die Vollrente erhöht werden. Bei Schwerbeschädigten erhöht sich die Vollrente um 20 v.H. ihres Betrages (§ 23 Abs. 4).

Das HVG geht von dem Grundsatz aus, daß ein Beschädigter im Sinne dieses Gesetzes Versorgung zumindest in dem Ausmaß erhalten soll, wie sie ein Kriegsbeschädigter mit gleicher MdE und mit vergleichbarem Einkommen erhält. § 23 Abs. 5 bestimmt deshalb, daß dem Beschädigten ein Erhöhungsbetrag in dem Ausmaß zu leisten ist, als die Beschädigtenrente den Rentenbetrag nicht erreicht, der dem Schwerbeschädigten im Falle eines Anspruches auf Grund- und Zusatzrente nach dem KOVG gebühren würde (§ 23 Abs. 5).

Zur Beschädigtenrente gebührt Schwerbeschädigten für jeden Familienangehörigen ein Familienzuschlag von je 10 v.H. der Beschädigtenrente (§ 26).

Witwen erhalten eine Witwenrente im Ausmaß von 20 v.H. der Bemessungsgrundlage. Solange die Witwe durch Krankheit oder andere Gebrechen erwerbsunfähig ist oder wenn sie das 55. Lebensjahr vollendet hat oder wenn sie für mindestens zwei versorgungsberechtigte Kinder zu sorgen hat, gebührt die Witwenrente in Höhe von 40 v.H. der Bemessungsgrundlage (§ 33 Abs. 1).

Auch für die Witwe im Sinne des HVG ist dafür vorgesorgt, daß sie die Hinterbliebenenversorgung zumindest in der Höhe erhält, die ihr gebühren würde, wenn sie einen gleichartigen Anspruch nach dem KOVG hätte. Zur Witwenrente ist deshalb eine Zusatzrente in dem Ausmaß zu leisten, als die Witwenrente den Rentenbetrag nicht erreicht, den die Witwe im Falle eines Anspruches auf Grund- und Zusatzrente gemäß § 35 Abs. 2 und 3 KOVG erhalten würde (§ 33 Abs. 2).

Die Waisenrente beträgt für einfach verwaiste Waisen 20 v.H., für Doppelwaisen 30 v.H. der Bemessungsgrundlage (§ 41 Abs. 1). Zur Waisenrente gebührt eine Zusatzrente. Die Zusatzrente ist in dem Ausmaß zu leisten, als die Waisenrente jeweils den Rentenbetrag nicht erreicht, der Waisen mit einem Anspruch auf erhöhte Waisenrente gemäß § 42 KOVG gebührt (§ 41 Abs. 2). Hinsichtlich des Bezuges der Waisenrente über das 18. Lebensjahr hinaus wegen Erwerbsunfähigkeit, Schul- oder Berufsausbildung gelten im wesentlichen die gleichen Bestimmungen wie jene im KOVG.

Die Elternrente beträgt 20 v.H. der Bemessungsgrundlage. Gebühren nach demselben Verstorbenen zwei oder mehr Elternrenten, so sind diese innerhalb dieses Höchstausmaßes verhältnismäßig zu kürzen. Elternrente gebührt jedoch jedem Elternteil mindestens in Höhe des sich jeweils aus § 46 Abs. 1 KOVG für die Elternteilrente ergebenden Betrages. Das Gesetz enthält noch Sonderbestimmungen für Eltern, die zwei oder mehr Kinder oder die das einzige Kind durch Dienstbeschädigung verloren haben (§ 44 Abs. 1). Auch die Eltern im Sinne des HVG sollen nicht schlechter gestellt werden, als Eltern, die einen gleichartigen Anspruch nach dem KOVG haben. § 45 HVG bestimmt daher, daß zur Elternrente eine Zusatzrente insoweit gebührt, als die Elternrente nach dem HVG den Rentenbetrag im Falle eines Anspruches nach dem KOVG nicht erreicht.

Grundsätzlich ist festzustellen, daß sowohl der Leistungskatalog als auch die übrigen Anspruchsvoraussetzungen weitgehend dem KOVG nachgebildet sind, zum Teil wird auf die einschlägigen Bestimmungen im KOVG direkt verwiesen.

Erwähnenswert ist noch, daß über die Ansprüche in erster Instanz die Landesinvalidenämter (nunmehr Bundessozialämter) und über die Berufungen in zweiter und letzter Instanz eine eigene Schiedskommission entscheidet.

Bei Inkrafttreten des HVG bestand jeder Senat aus einem Vorsitzenden und zwei Beisitzern, die vom Bundesminister für soziale Verwaltung bestellt wurden (§ 76). Zum Unterschied von der Schiedskommission nach dem KOVG werden die zweiten Beisitzer auf Vorschlag der gesetzlichen Dienstgeber- und Dienstnehmerorganisationen bestellt.

Aufgrund der Novelle zum HVG, BGBl Nr 614/1987, wurden die Senate jeweils um einen (dritten) Beisitzer erweitert. Die dritten Beisitzer werden vom Bundesminister für soziale Verwaltung auf Vorschlag des zuständigen Leiters des Landesinvalidenamtes bestellt (§ 77 Abs. 4).

Ferner wurden die Bestimmungen über die Organisation der Schiedskommission, die Geschäftsführung und das Verfahren detaillierter gefaßt.

Im übrigen hat das HVG seit seinem Inkrafttreten sämtliche Verbesserungen im Versorgungsrecht mitgemacht. Die dynamische Entwicklung kann auch an der Anzahl der Novellen abgelesen werden, sie beträgt derzeit 27. Auf die wesentlichen Änderungen wird im folgenden noch zurückgekommen werden.

Auswirkungen des Inkrafttretens des Heeresversorgungsgesetzes auf die Kriegsopferversorgung

Nicht zuletzt durch die Verabschiedung des HVG waren die Kriegsopfer in ihrer Auffassung bestärkt, daß das Inkrafttreten des KOVG nur als ein erster Schritt in der Entwicklung des Kriegsopferversorgungsrechtes anzusehen sei.

Auch hatte sich die wirtschaftliche Lage soweit konsolidiert, daß an das Staatsbudget höhere Anforderungen gestellt werden konnten. Die Kriegsopferverbände waren sich darüber einig, ein umfangreiches Forderungspaket der Bundesregierung vorzulegen, um endlich eine angemessene Versorgung zu erhalten, die den Kriegsopfern auch einen entsprechenden Anteil am gestiegenen Nationalprodukt sichert.

Die Zentralorganisation hat in dem Programm vom 30. April 1964 die Forderungen der Kriegsopfer zusammengefaßt. Mit einem Memorandum wurde das Forderungspaket der Bundesregierung und dem Parlament neuerlich überreicht. Das Programm enthielt folgende Forderungen:

- Zahlung einer 14. Monatsrente für alle Rentenempfänger im Dezember 1964
- Beginn der Versorgungsreform spätestens mit 1. Jänner 1965, wobei nicht nur der Rentenrealwert wieder hergestellt wird, sondern auch echte Leistungsverbesserungen erfolgen
- Verwirklichung des Schadensvergütungsprinzipes
- Festsetzung der Grundrente zur Zusatzrente im Verhältnis von 2 zu 1
- Verbesserung des Verhältnisses der Beschädigtenrente für die verschiedenen Stufen der MdE zur Rente für Erwerbsunfähige
- einheitliche Zusatzrenten für alle Schwerbeschädigten
- ausreichende Pflege- und Blindenzulagen
- Einführung einer Schwerstbeschädigtenzulage
- Erhöhung der Frauen- und Kinderzulagen auf das Ausmaß des Haushaltszuschusses der öffentlich Bediensteten
- Bemessung der Hinterbliebenenversorgung in einem angemessenen Verhältnis zur Rente des Erwerbsunfähigen
- Vereinheitlichung der Witwengrundrenten
- Neuregelung der Einkommensfeststellung
- Einbau der für die Weiterentwicklung der Kriegsopferversorgung erforderlichen Budgetmittel in die Finanzierungspläne zur Durchführung der Pensions- und Rentendynamik

Von der Bundesregierung wurde das Forderungsprogramm grundsätzlich als berechtigt anerkannt und ganz allgemein Übereinstimmung erzielt, daß die Erfüllung dieser Forderungen, die sehr hohe zusätzliche Beträge erfordern würde, nur in Etappen möglich wäre. Das zusätzliche budgetäre Erfordernis wurde damals mit 1,5 Milliarden Schilling veranschlagt.

Obwohl die Kriegsopfer fest damit rechneten, daß der erste Schritt zur Verwirklichung des Forderungsprogrammes bereits im Jahre 1964 erfolgen könnte, stellte sich heraus, daß auch im Budget für dieses Jahr keine zusätzlichen finanziellen Mittel hiefür vorgesehen waren. Die Enttäuschung war entsprechend groß, hatten doch die Verhandlungen sehr hoffnungsvoll begonnen.

Außer einigen geringfügigen Veränderungen hat die Novelle zum KOVG, BGBl Nr 202/1964, jedoch keinen substanziellen Beitrag zur Sicherung der Existenzgrundlage von Kriegsopfern gebracht.

Vorzugsrecht der Kriegsopfer bei Vergabe von Tabakverschleißgeschäften

Zu erwähnen ist, daß im § 6 Abs. 3 KOVG mit der zuletzt genannten Novelle das Vorzugsrecht der Empfänger von Beschädigtenrenten, Witwenrenten und Witwenbeihilfen bei Vergabe von Tabakverschleißgeschäften nach dem Tabakmonopolgesetz verankert wurde. Das Vorzugsrecht der Kriegsopfer hat in Österreich eine lange Tradition. Wie bereits erwähnt, geht die erste Regelung zum Tabakmonopol auf das Jahr 1874 (Josef II.) zurück. Nach Ende des Ersten Weltkrieges wurde durch Vollzugsanweisung des Staatsamtes für Finanzen im Einvernehmen mit dem Staatsamte für soziale Verwaltung vom 18. Mai 1919, StGBl Nr 285, ein unbedingtes Vorzugsrecht der Kriegsbeschädigten und Kriegshinterbliebenen eingeräumt. Es wurde die Möglichkeit geboten, Tabaktrafiken nach Bedarf durch Kündigung für Kriegsinvalide freizumachen. Auch das freiwerdende Trafiklokal konnte durch die Behörde angefordert werden. Die Kündigung wurde durch die Ministerialverordnung vom 28. Juni 1923, BGBl Nr 480, und die Besetzung der Trafiken mit Verordnung vom 15. April 1927, BGBl Nr 137, neu geregelt. Mit ihr wurde das Mitbestimmungsrecht der Kriegsopfervertreter sehr eingeschränkt. Die Verordnung in der Fassung der Verordnung BGBl Nr 53/1937 bildete die Basis für die Vergabe von Tabakverschleißgeschäften an Kriegsopfer noch nach dem 2. Weltkrieg.

Die Kriegsopfer waren mit dem beschränkten Bewerbungsrecht nicht zufrieden, weil immer wieder andere Bewerber zum Zuge kamen.

Auch das Gesetz vom 13. Juli 1949 über das Tabakmonopol (BGBl Nr 186/1949) entsprach nicht den Erwartungen der Kriegsopfer.

Erst das Tabakmonopolgesetz 1968 brachte eine einigermaßen akzeptable Lösung, obwohl die Probleme des Lokalnachweises nicht zur Gänze beseitigt werden konnten.

Mit dem Tabakmonopolgesetz 1968, BGBl Nr 38, wurde die Vergabe und das Vorzugsrecht auf eine neue gesetzliche Grundlage gestellt.

Nachdem bereits die Opferbefürsorgten nach dem Opferfürsorgegesetz und die Versorgungsberechtigten nach dem Heeresversorgungsgesetz das Vorzugsrecht erlangt hatten, wurde es auf weitere Gruppen von Behinderten (Zivilblinde und Schwerbehinderte im Sinne des Invalideneinstellungsgesetzes) ausgedehnt (vgl § 25 idF des BG BGBl Nr 62/1979).

Über die Vergabe hat die Trafikbesetzungskommission (§ 28), je eine in jedem Bundesland, zu entscheiden. Dagegen kann Beschwerde erhoben werden, worüber die Generaldirektion der Austria Tabakwerke AG nach Anhörung des Besetzungsbeirates entscheidet (§ 32).

Mitunter gab und gibt es Schwierigkeiten bei der Beschaffung der finanziellen Mittel, um ein geeignetes Verkaufslokal zu erwerben. Durch Darlehen (vor allem aus dem Kriegsopferfonds), durch Unterstützungen seitens der Organisationen und seitens öffentlicher Stellen konnten in den meisten Fällen die finanziellen Schwierigkeiten überwunden werden. Erforderlichenfalls versucht die Monopolverwaltung, den Hauseigentümer dazu zu bringen, „ihren" Bewerber als Vertragspartner zu akzeptieren. Ein besonderer Erfolg ist in dieser Hinsicht im Jahre 1989 in der Stadt Wien erzielt worden. Für Trafiklokale, die im Eigentum der Gemeinde Wien stehen, ist kein Lokalnachweis mehr notwendig. Die Besetzungskommission hat solche freigewordenen Trafiken ausschließlich an Vorzugsberechtigte entsprechend dem Grad der Bedürftigkeit zu vergeben.

Kompromißloser Einsatz des Verbandes zur Durchsetzung des Programmes

Nachdem zumindestens hinsichtlich dieser für die berufliche Existenz der Kriegsopfer äußerst wichtigen Materie ein Teilerfolg erzielt werden konnte, mußten die Verhandlungen zur Durchsetzung des Forderungsprogrammes mit unvermindertem Nachdruck fortgesetzt werden. Die Verhandlungen zwischen der Zentralorganisation unter der bewährten Führung ihres Präsidenten, Bundesrat a. D. FRIEDRICH KARRER, dem Bundesminister für soziale Verwaltung und dem Bundesminister für Finanzen wurden am 23. Oktober 1964 abgeschlossen. Es konnte erreicht werden, daß 152 Millionen Schilling zur Verbesserung der Rentenversorgung in das Budget 1965 aufgenommen wurden.

Die Vorbereitungen für den Marsch von 40.000 Kriegsopfern nach Wien, den die Zentralorganisation bereits massiv angedroht hatte, konnten vorerst wieder abgebrochen werden. Nachdem Übereinstimmung über die zweckmäßigste Verteilung der zusätzlich zur Verfügung gestellten Mittel erreicht wurde, hat der Nationalrat am 16. Dezember 1964 eine Novelle zum KOVG (BGBl Nr 305/1964) beschlossen. Diese Novelle brachte ab 1. Juni 1965 wieder eine generelle Rentenerhöhung. Dabei wurde zuerst die Grundrente für Erwerbsunfähige auf die volle angestrebte Höhe gebracht. Sie ist von monatlich 628 S auf monatlich 1.000 S erhöht worden. Ferner wurde eine zweite jährliche Sonderzahlung (volle 14. Monatsrente) eingeführt, desgleichen der Rechtsvorteil, daß bei zehnjährigem Bezug einer Beschädigtenrente diese nicht mehr gekürzt werden darf (§ 52 Abs. 4). In der Kriegsopferversorgung gilt allgemein der Grundsatz, daß im Falle einer maßgebenden Änderung im Dienstbeschädigungsleiden die Rente neu zu bemessen ist. Bei Bestand eines ununterbrochenen Anspruches auf Beschädigtenrente seit mindestens 10 Jahren aufgrund eines rechtskräftigen Bescheides ist die Herabsetzung der MdE und damit die Kürzung der Rente wegen Besserung des Leidenszustandes nicht mehr möglich. Die Erhöhung der Rente wegen wesentlicher Verschlechterung des Leidenszustandes wird hingegen von der genannten Bestimmung nicht berührt.

Trotz der verständnisvollen Ansprachen von Spitzenpolitikern anläßlich der Feier zum 20jährigen Bestand der Zentralorganisation ließ die nächste Enttäuschung nicht lange auf sich warten.

Obwohl die dringendsten Anliegen der Kriegsopfer einen Betrag von 235 Millionen Schilling erfordert hätten, waren im Budget 1967 lediglich 88 Millionen Schilling zusätzlich eingesetzt worden.

In den Landesorganisationen kam es hierauf im Einvernehmen mit der Zentralorganisation neuerlich zu Protestaktionen. An der Protestkundgebung in Wien (Stadthalle am 25. Oktober 1966) nahmen 14.000 Kriegsopfer teil. Obwohl die damalige Sozialministerin GRETE REHOR die Forderungen der Kriegsopfer respektierte, lehnte der Finanzminister Verhandlungen mit den Kriegsopfern ab.

In einer Resolution sprach der Vorstand der Zentralorganisation seine Mißbilligung und seine Bestürzung über das Verhalten der Bundesregierung aus. Er forderte die sofortige Wiederaufnahme der Verhandlungen.

Die Protestaktionen in den Bundesländern und die Resolution zeigten jedoch Wirkung. Auf der einen Seite wurden die Verhandlungen tatsächlich unverzüglich wieder aufgenommen, auf der anderen Seite kam eine Entschließung aller im Parlament vertretenen Parteien zustande. Der Antrag wurde von den Abgeordneten LIBAL (SPÖ), STAUDINGER (ÖVP) und MELTER (FPÖ) eingebracht. Die Entschließung, die vom Nationalrat einstimmig angenommen wurde, hatte folgenden Wortlaut:

„1. Die Bundesregierung wird aufgefordert, dafür Vorsorge zu treffen, daß das berechtigte Mindestforderungsprogramm der Zentralorganisation der Kriegsopferverbände Österreichs im Sinne der Besprechung vom 25. Oktober 1966 zwischen der Zentralorganisation, dem Finanzministerium und dem Sozialministerium noch im Laufe des Jahres 1967 vollinhaltlich erfüllt werden kann.

2. Die Bundesregierung wird darüber hinaus aufgefordert, die Verhandlungen mit der Zentralorganisation der Kriegsopferverbände Österreichs über das im Jahre 1964 vorgelegte Forderungsprogramm mit Nachdruck fortzuführen und zu einem ehesten Abschluß zu bringen, der in einer Regierungsvorlage an den Nationalrat seinen Niederschlag findet."

Unter dem massiven Druck sämtlicher Maßnahmen hat die Bundesregierung am 30. Mai 1967 eine den Vorstellungen der Zentralorganisation entsprechende Regierungsvorlage beschlossen und sodann dem Nationalrat zugeleitet, der am 30. Juni 1967 die entsprechende Novelle beschlossen hat (BGBl Nr 258/1967). Sie ist am 1. Juli 1967 in Kraft getreten und brachte einen beachtlichen Fortschritt in der Rentenversorgung. Allein für das zweite Halbjahr 1967 wurden im Budget zusätzliche Mittel in Höhe von 89,8 Millionen Schilling veranschlagt.

Als eine große Errungenschaft wurde die jährliche Rentenanpassung (Rentendynamik) angesehen. Sie stellt einen Meilenstein in der Entwicklung des Kriegsopferversorgungsgesetzes dar und ist nicht zuletzt ein Verdienst der damaligen Sozialministerin Grete Rehor.

Mit Wirkung von 1. Juli 1967 wurden alle Geldleistungen nach dem KOVG um 8,1 % und in der Folge mit Wirkung vom Jänner eines jeden Jahres mit dem in der Sozialversicherung festgesetzten Faktor automatisch erhöht. Der Sozialminister ist seither ermächtigt, die Erhöhung mittels Verordnung – also ohne einen Gesetzesbeschluß – jährlich festzusetzen.

Durch die Regelung ist es gelungen, die Renten vor dem Realwertverfall zu bewahren. Diese umfangreiche Gesetzesänderung brachte noch eine Reihe weiterer beachtlicher Verbesserungen, wie z.B. die Einführung der Schwerstbeschädigtenzulage für erwerbsunfähige Schwerbeschädigte (§ 11a), die Einführung der Hilflosenzulage (§§ 18a und 46a) und die Neuregelung der Berechnung des land- und forstwirtschaftlichen Einkommens (§ 13 Abs. 4 bis 7).

Die Schwerstbeschädigtenzulage kommt jenen Versehrten zugute, deren Leidenszustände durch die höchste Grundrente nicht ausreichend entschädigt werden. Die Schwerstbeschädigtenzulage gebührt, wenn bei einem erwerbsunfähigen Schwerbeschädigten, bei dem zwei oder mehrere Dienstbeschädigungen anerkannt sind, die Summe der Werte der MdE die Zahl 130 erreicht. Sie wird in fünf Stufen entsprechend der Summe der MdE-Werte gewährt, und zwar in einem Prozentsatz der Grundrente für Erwerbsunfähige (§ 11 Abs. 4). Ferner erhalten Empfänger einer Pflege- oder Blindenzulage eine Schwerstbeschädigtenzulage (§ 11a Abs. 5).

Die Hilflosenzulage wurde für jene Kriegsopfer eingeführt, die zwar hilflos sind, aber keinen Anspruch auf Pflegezulage oder eine gleichartige Leistung nach einem anderen Gesetz besaßen. Die Hilflosenzulage wurde ebenso wie der Hilflosenzuschuß in der Sozialversicherung durch das Bundespflegegeld mit Wirkung vom 1. Juli 1993 ersetzt (Bundespflegegeldgesetz, BGBl Nr 110/1993).

Die Bestimmungen über die Ermittlung des land- und forstwirtschaftlichen Einkommens für die Zusatzrente oder andere vom Einkommen abhängige Versorgungsleistungen haben mangels einer ausreichenden Determinierung zu großer Rechtsunsicherheit geführt.

Der vom Gesetzgeber bei der Beurteilung des Einkommens angeordnete Vergleich mit den allgemeinen Kosten der Lebensführung erforderte durchwegs langwierige Ermittlungen und komplizierte Berechnungen, bot jedoch dennoch keine objektive Entscheidungsgrundlage.

Der Verwaltungsgerichtshof hat deshalb den Beschwerden der Kriegsopfer in einer ansehnlichen Zahl von Erkenntnissen stattgegeben und die angefochtenen Bescheide aufgehoben. Mit der genannten Novelle wurde die Berechnung des land- und forstwirtschaftlichen Einkommens auf eine völlig andere Bewertungsgrundlage gestellt. Das Einkommen wurde pauschaliert, und zwar entsprechend einem Prozentsatz des Einheitswertes. Auch das Einkommen aus Ausgedinge und Verpachtung von land- und forstwirtschaftlichen Betrieben wurde nach diesem System berechnet.

Bei allen Nachteilen, die jede pauschalierte Einkommensfeststellung mit sich bringt, enthält das KOVG nun eine Regelung mit ausreichenden Entscheidungskriterien, die auch in verfassungsrechtlicher Hinsicht unbedenklich erscheint.

Nach Erreichung eines wichtigen Teilerfolges zügige Fortsetzung der Verhandlungen

Da wesentliche Teile des Forderungsprogrammes noch unerfüllt waren, drängten die Kriegsopferverbände auf die zügige Fortsetzung der Verhandlungen mit der Regierung. Um den Kriegsopfern eine gewisse Sicherheit bei der Bereitstellung zusätzlicher finanzieller Mittel für weitere Verbesserungen der Versorgung zu geben, gab der damalige Bundeskanzler, Dr. Klaus, die Erklärung ab, daß vom Jahre 1968 an für die Dauer der laufenden Legislaturperiode der sich ergebende Minderaufwand zur Verbesserung der Versorgungsgebühren verwendet werden würde. Die weiteren Verhandlungen gestalteten sich deshalb besonders schwierig, weil über die Erklärung des Bundeskanzlers verschiedene Auffassungen bestanden. Schließlich konnte über einige noch offene Punkte des Forderungsprogrammes Übereinstimmung erzielt werden.

Verbesserung der Lebensqualität der Kriegsopfer

Neben den gesetzlichen Aktivitäten zur Verbesserung der Kriegsopferversorgung wurde eine große Anzahl von Maßnahmen gesetzt, um die Mobilität und die Lebensqualität der Kriegsopfer zu verbessern.

Dazu gehörten vor allem die Erholungsfürsorge und die Entwicklung moderner Techniken im Bereich der orthopädischen Versorgung.

Die Landeskriegsopferverbände führten und führen für die Kriegsopfer Erholungsaktionen, zum überwiegenden Teil in ihren eigenen Heimen, durch. Da die Erholungsfürsorge Aufgabe des Bundes ist, werden den Verbänden zur Durchführung dieser Aktionen erhebliche Mittel aus dem Ausgleichstaxfonds zur Verfügung gestellt.

Erholungsheime für Kriegsopfer sind die Heime des Kärntner Kriegsopfer- und Behindertenverbandes in Ossiach und in Unteraichwald, die Heime des Kriegsopfer- und Behindertenverbandes für Wien, Niederösterreich und Burgenland im Helenental, Baden bei Wien und in Freiland/Traisental, die Heime des OÖ. Kriegsopferverbandes in Bad Ischl und Bad Schallerbach, das Erholungsheim Schloß Sommerau des Stmk. Kriegsopfer- und Behindertenverbandes und das Heim des Tiroler Kriegsopferverbandes Rinnerhof in Rinn.

Im Bereiche der orthopädischen Versorgung konnten neben privaten Vertragsfirmen in den Bundesstaatlichen Prothesenwerkstätten Hilfsmittel von hoher Qualität hergestellt werden. Die Spezialisierung auf diesem Gebiet zeigte jedoch, daß eigene Forschungseinrichtungen unbedingt notwendig sind.

Forschungsinstitut für Orthopädietechnik

Den unmittelbaren Anstoß für weitere Projekte gab die Verwendung der Elektronik in der orthopädischen Versorgung. Zur Erforschung der elektronischen Steuerung von Prothesen wurde über Initiative des Bundesministeriums für soziale Verwaltung im Zusammenwirken mit einer Reihe von Sozialversicherungsträgern, der Zentralorganisation der Kriegsopferverbände Österreichs, der Orthopädischen Universitätsklinik, PROF. CHIARI, dem Chefarzt der Allgemeinen Unfallversicherungsanstalt, Medizinalrat DR. KRÖSL, und Professor DIPL.-ING. DR. GÜNTHER KRAUS (Vorstand des Institutes für Niederfrequenz an der Technischen Universität in Wien) das Forschungsinstitut für Orthopädietechnik als österreichischer Verein gegründet. Die Gründungssitzung des Kuratoriums fand im Jänner 1968 statt. Der Vorstand des Institutes (Primarius DR. ZEMANN) mit seinem Stab an wissenschaftlichen Mitarbeitern leistete wertvolle Arbeit auf dem Gebiete der Entwicklung myoelektrischer Prothesen. In der Folge sind die Allgemeine Unfallversicherungsanstalt und eine Reihe weiterer Sozialversicherungsträger in den Verein als Mitglieder eingetreten.

Es würde den Rahmen dieses Artikels sprengen, würde man alle erarbeiteten Entwicklungen hier beschreiben. Es sei nur beispielsweise das hydraulische Sprunggelenk, die Adaptivhand, das aktive Handdrehgelenk, die prothetische Versorgung Knie-Exartikulierter, die Messung von Druck in geschlossenen Gipsverbänden und ein myoelektrisch gesteuerter Arbeitshuck angeführt.

Nach aufwendigen Bemühungen ist es gelungen, Entwicklungen des Institutes einer weltweiten Verwertung auch unter Einschaltung österreichischer Firmen zuzuführen.

Ebenso wichtig wie die präzise Herstellung der Behelfe von einwandfreier Qualität ist die Anpassung und Gewöhnung an die individuellen Bedürfnisse und Fähigkeiten des Behinderten.

Sonderkrankenanstalt des KOBV für Wien, NÖ. und Bgld.

Auf diesem Gebiet kommt der Sonderkrankenanstalt des Kriegsopfer- und Behindertenverbandes für Wien, NÖ. und Bgld. in St. Andrä am Zicksee hervorragende Bedeutung zu. Sie steht seit dem Jahr 1968 in Betrieb. Die häufigsten Erkrankungen und Behinderungen, die behandelt werden, fallen in den Bereich der Endprothetik und der Amputationen. Durch die postoperative Anpassung von Körperersatzstücken und Hilfsmitteln hat sich die Anstalt einen über die Grenzen Österreichs hinaus hervorragenden Ruf erworben. Pro Jahr finden im Durchschnitt 1.200 Patienten Aufnahme, 2.500 werden ambulant betreut. Waren es ursprünglich fast ausschließlich Kriegsbeschädigte, die behandelt wurden, beträgt ihr Anteil jetzt nur mehr 10 %.

Im Hinblick auf den großen Bedarf und die große Nachfrage wurden die Gebäude modernisiert und ausgebaut. Dadurch konnte die Bettenkapazität wesentlich vergrößert werden. Am 7. September 1994 wurde die erweiterte und adaptierte Anstalt durch Sozialminister HESOUN feierlich ihrer Bestimmung übergeben.

Schrittweise Erfüllung des Reformprogrammes

Am 11. Dezember 1968 hat das Parlament eine weitere Novelle zum KOVG verabschiedet (BGBl Nr 21/1969). Sie trat rückwirkend mit 1. Oktober 1968 in Kraft und brachte ua eine Erhöhung der Grundrente für Beschädigte mit einer MdE von 80 v.H., und zwar von 552 S auf 600 S (§ 11 Abs. 1), die Gleichziehung der Zusatzrenten für Witwen im Ausmaß von 60 v.H. der Zusatzrente eines Schwerbeschädigten auf 380 S (§ 35 Abs. 3), die Zusammenfassung der Beschädigtenzusatzrente in einem Betrag von 633 S (§ 12); bisher waren die Beträge nach der MdE abgestuft.

Die Schwerstbeschädigtenzulagen für Empfänger von Pflege- und Blindenzulage ab der Stufe III wurden in voller Höhe gewährt (§ 11a Abs. 5).

Bei den Bestimmungen über die Ermittlung des land- und forstwirtschaftlichen Einkommens wurden Härten beseitigt und Verbesserungen vorgenommen (§ 13 Abs. 4 bis 7).

Schließlich wurden die mit 1. Oktober 1968 neu festgesetzten Leistungen entsprechend der allgemeinen Rentenanpassung mit 1. Jänner 1969 um 7,1 % erhöht und die Beiträge zur Krankenversicherung der Kriegshinterbliebenen in die alljährliche Rentenanpassung einbezogen (§ 74).

Die goldenen Jahre der Kriegsopferversorgung

Wenn man die weitere Entwicklung verfolgt, so kann man feststellen, daß die Siebzigerjahre die größten Verbesserungen in der Kriegsopferversorgung gebracht haben. Nachdem sich die wirtschaftliche Lage weiter verbessert hat, konnten ebenso wie in anderen Bereichen der sozialen Sicherheit beachtliche Fortschritte erzielt werden. Ohne Übertreibung können die Siebzigerjahre in dieser Hinsicht als goldenes Jahrzehnt bezeichnet werden.

Es war das Hauptverdienst des damaligen Sozialministers, Ing. Rudolf Häuser (im Kabinett Kreisky I, II und III – 21. April 1970 bis 30. September 1976), der sich nicht nur für die rasche Realisierung des Forderungsprogrammes sehr erfolgreich einsetzte, sondern auch darüber hinaus die Rehabilitation für alle Gruppen behinderter Menschen erheblich ausgebaut hat. Er hat die Weichen für eine moderne Rehabilitation in der gesetzlichen Sozialversicherung gestellt, das Angebot an beruflichen Ausbildungs- und Beschäftigungsmöglichkeiten für behinderte Menschen in der Arbeitsmarktverwaltung erweitert, und den Schutz sowie die Begünstigungen des Invalideneinstellungsgesetzes allen Schwerbehinderten ohne Rücksicht auf die Schädigungsursache zugänglich gemacht.

Das Jahr 1969 hat für die Kriegsopfer noch zwei wichtige gesetzliche Änderungen gebracht, die im Jahre 1970 rechtswirksam geworden sind.

Zum einen war dies eine abermalige Novellierung des KOVG (BGBl Nr 204/1969). Sie ist mit 1. Jänner 1970 in Kraft getreten und brachte eine weitere Erhöhung der Grundrenten für Beschädigte entsprechend einer MdE von 50 bis 80 v.H. und der Witwengrundrente gemäß § 35 Abs. 2 lit. a sowie der Witwenbeihilfe (§ 36). Sie leistete einen weiteren Beitrag zu der von den Kriegsopferverbänden angestrebten Ausgewogenheit und Angemessenheit der Rentensätze.

Ausbau der Invalideneinstellung zu einem umfassenden Rehabilitationsinstrument

Zum anderen hat der Nationalrat am 11. Dezember 1969 das Invalideneinstellungsgesetz 1969 beschlossen, das im Bundesgesetzblatt unter der Nr 22/1970 kundgemacht wurde und mit 1. Juni 1970 in Kraft getreten ist.

Unmittelbaren Anlaß dafür bildete das Erkenntnis des Verfassungsgerichtshofes vom 27. Juni 1969, G 12,13/1969, womit der Gerichtshof eine Reihe von Bestimmungen des Invalideneinstellungsgesetzes 1953 aufgehoben hat. Er begründete seine Entscheidung im wesentlichen damit, daß die kompetenzrechtliche Grundlage nicht für alle vom Kriegsopferversorgungsgesetz 1957 erfaßten Personen ausreiche. Die verfassungsrechtliche Grundlage sei nur für die Personen gegeben, die dem Kompetenztatbestand des Art 10 Abs. 1 Z 15 B-VG in der Fassung 1929, *militärische Angelegenheiten, Kriegsschadenangelegenheiten, Fürsorge für Kriegsteilnehmer und deren Hinterbliebene* unterstellt werden könnten. Hiezu zählten z.B. nicht die Reichsarbeitsdienstschädigungen sowie Gesundheitsschädigungen, die vor Inkrafttreten des Kriegsopferversorgungsgesetzes 1957 nach der Personenschädenverordnung entschädigt worden sind. Ferner meinte der Gerichtshof, es fehle eine verfassungsrechtliche Deckung für Personen, deren Erwerbsfähigkeit infolge eines Arbeitsunfalles oder einer Berufskrankheit im Sinne der gesetzlichen Unfallversicherung gemindert sei, sowie für sogenannte Zivilblinde und Zivilinvalide. Die Regelung der Invalideneinstellung für diese Personengruppen fällt mangels einer Kompetenz des Bundes gemäß Art 15 B-VG in die Zuständigkeit der Länder. Als Frist für das Außerkrafttreten der aufgehobenen Bestimmungen wurde der 31. Mai 1970 festgesetzt; dies vor allem deshalb, um dem Gesetzgeber die Möglichkeit zu geben, entsprechende verfassungsgemäße Bestimmungen zu beschließen.

In langwierigen Verhandlungen ist es gelungen, die Landesregierungen davon zu überzeugen, daß eine gesonderte Regelung der Invalideneinstellung für die einzelnen Bundesländer auf Grund von Landesgesetzen zu Mehrgeleisigkeiten, zur Beseitigung bereits bewährter Schutzeinrichtungen, insbesondere eines wirksamen Kündigungsschutzes, und zu einer Aufsplitterung der finanziellen Mittel führen würde. Eine solche Lösung hätte nicht nur eine Verringerung von Leistungen, sondern auch eine erhebliche zusätzliche Belastung für die staatliche Verwaltung zur Folge.

Fast alle Bundesländer konnten, nicht zuletzt aufgrund massiver Interventionen der Kriegsopferfunktionäre unter Führung des Präsidenten KARRER, dafür gewonnen werden, einer Verfassungsbestimmung die Zustimmung zu geben, die die Zuständigkeit des Bundes für die Regelung der Invalideneinstellung auch für jene Personengruppen begründet, die nicht unter die Kompetenzbestimmungen des Art 10 Abs. 1 Z 15 B-VG fallen. Damit war die größte Schwierigkeit für die Erlassung eines neuen Gesetzes beseitigt. Da anzunehmen war, daß im Laufe der Jahre die stetig steigende Zahl der Arbeitsunfallversehrten und sonstigen Zivilinvaliden gegenüber den Kriegsopfern immer mehr an Bedeutung gewinnen werde, erschien es dem Nationalrat zweckmäßig, die Verfassungsbestimmung im Artikel I des neuen Gesetzes vorerst mit 31. Dezember 1989 zu befristen. Vor Ablauf der Frist sollte geprüft werden, ob noch weiterhin ein Bedarf nach einer bundeseinheitlichen Regelung bestehe (Erläuternde Bemerkungen zur Regierungsvorlage, 1418 der Beilagen zu den stenografischen Protokollen des NR., XI. GP).

Der vom Bundesministerium für soziale Verwaltung ausgearbeitete Gesetzesentwurf wurde zur Begutachtung ausgesendet. Ferner wurde der Entwurf eingehend im Invalidenfürsorgebeirat beraten, dabei wurden noch eine Reihe von Änderungswünschen der Interessenvertretungen der Arbeitgeber und der Arbeitnehmer sowie der Zentralorganisation berücksichtigt. Auch der parlamentarische Ausschuß für soziale Verwaltung hat noch in seiner Sitzung vom 28. November 1969 Änderungsanträge zur Regierungsvorlage angenommen.

Außer der Verfassungsbestimmung des Art I enthält das neue Gesetz, das sich im Aufbau und in der Systematik an das Invalideneinstellungsgesetz aus dem Jahre 1953 angelehnt hat, eine beträchtliche Anzahl von neuen Bestimmungen. Die wichtigsten davon waren:

– Die Entwicklung der wirtschaftlichen Situation ließ es zu, die Pflichtzahl zu erhöhen. Während nach dem Invalideneinstellungsgesetz 1953 jeder Dienstgeber auf 15 Dienstnehmer mindestens einen Invaliden und auf je 20 weitere Dienstnehmer mindestens einen weiteren Invaliden zu beschäftigen hatte, wurde die Pflichtzahl auf 20 bzw. 25 Dienstnehmer hinaufgesetzt (§ 1 Abs. 1).

– Der Bund, die Länder und Gemeinden waren verpflichtet, auf je 25 Dienstnehmer einen Invaliden zu beschäftigen. Das Verfahren hinsichtlich der Feststellung, ob die Gebietskörperschaften der Beschäftigungspflicht nachgekommen sind, wurde wesentlich vereinfacht (§ 1 Abs. 3).

– Die Gleichstellung von Kriegsbeschädigten, Heeresbeschädigten, Unfallversehrten und Opferbefürsorgten mit einer MdE von mindestens 25 v.H., aber unter 50 v.H., sowie der Zivilbehinderten und Zivilblinden mit einer MdE von mindestens 50 v.H. mit begünstigten Invaliden lag bisher im Ermessen der Behörde; nunmehr erhielten die betroffenen Behinderten einen Rechtsanspruch darauf.

– Die Altersgrenze für die Nichtberücksichtigung von Jugendlichen bei der Errechnung der Gesamtzahl der Dienstnehmer zur Feststellung der Beschäftigungspflicht (Pflichtzahl) wurde von 16 auf 18 Jahre erhöht (§ 4).

– Die Ausgleichstaxe, die seit 12 Jahren in ihrer Höhe unverändert blieb, wurde vereinheitlicht und valorisiert (§ 9 Abs. 2).

– Die Versorgungsberechtigten nach dem HVG wurden formell in das IEinstG einbezogen (§ 2 Abs. 1, § 10 Abs. 1 IEinstG, § 20 HVG).

– Die Invalidenausschüsse bei den Landesarbeitsämtern wurden aufgelöst. Ihre Aufgaben gingen auf die bei den Landesinvalidenämtern neu gebildeten Invalidenausschüsse (bisher Einstellungsausschüsse) über (§ 12 ff).

– Mit Ausnahme der Vermittlungstätigkeit wurde die Vollziehung des Gesetzes bei den Landesinvalidenämtern konzentriert (§ 15).

Das neue Gesetz brachte auch eine Vereinheitlichung des Instanzenzuges (§ 19). Während nach dem Invalideneinstellungsgesetz 1953 verschiedene Instanzen vorgesehen waren, hatte nunmehr der Landeshauptmann über sämtliche Berufungen in zweiter und letzter Instanz zu entscheiden, gleichgültig, ob der angefochtene Bescheid von einem Invalidenausschuß, einem Landesinvalidenamt oder einer Bezirksverwaltungsbehörde in erster Instanz erlassen wurde.

Um die Kontinuität auf den verschiedenen Gebieten der Versorgung augenscheinlicher und damit verständlicher zu machen, weicht die vorliegende Abhandlung von der chronologischen Darstellung der Rechtsmaterien etwas ab und versucht, einen Überblick über die weitere Entwicklung der Invalideneinstellung in den siebziger Jahren zu geben.

Invalideneinstellung in den Siebzigerjahren

Bedingt durch die Altersgliederung ist es zu einer stärkeren Umschichtung des Personenkreises gekommen. Einer rückläufigen Zahl von noch in Arbeit stehenden Kriegsopfern stand eine zunehmende Zahl von Zivilinvaliden gegenüber.

Durch die Novelle vom 20. Juni 1973, BGBl Nr 329, wurde die langjährige Forderung der Zivilinvaliden erfüllt, die Differenzierungen innerhalb der Behinderten zu beseitigen.

Nach der neuen Rechtslage findet das Invalideneinstellungsgesetz auf alle Schwerbehinderten ohne Rücksicht auf die Entstehungsursache der Gesundheitsschädigung Anwendung (§ 2).

Die Zivilblinden und die Zivilbehinderten mit einer MdE von mindestens 50 v.H., die bisher nur im Wege der Gleichstellung in den begünstigten Personenkreis bei Vorliegen bestimmter Voraussetzungen einbezogen werden konnten, erhielten nunmehr einen Rechtsanspruch auf volle Anerkennung als begünstigte Invalide (Art II BG, BGBl Nr 329/1973). Dadurch wurde das Invalideneinstellungsgesetz zu einem allgemeinen Rehabilitationsinstrument umgebildet. Neben dem AMFG, den Landesbehindertengesetzen und der erst später beschlossenen 32. ASVG-Novelle erlangte das Invalideneinstellungsgesetz auf dem Gebiete der beruflichen und sozialen Rehabilitation immer größere Bedeutung.

Im Hinblick auf die weiterhin gute wirtschaftliche Entwicklung wurde es nicht mehr für notwendig gehalten, Leichtbehinderte den Schwerbehinderten bei der Inanspruchnahme von Förderungen und sonstigen Begünstigungen gleichzustellen, da bei der Vermittlung von Leichtbehinderten auf einen Arbeitsplatz keine wesentlichen Schwierigkeiten zu befürchten waren.

Die Gleichstellung von Kriegs-, Heeresbeschädigten, Unfallversehrten und Opfergeschädigten mit einer MdE von weniger als 50 v.H. war ab Inkrafttreten der Novelle (1. Jänner 1974) nicht mehr möglich.

Zur Wahrung erworbener Rechte war jedoch vorgesehen, daß die nach der bisherigen Rechtslage Gleichgestellten als begünstigte Invalide im Sinne des § 2 galten. Die gleichgestellten Leichtbeschädigten behielten daher auch den besonderen Kündigungsschutz.

Sie wurden nicht mehr bloß zur Hälfte, sondern voll auf die Pflichtzahl angerechnet (Erläuternde Bemerkungen, 730 der Beilagen zu den stenografischen Protokollen des NR, XIII. GP).

Wesentliche Erleichterungen in der Verwaltung wurden dadurch erreicht, daß Bestimmungen über die Datenverarbeitung eingeführt wurden.

Rechtskräftige Bescheide über die Zuerkennung von Rentenleistungen aus der Kriegsopferversorgung, Heeresversorgung und der gesetzlichen Unfallversicherung unter Zugrundelegung einer MdE von mindestens 50 v.H. bildeten und bilden unmittelbar den Nachweis über die Zugehörigkeit zum Kreis der begünstigten Invaliden. Die zusätzliche Ausstellung einer Bescheinigung mit bloß deklarativer Wirkung, wie sie bisher der Einstellungsschein bedeutete, ist daher in solchen Fällen entbehrlich (§ 14).

Dem mit Rechtspersönlichkeit ausgestatteten Ausgleichstaxfonds wurde in allen Berufungsverfahren, die die Vorschreibung einer Ausgleichstaxe zum Inhalt haben, Parteistellung eingeräumt. Dem Fonds wird damit die Möglichkeit eröffnet, zur Wahrung seiner Interessen ordentliche, aber auch außerordentliche Rechtsmittel einzubringen. In diesem Zusammenhang wurde auch der Instanzenzug hinsichtlich einer auf der Einstellungsverpflichtung des Bundes beruhenden Ausgleichstaxvorschreibung geregelt (§ 19a Abs. 2).

Die zweite Novelle zum Invalideneinstellungsgesetz vom 23. Jänner 1975, BGBl Nr 96, sieht verstärkte Hilfen für Invalide vor. Um den Behinderten ihren Arbeitsplatz und eine entsprechende soziale Stellung zu sichern, sollen sie auch nach ihrer beruflichen Eingliederung eine nachgehende Hilfe erhalten. Diese wird in enger Zusammenarbeit zwischen den Landesinvalidenämtern und den Dienststellen der Arbeitsmarktverwaltung durchgeführt (§ 6 Abs. 1).

Einen besonders wichtigen Fortschritt brachte diese Novelle im arbeitsrechtlichen Bereich. Die Kündigungsschutzbestimmungen des Invalideneinstellungsgesetzes finden künftighin nicht nur auf die bei einem privaten Dienstgeber beschäftigten Invaliden Anwendung, sondern erstrecken sich auch auf die in einem Beschäftigungsverhältnis bei einer Gebietskörperschaft stehenden Invaliden. Ferner wurde der besondere Kündigungsschutz auf Invalide ausgedehnt, die in nicht einstellungspflichtigen Betrieben beschäftigt sind. Damit erhielten diesen Schutz auch jene begünstigten Invaliden, die in Kleinbetrieben mit weniger als 25 Dienstnehmern arbeiten (§ 8). Die Ausweitung des besonderen Bestandschutzes ist umso bedeutender anzusehen, als dagegen – insbesondere seitens der Wirtschaft und einiger Bundesländer – immer wieder vehement opponiert wurde. Trotz größter Bemühungen der kompetenten Stellen, die Bedeutung und die Auswirkungen des Kündigungsschutzes in das rechte Licht zu rücken, wurden (und werden) stereotyp Behauptungen erhoben, die in keinem Einklang mit der tatsächlich rechtlichen Situation stehen. Der „pragmatisierte Behinderte“ und ähnliche „Slogans“ in den Medien sind keine Seltenheit.

Dem sind zwei Argumente entgegenzuhalten:

Es gibt auch andere Gruppen von Arbeitnehmern, die einen besonderen Bestandschutz genießen, wie z.B. die Präsenzdiener, die Betriebsräte und die Schwangeren.

Der Kündigungsschutz nach dem IEinstG (jetzt BEinstG) beinhaltet nicht ein Kündigungsverbot.

Aus sozialen Gründen hat der Gesetzgeber die Kündigung eines begünstigten Invaliden von der Zustimmung eines Ausschusses abhängig gemacht. Der Invalidenausschuß (jetzt Behindertenausschuß – § 12) hat im freien Ermessen zu entscheiden. Er hat dabei das berechtigte Interesse des Dienstgebers an der Beendigung des Dienstverhältnisses und die besondere soziale Schutzbedürftigkeit des zu kündigenden Dienstnehmers gegeneinander abzuwägen und unter sorgfältiger Würdigung aller Umstände zu prüfen, ob dem Dienstgeber die Fortsetzung des Dienstverhältnisses oder dem Dienstnehmer der Verlust seines Arbeitsplatzes eher zugemutet werden kann (VwGH vom 10. September 1959, SlgNF Nr 5037/A).

Die Statistik über die Kündigungsverfahren zeigt, daß das Problem hochgespielt wird. Um eine Vorstellung über die Größenordnung zu bekommen, seien einige statistische Zahlen angeführt.

Im Jahre 1976 wurden von Dienstgebern 194 Anträge auf Zustimmung zur Kündigung gestellt. 205 Verfahren hat der Ausschuß in diesem Jahr erledigt, 26 Anträge wurden abgewiesen, in 27 Fällen erfolgte die Zustimmung, in der überwiegenden Mehrheit, nämlich in 152 Fällen, wurden die Anträge zurückgezogen. Im Jahr 1993 haben die Dienstgeber 555 Kündigungsanträge beim Behindertenausschuß eingebracht. 534 Anträge wurden durch den Ausschuß erledigt; davon waren 68 Abweisungen, 87 Zustimmungen und 379 Zurückziehungen.

Die große Zahl der Zurückziehungen ist hauptsächlich darauf zurückzuführen, daß in Verhandlungen zwischen den Dienstgebern, den Behörden und den Interessenvertretungen eine tragbare Lösung für die Aufrechterhaltung des Dienstverhältnisses, häufig durch Förderungen aus dem Ausgleichstaxfonds für die Umschulung, behindertengerechte Ausstattung des Arbeitsplatzes, durch die Gewährung von Zuschüssen zu den Lohnkosten und Mobilitätshilfen, erzielt werden konnte.

Wenn man die Gesamtzahl der begünstigten Invaliden, sie betrug mit Stichtag vom 1. Dezember 1975 48.143 und am 1. Jänner 1994 58.794 (davon standen über 38.000 in Beschäftigung), mit der Anzahl der Kündigungsverfahren vergleicht, kann man beurteilen, welcher Stellenwert der Kündigung von Behinderten zukommt. Die Anführung der Statistiken aus dem Jahre 1976 ist für die Kriegsopferversorgung deshalb sehr interessant, weil damals noch über 30.000 Kriegsbeschädigte zu den begünstigten Personen zählten. Zum Vergleich sei bemerkt, daß von den mit 1. Jänner 1994 festgestellten begünstigten Behinderten nur mehr 591 Kriegsbeschädigte waren.

Einen Beitrag zur aktiven Arbeitsmarktpolitik für ältere Behinderte leistete das Invalideneinstellungsgesetz insoferne, als begünstigte Invalide (Behinderte), die das 55. Lebensjahr vollendet haben, mit dem Doppelten ihrer Zahl auf die Pflichtzahl angerechnet werden (§ 4). Der Personenkreis an begünstigten Invaliden, die doppelt angerechnet werden, wurde durch die Einbeziehung anderer Kategorien von Behinderten in der Folge noch erheblich erweitert. Die begünstigte Anrechnung sollte einen zusätzlichen Anreiz zur Einstellung und Weiterbeschäftigung von älteren Invaliden geben.

Nach der vor der bezeichneten Novelle zum Invalideneinstellungsgesetz geltenden Rechtslage konnte sich der Arbeitgeber von der Zahlung der Ausgleichstaxe befreien, wenn er die seiner Pflichtzahl entsprechende Anzahl von Invaliden beim zuständigen Arbeitsamt angefordert hat, das Arbeitsamt aber nicht in der Lage war, die angeforderten Personen zu vermitteln. Nach der neuen Rechtslage besteht diese Möglichkeit für den Dienstgeber nicht mehr. Von der Zahlung der Ausgleichstaxe wird er nur dann befreit, wenn er tatsächlich die seiner Pflichtzahl entsprechende Anzahl von Invaliden eingestellt oder der Einstellungsverpflichtung durch Vergabe von Arbeitsaufträgen an Behinderten- oder Blindenwerkstätten entsprochen hat. In Übereinstimmung hiezu hat der Verfassungsgerichtshof in seinem Erkenntnis vom 13. Juni 1983, B 549/79, B 310-312/81, B 515/82, festgestellt, daß die Frage, ob dem Dienstgeber vom Arbeitsamt Invalide zur Einstellung zugewiesen werden, rechtlich irrelevant ist.

Durch die Zahlung der Ausgleichstaxe soll ein echter Ausgleich zwischen den Dienstgebern geschaffen werden, die begünstigte Invalide beschäftigen und wegen der im § 6 statuierten besonderen Rücksichtnahme auf deren Gesundheitszustand, der begrenzten Verwendungsmöglichkeit, der kostenintensiveren Ausstattung des Arbeitsplatzes und wegen der Gewährung von Zusatzurlaub erhöhte wirtschaftliche Lasten zu tragen haben, und jenen Dienstgebern, die keine Invaliden beschäftigen (vgl Erkenntnis des VwGH vom 29. April 1952, SlgNF 2519/A). Die Ausgleichstaxe ist daher weder ein Freikauf von der Verpflichtung zur Beschäftigung von Invaliden noch eine Steuer oder Strafe. Der von mehreren Dienstgebern angerufene Verfassungsgerichtshof hat festgestellt, daß die Verpflichtung zur Erbringung einer Ausgleichstaxe weder dem Gleichheitsgrundsatz widerspricht, noch als eine Verletzung des verfassungsmäßig gewährleisteten Eigentumsrechtes (Enteignung) angesehen werden kann (vgl Erk des VfGH vom 22. März 1962, SlgNF 4149).

Die dritte richtungsweisende Novelle zum Invalideneinstellungsgesetz der Siebzigerjahre bildete das Bundesgesetz vom 23. Februar 1979, BGBl Nr 111.

Zur Vorgeschichte sei erwähnt, daß Sozialminister WEISSENBERG gleich nach seinem Amtsantritt den Auftrag erteilt hat, ein umfassendes Konzept zur Eingliederung Behinderter zu erarbeiten. Bereits im Oktober 1977 konnte dieses Konzept der Öffentlichkeit vorgestellt werden. Es enthält im wesentlichen die Grundsätze für eine moderne Rehabilitation, die Schaffung ausreichender Möglichkeiten zur Beschäftigung von Behinderten auf dem offenen Arbeitsmarkt als oberstes Ziel der Maßnahmen, den Ausbau geschützter Werkstätten für Behinderte, die mit Rücksicht auf ihren Leidenszustand nicht oder nicht mehr auf dem offenen Arbeitsmarkt untergebracht werden können, und die bessere Koordination der Tätigkeit der verschiedenen Rehabilitationsträger.

Die letztgenannte Novelle zum Invalideneinstellungsgesetz hat diesen Grundsätzen Rechnung getragen:

– Sie brachte eine Erweiterung des Personenkreises, so wurden die Lehrlinge und andere in betrieblicher Ausbildung stehende Personen, deren MdE mindestens 50 v.H. beträgt, in den begünstigten Personenkreis einbezogen (§ 2 Abs. 3).

– Die Förderungsmöglichkeiten aus dem Ausgleichstaxfonds zum Antritt und zur Ausübung einer Erwerbstätigkeit wurden wesentlich erweitert (§ 6 Abs. 2).

– Die Zahlung von Prämien für Dienstgeber, die über ihre gesetzliche Verpflichtung (Pflichtzahl) hinaus begünstigte Invalide beschäftigen (§ 9 Abs. 4) sowie

– die erweiterte Anrechnung von Arbeitsaufträgen an Einrichtungen, in denen Schwerbehinderte tätig sind (§ 5 Abs. 4).

Von besonderer Bedeutung sind aber die Bestimmungen des § 11, weil in diesem Paragraphen die Voraussetzungen für die Förderung der Errichtung, der Ausstattung und des Betriebes von geschützten Werkstätten aus Mitteln des Ausgleichstaxfonds normiert werden. Die näheren Richtlinien hiezu wurden vom Bundesminister für soziale Verwaltung im Einvernehmen mit den Ländern und dem Hauptverband der österreichischen Sozialversicherungsträger am 6. Juni 1980 unter der Zl 44.210/3-6/1980 verlautbart.

Kriegsopferversorgung in den Siebzigerjahren

Wenden wir uns wieder der Weiterentwicklung der Kriegsopferversorgung in der Dekade 1970 bis 1980 zu.

Dem damaligen Sozialminister HÄUSER war es ein besonderes Anliegen, zuerst die Forderung der am schwersten betroffenen Kriegsopfer zu erfüllen. Auch sollte jedem bedürftigen Kriegsopfer, das auf staatliche Hilfe besonders angewiesen ist, ein Mindesteinkommen zur Deckung der Lebenshaltungskosten gesichert werden. Dabei bestand die Absicht, das System der einkommensabhängigen Zusatzleistungen derart umzustellen, daß die Kriegsopfer neben der Grundrente eine Zusatzleistung in gleicher Höhe wie die Pensionisten in der Sozialversicherung erhalten, wenn und insoweit sie nicht über ein anderes Einkommen verfügen.

Mit Wirkung vom 1. Juli 1971 (BGBl Nr 350/1970) wurden die Zusatzrenten für Witwen mit dem Ausgleichszulagenrichtsatz (§ 239 Abs. 1, 1. Satz lit. b ASVG) gleichgezogen. Die Witwen erhielten von nun an zur Grundrente eine Zusatzrente in gleicher Höhe wie die Pensionisten die Ausgleichszulage in der gesetzlichen Sozialversicherung. Der Richtsatz in der Sozialversicherung betrug damals 1.528 S.

Mit Rücksicht darauf, daß bei anderen Gruppen von Versorgungsberechtigten, insbesondere bei den Schwerbeschädigten, die im Gesetz festgesetzten Beträge der Zusatzrenten und die der Einkommensgrenze zu weit auseinanderklafften, konnte die Umstellung nicht zur Gänze, d.h. nicht bei allen anderen Bestimmungen über die Gewährung von einkommensabhängigen Versorgungsleistungen (z.B. bei den Bestimmungen über die Zusatzrente für Schwerbeschädigte) durchgeführt werden, weil sie zu erheblichen Rentenkürzungen geführt hätte. Obwohl auch bei der Bemessung dieser Leistung für Beschädigte mittlerweile eine gewisse Vereinheitlichung herbeigeführt werden konnte, unterscheidet das KOVG hier nach wie vor zwischen Zusatzrente (§ 12 Abs. 2) und erhöhter Zusatzrente (§ 12 Abs. 3) mit eigenen Einkommensgrenzen (vgl hiezu Ausführungen zur Novelle zum KOVG BGBl Nr 614/1977, S. 283).

Etappennovellen

Die folgenden Jahre waren dadurch gekennzeichnet, daß das Parlament Novellen zum KOVG beschloß, in denen Rentenerhöhungen in mehreren aufeinanderfolgenden Jahresetappen durchgeführt worden sind. Damit haben sich die Regierung und das Parlament auf einen verbindlichen Zeitplan, auf die möglichst rasche Erfüllung des Forderungsprogrammes 1964 und auf eine sich über mehrere Jahre erstreckende Budgetpolitik festgelegt. Ferner hat man sich durch diese im Einvernehmen mit der Zentralorganisation gewählte Vorgangsweise die Notwendigkeit, jedes Jahr neue Verhandlungen zu führen, erspart, und letztlich den Kriegsopfern eine gewisse Sicherheit für die Verbesserung der Versorgung gegeben.

So sah die am 1. Juli 1972 in Kraft getretene Novelle (BGBl Nr 163/1972) Leistungserhöhungen in der Beschädigten- und Hinterbliebenenversorgung in drei Jahresetappen, die am 1. Jänner 1976 in Kraft getretene Novelle (BGBl Nr 94/75) die Erhöhung der Witwengrundrenten in vier Etappen ab 1. Jänner 1976 und der Beschädigtengrundrente entsprechend einer MdE von 30 bis 80 v.H. in drei Jahresetappen ab 1977 und die am 1. Juli 1980 in Kraft getretene Novelle (BGBl Nr 225/1980) weitere Leistungsverbesserungen in vier Etappen, jeweils zum 1. Juli der Jahre 1980, 1981, 1982 und 1983 vor.

Um die Vielzahl von Rentenerhöhungen besser anschaulich zu machen, werden die einzelnen Erhöhungen der Leistungen in der nachfolgenden Tabelle dargestellt.

Tabelle über die Erhöhung der Renten auf Grund der 14. bis 24. Novelle zum KOVG

	Beschädigtenrente	**Witwenrente**	**Elternrente**
BGBl Nr 204/1969 (1.1.1970)	Erhöhung der Beschädigtengrundrenten entsprechend einer MdE von 50 bis 80 v.H. zwischen 20 S und 110 S	Erhöhung der Grundrente gemäß § 35 Abs. 2 lit a um 20 S	
BGBl Nr 316/1971 (1.7.1971)	Nachdynamisierung der Grundrenten um 3,5 % für das Jahr 1966, Aufstockung des an Stelle der Ernährungszulage gewährten Einkommensfreibetrages bei Bemessung der erhöhten Versorgungsleistungen		
BGBl Nr 163/1972 1. Etappe (1.7.1972)	Erhöhung der Beschädigtengrundrente entsprechend einer MdE von 30 v.H. um 20 S, einer MdE von 40 v.H. um 25 S Nachdynamisierung der Grundrenten um 3,5 % für das Jahr 1966	Erhöhung der Witwengrundrente gemäß § 35 Abs. 2 lit. a um 15 S	Erhöhung der Elternteilrente um 50 S, der Elternpaarrenten um 100 S, Gewährung einer Zulage zur Elternpaarrente von 450 S, Erhöhung der Elternteilrente um 300 S bei Einkommenslosigkeit.
(1.1.1973)		Erhöhung der Witwengrundrente gemäß § 35 Abs. 2 lit. a um 18 S	

	Beschädigtenrente	Witwenrente	Elternrente
2. Etappe (1.7.1973)	neuerliche Erhöhung der Grundrenten wie in der 1. Etappe		Erhöhung der Elternpaarrente um 200 S und der Elternteilrente um 130 S.
	Erhöhung der Beschädigtengrundrenten entsprechend einer MdE von 50 bis 80 v.H. um je 60 S		
3. Etappe (1.7.1974)	Erhöhung der Beschädigtengrundrenten entsprechend einer MdE von 30 bis 80 v.H. auf 12 %, 18 %, 30 %, 40 %, 55 % und 65 % der Grundrente eines Erwerbsunfähigen		
BGBl Nr 94/1975 1. Etappe (1.1.1976)		Erhöhung der Witwengrundrente gemäß § 35 Abs. 2 lit. a (höchste Grundrentenkategorie) auf die Grundrente eines Beschädigten mit einer MdE von 50 v.H. (= 30 % der Grundrente eines Erwerbsunfähigen). Erhöhung der Witwengrundrente gemäß § 35 Abs. 2 lit. b (Witwen, die für 1 Kind zu sorgen haben oder zu sorgen hatten) und § 35 Abs. 2 lit. c (Witwen, die das 45. Lebensjahr vollendet haben) auf 70 % der der Rente einer Witwe gemäß § 35 Abs. 1 lit. a.	Erhöhung der Elternrente für Eltern, die über kein Einkommen verfügen, jeweils auf den Betrag der Ausgleichszulage nach dem ASVG (§ 46 Abs. 4) Einführung einer Mindestelternrente (§ 46 Abs. 5)
2. Etappe (1.1.1977)	Erhöhung der Beschädigtengrundrenten entsprechend einer MdE von 30 bis 80 v.H. auf 14 %, 21 %, 32 %, 42 %, 57 % und 69 % der Grundrente eines Erwerbsunfähigen	Erhöhung der Witwengrundrente gemäß § 35 Abs. 2 lit. a auf 32 % der Grundrente eines Erwerbsunfähigen	
3. Etappe (1.1.1978)	Erhöhung der Beschädigtengrundrenten entsprechend einer MdE von 30 bis 80 v.H. auf 16 %, 24 %, 34 %, 44 %, 59 % und 72 % der Grundrente eines Erwerbsunfähigen	Erhöhung der Witwengrundrente gemäß § 35 Abs 2 lit. a auf 34 % der Grundrente eines Erwerbsunfähigen	

	Beschädigtenrente	Witwenrente	Elternrente
4. Etappe (1.1.1979)	Erhöhung der Beschädigtengrundrenten entsprechend einer MdE von 30 bis 80 v.H. auf 18 %, 27 %, 36 %, 45 %, 60 % und 75 % der Grundrente eines Erwerbsunfähigen	Erhöhung der Witwengrundrente gemäß § 35 Abs. 2 lit. a auf 36 % der Grundrente eines Erwerbsunfähigen	
BGBl Nr 614/1977 (1.1.1978)	Gleichziehung der erhöhten Zusatzrente (§ 12 Abs. 3) und Erhöhung um 7 %	Zusammenfassung der Witwengrundrente in einer Kategorie (unabhängig vom Alter, von der Erwerbsfähigkeit der Witwe und von der Zahl der versorgungsberechtigten Kinder) gemäß § 35 Abs. 2	
BGBl Nr 225/1980 1. Etappe (1.7.1980)	Erhöhung der Beschädigtengrundrenten entsprechend einer MdE von 50 v.H., 60 v.H. und 80 v.H. auf 40 %, 50 % und 80 % der Grundrente eines Erwerbsunfähigen	Erhöhung der Witwengrundrente von 36 % auf 37 % der Grundrente eines Erwerbsunfähigen, Einführung einer Mindestbeihilfe (§ 36 Abs. 2)	
2. Etappe (1.7.1981)	Erhöhung der Beschädigtengrundrenten entsprechend einer MdE von 40 v.H. auf 30 % der Grundrente eines Erwerbsunfähigen	Erhöhung der Witwengrundrente von 37 % auf 38 % der Grundrente eines Erwerbsunfähigen	
3. Etappe (1.7.1982)	Erhöhung der Beschädigtengrundrente entsprechend einer MdE von 30 v.H. auf 20 % der Grundrente eines Erwerbsunfähigen	Erhöhung der Witwengrundrente von 38 % auf 39 % der Grundrente eines Erwerbsunfähigen	
4. Etappe (1.7.1983)		Erhöhung der Witwengrundrente von 39 % auf 40 % der Grundrente eines Erwerbsunfähigen	

Durch diese Etappennovellen konnte ein großer Teil des Forderungsprogrammes 1964 erfüllt werden.

Daneben wurden aber noch einige beachtliche Verbesserungen eingeführt, die über den Rahmen des Forderungsprogrammes hinausgehen. Insbesondere seien hier die Pflegezulage, der Zuschuß zu den Kosten für Diätverpflegung und die *Alterserschwerniszulage* angeführt.

Höhe der Pflege- und Blindenzulage verdoppelt

Die Pflege- und Blindenzulagen wurden in zwei Etappen mit Wirkung vom 1. Juli 1972 und mit Wirkung vom 1. Juli 1973 (BGBl Nr 163/1972) im Durchschnitt verdoppelt.

Zum Vergleich werden die Beträge der Pflegezulage (vor und nach der Novellierung) gegenübergestellt:

Stichtag:	1. Juli 1971	1. Juli 1972	1. Juli 1973
Stufe:		(Schilling)	
I	1.112	1.517	2.357
II	1.669	2.276	3.536
III	2.226	3.680	4.714
IV	2.990	4.675	5.894
V	3.756	5.669	7.071
V (erhöht)	5.008	7.559	9.428

Damit wurde diese Leistung in einem Ausmaß erhöht, die es den pflegebedürftigen Kriegsbeschädigten im Zusammenhang mit den anderen Versorgungsleistungen (Beschädigtenrente, Schwerstbeschädigtenzulage etc.) ermöglicht hat, ein weitgehend unabhängiges Leben zu führen. Sie ist im Verhältnis zu vergleichbaren Versorgungssystemen anderer Staaten als Spitzenleistung anzusehen. Zu dieser hervorragenden Leistungsverbesserung hat nicht zuletzt die programmatische Rede von DIPL.-ING. FRIEDRICH UNGER, Mitglied des Verbandsvorstandes seit 1950 und ehemaliger Obmann des Verbandes, auf dem 14. ordentlichen Delegiertentag des Verbandes der Kriegsblinden Österreichs, an dem auch der damalige Sozialminister Vizekanzler ING. RUDOLF HÄUSER teilgenommen hat, beigetragen.

Zuschuß zu den Kosten für Diätverpflegung

Mit derselben Novelle zum KOVG hat der Nationalrat beschlossen, Schwerbeschädigten, die Anspruch auf Zusatzrente haben, wegen der ihnen erwachsenden außergewöhnlichen Ausgaben für eine ihnen verordnete Diätverpflegung einen Zuschuß zu gewähren, wenn die Diätverpflegung wegen einer der im Gesetz angeführten Erkrankungen erforderlich ist (§ 14). Bedürftigen Hinterbliebenen räumt das Gesetz einen gleichen Anspruch ein (§ 46 b).

Alterserschwerniszulage

Eine Alterszulage für Kriegsbeschädigte wurde in der österreichischen Kriegsopferversorgung, wie bereits ausgeführt, mit Wirkung vom 1. Jänner 1962 (BG BGBl Nr 319/1961) eingeführt. Sie ist Bestandteil der Beschädigtenrente und wird männlichen Schwerbeschädigten ab Vollendung des 60. Lebenjahres und weiblichen Schwerbeschädigten ab Vollendung des 55. Lebensjahres gewährt (§ 11 Abs. 2, vgl Ausführungen im Abschnitt *Weiterentwicklung der Kriegsopferversorgung*, S. 259).

Mit Wirksamkeit vom 1. Jänner 1976 wurde durch das BG BGBl Nr 94/1975 eine nach dem Lebensalter der Schwerbeschädigten abgestufte *Erschwerniszulage* geschaffen. Das Gesetz sieht Erhöhungen der Beschädigtengrundrente ab dem 65., 70., 75. und 80. Lebensjahr, abgestuft nach der MdE, vor (§ 11 Abs. 3). Sie gebührt anstelle der Erhöhung der Grundrente gem. § 11 Abs. 2 nach Vollendung der angeführten Lebensjahre.

Zum Vergleich werden die Beträge der Alterszulage (§ 11 Abs. 2) und der Erschwerniszulage (§ 11 Abs. 3) mit den Stichtagen 1. Jänner 1976 und 1. Jänner 1994 angeführt:

1. Jänner 1976 (Beträge a)
1. Jänner 1994 (Beträge b)

Ab Vollendung des		Minderung der Erwerbsfähigkeit 50 v.H.	60 v.H.	70 v.H. (Schilling)	80 v.H.	90/100 v.H.
60. bzw. 55. Lebensjahres	a	97	97	97	97	97
	b	213	213	213	213	213

Ab Vollendung des		Minderung der Erwerbsfähigkeit 50 v.H.	60 v.H.	70 v.H. (Schilling)	80 v.H.	90/100 v.H.
65. Lebensjahres	a	107	177	177	184	201
	b	232	388	469	621	776
70. Lebensjahres	a	213	355	355	369	401
	b	470	775	879	1.037	1.244
75. Lebensjahres	a	390	532	539	553	602
	b	856	1.165	1.298	1.449	1.607
80. Lebensjahres	a	568	710	724	737	803
	b	1.244	1.556	1.712	1.867	2.022

Da im Laufe der Jahre eine zunehmende Zahl an Schwerbeschädigten in die Erschwerniszulage altersmäßig *hineingewachsen ist* bzw. *hineinwächst*, nehmen die Budgetmittel, die hiefür zur Verfügung gestellt werden müssen, von Jahr zu Jahr trotz des Rückganges der Zahl an Versorgungsberechtigten erheblich zu. Motiv für die Einführung dieser Erhöhung der Grundrente war, daß es nach so vielen Jahren seit Ende des Krieges bei Verschlechterung eines Leidens wissenschaftlich sehr schwer objektivierbar ist, ob und gegebenenfalls in welchem Ausmaß die Verschlechterung des Gesundheitszustandes auf die Dienstbeschädigung zurückzuführen ist. Auch können neue Leiden auftreten, bei denen es nicht mehr mit der vom Gesetz geforderten Wahrscheinlichkeit (§ 4) feststellbar ist, ob diese im ursächlichen Zusammenhang mit der anerkannten Dienstbeschädigung stehen (Folgeschädigungen). Statt dessen sollte die Erschwerniszulage eine Pauschalentschädigung, nicht zuletzt auch für die stärkeren Auswirkungen der Dienstbeschädigung im Alter, darstellen. Dies setzte auf der anderen Seite voraus, daß das KOVG ab einem bestimmten Alter keine Neubemessung der Rente mehr zuließ. Die Novelle vom 20. Feber 1975, BGBl Nr 94, bestimmte ua, daß Anträge auf Neubemessung einer bereits rechtskräftig zuerkannten Beschädigtengrundrente ohne Durchführung eines Ermittlungsverfahrens abzuweisen sind, wenn der Beschädigte zum Zeitpunkt der Einbringung des Antrages das 65. Lebensjahr vollendet hatte (§ 52 Abs. 5). Bald zeigte sich aber, daß die Anwendung dieser „Sperrklausel" viele soziale Härten in sich geborgen hat. Die „Sperrklausel" wurde mit dem BG BGBl Nr 614/1977 wieder aufgehoben. Andererseits blieb aber die äußerst günstige Regelung der Erschwerniszulage weiter bestehen.

Beispiel für die Berechnung der Grundrente (Stand 1. Jänner 1994):

a) eines Beschädigten mit einer MdE von 70 v.H. nach Vollendung des 70. Lebensjahres
   Grundrente (§ 11 Abs. 1) 3.109 S
   Erhöhung (§ 11 Abs. 3) – Erschwerniszulage – 879 S
   (das ergibt eine Steigerung um über 28 %),
b) eines erwerbsunfähigen Schwerbeschädigten nach Vollendung des 70. Lebensjahres
   Grundrente (§ 11 Abs. 1) 5.181 S
   Erhöhung (§ 11 Abs. 3) 1.244 S
   (das ergibt eine Steigerung um 24 %).

Verfügt der Beschädigte (nach Vollendung des 70. Lebensjahres) außer der Rente über kein Einkommen, beträgt der monatliche Versorgungsbezug, bestehend aus Grund- und Zusatzrente (ohne allfällige sonstige Zulagen),
bei einer MdE von 70 v.H. 11.644 S
bei einer MdE von 90/100 v.H. 14.081 S
Sämtliche Bezüge nach dem KOVG sind einkommenssteuerfrei.

Im Jahre 1976 wies der Rechnungsabschluß für die Alterserschwerniszulage 40 Millionen Schilling aus, im Jahre 1994 waren es rund 310 Millionen Schilling. Das ist nahezu das achtfache. Derzeit stehen über 25.000 Schwerkriegsbeschädigte im Bezug einer Alterserschwerniszulage (§ 11 Abs. 2 und 3).

Weitere Erhöhung der Schwerstbeschädigtenzulage

Neben der nach dem Alter des Schwerbeschädigten und seiner MdE gegliederten *Erschwerniszulage* (§ 11 Abs. 3) brachte die Novelle zum KOVG, BGBl Nr 94/1975, mit Wirkung vom 1. Jänner 1976 eine Reihe weiterer wichtiger Verbesserungen wie z.B. die Erhöhung der Schwerstbeschädigtenzulage um eine (VI.) Stufe (§ 11 a Abs. 4, lit. f), um der Entschädigung besonders schwerer Leidenszustände Rechnung zu tragen, ferner die Verdoppelung des Betrages der Frauen- und Kinderzulage (§§ 16 und 17). Auch die Hilflosenzulage für blinde Beschädigte und Hinterbliebene wurde verdoppelt (§§ 18 a und 46 a). Diese Leistung ist jedoch, wie bereits erwähnt, mit 1. Juli 1993 durch das Pflegegeld ersetzt worden.

Vereinheitlichung der Zusatzrenten für Beschädigte und der Ansprüche auf Hinterbliebenenversorgung

Mit Rücksicht darauf, daß die Zusatzrente der Sicherung des Lebensunterhaltes dient, erschien es vom sozialen Standpunkt aus nicht gerechtfertigt, die Höhe der Zusatzrente abgestuft, entsprechend dem Prozentsatz der MdE, festzusetzen, wie dies das Stammgesetz vorgesehen hat. Die Zentralorganisation der Kriegsopferverbände hat daher schon in ihrem Forderungsprogramm 1964 die Gleichziehung und Vereinheitlichung der Zusatzrente verlangt. Mit der Novelle BGBl Nr 614/1977 wurde mit Wirksamkeit vom 1. Jänner 1978 diese Forderung erfüllt, indem die Zusatzrente für alle Kategorien von Schwerbeschädigten mit der erhöhten Zusatzrente für Erwerbsunfähige gleichgezogen wurde. Überdies wurden die Zusatzrenten – wie bereits früher die Grund- und Zusatzrente für Witwen – für das Jahr 1966 um 7 % nachdynamisiert. Die Trennung zwischen der Zusatzrente (§ 12 Abs. 2) und der erhöhten Zusatzrente (§ 12 Abs. 3) mit eigener Einkommensgrenze mußte jedoch aus den in den Ausführungen zur Novelle zum KOVG BGBl Nr 350/1970 (S. 277 f) angeführten Gründen aufrecht bleiben. Die Kategorien der Ansprüche auf Witwenrente wurden nun zur Gänze beseitigt. Alle Witwen, unabhängig davon, wie alt sie sind und ob sie versorgungsberechtigte Kinder haben, erhalten die Witwenrente nach der höchsten Leistungskategorie.

Anspruch auf Hinterbliebenenrente bei akausalem Tod eines Schwerbeschädigten

Bereits im § 36 Abs. 1 und § 43 Abs. 1 in der Fassung des Stammgesetzes war vorgesehen, daß Witwen und Waisen nach Schwerbeschädigten, die bis zum Tode Anspruch auf Beschädigtenrente für Erwerbsunfähige hatten, der Anspruch auf Witwen- bzw. Waisenrente auch dann gewahrt ist, wenn der Tod nicht die Folge einer Dienstbeschädigung war.

Der Gesetzgeber ging bei der Beschlußfassung dieser Bestimmung davon aus, daß Angehörige von Schwerstbeschädigten innerhalb der Familie im Durchschnitt größeren Belastungen ausgesetzt sind, als dies bei anderen Familien der Fall ist. Sie sollen deshalb durch den Anspruch auf Rente eine entsprechende soziale Sicherung erhalten.

Diese Regelung stellt eine Ausnahme von dem in der Hinterbliebenenversorgung geltenden Kausalitätsprinzip (vgl die Ausführungen im Abschnitt *Neugestaltung der Hinterbliebenenversorgung* auf S. 249) dar. Die nach Inkrafttreten des KOVG gewonnenen Erkenntnisse zeigten jedoch, daß auch Ehefrauen und Kinder von Schwerbeschädigten mit einer geringeren MdE nach deren Tod einen Rentenanspruch erhalten sollten. Der Nationalrat hat daher mit der letztgenannten Novelle beschlossen, daß Witwen und Waisen nach Schwerbeschädigten mit einer MdE von mindestens 70 v.H. bei akausalem Tod des Beschädigten bereits Anspruch auf Hinterbliebenenrente haben. Über die Einbeziehung weiterer Gruppen von Hinterbliebenen nach Schwerbeschädigten in diese Begünstigung wird später berichtet werden.

Verbesserung bei der Bemessung der Gebührnisse für das Sterbevierteljahr

Als weitere Verbesserung sah die Novelle die Berücksichtigung der Sonderzahlungen bei der Bemessung der Gebührnisse für das Sterbevierteljahr vor. Außerdem wurden die Gebührnisse für das Sterbevierteljahr vom dreifachen auf den dreieinhalbfachen Betrag der gebührenden Versorgungsbezüge erhöht (§ 48 Abs. 1).

Umfassende Betreuung Hilfesuchender auf sozialem Gebiet

Die Öffnung des BEinstG für alle Behinderte ohne Rücksicht auf die Schädigungsursache hatte zur Folge, daß die Landesinvalidenämter (jetzt Bundesämter für Soziales und Behindertenwesen) in der Lage sind, eine umfassende individuelle Beratung und Betreuung anzubieten. Die den Landesinvalidenämtern durch § 6 BEinstG aufgetragene Verpflichtung zur *nachgehenden* Betreuung konnte nur erfolgversprechend sein, wenn die Beratung vor Ort erfolgt, d.h. nahe dem Wohnort oder am Arbeitsplatz des Behinderten angeboten wird. Eine weitere Voraussetzung einer wirksamen Beratung und Betreuung bildete die Zusammenarbeit mit allen Stellen, die durch Bundes- oder Landesgesetze mit Aufgaben der Rehabilitation und Behindertenbetreuung betraut sind, ebenso mit den Organisationen der freien Wohlfahrtspflege.

Nun war es schon seit vielen Jahren Tradition, daß die Landesinvalidenämter gemeinsam mit der Interessenvertretung der Kriegsopfer sogenannte Amtstage in den Bezirksstädten durchgeführt haben. Durch Art III der Novelle zum KOVG BGBl Nr 94/1975 wurde die Betreuung und Beratung aller behinderten Menschen den Landesinvalidenämtern zur Pflicht gemacht. Damit wurde auch in dieser Hinsicht ein Wandel in der Funktion der Landesinvalidenämter eingeleitet, die im Laufe der folgenden Jahre zusätzliche Aufgaben im Behindertenbereich erhalten haben. Durch die Umorganisation der Landesinvalidenämter im Zusammenhang mit der Ausgliederung der Arbeitsmarktverwaltung aus der Bundesverwaltung (Arbeitsmarktservice) wird diese Entwicklung fortgesetzt.

Die Öffnung der Landesinvalidenämter für die Betreuung von Zivilbehinderten – insbesondere deren Einbeziehung in die Begünstigungen des BEinstG – führten dazu, daß in der Folge eine Reihe von Verbänden ihre Statuten geändert haben. Aufgrund der neuen Statuten können auch Zivilbehinderte die Verbandsmitgliedschaft erwerben. Der Verband für Wien, NÖ. und Bgld. hat die Satzungsänderung auf dem Delegiertentag am 15. April 1978 beschlossen.

Neuordnung der Rechtswirkung der Ehe

Im bürgerlichen Recht fand die Neuordnung der persönlichen Rechtswirkungen der Ehe statt. Sie brachte die grundsätzliche Gleichstellung der Ehegatten und erforderte eine Anpassung des Versorgungsrechtes (Familienzulagen, Waisenrenten) mit Wirkung vom 1. Jänner 1978.

Rehabilitative Maßnahmen

Die umfassende Ausstattung der beruflichen und sozialen Rehabilitation in verschiedenen anderen Rechtsbereichen machte auch grundsätzliche Neuerungen auf dem Gebiete der Kriegsopferversorgung erforderlich (BG BGBl Nr 614/1977).

Neben den bereits seit Jahrzehnten bewährten Einrichtungen der Heilfürsorge und orthopädischen Versorgung wurden weitere Ansprüche in sozialer und beruflicher Hinsicht verankert, wie z.B. die Gewährung von Zuschüssen an kriegsbeschädigte Dienstnehmer und deren

Dienstgeber zum Ausgleich von Lohnkostendifferenzen, von Zuschüssen für die Adaptierung von Wohnungen bei Rollstuhlbenützern etc. Diese Maßnahmen in Verbindung mit der Möglichkeit der Darlehensgewährung aus dem Kriegsopferfonds sowie den Förderungen aus dem Ausgleichstaxfonds bildeten wertvolle Hilfen, vor allem für ältere, noch im Erwerbsleben stehende Kriegsbeschädigte. Das Außergewöhnliche an der letztgenannten Novelle ist, daß sie zwischen zwei Etappen der vorangegangenen Novelle als Verbesserungsnovelle eingeschoben wurde. In der Zeitung des Kriegsopferverbandes für Wien, NÖ. und Bgld., Ausgabe Oktober/November/Dezember 1977, wird dieser Umstand hervorgehoben und auf die gute Zusammenarbeit zwischen dem Bundesminister DR. WEISSENBERG, dem Leiter der zuständigen Fachsektion und der Zentralorganisation zurückgeführt.

Die letzten offenen Forderungen des Reformprogrammes

Die mit 1. Juli 1980 in Kraft getretene 24. Novelle zum KOVG (BGBl Nr 225/1980) brachte neben der Erhöhung von Grundrenten für Beschädigte und Witwen in vier Jahresetappen (siehe Tabelle) auch beachtliche Verbesserungen für Kriegsbeschädigte, die besonders schwere Gesundheitsschädigungen erlitten haben und für solche, die im fortgeschrittenen Alter waren. Damit wurde ein weiterer großer Schritt zur vollen Erfüllung des Forderungsprogrammes 1964 getan.

Kräftige Erhöhung der Schwerstbeschädigtenzulage

Die Schwerstbeschädigtenzulage (§ 11 a) wurde in eine Relation zur Grundrente für erwerbsunfähige Schwerbeschädigte gebracht. Sie beträgt seither je nach der Summe der zu ermittelnden Hundertsätze zwischen 30 v.H. und 80 v.H. der Grundrente eines Erwerbsunfähigen. In Beträgen ausgedrückt, ergab die Novelle eine Erhöhung dieser Zulage in der niedersten Stufe von 304 S auf 913 S (§ 11 a Abs. 5 lit. a) und in der höchsten Stufe von 1.826 S auf 2.435 S (§ 11 a Abs. 5 lit. f), das ergab in jeder Stufe eine Erhöhung von 609 S.

Harmonisierung der Beträge der „Alterserschwerniszulage"

Durch die Erhöhung der *Alterserschwerniszulage* (§ 11 Abs. 3) für Beschädigte entsprechend einer MdE von 70 v.H., 80 v.H. und 90/100 v.H. wurde eine größere Ausgewogenheit zwischen den Altersstufen erreicht.

Anpassung der Bestimmungen über die orthopädische Versorgung

Die technische Fortentwicklung, vor allem aber die Preissteigerungen machten es notwendig, einige in der Anlage zu § 32 KOVG (orthopädische Versorgung und andere Hilfsmittel) enthaltene Positionen über die Beschaffung und den Umbau von Kraftfahrzeugen und Invalidenfahrzeugen (Beihilfen, Kostenersatz etc.) zu ändern, neue Sachleistungen aufzunehmen und die Bestimmungen über den außergewöhnlichen Kleider- und Wäscheverbrauch zu ergänzen.

Zunehmende Bedeutung der Rentenumwandlung

Von erheblicher Bedeutung, insbesondere für ältere alleinstehende Schwerbeschädigte, die ständiger Wartung und Pflege bedürfen, ist die Möglichkeit der Rentenumwandlung (§ 56) bei Aufnahme in ein Alters- oder Pflegeheim. Nach Umwandlung der Rente besteht ein Anspruch auf ein Taschengeld. Die Kosten der Unterbringung werden zur Gänze durch den Bund getragen.

Bestimmungen über die Rentenumwandlung hat es bereits im Stammgesetz gegeben. Durch die Novellierung wurden sie jedoch den geänderten Bedürfnissen der Kriegsbeschädigten angepaßt.

Weitere dynamische Entwicklung des Versorgungsrechtes

Noch ehe sämtliche Jahresetappen der vom Nationalrat am 29. April 1980 beschlossenen Novelle zum KOVG in Kraft getreten waren, ist bereits mit Wirkung vom 1. Jänner 1982 eine weitere Novelle zum KOVG, die im BGBl unter der Nr 594/1981 kundgemacht wurde, wirksam geworden. So wurden die erhöhte Zusatzrente für Beschädigte (§ 12 Abs. 3) und die erhöhte Waisenrente (§ 43 Abs. 3) über die generelle Rentenanpassung hinaus erhöht.

Anstelle der bisherigen Führhundzulage (§ 20) wurde eine um 200 S erhöhte Blindenführzulage eingeführt.

Das Versorgungsrecht wurde, wie in der Sozialversicherung durch die 36. ASVG-Novelle, dem neuen Familienrecht angepaßt.

Im Sinne des Gleichbehandlungsgrundsatzes wurden die Witwer nach weiblichen Schwerbeschädigten in den Kreis der Versorgungsberechtigten einbezogen.

Die Bestimmungen über die Abfertigung der Witwen-(Witwer)renten und das Wiederaufleben der Versorgung (§ 38) wurden neu gefaßt. Entsprechend der Regelung in der 36. ASVG-Novelle gebührt die Abfertigung nur mehr in Höhe des 35fachen Monatsbetrages der Grundrente. Dafür ist aber als wesentliche Verbesserung das Aufleben der Witwen(r)rente schon nach zweieinhalb Jahren (nach der bisherigen Regelung nach fünf Jahren) gegeben. Die Neufassung soll ferner sicherstellen, daß ein seinerzeit erloschener Versorgungsanspruch dann wieder auflebt, wenn der Witwe (dem Witwer) kein der Versorgung nach dem KOVG gleichwertiger Anspruch auf Versorgung (Unterhalt) aus der neuen Ehe erwachsen ist. Nicht vom letzten Ehegatten abgeleitete Einkommen sind für die Frage des Wiederauflebens der Witwen(Witwer)versorgung ohne Belang (Erlaß des BMfsV vom 11. Jänner 1983, Zl 41.256/1-1/82).

Das Forderungsprogramm 1964 endlich erfüllt

Die 24. Novelle zum KOVG bildete einen denkwürdigen Abschluß. Mit ihr wurde das Forderungsprogramm 1964 erfüllt.

Auf dem 13. Delegiertentag der Zentralorganisation, der am 21. und 22. Mai 1982 in Graz stattfand, wurde dieses historische Ereignis entsprechend gewürdigt. Der damalige Präsident der Zentralorganisation, Bundesrat a. D. FRIEDRICH KARRER, brachte seine Genugtuung zum Ausdruck, daß nunmehr auch seitens der Interessenvertretung das Forderungsprogramm als erfüllt anzusehen sei. Gebührend hat er vermerkt, daß die jeweilige Bundesregierung und die gesetzgebenden Körperschaften im Laufe der Jahre darüber hinaus noch wesentliche Strukturverbesserungen in der Kriegsopferversorgung vorgenommen haben. Bis zur vollen Realisierung seien viele Jahre vergangen. Von den Sozialministern ANTON PROKSCH und GRETE REHOR seien die ersten Schritte gesetzt worden. Die entscheidenden Schritte zur endgültigen Durchsetzung des Entschädigungsprinzipes und zur Gewährung von Renten und Zusatzleistungen zur Sicherung der Existenz habe dann Sozialminister Vizekanzler ING. RUDOLF HÄUSER eingeleitet. Sie sind durch weitere Maßnahmen von Sozialminister DR. GERHARD WEISSENBERG und Sozialminister ALFRED DALLINGER durchgesetzt worden.

Durch den ständigen Einsatz der Kriegsopferverbände, aber auch durch das Verständnis und die Bemühungen der Bundesregierung sowie der Volksvertretung nähme das KOVG im Rahmen der europäischen Gesetzgebung einen der vordersten Plätze ein. Was die Versorgung der Schwerstbeschädigten anbelange, stehe Österreich an der Spitze.

Seine Rede gipfelte in der Feststellung, daß die Kriegsopfer im allgemeinen zufrieden seien. Er begrüßte, daß die Forderungen und Wünsche der Kriegsopfer stets außerhalb des

Parteienstreites standen und alle Gesetze einstimmig beschlossen worden seien. Allen, die daran mitgewirkt haben, wie der Bundesregierung und dem Parlament, sei herzlichst gedankt.

Weiterbestand des Invalideneinstellungsgesetzes

Breiten Raum nahmen auf dem Delegiertentag die Beratungen über den Weiterbestand des Invalideneinstellungsgesetzes auf Bundesebene ein. Wie bereits an anderer Stelle ausgeführt, war das Gesetz mit 31. Dezember 1989 befristet. Der Nationalrat hat bei seiner Beschlußfassung über das Gesetz eine Entschließung gefaßt, worin die Bundesregierung aufgefordert wurde, vor Fristablauf zu prüfen, ob auch künftighin ein Bedarf nach einer bundeseinheitlichen Regelung der Gesetzesmaterie bestehen würde.

Die Delegierten richteten einen flammenden Appell an die Landeshauptleute und Sozialreferenten der Länder, das bundeseinheitliche Invalideneinstellungsgesetz nicht anzutasten. KARRER beschwor in seiner Rede die Verantwortlichen in den Ländern, ein Unterwandern des Invalideneinstellungsgesetzes und eine Aufsplitterung der Mittel des Ausgleichstaxfonds nicht zuzulassen. Die Invalideneinstellung habe sich in ihrer derzeitigen Struktur bestens bewährt. Über 80.000 Schwerinvalide haben in der Vergangenheit den Beweis erbracht, vollwertige Arbeit zu leisten. Dies zeige den durchschlagenden Erfolg dieses Gesetzes. Ziel müsse es bleiben, in allen Bundesländern im Rahmen von Bundesbestimmungen gleichmäßig vorzugehen.

Bundesminister ALFRED DALLINGER bekräftigte in seiner Ansprache die Notwendigkeit des Weiterbestandes eines bundeseinheitlichen Invalideneinstellungsgesetzes, das im zunehmenden Maße für die Zivilbehinderten an Bedeutung gewinne, und sagte seine volle Unterstützung zu. Er dankte den Kriegsopferverbänden dafür, daß sie nicht nur die große Zahl der Kriegsopfer vorbildlich betreut haben, sondern sich auch der Betreuung der Zivilbehinderten widmen und ihre reiche Erfahrung sowie die durchschlagkräftige Organisation auch diesen Personen zur Verfügung stellen.

Er betonte schließlich, daß er die Entwicklung der Kriegsopferversorgung durch Erfüllung des Forderungsprogrammes keineswegs als abgeschlossen betrachte. Die Kriegsopferversorgung sei in das System der sozialen Sicherheit eingebunden, in dem es keinen Stillstand geben dürfe.

Die Feststellung des Sozialministers wurde bald in die Wirklichkeit umgesetzt. Es folgte eine Reihe kleinerer Novellen, die für den betroffenen Personenkreis aber ebenfalls fühlbare Verbesserungen brachten.

Wohnungsbeihilfe

Zur Erleichterung des durch die Nachkriegsverhältnisse entstandenen erhöhten Wohnungsaufwandes wurde ab 1. November 1951 (BGBl Nr 229/1951) eine Wohnungsbeihilfe eingeführt. In der Kriegsopferversorgung hatten auf diese Leistung alle Rentenbezieher Anspruch, die wegen ihrer Einkommenslosigkeit oder wegen ihres geringen Einkommens eine erhöhte Versorgungsleistung (Zusatzrente, Waisen- oder Elternrente) erhielten. Die Wohnungsbeihilfe betrug monatlich 30 S und wurde bis zur Aufhebung des betreffenden Gesetzes mit Wirkung vom 1. Jänner 1984 (BGBl Nr 595/1983) niemals erhöht. Sie bildete ein historisches Relikt. Um die bedürftigen Kriegsopfer nicht zu schädigen, wurde die Wohnungsbeihilfe in die Rentensätze eingebaut (BGBl Nr 543/1983).

Kein Stillstand in der Sozialpolitik

Weitere Novellen brachten Bestimmungen über Mindestrenten in der Hinterbliebenenversorgung (§ 36 Abs. 3, § 45 Abs. 5), gesetzliche Klarstellungen bei der Einkommensanrechnung (§ 13), bei der Rückersatzpflicht von unrechtmäßig empfangenen Geldleistungen und weitere Verbesserungen auf dem Gebiete der orthopädischen Versorgung (§ 32 und Anlage).

Neben den für die Rentenversorgung inhaltlichen Verbesserungen wurde eine Reihe von organisatorischen Änderungen getroffen, so z.B. die Ermächtigung des Bundesministers für Arbeit und Soziales, durch Verordnung die Sprengel der Schiedskommissionen zu ändern und Schiedskommissionen zusammenzulegen. Künftighin können nicht nur Funktionäre, sondern auch Angestellte der Kriegsopferverbände zur Vertretung in Versorgungsangelegenheiten bevollmächtigt werden; die ersten Beisitzer der Schiedskommissionen müssen nicht mehr dem Kreis der Versorgungsberechtigten angehören (BGBl Nr 212/1984).

Die Bedeutung des Internationalen Jahres der behinderten Menschen für die Kriegsopfer

Das Jahr 1981 wurde von den Vereinten Nationen zum Internationalen Jahr behinderter Menschen proklamiert. Das Bundesministerium für Arbeit und Soziales und die amtlichen Stellen der Gebietskörperschaften sowie die Organisationen der freien Wohlfahrtspflege haben eine große Anzahl von Aktivitäten gesetzt. Viele Veranstaltungen wurden gemeinsam durchgeführt. Auch die Kriegsopferverbände haben sich daran beteiligt und damit einen wichtigen Beitrag zum Gelingen dieses Jahres geleistet. So wie das „World Programme of Action concerning Disabled Persons“ sollte das internationale Jahr nicht nur materielle Verbesserungen bringen, sondern der Bevölkerung auf der ganzen Welt die Probleme behinderter Menschen bewußt machen.

Gründung des Nationalfonds zur besonderen Hilfe für Behinderte

Auf Initiative des damaligen Bundeskanzlers KREISKY wurde durch Bundesgesetz (BGBl Nr 259/1981) der *Nationalfonds zur besonderen Hilfe für Behinderte* eingerichtet. Leistungen aus diesem Fonds sollen für besondere Maßnahmen der medizinischen, beruflichen und sozialen Rehabilitation gewährt werden, soferne keine anderen Förderungsmöglichkeiten bestehen und dadurch soziale Härten beseitigt werden. Zuwendungen aus dem Fonds können außerdem auch bei Lieferung von Kraftfahrzeugen für Behinderte zur Abgeltung der Mehrbelastung gewährt werden, die sich aus der erhöhten Umsatzsteuer ergibt.

Während der Nationalfonds für Kriegsbeschädigte und Beschädigte des Bundesheeres bzw. deren Hinterbliebenen im allgemeinen von untergeordneter Bedeutung blieb, weil diese Personenkreise einen primären Anspruch auf Förderung gegenüber dem Bund haben, erfolgte die Abgeltung der Mehrbelastung, die sich aus dem erhöhten Umsatzsteuersatz für Lieferung eines Kraftfahrzeuges ergab, auch für die genannten Personenkreise aus diesem Fonds.

Durch das Abgabenänderungsgesetz 1991 wurde mit Wirkung vom 1. Jänner 1992 die erhöhte Umsatzsteuer für Kraftfahrzeuge abgeschafft und die Normverbrauchsabgabe eingeführt. Auch die Abgeltung dieser Steuer erfolgt aus Mitteln des Nationalfonds.

Die Bestimmungen über den Nationalfonds befinden sich nunmehr in den Abschnitten IV und V des Bundesbehindertengesetzes (vgl Ausführungen hiezu auf S. 301).

Der Kampf um den Weiterbestand des Invalideneinstellungsgesetzes wird fortgesetzt

Die größte Sorge der Behindertenorganisationen bildete – wie schon auf dem 13. ordentlichen Delegiertentag der Zentralorganisation zum Ausdruck gebracht wurde – die Weitergeltung des Invalideneinstellungsgesetzes über die Befristung mit Ende des Jahres 1989 hinaus. In einer Reihe von Resolutionen wurde gefordert, die gesetzliche Befristung zu beseitigen und die Zuständigkeit des Bundes für die wichtigen Maßnahmen im Zusammenhang mit der beruflichen Integration auf Dauer zu sichern.

Der Invalidenfürsorgebeirat beschloß eine Empfehlung, die Befristung zu beseitigen und die dauernde Zuständigkeit des Bundes zu begründen, um eine längerfristige Planung für die Schaffung und Erhaltung von Arbeitsplätzen für Schwerbehinderte zu ermöglichen.

Das Bundesministerium für Arbeit und Soziales hat hierauf einen entsprechenden Gesetzesentwurf ausgearbeitet und zur Begutachtung ausgesendet. Die Novellierung des Invalideneinstellungsgesetzes bildete selbstverständlich den zentralen Punkt bei den Beratungen auf dem am 30. Mai 1985 in Feldkirch (Vorarlberg) abgehaltenen 14. ordentlichen Delegiertentag der Zentralorganisation. Neuerlich wurde von den Delegierten der Weiterbestand des genannten Gesetzes gefordert.

Präsident KARRER hob in seiner Festansprache hervor, daß das Gesetz 22 Jahre hindurch nicht nur gehalten habe, sondern nach und nach auch im zivilen Sektor ausgebaut werden konnte, um auch den übrigen behinderten Österreichern die Möglichkeit einer geschützten Arbeit und die Möglichkeit der Unterstützung und Förderung zu geben. Er erinnerte daran, daß durch das Erkenntnis des Verfassungsgerichtshofes gleichsam wie ein Blitz aus heiterem Himmel einige Bestimmungen des Invalideneinstellungsgesetzes aufgehoben worden seien, weil die darin geregelten Materien in die Gesetzgebungskompetenz der Länder fielen. Er warnte davor, die Vollziehung der Invalideneinstellung auf die Länder aufzusplittern und wies auf die Nachteile von neun verschiedenen Regelungen in den Bundesländern hin.

Er schilderte in diesem Zusammenhang auch die großen Anstrengungen, die die Zentralorganisation schon im Jahre 1968 unternommen hatte, die Landeshauptmänner davon zu überzeugen, daß durch eine Verfassungsbestimmung die Zuständigkeit des Bundes zur Vollziehung des Gesetzes eindeutig festgesetzt werden müßte. Dies sei letztlich gelungen. Einen Schönheitsfehler hätte jedoch die Delegation in Kauf nehmen müssen, nämlich die Verfassungsklausel sei in dem neuen Gesetz befristet worden.

Nach einer umfassenden Überarbeitung des Gesetzesentwurfes aufgrund der Stellungnahmen im Begutachtungsverfahren hat die Bundesregierung dem Nationalrat eine Regierungsvorlage zugeleitet (691 der Beilagen zu den stenografischen Protokollen des NR, XVI. GP). Der Gesetzesentwurf sah die Neufassung des Artikels I Z 1 (Verfassungsbestimmung) vor. Dadurch sollte der unbefristete Weiterbestand des IEinstG auf Bundesebene normiert werden.

Neben der Neufassung der Verfassungsbestimmung enthielt die Regierungsvorlage noch eine Reihe weiterer wichtiger Verbesserungen.

Um in der Rehabilitation das Erreichte nicht nur zu erhalten, sondern die Einrichtungen und Maßnahmen weiter auszubauen, waren größere finanzielle Mittel erforderlich. Die Entwicklung der letzten Jahre zeigte eine starke Ausgabensteigerung. Aufgrund des bereits erwähnten Rehabilitationskonzeptes von Bundesminister DR. WEISSENBERG, dessen schrittweise Verwirklichung im Jahre 1980 begonnen wurde, erhöhten sich die Ausgaben sprunghaft. Betrugen die Ausgaben des Ausgleichstaxfonds im Jahre 1975 rund 45 Millionen Schilling, so waren es 1983 bereits 180 Millionen Schilling und im Jahre 1984 über 212 Millionen Schilling. Die Einnahmen aus Ausgleichstaxen hinkten erheblich nach; sie betrugen 1975 37,1 Millionen Schilling, 1983 140,6 Millionen Schilling und 1984 132 Millionen Schilling. Wenn vorerst auch durch Auflösung der in den vergangenen Jahren angesammelten Rücklagen das Auslangen gefunden werden konnte, war eine Erhöhung der Ausgleichstaxe unumgänglich. Das Bundesministerium für Arbeit und Soziales hat entsprechende Berechnungen angestellt und vorgeschlagen, die monatliche Ausgleichstaxe mit 1.500 S festzusetzen. Dieser Betrag entspräche im Durchschnitt der Mehrbelastung eines Arbeitgebers, der einen Schwerbehinderten beschäftigt. Die Höhe der Ausgleichstaxe schien auch für die Dienstgeber tragbar, zumal sie die Ausgleichstaxe als Betriebsausgabe von der Steuer absetzen können.

Zur Verhandlung der Regierungsvorlage wurde ein parlamentarischer Unterausschuß eingesetzt, dem auch Vertreter der Kriegsopferorganisationen angehört haben. Es konnte jedoch nur über einige Punkte Einigung erzielt werden. Mit großer Bestürzung wurde seitens der

Kriegsopfer- und Behindertenorganisationen festgestellt, daß die in der Regierungsvorlage enthaltene Verfassungsbestimmung zu diesen Punkten nicht zählte.

Schließlich beschloß der Nationalrat am 12. Dezember 1985 eine „kleine Novelle" zum IEinstG (BGBl Nr 567/1985).

Die Verfassungsbestimmung im Art I der Regierungsvorlage sowie eine Reihe anderer Punkte des Entwurfes wurden zurückgestellt.

Wenn auch die Enttäuschung groß war, konnte man nicht behaupten, daß die Änderungen in der genannten Novelle von untergeordneter Bedeutung seien.

Durch entschlossenen Einsatz von Bundesminister DALLINGER konnte die Erhöhung der Ausgleichstaxe von 760 S auf 1.500 S durchgesetzt werden (§ 9). Hinzu kam, daß die Ausgleichstaxe jährlich mit dem in der gesetzlichen Sozialversicherung geltenden Anpassungsfaktor vervielfacht wird. Dadurch war die Durchführung der erweiterten Projekte im Bereich der Rehabilitation von behinderten Beschäftigten für die nächsten Jahre finanziell einigermaßen gesichert.

Von besonderer Bedeutung war auch die Neuregelung von Prämien für Dienstgeber, die mehr begünstigte Invalide beschäftigen, als ihrer gesetzlichen Verpflichtung entspricht, bzw. für Dienstgeber, die nicht einstellungspflichtig sind, aber begünstigte Invalide beschäftigen; ferner die Zahlung von Sonderprämien für in Ausbildung stehende begünstigte Invalide, für die Beschäftigung jugendlicher begünstigter Invalider sowie die Zahlung von Prämien an Dienstgeber, die Arbeitsaufträge an geschützte Werkstätten vergeben (§ 9 a).

Die Hoffnung der Kriegsopfer- und Behindertenorganisationen, daß die Entscheidung über das weitere Schicksal des Invalideneinstellungsgesetzes noch vor den im November 1986 durchgeführten Nationalratswahlen „unter Dach und Fach" gebracht werden könnte, erwies sich als trügerisch. Die soziale Entwicklung zeigte, daß von Jahr zu Jahr größere finanzielle Mittel für die Rehabilitation und Arbeitsplatzsicherung jüngerer Schwerbehinderter erforderlich werden.

Andererseits zählt – wie bereits an anderer Stelle ausgeführt – die Erholungsfürsorge für Kriegsopfer schon aufgrund der ausschließlichen Zuständigkeit des Bundes in Gesetzgebung und Vollziehung (Art 10 Abs. 1 Z 15 B-VG) zu den primären Aufgaben des Ausgleichstaxfonds. Die Kriegsopferverbände führen eine Anzahl von Heimen, die durch das zunehmende Alter der Kriegsopfer und der damit verbundenen Erholungsbedürftigkeit an Bedeutung gewinnen. Sie erhalten für die Instandhaltung und den Betrieb namhafte Mittel aus dem Ausgleichstaxfonds. Die Kriegsopferverbände haben daher verlangt, daß durch eine gesetzliche Bestimmung der Bestand dieser Heime und deren Betrieb durch Zuschüsse aus dem Ausgleichstaxfonds gesichert wird.

Der Nationalrat hat dementsprechend zugleich mit der Änderung des IEinstG eine Novelle zum KOVG (BGBl Nr 566/1985) beschlossen, wonach die Mittel der Erholungsfürsorge und deren Einrichtungen aus dem Ausgleichstaxfonds bereitzustellen sind. Über die Höhe der bereitzustellenden Mittel entscheidet der Bundesminister für Arbeit und Soziales nach Anhörung des Ausgleichstaxfonds-Beirates (§ 6 Abs. 4).

Der Realwert der Renten muß erhalten bleiben

Auf dem 14. ordentlichen Delegiertentag der Zentralorganisation am 30. Mai 1985 in Feldkirch/Vorarlberg wurde ein weiteres dringendes Problem angesprochen. Es treffe die wirtschaftlich Schwachen unter den Kriegsopfern, daß die Rentenanpassung mit der Erhöhung der Lebensunterhaltskosten keineswegs Schritt halte. Die Kriegsopfer befürchten, daß bei den in der Vergangenheit erreichten Realwerterhöhungen nicht nur ein Stillstand, sondern sogar ein Rückschritt eintrete.

KARRER meinte in seiner Ansprache, es sei nicht zu verstehen, daß die Kriegsopferrenten im Jahre 1985 mit 3,3 % angepaßt werden, während die Löhne und Gehälter um 4,5 und 6 % erhöht werden. Er befürchte, daß sich durch die Berücksichtigung der Arbeitslosenrate bei der Festsetzung des Richtwertes für die Pensionsanpassung dieser Trend fortsetzen werde.

Um diesen Verlust zumindestens den minderbemittelten Pensions- und Rentenbeziehern abzugelten, wurden in den folgenden Jahren die Ausgleichszulagen in der Pensionsversicherung und die erhöhten Versorgungsleistungen (erhöhte Zusatzrente, erhöhte Waisenrente, erhöhte Elternrente) mit einem höheren Prozentsatz angepaßt als die anderen Pensionen bzw. Renten. Diese außerordentliche Anpassung erfolgt jeweils mit einem Bundesgesetz (Sozialrechts-Änderungsgesetz oder Versorgungsrechts-Änderungsgesetz) gemeinsam mit den Ausgleichszulagen in der gesetzlichen Sozialversicherung. Beispielsweise seien hier angeführt die Novellen zum KOVG BGBl Nr 564/1986, 614/1987, 749/1988, 648/1989, 741/1990 und 687/1991. Durch die jährliche Anpassung der Mindestrenten entsprechend der Ausgleichszulage in der gesetzlichen Sozialversicherung über den allgemeinen Anpassungsfaktor hinaus konnte nicht nur die Geldwertverminderung verhindert, sondern auch eine Realwerterhöhung erzielt werden.

Mit Wirkung vom 1. Jänner 1992 wurden die erhöhten Versorgungsleistungen in einem Prozentsatz des jeweils geltenden Richtsatzes für die Ausgleichszulage festgesetzt.

Anspruch auf Versorgungsrenten für die Hinterbliebenen nach Schwerbeschädigten aller Kategorien

Bekanntlich gelten in der Opferfürsorge mit einigen wenigen Abweichungen (z.B. hinsichtlich des Anspruches auf Unterhaltsrente) nahezu die gleichen Bestimmungen über die Rentenversorgung wie in der Kriegsopferversorgung.

Gemäß § 36 Abs. 1 KOVG idF des BG BGBl Nr 614/1977, das mit 1. Jänner 1978 in Kraft getreten ist, war den Witwen (Witwern) nach Schwerbeschädigten, die bis zum Tod Anspruch auf eine Beschädigtenrente entsprechend einer MdE von mindestens 70 v.H. oder auf eine Pflegezulage hatten, der Anspruch auf Witwenrente auch dann gewahrt, wenn der Tod nicht die Folge einer Dienstbeschädigung war. Diese Bestimmung entspricht dem § 11 Abs. 6 Opferfürsorgegesetz idF des BG BGBl Nr 389/1976 (Wirksamkeit 1. Jänner 1977).

Die Verbände der politisch und rassisch Verfolgten verlangten schon seit Jahren die Erweiterung des Anspruches auf Hinterbliebenenrente nach Schwerbeschädigten ab einer MdE von 50 v.H.

Dieser Forderung, die im Forderungsprogramm 1964 noch nicht enthalten war, schlossen sich die Kriegsopferverbände an. Sie begründeten die Forderung damit, daß die Angehörigen der Kriegsbeschädigten, vor allem die Ehefrauen, im allgemeinen wegen der Kriegsbeschädigung des Gatten größere Belastungen auf sich nehmen mußten und bei gleichen Schädigungen auch gleiche rechtliche Maßstäbe angewendet werden müßten. Diese Belastung treffe nicht nur Angehörige von Schwerbeschädigten mit einer MdE von zumindest 70 v.H., sondern die Angehörigen aller Schwerbeschädigten unabhängig vom Grade der MdE. Bei den Budgetverhandlungen für das Jahr 1978 konnte vorerst nur ein Kompromiß erreicht werden. Das Bundesministerium für Finanzen bewilligte lediglich einen Teil der zusätzlich erforderlichen Mittel im Opferfürsorgebudget. Die Kriegsopfer mußten hingegen warten.

Hierauf hat der Nationalrat die 25. Novelle zum Opferfürsorgegesetz beschlossen (BGBl Nr 613/1977), die den Anspruch auf Hinterbliebenen- und Unterhaltsrenten nach Opferrentnern mit einer MdE von mindestens 60 v.H. mit Wirksamkeit vom 1. Jänner 1978 begründete.

Nach langwierigen, zähen Verhandlungen konnten die Kriegsopfer gleichziehen. Nachdem der Finanzminister die erforderlichen Mittel für das Budget 1986 bereitgestellt hat, beschloß der Nationalrat am 24. Oktober 1985 die 29. Novelle zum KOVG (BGBl Nr 483/1985), die am 1. Juli 1986 in Kraft getreten ist.

Damit wurde ein Teilerfolg erzielt. Die Forderung der Kriegsopferverbände, die Hinterbliebenen nach Schwerbeschädigten entsprechend einer MdE von 50 v.H. in die Regelung einzubeziehen, bleibt aufrecht und wurde bei den Sozialministern wiederholt schriftlich und mündlich geltend gemacht. (Die weitere Entwicklung siehe hiezu die Ausführungen im Abschnitt *Die Bemühungen der Verbände hatten Erfolg* auf S. 305).

Auch das Heeresversorgungsgesetz mußte auf den letzten Stand gebracht werden

Das Heeresversorgungsgesetz mußte dem Wehrrechtsänderungsgesetz angepaßt werden und die *Zeitsoldaten* wurden in den versorgungsberechtigten Personenkreis aufgenommen (§ 1 Abs. 1 – BGBl Nr 577/1983). Im Bundesgesetz BGBl Nr 614/1987 wurden die Anspruchsvoraussetzungen bei Wegunfällen neu geregelt (§ 1 Abs. 2). Die Senate der Schiedskommissionen als Berufungsbehörde in Angelegenheiten der Heeresversorgung wurden um je ein Mitglied vermehrt. Sie bestehen nunmehr aus dem Vorsitzenden und drei Beisitzern. Die Mitglieder werden vom Bundesminister für Arbeit und Soziales für die Dauer von drei Jahren bestellt. Die Bestellung erfolgt aufgrund von Vorschlägen, und zwar hinsichtlich der ersten Beisitzer von der Interessenvertretung der Kriegsopfer, hinsichtlich der zweiten Beisitzer aufgrund von Vorschlägen der Dienstgeber- und Dienstnehmerorganisationen und hinsichtlich der dritten Beisitzer aufgrund von Vorschlägen der Leiter der Landesinvalidenämter (jetzt BSB) (§ 77).

Im übrigen sei vermerkt, daß grundsätzlich alle Leistungen, die mit jenen in der Kriegsopferversorgung vergleichbar sind (z.B. Pflegezulage, Schwerstbeschädigtenzulage) im gleichen Ausmaß wie in der Kriegsopferversorgung verbessert wurden.

„Eisenstädter Erklärung“ – richtungweisend für die künftige Behinderten- und Sozialpolitik

Am 29. April 1987 fand in Eisenstadt eine Großkundgebung der Zentralorganisation der Kriegsopfer- und Behindertenverbände Österreichs statt. In einer sozialpolitischen Grundsatzentschließung, der sogenannten *Eisenstädter Erklärung* wurde die weitere Behinderten- und Sozialpolitik der Zentralorganisation festgelegt. Im Hinblick auf die grundsätzliche Bedeutung dieser Erklärung wird sie im folgenden in ihrem vollen Wortlaut wiedergegeben:

Eisenstädter Erklärung

Die Zentralorganisation als überparteiliche Interessenvertretung der Kriegsopfer und Behinderten anerkennt, daß Parlament, Landtage, Bundesregierung und Landesregierungen in den letzten Jahren den Belangen der Kriegsopfer und der Behinderten auf breiterer Basis Raum gegeben haben.

Es ist ihr bewußt, daß gesamtpolitisch Probleme bewältigt werden müssen, die einen wirtschaftlichen Strukturwandel erfordern. Dieser muß aber gleichzeitig zu mehr staatlicher Verantwortung für die soziale Sicherheit der Bürger führen. Alle sozial- und gesellschaftspolitischen Maßnahmen müssen auf das Ziel der sozialen Gerechtigkeit ausgerichtet sein. Die Vertreter der Zentralorganisation der Kriegsopfer- und Invalidenverbände Österreichs stellen fest, daß alles darangesetzt werden muß, um das Netz der sozialen Sicherheit zu bewahren, denn es hat sich in seiner Grundstruktur bewährt. Allerdings sind noch Maßnahmen zu setzen, offene soziale Fragen der behinderten Menschen bundeseinheitlich in das System der sozialen Sicherheit miteinzubauen.

Die Zentralorganisation der Kriegsopfer- und Invalidenverbände Österreichs läßt sich bei der Verwirklichung der sozialpolitischen Ziele von folgenden Grundsätzen leiten:

– Entschädigungsrecht der Kriegs- und Wehrdienstopfer

Die Schadensvergütung für Kriegs- und Wehrdienstopfer ist ein fundamentales Recht. Das Entschädigungsrecht muß für den Staat Verpflichtung sein. Die Leistungen für ein aus der von der Gesellschaft auferlegten Verpflichtung zum Wehr- oder Kriegsdienst dargebrachtes und von ihr zu verantwortendes Opfer an Leben und Gesundheit müssen dem Ausmaß und der Würde des gemeinschaftsbezogenen Sonderopfers angemessen sein. Diese Verpflichtung des Staates und damit seiner Gesellschaft darf nie in Frage gestellt werden.

Die Leistungen des Entschädigungsrechtes müssen den körperlichen Schaden, die Schmerzen und die seelischen Belastungen sowie auch wirtschaftliche Nachteile abgelten. Der den Hinterbliebenen zugefügte Schaden an seelischer Belastung im Bereich der menschlichen Beziehungen, des Schutzes, der Fürsorge, des Rates und der tätigen Hilfe besteht immerwährend und ist nicht behebbar.

Die Abgeltung des Schadens für Kriegs- und Wehrdienstbeschädigte und deren Hinterbliebene liegt in der als Schadensvergütung geleisteten Grundrente.

Es ist zu sichern, daß die Grundrenten sowie andere zweckgebundene Leistungen des Entschädigungsrechtes auch in anderen Rechtsbereichen nicht als Einkommen gelten. Auf das Bedürfnis der gesteigerten Lebensqualität bei den älter werdenden Kriegs- und Wehrdienstopfern ist entsprechend zu achten. Die Versorgung der Kriegs- und Wehrdienstopfer als fundamentales Entschädigungsrecht muß unangetastet bleiben. Die zusätzlichen Leistungen der Kriegsopferfürsorge – die sich von der allgemeinen Sozialhilfe rechtlich völlig unterscheidet –, wie zum Beispiel die Erholungsfürsorge und deren Einrichtung oder Unterbringung in Alters- und Pflegeheimen, sind gesetzlich zu sichern.

– Beschäftigungspolitik

Soziales Denken und soziales Handeln müssen zum Recht auf Arbeit führen. Arbeit gewährleistet, Arbeitslosigkeit gefährdet den sozialen Frieden. Arbeitslosigkeit auf Dauer ist eine untragbare Belastung für die Betroffenen und deren Familien. Sie trifft schwerbehinderte Menschen besonders hart.

Es ist unter allen Umständen zu trachten, daß

- die Einstellungspflicht der Dienstgeber der öffentlichen Hand und in der Privatwirtschaft nach dem derzeit geltenden Invalideneinstellungsgesetz erfüllt wird; es wird damit ein wichtiger Beitrag zum Abbau der Arbeitslosigkeit Schwerbehinderter geleistet;
- die Frist der Verfassungsbestimmung im Invalideneinstellungsgesetz beseitigt wird, denn das Gesetz wurde für *alle* schwerbehinderten Österreicher geschaffen und muß zu deren Nutzen bundeseinheitlich auf Dauer erhalten bleiben;
- auf die berufliche und gesellschaftliche Eingliederung schwerbehinderter Jugendlicher entsprechend Bedacht genommen wird;
- die Arbeitsplätze, von denen viele durch strukturelle Veränderungen bedroht sind, durch Fort- und Weiterbildungsmaßnahmen erhalten bleiben.

– Behindertenpolitik

Es ist zu trachten, daß durch ein bundeseinheitliches Rahmengesetz, dessen Durchführung den Bundesländern überlassen werden soll, Schutz- und Hilferegelungen geschaffen werden, mit denen Mindestgrundsätze für eine wirksame Rehabilitation und deren Koordinierung normiert werden.

– Rehabilitationsziel

Als Ziel muß weiterhin gelten, daß Rehabilitation vor Rente geht. Den behinderten oder von einer Behinderung bedrohten Menschen müssen alle medizinischen, beruflichen und gesellschaftlichen Rehabilitationsmaßnahmen erreichbar sein, um sie (die Behinderten) in Arbeit oder Gesellschaft einzugliedern oder zu halten. Rehabilitationsmaßnahmen für behinderte Menschen dürfen nicht von der wirtschaftlichen Lage abhängig gemacht werden.

– *Sicherung bei Hilflosigkeit*

Die durch Hilflosigkeit verursachte Pflegebedürftigkeit ist zu einem allgemeinen Lebensrisiko geworden. Das wirtschaftliche Risiko der Pflegebedürftigkeit muß abgesichert werden. Vom Grundsatz geleitet, daß ein Pflegebedürftiger so lange wie möglich in der häuslichen Umgebung bleiben und dort ein seinen Umständen entsprechendes menschenwürdiges Leben führen kann, sind vor allem auch ambulante pflegerische Dienste einzurichten und bestehende weiter auszubauen.

Bei der pflegerischen Hilfe durch andere Personen darf bei hiefür gesetzlich vorgesehenen Leistungen kein Unterschied zwischen nahen Angehörigen und fremden Personen gemacht werden. Das Risiko der Pflege darf nicht der Familie aufgebürdet werden. Zum Teil durch Gesetz und zum Teil durch eine zu schaffende Pflegeversicherung sollen die in Zusammenhang mit der Hilflosigkeit entstehenden Kosten abgedeckt werden. Unbedingt notwendig ist auch die Sicherung der Pflegepersonen gegen die Risiken der Krankheit, der Invalidität und des Alters.

– *Beseitigung baulicher Hindernisse*

Im Städtebau und im Wohnungsbau sowie bei Amtsgebäuden ist mit Nachdruck dafür zu sorgen, daß bauliche Hindernisse beseitigt oder von vornherein vermieden werden. Der Wohnungsbau ist hierfür stärker durch öffentliche Mittel zu fördern, denn finanzielle Anreize würden es erleichtern, behinderten- und altengerechte Wohnungen entsprechender Größe und Ausstattung zu schaffen.

– *Steuerrecht*

Das Handikap der Behinderung führt zwangsläufig zu einem Mehraufwand, der den gesunden Menschen nicht trifft. Nicht nur zur Abgeltung dieses Mehraufwandes, sondern auch zum Anreiz zur – wenn auch durch die Behinderung erheblich erschwerten – Arbeit sind Steuererleichterungen zu gewähren. Die in der bisherigen Steuergesetzgebung normierten Erleichterungen bei der Einkommensteuer, Kraftfahrzeugsteuer und dergleichen sind beizubehalten. Sie dienen ebenfalls dem Grundsatz Arbeit vor Rente.

– *Mobilität*

Die Mobilität des behinderten Menschen, insbesondere Gehbehinderter, ist durch Erleichterungen im öffentlichen Verkehr zu fördern. Neben den alten Menschen sind auch den Schwerbehinderten adäquate Fahrpreisermäßigungen auf den öffentlichen Verkehrsmitteln einzuräumen. Öffentliche Verkehrsmittel sind behindertengerecht zu gestalten.

– *Sozialversicherung*

Neben dem Allgemeinen Sozialversicherungsgesetz als Grundgesetz für die Sozialversicherung stehen eine Reihe von weiteren Versicherungsgesetzen wie zum Beispiel das Bauern-Sozialversicherungsgesetz, das Gewerbliche Sozialversicherungsgesetz und zahlreiche andere in Geltung. Nicht alle diese Gesetze gewährleisten gleiche Rechte, wie dies unter anderem beim Selbstbehalt der Fall ist, was zum Teil nicht nur allgemein, sondern auch zu besonderen Härten vornehmlich für Kriegsopfer und Behinderte führt, weil gerade dieser Personenkreis auf vermehrte medizinische und soziale Betreuung angewiesen ist. In Verfolgung des Prinzips des Artikel 2 des Staatsgrundgesetzes ist eine Vereinheitlichung in der

Sozialversicherung in *einem* Gesetz anzustreben, die gewährleistet, daß allen Staatsbürgern gleiche Pflichten , aber auch gleiche Rechte eingeräumt werden.

– Weiterentwicklung des Sozialrechtes

Die am 29. April 1987 in Eisenstadt zusammengetretenen Vertreter der in der Zentralorganisation vereinigten Kriegsopfer- und Invalidenverbände sind der Meinung, daß es in der Sozialpolitik keinen Stillstand geben darf. Sie fordern deshalb die gesetzgebenden Körperschaften, die Bundesregierung und die Landesregierungen, sowie die politischen Parteien auf, gemeinsam mit der Zentralorganisation der Kriegsopfer- und Invalidenverbände Österreichs dafür einzutreten, daß das System der sozialen Sicherheit – auch als Garant des inneren Friedens – nicht nur erhalten bleibt, sondern den Möglichkeiten der Gemeinschaft entsprechend weiterentwickelt wird.

Richtungsweisende Satzungsänderung

Auf dem folgenden 15. ordentlichen Landesdelegiertentag des Verbandes Wien, NÖ. und Bgld. kam es dann, wie bereits erwähnt, auch zu einer richtungweisenden Satzungsänderung: In Hinkunft kann jeder österreichische Staatsbürger bei dem aufgrund bundes- oder landesgesetzlicher Regelungen eine Behinderung festgestellt wurde, die Mitgliedschaft zum Kriegsopfer- und Behindertenverband für Wien, NÖ. und Bgld. erwerben.

Am Rande sei vermerkt, daß es auf dem Delegiertentag ein bemerkenswertes Ereignis zu feiern gab. Nachdem die Zentralorganisation bereits im Dezember 1945 die erste Kriegsopferzeitung herausgebracht hatte, erschien vor 30 Jahren die erste Zeitung des Kriegsopferverbandes für Wien, NÖ. und Bgld. Der 5. ordentliche Landesdelegiertentag hatte seinerzeit beschlossen, eine eigene Verbandszeitung herauszugeben. Die Verbandszeitung informiert regelmäßig nicht nur über die Neuerungen in der Kriegsopferversorgung, sondern über das gesamte Sozialrecht, insbesondere über das Pensionsrecht, aber auch über andere Rechtsbereiche, soweit sie für Kriegsopfer und Zivilbehinderte von Interesse sind.

Fortentwicklung des Versorgungsrechtes

Eine größere Novelle hat es dann wieder am 25. November 1987 gegeben. Sie wurde im Bundesgesetzblatt unter der Nummer 614 kundgemacht. Mit diesem Bundesgesetz wurden neben dem KOVG das AVG, das Verbrechensopfergesetz und das Invalideneinstellungsgesetz geändert. Es ist dies die 33. Novelle zum KOVG, soweit die Änderungen dieses Gesetz betrafen. Die Änderungen sind mit 1. Jänner 1988 in Kraft getreten.

Zur Vermeidung von Härten, insbesondere beim Bezug von Teilzusatzrenten, wurden die Bestimmungen über die Familienzulage (§ 16) neu geregelt. Einerseits wurde die Familienzulage in doppelter Höhe des für die Berechnung der Zusatzrente geltenden Erhöhungsbetrages der Einkommensgrenze (§ 12 Abs. 2, letzter Satz) festgesetzt, andererseits ist die Familienzulage um jenen Betrag zu kürzen, um den die Zusatzrente wegen des Anspruches auf Familienzulage erhöht wird.

1994 betrug die Familienzulage mindestens 410 S und höchstens 820 S monatlich. Die Beträge werden jährlich angepaßt.

Ist der Beschädigte auf die Hilfe einer anderen Person angewiesen, so sind ihm für die Dauer einer Kur auch die Aufenthaltskosten für eine Begleitperson zu ersetzen, wenn die Kur in einer Anstalt durchgeführt wird, in der kein Personal zur Verfügung steht, das die erforderliche Hilfe leisten kann (§ 24 Abs. 3).

Der Anspruch auf den Bezug von Waisenrente wurde bis zur Vollendung des 27. Lebensjahres (bisher des 26. Lebensjahres) verlängert, wenn die Studiendauer im Sinne des § 2 Abs. 3 des Studienförderungsgesetzes nicht überschritten wird (§ 41).

Daneben enthält die Novelle, so wie bereits in den vorangegangenen Jahren, eine außertourliche Erhöhung der vom Einkommen abhängigen erhöhten Versorgungsleistungen (vgl. die Ausführungen hiezu im Abschnitt *Der Realwert der Renten muß erhalten werden* auf S. 290 f).

Der Kampf um ein bundeseinheitliches Invalideneinstellungsgesetz wird fortgesetzt

Auf dem 15. ordentlichen Delegiertentag der Zentralorganisation, der am 26. Mai 1988 in Eisenstadt unter dem Motto *70 Jahre Kriegsopferversorgung, sozialer Fortschritt – Frieden – Freiheit* stand, wurde nochmals von allen Spitzenfunktionären der Politik und der Interessenvertretung der Weiterbestand des Invalideneinstellungsgesetzes verlangt. Bundesminister DALLINGER führte in seiner Rede vor Augen, welche schwerwiegenden negativen Folgen das Auslaufen des Gesetzes hätte. Er bedauerte es, daß verschiedene Gruppierungen hinhaltenden Widerstand leisten, und stellte mit Nachdruck fest, daß diese Auseinandersetzungen nicht auf dem Rücken der Behinderten ausgetragen werden dürfen. Präsident KARRER richtete eine dringende Mahnung an alle verantwortungsbewußten Sozialpolitiker, den Wunsch von 600.000 Behinderten nach einheitlichem Invalideneinstellungsgesetz nicht zu ignorieren.

Zusätzliche Forderungen der Kriegsblinden

Am 10. Mai 1989 fand im Kriegsblindenheim Ossiach der 20. ordentliche Delegiertentag der Kriegsblinden statt. Obmann MICHAEL GLÖCKL befaßte sich eingehend mit der Erholungsfürsorge. Er wies auch darauf hin, daß die Änderung des KOVG (§ 6 Abs. 4) für die Erholungsfürsorge eine Verschlechterung mit sich gebracht habe. Für das Jahr 1988 sei das Finanzministerium nicht mehr bereit gewesen, den Kriegsblinden und den Begleitpersonen aus dem Titel der Sonderfürsorge im Wege des Härteausgleiches einen Zuschuß für den Erholungsaufenthalt zu bewilligen.

Schließlich wurde von den Delegierten folgende *Entschließung* gefaßt:

- Die Altersgrenzen für die Alterserschwerniszulage (§ 11 Abs. 2 und 3) sollten generell um fünf Jahre herabgesetzt werden, weil viele Kriegsopfer das für die höheren Stufen maßgebliche Alter nicht erreichten.
- Frauen von Pflege- und Blindenzulagenempfängern ab der Stufe III soll ein Anspruch auf Badekur eingeräumt werden (§ 69). Die Erhaltung der Gesundheit trotz ihrer aufopferungsvollen Tätigkeit gereiche nicht nur den schwerstbeschädigten Kriegsopfern zum Wohle, sondern müsse ein Anliegen der gesamten Gesellschaft sein.

Weiterbestand des Invalideneinstellungsgesetzes endlich gesichert

Nachdem in November 1986 Neuwahlen zum Nationalrat durchgeführt worden sind und eine Koalitionsregierung aus Mitgliedern der SPÖ und ÖVP gebildet worden ist, wurden die Bemühungen der Behindertenorganisationen um den Weiterbestand des Invalideneinstellungsgesetzes und des Ausgleichstaxfonds auf Bundesebene – auch im Sinne der Regierungserklärung – fortgesetzt. Am 9. März 1988 haben die Abgeordneten zum Nationalrat MAG. GUGGENBERGER, DR. SCHWIMMER und Genossen einen diesbezüglichen Initiativantrag im Nationalrat eingebracht (150/A). Am selben Tage haben die Abgeordneten zum Nationalrat DR. HELENE PARTIK-PABLÉ, DR. OFNER und Genossen in der gleichen Angelegenheit einen Initiativantrag eingebracht. Auch in dem von den freiheitlichen Abgeordneten eingebrachten Antrag wird gefordert, die Befristung der Verfassungsbestimmung zu beseitigen und danach die dauernde Zuständigkeit des Bundes für die Regelung der Invalideneinstellung zu begründen.

Der Ausschuß für soziale Verwaltung hat die Initiativanträge in seiner Sitzung am 18. März 1988 in Verhandlung genommen und beschlossen, zur Vorbehandlung dieser Anträge einen Unterausschuß einzusetzen. In 7 Sitzungen wurden die Initiativanträge gründlich beraten und wurde dem Ausschuß für soziale Verwaltung eine Reihe von Änderungen empfohlen. Weiters wurde in diesem Unterausschuß Einvernehmen erzielt, dem Ausschuß für soziale Verwaltung vorzuschlagen, drei Entschließungsanträge, betreffend eine engere Zusammenarbeit zwischen dem Bund und den Ländern auf dem Gebiete der Behindertenhilfe, den weiteren Ausbau der geschützten Werkstätten nach dem Invalideneinstellungsgesetz 1969 und die Vereinheitlichung des Begriffes *Behinderung* zu beschließen.

Der Ausschuß für soziale Verwaltung hat in seiner Sitzung am 29. Juni 1988 nach der Berichterstattung durch den Obmann des Unterausschusses, Abgeordneten MAG. GUGGENBERGER, diese beiden Anträge neuerlich in Verhandlung genommen.

Bei der Abstimmung wurde der Antrag 150/A in der vom Unterausschuß vorgeschlagenen Fassung unter Berücksichtigung der von diesem empfohlenen Abänderungsanträge teils einstimmig, teils mit Stimmenmehrheit angenommen (Bericht des Ausschusses für soziale Verwaltung, 665 der Beilagen zu den stenographischen Protokollen des NR, XVII. GP).

In seiner Sitzung von 27. September 1988 hat der Nationalrat auf Grund des Berichtes des Ausschusses für soziale Verwaltung ein Bundesgesetz, mit dem das Invalideneinstellungsgesetz 1969 geändert wird, einhellig beschlossen. Die wesentlichsten Bestandteile dieser Gesetzesänderung sind:

- Die mit 31. Dezember 1989 befristete Verfassungsbestimmung über die Kompetenz des Bundes wird nunmehr durch eine unbefristete Verfassungsbestimmung ersetzt (Art I Z 2).
- Anstelle des Begriffes *Invalider* tritt der Begriff *Behinderter*, alle damit zusammenhängenden Bezeichnungen sind anzupassen (Art II Z 2).
- Das Invalideneinstellungsgesetz soll künftig *Behinderteneinstellungsgesetz (BEinstG)* lauten (Art I Z 1).
- Anstelle des Begriffes *Minderung der Erwerbsfähigkeit* soll der Ausdruck *Grad der Behinderung* verwendet werden (Art II § 3).
- Hinsichtlich der Zusammensetzung des Beirates des Ausgleichstaxfonds sieht der Beschluß vor, daß zusätzlich ein Vertreter der Zivilinvaliden und drei Vertreter der Länder aufgenommen werden sollen, sodaß künftig der Beirat aus dem Vorsitzenden, zwei Vertretern der organisierten Kriegsopfer, drei Vertretern der Zivilinvaliden, einem Vertreter der Opferbefürsorgten und drei von den Ländern entsandten Vertretern sowie je drei Vertretern der Dienstnehmer und Dienstgeber besteht (Art II § 10 Abs. 2).
- Bei der Gewährung einer Förderung für den Betrieb von geschützten Werkstätten, die im Einzelfall den Betrag von 1 Million Schilling übersteigt, ist ein Vorschlag des Ausgleichstaxfondsbeirates erforderlich (Art II § 11 Abs. 3).
- Beim Ersatz der Reise- und Aufenthaltskosten sowie einer allfälligen Entschädigung für Zeitversäumnis für Mitglieder des Ausgleichtaxfondsbeirates und der Behindertenausschüsse sind die für Schöffen und Geschworene geltenden Bestimmungen des Gebührenanspruchsgesetzes sinngemäß anzuwenden (Art II § 10 Abs. 4 und § 12 Abs. 8).
- Anstelle von Zuschüssen oder Darlehen können aus den Mitteln des Ausgleichstaxfonds auch Sachleistungen gewährt werden (Art II § 6 Abs. 6).
- Leistungen für Kinder von Versorgungsberechtigten nach dem Kriegsopfer- bzw. Heeresversorgungsgesetz sollen künftig nur mehr möglich sein, wenn das Kind nicht selbsterhaltungsfähig ist (Art II § 10 a Abs. 1 lit. b).
- Im Rahmen von Sonderprogrammen sollen über die Förderungsmöglichkeiten des § 6 Abs. 2 BEinstG hinaus zusätzliche Mittel aus dem Ausgleichtaxfonds zur Ausbildung und Beschäftigung von Behinderten in Betrieben und sonstigen Institutionen zur Verfügung gestellt werden (z. B. Einrichtung von Ausbildungs- und Arbeitsgruppen von

Behinderten in Betrieben). Dabei können auch Institutionen gefördert werden, die Behinderte ausbilden oder beschäftigen, die nicht als begünstigte Behinderte im Sinne des Behinderteneinstellungsgesetzes rechtskräftig anerkannt sind. Voraussetzung ist allerdings, daß ein Behinderungsgrad von mindestens 50 v.H. vorliegt und der Behinderte zumindest zur Ausübung einer Erwerbstätigkeit auf einem geschützten Arbeitsplatz bzw. in einer geschützten Werkstätte geeignet ist (Art II § 10 a Abs. 1 lit. h).

- Die Vergabe von Förderungsmitteln, die Zinsregelung und die Rückforderung unberechtigter Förderungsmittel sind an die einschlägigen Bestimmungen des Bundeshaushaltsrechts und die allgemeinen Richtlinien für die Gewährung von Förderungen aus Bundesmitteln angepaßt worden (Art II § 10 Abs. 1, § 10 a Abs. 5 – 7).
- Während nach der bisherigen Regelung die Wirksamkeit der Begünstigungen (z.B. des Kündigungsschutzes) mit dem Zutreffen der Voraussetzung, frühestens jedoch mit dem Ersten des Monats eintrat, in dem der Antrag eingebracht worden ist, soll künftig grundsätzlich die Begünstigung mit dem Einlangen des diesbezüglichen Antrages beim örtlich zuständigen Landesinvalidenamt wirksam werden. Der Eintritt der Wirksamkeit mit dem Ersten des Monats soll jedoch – wie bisher – dann gegeben sein, wenn der Antrag unverzüglich nach dem Eintritt der Behinderung gestellt wird (Art II § 14 Abs. 2).
- Wenn im Verfahren betreffend die Feststellung der Begünstigteneigenschaft der Antragwerber bzw. der Begünstigte ohne triftigen Grund der ärztlichen Untersuchung fernbleibt, soll zur Verwaltungsvereinfachung das Verfahren eingestellt werden bzw. das Erlöschen der Zugehörigkeit zum Kreis der begünstigten Behinderten ausgesprochen werden können (Art II § 14 Abs. 4).
- Schließlich soll künftig bei der Arbeitsvermittlung von Behinderten durch die Arbeitsämter das Einvernehmen mit den Landesinvalidenämtern hergestellt werden, um zu erreichen, daß die Behinderten auf Arbeitsplätzen eingestellt werden, auf denen sie trotz ihrer Behinderung vollwertige Arbeit zu leisten vermögen (Art II § 15).

Als Ergebnis seiner Beratungen hat der Bundesrat in seiner Sitzung vom 6. Oktober 1988 folgende *Beschlüsse* einhellig gefaßt:

Gegen den Beschluß des Nationalrates vom 27. September 1988, betreffend ein Bundesgesetz, mit dem das Invalideneinstellungsgesetz 1969 geändert wird, wird kein Einspruch erhoben, und den im Art I Abs. 2 und im Art IV Abs. 1 und 3 enthaltenen Verfassungsbestimmungen wird im Sinne des Art 44 Abs. 2 B-VG die verfassungsmäßige Zustimmung erteilt.

Gemäß § 19 a des Behinderteneinstellungsgesetzes haben im hoheitsrechtlichen Bereich ua die Invalidenausschüsse und die Landesinvalidenämter Bescheide in 1. Instanz zu erlassen. Aufgrund des Art 102 Abs. 1 B-VG dürfen Bundesgesetze, in denen Bundesbehörden mit der Vollziehung betraut werden, sofern es sich nicht um eine Angelegenheit handelt, die in unmittelbarer Bundesverwaltung (Art 102 Abs. 2 B-VG) geführt werden darf, nur mit Zustimmung der beteiligten Länder kundgemacht werden. Nachdem auf der Konferenz der Landessozialreferenten am 11. November 1988 in Steyr hinsichtlich der Erlassung von Richtlinien für die Verwendung der Mittel des Ausgleichstaxfonds und die Zusammenarbeit mit den Ländern nähere Vereinbarungen getroffen worden sind, haben die Länder ihre Zustimmung zur Kundmachung des vom Parlament einhellig beschlossenen Bundesgesetzes erteilt. Das Behinderteneinstellungsgesetz wurde sodann im Bundesgesetzblatt unter Nummer 721 kundgemacht und ist am 1. Jänner 1989 in Kraft getreten. Dadurch ist der Fortbestand des Behinderteneinstellungsgesetzes (Invalideneinstellungsgesetzes 1969) auf Bundesebene ohne Befristung gesichert.

Ende einer Ära

Am 2. April 1990 hat Bundesrat a. D. FRIEDRICH KARRER nach über dreißigjähriger Amtszeit aus gesundheitlichen Gründen die Funktion des Präsidenten der Zentralorganisation und mit Wirkung vom 30. Juni 1990 seine Funktionen innerhalb des Kriegsopfer- und Behindertenverbandes für Wien, Niederösterreich und Burgenland zurückgelegt.

Aufgrund des einstimmigen Beschlusses des Präsidiums der Zentralorganisation wurde der Vizepräsident der Zentralorganisation und Landesobmann des Oberösterreichischen Kriegsopferverbandes, Abgeordneter zum Nationalrat a. D. OTTO LIBAL, provisorisch mit der Leitung der Zentralorganisation betraut. Die provisorische Leitung des Kriegsopfer- und Behindertenverbandes für Wien, NÖ. und Bgld. wurde mit 1. Juli 1990 Vizepräsident Vortragender Hofrat DR. LEONHARD RIEMER und dem damaligen Verbandskassier OTTO POHANKA übertragen.

Am 10. April 1990, also einige Tage nachdem Bundesrat a. D. KARRER seine Funktion als Präsident zurückgelegt hatte, fand eine Besprechung zwischen Sozialminister DR. GEPPERT und Vertretern der Zentralorganisation statt (Abgeordneter zum Nationalrat a. D. LIBAL, der Präsident des Steiermärkischen Kriegsopfer- und Behindertenverbandes, Obermedizinalrat DR. KARL SCHWARZL, Generalsekretär der Zentralorganisation, MAG. MICHAEL SVOBODA, seitens des Bundesministeriums für Arbeit und Soziales Ministerialrat DR. GERD GRUBER und Ministersekretär DR. ROLAND LENGAUER).

Zum Themenbereich Kriegsopferversorgung wurden die noch offenen Forderungen des Verbandes nach Verbesserung des KOVG und des Kriegsopferfondsgesetzes vorgetragen. Zu den dringendsten und seit Jahren offenen Forderungen zählte die Gleichstellung der Hinterbliebenen nach Schwerbeschädigten, die im Zeitpunkt des Todes Anspruch auf eine Beschädigtenrente entsprechend einer MdE von 50 v.H. hatten, mit Hinterbliebenen nach Schwerbeschädigten mit einer höheren MdE. Den Witwen sollte anstelle einer Beihilfe ebenfalls ein Anspruch auf Witwengrundrente eingeräumt werden.

Ferner forderten die Verbandsvertreter eine Verbesserung der Diätzuschußregelung im KOVG. Einen Zuschuß sollen auch Kriegsopfer erhalten, die infolge einer Nierenerkrankung außergewöhnliche Belastungen zu tragen haben.

Neuerlich wurde auf den unhaltbaren Zustand bei der Vollziehung des § 32 KOVG (orthopädische Versorgung) hingewiesen. Die Anlage zu § 32 KOVG sah vor, daß bei Leistungen, die über den Rahmen der Anlage hinaus gewährt werden sollten, das Einvernehmen mit dem Bundesministerium für Finanzen herzustellen sei. Im Hinblick auf die rasante Entwicklung auf dem Gebiet der Orthopädie nimmt die Zahl der Behelfe und Hilfsmittel, die in der Anlage nicht angeführt waren, ständig zu. Hunderte von Akten mußten dem Bundesministerium für Finanzen zur *Herstellung des Einvernehmens* vorgelegt werden. Das führte zu unerträglichen Wartezeiten. Auch wurde in ungesetzlicher Weise von den Versorgungsberechtigten ein Selbstbehalt eingehoben.

Überdies wurde der Bundesminister darauf aufmerksam gemacht, daß aufgrund von Änderungen im Bereiche des Bauernsozialversicherungsrechtes die Anrechnung von fiktiven Ausgedingen verbessert worden sei. Im Bereich der Kriegsopferversorgung unterblieb diese Verbesserung, sodaß es bei der Bemessung der Zusatzrente höhere Anrechnungswerte gäbe.

Im Bereich des Kriegsopferfonds wurde gefordert, den anspruchsberechtigten Personenkreis auf Beihilfenempfänger, Elternrentner und Familienangehörige zu erweitern.

Schließlich verlangten die Verbandsvertreter, daß die Bezugsdauer von Arbeitslosengeld für Schwerbehinderte nach Vollendung des 50. Lebensjahres in Analogie zur *Stahlstiftung* verlängert werden sollte.

Der Minister anerkannte die Forderungen dem Grunde nach als gerechtfertigt, wies jedoch auf die budgetäre Lage des Bundes und die bevorstehenden Nationalratswahlen hin. Hinsichtlich der Berechnung des land- und forstwirtschaftlichen Einkommens sagte er eine Prüfung zu und erbat entsprechende Vorschläge.

Was die Erweiterung des Personenkreises im Kriegsopferfondsgesetz anbelangt, könne er sich eine solche Lösung vorstellen, wenn die Übertragung eines Teiles der Zinsen an den notleidenden Nationalfonds aufgrund eines Beschlusses des Kriegsopferfondsbeirates erfolgt.

Schließlich wies der Minister darauf hin, daß die in Diskussion stehende Novelle zum Arbeitslosenversicherungsgesetz unterschiedliche Meinungen innerhalb der politischen Parteien zeige. Er könne daher nicht zusagen, ob diese Forderung der Zentralorganisation einer

Realisierung zugeführt werden könne. Er vertrat die Auffassung, daß eine derartige Regelung im Rahmen eines in Arbeit stehenden Rehabilitationskonzeptes einfließen könnte.

Bundesbehindertengesetz

Die Kompetenzen für die Durchführung der Rehabilitation behinderter Menschen sind – wie bereits früher ausgeführt – nach der österreichischen Bundesverfassung sehr aufgesplittert. Neben Organisationen der freien Wohlfahrtspflege haben eine Vielzahl von Behörden und Selbstverwaltungskörpern Maßnahmen der Rehabilitation durchzuführen.

Die wichtigsten Institutionen sind die Landesinvalidenämter (BSB), die Arbeitsmarktverwaltung (jetzt Arbeitsmarktservice), die Länder und Gemeinden sowie die Sozialversicherungsträger. Obwohl in den einzelnen Gesetzen Normen eingefügt wurden, z.B. in die Sozialversicherungsgesetze, das BEinstG, die Landesbehinderten- bzw. Sozialhilfegesetze, ist es zu einer generellen Bereinigung des Problems nicht gekommen.

Seit Jahren haben Politiker verschiedener Parteien und die Interessenvertretungen die Koordination der Maßnahmen durch ein umfassendes Bundesgesetz verlangt. Nach langwierigen Verhandlungen hat der Nationalrat am 17. Mai 1990 das Bundesbehindertengesetz – BBG – BGBl Nr 283 beschlossen.

Das Bundesbehindertengesetz hat im wesentlichen folgende *Neuerungen* gebracht:

In diesem Bundesgesetz werden alle wichtigen behindertenrechtlichen Bestimmungen auf Bundesebene zusammengefaßt. Dieser erste Schritt soll eine Basis darstellen, um weitere Verbesserungen für die Situation der behinderten Menschen zu verwirklichen.

Zu einer völligen Beseitigung des „Kompetenzdschungels" ist es mit Rücksicht auf die verfassungsrechtlichen Barrieren und die widerstreitenden Interessen der Gebietskörperschaften, aber auch mancher anderer Rehabilitationsträger, nicht gekommen.

Das Kernstück des BBG ist die Regelung des Rehabilitationsverfahrens. Diese Verfahren dauern oft sehr lange und ihr Erfolg hängt weitgehend von der Zusammenarbeit der verschiedenen Rehabilitationsträger ab. Das BBG soll eine rationelle und unbürokratische Zusammenarbeit ermöglichen.

Rehabilitationsträger sind jene Körperschaften, Anstalten und Behörden, die gesetzlich berufen sind, Leistungen der Rehabilitation zu erbringen, das sind:

- die gesetzliche Unfallversicherung
- die gesetzliche Krankenversicherung
- die gesetzliche Pensionsversicherung
- die Arbeitsmarktförderung
- die Kriegsopferversorgung
- die Heeresversorgung
- die Entschädigung von Verbrechensopfern
- die Opferfürsorge
- die Behinderteneinstellung
- die besondere Hilfe für behinderte Menschen (Nationalfonds)
- die Entschädigung von Impfschäden
- die Tuberkulosehilfe

Der Rehabilitationsträger hat gemeinsam mit den behinderten Menschen einen Gesamtplan zur Rehabilitation aufzustellen. Der Gesamtplan soll alle Maßnahmen umfassen, die im Einzelfall zur Eingliederung erforderlich sind. Nach Möglichkeit sind die behandelnden Ärzte und sonstige Sachverständige beizuziehen.

Sind zwei oder mehrere Rehabilitationsträger zuständig, hat eine Teamberatung stattzufinden.

In einem neu geschaffenen Bundesbehindertenbeirat arbeiten Vertreter aller wichtigen Behindertenverbände zusammen. Der Beirat wird den Sozialminister in allen Behindertenfragen beraten und unterstützen. Dem Beirat gehören als stimmberechtigte Mitglieder an:

- der Vorsitzende,
- je ein Vertreter der im Nationalrat vertretenen Parteien,
- je ein Vertreter des Bundesministeriums für Arbeit und Soziales, des Bundesministeriums für Finanzen, des Bundesministeriums für Jugend und Familie und des Bundesministeriums für Gesundheit und Konsumentenschutz,
- zwei Vertreter der Bundesländer,
- ein Vertreter des Hauptverbandes der österreichischen Sozialversicherungsträger,
- je drei Vertreter der Dienstgeber- und Dienstnehmerorganisationen,
- sieben Vertreter der organisierten Behinderten und der organisierten Kriegsopfer.

Die Funktionsperiode des Beirates beträgt vier Jahre. Beiratsmitglied kann nur sein, wer in den Nationalrat wählbar ist.

Der Sozial-Service für die Beratung und Betreuung behinderter Menschen wurde im Jahre 1981 als Informations- und Beratungszentrum gegründet. Die große Nachfrage sowie die durchwegs positiven Erfahrungen mit dieser Einrichtung führten zu einem Ausbau der Sozial-Servicestellen in ganz Österreich. Durch das BBG wird der Sozial-Service nunmehr gesetzlich verankert. Als Maßnahmen der Hilfe kommen im wesentlichen in Betracht:

- die Aufklärung über die nach den einschlägigen Gesetzen bestehenden Rechte und Pflichten,
- die Vermittlung an die zuständigen Stellen,
- die Unterstützung bei der Erlangung von Hilfen,
- die Beratung in Hilfsmittelangelegenheiten unter Heranziehung der Informationen aus der zentralen Hilfsmittelberatungsstelle,
- die Vermittlung der Inanspruchnahme aller Arten der Hilfe aus der freien Wohlfahrt.

Als besonderes Angebot bieten die Landesinvalidenämter in einigen Bundesländern Beratungsdienste für entwicklungsgestörte Kinder und Jugendliche an.

Aus der Erkenntnis, daß Rehabilitationsmaßnahmen nur dann wirksam werden, wenn sie so früh wie möglich einsetzen, hat Univ.-Prof. Primarius DR. ANDREAS RETT (Neurologisches Krankenhaus der Stadt Wien Rosenhügel) im engen Zusammenwirken mit der Sektion IV im BMfsV und dem Landesinvalidenamt für Wien, NÖ. und Bgld. im Jahre 1975 die Initiative ergriffen und das erste mobile Beratungsteam (Kinderarzt, Psychologe, Sozialarbeiter) für entwicklungsgestörte Kinder und Jugendliche im Burgenland eingerichtet. Andere Bundesländer sind, nachdem sie sich von der Zweckmäßigkeit und den Erfolgen der mobilen Beratungsdienste überzeugt haben, diesem Beispiel gefolgt.

Beim Landesinvalidenamt für Wien, NÖ. und Bgld. wurde eine Hilfsmittelberatungsstelle eingerichtet, die behinderte Menschen und solche, die in der Behindertenarbeit tätig sind, über Hilfsmittel für behinderte Menschen berät.

Auch diese Beratungsdienste und die Hilfsmittelberatungsstelle wurden durch das BBG gesetzlich verankert.

Die Bestimmungen über den im Internationalen Jahr der behinderten Menschen aufgrund des BG BGBl Nr 259/1981 errichteten „Nationalfonds zur besonderen Hilfe für Behinderte“ wurden mit einigen Abänderungen in das BBG (Abschnitt IV und V) übernommen. Im übrigen wird auf die Ausführungen hinsichtlich der Gründung des Fonds auf S. 288 verwiesen.

Derzeit gibt es für verschiedene *Gruppen* behinderter Menschen verschiedene Ausweise. Durch das BBG wird ein einheitlicher Behindertenpaß eingeführt.

Behinderten Menschen,

- deren Grad der Behinderung oder Minderung der Erwerbsfähigkeit nach bundesgesetzlichen Vorschriften durch Bescheid oder Urteil mit mindestens 50 v.H. festgestellt ist oder
- die nach bundesgesetzlichen Vorschriften wegen Invalidität, Berufsunfähigkeit, Dienstunfähigkeit oder dauernder Erwerbsunfähigkeit Geldleistungen beziehen oder
- die nach bundesgesetzlichen Vorschriften einen Hilflosenzuschuß, eine Hilflosenzulage (jetzt ein Pflegegeld), eine Pflegezulage, eine Blindenzulage oder eine gleicharti-

ge Leistung erhalten oder
- für die erhöhte Familienbeihilfe bezogen wird oder die selbst erhöhte Familienbeihilfe beziehen oder
- die dem Personenkreis der begünstigten Behinderten im Sinne des BEinstG angehören

ist auf Antrag vom zuständigen Landesinvalidenamt (jetzt BSB) ein Behindertenpaß auszustellen, sofern sie in Österreich ihren Wohnsitz oder ständigen Aufenthalt haben.

Verschiedene Gruppen von behinderten Menschen erhielten von den Österreichischen Bundesbahnen eine Fahrpreisermäßigung auf jeweils ein Jahr. Durch das BBG wurde diese Fahrpreisermäßigung gesetzlich abgesichert.

Folgende Gruppen behinderter Menschen können von den Verkehrsunternehmen des öffentlichen Verkehrs eine Fahrpreisermäßigung erhalten:
- Personen, für die eine erhöhte Familienbeihilfe bezogen wird oder die selbst erhöhte Familienbeihilfe beziehen, sofern bei ihnen ein GdB von mindestens 70 v.H. oder voraussichtlich dauernde Selbsterhaltungsunfähigkeit festgestellt wurde;
- Bezieher von Pflegegeld sowie von anderen vergleichbaren Leistungen aufgrund bundes- oder landesgesetzlicher Vorschriften;
- Bezieher von Versehrtenrenten nach einer MdE von mindestens 70 v.H.;
- begünstigte Behinderte im Sinne des Behinderteneinstellungsgesetzes ab einem GdB von 70 v.H.;
- Bezieher von Geldleistungen nach dem KOVG, HVG
- Anspruchsberechtigte nach dem Opferfürsorgegesetz, Impfschadengesetz und Verbrechensopfergesetz ab einer MdE von 70 v.H. (§ 48 BBG idF BGBl Nr 26/1994).

Liegt ein Nachweis über die Zugehörigkeit zum vorstehend angeführten Personenkreis nicht vor oder besteht Zweifel über die Zugehörigkeit, so hat das örtlich zuständige Landesinvalidenamt auf Ansuchen des behinderten Menschen bei Vorliegen der Voraussetzungen eine Bescheinigung über die Zugehörigkeit zum angeführten Personenkreis auszustellen.

Errichtung des Kriegsopferfürsorgebeirates

Im Interesse einer einheitlichen und allen Bedürfnissen entsprechenden Durchführung der Fürsorgemaßnahmen für die Kriegsopfer sowie zur raschen Herstellung des Einvernehmens mit den sachlich beteiligten Bundesministerien ist im Bundesministerium für Arbeit und Soziales (neben dem Bundesbehindertenbeirat) ein Kriegsopferfürsorgebeirat eingerichtet worden (§§ 101 bis 107 KOVG idF BGBl Nr 283/1990, Art II, mit 1. Juli 1990 in Kraft getreten).

Der gutachtlichen Beratung des Kriegsopferfürsorgebeirates unterliegen alle grundsätzlichen Fragen der Fürsorge für Kriegsopfer, insbesondere die Vorbereitung von Rechtsvorschriften auf diesem Gebiet.

Dem Kriegsopferfürsorgebeirat gehören als stimmberechtigte Mitglieder an:
- der Vorsitzende;
- je ein Vertreter der beteiligten Bundesministerien;
- zehn Vertreter der organisierten Kriegsopfer;
- je drei Vertreter der Dienstgeber- und Dienstnehmerorganisationen.

Den Vorsitz führt der Bundesminister für Arbeit und Soziales oder ein von ihm aus dem Stande der Beamten des Bundesministeriums bestellter Vertreter. Der Vorsitzende ist berechtigt, Fachleute mit beratender Stimme beizuziehen. Sind Fragen zu behandeln, durch welche die Zuständigkeit eines anderen Bundesministeriums berührt wird, so hat der Vorsitzende auch einen Vertreter dieses Bundesministeriums als stimmberechtigtes Mitglied beizuziehen.

Die Funktionsperiode des Beirates beträgt vier Jahre. Für jedes Beiratsmitglied sind Ersatzmitglieder in der erforderlichen Anzahl zu bestellen. Beiratsmitglied kann nur sein, wer in den Nationalrat wählbar ist. Die Mitgliedschaft im Beirat ist ein unbesoldetes Ehrenamt.

Durch die Schaffung des Bundesbehindertenbeirates und des Kriegsopferfürsorgebeirates hat der Invalidenfürsorgebeirat (BGBl Nr 144/1946) zu bestehen aufgehört. Ferner wurden die Bestimmungen des Nationalfondsgesetzes (BGBl Nr 259/1981) aufgehoben. Der Nationalfonds ist, wie bereits erwähnt, nunmehr Bestandteil des BBG (§§ 22 ff). Zusammenfassend ist festzustellen, daß das BBG alle Rehabilitationsträger des Bundes verpflichtet, das darin vorgeschriebene Verfahren zur Durchführung der Rehabilitation einzuhalten. Es bildet somit die Grundlage für eine umfassende Zusammenarbeit. Da jedoch die materiellen Bestimmungen betreffend Rehabilitation unverändert bestehen blieben, kann sich das BBG nur auf Grundsätze beschränken. Soweit die Rehabilitation in die Zuständigkeit der Länder fällt, kann der Bund keine zwingenden Vorschriften erlassen. Verbindliche Normen können hier nur aufgrund von Vereinbarungen zwischen dem Bund und dem einzelnen Bundesland gemäß Art 15 a B-VG abgeschlossen werden. Sie sind also vom Willen der Bundesländer abhängig (§ 7 Abs. 3).

Die Kriegsopferversorgung im Umbruch

Auf dem am 18. Mai 1990 stattgefundenen 17. ordentlichen Delegiertentag des Kriegsopfer- und Behindertenverbandes Steiermark hielt der geschäftsführende Präsident der ZO, Abgeordneter zum Nationalrat a. D. LIBAL, eine bemerkenswerte Rede zum Stand der Kriegsopferversorgung in Österreich. In seiner Rede meinte er, daß seit dem Jahre 1950, in dem das KOVG in Kraft getreten ist, zahlreiche Änderungen und Verbesserungen erfolgt seien. Es sei aber betrüblich, daß 45 Jahre nach Ende des Krieges noch wesentliche und wichtige Fragen sowie Forderungen der Kriegsopfer trotz zahlreicher Bemühungen der Interessenvertretung und trotz der Versprechungen seitens der Regierungsstellen nicht erfüllt worden seien. Eine Frage erscheine besonders vordringlich, nämlich daß auch Witwen und Hinterbliebene nach Schwerbeschädigten mit einer zu Lebzeiten anerkannten MdE von 50 v.H., die nicht an Kriegsleiden gestorben sind, ebenfalls die Hinterbliebenenversorgung erhalten sollen. Er zitierte die Regierungserklärung, in der festgelegt sei, daß die Kriegsopferversorgung in bewährter Weise fortgesetzt werde. Nun seien fast vier Jahre seit Bestehen der Regierung vergangen und weder die erwähnte Hauptforderung noch andere wichtige Wünsche seien erfüllt worden. Weder bei Sozialminister DR. GEPPERT noch beim Finanzminister DKFM. LACINA hätte man anläßlich der Vorsprachen irgendein Zugeständnis erhalten.

Mit Betrübnis stellte Libal fest, daß das Verständnis für die Probleme der Kriegsopfer bei der jüngeren Politikergeneration schwinde. Dabei sollte man den Beitrag der Kriegsteilnehmer und somit auch der Kriegsbeschädigten am Wiederaufbau unter schwierigsten Bedingungen nicht vergessen.

Libal führte unter Hinweis auf die im Herbst 1990 stattfindenden Nationalratswahlen aus, daß es noch immer 128.000 versorgungsberechtigte Kriegsopfer gäbe, mit den Familienangehörigen seien dies fast eine Viertelmillion Wähler. Man sollte die Anliegen dieser Menschen nicht übergehen. Die Funktionäre der Kriegsopfer werden in den nächsten Tagen mit allem Nachdruck dafür eintreten, daß auch die letzten Forderungen und Wünsche erfüllt werden.

In Vertretung des Bundesministers für Arbeit und Soziales wies der Leiter der Sektion IV im Bundesministerium für Arbeit und Soziales, Sektionschef DR. ERNST, auf die allgemeine Situation in der österreichischen Sozialpolitik hin; ua erwähnte er die Bekämpfung der Langzeitarbeitslosigkeit, die Sicherung der Pensionen, die Reform der Krankenversicherung und des Gesundheitswesens. Er berichtete ferner über die Beratungen einer im Bundesministerium eingerichteten Arbeitsgruppe, die den Auftrag hatte, ein Konzept für eine umfassende Pflegevorsorge auszuarbeiten.

Von größter Bedeutung sei es, daß nach jahrelangen zähen Verhandlungen der Bestand des BEinstG auf Bundesebene erreicht werden konnte und damit ua die Förderung der Erholungsfürsorge für Kriegsopfer sichergestellt sei.

Was die noch offenen Wünsche der Kriegsopfer anbelangt, werde er dem Herrn Sozialminister unverzüglich neuerlich berichten. Zu der Novellierung des Kriegsopferversorgungsgesetzes gab er jedoch zu bedenken, daß es nicht darauf ankomme, wie viele Novellen zu einem Gesetz gemacht werden, sondern welche Qualität sie hätten. Er erinnerte daran, daß die in den letzten Jahren beschlossenen Änderungen von Jahr zu Jahr einen größeren Budgetaufwand bedingen würden. Als Beispiel führte er die *Alterserschwerniszulage* an. Am 1. Jänner 1976 hätten rund 14.000 Schwerbeschädigte Anspruch auf diese Zulage gehabt, am 1. Juli 1990 wären es 29.000, also mehr als das Doppelte. Die Ausgaben seien im selben Zeitraum von 44 Millionen Schilling auf 265 Millionen Schilling gestiegen. Nicht unerwähnt solle auch bleiben, daß die erhöhten Versorgungsleistungen für einkommenslose und für minderbemittelte Rentenbezieher jährlich stärker erhöht wurden als die anderen Versorgungsleistungen, welche mit dem allgemeinen Anpassungsfaktor in der gesetzlichen Sozialversicherung vervielfacht wurden. Ein wichtiger Beitrag zum Kampf gegen die Armut.

Trotz ständigem Rückgang der Zahl an Versorgungsberechtigten habe es keine Einsparungen gegeben, im Gegenteil, gegenüber dem Jahre 1988 sei das Budget im Jahre 1990 um 100 Millionen Schilling, und zwar von 6,2 Milliarden Schilling auf 6,3 Milliarden Schilling gestiegen.

Landeshauptmann Dr. Krainer versicherte auf dem Steiermärkischen Delegiertentag in seiner Ansprache, daß er die Wünsche und Forderungen der Kriegsopfer mit Nachdruck vertreten werde. Er meinte am Beginn seiner Rede, daß Sektionschef Dr. Ernst den Delegierten einiges als wohlmeinender Beamter mitgeteilt habe, der aber im Grunde die Politik seines Ministers vertreten müsse. Er kam zu dem Schluß, daß die große Koalition und damit die Bundesregierung, die viel Positives geleistet hat, gut beraten wäre, den berechtigten Forderungen der Kriegsopfer nachzukommen.

Führungswechsel an der Spitze des Verbandes Wien, NÖ und Bgld. und der Zentralorganisation der Kriegsopfer- und Behindertenverbände Österreichs

Bei dem am 14. und 15. November 1990 im Kongreßhaus in Wien abgehaltenen 16. ordentlichen Delegiertentag des Kriegsopfer- und Behindertenverbandes für Wien, NÖ. und Bgld. wurde Otto Pohanka zum Präsidenten des Landesverbandes gewählt.

Präsident Pohanka gab einen Überblick über die bisherige Tätigkeit des Verbandes in großen Zügen, würdigte die Verdienste der Verbandsfunktionäre, unter denen sich viele Spitzenpolitiker befanden, die zu den großen Erfolgen in der Kriegsopferversorgung maßgeblich beigetragen haben und berührte in seiner Rede einige Zukunftsperspektiven; vor allem auch die Frage der Öffnung des Verbandes für Zivilbehinderte und die gute Zusammenarbeit mit deren Organisationen.

Am darauffolgenden Tag fand der 16. ordentliche Delegiertentag der Zentralorganisation statt. Zum Präsidenten wurde der Obmann des Steiermärkischen Kriegsopfer- und Behindertenverbandes, Obermedizinalrat Dr. Schwarzl, gewählt.

Bei seiner Verabschiedung als geschäftsführender Präsident hielt Abgeordneter zum Nationalrat a. D. Otto Libal eine ebenso beeindruckende Rede wie auf dem 17. Delegiertentag des Steiermärkischen Kriegsopfer- und Behindertenverbandes. Er gab einen allgemeinen Überblick über die Novellierungen des Kriegsopferversorgungsgesetzes in der abgelaufenen Funktionsperiode. Sie betrafen im wesentlichen die erhöhten Versorgungsleistungen (erhöhte Zusatzrenten, erhöhte Waisenrenten), welche regelmäßig, also auch in den vergangenen Jahren, mit dem höheren Anpassungsfaktor entsprechend der Anpassung der Ausgleichszulage im ASVG vervielfacht wurden.

Er wiederholte im wesentlichen die bereits in seiner Ansprache vor dem 17. Delegiertentag des Steiermärkischen Kriegsopfer- und Behindertenverbandes erhobenen Forderungen und gab einen Bericht über die Vorsprachen beim Bundeskanzler und den anderen Regierungsmitgliedern. Libal zeigte sich über eine vor den Wahlen durchgeführte Briefwurfsendung an alle Bezieher von Kriegsopferrenten seitens des Sozialministers und des Finanzministers, in der von einer Überversorgung der österreichischen Kriegsopfer die Rede gewesen sei, äußerst überrascht. Er stellte an die Delegierten die Frage, wo es denn in der österreichischen Kriegsopferversorgung eine Überversorgung gäbe. Mit einer gewissen Ironie meinte er, wenn man schon so sparen müsse, dann hätte man sich besser eine halbe Million Schilling an Porti ersparen können.

Abschließend stellte er fest, daß die Kriegsopfer auch in der Zukunft ihre Stimme erheben würden, damit die offenen Fragen bei den zuständigen Stellen Gehör fänden und einer Erledigung zugeführt werden.

Nachdem der neue Präsident, Obermedizinalrat DR. SCHWARZL, seine Antrittsrede gehalten hatte, haben die Delegierten eine Entschließung betreffend die Einführung einer allgemeinen Absicherung des Pflegerisikos gefaßt. Die Neuordnung der Pflegevorsorge sollte sich in Geld- und Sachleistungen sowie in die soziale Absicherung der Pflegepersonen gliedern. Das Pflegegeld soll in sieben Stufen geleistet werden. Als Vorbild möge die Regelung der Pflegezulage im KOVG dienen.

Die Bemühungen der Verbände hatten Erfolg

Dank der Initiative der im Parlament vertretenen Parteien, von Sozialminister HESOUN, Finanzminister DKFM. LACINA, der Beamtenschaft im Sozialministerium und nicht zuletzt die zwei Jahre andauernden Bemühungen der Zentralorganisation und ihres Präsidenten, Obermedizinalrat DR. SCHWARZL, konnte im Dezember 1991 eine Novelle zum KOVG und zum HVG (BGBl Nr 687/1991) verabschiedet werden, in der wesentliche Forderungen der Zentralorganisation erfüllt wurden. Nicht unerwähnt soll bleiben der Einsatz von Landeshauptmann DR. KRAINER und des Bürgermeisters von Graz, STINGL, sowie des geschäftsführenden Präsidenten LIBAL, der durch sein engagiertes Vorgehen wesentlichen Anteil am Zustandekommen dieser Novelle hatte.

Die genannte Novelle enthält Bestimmungen über die Verbesserung der Versorgung von Witwen und Waisen nach Schwerbeschädigten, die im Zeitpunkt des Todes Anspruch auf eine MdE von 50 v.H. hatten.

Diese Gruppe von Hinterbliebenen konnte zwar hinsichtlich ihres Rentenanspruches nicht zur Gänze den übrigen Hinterbliebenen nach Schwerbeschädigten gleichgestellt werden, die Witwen- und Waisenbeihilfe (die bisher zwei Drittel der Rente betrug – § 36 Abs. 2 und § 43 Abs. 1 und 2) konnte aber auf die volle Witwen- und Waisenrente angehoben werden. Bei Vorliegen eines Einkommens der Witwe wird die Versorgungsleistung um den Betrag des Einkommens gekürzt. Erreicht somit das Einkommen (§ 13) der Witwe den Betrag der Grund- und Zusatzrente, gebührt keine Witwenbeihilfe. Der Unterschied zu den übrigen Gruppen von versorgungsberechtigten Hinterbliebenen besteht also darin, daß die Grundrente (§ 35 Abs. 2) diesen unabhängig vom Einkommen gebührt (siehe hiezu die Ausführungen im Abschnitt *Anspruch auf Versorgungsrenten für die Hinterbliebenen nach Schwerbeschädigten aller Kategorien*, S. 291).

Die Regelung ist zwar „budgetschonend", ist jedoch mit dem geltenden System der Hinterbliebenenversorgung nicht in Einklang zu bringen. Es ist zu hoffen, daß es bald zu einer völligen Gleichstellung des genannten Personenkreises kommt.

Neuordnung der orthopädischen Versorgung

Die orthopädische Versorgung wurde durch das Bundesgesetz BGBl Nr 687/1991 (45. Novelle zum KOVG) mit Wirkung vom 1. März 1992 von Grund auf neu geregelt.

Der Umfang der orthopädischen Versorgung wurde im § 32 Abs. 2 neu definiert. Danach umfaßt die orthopädische Versorgung

1. die Ausstattung mit Körperersatzstücken, orthopädischen und anderen Hilfsmitteln, deren Wiederherstellung und Erneuerung,
2. den Kostenersatz für Änderungen an Gebrauchsgegenständen sowie für die Installation behindertengerechter Sanitärausstattung,
3. Zuschüsse zu den Kosten für die behinderungsgerechte Ausstattung von mehrspurigen Kraftfahrzeugen und
4. Beihilfen zur Anschaffung von mehrspurigen Kraftfahrzeugen.

Gemäß § 32 Abs. 3 hat der Bundesminister für Arbeit und Soziales im Einvernehmen mit dem Bundesminister für Finanzen Art, Umfang und Gebrauchsdauer der Leistungen sowie deren Höhe mit Verordnung festzulegen.

Nach der bisherigen Rechtslage konnten grundsätzlich nur jene Sachleistungen beigestellt werden, die ausdrücklich im Leistungskatalog (Anlage zu § 32) angeführt waren. Art und Umfang der Ausstattung mit Körperersatzstücken, orthopädischen und anderen Hilfsmitteln sowie deren Gebrauchsdauer waren ebenfalls in der Anlage des Gesetzes festgelegt. Das Bundesministerium für Arbeit und Soziales konnte im Einvernehmen mit dem Bundesministerium für Finanzen auf Antrag über den Umfang der Anlage hinaus Leistungen gewähren, wenn hiedurch das Ziel der orthopädischen Versorgung erreicht wird (§ 32 Abs. 3).

Der Leistungskatalog, der seit elf Jahren nicht mehr überarbeitet worden ist, wurde einer Modernisierung unterzogen. Das Gesetz stellt nunmehr sicher, daß dem Beschädigten künftighin die orthopädischen Behelfe und Hilfsmittel in einer der jeweiligen technisch-wissenschaftlichen Entwicklung entsprechenden dauerhaften und seinen Bedürfnissen angepaßten Ausführung durch den Bund zur Verfügung gestellt werden.

Der detaillierte Leistungskatalog ist in der Verordnung des Bundesministers für Arbeit und Soziales BGBl Nr 120/1992 festgelegt. Die Verordnung eröffnet den Beschädigten die Möglichkeit, alle für eine bestimmte Beschädigung (Behinderung) entwickelten Hilfsmittel in Anspruch zu nehmen, wenn der Beschädigte auf diese Hilfsmittel angewiesen ist. Die Verordnung zählt die vorgesehenen Sachleistungen (Körperersatzstücke, orthopädische und andere Hilfsmittel – § 1 Abs. 2 – 4) auf. Ferner werden in der Verordnung der Umfang der Ausstattung (§ 2), die Wiederherstellung und Erneuerung der Körperersatzstücke und Hilfsmittel sowie deren Gebrauchsdauer (§ 3), der Kostenersatz für Änderungen an Gebrauchsgegenständen und die Installation von behinderungsgerechten Sanitäreinrichtungen sowie die Gewährung von Zuschüssen für Sonderausstattung an Kraftfahrzeugen (§ 4), Beihilfen zur Anschaffung von mehrspurigen Kraftfahrzeugen und die Beistellung eines Blindenführhundes normiert.

Die Neuregelung der orthopädischen Versorgung hat folgende Vorteile gegenüber der bisherigen Regelung:

- Die dem Beschädigten zur Verfügung gestellten Körperersatzstücke oder Hilfsmittel entsprechen jeweils dem letzten Stand der Technik.
- Bei der Gewährung jener Behelfe, bei denen bisher die Zustimmung des Bundesministers für Finanzen eingeholt werden mußte, kann die Bearbeitungszeit wesentlich verkürzt werden.
- Durch die Festlegung von Art und Umfang der Leistungen in einer Rechtsverordnung kann die Anpassung der Leistungen an die technische Entwicklung künftighin flexibler gehandhabt werden.

Verbesserung der Bestimmungen eines Zuschusses zu den Kosten für Diätverpflegung

In der bezeichneten Novelle wurden die Bestimmungen über die Gewährung eines *Diätzuschusses* (§§ 14 und 46 b) dahingehend ergänzt, daß ein Anspruch auf einen solchen Zuschuß auch bei Nierenerkrankungen besteht, soferne diese Erkrankung eine MdE von mindestens 50 v.H. bedingt.

Diese Forderung, die von der Zentralorganisation ebenfalls schon seit geraumer Zeit gestellt wurde, konnte erst jetzt erfüllt werden, weil der chefärztliche Dienst im Bundesministerium für Arbeit und Soziales lange Zeit hindurch in Übereinstimmung mit anderen medizinischen Gutachten den Standpunkt vertreten hatte, daß die Diätverpflegung bei Nierenerkrankung keine zusätzlichen Ausgaben verursache.

Auszahlung der 14. Monatsrente

Schließlich wurde die Auszahlung der 14. Monatsrente, ebenso wie in der Pensionsversicherung, um einen Monat jeweils auf den ersten Oktober vorverlegt (§ 109).

Erweiterung der Förderungsmöglichkeiten aus dem Kriegsopferfonds

Durch die Novelle zum Kriegsopferfondsgesetz, BGBl Nr 687/1991, wurde mit Wirkung vom 1. Jänner 1992 der Personenkreis, der zinsenfreie Darlehen aus dem Kriegsopferfonds beanspruchen kann, erweitert. Neben den bisherigen Anspruchsberechtigten, das sind Empfänger von Beschädigtenrenten, Witwen (Witwer)renten nach dem KOVG und HVG, können nunmehr auch Bezieher von Witwen (Witwer)beihilfen, Elternrentner und Bezieher von Leistungen im Wege des Härteausgleiches Darlehen aus dem Fonds in Anspruch nehmen.

Anpassung des BEinstG an das internationale Recht

Mit Erkenntnis vom 11. Dezember 1991, G 272/91-8, G 323, 324/91-4 und G 343/91-3, hat der Verfassungsgerichtshof den § 8 Abs. 2 des BEinstG, in dem der erhöhte Kündigungsschutz begünstigter Behinderter geregelt ist, als verfassungswidrig aufgehoben. Für das Außerkrafttreten der genannten Bestimmung hat der Verfassungsgerichtshof eine Frist bis 30. Juni 1992 gesetzt. Die Aufhebung wurde im BGBl Nr 104/1992 kundgemacht. Der Gerichtshof gelangte zu dem Ergebnis, daß die bezeichnete Bestimmung dem Art 6 Abs. 1 der Europäischen Konvention zum Schutz der Menschenrechte und Grundfreiheiten widerspricht. Der Verfassungsgerichtshof folgt in seiner Entscheidung der Judikatur des Europäischen Gerichtshofes für Menschenrechte, wonach die Zustimmung zur Kündigung durch den Behindertenausschuß nach § 8 Abs. 2 BEinstG zu den Zivilrechtsangelegenheiten im Sinne der Konvention (civil rights) zählt, über die in billiger Weise öffentlich und innerhalb einer angemessenen Frist ein unabhängiges und unparteiisches auf Gesetz beruhendes Gericht entscheidet, das die beteiligten Parteien zu hören hat (vgl Urteil des EGMR vom 28. Juni 1990, Nr 6/1989/166/222, EuGRZ 1990, 209, *Ernst-Haller*, DRdA 1992,196 ff).

Mit der Novelle zum BEinstG, BGBl Nr 313/1992, wird dem Erkenntnis des Verfassungsgerichtshofes Rechnung getragen. Über die Berufung gegen einen Bescheid eines Behindertenausschusses hat künftighin in zweiter und letzter Instanz nicht mehr der Landeshauptmann, sondern eine weisungsfreie und unabhängige Berufungskommission (§ 13 a und § 19 a Abs. 2 a) zu entscheiden. Die Berufungskommission entscheidet in Senaten. Jeder Senat besteht aus einem Vorsitzenden und vier Beisitzern. Der Vorsitzende muß ein in Arbeits- und Sozialrechtssachen tätiger oder tätig gewesener Richter des Dienststandes sein, zwei Beisitzer werden von der Bundeskammer der gewerblichen Wirtschaft, ein Beisitzer wird von der Bundeskammer für Arbeiter und Angestellte und ein Beisitzer wird von den in § 10 Abs. 1 Z 6 Bundesbehindertengesetz genannten Vereinigungen entsendet (§ 13 b Abs. 1).

Die Mitglieder werden vom Bundesminister für Justiz für eine Amtsdauer von fünf Jahren berufen. Die Berufungskommissionen sind an keine Weisungen des Bundesministers gebunden.

Berücksichtigung der sozialen und finanziellen Entwicklung in den letzten Jahren

Die Novelle enthält noch eine Reihe weiterer Änderungen, wie z.B.

- die Gleichstellung der Konventionsflüchtlinge mit österreichischen Staatsbürgern, die zum Personenkreis begünstigter Behinderter gehören (§ 2 Abs. 1);
- die gemeinsame Berechnung der Pflichtzahl für Dienstgeber, die Dienstnehmer in zwei oder mehreren Bundesländern beschäftigen (§ 4 Abs. 2 und 3) ab dem Kalenderjahr 1992;
- der Entfall der Pauschalabschläge bei Berechnung der Pflichtzahl für private Dienstgeber, Herabsetzung der Pauschalabschläge für Gebietskörperschaften und private Krankenanstalten von 40 auf 20 v.H. der Dienstnehmer (§ 4 Abs. 4);
- die Reduzierung der Prämien für Dienstgeber, die mehr begünstigte Behinderte beschäftigen, als ihrer Einstellungspflicht entspricht, und für Dienstgeber, die, ohne einstellungspflichtig zu sein, begünstigte Behinderte beschäftigen (§ 9 a Abs. 1);
- die Zusammensetzung des Ausgleichstaxfondsbeirates durch Entsendung eines Vertreters des Bundesministeriums für Finanzen (§ 10 Abs. 2);
- die Möglichkeit der beruflichen Förderung von behinderten Ausländern (§ 10 a Abs. 3);
- die Vereinfachung und Vereinheitlichung bei der Ausstellung von Ausweisen (§ 14 a);
- die Stärkung der Stellung der Behindertenvertrauensperson (§ 22 a Abs. 1);
- die Berufung von Zentralbehindertenvertrauenspersonen in Unternehmen, in denen Zentralbetriebsräte bestehen (§ 22 a Abs. 11 und 12).

Die Pauschalabschläge bei Berechnung der Gesamtdienstnehmerzahl (§ 4 Abs. 4) sind mit Rücksicht auf die technischen Entwicklungen, die die Beschäftigung behinderter Menschen auch in Bereichen möglich machen, in denen dies früher kaum denkbar war, nicht mehr gerechtfertigt. Lediglich die Gebietskörperschaften haben weiterhin in größeren Bereichen Tätigkeiten zu erfüllen, zu denen Behinderte nur schwer herangezogen werden können (z.B. Polizei, Bundesheer, Krankenhäuser). Das gleiche gilt auch für private Spitalserhalter. Bei ihnen wurden im reduzierten Maß die Pauschalabschläge beibehalten, und zwar in Höhe von 20 v.H. der Arbeitnehmer des Betriebes gegenüber bisher in Höhe von 40 v.H.

Die gemäß § 9 a Abs. 1 an Dienstgeber gewährten Prämien haben in den letzen Jahren eine starke Ausweitung erfahren. Hiezu kommt ein starkes Ansteigen für sonstige Förderungsmaßnahmen. Zur längerfristigen Sicherung der Gewährung von Förderungen an behinderte Menschen und deren Einrichtungen (z.B. der geschützten Werkstätten) erwies es sich als unumgänglich, die Prämien für Dienstgeber, die über die Pflichtzahl hinaus behinderte Menschen beschäftigen, betraglich einzuschränken. Durch die infolge der neuen Berechnungsmethode vorgesehene Bindung an die jeweiligen Einnahmen des Fonds soll sichergestellt werden, daß die verpflichtenden Aufwendungen die Einnahmen nicht überschreiten. Um zu verhindern, daß die Prämie für den Fall einer starken Abnahme der Zahl der über die Beschäftigungspflicht hinaus angestellten Personen eine ungerechtfertigte Höhe erreicht, wird als Maximalbetrag die monatliche Prämie mit 50 v.H. der jeweiligen Ausgleichstaxe festgesetzt.

Von der Beschränkung sind jene Prämien ausgenommen, die für die Ausbildung von behinderten Lehrlingen und für die Erteilung von Produktionsaufträgen an Behinderteneinrichtungen geleistet werden.

Es ist zu bedauern, daß diese Maßnahmen getroffen werden mußten, weil die Gewährung der Prämien einen wichtigen Anreiz zur Beschäftigung von Behinderten bildet. Zu verwundern ist, daß sich hiezu die Vertreter der Wirtschaft kaum zu Wort gemeldet haben. Es ist zu hoffen, daß die Einsicht der Dienstgeber für die Notwendigkeit dieser Maßnahmen groß genug ist und es zu keinen Freisetzungen von Behinderten, unter welchen Vorwänden auch immer, aus diesem Grunde kommt. Jedenfalls werden die Behindertenausschüsse und die Berufungskommissionen, die dazu berufen sind, die Zustimmung zur Kündigung zu geben oder diese zu verweigern, allfällige für die Behinderten negativen Auswirkungen genau zu beobachten haben.

Welche Auswirkungen die gesetzliche Änderung bei Neueinstellung von Behinderten hat, kann derzeit noch nicht beurteilt werden.

Jedenfalls zeigt die Arbeitslosenstatistik eine Zunahme der Zahl an wegen körperlichen und geistigen Behinderungen bedingt vermittelbaren Personen.

Die Erhöhung der Ausgleichtaxe, die sich in Österreich ohnedies im bescheidenen Rahmen hält, wäre voraussichtlich zielführender gewesen, zumal die Dienstgeber die Ausgleichstaxe von der Steuer absetzen können und die Mittel des Ausgleichstaxfonds etwa zu zwei Dritteln in die Wirtschaft in Form von Zuschüssen, Darlehen etc. zurückfließen.

Behindertenpaß

Anstelle des Behindertenausweises gemäß § 14 a BEinstG tritt der Behindertenpaß gemäß §§ 40–47 des Bundesbehindertengesetzes, BGBl Nr 283/1990. Für die Ausstellung der Lichtbildausweise ist die gemäß § 47 erlassene Verordnung, BGBl Nr 86/1991, maßgebend. Damit ist man dem Ziel, einen einheitlichen Behindertenpaß für alle Gruppen von Behinderten zu schaffen, einen Schritt näher gekommen (Näheres siehe Abschnitt *Bundesbehindertengesetz* S. 300 f).

Zu bemerken ist, daß im Rahmen der Vorarbeiten für eine Reform der Bundesverfassung Bestrebungen im Gange sind, für die Schaffung eines einheitlichen Behindertenpasses eine eigene Bundeskompetenz zu begründen.

25 Jahre Forschungsinstitut für Orthopädietechnik

Im Dezember 1992 hat das Forschungsinstitut für Orthopädietechnik sein 25jähriges Bestandsjubiläum gefeiert. In der fachärztlichen Leitung des Institutes ist dem Prim. DR. ZEMANN im Jahre 1981 Univ.-Prof. DR. HERBERT KRISTEN nachgefolgt. Er war – ebenfalls wie Zemann – über viele Jahre hindurch Primarius an der orthopädischen Sonderkrankenanstalt in St. Andrä am Zicksee. Der neue Vorstand und das Kuratorium des Institutes haben den Schwerpunkt der Tätigkeit auf die praktische Versorgung und die sich daraus ergebende Forschung und Entwicklung gelegt. Die Beratung und Fortbildung von Ärzten, Patienten und Orthopädietechnikern wurden in den Vordergrund gestellt und zu diesem Zweck Seminare und Fortbildungsveranstaltungen organisiert. Ferner arbeitet das Institut im Arbeitskreis für technische Orthopädie im Rahmen der Österreichischen Gesellschaft für Orthopädie und Orthopädische Chirurgie mit.

Die Arbeiten auf dem Gebiet der Orthopädietechnik befassen sich im wesentlichen mit folgenden Projekten:

- Weiterentwicklung und Modernisierung der bewährten Zawodnik-Hand,
- Entwicklung und praktische Erprobung der Wiener Dreharm-Prothese für Unterarmamputierte,
- Konstruktion eines einfachen Kniegelenkes für geriatrische Patienten,
- Konstruktion und Weiterentwicklung einer Hüft-Total-Endoprothese,
- Entwicklung eines Operationsinstrumentariums, Skoliosemeßgerätes und verschiedener Orthesen in Zusammenarbeit mit Kliniken und Ärzten,
- Weiterentwicklung im Rollstuhlbau (Übersetzungsnaben für rascheren bzw. leichteren Antrieb).

Auf dem Gebiet der elektronischen Arbeiten hat das Institut an der Entwicklung einer Meßplatte zur Feststellung vertikaler Druckkräfte und an zwei Projekten über Elektrostimulation mitgearbeitet.

Weitere Aufgaben haben die Paßform und Testung von Kinderschuhen und Sportschuhen betroffen. Alle diese Entwicklungen sind derzeit weitgehend abgeschlossen, wobei jedoch laufend Problemstellungen ähnlicher Art an das Institut herangetragen werden.

Derzeit liegt der Schwerpunkt in der Fertigung von Prothesenschäften und in der Objektivierung von Prothesenpaßform und Gangbildern durch eine entsprechende Ganganalyse. Zu diesem Zweck betreibt das Institut in enger Zusammenarbeit mit der Allgemeinen Unfallversicherungsanstalt intensive Studien in einem Ganganalyselabor im Rehabilitationszentrum Weißer Hof.

Neben diesen technischen Entwicklungen versteht sich das Forschungsinstitut für Orthopädietechnik auch als Informationsquelle bei Problemversorgung und bei Fragestellungen, die im Verlauf einer prothetischen Versorgung bei Kostenträgern, Patienten und Ärzten auftreten können. In dieser Aufgabenstellung hat das Forschungsinstitut auf Anfragen wiederholt entsprechende Hilfestellung geleistet und erachtet dies auch für eine seiner wesentlichen Aufgaben für die Zukunft.

Außerdem befaßt sich das Institut mit der Testung von Prothesen, Hilfsmitteln und Rollstühlen und arbeitet an einschlägigen nationalen und internationalen Normenvorhaben mit.

Die Bundesregierung beschließt neues Behindertenkonzept

Im März 1993 hat die Bundesregierung ein Behindertenkonzept beschlossen und der Öffentlichkeit vorgestellt. Das Konzept umfaßt alle Bereiche der Rehabilitation und kommt zu dem Schluß, daß in der Rehabilitation behinderter Menschen beachtliche Erfolge erzielt wurden, wichtige Probleme sind jedoch noch ungelöst, wie z.B.:

- die Schaffung eines Rechtsanspruches auf Rehabilitation für alle Gruppen von behinderten Menschen;
- die Gewährung von Rehabilitationsmaßnahmen in gleicher Qualität und in gleichem Umfang unabhängig von der Ursache der Behinderung;
- die Abkehr vom Kosten-Nutzen-Prinzip;
- die weitere Verbesserung der Zusammenarbeit zwischen den verschiedenen Rehabilitationsträgern.

Als weitere wichtige Maßnahmen werden im Konzept gefordert:

- eine Verbesserung der Ausbildungs- und Arbeitsbedingungen in der Behindertenarbeit
- eine verstärkte Forschung und Entwicklung derselben zu behinderungsbezogenen Themen
- die zügige Fortsetzung des Abbaues baulicher Barrieren
- die Errichtung einer Gleichbehandlungskommission für behinderte Menschen
- eine Professionalisierung und bessere finanzielle Dotierung der Öffentlichkeitsarbeit

Die Bundesregierung erklärt ihre Bereitschaft, die Bemühungen der UNO, der EU und anderer internationaler Organisationen auf dem Gebiete der Behindertenpolitik zu unterstützen.

Angestrebt wird daher

- eine Beteiligung Österreichs an den Behindertenprogrammen der EU
- eine verstärkte Zusammenarbeit mit internationalen Organisationen

Die Bundesregierung bekennt sich dazu, eine aktive Behindertenpolitik fortzusetzen.

Ein Meilenstein in der Entwicklung der sozialen Sicherheit – das Jahrhundertgesetz über Pflegevorsorge

Nach jahrelangen Vorarbeiten und Beratungen in einer von Sozialminister DALLINGER eingesetzten Arbeitsgruppe sowie durch den besonderen Einsatz des Sozialministers JOSEF HESOUN hat der Nationalrat das Bundespflegegeldgesetz (BPGG) vom 12. Feber 1993, BGBl Nr 110, das mit 1. Juli 1993 in Kraft getreten ist, beschlossen.

Zweck des Pflegegeldes ist es, pflegebedingte Mehraufwendungen abzugelten, um pflegebedürftigen Personen so weit wie möglich die notwendige Betreuung und Hilfe zu sichern sowie die Möglichkeit zu verbessern, ein selbstbestimmtes, bedürfnisorientiertes Leben zu führen.

Anspruch auf Pflegegeld haben pflegebedürftige Personen, die ihren gewöhnlichen Aufenthalt im Inland haben und auf Grund bundesgesetzlicher Vorschriften eine Rente, Pension, einen Ruhe- oder Versorgungsgenuß beziehen, teilversicherte Schüler und Studenten sowie Angehörige freier Berufe, die der Pflege bedürfen, letztere soweit sie durch Verordnung des Bundesministers für Arbeit und Soziales in den anspruchsberechtigten Personenkreis einbezogen wurden.

Alle anderen pflegebedürftigen Personen, z.B. Personen, die nicht berufstätig waren und daher keinen Pensionsanspruch erworben haben, haben Anspruch auf Pflegegeld nach den jeweils geltenden Landespflegegesetzen.

Pflegegeld gebührt ab Vollendung des 3. Lebensjahres, wenn aufgrund einer körperlichen, geistigen oder psychischen Behinderung oder einer Sinnesbehinderung der ständige Betreuungs- und Hilfsbedarf (Pflegebedarf) voraussichtlich mindestens sechs Monate andauern wird oder würde.

Das Pflegegeld wird in sieben Stufen (zwischen 2.500 S und 20.000 S) je nach dem zeitlichen Ausmaß des Pflegebedarfes gewährt. Es wird im Jahr zwölfmal ausgezahlt. Die Beträge der Pflegegelder werden mit dem in der Sozialversicherung geltenden Anpassungsfaktor jährlich vervielfacht.

Mit Verordnung vom 11. Mai 1993, BGBl Nr 314/1993, hat der Bundesminister für Arbeit und Soziales nähere Bestimmungen für die Beurteilung des Pflegebedarfes erlassen. Danach erfolgt die Zuordnung zu den einzelnen Pflegegeldstufen.

Zur *Betreuung* gehören notwendige Verrichtungen anderer Personen, die vornehmlich den persönlichen Lebensbereich betreffen und ohne die die pflegebedürftige Person der Verwahrlosung ausgesetzt wäre. Hiezu zählen ua An- und Auskleiden, Körperpflege, Zubereitung und Einnahme von Mahlzeiten, Hilfe bei der Verrichtung der Notdurft, Hilfe bei der Einnahme von Medikamenten und die Mobilitätshilfen. Für die einzelnen Betreuungstätigkeiten sind zeitliche Richtwerte aufgestellt, z.B. für An- und Auskleiden 2 x 20 Minuten, für Reinigung inkontinenter Patienten 4 x 10 Minuten pro Tag.

Unter *Hilfe* sind Verrichtungen anderer Personen zu verstehen, die den sachlichen Lebensbereich betreffen und zur Sicherung der Existenz erforderlich sind.

Darunter fallen die Herbeischaffung von Nahrungsmitteln und Medikamenten, die Reinigung der Wohnung und persönlicher Gebrauchsgegenstände, die Pflege der Leib- und Bettwäsche, die Beheizung des Wohnraumes einschließlich der Herbeischaffung von Heizmaterial. Für jede Hilfsverrichtung ist ein auf einen Monat bezogener fixer Zeitwert von zehn Stunden anzunehmen.

Das Pflegegeld wird von der Stelle bewilligt und ausbezahlt, die für die Gewährung der Grundleistung zuständig ist, z.B. die Pensionsversicherungsanstalt der Arbeiter bei Bezug einer Pension nach dem ASVG.

Gegen Bescheide nach dem Bundespflegegeldgesetz kann beim zuständigen Landesgericht bzw. beim Arbeits- und Sozialgericht in Wien Klage eingebracht werden.

Nach dem Stammgesetz bestand ein Rechtsanspruch auf Pflegegeld in Höhe der Stufe 1 und 2 ab 1. Juli 1993, für die Stufen 3 bis 7 aber erst ab 1. Jänner 1997. Das bedeutete, daß der Antragsteller, wenn er mit der Entscheidung nicht einverstanden war, bis 1. Jänner 1997 nur das Pflegegeld nach der Stufe 1 und 2 einklagen konnte. Diese sachlich nicht gerechtfertigte ungleiche Behandlung wurde seitens des Bundesministeriums für Justiz mit dem derzeit akuten Richtermangel bei den Arbeits- und Sozialgerichten begründet. Wenn auch der akute Richtermangel nicht in Abrede gestellt werden soll, so kam die im Gesetz getroffene Regelung einer staatlichen Rechtsverweigerung gleich und widersprach den Grundsätzen des Rechtsstaates. In der Erkenntnis dieser Rechtswidrigkeit hat der Nationalrat am 24. Jänner 1995 eine Änderung des Bundespflegegeldgesetzes beschlossen, wonach das Klagerecht beim Arbeits- und Sozialgericht auch hinsichtlich der höheren Stufen bereits ab 1. Juli 1995 besteht. Die Betroffenen haben allerdings neuerlich einen Antrag zu stellen. Erst nach der neuen Einstufung des Pflegegeldes kann die Klage eingebracht werden.

Es stellt sich nun die Frage, welche Bedeutung das Bundespflegegeld im Bereiche der Kriegsopferversorgung hat.

Grundsätzlich ist hiezu festzustellen, daß Kriegsbeschädigte, die durch die Dienstbeschädigung pflegebedürftig geworden sind, weiterhin Anspruch auf die Pflege- bzw. Blindenzulage (§§ 18 und 19) nach dem KOVG haben. Diese Regelungen werden durch das Bundespflegegeldgesetz nicht berührt.

Anders ist es, wenn der Kriegsbeschädigte pflegebedürftig wird, und die Pflegebedürftigkeit nicht im Zusammenhang mit der Dienstbeschädigung steht. Dann gebührt ihm anstelle der bisher gemäß § 18 a KOVG gewährten Hilflosenzulage das Pflegegeld. Auch die Kriegshinterbliebenen erhalten anstelle der Hilflosenzulage (§ 43 a) das Pflegegeld nach dem Bundespflegegeldgesetz.

Um Rentenkürzungen zu vermeiden, sieht das Bundespflegegeldgesetz die Gewährung eines Ausgleiches vor, wenn die Summe der bisherigen Geldleistungen für Pflegebedürftigkeit höher ist als das nunmehr gebührende Pflegegeld.

Der Beitritt Österreichs zum Europäischen Wirtschaftsraum

Der Beitritt Österreichs zum Europäischen Wirtschaftsraum hatte Angleichungen einer Reihe von Gesetzen an die EU-Richtlinien zur Folge. Eine der Änderungen betraf das BEinstG.

Mit der Novelle BGBl Nr 111/1993 wurden die Staatsangehörigen sämtlicher EWR-Mitgliedsstaaten mit den österreichischen Staatsbürgern hinsichtlich der Zugehörigkeit zum Personenkreis der begünstigten Behinderten gleichgestellt. Die Gleichstellung betrifft die Förderungsmöglichkeiten aus dem Ausgleichstaxfonds, den Kündigungsschutz und das Wahlrecht für EWR-Bürger zu Behindertenvertrauenspersonen.

Mit einer weiteren Novelle zum BEinstG, BGBl Nr 27/1994, wurden in das Gesetz Bestimmungen über die Wahl von Konzern-Behindertenvertrauenspersonen aufgenommen. Damit wurde den Vertretern der begünstigten Behinderten auch auf Konzernebene ein Mitspracherecht eingeräumt.

Das Bundesheer im Grenzeinsatz und im Einsatz bei internationalen Organisationen

Die 22. Novelle zum HVG, BGBl Nr 28/1994, hat eine Ergänzung der Versorgung der Bundesheerangehörigen gebracht:

Ab 1. Jänner 1994 gelten auch Gesundheitsschädigungen, die ein Wehrpflichtiger bei beaufsichtigten Tätigkeiten im Einsatz gemäß § 2 Abs. 1 des Wehrgesetzes 1990 (militärische Landesverteidigung, Schutz der verfassungsmäßigen Einrichtungen und ihrer Handlungsfähigkeit sowie der demokratischen Freiheiten der Einwohner und Aufrechterhaltung der Sicherheit im Inneren, Hilfeleistung bei Elementarereignissen und Unglücksfällen außergewöhnlichen Umfanges sowie Hilfeleistungen im Ausland auf Ersuchen internationaler Organisationen oder der Liga der Rotkreuz-Gesellschaften) während befohlener dienstlicher Erholungszeiten, die zur Erhaltung oder Wiederherstellung der Einsatzfähigkeit vorgesehen sind, erleidet, als Dienstbeschädigungen. Gleichzeitig wurde bestimmt, daß Gesundheitsschädigungen, die ein Wehrpflichtiger im Falle eines Einsatzes gemäß § 2 Abs. 1 des Wehrgesetzes 1990 auf dem Weg vom Ort der militärischen Dienstleistung zu beaufsichtigten Tätigkeiten während befohlener dienstlicher Erholungszeiten oder auf dem Rückweg erleidet, als Dienstbeschädigung zu entschädigen sind. Die Novelle enthält noch Verbesserungen, wie z.B. bei der Gewährung von Zuschüssen zu den Kosten für Wohnungsadaptierungen.

Erhöhung des Kaufpreislimits bei Rückvergütung der Normverbrauchsabgabe

Einer jahrelangen Forderung der Zentralorganisation nach Anhebung des Kaufpreislimits bei der Rückvergütung der Normverbrauchsabgabe beim Ankauf eines PKW wurde mit der Novelle zum Bundesbehindertengesetz vom 11. Jänner 1994, BGBl Nr 26/1994, Rechnung getragen. Das Kaufpreislimit wurde um 50.000 S angehoben. Das bedeutet, daß ab 1. Jänner 1994 der Berechnung der Belastung, die beim Ankauf eines PKW durch die Normverbrauchsabgabe entsteht, ein Kaufpreis von maximal 250.000 S zuzüglich der Kosten für behindertenbedingte Zusatzausstattungen zugrunde zu legen ist. In besonderen Ausnahmefällen, in denen die Anschaffung eines teueren PKW wegen der Behinderung unbedingt erforderlich ist, kann diese Grenze überschritten werden.

Neuorganisation der Arbeitsmarktverwaltung und der Landesinvalidenämter

Noch zwei Gesetze seien abschließend genannt, die der Nationalrat im Zuge der Umstrukturierung der Arbeitsmarktverwaltung beschlossen hat:

– Die Änderung des BEinstG im Artikel 14 des Arbeitsmarktservice-Begleitgesetzes – AMS-BegleitG, BGBl Nr 314/1994, mit welchem die Bezeichnungen im BEinstG an das Arbeitsmarkt-Servicegesetz – AMSG, BGBl Nr 313/1994, angepaßt wurden.

– Das Bundesgesetz über die Bundesämter für Soziales und Behindertenwesen (Bundessozialämtergesetz – BSAG, Art 33 BGBl Nr 314/1994), womit die *Landesinvalidenämter* in *Bundesämter für Soziales und Behindertenwesen (Bundessozialämter)* umbenannt wurden. Das Gesetz bestimmt ua, daß die neuen Ämter die Aufgaben und Befugnisse im bisherigen Umfang beibehalten.

Beide Gesetze sind am 1. Juli 1994 in Kraft getreten.

Trotz Rückgang der Zahl an Versorgungsberechtigten blieben die Ausgaben unverändert

Viele Bürger sind der Meinung, daß die Zahl an versorgungsberechtigten Kriegsopfern stark abnehme und sich daher die Ausgaben im Budget entsprechend verringern müßten.

In der Zeitung I/1994 des KOBV für Wien, NÖ. und Bgld. läßt eine kurze Pressemitteilung aufhorchen. Für die Bereitstellung der Renten nach dem KOVG und HVG ist im Bundesvoranschlag für das Jahr 1994 ein Betrag von 6,2 Milliarden Schilling vorgesehen. Dies bedeutet, daß trotz eines ca. 5%igen Rückganges der Zahl an Versorgungsberechtigten die Rentenleistungen gegenüber dem Bundesvoranschlag 1993 fast gleichgeblieben sind. Dies deshalb, weil zum einen die Rentengebührnisse per 1. Jänner 1994 um 2,5 %, die einkommensabhängigen Leistungen aber um über 6 % angehoben wurden, und zum anderen, weil in den genannten Gesetzen in vorbildlicher Weise Leistungen vorgesehen sind, die es ermöglichen, die Probleme des Alterns zu erleichtern. Da die Lebenserwartungen der zum Großteil schon im fortgeschrittenen Alter befindlichen Kriegsbeschädigten steigen, schlägt sich dies auf das Budget stärker zu Buche. Auch die Art der Leistungen ermöglicht es diesen Personen, ihren Lebensabend länger in vertrauter Umgebung zu verbringen, anstatt in eine stationäre Einrichtung (Pensionisten- oder Pflegeheim) zu gehen.

Betrachtet man die Entwicklung seit der Erfüllung des Forderungsprogrammes durch die 24. Novelle zum KOVG, so kann man feststellen, daß die Beschädigten- und Hinterbliebenenrenten entsprechend der alljährlichen Pensionsanpassung der gesetzlichen Sozialversicherung im Zeitraum vom 1984 bis 1994 um durchschnittlich 40 % erhöht wurden. Jene Versorgungsleistungen, die in der Kriegsopferversorgung der Ausgleichszulage in der gesetzlichen Pensionsversicherung entsprechen, das sind die erhöhten Zusatzrenten für Beschädigte (§ 12 Abs. 3), die Zusatzrenten und Beihilfen für Witwen (Witwer) (§ 35 Abs. 3 und § 36 Abs. 2), die erhöhten Waisenrenten (§ 42 Abs. 3), die erhöhten Waisenbeihilfen (§ 43 Abs. 3) und die erhöhten Elternrenten bei minderbemittelten oder einkommenslosen Eltern (§ 46 Abs. 3 und 4), wurden hingegen im selben Zeitraum um fast 80 % erhöht. Trotz des Rückganges der Zahl der Bezieher solcher Versorgungsleistungen zeigen die Ausgaben im Budget steigende Tendenz.

Hiezu kommt, daß bei der Feststellung des Einkommens für die Bemessung der Ausgleichszulage die Grund- und Elternrente, eine Reihe von Zulagen, wie z.B. die Alterszulage, Schwerstbeschädigtenzulage, Pflege(Blinden)zulage, der Zuschuß zu den Kosten der Diätverpflegung nach dem KOVG und OFG sowie ein Drittel der nach dem HVG gewährten Beschädigten- und Witwenrente, ferner die Elternrenten einschließlich einer allfälligen Zusatzrente (§ 23 Abs. 3, § 33 Abs. 1 bzw. § 44 Abs. 1 und § 45 HVG), außer Betracht bleiben (§ 292 Abs. 4 lit. i ASVG). Andererseits gelten die Ausgleichszulagen in der gesetzlichen Pensionsversicherung nicht als Einkommen gemäß § 13 KOVG (Erlaß des Bundesministeriums für Arbeit und Soziales vom 30. September 1959, Zl IV-9.349-20 a/59).

Die wechselseitige Anrechnung, die von den Kriegsopferverbänden viele Jahre hindurch bekämpft wurde, ist durch diese Regelung beseitigt oder zumindest erheblich eingeschränkt worden.

Worin sind weitere Gründe dafür zu suchen, daß das Kriegsopferversorgungsbudget nicht geringer wird? Wann kann der Finanzminister endlich mit einigen Millionen „Minderaufwand" rechnen?

Eine der Hauptursachen bildet die bereits mehrmals erwähnte *Alterserschwerniszulage*. Dadurch, daß immer mehr Schwerkriegsbeschädigte infolge ihres Alters in den Anspruch auf diese Zulage „hineinwachsen", frißt der erforderliche Mehraufwand hiefür allfällige „Minderausgaben" auf.

Mit 1. Juli 1984 wurde diese Zulage an 33.862 Schwerbeschädigte mit einem Gesamtjahresaufwand von rund 170 Millionen Schilling und mit 1. Juli 1994 an 25.508 Schwerbeschädigte mit einem Gesamtjahresaufwand von rund 310 Millionen Schilling ausbezahlt (vgl Ausführungen im Abschnitt *Alterserschwerniszulage* S. 281 f). Steigende Ausgaben sind im Hinblick auf das Alter der Versorgungsberechtigten im Bereich der Heilfürsorge, Krankenversicherung und orthopädische Versorgung zu verzeichnen. Im Jahre 1992 waren es 376,5 Millionen Schilling, im Jahre 1993 421 Millionen Schilling.

Einen beachtlichen budgetären Mehraufwand bedingt das siebenstufige Pflegegeld gegenüber der früheren Hilflosenzulage.

Im Bundesministerium für Arbeit und Soziales angestellte Berechnungen prognostizieren, daß es im Jahre 2000 noch etwa 70.000 Kriegsopfer geben werde. Vergleicht man dies mit dem derzeitigen Stand von etwa 105.000, so kann man sich unschwer vorstellen, daß die in den kommenden Jahren erzielbaren Ersparnisse keinen beträchtlichen Beitrag zur Budgetsanierung leisten werden können.

Perspektiven

Die Zentralorganisation und ihre Mitgliedsverbände haben wiederholt bekundet, daß sie sich in verstärktem Maße um die Angelegenheiten der Zivilbehinderten annehmen werden.

Dies hob der am 17. Ordentlichen Delegiertentag der Zentralorganisation, welcher am 11. und 12. Oktober 1993 in Pörtschach stattfand, gewählte neue Präsident OTTO POHANKA in seiner Ansprache hervor. Die Zentralorganisation müsse sich als Anwalt aller Kriegsopfer und Behinderten betrachten.

Auf dem Gebiete der Rehabilitation wurden in den letzten Jahren viele Verbesserungen geschaffen und Initiativen gesetzt. Viele Probleme warten jedoch noch auf eine Lösung. Die Kriegsopferverbände sind mit dem Dachverband aller Behindertenorganisationen Österreichs, der *Österreichischen Arbeitsgemeinschaft für Rehabilitation,* in Zusammenarbeit mit allen in dieser Organisation zusammengeschlossenen Behindertenverbänden aufgerufen, weiterhin alle erforderlichen Maßnahmen zu setzen, die behinderten Menschen in die Gesellschaft einzugliedern und ihnen ein selbständiges Leben zu ermöglichen. Um dieses Ziel einigermaßen zu erreichen, bedarf es noch weiterer gesetzlicher Vorkehrungen. Vor allem aber ist der Ausbau des Netzes von mobilen Sozialstationen mit qualifiziertem Fachpersonal und der Ausstattung mit modernen Einrichtungen sowie der persönlichen Betreuungsdienste zu forcieren.

Der im *Internationalen Jahr der behinderten Menschen* und die in der *Dekade behinderter Menschen* eingeleitete Prozeß der Bewußtseinsbildung muß fortgesetzt werden.

Aufgabe der Verbände und Wohlfahrtseinrichtungen wird es sein, für die Umsetzung des von der Generalversammlung der Vereinten Nationen angenommenen *World Programme of Action Concerning Disabled Persons* und der in Durchführung hiezu ergangenen *Standard Rules of Equalisation of Opportunities for Disabled Persons* und andere internationale Konventionen, Programme etc. Sorge zu tragen. Hiezu zählen die Europäische Sozialcharta, die Gemeinschaftscharta der sozialen Grundrechte der Arbeitnehmer, das Helios-Programm (Handicapped People in the European Community Living Independently in a Open Society) der EU.

Alle Verbände sind auch aufgerufen, auf die Durchführung nationaler Programme und Vereinbarungen, wie z.B. das Behindertenkonzept der Bundesregierung, die Verträge zwischen dem Bund und den Bundesländern zur weiteren Koordinierung der Rehabilitationsmaßnahmen, einzuwirken.

Die Reform der Bundesverfassung böte Gelegenheit, eine sinnvolle Kompetenzverteilung herbeizuführen und damit die Aufteilung der Aufgaben auf die Gebietskörperschaften für den einzelnen Bürger transparenter zu machen. Auch sollte bei dieser Gelegenheit geprüft werden, ob und allenfalls welche speziellen Grundrechte, wie z.B. das Recht auf Rehabilitation und Arbeit oder das Diskriminierungsverbot, in das Bundesverfassungsgesetz aufgenommen werden sollten.

Größte Aufmerksamkeit werden die Verbände darauf zu lenken haben, daß nicht im Zuge einer Sozialreform die bereits bestehenden Rechte behinderter Menschen geschmälert werden.

Österreich hat auf dem Gebiet der Behindertenbetreuung aufgrund einer langjährigen Tradition große Kenntnisse und Erfahrungen, die es in die EU zum Wohle aller Menschen der Gemeinschaft einbringen könnte. Der Ausbau internationaler Kontakte ist daher unerläßlich. Internationale Verbände, wie z.B. die World Veterans Federation, könnten hier wertvolle Hilfe leisten.

Während das Mitspracherecht der Verbände im nationalen Bereich erheblich ausgebaut werden konnte (z.B. im Bundesbehindertenbeirat, im Kriegsopferfürsorgebeirat, in den Rehabilitations- und Behindertenbeiräten der Länder), sollten die Bemühungen, ein größeres Mitspracherecht auf internationaler Ebene zu erlangen, intensiviert werden.

Die Organisationen und Verbände sollten besonders dahin wirken, daß sie eine entsprechende Stellung und Einflußmöglichkeit bei den Gremien der EU erhalten. Durch den Beitritt Österreichs zur EU wurde in dieser Hinsicht ein entscheidender Schritt gesetzt.

Der Beitritt Österreichs zur EU eröffnet neue Möglichkeiten auf dem Gebiete der orthopädischen Forschung und Versorgung. Der Markt der Gemeinschaft wird das Angebot an modernen, zweckmäßigen Behelfen erheblich erweitern und diese allen EU-Bürgern leichter zugänglich machen.

Aber auch die Hilfe für osteuropäische Staaten soll auf diesem Gebiet fortgesetzt werden. So hat Sozialminister HESOUN im Jahr 1992 die Aktion *Bosnienhilfe* ins Leben gerufen. Der Bundesminister übertrug den Prothesenwerkstätten, kroatische Kriegsinvalide mit prothetischen Hilfsmitteln zu versorgen. Bislang sind etwa 70 Personen im Rahmen dieser Aktion Prothesen angepaßt worden.

Außerdem läuft ein Programm zur Aus- und Weiterbildung russischer Orthopädie-Techniker. Das Leistungspaket umschließt modernste Erzeugung von Arm- und Beinprothesen, Apparaten, Miedern, Bandagen, Einlagen, orthopädischen Schuhen und individuellen Sonderanfertigungen. Die Prothesenwerkstätten werden nicht nur von den BSB, sondern auch von Fachkräften und Ärzten in Spitälern in Anspruch genommen (Näheres siehe im Abschnitt *Bundesstaatliche Prothesenwerkstätten* S. 235 f).

Die Bestrebungen, bauliche Barrieren für behinderte Menschen zu beseitigen, sind fortzusetzen.

Die Absetzbeträge vom zu versteuernden Einkommen wegen der Mehrausgaben infolge Behinderung wurden seit acht Jahren nicht mehr erhöht. Da die Ausgaben in der Zwischenzeit erheblich gestiegen sind, ist die Anpassung der Freibeträge dringend geboten.

Auf dem Gebiet der Kriegsopferversorgung konnte durch die 45. Novelle zum KOVG, BGBl Nr 687/1991, die Rentenversorgung der Witwen und Waisen nach Schwerbeschädigten, die im Zeitpunkt des Todes einen Anspruch auf Beschädigtenrente entsprechend einer MdE von 50 v.H. hatten, wesentlich verbessert werden. Der Beihilfenanspruch ist jedoch zur Gänze vom Einkommen der Witwe abhängig. Die Zentralorganisation wird deshalb ihre Bemühungen fortsetzen, eine völlige Gleichstellung dieser Hinterbliebenen mit den anderen Kategorien herbeizuführen.

Die Berechnung des Einkommens aus Ausgedinge wurde in der Pensionsversicherung der Bauern wesentlich verbessert. Die Kriegsopferverbände verlangen die Anpassung der Einkommensberechnung nach § 13 Abs. 5 KOVG an die Regelung in der Sozialversicherung, um endlich die sachlich nicht gerechtfertigte unterschiedliche Einkommensbewertung zu beseitigen. Nachdem sowohl der Sozialminister als auch der Finanzminister bereits im Sommer 1991 die Regelung dieser Angelegenheit verbindlich zugesagt haben, sind bisher keine entsprechenden Novellierungsvorschläge für eine Regierungsvorlage vorgelegt worden. Der Vorstand der Zentralorganisation hat sich daher in seiner Sitzung vom 22. Februar 1994 mit dieser Frage neuerlich befaßt und ist einhellig zur Überzeugung gekommen, daß die unbegründeten Verzögerungen, vor allem auch im Hinblick auf das fortgeschrittene Alter der Versorgungsberechtigten, nicht mehr länger hingenommen werden können. Dies wurde auch von den Vertretern der Zentralorganisation bei ihrer Vorsprache am 3. März 1994 bei Sozialminister HESOUN in eindeutiger Form zum Ausdruck gebracht. Der Vorstand hat daher eine Entschließung verabschiedet, in der der Sozialminister aufgefordert wird, die Vorbereitungsarbeiten für die bereits zugesagte Absetzung der anrechenbaren Einkünfte aus land- und forstwirtschaftlichen Betrieben gemäß § 13 KOVG so voranzutreiben, daß mit einer diesbezüglichen Änderung des KOVG mit 1. Juli 1994 gerechnet werden kann. Diese Rechnung ist leider (noch) nicht aufgegangen.

Bereits Bundesminister DALLINGER hat eine Arbeitsgruppe von Fachexperten und Beamten eingesetzt, die den Auftrag hatte, die zu § 7 erlassene Verordnung des Bundesministers für soziale Verwaltung vom 9. Juni 1965, BGBl Nr 150, über die Richtsätze für die Einschätzung der MdE nach den Vorschriften des KOVG zu überarbeiten. Grund hiefür ist, daß die genannte Verordnung in verschiedenen medizinischen Wissensgebieten nicht mehr den neuen Erkenntnissen der medizinischen Wissenschaft entspricht. Obwohl seinerzeit eine stattliche Anzahl von Sitzungen stattfand, konnten die Arbeiten bisher nicht abgeschlossen werden.

In diesem Zusammenhang hat das Verhandlungsteam der Zentralorganisation bei seiner Vorsprache bei Sozialminister JOSEF HESOUN am 3. März 1994 den Vorschlag unterbreitet, eine wissenschaftliche Studie über die Auswirkungen der Kriegsbeschädigung auf Überlastungsbeschwerden und Folgeschäden anhand der Krankengeschichten von noch lebenden Kriegsbeschädigten in der Sonderkrankenanstalt Zicksee in Auftrag zu geben. Der Sozialminister hatte diesem Vorschlag seine Zustimmung erteilt.

Durch die Neuregelung der Anpassung von Pensionen in der gesetzlichen Sozialversicherung *(Nettoanpassung)* kann nicht ausgeschlossen werden, daß in den nächsten Jahren bei den Geldleistungen Realwertverluste eintreten. Besonderes Augenmerk wird darauf zu lenken sein, daß die Anpassung der Versorgungsleistungen, die das Existenzminimum für das Kriegsopfer bilden, wie in den vergangenen Jahren über den allgemeinen Anpassungsfaktor hinaus in einem zu den im Verhältnis zu den Lebenshaltungskosten entsprechenden Ausmaß erhöht werden.

Die Erholungsfürsorge ist, insbesondere für Kriegsopfer im fortgeschrittenen Alter, ein wichtiger Beitrag zur Erhaltung ihrer Gesundheit. Es ist Aufgabe des Bundes, die hiefür erforderlichen Mittel zur Verfügung zu stellen, um dadurch die Einzelfürsorge ebenso wie den Betrieb und die Erhaltung von Einrichtungen der Erholungsfürsorge sicherzustellen. Einen wichtigen Schritt auf diesem Wege bildet die Novelle zum KOVG, BGBl Nr 566/1985, die – wie bereits erwähnt – im § 6 Abs. 4 normiert, daß für Zwecke der Erholungsfürsorge und deren Einrichtungen für den versorgungsberechtigten Personenkreis Mittel aus dem Ausgleichstaxfonds bereitzustellen sind. Da die Mittel des Ausgleichstaxfonds zunehmend zur beruflichen Rehabilitation behinderter Menschen Nutzen finden, würden es die Kriegsopferverbände begrüßen, wenn die erforderlichen Mittel im Bundesvoranschlag betragsmäßig festgesetzt werden.

Wie bereits an anderer Stelle erwähnt, leisteten und leisten die Familienangehörigen, vor allem die Ehefrauen, einen wichtigen Beitrag zur Pflege von Schwerstbeschädigten. Um die Pflege in der Familie so lange wie möglich zu gewährleisten, sollten unterstützende Maßnahmen gesetzt werden, um die Gesundheit und die Leistungsfähigkeit dieser Angehörigen zu erhalten. Die Kriegsopferverbände, insbesondere der Verband der Kriegsblinden Österreichs, verlangen seit Jahren, Ehefrauen von Empfängern von Pflegezulagen ab der Stufe III einen Anspruch auf Kurgebrauch einzuräumen.

Die Förderungen und sonstigen Begünstigungen für Dienstgeber, die Behinderte beschäftigen, sind weiter auszubauen, dabei wäre auch zu prüfen, welche Möglichkeiten bestehen, Sonderprogramme in größerer Zahl durchzuführen. Sie sollen dazu dienen, die Qualifikation des behinderten Menschen am Arbeitsplatz weiter zu verbessern. Es wäre daher die Errichtung eines Ausbildungszentrums in Wien (entsprechend dem beruflichen Bildungs- und Rehabilitationszentrum in Linz) sehr zu begrüßen. Darüber hinaus sollten den privaten Unternehmern zur Ausbildung behinderter Jugendlicher in einem Lehrberuf weitere Anreize, wie z.B. durch Übernahme der Lohnkosten für einen besonders geschulten Ausbildner und durch Zahlung von Erfolgsprämien, gegeben werden.

Auch sollten die Dienstgeber stärker motiviert werden, ihre Beschäftigungspflicht zu erfüllen. Dabei sollte der Bund und die übrigen Gebietskörperschaften mit gutem Beispiel vorangehen und ihrer gesetzlichen Verpflichtung nachkommen.

Sowohl in den Bereichen der Versorgungsgesetze als auch auf dem Gebiet des Behinderteneinstellungsgesetzes kommt es bei der ärztlichen Begutachtung zu unzumutbar langer Verfahrensdauer. Mit Rücksicht auf die schlechte Honorierung herrscht ein großer Mangel an ärztlichen Sachverständigen. Beispielsweise sind die Honorare der ärztlichen Sachverständigen bei den Arbeits- und Sozialgerichten bedeutend höher. Da diese Differenzierung sachlich nicht gerechtfertigt ist, wird nur durch eine bessere Dotierung des Budgets beim betreffenden Ansatz Abhilfe schaffen können.

Obwohl sich das Bundespflegegeldgesetz grundsätzlich bewährt hat, sind noch eine Reihe von Anfangsschwierigkeiten in der Vollziehung zu überwinden

Große Sorgen bereitet der Umstand, daß in einigen Ländern die Sätze für Sachleistungen überproportional gesteigert wurden. Dadurch wird das Ziel, dem Pflegebedürftigen zusätzlich Geldmittel zur Verfügung zu stellen, um ihm die Möglichkeit eines selbstbestimmten Lebens zu geben, erheblich gefährdet. Dieser Mißstand war Gegenstand einer eingehenden Debatte im Nationalrat anläßlich der Novellierung des BPGG am 24. Jänner 1995. Die Kritik an den Ländern mündete schließlich in einem Entschließungsantrag von SPÖ, ÖVP, den Grünen und dem Liberalen Forum. Darin spricht sich der Nationalrat (lediglich mit einer Gegenstimme) für sozial ausgewogene, überprüfbare und nachvollziehbare Kostenbeitragsregelungen aus. Überdies sollte eine gesetzliche Regelung geschaffen werden, die den pflegenden Personen einen sozialversicherungsrechtlichen Schutz bietet.

In Anbetracht der am 9. Oktober 1994 stattgefundenen Nationalratswahlen und anläßlich der Regierungsverhandlungen hat das Präsidium der Zentralorganisation in seiner Sitzung am 13. Oktober 1994 in einem Katalog sämtliche Forderungen und Anliegen zusammengefaßt und diesen den Parlamentsparteien sowie dem Sozialministerium als Verhandlungsgrundlage übermittelt. Neben einer Reihe von in diesem Abschnitt bereits ausgesprochenen

Problemen bezieht sich der Katalog noch auf die Verbesserung der Situation der Kriegsblinden bei Spitalsaufenthalten, auf die Anschaffung von Lesegeräten für diesen Personenkreis, auf die verstärkten Bemühungen um die Beschäftigung Behinderter durch Änderung des Behinderteneinstellungsgesetzes, wie z.B. die Verstärkung der Individualförderungen für Behinderte und der Mitspracherechte der Behindertenvertrauenspersonen. Um die für die verstärkte Forderung erforderlichen Mittel zu beschaffen, wird die Erhöhung der Ausgleichstaxe und die Änderung der Pflichtzahl für die Beschäftigungspflicht der Dienstgeber gefordert. Schließlich haben die Kriegsopferverbände Wünsche zur Verbesserung der Mobilität behinderter Menschen, zur Vereinheitlichung des Urlaubsrechtes und zum verbesserten Zugang zur Erlangung von Tabaktrafiken.

Literaturverzeichnis

Behinderteneinstellungsgesetz, Reihe Gesetze und Kommentare Nr. 149, *K. Ernst*, Wien 1990

Bilanz des Krieges, *Urlanis*, Berlin 1965

Die Chronik Österreichs, *W. Kleindel*, Wien 1984

Dokumentation zur Geschichte der oberösterreichischen Kriegsopfer aus Anlaß des 60jährigen Bestandes des OÖ. Kriegsopferverbandes, 2. Auflage, 1979

Einführung in das österreichische Sozialrecht, *F. Fahringer*, 1965

25 Jahre ERP-Fonds (1962–1987)

50 Jahre Ministerium für soziale Verwaltung 1918–1968, Festschrift

Handbuch der Kriegsopferversorgung, *J. Fiala*, 1957

Heeresversorgungsgesetz, Kommentar, ÖGB-Schriftenreihe Nr. 92, *A. Janik, K. Ernst*, Wien 1965

100 Jahre Orthopädie an der Universität Wien, hrsg. v. *R. Kotz, A. Engel, E. Schiller*, Wien 1987

Invalideneinstellungsgesetz, Kommentar, ÖGB-Schriftenreihe Nr. 23, 1. Auflage: *K. Ernst, L. Ullrich*, Wien 1970; 2. Auflage: *K. Ernst, E. Newerkla*, Wien 1977

Kriegsbeschädigtenfürsorge in Wien, NÖ. und Bgld. von 1914–1929, *F. Fahringer, K. Büsch, H. Liebl*, 1929

Kriegsopferversorgungsgesetz, Kommentar, *T. Schöberle*, 1950

Kriegsopferversorgungsgesetz mit einschlägigen Vorschriften und Anmerkungen aus der Rechtssprechung, Zentralorganisation der Kriegsopfer- und Behindertenverbände Österreichs, Wien 1971

Leid lindern; die Kriegsopferversorgung und -fürsorge im Bundesland Tirol seit dem Ersten Weltkrieg (1914–1993), *Ch. Fornwagner*, 1993

Österreich II, Der lange Weg zur Freiheit, *H. Portisch, S. Riff*

Österreich, Der Weg der Republik (1918–1980), *W. Schausberger*, 1980

Die österreichischen Kriegsblinden der beiden Weltkriege, Dokumentation des Kriegsblindenverbandes Österreichs, *O. Lähnl*, 1994

Österreichische Gesetze, Sozialversicherungsgesetze, *Gehrmann, Rudolf, Teschner, Fürböck, Widlar*, Manz-Verlag

Reichsversorgungsrecht in der Ostmark, *F. Fahringer*, Band I 1940, Band II 1944

60 Jahre Kriegsopferversorgung in Österreich, Bundesministerium für soziale Verwaltung und Zentralorganisation der Kriegsopferverbände Österreichs

Statistisches Handbuch der Sektion IV im Bundesministerium für Arbeit und Soziales, Jahrgänge 1991, 1993, 1994 (nicht veröffentlicht)

Vom Objekt der Verwaltung zum Subjekt politischer Entscheidung, EG-Symposium der Österreichischen Arbeitsgemeinschaft für Rehabilitation (26.–28. Jänner 1993).

Zeitschriften

Die Bestimmungen über den besonderen Kündigungsschutz nach dem Behinderteneinstellungsgesetz widersprechen Art. 6 Abs. 1 MRK, *Das Recht der Arbeit*, K. Ernst, A. Haller, 1992

60 Jahre Verband der Kriegsblinden Österreichs, *Sondernummer 1979*

Zeitungen des KOBV für Wien, NÖ. und Bgld. Ausgaben: 7-9/1982, 7-9/1985, 4-7/1987, 4-6/1988, 7-9/1988, 4-6/1989, 7-9/1989, 10-12/1989, 4-6/1990, 10-12/1990, II/1993, III/1994

Zeitung des OÖ KOBV (Stimme) 6/1990

Zeitung des Kärntner KOBV 7-9/1985

Zeitung des Stmk. KOBV. Ausgaben: 10-12/1977, 4-6/1978, 6/1982, 6/1984, 8-9/1985, 4-6/1988, 6-8/1990, 4-6/1994

Zeitung des Tiroler KOV. Ausgaben: 1-3/1993, 4-6/1994

Nachrichten des Verbandes der Kriegsblinden Österreichs. Ausgaben: 3/1989, 3/1994, 4/1994

Elfriede Sengstschmied

50 Jahre Kriegsopferverband

1945

Die Gründung der Zentralorganisation der Kriegsopfer Österreichs

Der Krieg war zu Ende. Wien und große Teile des Bundesgebietes lagen in Trümmer und Asche. Die Not der Bevölkerung war unbeschreiblich, das öffentliche Leben zusammengebrochen. Am 17. 4. 1945 wurde General a. D. Theodor Körner von der Besatzungsmacht zum Bürgermeister von Wien ernannt. Am selben Tag wurde auch gleich nach Beendigung der Kampfhandlungen so wie damals nach dem 1. Weltkrieg die Kriegsopferorganisation gegründet. Es funktionierte keine Post, es gab keine Verkehrsmittel. Unsagbar war die Not, die Bewegungsfreiheit durch die Besatzungsmächte eingeschränkt, und trotzdem machten sich die Kriegsbeschädigten auf den Weg, um alte Kameraden aufzusuchen; wenn ihre Häuser zerbombt waren, ihre neuen Adressen ausfindig zu machen und sie zum Mitmachen in der Organisation einzuladen. Und das heute kaum vorstellbare Bemühen hatte Erfolg. Nicht nur die Kameraden des 1. Weltkrieges fanden sich zusammen, sondern auch viele junge Kriegsbeschädigte des 2. Weltkrieges schlossen sich an, um in demokratischer Tradition, ohne Rücksicht auf politische Weltanschauung oder religiöses Bekenntnis, gestützt auf den guten Willen, die soziale Einsicht, auf ihre Entschlußkraft und Intelligenz, die Organisation aufzubauen. Der Grundstein für die so erfolg- und segensreiche Tätigkeit war gelegt. Unzählig waren die Schwierigkeiten jeder Art, die zu bewältigen waren. Die Büroräume in Wien 1,Wallnerstraße 4, trugen die Zeichen des Krieges und waren reparaturbedürftig. Die Beschaffung von Büromaterial war fast unmöglich, desgleichen die Beschaffung von Rotationspapier für die Zeitung. Trotzdem konnte das Verbandsorgan *Österreichs Kriegsopfer* bereits mit 1. Dezember 1945 erstmals erscheinen. Auch sonstige Schwierigkeiten ergaben sich aus den verschiedensten Gründen. So bangten alle Mitarbeiter, wenn der Vorsitzende HANS HIRSCH, selbst als Kriegsblinder mit Amputation beider Hände ein lebendiges Symbol der furchtbaren Schrecken des Krieges, zur russischen Kommandantur befohlen wurde. Der Verband wurde vorerst zentralistisch geführt. Die Hauptsorge galt der Vertretung der Mitglieder zur Verfolgung und Durchsetzung ihrer Entschädigungsansprüche. Das Staatsamt für soziale Verwaltung hatte die Zentralorganisation der Kriegsopfer Österreichs ermächtigt, Beauftragte zur Übernahme von Vertretungen zu bestellen. Das Landesinvalidenamt wurde angewiesen, andere Personen mit Ausnahme von Rechtsanwälten und handlungsfähigen Angehörigen als Bevollmächtigte oder Beistände nicht zuzulassen.

Ferner hat das Staatsamt für soziale Verwaltung, um das Vermögen der gem § 1 des Verfassungsgesetzes vom 8. Mai 1945 über das Verbot der NSDAP, Staatsgesetzblatt Nr. 13, aufgelösten nationalsozialistischen Kriegsopferversorgung zu erfassen und sicherzustellen, im Einvernehmen mit dem Staatsamt für Vermögenssicherung und Wirtschaftsplanung mit Bescheid vom 13. November 1945, GZAV 120 063-11/1945 gem § 11 des Gesetzes vom 10. 5. 1945, Staatsgesetzblatt Nr. 9, den Vorsitzenden der Zentralorganisation der Kriegsopfer Österreichs HANS HIRSCH zum öffentlichen Verwalter der Vermögensschaften des NSKOV und den Verbandssekretär KARL BAYER zu dessen Stellvertreter bestellt.

Als eine der ersten Tätigkeiten der Zentralorganisation wurde dem Staatsamt für soziale Verwaltung die Anregung unterbreitet, einen Entwurf eines neuen Invalideneinstellungsgesetzes auszuarbeiten und den zuständigen Stellen zur Begutachtung und dem Nationalrat zur Entscheidung vorzulegen.

1945

1. Länderkonferenz der Zentralorganisation der Kriegsopfer Österreichs

Am 5. und 6. Dezember 1945 versammelten sich in den Räumen der Zentralorganisation in Wien 1, Wallnerstraße 4, zum ersten Mal seit der Befreiung Österreichs die Vertreter der österreichischen Kriegsopfer der Bundesländer, um zu wichtigen Fragen der Kriegsopfer Stellung zu nehmen. Die Konferenz zeigte deutlich, daß es den Kriegsopfern des Ersten Weltkrieges und denen des Zweiten Weltkrieges wirklich ernst war, in gemeinsamer Arbeit die Interessen der Kameradinnen und Kameraden wirksam zu wahren und ihre Kraft dem Auf- und Ausbau der Organisation vorbehaltlos zu widmen. An der Konferenz nahmen teil:

Vorsitzender des prov. Vorstandes	Hans Hirsch
Vorsitzender-Stellvertreter	Franz Schulz
Vorsitzender-Stellvertreter	Leopold Millwisch
	Karl Baier
für Wien	Robert Plischke
für Niederösterreich	Franz Meixner
für Oberösterreich	Karl Fiala
für Burgenland	Friedrich Langer
für Steiermark	Franz Schick
	Franz Jawornik und
	Edmund Fink
für die Kriegsblinden	Franz Haas
für die Kontrolle	Friedrich Schmidt
und die Vorstandsmitglieder	Karl Guttmann
	Franz Kondler
	Magdalene Mayr
	Gerhard Michalek
	Ladislaus Nogol
	Richard Reidl

Wegen der Reise- bzw. der Paßschwierigkeiten war es den Kameraden aus Kärnten, Salzburg und Tirol bedauerlicherweise nicht möglich, der Tagung beizuwohnen, sie hatten telegraphisch den Beratungen Erfolg gewünscht und überdies fernmündlich und schriftlich ihre Stellungnahme zu den Problemen mitgeteilt.

Die dem Vorstand unterbreitete Tagesordnung

1. Stellungnahme zum Entwurf eines neuen Invalideneinstellungsgesetzes
2. Stellungnahme zu den Richtlinien über die vorläufigen Abschlagszahlungen an die Kriegsopfer und zur Abänderung des Ermächtigungsgesetzes vom 12. Juni 1945
3. Neuordnung des Tabakverschleißwesens
4. Bericht des prov. Vorstandes der Zentralorganisation
5. Bericht über den Organisationsaufbau in den Bundesländern
6. Öffentliche Verwaltung und Liquidation des NSKOV
7. Sterbefallsversicherung
8. Eventuelles

wurde von den Anwesenden einstimmig angenommen.

Zum 1. Tagespunkt berichtete Kamerad BAIER über den vom Staatsamt für soziale Verwaltung zur Stellungnahme übermittelten Entwurf eines neuen Invalideneinstellungsgesetzes und begründete die vom Vorstand vorgelegten Abänderungsvorschläge.

Zum 2. Punkt der Tagesordnung erstattete Kamerad SCHULZ ein die Entwicklung der finanziellen Entschädigung der Kriegsopfer darstellendes Referat, in dem die mit Zähigkeit geführten Verhandlungen der Zentralorganisation und die am 4. Oktober 1945 erlassenen Richtlinien mit größter Sachlichkeit gewürdigt wurden. Kamerad Schulz berichtete über die mittlerweile beim zuständigen Staatsamt eingebrachte Forderung auf Verbesserungen der Richtlinien vom 14. Oktober 1945.

Über den 3. Tagesordungspunkt referierte Kamerad HIRSCH ausführlich und gab eine eingehende Darstellung der auf diesem Gebiet seit 1919 festzustellenden rechtlichen Grundlagen und faktischen Entwicklungen. Unter Hinweis auf die den Landesorganisationen zukommende Denkschrift vom 20. Juni 1945, die allen maßgebenden Regierungs- und sonstigen Stellen überreicht worden war, begründete er die Notwendigkeit verschiedener Maßnahmen wie Freimachungs- und Wiedergutmachungsaktionen, Lokalanforderung, Demokratisierung des Verfahrens usw. In der Debatte, an der sich insbesonders die Kameraden Fiala, Schick, Meixner und Jawornik beteiligten, wurde die Frage der Freimachungsaktion und die Notwendigkeit der Rückführung des Erbrechtes auf ein gesundes Ausmaß eingehend erörtert.

Aus dem Bericht des Kameraden Hirsch zum Tagesordnungspunkt 4 über die Tätigkeit des prov. Vorstandes der Zentralorganisation ging hervor, daß es das Bestreben des prov. Vorstandes auch in formalrechtlicher Beziehung war, die Voraussetzungen dafür zu schaffen, um der Regierung gegenüber eine Körperschaft für die Vertretung der Gesamtheit der österreichischen Kriegsopfer ins Leben zu rufen. Das von der zuständigen Zentralbehörde genehmigte Statut behindere in keiner Weise einen für die Länder als zweckmäßig erscheinenden Aufbau der Organisation und lasse jede Möglichkeit zu.

In treffenden Worten stellte der Berichterstatter fest, daß es weniger auf den Inhalt von Statuten, sondern auf den Geist, von dem die Organisation beseelt ist, und auf die Menschen ankomme, welchen die Interessensvertretung der Kriegsopfer anvertraut ist. Man gab der Hoffnung Ausdruck, daß es bald gelingen möge, alle Bundesländer an einen Tisch zu bringen.

Über die Entwicklung und den gegenwärtigen Stand der Organisation in den Bundesländern berichteten die Kameraden JAWORNIK für Steiermark und FIALA für Oberösterreich, Kamerad PLISCHKE für Wien, Kamerad MEIXNER für Niederösterreich, Kamerad LANGER für Burgenland, Kameradin MAYR für die Kriegshinterbliebenen, Kamerad HAAS für die Kriegsblinden und aufgrund der eingelangten schriftlichen Berichte Kamerad MILLWISCH für Kärnten, Salzburg und Tirol. Nach der durchgeführten Debatte stellte Kamerad Baier in seinem Schlußwort mit Befriedigung fest, daß in allen Bundesländern nach übereinstimmenden Grundsätzen die organisatorische Arbeit aufgenommen worden ist und beachtliche Erfolge zu verzeichnen sind. Anschließend wurde eine vorbereitete Entschließung über die dringendsten Forderungen angenommen, die den Vertretern der Staatsämter für Finanzen und für soziale Verwaltung, Herrn Ministerialrat Dr. Riemer und Herrn Sektionsrat Dr. Schöberle mit dem Ersuchen um Weiterleitung an die Herren Staatssekretäre überreicht wurde.

Zur Frage der öffentlichen Verwaltung des NSKOV referierte Kamerad Plischke, Kamerad Hirsch referierte über die Maßnahmen zur Erfassung und Sicherstellung der Vermögenswerte in den einzelnen Bundesländern.

Über die Einrichtung einer Sterbefallsvorsorge erstattete Kamerad Baier Bericht. Es wurde beschlossen, zu einem ehestmöglichen Zeitpunkt den Landesorganisationen einen entsprechenden Vorschlag zu unterbreiten.

Zum Abschluß der Tagung dankte Kamrad Hirsch allen Konferenzteilnehmern, die ausnahmslos ihrer Befriedigung über die sachliche Arbeit Ausdruck verliehen, für die sachlichen Beratungen und bat, den Kameraden und Kameradinnen in den Bundesländern die besten Wünsche für ein weiteres gedeihliches Arbeiten zu überbringen.

1946

2. Länderkonferenz der Kriegsopfer Österreichs in Salzburg

Nach fast einem Jahr mühevoller Aufbauarbeit konnten in der Zeit zwischen dem 5. und 7. März 1946 die Vertreter sämtlicher Länder erstmals in Salzburg zusammentreten, um über die gemeinsamen Fragen und Forderungen der Kriegsopfer zu beraten. Es standen eine Reihe wichtiger Punkte zur Diskussion, so vor allem die Frage des Versorgungsrechtes, der Wiedereingliederung der Kriegsopfer in das Wirtschafts- und Erwerbsleben, des Trafikwesens, der Fürsorge für die Kriegsopfer und der Sterbeversicherung für die Mitglieder. Darüber hinaus kamen die Tätigkeitsberichte des Zentralvorstandes sowie der Landesverbände und verschiedene organisatorische Fragen zur Sprache. In der Frage des Versorgungsrechtes wurde eine Resolution dahingehend gefaßt, alle bezüglich der Versorgung, der Entschädigung und der Fürsorge für die Kriegsopfer vorteilhaften Bestimmungen des Invalidentschädigungsgesetzes, des Reichsversorgungsgesetzes und des Wehrmachtsfürsorge- und -versorgungsgesetzes herauszunehmen und zu einer den Wünschen und Forderungen der Kriegsopfer gerecht werdenden Gesetzesvorlage zusammenzufassen. Bei der Aussprache über das Trafikwesen zeigte sich die Schwierigkeit, die sich aus der beschränkten Anzahl der zur Vergebung gelangenden Trafiken und der großen Bewerberzahl ergab.

Während der Organisationsdebatte wurde festgestellt, daß der Verband der Kriegsblinden als autonomer Verband den einzelnen Landesverbänden der Kriegsopfer gleichgestellt wird. Es wurde betont, daß die Tagung am Gedanken der Einheit und der Zentralorganisation der Kriegsopfer Österreichs als Dachorganisation festhält und eine fruchtbare Vorarbeit für den bevorstehenden Delegiertentag geleistet hat.

Die 3. Landeskonferenz

Mit Rücksicht auf die vom Bundesminister für soziale Verwaltung zur Beratung des Entwurfes des Invalideneinstellungsgesetzes für 25. April 1946 nach Wien einberufenen Sitzung des Invalidenfürsorgebeirates, an der die Kriegsopfervertreter aller Bundesländer teilnehmen sollten, wurde im Einvernehmen mit allen Landesorganisationen die Ländertagung gleichfalls nach Wien einberufen.

Vom 24. bis 26. April 1946 waren die Vertreter aus allen Bundesländern unter Vorsitz der Kameraden Hans Hirsch, Franz Schulz und Leopold Millwisch vereint, um in sachlicher Arbeit die Probleme gesetzlicher und organisatorischer Natur zu beraten.

Die Tagesordnung lautete:

1. Entwurf eines Bundesgesetzes über die Einstellung und Beschäftigung Invalider (Invalideneinstellungsgesetz)
2. Novelle zum Gesetz vom 12. Juli 1945 über die vorläufigen Maßnahmen zur Entschädigung der Kriegsopfer
3. Satzungen
4. Herausgabe einer gemeinsamen Zeitung
5. Sterbeversicherung für die Mitglieder
6. Instruktion für Funktionäre
7. Allfälliges

Kamerad Baier berichtete über die Stellungnahme der Organisation anläßlich der Sitzung des Invalidenfürsorgebeirates und über die noch einzubringenden Änderungsvorschläge zum Gesetzesentwurf. Die Delegierten der Länder beauftragten die für die Beratungen im

Sozialministerium nominierten Vertreter zur nachdrücklichen Unterstreichung der Forderungen der Zentralorganisation. Zur beabsichtigten Novelle des Ermächtigungsgesetzes vom 12. Juni 1945, die nicht nur formalrechtliche Notwendigkeiten, sondern auch der Entwicklung des Staatsbürgerschaftüberleitungsgesetzes Rechnung tragen und unbeabsichtigte Härten des Ermächtigungsgesetzes beseitigen sollte, nahmen die Ländervertreter eingehend Stellung und beauftragten die Vertreter der Zentralorganisation, in Verhandlungen mit den zuständigen Stellen die Voraussetzungen dafür zu schaffen, daß Berechtigte nicht aus Formalgründen von der Kriegsopferversorgung ausgeschlossen bleiben und eine Verbesserung der Richtlinien über die Abschlagszahlungen für die nur unzureichend bedachten Rentengruppen anzustreben.

Der im Auftrag der Salzburger Tagung ausgearbeitete Referentenentwurf der Satzungen, den Kamerad Stadtrat JAWORNIK vortrug, bildete den Ausgangspunkt einer sehr eingehenden Debatte, die den Willen zur Einheitlichkeit und Geschlossenheit der Organisation dokumentierte und als deren Ergebnis ein Satzungsentwurf erarbeitet wurde, der den Ländern die notwendige Selbständigkeit sicherte, jedoch auch die zentralen Institutionen zur Erfüllung der Aufgaben auf den verschiedensten Gebieten schaffte. Der Satzungsentwurf, der dem Delegiertentag zur Beschlußfassung vorgelegt werden sollte, wurde zum Anlaß genommen, schon jetzt allen Bundesländern gebührenden Anteil an Einfluß und Verantwortung einzuräumen. Unter Bedachtnahme auf die Bestimmungen der neuen Satzungen wurde der vorläufige Vorstand durch Vertreter aller Landesorganisationen ergänzt bzw. umgebildet.

Dem neuen Vorstand gehörten nun folgende Kameraden an:

Obmann	Hans Hirsch, Wien
Obmannstellvertreter	Bundesrat Hans Grossauer, Kärnten Bundesrat Leopold Millwisch, Wien Franz Schulz, Niederösterreich Amtsrat Richard Trep, Oberösterreich
Schriftführer	Ladislaus Nogol, Wien
Schriftführer-Stellvertreter	Hans Schick, Steiermark
Kassier	Robert Plischke, Wien
Kassier-Stellvertreter	Hans Blaas, Tirol
Beisitzer	Reg. Obersekretär Eduard Chalupa, Niederösterreich Johann Führenstahl, Burgenland Franz Haas, Kriegsblindenvereinigung Rudolf Hüttenberger, Tirol Stadtrat Franz Jawornik, Steiermark Franz Kondler, Wien Bundesrat Martin Krassnigg, Kärnten Christine Löschnigg, Steiermark Franz Madlehner, Vorarlberg Magda Mayr, Niederösterreich Martin Müller, Vorarlberg Hans Plenk, Salzburg Landesrat Johann Wagner, Burgenland Ludwig Wanner, Salzburg Landesrat Anton Weidinger, Oberösterreich
Kontrolle	Gemeinderat Edmund Fink, Steiermark Wilhelm Gattinger, Oberösterreich Friedrich Hebenstreit, Niederösterreich

Franz Hochmann, Tirol
Hans Kuchar, Kärnten
Friedrich Langer, Burgenland
Josef Rieder, Salzburg
Friedrich Schmidt, Wien
Ernst Seebacher, Vorarlberg
Anton Walchensteiner, Kriegsblindenvereinigung

Über die Herausgabe einer gemeinsamen Zeitung referierte Kamerad HIRSCH, der die verschiedenen Möglichkeiten eines zentralen Organes und dessen Ausgestaltung unter Bedachtnahme der speziellen Erfordernisse der Bundesländer darstellte.

Den Bericht über die Frage der Sterbeversicherung und die von der Zentrale geleistete Vorarbeit erstattete Kamerad SCHULZ. Den einzelnen Landesorganisationen blieb es nun vorbehalten, einen Beschluß über den Beitritt zum Versicherungsvertrag zu fassen.

Der wichtigen Frage der Heranbringung der Funktionäre und deren Schulung war das Referat des Kameraden Bundesrat MILLWISCH gewidmet. Er legte sowohl einen Plan der zentralen als auch der länderweisen Ausbildung vor, der schon in allernächster Zeit zur Durchführung kommen sollte.

Konstituierender Landesdelegiertentag für Wien, Niederösterreich und Burgenland

Mit Beschluß des provisorischen Vorstandes der Zentralorganisation der Kriegsopfer Österreichs vom 3. Juni 1946 wurde für 20. und 21. Juli 1946 der konstituierende Landesdelegiertentag für Wien, Niederösterreich und Burgenland nach Wien III, Lothringerstraße 20 (Konzerthaus) einberufen und folgende Tagesordnung vorgeschlagen:

1. Eröffnung, Begrüßung und Konstituierung des Landesdelegiertentages
2. Tätigkeitsbereich des provisorischen Verbandsvorstandes, der provisorischen Kontrolle und Erteilung der Entlastung
3. Lage der Kriegsopfer und deren Forderungen
4. Beschlußfassung der Verbandssatzungen
5. Beschlußfassung der Ortsgruppensatzungen
6. Wahlen
7. Festsetzung der Höhe des Mitgliedsbeitrages sowie der quotenmäßigen Aufteilung
8. Eventuelles

Die Organisation zählte zu diesem Zeitpunkt trotz aller Erschwernisse des öffentlichen Lebens bereits über 50.000 Mitglieder . An der Tagung selbst nahmen mehr als 350 Delegierte aus Wien, Niederösterreich und Burgenland teil. Der Rahmen war äußerst feierlich. Die Bedeutung, die der Kriegsopferorganisation in der Öffentlichkeit beigemessen wurde, war durch die Teilnahme prominenter Persönlichkeiten, amtlicher Stellen, der politischen Parteien und vieler Körperschaften zu ersehen.

Die Erklärungen der offiziellen Gäste waren von der Tatsache beherrscht, daß die Kriegsopfer Österreichs einen beachtlichen Teil der Bevölkerung des Staates darstellen und ihre Organisation einen Faktor im öffentlichen Leben bildet, dessen wohlerwogene Forderungen nicht unberücksichtigt bleiben können.

Die die Probleme der Kriegsopfergesetzgebung, die wirtschaftlichen und kulturellen Interessensvertretung behandelnden ausführlichen Referate und Berichte zeugten von dem hohen Ernst, mit dem die Organisation an die Bewältigung ihrer Aufgaben herantrat. Die in organisatorischer Hinsicht gefaßten Beschlüsse zeigten, daß die Vertreter der Kriegsopfer von Wien, Niederösterreich und Burgenland den föderalistischen Gedanken der Länder Rechnung trugen, andererseits die zentrale Zusammenfassung der in den einzelnen Bundesländern bestehenden Landesorganisationen zu einem kräftigen einigenden und jederzeit kampfbereiten Instrument sichern wollten.

Der Delegiertentag nahm den in der Tagesordnung vorgesehenen Verlauf. Folgende Funktionäre wurden vom Delegiertentag gewählt:

Obmann	Franz Schulz (Baden)
Obmannstellvertreter	Bundesrat Leopold Millwisch (Wien) Ladislaus Nogol (Wien) Ferdinand Steinkellner (St. Pölten) Landesrat Johann Wagner (Eisenstadt)
Schriftführer	Franz Kondler (Wien)
Schriftführer-Stellvertreter	Josef Würli (Wien)
Kassier	Robert Plischka (Wien)
Kassier-Stellvertreter	Eduard Wagner (Wien)
Beisitzer	Hans Hirsch (Wien) Christine Löschnigg (Wien) Magda Mayr (Wien) Ladislaus Zivny (Wien) Bürgermeister Josef Wondrak (Stockerau) Walter Jäger (Mödling) Fritz Weiss (Retz) Nationalrat Josef Dengler (Baden) Friedrich Hebenstreit (Tulln) Kam. Dr. Fritsch (Gutenstein) Franz Tröstl (Gmünd) Johann Führenstahl (Burgenland) Leopold Novak (Wien) Kam. Maierhöfer (St. Valentin) Kam. Dobsch (Gloggnitz) Kam. Gstettner (Burgenland)
Kontrolle	Friedrich Schmidt (Wien) Karl Guttmann (Wien) Franz Pröbstl (Wien) Kam. Sleger (Zistersdorf) Friedrich Langer (Burgenland)

Das Invalideneinstellungsgesetz

Am 25. Juli 1946 hat der Nationalrat das Invalideneinstellungsgesetz beschlossen, das auf den Grundsätzen des Invalidenbeschäftigungsgesetzes vom 1. Oktober 1920 aufgebaut ist, jedoch in wesentlichen Fragen der Wiedereingliederung der Kriegsbeschädigten ins Erwerbsleben erweitert wurde. Der Kampf der Organisation ging nun dahin, daß der Staat und die österreichische Volkswirtschaft an eine ehestmögliche Beschaffung und Sicherung von Arbeitsplätzen für die noch nicht ins Erwerbsleben zurückgeführten Invaliden schreiten, die öffentlich rechtlichen Dienstgeber ihrer ihnen durch das Invalideneinstellungsgesetz neu auferlegten Verpflichtung zur Einstellung und Beschäftigung Invalider ohne Säumnis nachkämen.

1946

1. Ordentlicher Delegiertentag der Zentralorganisation der Kriegsopferverbände Österreichs

Der für 28. und 29. September vorgesehene ordentliche Delegiertentag der Zentralorganisation konnte zu diesem Termin nicht stattfinden, da ein Landesverband aus örtlichbedingten Ursachen erst Anfang Oktober seinen Landesdelegiertentag abhalten konnte und daher eine rechtzeitige Wahl der Delegierten nicht möglich war.

Als neuer Termin war nun der 19. und 20. Oktober 1946 festgelegt worden. Der Delegiertentag wurde in den Sitzungssaal des NÖ-Landtages in Wien 1, Herrengasse 13, einberufen.

Tagesordnung:

1. Eröffnung,Begrüßung und Konstituierung des Delegiertentages
2. Berichte über die Tätigkeit des provisorischen Vorstandes
   a) allgemeine Tätigkeitsberichte
   b) Kassenbericht
   c) Bericht der Kontrolle
   d) Erteilung der Entlastung
3. Die Organisation der Kriegsopfer – eine Einrichtung des öffentlichen Rechts (Referent Obmann Hans Hirsch)
4. Die rechtliche Grundlage der Kriegsopferversorgung (Referent: Sekretär Karl Baier)
5. Berufsfürsorge:
   a) für unselbständig Erwerbstätige (Referent: BR Leopold Millwisch)
   b) für selbständig Erwerbstätige (Referent: Stadtrat Franz Jawornik)
   c) in der Land- und Forstwirtschaft (Referent: BR Hans Grossauer)
   d) Berufsschulung, Umschulung (Referent: Hans Plenk)
6. Fürsorge und ihre Finanzierung (Referent: Franz Schulz)
7. Völkerverständigung, internationale Zusammenarbeit und die Kriegsopfer (Referent: Landesrat Anton Weidinger)
8. Probleme der Hinterbliebenenversorgung (Referentin: Dr. Mathilde Dreier)
9. Die Kriegsblinden in der Zentralorganisation der Kriegsopferverbände Österreichs und ihre besonderen Interessen (Referent: Rupert Hollaus)
10. Beschlußfassung über die Satzungen der Zentralorganisation der Kriegsopferverbände Österreichs (Referent: Dr. Hans Blaas)
11. Wahl
    a) des Vorstandes
    b) der Kontrolle
    c) der ständigen Schiedsgerichtsvorsitzenden
    d) des Disziplinarausschusses
12. Festsetzung des an die Zentralorganisation zu leistenden Beitrages (Referent: Landesrat Johann Wagner)
13. Beschlußfassung über die rechtzeitig eingebrachten Anträge (Referent: Landesrat Johann Wagner)
14. Allfälliges

Am Delegiertentag nahmen die Spitzen der Regierung und der Behörden teil, ebenso Vertreter aller politischen Parteien. Bundeskanzler Ing. Leopold Figl zeichnete den Delegiertentag durch seinen Besuch und seine programmatische Erklärung über die Stellung der Regierung zu den Kriegsopfern aus. Die Versammlung nahm den tagungsordnungsgemäßen Verlauf, besonders erwähnenswert waren die Ausführungen von Landesrat Weidinger in seinem Referat über Völkerverständigung, internationale Zusammenarbeit und die Kriegsopfer. Einleitend auf die Internationale der Kriegsopfer, die Völkerverständigung und Völkerfrieden und den Völkerbund eingehend, der den Kampf für den Frieden zwar auf seine Fahnen geschrieben hatte, jedoch die Katastrophe des 2. Weltkrieges nicht verhindern konnte, unterstrich er die Verpflichtung der Kriegsopfer, alle Kräfte für den Frieden einzusetzen.

Die Wahlen brachten folgendes Ergebnis:

Obmann	Dir. Franz Schulz, Niederösterreich
Obmannstellvertreter	Bundesrat Hans Grossauer, Kärnten Stadtrat Franz Jawornik, Steiermark Bundesrat Leopold Millwisch, Wien Landesrat Anton Weidinger, Oberösterreich
Schriftführer	Ladislaus Nogol, Wien Hans Schick, Steiermark
Kassier	Friedrich Schmidt, Wien Franz Kondler, Wien
Beisitzer	Dr. Hans Blaas, Tirol Ing. Hans Böhm, Oberösterreich Reg. Obersekr. Eduard Chalupa, Niederösterreich Nationalrat Dengler, Niederösterreich Gemeinderat Eduard Fink, Steiermark Johann Fuhrensthal, Burgenland Landesrat Hubert Glasl, Oberösterreich Franz Haas, Verband der Kriegsblinden Landesrat Mathias Krassnig, Kärnten Irma Kräutler, Vorarlberg Magda Mayr, Wien Martin Müller, Vorarlberg Max Sturm, Tirol Landesrat Johann Wagner, Burgenland Ludwig Wanner, Salzburg Josef Weiser, Salzburg

Nach Beschlußfassung über rechtzeitig eingebrachte Anträge und einigen Beiträgen zum Punkt Allfälliges schloß Obmann FRANZ SCHULZ den ersten Delegiertentag.

1947

Teuerungszulagen zu den Abschlagszahlungen

Für die Zentralorganisation galt es, in den ersten Tagen des Jahres 1947 in langwierigen Verhandlungen vor allem den Anschluß an die Entwicklung der Preise und Löhne für die Rentenempfänger zu erkämpfen. Das Verhandlungsergebnis fand in dem an alle Landesinvalidenämter gerichteten Erlaß des Bundesministeriums für Soziale Verwaltung vom 1. August 1947 seinen Niederschlag.

Neuer Beginn der Kindererholungsfürsorge

So wie nach dem Ersten Weltkrieg war auch nach Beendigung des Zweiten Weltkrieges die Sorge der Funktionäre der Kindererholungsfürsorge gewidmet. Da die seinerzeitigen Erholungsheime nicht mehr zur Verfügung standen, wurde bereits im Jahre 1947 ein Objekt am Jauerling als Provisorium gemietet, in dem turnusweise 37 Kinder und das entsprechende Fürsorgepersonal Unterkunft fanden. Am 17. Juni 1947 fuhr der erste Transport von Wien 1, Wallnerstraße 4, verabschiedet von Obmann SCHULZ und begleitet von Vorstandsmitglied ZIVNY, per Autobus in das Erholungsheim.

Die erste Tagung des Invalidenfürsorgebeirates

Am 17. April 1947 trat der Invalidenfürsorgebeirat im Sitzungssaal des Bundesministeriums für soziale Verwaltung zu seiner ersten Tagung zusammen.

Der Invalidenfürsorgebeirat wurde im Interesse einer einheitlichen und allen Bedürfnissen entsprechenden Führung der staatlichen Fürsorge für Kriegsinvalide und Kriegshinterbliebene sowie zur raschen Herstellung des Einvernehmens mit den sachlich zuständigen Bundesministerien geschaffen.

Die den organisierten Kriegsopfern vorbehaltenen Mandate im Invalidenfürsorgebeirat werden von der Zentralorganisation der Kriegsopferverbände Österreichs ausgeübt, und zwar durch einen Funktionär eines jeden Landesverbandes, aber auch des Verbandes der Kriegsblinden Österreichs. Über Vorschlag der Zentralorganisation der Kriegsopferverbände Österreichs hat der Bundesminister für soziale Verwaltung am 4. Jänner 1947 als Vertreter der organisierten Kriegsbeschädigten und Kriegshinterbliebenen in den Invalidenfürsorgebeirat berufen:

Dir. Franz Schulz und Sekretär Karl Baier für den Zentralvorstand
Landesrat Johann Wagner für das Burgenland
Sepp Springer für Kärnten
Magda Mayr für Niederösterreich und die Kriegshinterbliebenen
Landesrat Anton Weidinger für Oberösterreich
Ludwig Wanner für Salzburg
Stadtrat Franz Jawornik für die Steiermark
Max Sturm für Tirol
Franz Madlener für Vorarlberg
Bundesrat Leopold Millwisch für Wien
Hans Hirsch für die Kriegsblinden

In der Sitzung vom 17. April 1947 wurden über Antrag der Zentralorganisation der Kriegsopferverbände Österreichs dem Invalidenfürsorgebeirat folgende Fragen zur Beratung vorgelegt:

1. Durchführung des Gesetzes vom 25. Juli 1946, Bundesgesetzblatt Nr. 163 über die Einstellung und Beschäftigung Invalider, Invalideneinstellungsgesetz
2. Durchführung des Bundesverfassungsgesetzes vom 6. Februar 1947, Bundesgesetzblatt Nr. 25 über die Behandlung der Nationalsozialisten (Nationalsozialistengesetz) in Hinsicht der kriegsversehrten Personen
3. Gesetzliche Neuregelung des Trafikwesens
4. Antrag der Zentralorganisation der Kriegsopferverbände Österreichs auf Erlassung eines Trafiklokalanforderungsgesetzes.

Die besondere Wichtigkeit dieser Tagung wurde durch die Tatsache unterstrichen, daß Bundesminister MAISEL persönlich den Vorsitz führte und neben den sonstigen Mitgliedern des Invalidenfürsorgebeirates die leitenden Beamten der Abteilung für die Kriegsopferfürsorge im Bundesministerium für soziale Verwaltung, Sektionschef Dr. Fuchs und Ministerialrat Dr. Schöberle, den Beratungen zugezogen hatte.

Die Dringlichkeit der Durchführungsverordnung zum Invalideneinstellungsgesetz wurde besonders betont und daß das Ministerium alle Anstrengungen mache, um sich auch weiterhin für die rechtliche Durchführung des Invalideneinstellungsgesetzes einzusetzen.

Hinsichtlich des Nationalsozialistengesetzes referierte Ministerialrat DR. SCHÖBERLE unter Hinweis auf den Durchführungserlaß vom 22. Februar 1947 IV-13417-1947 und die mit Erlaß vom 25. März 1947 IV 24897-15/1947 erfolgte Interpretation der Bestimmungen des Paragraphen 17 Abs. 4 des Verbotsgesetzes und über die rechtlichen Voraussetzungen.

Zu Punkt 3 der Tagesordnung präzisierte der Obmann der Zentralorganisation SCHULZ nach Darstellung der Entwicklung des Trafikwesens seit 1919 die Forderungen der Kriegsopferorganisation, die vornehmlich die ausnahmslose Ausschreibung aller freiwerdenden Tabakverschleißgeschäfte einschließlich der Tabakverlage, die einheitliche Regelung des unbedingten Vorzugrechtes, die Beschränkung des sogenannten Erbrechtes und die demokratischen Auffassungen Rechnung tragende bestimmende Mitwirkung der Kriegsopfer bei den Besetzungs- und Kündigungsmaßnahmen zum Ziele haben und endlich einer zusammenfassenden gesetzlichen Regelung bedürfen. Anschließend begründete er die Forderung nach Erlassung eines Trafiklokalanforderungsgesetzes.

Sowohl Bundesminister Maisel als auch Sektionschef Dr. Fuchs und Obmann Schulz gaben ihrer Genugtuung über die sachliche Behandlung der Beratungsgegenstände durch den Invalidenfürsorgebeirat und das allseits gezeigte Bestreben, die Probleme der Kriegsopfer mit sichtlichem Ernst und Verantwortungsbewußtsein lösen zu wollen, Ausdruck.

Außerordentliche Sitzung des Hauptausschusses des KOV für Wien, Niederösterreich und Burgenland

Der Hauptausschuß des Kriegsopferverbandes für Wien, Niederösterreich und Burgenland hielt am 14. August 1947 eine außerordentliche Sitzung ab. Zur Beratung standen hauptsächlich die mit 1. August 1947 in Kraft getretene Erhöhung der Abschlagszahlungen und die Auswirkungen der Lohn- und Preisregelung auf die Organisation. Der Hauptauschuß hat einstimmig beschlossen:

a) Unterstützungen des Verbandes wie einmalige Unterstützungen und Sterbegeld werden mit Stichtag 15. August 1947 um 50 % erhöht;
b) für das zweite Halbjahr 1947 wird ein Zusatzbeitrag von drei Schilling eingehoben, von dem 20 % den Ortsgruppen verbleiben. Für den Zusatzbeitrag wird eine Zusatzmarke mit dem Aufdruck „Zusatzbeitrag" ausgegeben;
c) zur Festsetzung des Mitgliedsbeitrages für das Jahr 1948 wird im Herbst 1947 nach § 19 der Hauptvereinssatzungen die Bezirksobmännerkonferenz, an der die Mitglieder des Hauptausschusses und die Obmänner der Bezirksarbeitsgemeinschaften und der

Bezirksgruppen von Wien, Niederösterreich und Burgenland teilnahmeberechtigt sind, einberufen werden. Nach Berichten allgemeiner Natur, in denen verschiedene Anträge von den Untergruppen behandelt wurden, schloß Kamerad Schulz die außerordentliche Sitzung.

Bezirksobmännerkonferenz des KOV für Wien, Niederösterreich und Burgenland

Am 19. November 1947 fand im Deutschmeister-Schützen-Saal, in Wien VIII, Albertgasse, die Bezirksobmännerkonferenz von Wien, Niederösterreich und Burgenland statt, um die aus der Lage der Organisation notwendig gewordenen Beschlüsse zu fassen. Nach den Referaten der Kameraden Baier und Schulz wurden in sachlichen Debatten die aufgeworfenen Fragen besprochen. Es wurde der Organisation der Dank für die Bemühungen zur Besserstellung in der Rentenversorgung ausgesprochen, der Errichtung eines Kinderheimes in Schloß Freiland zugestimmt und die Verbandsleitung aufgefordert, die Errichtung eines Erholungsheimes für Kopfverletzte zu genehmigen.

Die Erhöhung des Mitgliedbeitrages ab 1. Jänner 1948 auf monatlich 2 Schilling wurde mit 102 gegen 5 Stimmen angenommen.

Errichtung eines Sekretariats in Eisenstadt

Dem Wunsch vieler burgenländischer Mitglieder Rechnung tragend, hat der Kriegsopferverband für Wien, Niederösterreich und Burgenland in Eisenstadt, Haydngasse 1, ein Sekretariat errichtet, das in Hinkunft jene Angelegenheiten bearbeitet, die bei den örtlichen Behörden des Landes Burgenland wahrzunehmen sind. Die Vertreter der burgenländischen Kriegsopfer haben in der Landesgruppenkonferenz vom 14. September 1947 den Wunsch nach der Errichtung einen eigenen Landessekretariates geäußert, der zu Beginn des Jahres 1948 dann verwirklicht wurde.

Das Erholungsheim Freiland

Die Kindererholungsfürsorge war dem Kriegsopferverband für Wien, Niederösterreich und Burgenland ein besonders wichtiges Anliegen. So ist es ihm im Spätherbst des Jahres 1947 gelungen, die Voraussetzungen für die Errichtung eines der Größe des Verbandes entsprechenden Kinderheimes zu schaffen. Das Haus, in einem der schönsten Gebiete Niederösterreichs gelegen, stand im Besitz der Fürst Liechtenstein'schen Forstverwaltung. Das Objekt wurde vorerst gepachtet und ging dann später in den Besitz des Kriegsopferverbandes für Wien, Niederösterreich und Burgenland über. Nach Abschluß der notwendigen Bauvorhaben und Gestaltung der Spielwiese u.s.w. konnte die Eröffnung des Kinderheimes durch den Bundesminister für Soziale Verwaltung, KARL MAISEL, am 19. September 1948 in feierlichstem Rahmen erfolgen. Auch der damalige Bürgermeister der Stadt Wien, General DR. H. C. THEODOR KÖRNER, nahm als Ehrengast an der feierlichen Eröffnung teil und würdigte das Werk der Organisation, so wie dies die zahlreichen anderen erschienenen Ehrengäste taten. Obmann Schulz schloß seine Begrüßungsansprache mit den Worten:

„Wir haben es gewidmet den unschuldigen Opfern zweier Kriege, ihren Kindern zur Gesundung und Erziehung zu wahrer Friedensliebe im Geiste der Völkerverständigung.“

1948

Bundesgesetz vom 15. Oktober 1948 über die Gewährung von Ernährungszulagen an Kriegsopfer

Das am 16. September 1948 zwischen dem Gewerkschaftsbund und den drei Kammern unter Mitwirkung der Bundesregierung abgeschlossene Lohn- und Preisabkommen sah die Erhöhung der Löhne und Gehälter aller privaten und öffentlichen Dienstnehmer der Sozialrenten und Pensionen, sowie der Geldleistungen der Sozialversicherungsinstitute an Versicherte um 6 % , zweitens die Gewährung einer starren Zulage (Ernährungszulage) von 34 Schilling pro Monat bzw. 7 Schilling 85 pro Woche an die Arbeitnehmer zur Abdeckung des sich aus der Aufhebung der staatlichen Preisstützung und der Sistierung der letzten Brotpreissenkung ergebenden Mehraufwendungen, drittens die Gewährung einer monatlichen Zulage von 23 Schilling aus Bundesmitteln für jedes in der Versorgung eines Dienstnehmers stehende Kind bzw. für jeden im Sinne des Lohnsteuergesetzes gleich zuhaltenden Angehörigen vor. Durch die Schaffung des Bundesgesetzes vom 15. Oktober 1948 über die Gewährung der Ernährungszulagen an die Kriegsopfer wurde die Begünstigung auch bedürftigen Rentenbeziehern nach dem KOVG zuteil.

1949

Zweiter ordentlicher Landesdelegiertentag des Kriegsopferverbandes für Wien, Niederösterreich und Burgenland

Über Beschluß des Hauptausschusses des Kriegsopferverbandes für Wien, Niederösterreich und Burgenland wurde für 7. und 8. Mai 1949 der zweite ordentliche Landesdelegiertentag des Kriegsopferverbandes für Wien, Niederösterreich und Burgenland nach Wien 3, Marxergasse 17 (Sophiensäle) einberufen.

Schon der äußere Eindruck dieser gewaltigen Tagung von nahezu 500 Delegierten vermittelte ein Bild von der Bedeutung, die dem Kriegsopferverband für Wien, Niederösterreich und Burgenland und der ganz Österreich umfassenden Zentralorganisation der Kriegsopferverbände beigemessen werden mußte. Eine wesentliche Bekräftigung dieses Eindruckes war darin zu erblicken, daß dieser Tagung, die im festlich geschmückten großen Saal der Sophiensäle stattfand, prominente Vertreter der verschiedensten amtlichen Stellen und vieler anderer Körperschaften beigewohnt haben. So als Vertreter der Stadt Wien Bürgermeister General Dr. h. c. THEODOR KÖRNER, in Vertretung des Herrn Bundesministers für Soziale Verwaltung, der an einer Sitzung des Ministerrats teilnehmen mußte, Sektionschef Dr. Fuchs, in Begleitung der Ministerialräte DR. SCHÖBERLE und DR. KIENBERGER, Landesrat SCHNEIDMADL, als Vertreter des Herrn Landeshauptmannes von Niederösterreich und als Vertreter des Herrn Landeshauptmannes von Burgenland Landesrat WAGNER, als Vertreter der österreichischen Volkspartei die Nationalräte DENGLER und AICHHORN und Stadtrat DR. EXEL, als Vertreter der sozialistischen Partei Österreichs Stadtrat THALLER und Sekretär PFALLER, als Vertreter der kommunistischen Partei Österreichs Gemeinderat Bundesminister a.D. ALTMANN und unzählige weitere Ehrengäste. Mit stürmischem Beifall begrüßt, sprach als erster der Bürgermeister der Stadt Wien General Dr. h.c. Körner. Er versicherte, daß die Stadt Wien bereit ist, den Kriegsbeschädigten und Kriegshinterbliebenen in jeder Weise zu helfen. Als Vertreter des Landes Niederösterreich ergriff Landesrat Schneidmadl das Wort. Er erklärte, daß er nicht ganz mit leeren Händen gekommen sei, sondern daß die Landesregierung im vergangenen Jahr ein Opferfürsorgegesetz beschlossen habe, von dem zwei Drittel des Ertrages dem Kriegsopferverband als zusätzliche Hilfe zur Befürsorgung niederösterreichischer Kriegsopfer zur Verfügung gestellt werden.

Landesrat Wagner als Vertreter des Burgenlandes betonte, daß auch die burgenländische Landesregierung und der burgenländische Landtag in den vergangenen Jahren bemüht waren, den Opfern des Krieges ihren Existenzkampf nach Möglichkeit zu erleichtern: Durch die Schaffung des Landeskriegsopferfonds, durch die Berücksichtigung bei der Vergabe von Gewerbescheinen und Konzessionen und auch dadurch, daß es durch die Novellierung des Gemeindeverwaltungsgesetzes Kriegsbeschädigten möglich wird, auch ohne Matura in den Gemeindeverwaltungsdienst eingestellt zu werden. Nachdem auch die Vertreter der politischen Parteien ihre Grußadressen entboten hatten, nahm der Verbandstag den tagesordnungsmäßigen Verlauf, wobei besonders die Referate über das neue Kriegsopferversorgungsgesetz und über das Invalideneinstellungsgesetz mit großem Beifall zur Kenntnis genommen wurden.

Bei Punkt 5 der Tagesordung wurden folgende Kameraden in den Hauptausschuß gewählt:

Obmann	Franz Schulz
Obmannstellvertreter	Bundesrat Leopold Millwisch (Wien)
	Ladislaus Nogol (Wien)
	Landesrat Johann Wagner (Burgenland)
	Ferdinand Steinkellner (NÖ)
Schriftführer	Leopold Novak (Wien)
Schriftführerstellvertreter	Josef Topsch (NÖ)

Kassier	Robert Plischke
Kassierstellvertreter	Josef Würl (Wien)
Beisitzer	Hans Hirsch (Kriegsblinde)
	Ladislaus Zivny (Wien)
	Christine Löschnigg (Witwenvertreterin)
	Hans Lackner (NÖ)
	Walter Schubert (Wien)
	Therese Fürnsinn (Witwenvertreterin)
	Franz Tröstl (NÖ)
	LAbg. Bgm. Josef Wondrak (NÖ)
	Fritz Weiß (NÖ)
	Herbert Wagner (NÖ)
	Johann Wastl (Bgld)
	Johann Führenstahl (Bgld)
Verbandskontrolle	Friedrich Schmidt (Wien)
	Karl Laschober (NÖ)
	Karl Guttmann (Wien)
	Anton Massak (Bgld)
	Josef Krejca (Wien)
	Franz Korensky (NÖ)
	Franz Pröbstl (Wien)
	Dr. Emmerich Rath (NÖ)
	Eduard Pehmöller (Wien)

Über Antrag des Hauptausschusses wurde die Kameradin MAGDA MAYR vom zweiten ordentlichen Delegiertentag zum ersten Ehrenmitglied des Kriegsopferverbandes für Wien, Niederösterreich und Burgenland ernannt.

Neues Verbandsbüro in Wien VIII, Lange Gasse 53

Im Sommer des Jahres 1949 ist der Kriegsopferverband für Wien, Niederöstereich und Burgenland von Wien 1, Wallnerstraße 4 nach Wien 8, Lange Gasse 53 übersiedelt. Mit ihm auch das Büro der Zentralorganisation der Kriegsopferverbände Österreichs. Die Büros der beiden Organisationen befinden sich bis zum heutigen Tag in diesem Gebäude („Damianschlößl").

Wien 8, Lange Gasse 53

Zweiter ordentlicher Delegiertentag der Zentralorganisation der Kriegsopferverbände Österreichs

Der Vorstand der Zentralorganisation der Kriegsopferverbände Österreichs hat den zweiten ordentlichen Delegiertentag für Samstag, den 10. und Sonntag, den 11. Dezember 1949 nach Wien 1, Herrengasse 13, großer Sitzungssaal des niederösterreichischen Landtages, einberufen.

Vom Kriegsopferverband für Wien, Niederösterreich und Burgenland wurden diesem Delegiertentag folgende Anträge unterbreitet:

- Kündigungsschutz für Kriegerwitwen
- Kündigungsschutz auch für kriegsbeschädigte öffentlich Angestellte
- Erhöhung der Ausgleichstaxe
- Steuerfreie Pauschalbeträge für Kriegsopfer
- Beseitigung von Härten für Kriegsbeschädigte des ersten Weltkrieges (es wurde beantragt, dafür Sorge zu tragen, Härten für jene Kriegsbeschädigten, die durch die Überleitung des Anspruches auf Versorgung nach dem österreichischen Invalidenentschädigungsgesetz in das deutsche Reichsversorgungsgesetz entstanden sind, zu beseitigen)
- Krankenversicherung der Kriegshinterbliebenen, Ausgabe der Krankenscheine

Der historische Saal des niederösterreichischen Landtages war mit den Wappen und Fahnen der österreichischen Bundesländer und dem Staatswappen an der Stirnseite geschmückt. Obmann FRANZ SCHULZ eröffnete den 2. ordentlichen Delegiertentag. Er konnte unter den zahlreichen Ehrengästen den Bürgermeister der Stadt Wien, General Dr. h.c. THEODOR KÖRNER, Ministerialrat DR. RIEMER, in Vertretung des Bundesministers für Finanzen, Sektionschef DR. MUSIL, in Vertretung des Bundesministers für Unterricht, Hofrat DR. SCHMIEDL, die Herren Ministerialräte DR. SCHÖBERLE, DR. KIENBERGER und DR. BURISCH, sowie den wirklichen Amtsrat GROCH, DR. SCHINDLAUER, die Hofräte DR. FRIEDLÄNDER, DR. HEUBERGER und DR. POLLAK und weitere Persönlichkeiten begrüßen. Nach dem Totengedenken und der Konstituierung wurden die Berichte mit großem Beifall aufgenommen und eine Entschließung darüber angenommen, was die Kriegsopfer von den zuständigen Stellen an größtem Verständnis zur Lösung ihrer Probleme erwarten. Im Anschluß an die Ausführungen des Obmannes Schulz über die internationale Zusammenarbeit der Kriegsopferverbände wurde vom zweiten Delegiertentag auch eine Entschließung über die Anbahnung internationaler Beziehungen innerhalb der Kriegsopferorganisationen zur Behebung der Schwierigkeiten, die sich hinsichtlich der Versorgung von Kriegsopfern, die im Ausland leben, zur Nutzbarmachung internationaler Erfahrungen für die Kriegsopfer hinsichtlich sozialpolitischer Gesetzgebung, vor allem aber um dauernden Frieden zu sichern, angenommen. Nach dem Bericht des Sprechers der Antragsprüfungskommission, Kamerad Pexider, über die eingehende Beratung der eingebrachten Anträge durch die Antragsprüfungskommission wurden deren Empfehlungen vom Delegiertentag einhellig zugestimmt. Kamerad Dr. Blaas berichtete als Obmann der Wahlkommission über den einstimmig erstellten Wahlvorschlag für die Neuwahl, vor allem beantragte er, Obmann Kamerad Schulz zum Präsidenten zu ernennen und dem Kameraden Baier den Titel des Generalsekretärs zu verleihen. Sowohl dem Wahlvorschlag als auch dem Antrag der Wahlkommission auf Titelverleihung wurde einmütig zugestimmt, und somit wurden folgende Funktionäre gewählt:

Präsident	Dir. Franz Schulz
Vizepräsidenten	Bundesrat Grossauer(Kärnten)
	Stadtrat Franz Jawornik (Steiermark)
	Bundesrat Leopold Millwisch (Wien)
	Nationalrat Alois Wimberger (Oberösterreich)
Schriftführer	Ladislaus Nogol (Wien, NÖ und Burgenland)
Schriftführerstellvertreter	LAbg. Friedrich Hofmann (Steiermark)

Kassier	Friedrich Schmidt (Wien, NÖ und Bgld.)
Kassierstv.	Landesrat Johann Wagner (Wien, NÖ und Bgld.)
Beisitzer	Otto Fischer (Tirol)
	Heinrich Moser (Oberösterreich)
	Franz Tröstl (Wien, NÖ und Bgld.)
	Nationalrat Josef Dengler (Wien,NÖ und Bgld.)
	Gemeinderat Edmund Fink (Steiermark)
	Bundesrat Johann Wastl (Wien, NÖ und Bgld.)
	Dir. Hans Bauer (Oberösterreich)
	Hans Hirsch (Verband der Kriegsblinden)
	Landeshauptmannstv. Matthias Kraßnigg (Kärnten)
	Irma Kräutler (Vorarlberg)
	LAbg. Bgm. Josef Wondrak (Wien, NÖ und Bgld.)
	Martin Müller (Vorarlberg)
	LAbg. Stefan Zechner (Tirol)
	Leopold Novak (Wien, NÖ und Bgld.)
	Ludwig Wanner (Salzburg)
	Josef Weiser (Salzburg)
Kontrolle	Robert Plischke (Wien, NÖ und Bgld.)
	Franz Schlagenhaufen (Steiermark)
	Karl Laschober (Wien, NÖ und Bgld.)
	Maria Babka (Oberösterreich)
	Karl Taschler (Kärnten)
	Ernst Seebacher (Vorarlberg)
	Fritz Schnabel (Verband der Kriegsblinden)
	Max Sturm (Tirol)
	Johann Plenk (Salzburg)
	Friedrich Langer (Wien, NÖ und Bgld.)

Die Namhaftmachung der Vertreterinnen für den Witwenrat, der den Sitzungen des Vorstandes beizuziehen war, sollte durch die Mitgliedsverbände schriftlich erfolgen. Präsident Schulz sagte für das durch seine Wiederbetrauung mit der Leitung der Organisation und der Titelverleihung ausgedrückte Vertrauen Dank und gab die Versicherung ab, so wie bisher mit aller Kraft der Organisation zu dienen. Im Anschluß an die Wahl nahm Kamerad Pölzl (Steiermark) die Gelegenheit wahr, Kamerad Schulz namens der jungen Kriegsbeschädigten des zweiten Weltkrieges für seine Tätigkeit besonders zu danken. Kamerad Bundesrat Millwisch übermittelte den noch in Kriegsgefangenschaft befindlichen Österreichern namens des Delegiertentages die Grüße der Heimat und richtete einen flammenden Appell an die Mächtigen der Welt, die Kriegsgefangenen endlich freizugeben. Die von ihm vorgeschlagene Resolution beinhaltend den Wunsch nach Freilassung der Gefangenen wurde unter lebhafter Zustimmung einhellig beschlossen.

Zum Abschluß des Delegiertentages dankte Kamerad SCHULZ allen Funktionären und dem Büro der Zentralorganisation für die eifrige Mitarbeit und fügte an: „Wir haben in diesen Tagen manch schweres Problem zu erörtern gehabt. Wir haben uns über die Wege orientiert. Ich möchte am Schluß dieses Delegiertentages noch die Feststellung treffen, daß zwar manches Mal eine Meinungsverschiedenheit darüber bestehen kann, welchen Weg wir einzuschlagen haben, daß es aber keinen Irrtum bei der Feststellung des Zieles gibt, daß uns vor Augen steht. Unser Weg und unser Ziel ist es, dafür einzutreten, daß den Opfern zweier Weltkriege Gerechtigkeit zuteil werde, dafür einzutreten, daß das Wort des Dichters, das wir auf unsere Fahnen geschrieben haben, wahr wird:

„Aus Liebe zur Menschheit, Verdammung dem Krieg. Nur Recht, schafft Frieden, und Friede ist Sieg.“

1950

Umbau der alten Krainerhütte in ein Kriegsopferheim

Vorsitzender Franz Schulz hatte im Mai 1946 am Delegiertentag erklärt, daß nach den Kriegsblinden die bedauernswertesten Opfer des Krieges jene Menschen sind, die eine Kopfverletzung erlitten haben und daß für diese 15.000 Kameraden die Möglichkeit zur Erholung geschaffen werden muß. Nach Eröffnung des Kinderheimes in Freiland betrachtete die Organisation die Errichtung dieses Heimes als nächste Aufgabe. Das neue Heim wurde nach den damals modernsten Grundsätzen errichtet und für 100 bis 120 Kriegsopfer geschmackvoll und zweckmäßig eingerichtet. Was im Mai 1949 geplant wurde, fand am 20. August 1950 durch die feierliche Eröffnung des Kur- und Erholungsheimes Helenental des Kriegsopferverbandes für Wien, Niederösterreich und Burgenland seine Krönung.

Das Franz-Schulz-Heim Helenental in den fünfziger Jahren

Das Franz-Schulz-Heim nach dem Umbau 1986

Inmitten des waldreichen Helenentales, dort wo der Schwechatbach einen Bogen macht und das Tal sich weitet, liegt die grüne Insel, auf der vor Jahrzehnten die Krainer Holzfäller, die damals in diesem Gebiete arbeiteten, eine bescheidene Unterkunft hatten. Später wurde dort eine Gaststätte errichtet, die „Alte Krainerhütte". Als der Krieg und die Nachkriegszeit sie zerstörten, waren ihre großen Tage längst vorbei gewesen.

Das neue Heim ist dem Landschaftsbild harmonisch angepaßt. Es wurde in ca. 14 Monaten aus den Ruinen errichtet. Es war der Erholung der Kopfverletzten gewidmet, doch wurden auch andere erholungsbedürftige Kriegsbeschädigte und Kriegerhinterbliebene aufgenommen.

Am Eröffnungstag war das Heim festlich geschmückt; neben der Staatsfahne waren am Festplatz die Fahnen der drei Bundesländer gehißt. Um 8.30 Uhr fanden sich die Funktionäre der Ortsgruppen des Bezirkes Baden und der Wiener Bezirksgruppen sowie die offiziellen Festgäste ein. Unter ihnen der Bundesminister für soziale Verwaltung KARL MAISEL, der Bundesminister für Inneres OSKAR HELMER, der Bürgermeister und Landeshauptmann von Wien General DR. H. C. THEODOR KÖRNER mit Vizebürgermeister WEINBERGER und den Stadträten JONAS, FRITSCH und MANDL. In Vertretung des Landeshauptmannes von Niederösterreich Landeshauptmannstellvertreter POPP mit den Landesräten MÜLLNER, BRACHMANN und STIKA. In Vertretung des Landeshauptmannes von Burgenland Landesrat JOHANN WAGNER, vom Bundesministerium für soziale Verwaltung Sektionschef DR. HOFFMANN, Ministerialrat DR. KIENBERGER, Ministerialrat DR. BUHL und der Vertreter der Bezirkshauptmannschaft Hofrat KARL RUPPRECHT, der Bezirkshauptmann von Baden DR. HAHN und Minister a. D. KOLLMANN, der Bürgermeister von Heiligenkreuz DR. MÄDL, der Bürgermeister von Raisenmarkt HACKER, vom Bundesministerium für Finanzen Herr DR. SCHINDLAUER, der stellvertretende Leiter des Landesinvalidenamtes für Wien, Niederösterreich und Burgenland DR. TEMPL und der Vertreter des Abtes des Stiftes Heiligenkreuz PATER GMOSER, die Vertreter der Kammer der gewerblichen Wirtschaft, der Arbeiterkammer und als Vertreter der Zentralorganisation bzw. der Landesverbände die Kameraden Nationalrat WIMBERGER, Stadtrat JAWORNIK, Landtagsabgeordneter HOFFMANN, KASTINGER und WANNER. Für die musikalische Umrahmung sorgte ein Blasorchester der Polizeimusik Wien unter Hans Ahninger.

In seiner Begrüßungsansprache führte Obmann SCHULZ unter anderem aus: „Wir haben dieses Heim vom Gesichtspunkt zweier Gedanken zu errichten versucht, von dem Gesichtspunkt der Erinnerung an jene Kameraden und abertausender von Menschen, die dem Krieg nicht nur ihre Gesundheit, sondern ihr Leben opfern mußten; ihr Leben hüben und drüben, und ihrer wollen wir in dieser Feierstunde, in der wir als Organisation daran schreiten können, ein Werk der Benützung zu übergeben, in erster Linie gedenken und ihnen in dieser Stunde der Freude den Schwur leisten, daß wir ihrer nie vergessen und die Pflicht, die wir für sie übernommen haben, voll und ganz erfüllen werden. Wir werden immer und immer wieder dafür eintreten, daß ihren Hinterbliebenen Recht getan wird, und wir werden vor allem alle uns noch zur Verfügung stehende Kraft dafür verwenden, den Kampf gegen das Menschenmorden, den Kampf gegen den Krieg als Bannerträger zu führen; in diesem Sinne haben wir das Heim errichtet."

Bundesminister KARL MAISEL führte in seiner Ansprache unter anderem aus. „Das heute zu eröffnende Heim bringt wieder einmal den Beweis dafür, daß schöne und erhabene Leistungen vollbracht werden können, wenn man mit aller Kraft gemeinsam will. Es ist ein Solidaritätsakt, wie man ihn schöner nicht denken kann. Wie vieles könnte in unserem neuerrichteten Staatswesen schöner und besser sein, wenn alle Kreise der Bevölkerung auch in diesem Sinne denken würden, so aber denkt jeder in seinem Verhalten, in Sorgen und Nöten in erster Linie an sich. Große und schöne Ziele können nur unter Opfern und Hingabe erreicht werden. Der Kriegsopferverband hat ein leuchtendes Fanal entzündet, von dem zu wünschen wäre, daß es von allen Bürgern unseres Staates nachgeahmt wird. Zum Glück und

Segen der ganzen Bevölkerung." Unter den feierlichen Klängen einer Weihemusik nahm nun Bundesminister Maisel die Enthüllung der Widmungstafel und die Eröffnung des Heimes vor. Im Anschluß sprach Bürgermeister General a.D. DR. H.C. THEODOR KÖRNER seine Bewunderung für die erbrachten Leistungen aus und wünschte aus ganzem Herzen, daß alle, die in dem Heim Aufnahme finden, vollkommene Erholung und soweit es möglich ist, Genesung finden mögen. Er dankte dem Kriegsopferverband für Wien, Niederösterreich und Burgenland dafür, daß man der Stadtverwaltung und der Landesregierung einen Teil der Sorge um die Opfer des Krieges, die in der Stadt Wien leben, abnehme.

Landesrat JOHANN WAGNER führte in seiner Eigenschaft als Vertreter des Landeshauptmannes vom Burgenland und als Mitglied des Hauptausschusses des Kriegsopferverbandes unter anderem aus: „Es ist in erster Linie unsere Pflicht, dem Manne zu danken, der vor seinem geistigen Auge das Werk zuerst erblickte, der nicht nur geistiger Initiator war, sondern auch das Werk in die Tat umgesetzt hat. Es ist dies unser Verbandsvorsitzender Kamerad Schulz." Begleitet vom Beifall fuhr er fort: „Wenn sie dieses Heim besichtigen, werden sie sehen, daß hier nicht eine Institution geschaffen wurde, in der der Betreffende das Gefühl hat, Patient zu sein, sondern, daß hier ein Herz waltete. Die Liebe unseres Vorsitzenden hat das Heim nicht zu einem Krankenhaus geschaffen, sondern zu einem Heim, in welchem jedem sein Leiden möglichst wenig zu Bewußtsein kommt."

Erste Kriegsopferlotterie

Die erste Fürsorgelotterie des Kriegsopferverbandes für Wien, Niederösterreich und Burgenland wurde mit Ziehung am 18. November 1950 durchgeführt. Als Haupttreffer wurden angeboten

ein Einfamilienhaus oder
eine Wohnungseinrichtumg mit kompletter Ausstattung im Werte von 50.000 Schilling,
eine Wohnungseinrichtung mit Ausstattung im Werte von 15.000 Schilling,
ein Puch-Motorrad Type 250 im Werte von 6.600 Schilling,
ein Lohner-Roller im Werte von 4.200 Schilling,
ein Radioapparat Groß-Super im Werte von 2.400 Schilling,
6 Radioapparate im Werte von je 1.000 Schilling,
10 Herren- oder Damenbekleidung im Werte von je 800 Schilling,
40 Fahrräder im Werte von 800 Schilling,
30 Armbanduhren im Werte von 500 Schilling,
50 Warentreffer nach Wahl im Werte von je 400 Schilling,
20 Warentreffer nach Wahl im Werte von 200 Schilling,
und viele andere wertvolle Treffer im Gesamtbetrag von 250.000 Schilling. Der Lospreis war 2 Schilling.

1951

Eindrucksvolle Kundgebung der Kriegsopfer in den Bundesländern im Kampf um die Reform der Versorgung

Am 21. April 1951 versammelten sich in den Kammersälen in Graz mehr als 1200 Vertrauensmänner des steirischen Kriegsopferverbandes zu einer machtvollen Willenskundgebung. Nach Schilderung der verzweiflungsvollen Not der Kameraden und unerträglichen sozialen Spannungen unter den Kriegsopfern wurde von der Versammlung einhellig eine Entschließung gefaßt, in der die Forderungen der Kriegsopfer in ihren wesentlichsten Punkten zusammengefaßt worden waren. Sie wurde am 23. April 1951 von einer Deputation unter Führung des Landesobmannes Stadtrat Kamerad JAWORNIK dem Herrn Landeshauptmann KRAINER mit der Bitte überreicht, je eine Ausfertigung mit einem unterstützenden Begleitschreiben an den Herrn Bundeskanzler, den Herrn Finanzminister und den Herrn Sozialminister zu übermitteln.

Der Herr Landeshauptmann versprach, diesem Wunsche gerne nachzukommen zu wollen und die zuständigen Zentralstellen zu bitten, sich um die Verbesserung der Kriegsopferrenten zu bemühen.

Auch in Oberösterreich fand eine eindrucksvolle Kundgebung statt. Die Bezirksorganisation Steyr-Land des oberösterreichischen Kriegsopferverbandes veranstaltete am 14. April 1951 einen in voller Ruhe und Disziplin verlaufenen Schweigemarsch durch die Stadt Steyr, an dem sich fast 2.000 Kriegsopfer beteiligten. Bei der Protestkundgebung auf dem Stadtplatz präzisierte der Bezirksobmann die auf die Wiederherstellung des Realwertes der Kriegsopferrenten abzielende Forderung. Landesobmann Nationalrat WIMBERGER berichtete unter anderem über die Vorsprache bei Bundesminister DR. MARGARETHA und die von diesen abgegebenen Erklärungen.

Auch der am 31. März und 1. April 1951 stattgefundene Delegiertentag des Salzburger Kriegsopferverbandes nahm die Gelegenheit wahr, die Notwendigkeit einer entsprechenden Reform der Kriegsopferversorgung zur Abwendung des wirtschaftlichen Notstandes zu unterstreichen. Die Delegierten beauftragten die Zentralorganisation, die erfolderlichen Schritte zu unternehmen, um die Wiederherstellung des Realwertes der Renten, wie er im Jahre 1949 bestand, zu erreichen.

60. Geburtstag des Präsidenten des österreichischen Kriegsopferverbandes Franz Schulz

Am 2. Juli 1951 vollendete der Präsident der Zentralorganisation der Kriegsopferverbände Österreichs und Vorsitzender des Kriegsopferverbandes für Wien, Niederösterreich und Burgenland FRANZ SCHULZ sein 60. Lebensjahr. Das Fest wurde in Anwesenheit der Bundesminister für Inneres, Helmer und des Bundesministers für Soziale Verwaltung, Maisel, und zahlreicher Persönlichkeiten des öffentlichen Lebens im festlichen Rahmen begangen.

Franz Schulz-Heim-, Kur- und Erholungszentrum des Kriegsopferverbandes

Am Sonntag, den 1. Juli 1951, versammelten sich zahlreiche Festgäste und Funktionäre der Kriegsopferorganisation vor dem festlich geschmückten Kur- und Erholungsheim Helenental. Nach einer Ansprache des Vorsitzendenstellvertreters des Kriegsopferverbandes für Wien, Niederösterreich und Burgenland, Bundesrat LEOPOLD MILLWISCH ergriffen der

Präsident des niederösterreichischen Landtages, ENDL, der Bezirkshauptmann von Baden, Hofrat RUPPRECHT und der Bürgermeister von Baden, DR. HAHN, das Wort, um die Verdienste des Kameraden Schulz hervorzuheben und ihre Glückwünsche auszusprechen.

Der Bürgermeister von Altenmarkt an der Triesting, FRIEDRICH SLOUP, der mit sämtlichen Mitgliedern des Gemeinderates erschienen war, gab bekannt, daß der Gemeinderat von Altenmarkt a. d. Triesting dem Geburtsort des Kameraden Schulz, diesen in Würdigung der Verdienste, die er sich im öffentlichen Leben und insbesonders in der Kriegsopferbewegung erworben hat, zum Ehrenbürger von Altenmarkt a. d. Triesting ernannte und überreichte unter stürmischen Beifall dem Jubilar die künstlerisch ausgestattete Ehrenurkunde.

Landesrat WAGNER verkündete, daß der Hauptausschuß des Kriegsopferverbandes für Wien, Niederösterreich und Burgenland das Heim, dessen Errichtung der persönlichen Initiative des Kameraden Schulz zu danken sei, zur dauernden Erinnerung an seine Leistung und an sein Werk im „Franz Schulz-Heim-, Kur- und Erholungsstätte des Kriegsopferverbandes für Wien, Niederösterreich und Burgenland Helenental“ umbenannt hat und daß der Hauptausschuß darüber hinaus den Beschluß gefaßt hat, einen Franz-Schulz-Fonds zu stiften, der der Berufserziehung von Kriegswaisen dienen soll.

Ordentliche Delegiertenkonferenz des Kriegsopferverbandes für Wien, Niederösterreich und Burgenland

Am Samstag, den 4. August 1951, fand im Josefssaal, Wien 8, Josefsgasse 12, eine ordentliche Delegiertenkonferenz des Kriegsopferverbandes für Wien, Niederösterreich und Burgenland mit der Tagesordnung

1. Bericht über die Reform des Kriegsopferversorgungsgesetzes
   (Ergebnis über den Kampf um die Forderungen der Kriegsopfer)
2. Erhöhung des Mitgliedsbeitrages
3. Festlegung des Beitrages für unterstützende Mitglieder
4. Allfälliges

statt.

An der Delegiertenkonferenz nahmen der Hauptausschuß, die Kontrolle und die Delegierten der Bezirksgruppen und Bezirksarbeitsgemeinschaften des Kriegsopferverbandes für Wien, Niederösterreich und Burgenland teil. Kamerad Schulz eröffnete die Sitzung und begrüßte die Anwesenden. Nach Einschaltung einer Gedenkminute für die seit dem letzten Delegiertentag verstorbenen Kameraden referierte er über die Reform des Kriegsopferversorgungsgesetzes.

Im Anschluß wurde der Antrag auf Erhöhung des Mitgliedsbeitrages von 2 auf 3 Schilling mit Wirkung vom 1. Juli 1951 mit 2 Gegenstimmen angenommen. Dem Antrag auf Festlegung des Beitrages für unterstützende Mitglieder mit jährlich 50 Schilling wurde mit 10 Gegenstimmen stattgegeben.

1952

Der dritte ordentliche Landesdelegiertentag des KOV für Wien, Niederösterreich und Burgenland

Über Beschluß des Verbandsvorstandes wurde für den 26. und 27. April 1952 der dritte ordentliche Landesdelegiertentag des Kriegsopferverbandes für Wien, Niederösterreich und Burgenland nach Wien 3, Lothringerstraße Konzerthaus, Mozartsaal, einberufen. Die Tagesordnung lautete:

1. Eröffnung und Begrüßung
2. Begrüßungsansprachen der Gäste
3. Die Kriegsopfer, ihre Probleme und ihre Stellung in Österreich (Referent Verbandsvorsitzender Franz Schulz)
4. Konstituierung des Landesdelegiertentages
   a) Beschlußfassung über die Geschäftsordnung des Landesdelegiertentages
   b) Wahl der Kommissionen
5. Berichte über die Tätigkeit der Organisation
   I. Allgemeiner Tätigkeitsbericht
      a) Allgemeiner Bericht (Referent Verbandsvorsitzender Schulz)
      b) Bericht über die Tätigkeit des Verbandsbüros (Referent Sekeretär Friedrich Karrer)
      c) Kassenbericht (Referent Verbandskassier Robert Plischke)
      d) Bericht der Kontrolle (Referent Kontrollobmann Friedrich Schmidt)
   II. Spezialberichte
      a) Bericht über die Tätigkeit auf dem Gebiete des Invalideneinstellungsgesetzes (Referent Bundesrat Millwisch)
      b) Bericht über das Gewerbewesen (Referent Kamerad Ladislaus Nogol)
      c) Bericht über das Trafikbesetzungswesen (Referent Trafikreferent Robert Plischke)
6. Das Kriegsopferversorgungsgesetz, Erfahrungen über seine Durchführungen und Entwicklung (Referent Generalsekretär der Zentralorganisation der Kriegsopferverbände Österreichs, Karl Baier)
7. Wahl
   a) des Hauptausschusses
   b) der Kontrolle
   c) der ständigen Schiedsgerichtsvorsitzenden
   d) der Mitglieder und Ersatzmitglieder des Disziplinarausschusses
8. Bestätigung des leitenden Sekretärs
9. Ernennung von Ehrenmitgliedern des Kriegsopferverbandes
10. Nachträgliche Genehmigung der von der Delegiertenkonferenz am 4. August 1951 beschlossenen Erhöhung des Mitgliederbeitrages
11. Nachträgliche Genehmigung des mit Beschluß des Hauptausschusses errichteten Franz-Schulz-Fonds
12. Beschlußfassung über die rechtzeitig eingebrachten Anträge
13. Allfälliges

An der Konferenz nahmen auch prominente Vertreter von Regierung, Parlament, politischer Parteien und den verschiedenen amtlichen Stellen und Körperschaften teil, so der Bundesminister für Soziale Verwaltung KARL MAISEL, in Vertretung des Bürgermeisters von Wien Vizebürgermeister HONAY, in Begleitung der Stadträte NATHSCHLÄGER, AFRITSCH und FRITSCH, in Vertretung des Landeshauptmannes von Niederösterreich der Vizepräsident des niederösterreichischen Landtages ENDL, in Begleitung des Vizepräsidenten des Landtages WONDRAK, in Vertretung des Landeshauptmannes von Burgenland Landeshauptmannstellvertreter WESSELY, für die Österreichische Volkspartei Bundesrat ECKERT, für die Sozialistische Partei Nationalrat KYSELA und für die Kommunistische Partei Gemeinderat LAUSCHA und viele höhere Beamten der Ministerien und des Landesinvalidenamtes für Wien, Niederösterreich und Burgenland, der AUSTRIA-TABAK-WERKE AG und der Finanzlandesdirektion für Wien, Niederösterreich und Burgenland.

Kamerad SCHULZ eröffnete die Tagung und gedachte nach Begrüßung der vielen Gäste und Delegierten der Toten, nicht nur jener, die während des Krieges dem unsinnigen Völkermorden zum Opfer gefallen sind, sondern auch jener, die in den abgelaufenen 3 Jahren aus der Organisation durch Tod geschieden sind. Nach den Begrüßungsansprachen der Gäste nahm die Tagung den in der Tagesordnung vorgesehenen Verlauf.

Nach dem Referat des Generalsekretärs Baier über das Kriegsopferversorgungsgesetz erfolgte die Annahme einer Entschließung zu diesem Thema.

Zum Tagesordnungspunkt Neuwahlen berichtete der Vorsitzende der Wahlkommission Kamerad Endres aus Gloggnitz den einstimmigen Beschluß der Wahlkommission. Es wurden vorgeschlagen:

Vorsitzender	Franz Schulz (die Delegierten brachten Kamerad Schulz stürmische und langanhaltende Ovationen dar)
Vorsitzendestellvertreter	Leopold Millwisch Kammerrat Ladislaus Nogol Landesrat Johann Wagner Ferdinand Steinkellner
Schriftführer	Leopold Novak
Stellvertreter	Walter Schubert
Kassier	Robert Plischke
Kassierstellvertreter	Josef Würl
Beisitzer	Christine Löschnigg Hans Hirsch Josef Topsch Adolf Rauscher Franz Tröstl Heinz Klosternitz Anton Diestelberger Fritz Weiß Amtsrat Fritz Gruber Dr. Rudolf Fritsch Bundesrat Johann Wastl Wilhelm Latschenberger Anton Schiller Ferdinand Hanzlik Friedrich Janik
Verbandskontrolle	Obmann Friedrich Schmidt
Stellvertreter	Karl Laschober und Amtsrat Karl Guttmann
Kontrollmitglieder	Franz Pröbstl Andreas Haronik Franz Korensky Walter Jäger Franz Hofer

Sämtliche Wahlen erfolgten einstimmig. Friedrich Karrer wurde einstimmig als leitender Sekretär bestätigt.

Johann Schnürmacher: Ehrenmitglied des Kriegsopferverbandes für Wien, Niederösterreich und Burgenland

Kamerad Schulz unterbreitete dem Landesdelegiertentag den Antrag, den Kameraden Johann Schnürmacher zum Ehrenmitglied des Kriegsopferverbandes für Wien, Niederösterreich und Burgenland zu ernennen. Er führte hierzu folgendes aus: „Wir haben als Ehrung für besonders verdiente Funktionäre sehr wenig zu vergeben. Wir sind aber selbst in der Vergabe dieses Wenigen ungeheuer sparsam, denn es ist seit dem Jahre 1946 erst das zweite Mal, daß wir Ihnen vorschlagen, einem Funktionär dieses besondere Prädikat der Ehrenmitgliedschaft zuteil werden zu lassen. Wenn ich Ihnen sage, daß damit einer der Pioniere der Kriegsopferorganisation, einer nicht an Jahren, aber an Funktionsdauer älteste und verdienstvollste Funktionär geehrt werden soll, dann glaube ich fest, es nicht mehr notwendig zu haben, den Namen zu nennen. Es gibt nur einen unter uns, der diese Vorzüge für sich in Anspruch nehmen darf, und das ist der frühere Obmann der Zentralorganisation, unser alter, ewig junger und verdienstvoller Freund Johann Schnürmacher. Wir, lieber Hans, können dir nur für all das, was du der Organisation und damit den Kriegsopfern getan hast, ein einfaches und bescheidenens Wort sagen, das Wort DANKE. Nimm aber zur Kenntnis, daß dieses Danke vom Herzen aus tausenden Munden dir entgegenschallt, nimm diese Urkunde, die wir dir nur als äußeres Zeichen der Anerkennung verleihen, entgegen, mit der Bitte, bleibe der, der du immer warst, der treue Freund der Organsiation. Bleibe noch lange der heitere, lebenslustige, nie ermüdende Kämpfer, der nie ermüdende Versammlungsredner der Organsiation. Wir wollen, daß es dir und uns noch viele Jahre gegönnt ist, in emsiger Zusammenarbeit dem uns gesteckten Ziel zu dienen."

1953

3. ordentlicher Delegiertentag der Zentralorganisation der Kriegsopferverbände Österreichs

Im prunkvollen, reich mit Fresken ausgestatteten, großen Sitzungssaal des nö. Landtages, dem Saal, in dem im Oktober 1918 die deutschsprachigen Abgeordneten des altösterreichischen Parlamentes die provisorische Verfassung der Republik Österreich beschlossen, fand am 18. und 19. April der dritte ordentliche Delegiertentag der Zentralorganisation der Kriegsopferverbände Österreichs statt, dem erstmalig nach dem Zweiten Weltkrieg Delegationen der beiden repräsentativen Kriegsopferverbände Westdeutschlands beiwohnten.

Der mit sämtlichen Fahnen der österreichischen Bundesländer und der österreichischen Staatsflagge gezierte Saal zeigte an der Stirnseite in goldenen Buchstaben den Leitspruch:

Aus Liebe zur Menschheit
Verdammung dem Krieg
Nur Recht schafft Frieden
Und Friede ist Sieg

Namens und im Auftrag des Vorstandes hieß Generalsekretär Kamerad BAIER die Delegierten und die zahlreich erschienenen Ehrengäste herzlich willkommen und erklärte den dritten ordentlichen Delegiertentag für eröffnet. Aus der großen Zahl der Ehrengäste, die Präsident Schulz herzlich begrüßte, sind besonders hervorzuheben der Bürgermeister der

Bundeshauptstadt Wien, Franz Jonas, Landesrat Müller in Vertretung des Landeshauptmannes von Niederösterreich, Direktor Schmid vom Präsidium des Verbandes der Kriegsbeschädigten, Kriegshinterbliebenen und Sozialrentner Deutschlands, Senator Neumann, Bundesvorsitzender des Reichsbundes der Kriegs- und Zivilbeschädigten, Sozialrentner und Hinterbliebenen Deutschlands, Landtagsabgeordneter Weishäupl vom Landesverband Bayern des VDK, die Nationalräte Grubhofer (ÖVP), Kysela und Proksch (SPÖ), Sektionschef Dr. Hofmann in Vertretung des an der Teilnahme verhinderten Bundesministers Maisel und unzählige Repräsentanten der mit den Kriegsopfern verbundenen Amtsstellen und Körperschaften. Bundeskanzler ING. JULIUS RAAB war in den Vormittagsstunden des zweiten Verhandlungstages zum Kongreß erschienen und wurde von den Delegierten mit großem Beifall begrüßt. Präsident Schulz, der den Bundeskanzler herzlich willkommen hieß, gab seiner Freude Ausdruck, daß Bundeskanzler Ing. Raab trotz seiner vielseitigen Verpflichtungen als Regierungschef Zeit gefunden hatte, den Kongreß der Kriegsopfer durch seine Anwesenheit auszuzeichnen. Bundeskanzler Raab betonte, daß er es als Verpflichtung erachte, an der Tagung der Kriegsopfer persönlich zu erscheinen, da sie ein Teil des Volkes sind, der vor allem unter den schrecklichen Auseinandersetzungen des Ersten und Zweiten Weltkrieges größten Opfern ausgesetzt war. Es ist ein besonderes Dankeschön des Vaterlandes, den Kriegsopfern und allen denen, die in ihrer Organisation vereinigt sind, immer wieder Hochachtung und Dank entgegenzubringen. Es sei aber auch eine Verpflichtung für den Staat, ihren gerechten Wünschen stets nachzukommen und ihnen, die ja persönlich so viele Opfer gebracht haben, überall helfend zur Seite zu stehen, andererseits begrüße er diese Organisation besonders, weil sie sich abhebt vom persönlichen politischen Tagesstreit und weil es ihr und ihren Leitern gelungen ist, trotz verschiedener politischer Auffassungen eine Organisation zu schaffen, die einzig allein den Zweck verfolgt, der guten Sache zu dienen, die bei der Gründung dieser Organisation als Grundlage vorangestellt wurde. Er bat, die Anerkennung der Bundesregierung entgegenzunehmen und versicherte, daß der Leitung, wenn sie besondere Wünsche an die Regierung heranzutragen hat, die Tür zur Bundesregierung jederzeit offen stehen wird. Während des tagungsordnungsmäßigen Verlaufes der Versammlung wurden jene Entschließungen einstimmig angenommen, die für die weiteren Arbeiten der Zentralorganisation richtunggebend waren. Vor den Neuwahlen nahm Präsident Kamerad SCHULZ die Gelegenheit wahr, um allen Mitarbeitern des Vorstandes für ihre sachliche Mitarbeit in der abgelaufenen Funktionsperiode Dank zu sagen, aber auch die Tätigkeit der Kontrolle und des Sekretariates anerkennend hervorzuheben. Mit dem Wunsche, daß dem neuzuwählenden Vorstand voller Erfolg seiner Tätigkeit beschieden sein möge, übertrug Kamerad Schulz den Vorsitz an den Obmann der Wahlkommission, Kamerad Müller, der den einhellig erstellten Wahlvorschlag dem Plenum unterbreitete; dieses wurde von den Delegierten ohne Änderung angenommen:

Vorstand	
Präsident	Bundesrat Franz Schulz
Vizepräsidenten	Staatssekretär a.D. Hans Grossauer (Kärnten)
	Stadtrat Franz Jawornik (Steiermark)
	Dir. Leopold Millwisch (Wien)
	Nationalrat Alois Wimberger (Oberösterreich)
Kassiere	Friedrich Schmidt (Wien)
	Gemeinderat Josef Weiser (Salzburg)
Schriftführer	Landtagsabgeordneter Stafan Zechner (Tirol)
	Martin Müller (Vorarlberg)
Beisitzer	Hans Aigner (Oberösterreich)
	Dr. Hans Bauer (Oberösterreich)
	Nationalrat Josef Dengler (Niederösterreich)
	Johann Heidegger (Steiermark)
	Hans Hirsch (Verband der Kriegsblinden)

	Landtagsabgeordneter Friedrich Hofmann (Steiermark)
	Heinz Klosternitz (Niederösterreich)
	Landeshauptmannstellvertreter Matthias Kraßnigg (Kärnten)
	Ladislaus Nogol (Wien)
	Arthur Rauth (Vorarlberg)
	Josef Thoman (Tirol)
	Franz Tröstl (Niederösterreich)
	Landesrat Johann Wagner (Burgenland)
	Bundesstaatlicher Fürsorgerat Ludwig Wanner (Salzburg)
	Landtagspräsident Johann Wastl (Burgenland)
	Josef Würl (Wien)
Witwenvertreterinnen	Domenika Frostl (Wien, Niederösterreich und Burgenland)
	Herta Laimgruber (Tirol)
	Christine Löschnigg (Wien, Niederösterreich und Burgenland)
	Hilde Pettauer (Kärnten)
	Ilse Schulz (Oberösterreich)
	Maria Stifter (Salzburg)
	Ida Tizian (Vorarlberg)
	Maria Wagner (Steiermark)
Kontrollkommission	Obmann Robert Plischke (Wien)
	Obmannstellvertreter Gemeinderat Franz Schlagenhaufen (Steiermark)
Mitglieder	Karl Laschober (Wien, Niederösterreich und Burgenland)
	Dr. Hubert Lemmerer (Tirol)
	Hans Panholzer (Salzburg)
	Herma Pester (Oberösterreich)
	Josef Schaukowitsch (Burgenland)
	Eduard Schnabel (Verband der Kriegsblinden)
	Ernst Seebacher (Vorarlberg)
	Adolf Taschler (Kärnten)

Präsident Bundesrat SCHULZ dankte für das ihm und den übrigen Gewählten entgegengebrachte Vertrauen. Über den Vorschlag der Wahlkommission wurde Kamerad KARL BAIER einstimmig als Generalsekretär bestätigt.

Nach einer Würdigung der Leistungen des Kameraden Hans Schnürmacher, der seit 1919 ununterbrochen in der österreichischen Kriegsopferorganisation in gewichtiger Position tätig war und in der beginnenden Funktionsperiode des Vorstandes das 75. Lebensjahr vollenden wird, sowie mit herzlichen Worten des Dankes für dessen unermüdliches Wirken unterbreitete Präsident Schulz dem Delegiertentag den Vorschlag der Landesobmänner, diesem Kameraden *als erstem die Ehrenmitgliedschaft der Zentralorganisation* der Kriegsopferverbände Österreichs zu verleihen. Unter lebhaftem Beifall der Delegierten wurde diesem Vorschlag zugestimmt. Worauf Präsident Schulz dem verdienten Kameraden Schnürmacher in einer hübschen Ledermappe die künstlerisch gestaltete Verleihungsurkunde überreichte. Mit Dankesworten für die intensive Mitarbeit an die Delegierten schloß Kamerad Schulz den dritten ordentlichen Delegiertentag.

Kindererholungsheim Mali Losinj

Unter Bedachtnahme auf die günstigen klimatischen Bedingungen und die damit verbundenen Heilungs- und Erholungsmöglichkeiten für Kinder, hatte der Verbandsvorstand beschlossen zu prüfen, ob in Jugoslawien die Lebensbedingungen es ermöglichen, dort ein Erholungsheim für österreichische Kriegsopferkinder zu errichten. Die Verhandlungen mit der jugoslawischen Stelle brachten ein günstiges Ergebnis, und eine Delegation des Vorstandes besichtigte ein angebotenes Objekt auf der Insel Mali Losinj. Der Hauptausschuß stimmte zu, mit den jugoslawischen Stellen einen Mietvertrag abzuschließen und die Vorbereitungs- und Adaptierungsarbeit in Angriff zu nehmen. Der Beginn des Erholungsbetriebes war mit Juni 1953 in Aussicht genommen. Das Heim sollte vornehmlich gesundheitsgefährdete Kinder im Alter vom 8 bis 16 Jahren aufnehmen. Ein heilklimatischer Erfolg war dabei im besonderen bei trockenen Katarrhen der Luftwege, Herzleiden, Rekonvaleszenz nach schweren Krankheiten, Anämie usw. zu erwarten. Die Kinder sollten in Turnussen von je 28 Tagen aufgenommen werden. Selbstverständlich konnten nach Maßgabe der Plätze auch nicht-gesundheitsgefährdete Kinder Aufnahme finden. Das Heim wurde ausschließlich von österreichischem Personal geführt, ebenso wurde den Kindern ausschließlich österreichische Kost verabreicht.

Am Vormittag des 31. Mai 1953 verließ der erste Turnus den Wiener Südbahnhof, in einem eigenen Waggon des fahrplanmäßigen Schnellzuges unter der Oberaufsicht des Hauptausschußmitgliedes Kameradin LÖSCHNIGG. Die jugoslawische Grenze wurde ohne Schwierigkeiten überschritten. Der Grenzposten lächelte freundlich, als er feststellte, daß es sich um einen ersten Kindertransport, der zur Erholung und Genesung nach Jugoslawien fuhr, handelte. In Rijeka in den frühen Morgenstunden angekommen, wurde den Kindern und dem österreichischen Personal von den jugoslawischen Stellen ein festlicher Empfang bereitet. Die Kinder wurden von Abgesandten des Roten Kreuzes empfangen, die die Umsorgung der Kinder während des Zwischenaufenthaltes übernahmen.

Die jugoslawische Kriegsopferorganisation war bemüht, das Ereignis ganz besonders feierlich zu gestalten. Die Kinder waren Gäste der Invalidenorganisation und der Stadt Rijeka. 40 jugoslawische Kinder empfingen die kleinen Gäste, eine große Zahl offizieller Persönlichkeiten war erschienen, so vor allem der Bürgermeister von Rijeka, der die Kinder namens seiner Stadt und namens Jugoslawiens willkommen hieß. Er würdigte die Anbahnung der Völkerverständigung und wünschte den Kindern gute Erholung. Bundesrat SCHULZ war von Mali Losinj kommend in Rijeka eingetroffen und dankte dem Bürgermeister in ähnlichen Worten. Vor allem unterstrich er die Hilfe der jugoslawischen Behörden, die die Durchführung der Kindererholungsaktion erst möglich machte. Auch er brachte in seiner Rede die Gedanken des Friedens und der Völkerverständigung zum Ausdruck. Reicher Beifall belohnte beide Redner. Namens der österreichischen Kinder dankte ein Kind aus dem Burgenland in kroatischer Sprache. Nach diesem festlichen Empfang erhielten die Kinder ein ausgiebiges Mittagessen und setzen die Reise per Schiff fort. Die Seereise war natürlich ein ganz besonderes Erlebnis für die Kinder.

In den Abendstunden kam das Schiff an seinem Bestimmungsort an. Die Stadt Mali Losinj hatte zu Ehren der Ankunft des ersten Transportes österreichischer Kinder Flaggenschmuck angelegt. Fast die gesamte Bevölkerung war am Landungsplatz versammelt, als das Schiff mit den österreichischen Kindern eintraf. Auch hier begrüßten jugoslawische Kinder in deutscher Sprache die kleinen Gäste und überreichten ihnen Blumensträußchen. Nun ging es zu der zum Erholungsheim umgestalteten Villa, die inmitten eines Palmen-, Zypressen- und Pinienhaines lag, ein wahres Kinderparadies.

Kriegsopferjahrbuch 1954

Im Sommer 1953 kündigte die Verbandsleitung an, daß zum ersten Mal der Kriegsopferverband für Wien, Niederösterreich und Burgenland ein Kriegsopferjahrbuch, und zwar das für das Jahr 1954 herausbringen wird. Das Jahrbuch wurde sorgfältig zusammengestellt und brachte tatsächlich für jeden etwas. Auf 192 Seiten fanden die Leser Unterhaltung, Zerstreuung und Wissenswertes. Das vollständige Kalendarium war mit historischen Daten versehen, enthielt den „Hundertjährigen Kalender“, Trächtigkeitskalender, die Namenstage, die wichtigsten Heilkräuter und ihre Anwendung, die Gliederungen der Organisation mit allen Bezirks- und Ortsgruppen, sowie ein umfassendes Kriegsopferlexikon. Der Verkaufspreis war 10 Schilling.

Aufnahme der Zentralorganisation in den Weltverband ehemaliger Kriegsteilnehmer

Vom 16. bis 19. November 1953 fand in Den Haag die Generalversammlung des Weltverbandes ehemaliger Kriegsteilnehmer (World Veterans Federation) statt. Über Einladung der Weltorganisation und aufgrund des Beschlusses der Zentralorganisation der Kriegsopferverbände Österreichs nahm eine österreichische Delegation an dieser Tagung teil.

Die vom Generalrat des Weltverbandes über Vorschlag des Exekutivbüros ausgesprochene Aufnahme der Zentralorganisation als ordentliches und gleichberechtigtes Mitglied der Weltorganisation wurde in der Plenarsitzung der Generalversammlung am 16. November 1953 einhellig ratifiziert. Der Beschluß wurde mit anhaltendem Beifall begrüßt. Gleichzeitig erfolgte auch die Aufnahme des Verbandes der Kriegsbeschädigten, Kriegshinterbliebenen und Sozialrentner Deutschlands in die Weltorganisation. Damit reichten sich zum ersten Mal nach dem Zweiten Weltkrieg die ehemaligen Gegner vor der Weltöffentlichkeit die Hand, mit dem Versprechen, gemeinsam für den Frieden wirken zu wollen. Mit dem Beitritt Österreichs und Deutschlands gehörten dem Weltverband über 20 Millionen Mitglieder aus 22 Nationen an.

Präsident SCHULZ, der Leiter der österreichischen Delegation, brachte in der Erklärung zum Aufnahmebeschluß die Genugtuung über die freundliche Aufnahme, die die österreichische Delegation allseits gefunden hat, zum Ausdruck. In der Schlußsitzung wurde Präsident Schulz als Vertreter Österreichs in den Generalrat des Weltverbandes gewählt.

1954

Generalratssitzung der Weltorganisation

Vom 8. bis 12. Juni 1954 fand in Washington eine Sitzung des Generalrates der Weltorganisation statt. Die österreichischen Kriegsopfer wurden durch den Präsidenten der Zentralorganisation der Kriegsopferverbände Österreichs, Bundesrat Franz Schulz, vertreten, der während der Tagung auch von Präsident EISENHOWER empfangen wurde. Innerhalb der Weltorganisation waren zu diesem Zeitpunkt 25 Nationen am Verhandlungstisch vereint.

Beratungsthemen waren: die Lage in Südostasien, die Rückführung der Kriegsgefangenen, die friedliche Anwendung der Atomkraft und die Berichte der Länder über die Tätigkeit ihrer Organisation.

Als besonders erfreuliche Ehrung der österreichischen Kriegsopfer wurde der Beschluß aufgefaßt, daß die nächste Generalversammlung der Weltorganisation in Wien abgehalten werden sollte. Der Termin war für Spätherbst 1954 geplant. Der Beschluß wurde von allen Nationen einstimmig gefaßt. Kamerad Schulz hatte vor der Abstimmung erklärt, daß die Delegierten zur Kenntnis nehmen mögen, daß sich Österreich durch den Krieg und die dem

Krieg folgende Viermächtebesetzung, die (damals) noch immer andauerte, ein armes Land geworden sei und nicht über jene Reichtümer verfüge, wie sie in anderen Ländern vorhanden sind. Eines jedoch können die Kameraden aus aller Welt versichert sein, daß Wien sich der Bedeutung des Beschlusses würdig erweisen wird und alles, was Österreich für die Tagung tun kann, aus vollem Herzen und in aufrichtiger Freundschaft zu allen Nationen leisten wird. Die Tatsache, daß Wien zum Tagungsort gewählt wurde, bedeutet gleichzeitig die Anerkennung der Arbeit der österreichischen Kriegsopferorganisation im Kampf um die Völkerverständigung. An der Tagung hatte auch der österreichische Botschafter bei den Vereinten Nationen, Minister a. D. DR. GRUBER, teilgenommen, der ebenfalls die sachliche Arbeit des Kongresses würdigte. Auch er gab der Freude Ausdruck, daß Österreich als nächster Tagungsort der Generalversammlung bestimmt wurde.

Für den Frieden der Welt

Das war das Motto des 5. internationalen Kongresses des Weltbundes ehemaliger Kriegsteilnehmer und Kriegsopfer, der am 29. November 1954 im mit den Fahnen der 29 Teilnehmerstaaten prächtig geschmückten Festsaal des Wiener Rathauses feierlich eröffnet wurde. Fast 300 Delegierte von mehr als 100 Organisationen waren erschienen. Unter den Klängen der österreichischen Bundeshymne intoniert vom Tonkünstlerorchester unter Leitung des Musikdirektors Erwin Czeppe, das für die musikalische Umrahmung der Festveranstaltung sorgte, trafen die Vertreter des Nationalrates, der Bundesregierung und der Bundeshauptstadt Wien ein. Die Kongreßteilnehmer hatten sich von den Sitzen erhoben und das Eintreffen der offiziellen Vertreter des österreichischen Staates lebhaft akklamiert. Erschienen waren Nationalpräsident DR. HURDES, die Minister DR. H.C. ING. FIGL, MAISEL und Staatssekretär GRAF. Die Bundeshauptstadt Wien war durch Bürgermeister Nationalrat FRANZ JONAS, den Vizebürgermeistern HONAY und WEINBERGER und die Stadträte BAUER, DKFM. NATHSCHLÄGER und SIGMUND, vertreten. Ferner hatten sich das diplomatische Korps und zahlreiche offizielle Vertreter der Behörden und Ämter der Kammern und Organisationen eingefunden. Bürgermeister FRANZ JONAS entbot den Willkommensgruß der Bundeshauptstadt Wien. Er wies darauf hin, daß dieser Festsaal bereits vielen internationalen Kongressen und bedeutenden Tagungen sozialer, wissenschaftlicher, kultureller und wirtschaftlicher Weltverbände gedient hat. Eine Elite von Fachleuten fand sich hier zu fruchtbaren Beratungen zusammen. Jeder dieser Kongresse habe Wien die Gewißheit gegeben, daß die große Welt sich Wien verbunden fühlt. In besonderer Weise begrüßen die Wienerinnen und Wiener den Kongreß des Weltbundes der Kriegsteilnehmer und Kriegsopfer, und zwar deshalb, weil die Fragen, die auf ihm zur Beratung stehen, von allgemein menschlicher Bedeutung sind und jeden in tiefster Seele berühren. Gelte es doch, das Weltwissen aufzurufen und immer festere Brücken für eine Versöhnung zu schlagen, damit der gequälten Menschheit endlich Erlösung aus dem Inferno des Krieges zuteil werde.

Bundespräsident General a. D. DR. H. C. THEODOR KÖRNER, der aus Anlaß des Besuches des Kaisers von Äthiopien verhindert war, persönlich an der Eröffnungssitzung teilzunehmen, hatte an die Eröffnungsversammlung die nachstehende Begrüßungsbotschaft gerichtet: „Im Namen des österreichischen Volkes und als dessen gewählter oberster Repräsentant heiße ich die aus aller Welt zusammengetretenen Teilnehmer an der 5. Generalversammlung des Weltbundes der Kriegsteilnehmer und Kriegsopfer herzlich willkommen. Der Aufruf ihres aus kleinsten Anfängen rasch zur gewaltigen Größe emporgewachsenen Verbandes hat ein neues Millionenheer in Bewegung gesetzt, aber das Ziel dieses Heeres ist nicht mehr die Vernichtung, sondern die Versöhnung. Seine Waffen sind nicht mehr Gewehre und Kanonen, sondern die überzeugenden Grundsätze der Menschlichkeit und des guten Willens. Der Widerhall, den sie in so vielen Ländern aller Erdteile gefunden haben, mag uns als ein Zeichen dafür gelten, daß die Friedenssehnsucht und nicht das Streben nach Verewigung der Gegensätze das Gefühl ist, das die Völker beseelt und beherrscht. Wer sollte mehr befähigt und berufen sein, den Krieg zu bekämpfen als jene, die ihn kennen, die seine Schrecken am eigenen Leibe erfahren, seine Sinnlosigkeit aus unmittelbarer Anschauung erkannt haben. Über alle Staatsgrenzen hinweg ist eine neue Solidarität im Entstehen; die Solidarität der Kriegsopfer. Aus ihr entspringt nicht nur das segensreiche Bestreben, hilfebedürftigen Kameraden ohne Unterschied der Nationalität tatkräftig beizustehen, sondern auch der feste Entschluß, alles zu tun, um zukünftige Kriege und die abermalige Vergrößerung der Legion von Opfern zu verhindern. Eines der Leitworte ihres großen Verbandes lautet: Für den Frieden in Freiheit. Österreich, das Land, das in diesem Jahr die Ehre hat, sie als Gäste zu empfangen, bekennt sich freudigen Herzens und ohne Vorbehalt zu dieser Parole. Der Friede ist die unentbehrliche Voraussetzung auf der unser ganzes Staatswesen verweilt. Die Freiheit ist das Ziel, nach dem wir unablässig streben und von dem wir wissen, daß wir es eines Tages erreichen werden, weil das Recht auf unserer Seite ist. So ist denn dieses Österreich selbst ein Opfer des Krieges und der Gewalt, gewissermaßen in seiner Gesamtheit ein Mitglied Ihres Verbandes und bereit, mit Ihnen in gleichem Schritt und Tritt einer besseren Zukunft entgegenzumarschieren. Möge die Arbeit der Generalversammlung von vollem Erfolg begleitet sein und zu Entschlüssen führen, die der Menschheit zum Segen gereichen und die Autorität der Organisation der Vereinten Nationen stärken, zu der sich sich bekennen. Dies ist der vom Herzen kommende Wunsch, mit dem ich im Namen Österreichs Ihre Tagung einbegleite."

Im Namen der österreichischen Bundesregierung begrüßte Bundesminister DR. H. C. ING. FIGL die Versammlung. Höhepunkt des Inhalts seiner Rede war: „Ein dauerhafter Weltfrieden kann aber nur gesichert werden, wenn es keine Unterdrückten, keine nach Frieden dürstende Völker gibt. Daher ist auch ein Frieden ohne Freiheit undenkbar."

Als für die Kriegsopferfürsorge verantwortlicher Ressortminister begrüßte KARL MAISEL die Kongreßteilnehmer aus aller Welt. Im Zuge seiner Rede führte er aus: „Österreich befindet sich noch in einem sehr eigenartigen Zustand, der, obwohl schon fast 10 Jahre seit dem Kriegsende vergangen sind, noch immer an Krieg erinnert. Österreich war das erste Land, das dem Hitler-Faschismus 1938 zum Opfer fiel. Diese Tatsache wurde während des ganzen Zweiten Weltkrieges von den vier gegen den Faschismus alliierten Großmächten stets festgestellt und auch bis heute anerkannt. Immer wieder wurde Österreich nach der Niederlage des Faschismus die volle Freiheit zugesichert. Seither sind beinahe 10 Jahre verstrichen, und Österreich ist noch unter militärischer Besetzung und noch immer nicht im Besitze seiner Unabhängigkeit und staatlichen Freiheit. Ich bitte Sie, meine Damen und Herren, dies, wenn Sie sich einige Tage in Österreich und Wien aufhalten, nicht zu vergessen, denn gerade die Kriegsteilnehmer am Zweiten Weltkrieg haben ja ihre Gesundheit und ihr Leben für die Freiheit der Völker eingesetzt."

Nach dem Bundesminister für soziale Verwaltung sprach der Präsident der Zentralorganisation der Kriegsopferverbände Österreichs Bundesrat FRANZ SCHULZ. Er führte unter anderem aus: „Der Vorstand der Zentralorganisation der Kriegsopferverbände Österreichs hat mich mit der ehrenvollen Aufgabe betreut, den Teilnehmern aus aller Welt, die zur 5. Generalversammlung des Weltbundes nach Wien gekommen sind, namens der österreichischen Kriegsopfer den herzlichsten Willkommensgruß zu entbieten und damit auch den Dank zum Ausdruck zu bringen, daß Sie unserer Einladung Folge leisteten und den Kongreß nach Wien einberufen haben. Es ist nicht das erste Mal, daß Österreichs Bundeshauptstadt zum Tagungsort einer internationalen Konferenz von Verbänden der Kriegsopfer und Kriegsteilnehmer erwählt wurde. Im September 1932 trafen sich in Wien letztmalig die Abgesandten der in der internationalen Arbeitsgemeinschaft der Kriegsopfer und Kriegsteilnehmer vereinigten Organisationen Europas zu ernster Beratung. Nur wenige Monate später haben politische Ereignisse in Mitteleuropa zur wesentlichen Einengung und in weiterer Folge mit dem Ausbruch des Zweiten Weltkrieges zur Lahmlegung dieser europäischen Arbeitsgemeinschaft geführt. Die Organisation, die nunmehr ihren Kongreß in Wien veranstaltet, geht weit über den territorialen Rahmen der seinerzeitigen Internationalen Arbeitsgemeinschaft der Kriegsopfer und Kriegsteilnehmer hinaus. In ihr sind die Kriegsteilnehmer und Kriegsopfer fast der ganzen Welt vereinigt, in ihrer Zielsetzung ist eine erfreuliche Übereinstimmung mit dem Programm der vorerst genannten Arbeitsgemeinschaft festzustellen. Darüber hinaus hat sie sich den geänderten Verhältnissen Rechnung tragend, neue wahrhaft hohe Ziele gesteckt."

Er schloß seine Rede wie folgt: „Ohne die Kräfte Österreichs überschätzen zu wollen, glaube ich, Ihrer Zustimmung gewiß sein zu dürfen, wenn ich der Auffassung Ausdruck gebe, daß in den Reihen der Kämpfer für den Frieden und seiner Verteidigung auch der Schwache, auch Österreich nicht fehlen darf, um das Ziel, eine glückliche und zufriedene Welt aufzubauen, zu erreichen. Trotz aller Wunden, die der Krieg unserem Land geschlagen hat, sind auch wir österreichischen Kriegsopfer mit allen uns zu Gebote stehenden Kräften eifrigst bemüht, auch weiterhin zum Wiederaufbau unserer Wirtschaft beizutragen, aber ebenso eifrig wollen wir sein, unsere Stimme für die unserem Vaterland noch immer vorenthaltene Freiheit zu erheben, mit der gleichen Inbrunst und Überzeugung reihen wir uns als schwaches Glied ein in das Heer derer, die den Krieg ebenso hassen wie sie und in der Liebe zur Menschheit den wahren Sieg erblicken. Ein großer Dichter sagte:

Immer strebe zum Ganzen!
Und kannst du selbst kein Ganzes sein,
als dienendes Glied schließ an
ein Ganzes dich an.

Das Dichterwort hat uns österreichische Kriegsopfer zum Weltbund geführt, möge es auch dem Weltbund Leitmotiv sein, um als Ganzes den Sieg der Menschheit über die Tyrannei des Krieges zu erringen."

Als erste Entschließung wurde einstimmig jene gefaßt, die die Souveränität für Österreich zum Inhalt hatte. Auf das Selbstbestimmungsrecht der Völker wurde ebenso verwiesen wie auf die Notwendigkeit, die Atomenergie nur für friedliche Zwecke zu nützen bzw. für Frieden und Abrüstung sowie Verbot der Atomwaffen einzutreten. Die Versorgung der Kriegsopfer Südtirols wurde behandelt und insgesamt ein beträchtliches Arbeitsprogramm erledigt. In der Schlußsitzung der 5. Generalversammlung des Weltbundes wurde über Antrag der deutschen Kriegsopfervertreter der ehemalige französische Staatspräsident VINCENT AURIOL zum Ehrenpräsidenten des Weltbundes der Kriegsteilnehmer gewählt. Er betrat um 11.20 Uhr den großen Festsaal des Rathauses, in dem das Plenum tagte und nahm unter den französischen Delegierten Platz. Der Präsident des Weltbundes ALBERT MOREL begrüßte ihn und bat ihn, das Wort zu ergreifen. Unter dem lebhaften Beifall der Delegierten aus 29 Staaten der Erde dankte der ehemalige französische Staatspräsident für die Einladung und führte aus: „Ich bin umso mehr ergriffen, da ich Sie, die ehemaligen Kriegsteilnehmer der ganzen Welt, in dieser wunderschönen Hauptstadt eines arbeitsreichen Volkes, in diesem schönen Wien, treffe, das ich vergangenen Mai in dem Glauben besuchte, Österreich stehe am Vorabend des Endes der Besatzung. Leider mußte ich mit großem Bedauern den schmerzhaften Appell meines hochgeschätzten Freundes Körner hören, der erklärte, daß Österreich in seiner Gesamtheit ein Opfer des Krieges sei. Daher sind meine ersten Worte, Worte des Grußes und der Freundschaft an das österreichische Volk, an seinen Präsidenten und seine Vertreter gerichtet. Empfangen Sie meine heißesten Wünsche für die baldige volle Unabhängigkeit und Freiheit Österreichs, durch einen gerechten Vertrag, einen Vertrag des Friedens."

In seinen weiteren Ausführungen würdigte er die Arbeit der Weltorganisation und dankte für die ihm zugekommene Ehrung. Bei der am letzten Tag durchgeführten Wahl wurde zum Präsidenten ALBERT MOREL, zu Vizepräsidenten General MILOJE MILOJEWIC (Jugoslawien) und AVV PIETRO RICCI (Italien) gewählt. In den Generalrat wurde Bundesrat SCHULZ wiedergewählt.

1955

10 Jahre Kriegsopferorganisation

Die 10-Jahres-Feier der Kriegsopferorganisation stand im Zeichen des Staatsvertrages. Der eindrucksvolle Festakt fand in den Sophiensälen in Wien am Samstag, den 14. Mai 1955, statt. Der Saal war festlich geschmückt. An der Stirnseite prangte auf rot-weiß-rotem Hintergrund das österreichische Bundeswappen, umrahmt von den 9 Landeswappen der österreichischen Bundesländer. Punkt 9 Uhr trafen Bundeskanzler ING. JULIUS RAAB, Bundesminister OSKAR HELMER und Bundesminister KARL MAISEL, geleitet vom Präsidenten der Zentralorganisation, Bundesrat SCHULZ und den Vizepräsidenten Landesrat WAGNER und Zentraldirektor MILLWISCH im Saal ein. Ihnen folgten als Ehrengäste der Stadt Wien Bürgermeister Franz JONAS und vom Land Niederösterreich Landesrat MÜLLNER und der Präsident des niederösterreichischen Landtags ENDL. Anschließend begrüßte Landesrat Wagner die zahlreich erschienen Ehrengäste und die Delegierten. Er umriß die Ziele der Organisation und die in 10 Jahren geleistete Aufbauarbeit.

Der Gruß von Bundespräsident Körner

„Die österreichische Kriegsopferorganisation ist in den zehn Jahren ihres Bestehens ihrer großen Aufgabe, die von den jahrelangen Kriegszeiten am härtesten betroffenen Österreicher zusammenzufassen und ihre Interesen zu vertreten, mit Tatkraft und Energie gerecht geworden. Schwer, furchtbar schwer sind die Opfer gewesen, die der von Österreich nie gewollte und der friedlichen Gesinnung dieses Landes widersprechende Krieg uns aufgezwungen hat. Umso mehr sind wir verpflichtet, die Leiden zu lindern, die er hinterlassen hat und die noch lange Jahre nach seiner Beendigung in oft erschütternder Härte nachwirken. Als Bundespräsident und als alter Soldat, der den Krieg verabscheut, weil er ihn kennt, grüße ich den Kriegsopferverband anläßlich seiner Zehn-Jahres-Feier und wünsche ihm für die Zukunft den besten Erfolg für seine segensreiche Tätigkeit.“

Bundeskanzler ING. JULIUS RAAB würdigte, daß die Organisation die große und wichtige Aufgabe in vorbildlicher Weise gelöst habe. Sozialminister KARL MAISEL betonte, daß das Bundesministerium für soziale Verwaltung ein aufrichtiger Freund und getreuer Anwalt der Kriegsopferinteressen sei. Der Bürgermeister der Stadt Wien, FRANZ JONAS, würdigte besonders, daß die Funktionäre mit Herz und Verstand arbeiten. Landesrat JOHANN MÜLLNER betonte, daß man am Tag der Freiheit zuerst an die Kriegsopfer denken wolle. Nun hielt Präsident Bundesrat Schulz die Festrede mit einem historischen Rückblick und dem Hinweis auf das furchtbare Erbe, das die nazistische Gewaltherrschaft in Österreich hinterlassen hatte. Es sei eine Fügung des Schicksals, daß zu dem Zeitpunkt, da die österreichische Kriegsopferorganisation die Feier der zehnjährigen Gründung der Organisation feiere, dem österreichischen Staat seine Freiheit wiedergegeben werden soll. Die Großen der Welt sind in Wien versammelt, um dieses Dokument der Freiheit zu unterzeichnen. Die Kriegsopfer Österreichs danken hiefür und appellieren an sie, den nunmehr mit der Unterfertigung des österreichischen Staatsvertrages begonnenen Weg der friedlichen Verständigung der Völker fortzusetzen. Die Millionen Kriegsopfer der beiden Weltkriege können aus dieser Tatsache die Überzeugung gewinnen, daß sie vielleicht doch die letzten Opfer gewaltsamer Auseinandersetzungen gewesen sind und die Welt einer friedlichen Entwicklung entgegen gehe. Die österreichischen Kriegsopfer aber wollen den Tag der zehnjährigen Wiederkehr der Gründung der Organisation benützen, um nicht nur den Österreichern, sondern auch der ganzen Welt zu sagen, daß sie jederzeit bereit sind, für das Wohl des Vaterlandes Österreich einzutreten, aber ebenso auch mit den übrigen Kriegsopfern der Welt die Fahnenträger des Friedens zu sein.

Möge der Geburtsstunde der Freiheit Österreichs auch die Geburtsstunde des Weltfriedens sehr bald folgen.

4. ordentlicher Landesdelegiertentag des Kriegsopferverbandes für Wien, Niederösterreich und Burgenland am 14. Mai 1955

Im Anschluß an den Festakt anläßlich des zehnjährigen Bestehens der Kriegsopferorganisation in der Zweiten Republik nahmen die Delegierten des Kriegsopferverbandes für Wien, Niederösterreich und Burgenland ihre Beratungen im Rahmen des vierten ordentlichen Delegiertentages auf. Nach der Trauerkundgebung für die Gefallenen und die verstorbenen Mitglieder der Organisation fand die Konstituierung des Landesdelegiertentages statt. Zur Erleichterung der Arbeiten des Delegiertentages wurden 4 Kommissionen, und zwar die Mandatsprüfungskommission, die Satzungskommission, die Antragsprüfungskommission und die Wahlkommisssion gewählt. Der Vizepräsident der Zentralorganisation der Kriegsopferverbände Österreichs, Kamerad Stadtrat Franz Jawornik, hielt als Vertreter der Organisationen der Kriegsopfer in den Bundesländern eine Begrüßungsansprache. Er würdigte die Tätigkeit des Landesverbandes und dankte für die Mithilfe bei der Arbeit der Zentralorganisation der Kriegsopferverbände Österreichs und bat, daß so wie in der abgelaufenen Zeitperiode versucht wird, ohne Gegensätze in freundschaftlicher und kameradschaftlicher Verbundenheit die Arbeit zu meistern, um das Schicksal der österreichischen Kriegsopfer zu bessern, und um einen Anschluß an eine bessere und glücklichere Zeit zu finden. Stürmischer Beifall dankte seinen Ausführungen. Nun hielt Verbandsvorsitzender Bundesrat Franz Schulz sein mit stürmischem Beifall aufgenommenes Referat über die Weltpolitik und ihre Auswirkungen auf die Sozialpolitik und die Kriegsopferfürsorge und berührte auch die Frage des aufzustellenden österreichischen Bundesheeres, das aufzustellen der Staat zur Sicherung der Grenzen auf Grund der im Staatsvertrag verankerten Neutralität verpflichtet sein wird. Er betonte, daß man sich darüber klar sein muß, daß die Frage aus materiellen Gründen von einschneidender Bedeutung sein wird. Für die Kriegsopfer bedeutete diese Frage aber noch etwas anderes. Sie wollen für den Frieden kämpfen und verlangen daher, daß das neue österreichische Militär nicht wieder das wird, was vor kurzem erst als deutscher Militarismus zu Grabe getragen wurde. Er schloß seine umfassenden Ausführungen neuerlich mit dem Wort: „Aus Liebe zur Menschheit, Verdammung dem Krieg, nur Recht schafft Frieden, und Frieden ist Sieg."

Über die Entwicklung des Versorgungsrechtes der Kriegsopfer wurde von Verbandssekretär Karrer ein ausführliches Referat gehalten. Den Tätigkeitsbericht des Hauptausschusses erstattete Vorsitzenderstellvertreter Landesrat Johann Wagner. Er schloß seine umfassenden Ausführungen unter anderem mit den Worten „Auf dem Gebiet der Entwicklung der Organisation darf ich Ihnen berichten, daß es uns nicht nur gelungen ist, das Vertrauen der bisherigen Mitglieder zu erhalten, sondern daß es uns darüber hinaus noch vergönnt war, den Mitgliederstand weiter zu erhöhen. Am letzten Delegiertentag wurde Ihnen berichtet, daß unsere Landesorganisation mit 31. Dezember 1951 den Stand von 104.474 Mitgliedern zu verzeichnen hat. In der abgelaufenen Funktionsperiode mußten wir bis zum 31. Dezember 1954 den Tod von 4.592 Mitglieder betrauern. Trotz dieses Verlustes konnte der Mitgliederstand von 104.474 auf 107.712 erhöht werden. Die Mitglieder sind in 576 Bezirks- und Ortsgruppen erfaßt, die in 33 Bezirksarbeitsgemeinschaften zusammengefaßt sind. Ein beredtes Zeugnis dafür, daß die Organisation es nicht nur auf dem Gebiete der Einflußnahme auf gesetzlichem Sektor verstanden hat, große Erfolge zu erreichen, sondern auch die Organisation auf entsprechender Höhe zu erhalten."

Es folgten die Berichte über die Fürsorge des Verbandes, über die Tätigkeiten im Rahmen des Invalideneinstellungsgesetzes und die Tätigkeit der Arbeitsgemeinschaften der Vertrauensmänner der beschäftigten Invaliden; ebenso über die Tätigkeit im Rahmen des Gewerberechtes und des Trafikbesetzungswesens. Aus dem von Kamerad WÜRL vorgetragenen Kassenbericht konnte mit Stolz entnommen werden, daß die Fürsorgeleistungen des Verbandes in der Berichtsperiode 13,9 Millionen Schilling betragen haben. Trotzdem wies der Fürsorgefonds per 31. Dezember 1954 die erfreuliche Höhe von rund 6,9 Millionen Schilling auf. Der Bericht der Kontrolle und ihr Antrag auf Erteilung der Entlastung wurde einstimmig zur Kenntnis genommen.

Bevor zum Tagesordnungspunkt Wahl geschritten wurde, richtete Verbandspräsident SCHULZ den Dank des Hauptausschusses an die Delegierten, die Funktionäre und an das Personal des Verbandes. Besonders hob er den Dank an den ausscheidenden Funktionär Robert PLISCHKE, der angegeben hatte, nicht mehr in der Lage zu sein, seine Funktion auszuüben und an den leitenden Sekretär KARRER für seine Mithilfe und nimmermüde Tatkraft bei der Führung des Verbandes hervor.

Unter stürmischem Beifall und langanhaltenden Ovationen wurde über Vorschlag der Wahlkommission Kamerad Bundesrat FRANZ SCHULZ neuerlich *zum Vorsitzenden des Kriegsopferverbandes für Wien, Niederösterreich und Burgenland gewählt.*

Ferner wurden gewählt:

Vorsitzendestellvertreter	Leopold Millwisch
	Ladislaus Nogol
	Alfred Silldorff
	Johann Wagner
Schriftführer	Leopold Novak
	Walter Schubert
Kassiere	Josef Würl
	Dr. Georg Prader
Beisitzer in den Vorstand	Walter Müller
	Christine Löschnigg
	Heinz Klosternitz
	Franz Tröstl
	Karl Laschober
	Anny Schön
Besitzer in den Hauptausschuß	Adolf Rauscher
	Anna Pinkernell
	Hans Czettel
	Anton Diestelberger
	Fritz Weiß
	Fritz Gruber
	Josef Hickel
	Johann Wastl
	Wilhelm Latschenberger
	Franz Kohl
	Ferdinand Hanzlik
	Anton Stanek
	Robert Plischke
	Johann Pirkner
	Josef Pexider
Kontrolle	Friedrich Schmidt
	Leopold Wilfert
	Karl Gutmann
	Franz Pröbstl
	Franz Hajek
	Walter Lausch

Walter Jäger
Heinrich Schöffler
Franz Klauda
Rudolf Pellischek
Johann Danzinger
Franz Graschitz

Über Vorschlag der Wahlkommission wurde Kamerad FRIEDRICH KARRER neuerlich als leitender Sekretär des Kriegsopferverbandes für Wien, Niederösterreich und Burgenland bestätigt.

Generalratssitzung der Weltorganisation in Kopenhagen

Am 7. und 8. Juli 1955 fand in Kopenhagen eine Generalratssitzung der Weltorganisation der Kriegsteilnehmer und Kriegsopfer statt. Für Österreich war der Präsident der Zentralorganisation der Kriegsopferverbände Österreichs Bundesrat SCHULZ im Generalrat vertreten. Die Tagung fand im Gebäude des dänischen Parlamentes (Christiansborg-Palast) statt. Neben den Berichten des Generalsekretärs, des Generalschatzmeisters und des Vertreters der Weltorganisation bei den Vereinten Nationen erörterte der Generalrat das internationale Kindererholungsprogramm, Berichte der einzelnen Mitlgliedsländer sowie Anträge um Mitgliedsaufnahme. Einhellig gaben die Delegierten der Überzeugung Ausdruck, daß, wenn auch die drängenden Aufgaben in den einzelnen Kontinenten verschiedene sind, der Gedanken-, Erfahrungs- und Meinungsaustausch auf globaler Basis unleugbar wertvollste Unterstützung bietet.

Einstimmig wurde der Arbeit des Ehrenpräsidenten AURIOL vom Generalrat Anerkennung gezollt, da dieser wesentlich dazu beigetragen hatte, daß der WVF die Stellung nach Kategorie A beim Wirtschafts- und Sozialrat der Vereinten Nationen zuerkannt wurde. Diese Stellung, die dem WVF gewisse Privilegien verlieh, brachte eine große Verantwortlichkeit für die Organisation mit sich und erforderte vor allem, daß Resolutionen, die von ihren Generalversammlungen angenommen wurden, sich wirklich nur mit Angelegenheiten von wesentlicher Bedeutung auseinandersetzen. Nach eingehenden Beratungen wurden Resolutionen zu den Themen

- Berufliche Wiedereingliederung für Kriegsbeschädigte
- Technische Hilfe
- Internationale Zusammenarbeit
- Abrüstung
- Verbreitung von Nachrichten hinsichtlich der Ergebnisse der Atomforschung und friedlicher Anwendung der Atomenergie

beschlossen.

Weltfrontkämpfertag 1955 – Tag der Vereinten Nationen

Der Weltfrontkämpfertag, der am 26. Juni 1955 gefeiert wurde, stand im Zeichen der 10. Wiederkehr der Unterzeichnung der Satzungen der Vereinten Nationen. Am gleichen Tag traten in San Francisco die Vertreter aller Staaten zusammen, die den Vereinten Nationen angehören, um den 10jährigen Bestand dieser internationalen Vereinbarungen feierlich zu begehen.

Der Präsident des Weltbundes, ALBERT MOREL, führte in seiner Botschaft an die ehemaligen Kriegsteilnehmer der ganzen Welt unter anderem folgendes aus: „Kameraden, in diesem Jahr erhält unser Welfrontkämpfertag eine ganz besondere Bedeutung, da er mit dem

10. Jahrestag der Unterzeichnung der Charta von San Francisco zusammenfällt. Die in dieser Charta enthaltenen Grundsätze haben wir zu unserem Bekenntnis gewählt. Wir haben immer unseren Friedenswillen betont und verkündet, daß Kriege nicht schicksalsbedingt sind. Ein Lichtstreifen zeigt am Horizont das lange erwartete Anzeichen aufsteigenden Friedens. So können wir ohne übertriebenen Stolz, aber auch ohne falsche Bescheidenheit an diesem für uns feierlichen Tag die Bilanz unserer Tätigkeit ziehen. Wir können erneut unsere Überzeugung proklamieren, daß unser Wille zum Frieden, zur Achtung des Menschens, der Gerechtigkeit und der Freiheit dem tiefen Streben aller Menschen entspricht und daß wir, wenn wir alle unsere Kräfte für diese Ideale einsetzen, ebenso sehr unserem Vaterland und seiner Unabhängikeit wie der ganzen Menschheit dienen."

Auch die Mitgliedsverbände der Zentralorganisation, die seit 1953 dem Weltbund ehemaliger Kriegsteilnehmer und Kriegsopfer angehören, veranstalteten örtliche Feiern, einerseits, um die Verbundenheit mit dem Weltbund zum Ausdruck zu bringen, und andererseits um namens der österreichischen Kriegsopfer das Bekenntnis zu den Zielen der Vereinten Nationen, vor allem zum ungeteilten Weltfrieden, zu erneuern. Den Landeshauptleuten aller Bundesländer wurde von einer Abordnung der Kriegsopferverbände ein künstlerisch ausgestattetes Dokument, das die Einleitung der Satzungen des Weltbundes ehemaliger Kriegsteilnehmer und Kriegsopfer wiedergibt, sowie eine gleichfalls künstlerisch ausgefertigte persönliche Widmung überreicht und hiebei die Bedeutung des Tages gewürdigt.

Die Zentralorganisation der Kriegsopferverbände Österreichs überreichte dieses Dokument auch dem Bundespräsidenten General a.D. Dr. h.c.Theodor Körner.

Der Kriegsopferverband für Wien, Niederösterreich und Burgenland hat aus Anlaß des Weltfrontkämpfertages 1955 und der Feier der 10jährigen Wiederkehr des Tages der Unterzeichnung der Satzungen der Vereinten Nationen alle am 26. Juni 1945 geborenen Waisen und Kinder von Schwerkriegsbeschädigten zur feierlichen Begehung ihres mit dem Geburtstag der Vereinten Nationen zusammenfallenden Geburtstages nach Wien eingeladen. Die Kinder wurden komplett eingekleidet, festlich bewirtet und besuchten über die Wiener Höhenstraße den Kahlenberg und den Wiener Prater. Das begabteste und bedürftigste Kind, und zwar das Waisenkind DIETER-FRIEDRICH SCHLESIER, erhielt vom Kriegsopferverband zur Förderung seiner Ausbildung ein Stipendium von 10.000 Schilling.

Das Allgemeine Sozialversicherungsgesetz

Zehn Jahre nach der Befreiung Österreichs galt noch immer das mit 1. Jänner 1939 eingeführte deutsche Recht über die Sozialversicherung. Der Nationalrat hatte schon in seiner Sitzung vom 25. Juli 1951 in einer einstimmigen Entschließung die Bundesregierung aufgefordert, dem Nationalrat nach Beginn der Herbsttagung 1951/1952 ehestens ein umfangreiches Reformprogramm für die gesamte Sozialversicherung vorzulegen. Die Einreichung dieser Regierungsvorlage hatte sich wegen der notwendigen umfangreichen Vorarbeiten wesentlich verzögert. Den Arbeiten an diesem Gesetz waren ganz besondere Schwierigkeiten entgegen gestanden. Im Hinblick auf die an dem Gesetzentwurf beteiligten Interessen erfolgte eine Unzahl von Wünschen, Beschwerden, Abänderungsvorschlägen, die den Werdegang des Gesetzes bis zur letzten Beschlußfassung begleiteten. So aber konnte doch in diesem Schicksalsjahr 1955 von der Republik Österreich ein sozialpolitisches Gesetz verabschiedet werden, das weit über die Grenzen Österreichs, ja in der ganzen Welt bedeutungsvoll war und ist. Es wurde das Allgemeine Sozialversicherungsgesetz im Herbst 1955 beschlossen, und es war verständlich, daß um ein so bedeutendes und großes sozialpolitisches Werk alle Anstrengungen der beiden Regierungsparteien darauf gerichtet waren, dieses Gesetzwerk zu vollenden und dies neben den Sorgen um die Erfüllung der Verpflichtungen, die der Staatsvertrag gebracht hatte.

Bundesrat SCHULZ stellte in seinem Rückblick auf das Jahr 1955 fest, daß die Kriegsopfer an der Lösung beider Aufgaben ein außerordentliches Interesse an dem Sozialversicherungsgesetz deshalb hatten, da der Großteil der Kriegsopfer in absehbarer Zeit in den Genuß der Früchte dieses Gesetzes kommen würde.

1956

Abschied von Franz Schulz

Am 25. März 1956 haben die österreichischen Kriegsopfer durch das Ableben des Präsidenten der Zentralorganisation der Kriegsopferverbände Österreichs und des Vorsitzenden des Kriegsopferverbandes für Wien, Niederösterreich und Burgenland, Bundesrat Franz Schulz, einen unersetzlichen Verlust erlitten. War doch der Verschiedene nicht nur ein mitfühlender Freund seiner Schicksalsgenossen, sondern auch der allseits anerkannte und geachtete Repräsentant der Organisation der österreichischen Kriegsopfer, deren Entwicklung und Zielsetzung mit seiner Persönlichkeit innig verbunden war. Das große Ansehen, dessen sich der Verewigte im Kreise der Kriegsopfer, aber auch im öffentlichen Leben erfreute und die besondere Verehrung weitester Kreise, dokumentierte sich in der Teilnahme an den Trauerfeierlichkeiten und in den der Organisation zugekommenen Kondolenzschreiben aus dem In- und Ausland.

Tausende Kriegsopfer aus Wien, zahlreiche Deputationen von niederösterreichischen und burgenländischen Untergruppen, Abordnungen aus allen Bundesländern und des Verbandes der Kriegsblinden Österreichs zogen am 29. März an dem in seinem Arbeitszimmer im Verbandsbüro aufgebahrten Präsidenten zum Abschied vorüber. Die geräumige Aufbahrungshalle und die Zeremonienhalle des Wiener Krematoriums vermochten die große Trauergemeinde nicht zu fassen. Zu den Trauergästen zählten neben dem gesamten Vorstand der Zentralorganisation und dem Hauptausschuß des Kriegsopferverbandes für Wien, Niederösterreich und Burgenland unter anderem Vizekanzler DR. SCHÄRF, die Regierungsmitglieder HELMER und PROKSCH, Arbeiterkammerpräsident Bundesminister a. D. MAISEL, der Staatssekretär im Bayrischen Arbeitsministerium und seinerzeitiger Landesgeschäftsführer des Landesverbandes Bayern des VDK, WEISHÄUPL, Bürgermeister JONAS, Vizebürgemeister HONAY, Stadtrat AFRITSCH, Nationalrat PROBST, die Bundesräte FLÖTTL, RIEMER und PORGES. Vizekanzler Dr. Schärf würdigte die edlen Charakterzüge des Verstorbenen und seine verdienstvolle Tätigkeit im öffentlichen Leben. Namens der deutschen Bruderorganisationen nahmen Senator a. D. NEUMANN, Hamburg, und Oberlandesgerichtsrat DR. ZÖLLER, München, von dem Toten in bewegten Worten Abschied. Der Vizepräsident der Zentralorganisation Stadtrat JAWORNIK, Graz, und Sekretär KARRER, Wien, würdigten das verdienstvolle Wirken in der österreichischen Kriegsopferbewegung. Ergriffenheit und Trauer herrschte, als das, was an Franz Schulz sterblich war, unter den feierlichen Klängen der Orgel in die Tiefe ging, um den Flammen übergeben zu werden.

Außerordentliche Delegiertenkonferenz in Wien

Am 5. Mai 1956 fand im großen Sitzungssaal des niederösterreichischen Landhauses in Wien eine außerordentliche Delegiertenkonferenz des Kriegsopferverbandes für Wien, Niederösterreich und Burgenland statt, die sich in erster Linie mit der Nachfolge des verstorbenen Verbandsvorsitzenden Kamerad Bundesrat Schulz zu befassen hatte. Der Vorsitzendestellvertreter Kamerad NOGOL gedachte des verewigten Kameraden. Kamerad WÜRL referierte über den Rechnungsabschluß für das Jahr 1955.

Kamerad SCHMIDT als Obmann der Kontrolle betonte in seinem Bericht, daß die Gebarung des Verbandes einwandfrei und sparsam und die Finanzlage sehr gut fundiert sei. Über seinen Antrag wurde der Rechnungsabschluß und der Bericht der Kontrolle von den Delegierten zur Kenntnis genommen. Über Vorschlag des Hauptausschusses wurde daraufhin der bisherige leitende Sekretär des Verbandes, Kamerad KARRER, einstimmig zum Vorsitzenden des Kriegsopferverbandes für Wien, Niederösterreich und Burgenland gewählt. Nach Karrers Erklärung, die Wahl anzunehmen, betonte Kam. Landesrat WAGNER, daß der Hauptausschuß durch den Vorschlag, einen jungen Kameraden zu wählen, eine gewisse Kontinuität für die Zukunft garantieren wollte. Die alten Kameraden gehörten alle demselben Semester wie er an, und man könne es nicht leugnen, auf absteigender Linie zu sein. Es wäre dem Verband nicht gedient, wenn man immer die Position halten wollte und die Jungen nicht heranziehen würde. Es muß gewährleistet sein, daß die Interessen der Kriegsopfer auch dann weitergeführt werden, wenn die Kameraden des Ersten Weltkrieges abberufen werden. Er dankte den Kameraden NOGOL und MILLWISCH, die während der Übergangszeit die Geschäfte geführt hatten und wünschte anschließend dem neuen Vorsitzenden Glück und Erfolg für seine Tätigkeit und Gottes Segen.

Kamerad KARRER übernahm nun den Vorsitz über die Delegiertenkonferenz und sagte in seiner Auftrittsrede, daß des toten Kameraden Schulz Liebe zur Menschheit, sein soziales Gefühl den Kriegsopfern gegenüber und seine Achtung der Menschenrechte Vorbild und Weg für das weiter Wirken sein werde. Er dankte für das in ihn gesetzte Vertrauen und versprach, sich dieses Vertrauens würdig erweisen zu wollen. Nun stellte Kam. NOGOL in Fortsetzung der Tagesordnung im Namen des Hauptausschusses den Antrag, den Generalsekretär der Zentralorganisation der Kriegsopferverbände Österreichs, Kamerad Karl BAIER, zum Vorsitzendenstellvertreter zu wählen. Dieser Antrag wurde einstimmig unter heftigem Beifall angenommen. Kamerad Baier dankte den Delegierten für den Vertrauensvorschuß, den sie ihm durch seine einstimmige Wahl erteilt haben und sagte unter anderem folgendes wörtlich: „Wir sind in einer Schicksalsgemeinschaft vereinigt, und jedem von uns hat das Schicksal Schaden zugefügt und schwere Schläge versetzt. Diese schweren Schläge haben uns alle miteinander hart gemacht, hart gegen sich selbst, manchmal auch hart gegen den anderen. Aber der Österreicher ist nicht umsonst in der ganzen Welt bekannt und beliebt, beliebt vor allem, ob seiner Toleranz, seiner Toleranz, die aus der geschichtlichen Entwicklung Österreichs und der Stellung unserer Heimat innerhalb Mitteleuropas begründet und begreiflich ist. Diese Toleranz, gepaart mit der Härte jedes Einzelnen, hat in der Vergangenheit mehrmals die Gegensätze zu glätten vermocht. Sie hat aber auch vermocht, die schweren Schläge, die nicht nur dem einzelnen, sondern auch der Organisation der Kriegsopfer zugefügt worden sind, zu ertragen. Ich erinnere gerade heute daran, daß unsere Organisation schon mehrmals totgesagt und begraben worden, doch immer und immer auferstanden ist. Auferstanden im Jahre 1945 in einer Einheit und Geschlossenheit, die vordem unbekannt gewesen ist. Die Erfahrungen einer viereinhalb Jahrzehnte dauernden Arbeit in der Organisation der Kriegsopfer geben mir die Berechtigung, der Hoffnung Ausdruck zu geben, daß die beiden Eigenschaften, die uns so hervorragend auszeichnen, Härte gepaart mit Toleranz, uns auch in der Zukunft den Weg gehen lassen, der im Interesse der Kriegsopfer Österreichs erforderlich ist."

Mit seiner Ansprache war der Wahlakt abgeschlossen. Nun nahm der Verbandsvorsitzende KARRER den Anlaß der seinerzeitigen Funktionsrücklegung des Kameraden Plischke wahr, um der Delegiertenkonferenz folgendes zu unterbreiten: „Ich möchte noch einige Worte über einen Funktionär an Sie richten, der am letzten Delegiertentag in den Hauptausschuß gewählt worden ist, der aber infolge seiner schweren Erkrankung leider nicht in der Lage war, die vorgesehene Funktionsperiode von 3 Jahren voll auszuüben und sein Mandat vorzeitig zurückgeben mußte. Sein Name war und ist für uns ein Begriff, denn er war jener getreue Eckehart der Organisation, der nichts anderes kannte, als den Kriegsopfern zu dienen, ihnen zu helfen und dafür zu sorgen, daß die Verwaltung der Organisation richtig und ordnungsgemäß vor sich gehe. Es ist dies unser alter Freund und Kamerad ROBERT PLISCHKE, dem ich von dieser Stelle aus herzlich danke für alles, was er im Rahmen seiner Funktionen in der Organisation für die Kriegsopfer geleistet hat. Mit dem Dank an den Kameraden Plischke für seine bisherige Tätigkeit glaube ich, gleichzeitig auch die Bitte an ihn richten zu dürfen, daß er die Funktionen, die er derzeit noch ausübt, nicht nur in der Bezirksgruppe, sondern auch in der Zentralorganisation auch in der kommenden Funktionsperiode weiter ausüben möchte, denn wir würden es wirklich sehr gerne sehen, wenn er uns auf diesem Gebiet weiterhin mit seiner Arbeitskraft, mit seinem Können und mit seinem aufrichtigen Wollen, das Beste für die Kriegsopfer zu leisten, zur Seite stehen würde."

Sechste Generalversammlung des Weltbundes in Brüssel

Vom 26. Mai bis 2. Juni 1956 fand in Brüssel die sechste Generalversammlung des Weltbundes ehemaliger Kriegsteilnehmer statt. Mehr als 300 Delegierte und Beobachter aus 35 Ländern und 134 nationalen Verbänden repräsentierten mehr als 20 Millionen Kriegsteilnehmer und Kriegsopfer. Die Konferenz war vom Geiste der Völkerverständigung und der Zusammenarbeit, im Geiste der Charta der Vereinten Nationen getragen. Die Förderung zur Sicherung des Weltfriedens sowie die Fragen der medizinischen und beruflichen Wiederherstellung der Beschädigten standen im Vordergrund der Beratungen.

Friede, Freiheit und Gleichberchtigung aller Völker sind die Ziele auf dem Weg zu einer besseren Welt, zu deren Aufbau auch der Weltbund ehrlich und aufrichtig beitragen will.

Einen glanzvollen Rahmen bot die feierliche Eröffnung im Palais der Akademien, die duch die Anwesenheit eines persönlichen Vertreters des belgischen Königs, des belgischen Ministerpräsidenten ACHILLE VAN ACKER, des ehemaligen franz. Staatspräsidenten VINCENT AURIOL (Ehrenpräsident des Weltbundes), des diplomatischen Korps und durch zahlreiche Ehrengäste und Grußbotschaften von Regierungschefs, darunter auch die von Bundeskanzler Ing. Raab besonders ausgezeichnet wurde. Die Anwesenheit eines Vertreters der Vereinten Nationen, des Europarates, der Organisation für Erziehung, Wissenschaft und Kultur der Vereinten Nationen, der Weltgesundheitsorganisation, des internationalen Roten Kreuzes, sowie vieler höchster Vertreter staatlicher Organisationen ließ die Bedeutung des Kongresses für die Weltöffentlichkeit erkennen. Die vom Präsident des Weltbundes, ALBERT MOREL, eröffnete Tagung wurde als erstes vom Ehrenpräsidenten und ehemaligen Staatspräsidenten der Republik Frankreich VINCENT AURIOL begrüßt. Weitere Begrüßungsansprachen hielten der belgische Ministerpräsident VAN ACKER, der Direktor der Europaabteilung in den Vereinten Nationen PALTHEY und das belgische Generalratsmitglied FELIX DE LOZ. Der eindrucksvolle Geschäftsbericht des Generalsekretärs CURTIS CAMPAIGNE sowie der Bericht des Schatzmeisters VAN LANSCHOT wurden einstimmig genehmigt. Aus dem Bericht des Generalsekretärs war besonders das Eintreten des Weltbundes für die Freiheit Österreichs, für den friedlichen Gebrauch der Atomkraft und für die Freilassung der Kriegsgefangenen hervorzuheben.

Das Plenum stimmte den vom Exekutivausschuß befürworteten Aufnahmeanträgen von 13 weiteren Verbänden zu, damit sind unter anderem auch Japan, Burma, Vietnam und Südkorea unter den insgesamt 35 Mitgliedsstaaten des Weltbundes vertreten. Während der Tagung wurden 33 Entschließungen angenommen. In einer dieser Entschließungen wurde die Wiedervereinigung Deutschlands auf der Grundlage wirklich freier Wahlen in ganz Deutschland unter internationaler Beobachtung und mit internationaler Garantie gefordert.

Die bisherigen Mitglieder des Präsidiums wurden mit Ausnahme des zurückgetretenen italienischen Vizepräsidenten Ricci wiedergewählt. An Riccis Stelle wurde der Vertreter Pakistans, Major GHULAM HUSAIN, in das Präsidium berufen. Zum Vorsitzenden des Generalrates wurde Vizeluftmarschall KENNETH M. GUTHRIE, Kanada, gewählt. Anstelle des verstorbenen Bundesrates Schulz wurde für Österreich Kamerad BAIER in den Generalrat berufen.

Zum ersten Mal seit der Gründung des Weltbundes nahmen an seiner Tagung auch Beobachter aus der Sowjetunion, aus Ungarn, Polen und der Tschechoslowakei teil. Ein offizieller Antrag auf Aufnahme in den Weltbund wurde von diesen Staten jeoch nicht gestellt. Mit einem Friedensappell schloß Präsident Morel die Tagung.

Vierter ordentlicher Delegiertentag der Zentralorganisation der Kriegsopferverbände Österreichs

Am 23. und 24. Juni 1956 fand in Wien der vierte ordentliche Delegiertentag der Zentralorganisation der Kriegsopferverbände Österreichs statt. Für Samstag, den 23. Juni 1956, war die Arbeitssitzung vorgesehen, am Sonntag, den 24. Juni 1956 sollte die feierliche öffentliche Tagung erfolgen. Obwohl die Teilnahme der Ehrengäste für die öffentliche Tagung am Sonntag vorgesehen war, hatte es sich Bundeskanzler Ing. Julius Raab nicht nehmen lassen, schon zu Beginn der Arbeitstagung zu erscheinen.

Vizepräsident Stadtrat JAWORNIK eröffnete als Vorsitzender die Tagung mit der Begrüßung des Bundeskanzlers und der Delegierten. Bundeskanzler ING. JULIUS RAAB begrüßte den Delegiertentag im Namen der österreichischen Bundesregierung und wünschte den Delegierten vollen Erfolg in allen Bestrebungen zur Erreichung ihrer Ziele. Er führte unter anderem aus: „Sie haben sich in ganz Österreich eine vorbildliche Organisation geschaffen, haben im Laufe der Jahre nach dem Ende des Ersten Weltkrieges und jetzt auch des Zweiten Weltkrieges die Interessen der Schwerbeschädigten vertreten und gemeinsam mit den öffentlichen Stellen die Lage aller ihrer Leute zu verbessern getrachtet. Dafür gebührt ihrer Organisation der Dank des Vaterlandes, und ich möchte noch hinzufügen, daß ihre Organisation ihr ganzes Streben einsetzen muß, um den Frieden in der Welt zu erhalten und die Menschheit vor dem Schicksal neuer Weltkriege zu bewahren."

Nach der Ansprache des Bundeskanzlers wurde das Tagespräsidium bestellt, dem die Vizepräsidenten, Stadtrat Kamerad JAWORNIK, Zentraldirektor Kamerad MILLWISCH und Nationalrat Kamerad WIMBERGER, ferner der Obmann des Verbandes der Kriegsblinden, Kamerad HANS HIRSCH, der Verbandsvorsitzende des Kriegsopferverbandes für Wien, Niederösterreich und Burgenland, Kamerad KARRER, der Verbandsobmann des Kärntner Kriegsopferverbandes, Landeshauptmannstellvertreter Kamerad KRASSNIG, der Verbandsobmann des Vorarlberger Kriegsopferverbandes, Kamerad MÜLLER, der Verbandsobmann des Tiroler Kriegsopferverbandes, Kamerad THOMAN und vom Landesverband für Wien, Niederösterreich und Burgenland Landeshauptmann Kamerad WAGNER und der Obmann des Salzburger Kriegsopferverbandes WANNER angehörten. Nun erfolgte die Wahl der Kommissionen, in die jeder Landesverband einen Vertreter entsandte. Mit der Annahme der Geschäftsordnung war der erste Tagesordnungspunkt erledigt. Es folgten die Berichte; als erstes referierte Kamerad Baier über die Tätigkeit des Vorstandes der Zentralorganisation. Es folgten die Berichte der Landesverbände, die den Delegierten schriftlich zugegangen waren. Nun folgte der Kassenbericht des Kameraden Schmidt und der Kontrollbericht des Kameraden Plischke. Die Berichte wurden zur Kenntnis genommen und die Entlastung erteilt. Nun wurde nach längerer Debatte beschlossen, mit Wirkung vom 1. Juli 1956 die Beiträge der Landesverbände an die Zentralorganisation, die seit 1949 keine Änderung erfahren hatten, von 10 Groschen auf 20 Groschen pro Mitglied zu erhöhen. Anschließend wurde eine Abänderung der Satzungen angenommen, wonach unter anderem mit der Einrichtung des Präsidiums ein neues, für die Führung der organisatorischen Aufgaben geeigneteres Organ geschaffen wurde.

Karl Baier neuer ZO-Präsident

Im Anschluß an die Berichte erstattete der Berichterstatter der Wahlkommission den Vorschlag über die Wahl des Präsidenten der Zentralorganisation, der Mitglieder des Präsidiums und der 15 weiteren Delegierten, die zusammen mit den 10 Witwenvertreterinnen den somit aus 36 Mitgliedern bestehenden Vorstand der Zentralorganisation der Kriegsopferverbände Österreichs bilden. Zum Präsidenten der Zentralorganisation wurde unter langanhaltendem Beifall der bisherige Generalsekretär Kam. Karl Baier einstimmig gewählt. Dem Präsidium gehörten auf Grund ihrer Funktion als Obmänner der angeschlossenen Verbände folgende Kameraden an:

Sepp Springer (Kärnten)
Hans Hirsch (Verband der Kriegsblinden)
Nationalrat Alois Wimberger (Oberösterreich)
Bundesstaatlicher Fürsorgerat Ludwig Wanner (Salzburg)
Stadtrat Franz Jawornik (Steiermark)
Josef Thoman (Tirol)
Martin Müller (Vorarlberg)
Friedrich Karrer (Wien)
Alfred Silldorf (Niederösterreich)
Landeshauptmann Johann Wagner (Burgenland)

Zu den weiteren 15 Vorstandsmitgliedern wurden folgende Kameraden gewählt:
Arnold Suppan (Kärnten)
Eduard Schnabel (Verband der Kriegsblinden)
Dir. Franz Aigner (Oberösterreich)
Dir. Hans Bauer (Oberösterreich)
Ing. Josef Weiser (Salzburg)
Dir. Josef Nemenz (Steiermark)
Johann Poscics (Steiermark)
Josef Hardinger (Tirol)
Arthur Rauth (Vorarlberg)
Bundesrat Dr. Georg Prader (Wien, NÖ und Bgld.)
Franz Tröstl (Wien, NÖ und Bgld.)
Josef Würl (Wien, NÖ und Bgld.)
Landtagsvizepräsident Johann Wastl (Wien, NÖ und Bgld.)
Ladislaus Nogol (Wien, NÖ und Bgld.)
Friedrich Schmidt (Wien, NÖ und Bgld.)

Zu Witwenvertreterinnen wurden gewählt:
Hilde Pettauer und Berta Wuggelberger (Kärnten)
Ilse Schulz und Herma Pester (Oberösterreich)
Maria Stifter (Salzburg)
Maria Wagner (Steiermark)
Herta Laimgruber (Tirol)
Klara Kurz (Vorarlberg)
Christine Löschnigg
und Dominika Fröstl (Wien, Niederösterreich und Burgenland)

In die Kontrollkommission wurden folgende Kameraden gewählt:
Adolf Taschler (Kärnten)
Dipl.-Ing. Friedrich Unger (Verband der Kriegsblinden)
Otto Libal (Oberösterreich)

Matthias Wonnebauer (Salzburg)
Gemeinderat Franz Schlagenhaufen (Steiermark)
Dr. Hubert Lemmerer (Tirol)
Ernst Seebacher (Vorarlberg)
Zentraldirektor Leopold Millwisch (Wien, NÖ und Bgld.)
Leopold Novak (Wien, NÖ und Bgld.)
Nationalrat Josef Dengler (Wien, NÖ und Bgld.)

Nach Durchführung der Wahl sprach der Vorsitzende, Zentraldirektor MILLWISCH, dem scheidenden Vorstand für seine Arbeit den Dank aus. Eine besondere Ehrung wurde dem aus gesundheitlichen Gründen gänzlich ausscheidenden langjährigen Obmann der Kontrollkommission und Trafikreferenten für Wien, Niederösterreich und Burgenland, Kamerad ROBERT PLISCHKE zuteil. Unter dem lebhaften Beifall der Delegierten wurde er wegen seiner besonderen Verdienste um die österreichischen Kriegsopfer *zum Ehrenmitglied der Zentralorganisation der Kriegsopferverbände Österreichs* ernannt. Der neugewählte Präsident Kamerad Baier übernahm den Vorsitz über die Tagung, dankte den Delegierten für das ihm durch die Wahl zum Ausdruck gebrachte Vertrauen und bat um die Unterstützung der Delegierten, damit es gelingen würde, aus der Zentralorganisation eine Kampforganisation zu machen, um den Kriegsopfern, die bisher auf der Schattenseite des Lebens gestanden sind, den Platz an der Sonne zu verschaffen, den sie sich verdienen. Nun folgte als letzter Teil der Arbeitstagung die Entscheidung über die eingebrachten Anträge, die sich vor allem mit der Weiterentwicklung der Kriegsopferversorgung beschäftigten und, soweit sie nicht bereits in der Entschließung verarbeitet worden waren, einstimmig angenommmen wurden.

Eindrucksvolle öffentliche Tagung

Die öffentliche Tagung des Delegiertentages der Zentralorganisation der Kriegsopferverbände Österreichs wurde am darauffolgenden Sonntag vor geladenen Gästen mit der vom neuen Wiener Konzertverein vorgetragenen Ouvertüre zu Beethovens Egmont eröffnet. Kam. Präsident BAIER konnte eine Reihe hoher Persönlichkeiten des öffentlichen Lebens, Vertreter öffentlich-rechtlicher Körperschaften und eine Abordnung der deutschen Kriegsopferorganisationen begrüßen. Unter anderem erschienen der Herr Bundesminister für soziale Verwaltung, ANTON PROKSCH, der Vizebürgermeister der Stadt Wien, KARL HONAY, von den politischen Parteien Nationalrat OTTO MITTERER für die Österreichische Volkspartei, Nationalrat KARL KYSELA für die Sozialistische Partei Österreichs und Nationalrat DR. WILFRIED PFEIFFER für die Freiheitliche Partei Österreichs. Weiters konnte der Vorsitzende willkommen heißen in Vertretung der burgenländischen Landsregierung Landeshauptmann WAGNER, vom Finanzministerium Ministerialrat DR. OTTO AUTENGRUBER, vom Sozialministerium Sektionschef Dr. Gustav HOFMANN, die Ministerialräte DR. PHILIPP BURISCH, DR. THEODOR SCHÖBERLE, DR. WILHELM KIENBERGER und DR. FRANZ SCHROTH und viele weitere Vertreter von Ämtern und Behörden. Aus der deutschen Bundesrepublik nahmen an der Tagung Kam. HÖRLE für den Verband der Kriegsbeschädigten, Kriegerhinterbliebenen und Sozialrentner Deutschlands, Kam. RICHARD JANSCH für den Reichsbund der Kriegs- und Zivilbeschädigten, Sozialrentner und Hinterbliebenen Deutschlands und Kam. WIRSCHINGER für den Landesverband Bayern des Verbandes der Kriegsbeschädigten, Kriegerhinterbliebenen und Sozialrentner Deutschlands teil. Nach einer Darstellung der vergangenen Arbeitstagung subsumierte Kam. BAIER das Ergebnis in einem kurzen Satz: „Die gerechte Entschädigung für die Kriegsopfer."

Er gab der Hoffnung Ausdruck, daß den Kriegsopfern wahre Freunde erstanden sind, die sich, wo immer sie Sitz und Stimme haben, dafür einsetzen werden, daß den Kriegsopfern das gewährt wird, was ihnen gebührt und schloß mit der Warnung, daß ein Staat, der seine

Kriegsopfer nicht würdigt und anständig entschädigt, die Grundlage seiner eigenen Existenz untergräbt.

Es folgte die Trauerkundgebung für die Toten der Kriege und den verstorbenen Präsidenten der Zentralorganisation. Unter den Klängen des Liedes vom guten Kameraden hielt Kam. Stadtrat JAWORNIK die Gedenkrede. Nun folgten die Ansprachen der Gäste. Als erste die vom Bundesminister für soziale Verwaltung ANTON PROKSCH. Er versicherte den Kriegsopfern, seine ganze Kraft für die Erfüllung der Forderungen einsetzen zu wollen und betonte, die Versorgung der Kriegsopfer müsse eine Herzensangelegenheit aller Österreicher sein. Ihm dankte starker Beifall. Der Vertreter der Stadt Wien, Vizebürgermeister HONAY, betonte, daß die Organisation der Kriegsopfer auf sehr schöne Leistungen zurückblicken könne, die in den letzten 3 Jahren erreicht wurden. Es sei den Kriegsopferorganisationen gelungen, durch den Nationalrat Gesetze beschließen zu lassen, die den Opfern des Krieges das Leben erleichtern. Alle, auch die Vertreter der Bundeshauptstadt Wien, beglückwünschten die Organisation zur erfolgreichen Tätigkeit.

Heeresversorgungsgesetz
Protestkundgebungen der Kriegsopfer in ganz Österreich

Die Einführung der allgemeinen Wehrpflicht in Österreich hat eine Reihe gesetzgeberischer Maßnahmen notwendig gemacht, um die zahlreichen, damit in Zusammenhang stehenden Fragen einer Regelung zu unterziehen. Mit dem Aufbau eines neuen Bundesheeres hat sich natürlich auch die Frage erhoben, wie die Versorgung der durch den Präsenzdienst an ihrer Gesundheit geschädigten Wehrpflichtigen und Hinterbliebenen nach Wehrpflichtigen, die durch den Wehrdienst das Leben eingebüßt haben, zu regeln ist. Im Hinblick auf die bestehenden versorgungsrechtlichen Bestimmungen über die Versorgung der österreichischen Kriegsopfer war es von vornherein klar, daß die Versorgung allfälliger Invalider des neuen Bundesheeres bzw. der Hinterbliebenen nach dem Kriegsopferversorgungsgesetz ohne weiteres durchgeführt werden kann. Umso überraschter war daher die Kriegsopferschaft, als sie von der Absicht maßgebender Regierungsstellen Kenntnis erhielt, daß die Beschädigten der neuen österr. Wehrmacht und Angehörige nach solchen nach einem eigenen Versorgungsgesetz versorgt werden sollen, das von den Prinzipien des für die Opfer zweier Weltkriege geltenden Rechts in grundsätzlichen Fragen abweicht, obwohl im Motivenbericht zu dem vom Bundesministerium für soziale Verwaltung versendeten Entwurf eines Heeresversorgungsgesetzes zugegeben wird, daß die Anwendung des Kriegsopferversorgungsgesetzes auch auf die Beschädigten des Bundesheeres und die Hinterbliebenen nach solchen naheliegend gewesen wäre und obwohl der Gesetzentwurf über die Versorgung der Bundesheerangehörigen eine Reihe wesentlicher Vorschriften des Kriegsopferversorgungsgesetzes in vollem Umfang übernimmt.

Das Heeresversorgungsgesetz hätte nach dem vorliegenden Entwurf ein gegenüber der Kriegsopferversorgung vollkommen verändertes und mit der Kriegsopferversorgung einfach nicht vergleichbares Versorgungsrecht vorgesehen. Dies, obwohl die Schädigung bei Kriegsbeschädigten und Wehrdienstbeschädigten ihre Ursache in einem nicht zu umgehenden staatlichen Stellungsbefehl hat bzw. hatte. Solche Tendenzen mußten schon aus Gründen staatspolitischer Moral auf das Schärfste zurückgewiesen werden, da sie über Schicksale entschieden hätten, die der freiwilligen Willensbildung entrückt und die unter dem Zwang höherer Gewalt geformt wurden.

Das Präsidium der Zentralorganisation hat sich daher mit dem Heeresversorgungsgesetzentwurf befaßt und beschlossen, gegen diesen Entwurf entschiedenst Einspruch zu erheben und in ganz Österreich Kundgebungen der Kriegsopfer zu veranstalten, in denen gegen die ungerechte Behandlung, ja Herabsetzung der Kriegsopfer protestiert werden soll. Der Standpunkt zu diesem Entwurf wurde in einer den Mitgliedern der Bundesregierung, den gesetzgebenden Körperschaften, den Landesregierungen und den Kameraden in einer Denkschrift zur Kenntnis gebracht.

Über Beschluß des Präsidiums der Zentralorganisation fanden in allen Bundesländern Protestkundgebungen der Kriegsopferverbände statt, die sich zu Massenkundgebungen der Mitglieder ausweiteten.

Es hatte in der mehr als zehnjährigen Geschichte der Zentralorganisation noch keine derart spontane Willenskundgebung gegeben. Es formten sich die einzelnen Versammlungen zu einem Aufschrei gegen die beabsichtigte Schaffung einer neuen Kategorie Versorgter, zugleich aber auch gegen die unzureichenden Renten des Kriegsopferversorgungsgesetzes. Der Kriegsopferverband für Wien, Niederösterreich und Burgenland hatte seine in Wien und Niederösterreich wohnhaften Mitglieder für den 8. September 1956 in den großen Saal des Wiener Konzerthauses einberufen, um gegen das Heeresversorgungsgesetz zu protestieren und auf rascheste Erfüllung der Forderung nach Wiederherstellung der Kaufkraft der Renten zu bestehen. Der große Konzerthaussaal erwies sich für die heranströmenden Massen als viel zu klein, sodaß in wenigen Minuten alle Säle und Nebenräume des Konzerthauses überfüllt waren und die Kundgebung mittels Lautsprecher übertragen werden mußte.

Am folgenden 9. September 1956 fand eine Großkundgebung der burgenländischen Mitglieder des Verbandes in Eisenstadt statt, zu der Mitglieder aus allen Landesteilen erschienen. Die Referate hielten hier die Kam. KARRER und Kam. HIRSCH. Auch im Burgenland wurde die Protestresolution unter stürmischen Beifall aller Anwesenden einhellig angenommen.

Am gleichen 9. September 1956 fand auch die Protestkundgebung des Kärntner Kriegsopferverbandes unter freiem Himmel im Landhaushof in Klagenfurt statt. Der Obmann des Kärntner Kriegsopferverbandes, Kam. SPRINGER, sprach zu den 4.000 aus allen Teilen Kärntens gekommenen Kriegsopfern. Auch hier wurde die Stellungnahme zum Heeresversorgungsgesetz und die Entschließung zu den Forderungen der Kriegsopfer einstimmig angenommen. Die Kundgebung fand in Presse und Rundfunk ein lebhaftes Echo.

Am 11. September hat der Kriegsopferverband für Oberösterreich eine außergewöhnlich umfangreiche Protestaktion durchgeführt. In Linz und allen Bezirksstädten des Landes versammelten sich an die 15.000 Kriegsbeschädigte und Kriegshinterbliebene. In Linz allein nahmen rund 4.000 Personen an der Großkundgebung im Märzenkeller teil. Der Obmann des Verbandes, Kam. Nationalrat WIMBERGER, sowie in Vertretung des Präsidenten der Zentralorganisation BAIER sprachen die Kam. KARRER und KLOSTERNITZ zu den Versammelten. Auch hier wurde die Entschließung einstimmig angenommen. Ebenso gut besucht wie die Versammlung in Linz waren alle anderen Versammlungen. In vielen Bezirksstädten Oberösterreichs zogen die Kriegsopfer im Anschluß an die Kundgebung trotz strömenden Regens in einem Schweigemarsch zum Kriegerdenkmal, um dort das Gelöbnis zu erneuern, für die Opfer des Krieges weiter zu kämpfen.

Am 8. September 1956 versammelten sich in Salzburg rund 2.000 Kriegsopfer aus allen Teilen des Landes im Festspielhaus in Salzburg. Der Obmann des Salzburger Kriegsopferverbandes, bundesstaatlicher Fürsorgerat Kam. WANNER protestierte im Namen der Salzburger Kriegsopfer gegen den Gesetzentwurf, der den Soldaten der Zweiten Republik höhere Renten verspreche, um ihnen das Eintreten schmackhafter zu machen, während die Kriegsopfer bisher hauptsächlich von Versprechungen gelebt hätten. Die Protestresolution wurde auch hier einstimmig angenommen. Der Kundgebung wohnten der Landeshauptmannstellvertreter, mehrere Landesräte, der Vizebürgermeister von Salzburg, Vertreter der Kammern und Gewerkschaft bei.

Der Kriegsopferverband Steiermark hatte für den 8. September 1956 eine große Funktionärskonferenz einberufen, auf der der Verbandsobmann Kam. Stadtrat JAWORNIK in Anwesenheit zahlreicher Mandatare über das Heeresversorgungsgesetz referierte und der Grundsatz vertreten wurde, daß bei gleichen Pflichten auch gleiches Recht und gleiche Versorgung gelten müsse. Der Wille der steirischen Kameraden wurde in der einstimmig angenommenen Resolution zum Ausdruck gebracht.

Der Tiroler Kriegsopferverband führte am 7. September eine Kundgebung in Innsbruck und am 9. September eine solche in Landeck und in Wörgl durch, an denen tausende Tiroler Kriegsopfer teilnahmen. Der Obmann des Tiroler Kriegsopferverbandes, Kam. THOMAN, und Vorstandsmitglied Kam. HARDINGER prangerten, von lebhaften Zustimmungskundgebungen unterbrochen, die Verschleppungstaktik in der Rentenverbesserung der Kriegsopfer und deren Zurücksetzung durch die geplante unterschiedliche Wertung des Schadens im militärischen Dienste an. In der einhellig angenommenen Entschließung wurde der feste Wille zum Ausdruck gebracht, auf der unverzüglichen Erfüllung der Forderungen nach ausreichenden Renten und Zahlung der 13. Monatsrente zu beharren.

In Vorarlberg beschränkte man sich, durch eine große Heimkehrerkundgebung an einer wirkungsvollen Versammlung gehindert, auf eine Protestaktion in einer Landesleitersitzung, in der der Obmann des Verbandes, Kam. MÜLLER, den Funktionären über die durch das Heeresversorgungsgesetz geschaffene Lage berichtete und in der gegen die neuerliche Zurücksetzung der Kriegsopfer und die Verschleppung der Erfüllung der Forderungen in einer einstimmig angenommenen Entschließung protestiert wurde. Nach den großen Protestkundgebungen und unzähligen Vorsprachen und Interventionen bei allen nur möglichen Stellen sahen die Vertreter der Kriegsopfer der Sitzung des Invalidenfürsorgebeirates am 4. Oktober 1956 mit dem beruhigenden Gefühl entgegen, alles Menschenmögliche getan zu haben, um der Auffassung der Kriegsopfer zum Durchbruch zu verhelfen, daß zwischen den ehemaligen und den kommenden Soldaten, zwischen den Kriegsopfern des Ersten und Zweiten Weltkrieges und allfällig kommender Wehrdienstinvaliden und deren Hinterbliebenen kein Unterschied gemacht werden darf.

Schon die ersten Stellungnahmen der beteiligten Ministerien und sonstigen Interessenvertretungen ließen erkennen, daß die Auffassung der österr. Kriegsopfer von der Mehrzahl der maßgeblichen Institutionen geteilt wird. Nach ernster und sachlicher Beratung lehnte der Invalidenfürsorgebeirat mit überwiegender Mehrheit den Entwurf des Heeresversorgungsgesetzes ab.

Mit dieser Ablehnung wurde an die maßgeblichen Stellen die Empfehlung weitergeleitet, von der geplanten Sonderregelung für die Angehörigen des neuen österreichischen Bundesheeres Abstand zu nehmen und den Entwurf nicht mehr weiter zu verfolgen.

1957

Trauer um Theodor Körner

Am 4. Jänner 1957 erschütterte das österreichische Volk die Nachricht vom plötzlichen Ableben des Bundespräsidenten Dr. h. c. Theodor Körner.

Der Vorstand des Kriegsopferverbandes für Wien, Niederösterreich und Burgenland hielt am Donnerstag, den 10. Jänner 1957 für den verstorbenen Bundespräsidenten eine Trauersitzung ab. Kam. Präsident KARRER würdigte in seiner Trauerrrede, die von den Anwesenden stehend angehört wurde, das Leben und Wirken des verstorbenen Freundes der Kriegsopfer. Am Vortag, dem 9. Jänner 1957, hatten Verbandsvorsitzender Karrer, Vorsitzenderstellvertreter Kamerad Nogol, Vorstandsmitglied Zentraldirektor Millwisch und die Sekretäre Klosternitz und Malczewski am frühen Vormittag im Namen des Kriegsopferverbandes für Wien, Niederösterreich und Burgenland am Sarkophag des verewigten Bundespräsidenten einen Kranz roter und weißer Nelken niedergelegt. Die rot-weiß-roten Kranzschleifen trugen die Aufschrift: Dem wahren Friedensstreiter und Freund der Kriegsopfer letzte Grüße – Kriegsopferverband für Wien, Niederösterreich und Burgenland. Der Vorstand des Kriegsopferverbandes für Wien, Niederösterreich und Burgenland formierte sich mit einer starken Abordnung der Kameraden des Verbandes der Kriegsblinden Österreichs zu einem Trauerzug, der am Staatsbegräbnis des verstorbenen Bundespräsidenten auf dem Weg vom Wiener Rathaus über den Ring bis zum Schwarzenbergplatz teilnahm. Mit ihnen nahmen Hunderttausende Menschen Abschied von einem der größten Österreicher, der sich schon zu seinen Lebzeiten ein bleibendes Denkmal in den Herzen seiner Mitbürger geschaffen hat.

5. ordentlicher Landesdelegiertentag des Kriegsopferverbandes für Wien, Niederösterreich und Burgenland

Über Beschluß des Verbandsvorstandes wurde der fünfte ordentliche Landesdelegiertentag des Kriegsopferverbandes für Wien, Niederösterreich und Burgenland für den 2. und 3. März 1957 nach Wien einberufen.

Tagesordnung:

1. Eröffnung des Delegiertentages
2. Totengedenken
3. Begrüßungsansprachen der Gäste
4. Konstituierung
5. Referat: Die Weiterentwicklung des Versorgungsrechtes, Referent Verbandsvorsitzender Friedrich Karrer
6. Referat: Brauchen wir für das neue österreichische Bundesheer ein eigenes Versorgungsgesetz? Referent Präsident der Zentralorganisation der Kriegsopferverbände Österreichs Karl Baier
7. Entgegennahme der Tätigkeitsberichte
   a) allgemeiner Bericht des Hauptausschusses, Berichterstatter Vorsitzenderstellvertreter Landeshauptmann Johann Wagner
   b) Bericht über die Fürsorgeleistungen des Verbandes, Berichterstatter Vorsitzenderstellvertreter Kammerrat Ladislaus Nogol
   c) Bericht über die Tätigkeit im Rahmen des Invalideneinstellungsgesetzes, Berichterstatter Vorstandsmitglied Zentraldirektor Leopold Millwisch
   d) Bericht über die Tätigkeit der Arbeitsgemeinschaft der Vertrauensmänner der beschäftigten Invaliden, Berichterstatter Vorstandsmitglied Leopold Novak

e) Bericht über die Tätigkeit auf dem Gebiete des Trafikbesetzungswesens, Berichterstatter Vorstandsmitglied Franz Tröstl
f) Bericht über die Tätigkeit des Verbandsbüros, Berichterstatter Verbandssekretäre Heinz Klosternitz und Stephan Malczewski
g) Kassenbericht, Berichterstatter Vorstandsmitglied Josef Wurl
h) Bericht der Verbandskontrolle, Berichterstatter Obmann der Kontrolle Friedrich Schmidt

8. Debatte über die Referate und Berichte
9. Erteilung der Entlastung
10. Ernennung von Ehrenmitgliedern des Kriegsopferverbandes
11. Wahl des Hauptausschusses, Bestellung der Beisitzer in den Vorstand, der Kontrolle, der ständigen Schiedsgerichtsvorsitzenden, der Mitglieder des Disziplinarausschusses
12. Neufestsetzung des Mitgliedbeitrages
13. Beschlußfassung über rechtzeitig eingebrachte Anträge
14. Allfälliges

Tagungsort war der Festsaal des Gewerkschaftshauses der Gewerkschaft der Arbeiter in Handel- und Gastgewerbe.

Vorsitzender KARRER konnte eine Reihe von Ehrengästen begrüßen, darunter für den leider dienstlich verhinderten Herrn Bundeskanzler dessen persönlichen Vertreter, Sektionschef CHALOUPKA, die Bundesregierung war ferner durch Herrn Bundesminister für Soziale Verwaltung Anton PROKSCH und durch Herrn Bundesminister für Justiz DR. OTTO TSCHADEK vertreten. Der Herr Bürgermeister der Stadt Wien, FRANZ JONAS, war leider durch Krankheit verhindert zu erscheinen, er entsandte als persönlichen Vertreter den Herrn Vizebürgermeister KARL HONAY. Leider ebenfalls durch Krankheit verhindert entsandte der Landeshauptmann von Niederösterreich, JOHANN STEINBÖCK, Herrn Landtagspräsidenten ENDL als seinen persönlichen Vertreter. Für das Burgenland war Landeshauptmann JOHANN WAGNER vertreten. Auch zahlreiche leitende Beamte des Bundesministerium für Soziale Verwaltung waren erschienen. Für die Österreichische Volkspartei war Herr Nationalrat MACHUNZE, für die Sozialistische Partei Österreichs Nationalrat KYSELA, für die Freiheitliche Partei Österreichs Nationalrat PROF. DR. PFEIFFER und für die Kommunistische Partei Österreichs Landtagsabgeordneter LAUSCHER anwesend. Auch die leitenden Beamten des Landesinvalidenamtes, Hofrat ANTON LOHR, die Herren Oberadministrationsräte DR. JANKOVSKY, DR. LAYR, DR. MOCK und der Chefarzt des Landesinvalidenamtes DR. SCHLÖGL sowie von der Schiedskommission beim Landesinvalidenamtes in Wien, Hofrat DR. DIETL, mit einer Reihe von Senatsvorsitzenden waren erschienen und zahlreiche weitere Ehrengäste aus Ämtern und Körperschaften.

Nun folgten die Begrüßungsansprachen der Gäste, die Grußbotschaft des Bundeskanzlers überbrachte Sektionschef DR. CHALOUPKA, anschließend sprach der Bundesminister für soziale Verwaltung zu den Delegierten. Er betonte unter anderem, daß er und der Finanzminister wissen, daß die Erfüllung des Programms in Etappen und die Gewährung der 13. Monatsrente noch nicht alle Wünsche erfüllt, aber ein großer Schritt nach vorwärts sei getan. Das sei besonders beachtenswert, da sich die Renten im großen und ganzen seit dem Jahre 1951 nicht geändert hätten.

Präsident KARL BAIER sprach namens der Zentralorganisation der Kriegsopferverbände Österreichs. Er führte aus: „Der Kriegsopferverband für Wien, NÖ und Bgld. ist meiner Meinung nach das Herz der Zentralorganisation; wenn wir auch als Vertreter der Landesverbände gegen eine Zentralisierung die föderalistisch aufgebaute Organisation geschaffen haben, so müssen wir auf Grund unserer Erfahrungen doch zugeben, daß in Wien das Herz Österreichs und das Herz der Zentralorganisation gelegen ist. Daher nehmen wir an ihrer Arbeit einen Anteil, teilen aber auch mit ihnen die Sorgen und die Schwierigkeiten und sind bereit, diese mitzuübernehmen und ihre Sorgen zu den unseren zu machen.“ Nun überbrachte der Obmann des Verbandes der Kriegsblinden Österreichs, Kam. HANS HIRSCH, die Grüße seines Verbandes und wünschte der Tagung besten Erfolg. Der Vorsitzende Kam. KARRER hielt das Grundsatzreferat über die Weiterentwicklung der Kriegsopferversorgung. Die 15 Punkte umfassende Entschließung über das Forderungsprogramm wurde einstimmig angenommen. Dann nahm der Delegiertentag den in der Tagesordnung vorgesehenen Verlauf, unter anderem wurde der Beschluß gefaßt, den Mitgliedsbeitrag ab 1. April 1957 auf 4 Schilling zu erhöhen. Über Vorschlag des Wahlkomitees wurden folgende Personen gewählt:

In den Hauptausschuß:

Vorsitzender	Friedrich Karrer
Vorsitzenderstellvertreter	Ladislaus Nogol Präsident Karl Baier Landeshauptmann Johann Wagner Johann Hutterstrasser
Schriftführer	Bundesrat Dr. Georg Prader Zentraldirektor Leopold Millwisch
Kassier	Josef Würl Walter Schubert
Beisitzer	Walter Müller Franz Tröstl Alfred Silldorff Direktor Adolf Rauscher Josef Hickel Landtagsabgeordneter Johann Wastl Obmann des Kriegsblindenverbandes Hans Hirsch Anni Schön Dominika Fröstl Christine Löschnigg Leopold Novak Johann Keusch Amtsrat Fritz Gruber Fritz Weiß Leopold Wilfert Dr. Johann Hacker Wilhelm Latschenberger Franz Kohl
In die Verbandskontrolle:	Amtsrat Friedrich Schmidt Amtsrat Karl Guttmann Franz Pröbstl Franz Hajek Dir. Josef Pexider Nationalrat Hans Czettel Walter Lausch Franz Klauda Johann Danzinger Leopold Pamperl Walter Jäger Franz Graschitz Dir. Heinrich Schöffler

Nach interessanten Berichten und emsigen andauernden Debatten und der Erledigung der rechtzeitig eingebrachten Anträge, hielt Vorsitzender KARRER die Schlußansprache, in der er betonte, daß der fünfte ordentliche Delegiertentag des Kriegsopferverbandes für Wien, NÖ und Bgld. einen großen Beitrag für die Lösung der Gesamtfragen der österreichischen Kriegsopfer geleistet und bewiesen hat, daß die Funktionäre ihre Aufgabe sehr ernst nehmen und dies auch in Zukunft tun werden.

Kriegerwitwen tagen

Aufgrund der Anregung des fünften ordentlichen Delegiertentages fand am 16. Mai 1957 die erste Witwenkonferenz statt, die vorerst auf Wien beschränkt war. Nach Begrüßungsworten des Verbandspräsidenten Karrer berichtete die Kameradin SCHÖN über die bisherige Tätigkeit des Witwenreferates.

Dann folgte ein kurzer Bericht über Versorgungsfragen der Hinterbliebenen. Anschließend fand eine lebhafte Debatte statt. Es wurde zugesagt, die gemachten Anregungen in kurzer Zeit einer Erledigung zuzuführen.

Am 13. Juni 1957 fand in Linz anläßlich des Verbandstages des Oberösterreichischen Kriegsopferverbandes eine Witwenkonferenz statt, zu der die Hinterbliebenenvertreterinnen des Landesverbandes für Wien, NÖ und Bgld. eingeladen waren. Die Kameradinnen Fröstl und Schön nahmen die Einladung an und haben an der Tagung, die unter Vorsitz der Kameradin ILSE SCHULZ, der Landeswitwenbetreuerin des Oberösterreichischen Kriegsopferverbandes, stattfand, teilgenommen.

Siebente Generalversammlung des Weltbundes

Der Weltverband ehemaliger Kriegsteilnehmer hielt in der Zeit vom 28. Oktober bis 1. November 1957 seine siebente Generalversammlung in Westberlin ab. Die Tagung wurde am 28. Oktober 1957 vom Präsidenten des Weltfrontkämpferverbandes, ALBERT MOREL, eröffnet und von einer Reihe von Ansprachen hervorragender Gäste und Funktionäre des Weltverbandes eingeleitet. Für Deutschland begrüßte er den Vorsitzenden des Reichsbundes Senator Kam. PAUL NEUMANN im Namen aller deutschen Kameraden.

Der Ehrenpräsident des Weltfrontkämpferverbandes, der ehemalige französische Staatspräsident VINCENT AURIOL gab seiner Genugtuung Ausdruck, daß sich in der grausam in Stücke gerissenen alten ruhmreichen Hauptstadt Deutschlands die Vertreter zweier Nationen, die sich ehedem als Feinde gegenüber standen, die Hand zum Kampf für Wohlstand und Lebensglück aller Menschen reichen.

Namens des durch die Regierungsbildung in Bonn am Erscheinen verhinderten deutschen Bundeskanzlers DR. ADENAUER entbot Minister MERKATZ die Grüße der Bundesregierung. Er bezeichnete die Wahl Berlins als Tagungsort als einen Akt wohltuenden Verständnisses für die schwere Situation des deutschen Volkes und sprach die Hoffnung aus, daß dieses moralische Beispiel als Mahnung an die ganze Welt, die Völker und Staatsmänner veranlassen möge, offene Fragen der friedlichen Regelung zuzuführen. Auch der regierende Bürgermeister Westberlins, Willy Brandt, entbot der Versammlung die Grüße der einstigen und zukünftigen Bundeshauptstadt. Aus der Ansprache des Präsidenten des Weltbundes Albert Morel ging die Freude hervor, die 7. Generalversammlung in Deutschland, dem Land humanistischer und friedfertiger Denker durchführen zu können. Er wies auf die Leistungen und zunehmende Bedeutung der Weltorganisation hin und gab seinem Optimismus für die weitere erfolgreiche Verteidigung des Friedens Ausdruck. Nun wurden die Grußadressen verlesen, darunter auch eine von dem österreichischen Bundeskanzler Ing. Julius Raab.

Während der erste Arbeitstag die Delegierten zu einer Vollversammlung vereinte, waren die beiden nächsten Tage dem Arbeiten der Kommission gewidmet. Die erste Kommission befaßte sich mit Fragen der Versorgung und Wiedereingliederung. Von dieser Kommission wurden auch eine Reihe von Anträgen der Zentralorganisation der Kriegsopferverbände Österreichs behandelt. Die zweite Kommission befaßte sich mit politischen Fragen, die der Verteidigung des Friedens und der Abrüstung dienen. Der dritten Kommission oblag die Regelung innerer Angelegenheiten, wie der finanziellen Gebarung des Weltverbandes und die Durchführung von Statutenänderungen. Am letzten Tag fand wieder eine Plenarsitzung statt, in der die von den Kommissionen verfaßten Entschließungen vorgelegt und nach Vornahme allfälliger Abänderungen beschlossen wurden. Abschließend wurde die Neuwahl der Funktionäre durchgeführt, bei der anstelle des langjährigen Präsidenten ALBERT MOREL, der nicht mehr kandidierte und zum Gründungsehrenpräsidenten gewählt wurde, der bisherige Generalschatzmeister, der Holländer VAN LANSCHOT, zum Präsidenten, der kanadische Luftwaffenmarschall KENNETH M. GUTHRIE und der Pakistaner GHULAM HUSSAIN zum Vizepräsidenten, der Belgier GEORG CORDIER zum Generalschatzmeister und zum Generalsekretär (wieder) CURTIS CAMPAIGNE (USA) gewählt wurden.

1958

Internationales Kinderlager der Kriegsopferverbandes im Kinderheim Freiland

Im Juli 1958 fand im Kindererholungsheim Freiland des Kriegsopferverbandes für Wien, Niederösterreich und Burgenland ein internationales Lager des Weltfrontkämpferverbandes statt. 300 jugendliche Gäste aus 22 Nationen und allen Teilen der Welt hatten sich zu einem Ferienlager zusammengefunden. Ohne Unterschied von Rasse, Stand, Sprache und Religion verstanden sie sich untereinander bestens und waren eine Gemeinschaft geworden.

Am 22. Juli 1958 besuchte der Bundesminister für soziale Verwaltung, ANTON PROKSCH, in Begleitung des Präsidenten der Zentralorganisation, Kam. KARL BAIER, und des Präsidenten des Kriegsopferverbandes für Wien, Niederösterreich und Burgenland, Kam. FRIEDRICH KARRER, die Erholungsheime des Kriegsopferverbandes im Helenental und in Freiland. Nach Besichtigung des Heimes Freiland und seiner Einrichtungen richtete der Bundesminister folgende Ansprache an die jungen Gäste:

„Ich bin sehr gerne der Einladung gefolgt, euch hier zu besuchen. Gibt es doch heute keine größere und schönere Aufgabe als die, junge Menschen zu internationalem Denken, zu internationaler Brüderlichkeit und zu internationalem Verstehen zu erziehen. Und gerade diejenigen, die Opfer des Nichtverstehens der Völker sind, sollen hier Pionierarbeit leisten, um die Menschen zueinander zu führen und ihnen zu sagen, daß sie sich nicht mit Waffen auseinandersetzen, sondern sich verständigen sollen."

Nach längerer Schilderung jener Institutionen, die mit an diesem Gedanken wirken, schloß er seine Rede wie folgt:

„Möge Euch Euer Aufenthalt hier gezeigt haben, wie es doch möglich ist, mit Menschen der verschiedenen Nationen gut zusammenzuleben und möget Ihr daraus die Schlußfolgerung ableiten, daß Ihr den Gedanken der internationalen Verständigung auch weiterhin verbreitet, wenn Ihr in Euer eigenes Land zurückgekehrt seid."

Am 31. Juli 1958 wurden die ausländischen Feriengäste, die mit ihren jugendlichen Erziehern in Begleitung des Präsdidenten Karrer und des Kommerzialrates Nogol sowie des Finanzsekretärs Malczewski erschienen waren, in Vertretung des Herrn Bürgermeisters der Stadt Wien von Vizebürgermeister Honay empfangen, der sie namens der Stadt Wien herzlich begrüßte und rühmend die Verdienste des Kriegsopferverbandes hervorhob, für Recht und Wohlfahrt und besonders für die völkerverbindende Verständigung durch die internationale Zusammenarbeit einzutreten und mit dieser großangelegten Idee friedlicher Vereinigung so vieler Nationen unter einem Dach ein typisches österreichischen Beispiel in die Welt zu setzen. Drei dunkelhäutige Knaben überreichten dem Vertreter des Stadtoberhauptes einen Blumenstrauß und beantworteten ohne Scheu alle seine Fagen. In lebhaften Diskussionen in deutscher, englischer und französischer Zunge begeisterten sich die jungen Gäste für Wiens Sehenswürdigkeiten, bewundereten die Bau- und Kunstwerke am Ring und die Denkmäler. So wie ein 16jähriger Franzose durch einen deutschen Kameraden dolmetschen ließ – „Wien ist ein Traum, ich werde ihn nie vergessen“ –, so werden wohl alle Teilnehmer an diesem einzigartigen gelungenen Werk völkerverbindender Freundschaft in ihre Heimat zurückgekehrt sein, um einmal später zu uns zurückzukommen.

Gründung des österreichischen Versehrtensportverbandes

Unmittelbar nach Kriegsende begannen die Kriegsbeschädigten in Österreich eine rege Sporttätigkeit zur Wiedererlangung ihrer körperlichen Tüchtigkeit. Es bildeten sich Versehrtensportvereine, die anfänglich den großen allgemeinen Sportverbänden angeschlossen waren. Durch Förderung seitens des Bundesministeriums für Unterricht und der Kriegsopferverbände nahm der Versehrtensport seinen Aufstieg, und nachdem in allen Bundesländern Versehrtensportvereine gebildet worden waren, ergab sich die zwingende Notwendigkeit, eine Dachorganisation zu gründen. Vom Propontenkomitee, das die Vorarbeiten für die Neugründung geleistet hatte, wurde für den 22. Oktober 1958 die konstituierende Generalversammlung einberufen, an welcher der dritte Präsident des Nationalrates, DR. GORBACH, Ministerialrat DR. KOLLARS vom Bundesministerium für Unterricht, PROF. DESCHKA von der Bundesanstalt für Leibeserziehung, Präsident BAIER von der Zentralorganisation der Kriegsopferverbände Österreichs und Präsident KARRER vom Kriegsopferverband für Wien, Niederösterreich und Burgenland teilnahmen. Ferner waren zahlreiche Vertreter der bestehenden Versehrtensportvereins aus den österreichischen Bundesländern erschienen. Die Generalversammlung faßte den einstimmigen Beschluß, Nationalratspräsidenten DR. GORBACH zum Präsidenten des Verbandes zu wählen. Zu seinen Stellvertretern wurden Präsident KARRER und Ministerialsekretär DR. SCHINDLAUER berufen. Für die zentrale Funktion des Sportwartes wurde PROF. DESCHKA ausersehen, für die ärztliche Betreuung der versehrten Sportler wurde der Leiter des Rehabilitationszentrums Tobelhard Primarius DR. NEUBAUER bestellt.

Herr Ministerialrat DR. KOLLARS begrüßte in herzlichen Worten die Neugründung des Verbandes und betonte die bisherigen Leistungen auf dem Gebiete des Versehrtensports.

Nationalratspräsident DR. GORBACH, der selber seit Jahren mit dem Stigma der körperlichen Versehrtheit als Folge des Krieges behaftet war, dankte für den Vertrauensbeweis, welcher ihm mit der einstimmigen Wahl zum Präsidenten des neuen Vereins entgegengebracht wurde. Er versicherte, sein Bestes geben zu wollen, und rief zur Zusammenarbeit ohne Unterschied von Partei, Religions- oder Rassenzugehörigkeit auf.

1959

Achte Generalversammlung des Weltbundes ehemaliger Kriegsteilnehmer in Rom

Vom 13. bis 17. April 1959 fand im Palazzo del Congressi auf dem ehemaligen Weltausstellungsgelände die achte Generalversammlung des Weltbundes ehemaliger Kriegsteilnehmer statt. Mehr als 400 Delegierte aus 38 Ländern nahmen an der Tagung teil. Österreich war durch Direktor AIGNER (Oberösterreich), Präsident BAIER von der Zentralorganisation der Kriegsopferverbände Österreichs, Gemeinderat HARDINGER (Tirol), Präsident KARRER vom Kriegsopferverband für Wien, Niederösterreich und Burgenland, Verbandssekretär KLOSTERNITZ, Verbandssekretär MALCZEWSKI, Landesobmann MÜLLER (Vorarlberg), Kommerzialrat NOGOL (Wien, Niederösterreich und Burgenland), Major RUPRECHT (Steiermark), Landesobmann SPRINGER (Kärnten), Landtagsabgeordneter THOMAN (Tirol) und die Kameradin ILSE SCHULZ (Oberösterreich) verteten.

An der Eröffnungssitzung nahmen der italienische Verteidigungsminister ANDREOTTI, der Oberbürgermeister von Rom, CIOCCETTI, der ehemalige franz. Staatspräsident VINCENT AURIOL als Ehrenpräsident des Weltbundes, General BURNS in Vertretung des Generalsekretärs der Vereinten Nationen und eine Reihe diplomatischer Vertreter teil.

Ein Höhepunkt der Tagung war der Empfang der Mitglieder des Generalrates und der Delegierten in einer feierlichen Audienz bei Papst Johannes XXIII. Eindrucksvoll war auch die Kranzniederlegung am Ehrenmal Victor Emanuels II, bei welcher italienische Waisen die mit den Namen der teilnehmenden Nationen bezeichneten Kränze trugen. In der Eröffnungsrede betonte Präsident VAN LANSCHOT: „Die gemeinsame Sprache, die wir suchen, ist der Glaube an die Freiheit und an die Menschenwürde. Keine Unterdrückung kann den menschlichen Funken auslöschen, er kann wohl vorübergehend verdunkelt werden, doch wird er schließlich neu erstrahlen."

In drei Kommissionen wurden über 35 eingebrachte Entschließungsanträge beraten, die sich mit der wirtschaftlichen Entwicklung, dem Beitrag der ehemaligen Kriegsteilnehmer zum Frieden und zur internationalen Zusammenarbeit, der Verteidigung des Friedens durch Abrüstung sowie dem friedlichen Gebrauch der Atomenergie und vielem anderen befaßten.

Zwei Sondersitzungen, eine über internationale Zusammenarbeit auf dem Gebiete der Gesetzgebung für ehemalige Kriegsteilnehmer und eine über die Probleme der Landbesiedelung, gaben eine Übersicht über die Arbeit des Weltbundes und der ihm angeschlossenen Verbände. In der Vollsitzung am 17. April 1959 wurde die von der österreichischen und italienischen Delegation gemeinsam eingebrachte Erklärung zur Durchführung des GRUBER-de-GASPERI-Abkommens von 1946 vom Plenum mit großem Beifall aufgenommen. Die Erklärung hatte folgenden Wortlaut:

„Die österreichische und die italienische Delegation bringen ihre tiefe Verbundenheit mit dem Geist des gegenseitigen Verstehens und der Zusammenarbeit, wie er im Weltbund der ehemaligen Kriegsteilnehmer gepflegt wird, zum Ausdruck und mißbilligen damit jede Demonstration von engstirnigem Nationalismus oder Chauvinismus. Die österreichische und die italienische Delegation sind davon überzeugt, daß die Probleme, die zwischen ihren beiden Nationen bestehen, in diesem Geiste der Verständigung geregelt werden können. Sie sind der Meinung, daß die Lösung der strikten Erfüllung des 1946 zwischen den beiden Ländern abgeschlossenen GRUBER-de-GASPERI-Abkommens gesucht werden muß, dies um so mehr, als kein Grenzkonflikt besteht und von keinem der Vertragspartner Vorbehalte in Bezug auf die Bestimmungen dieses Abkommens gemacht werden. Die österreichische und die italienische Delegation bringen den Wunsch zum Ausdruck, daß die Mißverständnisse ehestens aufgeklärt werden, und bekunden ihren Willen, in diesem Sinne zu wirken."

Kriegsopferverband als Firmpate

1959 wurde erstmals vom Kriegsopferverband für Wien, Niederösterreich und Burgenland eine Firmungsaktion veranstaltet, bei der 200 Kriegerwaisen und Kinder von Kriegsbeschädigten vom Vorstand des Verbandes zur heiligen Firmung geführt wurden. Wochenlang waren die Vorbereitungen, um den 20. und 21. Mai 1959 für die Patenkinder zu einem bleibenden Erlebnis zu gestalten. 130 Buben und 70 Mädchen aus Wien, Niederösterreich und Burgenland trafen im Verbandsbüro zusammen, um hier zunächst vollständig eingekleidet zu werden und auch die freudig erwartete Firmungsgabe – Markenarmbanduhr – zum Geschenk zu erhalten. Dann bestiegen sie, begleitet von ihren Patinnen und Paten, die bereitstehenden Autobusse zur Fahrt auf den Stephansplatz, wo die mit Girlanden geschmückten drei großen Autobusse mit strahlenden Kindern beträchtliches Aufsehen erregten. Viele gute Wünsche der Menschen, die an diesem „Nobeltag" den Stephansplatz bevölkerten, folgten den Kindern, die in geschlossenen Reihen in den Dom einzogen, bis dicht vor den Hochaltar. Im Verlauf der feierlichen Zeremonien empfingen sie am 20. Mai von Seiner Exzellenz Weihbischof Dr. Steidt und am 21. Mai von Seiner Eminenz Kardinal Dr. König das Sakrament der heiligen Firmung. Die Andacht und Hingabe der Kinder an die für sie bedeutende Stunde war beeindruckend.

Im Wiener Rathauskeller, wo die Firmlinge ein festliches Essen einnahmen, bildeten sie mit Paten und Vorstandsmitgliedern eine große Familie. Präsident KARRER hielt eine kurze Ansprache und betonte: „Ihr steht nicht allein in dieser Welt." Nationalrat DR. PRADER und Landesrat MÜLLNER dankten namens der Kinder für die aufgewandte Mühe und richteten an die Firmlinge die Aufforderung, den Tag und seinen bleibenden Wert immer in Erinnerung zu behalten. Ein Praterbesuch der Firmlinge bildete nach alter Firmungstradition den Abschluß.

Hohe Auszeichnung für Präsident Karl Baier und Präsident Friedrich Karrer

Mit Entschließung vom 21. Mai 1959 verlieh der Bundespräsident dem Präsident der Zentralorganisation der Kriegsopferverbände Österreichs, Kam. Karl Baier, das Goldene Ehrenzeichen und dem Präsidenten des Kriegsopferverbandes für Wien, Niederösterreich und Burgenland, Kam. Friedrich Karrer, das Silberne Ehrenzeichen für Verdienste um die Republik Österreich. Im Rahmen des Festaktes im Bundesministerium für soziale Verwaltung überreichte Bundesminister PROKSCH am 8. Juni 1959 im Beisein hoher Beamter des Ministeriums und führender Funktionäre der Kriegsopferorganisation den beiden verdienten Funktionären diese hohen Auszeichnungen und führte aus: „Es ist mir eine besondere Ehre, daß ich im Namen unseres Herrn Bundespräsidenten zweien der besten Funktionäre der österreichischen Kriegsopferorganisation die Ihnen vom Herrn Bundespräsidenten verliehene hohe Auszeichnung überreichen darf. Sie zeichnen sich durch Ihren nimmermüden Einsatz für die Interessen der Kriegsopfer aus. Sei es um die Einflußnahme auf die Gesetzgebung, sei es um das Wirken in der Zusammenarbeit zwischen dem Ministerium und den Behörden der Kriegsopferversorgung, sei es im Wirken in fast allen Belangen, die die Kriegsopfer in ihren Leben berühren. Beide Funktionäre stehen immer zur Verfügung, haben Hervorragendes für die Kriegsopfer und für die Öffentlichkeit geleistet, sodaß Ihnen der Dank der Republik Österreich gebührt."

Fünfter ordentlicher Delegiertentag der Zentralorganisation der Kriegsopferverbände Österreichs

Am 20. und 21. Juni 1959 fand im Festsaal des Hotels „Stadt Wien" in Baden bei Wien der fünfte ordentliche Delegiertentag der Zentralorganisation der Kriegsopferverbände Österreichs statt.

Um auch den in den verschiedenen Kommissionen tätigen Kameraden die Möglichkeit zu geben, der gesamten Tagung beiwohnen zu können, wurden die Mitglieder der Wahl- und der beiden Antragsprüfungskommissionen schon für Freitag, den 19. Juni 1959, ins Franz-Schulz-Heim ins Helenental zu ihren Sitzungen einberufen, sodaß am Samstag nur die Mandatsprüfungskommission in der Pause zur Erledigung ihrer Aufgaben zusammentreten mußte. Nach Erledigung formaler Fragen erstattete Präsident Kam. BAIER den allgemeinen Bericht des Vorstandes hinsichtlich des Invalideneinstellungsgesetzes und der im Laufe der Jahre erfolgten Verbesserungen. Dann wandte er sich der Erholungsfürsorge zu, die ursprünglich nur für Kinder gedacht war und später auf Eltern, Witwen und Kriegsbeschädigte ausgedehnt wurde. Er referierte über die Verwendung der Mittel aus dem Ausgleichstaxfonds, über die Interessensvertretung der im Ausland lebenden österreichischen Kriegsopfer durch die Zentralorganisation, erklärte die gesetzlichen Neuregelungen auf dem Gebiete des Versorgungswesens und beendete sein Referat mit einer Darstellung der internationalen Tätigkeiten der Zentralorganisation.

Nach diesem mit großen Beifall aufgenommenen Bericht erläuterte der Kassier Kam. Schmidt den schriftlich vorliegenden Kassenbericht, und nach ihm gab Kam. Dir. Millwisch den Kontrollbericht. Über Antrag der Kontrollkommission wurde die Entlastung erteilt.

Vor Durchführung der Wahlen dankte Kam. Baier allen, die in den Gremien der Zentralorganisation mitgewirkt haben, sowie den Vorständen der Landesverbände für ihre Unterstützung und Mitarbeit in der letzten Funktionsperiode.

Der Vorsitzende der Tagung, Präsident Kam. Jawornik, brachte den Delegierten zur Kenntnis, daß Kam. Baier auf seine Wiederwahl verzichtet habe und auch nach einer etwaigen Wiederwahl diese Funktion nicht mehr annehmen werde.

Der nächste Tagesordnungspunkt war Neuwahlen.

Friedrich Karrer zum ZO-Präsidenten gewählt

Nach längerer stürmischer Debatte wurde beschlossen, die Wahl des Präsidenten mittels Stimmzettel durchzuführen. Als neuer Präsident der Zentralorganisation wurde über Wunsch des Kriegsopferverbandes für Wien, Niederösterreich und Burgenland von der Wahlkommission Kam. KARRER vorgeschlagen.

Andere Wahlvorschläge waren nicht eingebracht worden. 165 Personen nahmen an der Wahl teil. Von diesen stimmten 140 für Karrer, 15 stimmten mit Nein, und 10 Personen gaben ihre Stimmzettel leer ab.

Die Wahl der übrigen Mitglieder des Vorstandes und des Kontrollausschusses wurde durch Handerheben vorgenommen und erfolgte einstimmig.

Der neue Vorstand setzte sich wie folgt zusammen:

Präsident	Friedrich Karrer
Mitglieder des Präsidiums	Kommerzialrat Hans Hirsch (Verband der Kriegsblinden)
	Johann Hutterstrasser (Wien, NÖ und Bgld.)
	Stadtrat Franz Jawornik (Steiermark)
	Zentraldirektor Leopold Millwisch (Wien, NÖ und Bgld.)
	Martin Müller (Vorarlberg)
	Josef Springer (Kärnten)
	Landtagsabgeordneter Josef Thoman (Tirol)
	Landeshauptmann Johann Wagner (Wien, NÖ und Bgld.)
	Ing. Josef Weiser (Salzburg)
	Nationalrat Alois Wimberger (Oberösterreich)
Schriftführer	Kommerzialrat Ladislaus Nogol (Wien, NÖ und Bgld.)
Schriftführerstellvertreter	Ilse Schulz (Oberösterreich)

Kassier	Josef Würl (Wien, NÖ und Bgld.)
Kassierstellvertreter	Dir. Josef Nemenz (Steiermark)
Vorstandsmitglieder	Dir. Hans Bauer (Oberösterreich)
	Gemeinderat Josef Hardinger (Tirol)
	Direktionssekretär Kurt Kolouch (Wien, NÖ und Bgld.)
	Dr. Georg Prader (Wien, NÖ und Bgld.)
	Arthur Rauth (Vorarlberg)
	Adolf Schicher (Kärnten)
	Gemeinderat Franz Schlagenhaufen (Steiermark)
	Eduard Schnabel (Verband der Kriegsblinden)
	Franz Schön (Salzburg)
	Bundesrat Dir. Georg Schreiner (Oberösterreich)
	Franz Tröstl (Wien, NÖ und Bgld.)
	Landtagspräsident Johann Wastl (Wien, NÖ und Bgld.)
Witwenvertreterinnen	Hilde Klutz (Steiermark)
	Christine Löschnigg (Wien, NÖ und Bgld.)
	Herma Pester (Oberösterreich)
	Ingeborg Purner-Mühlhofer (Tirol)
	Hilde Pettauer (Kärnten)
	Anni Schön (Wien, NÖ und Bgld.)
	Margarete Stark (Steiermark)
	Maria Stifter (Salzburg)
	Liebgart Walter (Vorarlberg)
Kontrollkommission der Zentralorganisation	Obmann Dr.Hubert Lemmerer (Tirol)
	Obmannstellvertreter Friedrich Schmidt (Wien, NÖ und Bgld.)
	Otto Libal (Oberösterreich)
Mitglieder	Gustav Flegel (Salzburg)
	Paul Klementz (Kärnten)
	Leopold Novak (Wien, NÖ und Bgld.)
	Johann Poscics (Steiermark)
	Ernst Seebacher (Vorarlberg)
	Dipl.-Ing. Friedrich Unger (Verband der Kriegsblinden)
	Fritz Weiß (Wien, NÖ und Bgld.)

Nach Durchführung der Wahl dankte Präsident Karrer für den Vertrauensvorschuß und versicherte, sich bewußt zu sein, daß ihm eine hohe Verantwortung übertragen wurde und versprach, daß er arbeiten werde und sein Motto der nächsten Zeit „Arbeit, Arbeit und Mitverantwortung" lauten würde. Nun nahm die Konferenz den tagesordnungsmäßigen Verlauf.

Am 2. Tag waren zur offiziellen Tagung eine größere Anzahl von Ehrengästen erschienen, und zwar Vizekanzler DR. PITTERMANN, Bundesminister PROKSCH, in Vertretung des Verteidigungsministers Herr Oberstleutnant KARL, Landtagsvizepräsident ENDL, Staatssekretär GRUBHOFER, der Bürgermeister von Baden, DR. HAHN, Nationalrat KYSELA, Bezirkshauptmann DR. HRADIL, vom Bundesministerium für soziale Verwaltung Sektionschef DR. LOZICZKY, Ministerialrat DR. KIENBERGER, Hofrat ZIMA, die Sektionsräte DR. BARBER und DR. RITTENAUER, der Leiter des Landesinvalidenamtes Wien, Hofrat LOHR, der Leiter der Schiedskommission, Hofrat DR. DIETL, und der Präsident der deutschen Kriegsbeschädigten und Sozialrentner Kam. NITSCHE sowie der Vizepräsident dieser Organisation Oberlandesgerichtsrat DR. ZOLLNER und die beiden Ehrenmitglieder der Zentralorganisation der Kriegsopferverbände Österreichs, die Kam. HANS SCHNÜRMACHER und ROBERT PLISCHKE.

Der Tag hatte mit einer Kranzniederlegung durch die Zentralorganisation am Kriegerdenkmal vor der Stadtpfarrkirche in Baden begonnen, wobei ein Musikzug des Gardebataillons Wien mitwirkte und eine Abordnung des Bundesheeres gleichfalls einen Kranz niederlegte. An der Spitze der Abordnung der Zentralorganisation schritten Justizminister Dr. Tschadek, Landtagspräsident Endl und Präsident Kam. Karrer, gefolgt von den Mitgliedern des Vorstandes der Zentralorganisation und den Delegierten des Delegiertentages. Karrer gelobte, für die Rechte der Kriegsopfer und Kriegerhinterbliebenen mit allen Kräften einzutreten und für einen Frieden in Freiheit zu wirken. Punkt 10 Uhr wurde dann der Delegiertentag fortgesetzt. Präsident Karrer begrüßte die bereits genannten Ehrengäste und gab eine kurze Erklärung über die am Tag vorher geleistete Arbeit. Von Generalsekretär Kam. Baier wurde eine Grußbotschaft des Herrn Bundespräsidenten Dr. Scharf verlesen. Sie hatte folgenden Wortlaut: „Die Zentralorganisation der Kriegsopferverbände Österreichs hält ihren Delegiertentag am Beginn der Woche ab, in der in diesem Jahr in der ganzen Welt der hundertsten Wiederkehr des Tages gedacht wird, an dem Henry Dunant während der Schlacht von Solferino zu der Erkenntnis kam, daß den Verwundeten aller Armeen durch eine weltumspannende Organisation geholfen werden müsse. Das Rote Kreuz erfüllt seine Aufgabe aber in der Heilung der Wunden und der Linderung der Schmerzen, darin kann sich die Fürsorge für die Kriegsopfer nicht erschöpfen. Die Leiden sind gesellig wie Raben, sie kommen in schwarzen Scharen – schrieb Nikolaus Lenau. Die vielen Tausenden unserer Mitbürger, die in einem der größten Kriege unserer Zeit ihre Gesundheit und ihre geraden Glieder geopfert haben, sahen sich nach ihrer Genesung vor Schwierigkeiten gestellt, die den Österreichern, denen die Verwundung erspart blieb, nicht erwachsen. Es ist die Pflicht der Gemeinschaft, nach ihren Kräften einen gerechten Ausgleich herbeizuführen und ihren Mitgliedern, die als Kriegsopfer gezwungen sind, ihren Beitrag zum gemeinsamen Werk unter ungünstigen Bedingungen zu leisten, zu helfen.

Mitleid allein reicht nicht aus, das Verantwortungsgefühl ist entscheidend, wenn es darum geht, den Kriegsopfern ihre Stellung als gleichwertige und gleichberechtigte Mitbürger zu sichern. Ich wünsche den Beratungen des fünften Delegiertentages der Zentralorganisation der Kriegsopferverbände Österreichs den besten Erfolg, gezeichnet DR. SCHÄRF."

Nun sprach Vizekanzler DR. PITTERMANN. Er beendete seine Rede wie folgt:

„Ich bin überzeugt, daß die Anerkennung des Opfers, das Sie und Ihre Kameraden einst für die gemeinsame Heimat gebracht haben, durch beide Regierungsparteien im kommenden Regierungsprogramm ausgedrückt werden wird, und ich bitte Sie, die Versicherung entgegenzunehmen, – ich glaube, das für beide Regierungsparteien sagen zu dürfen – daß es uns allen auch im vergangenen Jahr sehr hart war, Ihnen nicht das geben zu können, von dem wir meinten, daß Sie im Grunde mit Ihren Forderungen recht haben. Hoffen wir, daß es uns gelingt, in Österreich auch weiterhin das Zusammenarbeiten zu erhalten. Es wird auch dazu beitragen, Ihnen rascher und eher zu geben, worauf Sie ein Recht haben, ein Recht, von dem ich sagen darf, daß sich die Anerkennung im nächsten Regierungsprogramm zweifellos durchsetzen wird." Lebhafter Beifall. Bundesminister PROKSCH anerkannte in seiner Rede ebenfalls das Recht der Kriegsopfer auf Verbesserung ihrer Versorgung und betonte wörtlich:

„Ich habe mich bei all diesen Dingen von vornherein auf den Standpunkt gestellt, daß wir die Fragen der Kriegsopfer, die Besserung der Versorgung und die Schaffung entsprechender Maßnahmen, die in Ihrem Interesse gelegen sind, außerhalb des Parteienstreites stellen sollen, und ich möchte von diesem Gedanken absolut nicht abgehen, denn ich glaube, es handelt sich bei der Versorgung der Kriegsopfer nicht um irgendeine sozialpolitische Maßnahme, die man eben aus der besseren wirtschaftlichen Situation heraus trifft, sondern es handelt sich bei der Versorgung und zumindest bei der materiellen Schadloshaltung der Kriegsopfer – ihr eigentliches Opfer kann doch nie abgegolten werden – um eine Verpflichtung der Gesamtheit, um eine Verpflichtung des Staates, und die soll uns daher zu hoch sein, daß wir sie jemals zum Gegenstand des Parteigezänkes machen."

Es folgte die Begrüßung durch den Bürgermeister der Stadt Baden, Dr. Hahn, und als letzter Redner von den Ehrengästen kam Nationalrat KYSELA, der Vertreter des Parlamentsclubs der Sozialistischen Partei Österreichs, zu Wort. Alle Redner sicherten den Intentionen der Zentralorganisation ihre und der Stelle, die sie zu vertreten hatten, Unterstützung zu. Nun hielt Präsident Karrer seine programmatische Rede über die Stellung der Kriegsopfer in der staatlichen Gemeinschaft, die mit großem Interesse aufgenommen wurde. Nach einem Schlußwort des Tagungsvorsitzenden wurde der Delegiertentag geschlossen.

Konstituierende Sitzung des Präsidiums der Zentralorganisation Sitzung des Vorstandes der Zentralorganisation

Am 13. Juli 1959 fand die konstituierende Sitzung des Präsidiums der Zentralorganisation der Kriegsopferverbände Österreichs statt. Auf Grund der Satzungsbestimmungen wurde die Stellvertretung im Verhinderungsfall bestimmt und zwar wie folgt: Präsident Karrer werden im Verhinderungsfall die Kam. Stadtrat Jawornik, Zentraldirektor Millwisch, Kommerzialrat Hirsch, Landeshauptmann Wagner, Nationalrat Wimberger und Kam. Müller vertreten.

Am 14. Juli 1959 fand unter Vorsitz des Präsidenten Karrer eine Vorstandssitzung der Zentralorganisation der Kriegsopferverbände Österreichs statt. Nach Erledigung des Posteingangs referierte Generalsekretär Baier über den Entwurf eines Gesetzes zur Errichtung eines Kriegsopferfonds. Der Bericht wurde vom Vorstand zur Kenntnis genommen. Präsident Karrer berichtete über die vom Delegiertentag angenommenen Beschlüsse, die im wesentlichen in der sozialpolitischen Entschließung verankert sind.

Unter dem Tagesordnungspunkt Allfälliges wurde angeregt, die Frage des Ausschlusses von Kriegsbeschädigten von Privatversicherungen zu prüfen und eine günstige Regelung anzustreben.

1960

Glanzvoller Festakt in der Wiener Hofburg

Aus Anlaß des 15jährigen Bestehens der Zentralorganisation der Kriegsopferverbände Österreichs und des Kriegsopferverbandes für Wien, Niederösterreich und Burgenland fand Samstag, den 23. April 1960 um 9 Uhr im großen Festsaal der Wiener Hofburg unter dem Ehrenschutz von Bundeskanzler Ing. Julius Raab und Vizekanzler DDr. Bruno Pittermann ein Festakt statt. Die Worte Gerechtigkeit – Frieden – Freiheit an der Stirnseite des Saales über einem großen Wappen der Republik Österreich bildeten den Leitspruch des Festaktes. Die Staatsfahne und die Fahnen der Bundesländer schmückten den Saal. Unter den Klängen der Bundeshymne betraten der Präsident des Nationalrates DIPL.-ING. LEOPOLD FIGL, der dritte Präsident des Nationalrates DR. ALFONS GORBACH, Bundeskanzler ING. JULIUS RAAB, Vizekanzler DDR. BRUNO PITTERMANN, die Bundesminister FERDINAND GRAF, PROF. DR. REINHARD KAMITZ, DR. BRUNO KREISKY und ANTON PROKSCH, geleitet vom Präsidenten der Zentralorganisation der Kriegsopferverbände Österreichs, FRIEDRICH KARRER sowie zahlreiche weitere Ehrengäste den Saal. Hierauf spielte die Militärkapelle der I. Brigade unter der Leitung des Kapellmeisters F. KOTAY als Einleitung den zweiten und dritten Satz aus der Suite 1809 von Sepp Tanzer.

In der Begrüßungsansprache verwies Präsident KARRER auf die vor 15 Jahren erfolgte Gründung der Kriegsopferorganisation und betonte, daß es vielleicht eine Schicksalsfügung sei, daß die 15-Jahr-Feier und der Delegiertentag des Kriegsopferverbandes für Wien, Niederösterreich und Burgenland gerade an jenem Ort stattfinden, an dem vor 46 Jahren das Geschick jener Menschen entschieden worden ist, die im Ersten Weltkrieg Opfer des Krieges geworden sind und die nun an der gleichen historischen Stätte über ihr eigenes weiteres Schicksal mit dem der vielen Opfer des Zweiten Weltkrieges beraten werden.

Bundeskanzler ING. JULIUS RAAB betonte in seiner Begrüßungsansprache unter anderem:

„Als Bundeskanzler aber sage ich Ihnen, der Staat allein hat allen Grund, die sittliche Haltung, der diese Opferbereitschaft zu Grunde liegt, zu würdigen, denn er braucht Menschen, die unter Umständen auch zu diesem Opfer fähig sind. Er braucht überhaupt Menschen, die bereit sind, Opfer für die Gemeinschaft zu bringen. Auch ein neutraler Staat kann dieser Haltung seiner Bürger nicht entbehren, denn auch die Neutralität muß im Notfall, wie unser Gesetz es verlangt, mit allen Mitteln verteidigt werden."

Vizekanzler DDR. BRUNO PITTERMANN führte aus:

„Die Kriegsopfervereinigung ist ursprünglich gegründet worden, um durch Geschlossenheit und Kraft der Organisation das Recht der Kriegsopfer auf Anerkennung ihrer Leistungen durchzusetzen. Ich weiß, das ist den verantwortlichen Funktionären der Organisation nicht immer leicht gefallen und vor allem, es war Ihnen nicht immer in dem erwünschten Tempo und Ausmaß möglich, diese gerechten Forderungen durchzusetzen. Sie können aber heute anläßlich dieser Tagung doch mit Genugtuung vor Ihren Delegierten darauf hinweisen, was Sie schließlich erreichen konnten."

Er rühmte nun die Arbeit der Organisation auf dem Gebiete der Fürsorge und der Hilfe für die Familien der Gefallenen und führte schließlich weiter aus:

„Sie haben aber auch eine dritte Aufgabe auf sich genommen, nämlich die, aktive Träger einer wahren und echten Friedensgesinnung zu sein, die ein demokratisches Gemeinwesen, wie es unsere Republik Österreich ist, unbedingt benötigt. Sie haben damit eine große Aufgabe politischer Erziehung auf sich genommen, wofür Ihnen der Dank aller gebührt."

Finanzminister Dr. KAMITZ erklärte:

„Die Kriegsopfer konnten Kraft ihres Opfers stärksten Anspruch auf die Dankesschuld des Staates geltend machen. Ich glaube auch, daß die in Aussicht genommenen und festgesetzten gesetzlichen Änderungen, die mit Mitte des Jahres und mit Beginn nächsten Jahres in Kraft treten, das wesentlichste an offenen Fragen, das zwischen Ihren Organisationen und dem Bund bestanden hat, aus der Welt schaffen konnten."

Sozialminister PROKSCH betonte in seiner Ansprache: „Als ich das erste Mal die Ehre hatte, vor dem Forum der Kriegsopferorgansiation zu sprechen, habe ich vor allem zwei Dinge erwähnt. Ich habe damals erklärt, daß Österreich den Kriegsopfern etwas schuldig geblieben ist und daß darüber hinaus die Probleme der Kriegsopfer aus dem Parteienstreit herauszuhalten sind", und er fuhr schließlich nach erläuternden Worten fort: „Wir können heute sagen, Österreich hat seine Schuld gegenüber den Kriegsopfern abgetragen. Ich weiß, es bleiben noch immer Wünsche und Probleme offen. Es wird natürlich unser Bestreben sein, auch diese, soweit das irgend möglich ist, in Zukunft zu erfüllen."

Nun folgte die Festrede des Präsidenten der Zentralorganisation Friedrich KARRER, der unter anderem die Kriegsopfer zu einer Blutspendeaktion aufrief und dazu folgendes ausführte: „Im Blut der Kriegsopfer fließt das Blut des Friedens. Es zu spenden heißt, dem Frieden zu dienen. Ich rufe daher die österreichischen Kriegsopfer auf, in die Reihen der freiwilligen Blutspender einzutreten und bin gewiß, daß Sie diesen Appell freudigen Herzens folgen werden, daß vor allem die Funktionäre mit gutem Beispiel dieser Friedenstat vorangehen werden." Er beendete seine Ansprache mit den Worten: „Es gibt nur drei unerschütterliche Fundamente, die das Sein des Menschen zum Inbegriff machen: Gerechtigkeit, Frieden, Freiheit."

1960

Sechster ordentlicher Delegiertentag des Kriegsopferverbandes für Wien, Niederösterreich und Burgenland

Im Anschluß an den Festakt fand am 23. und 24. April 1960 im großen Festsaal der Neuen Wiener Hofburg der sechste ordentliche Delegiertentag des Kriegsopferverbandes für Wien, Niederösterreich und Burgenland statt. Kam. KARRER eröffnete die Tagung und gab seiner Freude darüber Ausdruck, daß eine Reihe von Gästen und Freunden auch nach dem Festakt der Tagung der Delegierten beiwohnen.

Nun erfolgte die Konstituierung des Landesdelegiertentages und die Beschlußfassung über die Geschäfts- und Tagesordnung und die Wahl der in der Geschäftsordnung angeführten Kommissionen. Die Kameraden waren in den Vorbesprechungen bereits nominiert worden. Bei der Abstimmung wurde die Tagesordnung, Geschäftsordnung und die Nominierungen mit 12 Stimmenhaltungen angenommen. Nun folgte der Tätigkeitsbericht des Präsidenten Karrer, der unter anderem die Intensivierung der Arbeit in den Untergruppen betonte, die auf Grund der Anzahl von über 600 Untergruppen eine sehr schwierige gewesen sei. Nach ausführlicher Darlegung der Schwierigkeiten und Erfolge wurde der Bericht des Kam. Karrer ohne Diskussion zur Kenntnis genommen. Als nächster Redner berichtete Nationalrat Kam. Dr. Prader über die Invalideneinstellung, die den Zweck habe, die Kriegsopfer in die staatliche Gemeinschaft als vollwertige Mitglieder einzufügen. Als erster Diskussionsredner zum Invalideneinstellungsgesetz sprach Kam. OTTO POHANKA in seiner Eigenschaft als Vorsitzender der Arbeitsgemeinschaft der Invalidenvertrauensmänner der Privatwirtschaft und in den verstaatlichen Betrieben und wies auf die Notwendigkeit hin, Invalidenvertrauensmänner in den Betrieben zu besitzen, um bei einem Rückschlag in der Konjunktur einer Abbauwelle entsprechend entgegentreten zu können. Nun stellte Kam. Novak die Forderung auf, auch dem letzten arbeitslosen Kriegsinvaliden einen Arbeitsplatz zu verschaffen. Nach Abschluß der Diskussion wurde der Bericht des Kam. Dr. Prader zur Kenntnis genommen.

Der Trafikreferent Kam. Tröstl brachte nach einem Hinweis auf die bestehenden Vorschriften eine ausführliche Statistik über die in der Berichtperiode stattgefundenen Ausschreibungen und Vergaben. Kam. Baier gab ergänzend bekannt, daß über Auftrag des Delegiertentages der Zentralorganisation ein Unterausschuß gebildet wurde, der die Vorarbeiten für eine Neuregelung des Besetzungswesens leisten soll, vor allem mit dem Ziel, das Vorzugsrecht der Kriegsopfer zu sichern und eine ordentliche Verwaltung im Besetzungswesen aufzubauen. Nun folgte der Bericht der Mandatsprüfungskommission, wonach 268 Delegierte mit beschließender Stimme nominiert wurden, von denen 239 erschienen waren, die 118.149 Mitglieder zu vertreten hatten. Mit beratender Stimme wurden 34 Kameraden geladen, von denen 28 erschienen sind. Der Delegiertentag war somit voll beschlußfähig. Nun folgten die Berichte über die Verbandsfürsorge, das Hinterbliebenenreferat, die Tätigkeit des Verbandsbüros, der Kassenbericht und der Bericht der Verbandskontrolle, über deren Antrag die Erteilung der Entlastung erfolgte.

NEUWAHL

Der erste Arbeitstag wurde mit der Neuwahl des Hauptausschusses, der Kontrolle, der Mitglieder des Schiedsgerichtes und des Disziplinarausschusses abgeschlossen, die nur wenige Veränderungen der bisherigen Zusammensetzung brachte.

Mit einstimmigen Beschluß des Delegiertentages wurde Kam. Friedrich KARRER neuerlich zum Präsidenten des Kriegsopferverbandes für Wien, Niederösterreich und Burgenland gewählt.

Als Vizepräsidenten wurden die Kameraden Kommerzialrat Ladislaus Nogol, Zentraldirektor Leopold Millwisch, Landeshauptmann Johann Wagner und Hans Hutterstrasser gewählt.

Schriftführer	Nationalrat Dr. Georg Prader
Zweiter Schriftführer	Dir. Kurt Kolouch
Kassier	Josef Würl
Kassierstellvertreter	Walter Schubert
als Beisitzer	Kommerzialrat Hans Hirsch (Verband der Kriegsblinden)
	Franz Tröstl (Wien)
	Walter Müller (Wien)
	Rudolf Wittmann (Wien)
	Dr. Alfred Lutschinger (Wien)
	Alfred Silldorff (Niederösterreich)
	Fritz Weiß (Niederösterreich)
	Josef Hickel (Niederösterreich)
	Leopold Pamperl (Niederösterreich)
	Landtagspräsident Hans Wastl (Burgenland)
	Rupert Löschnauer (Burgenland)
	Anni Schön (Hinterbliebenenvertreterin, Wien)
	Dir. Maria Stadlbacher (Hinterbliebenenvertreterin)
	Leopold Novak (Wien)
	Alfred Zainzinger (Niederösterreich)
	Franz Dosza (Niederösterreich)
	Dir. Leopold Wilfert (Niederösterreich)
	Hans Keusch (Niederösterreich)
	Johann Korner (Niederösterreich)
	Rupert Hudl (Niederösterreich)
	Karl Ranftelshofer (Niederösterreich)
	Gustav Getzen (Niederösterreich)
	Dr. Johann Hacker (Niederösterreich)
	Anna Turp (Niederösterreich)
	Karl Lebensorger (Burgenland)
	Stefan Klanatzky(Burgenland)
	Christine Löschnigg (Hinterbliebenenvertreterin, Wien)
	Maria Ganauser (Hinterbliebenenvertreterin, Burgenland)
	Berta Schattl (Hinterbliebenenvertreterin, Burgenland)
	Anna Repp (Hinterbliebenenvertreterin, Niederösterreich)

In die Verbandskontrolle wurden gewählt:

Amtsrat Friedrich Schmidt, Wien
Franz Pröbstl, Wien
Franz Hirschler, Wien
Amtsrat Karl Guttmann, Wien
Dr. Leonard Riemer, Wien
Leopold Jaros, Wien
Josef Pexider, Niederösterreich
Bundesrat Anton Wodica, Niederösterreich
Walter Lausch, Niederösterreich
Johann Danzinger, Niederösterreich
Dir. Leopold Gober, Niederösterreich
Johann Pirkner, Niederösterreich
Dir. Heinrich Schoffler, Niederösterreich
Amtsrat Franz Graschitz, Burgenland

Vor Wiederaufnahme der Beratungen am Sonnag, den 24. April 1960, fand in der Krypta des Heldendenkmals in Wien eine Totenehrung vor dem Grab des Unbekannten Soldaten statt. Das Gardebataillon Wien hatte einen Ehrenzug und die Militärkapelle gestellt; an ihnen zogen Bundesminister PROKSCH mit Präsident KARRER, gefolgt von den Vorstandsmitgliedern hinter dem von Kameraden getragenen Kranz des Verbandes vorbei. Nach einem kurzen Verweilen des Gedenkens in der Weihestätte legte Kam. Präsident KARRER den Kranz nieder. Nach der feierlichen Kranzniederlegung begaben sich die Delegierten wieder in den Festsaal der Wiener Hofburg. Die Fortsetzung des Delegiertentages begann mit der Vorstellung der Mitglieder des Hauptausschusses durch den wiedergewählten Präsidenten KARRER. Der nächste Punkt der Tagesordnung war die Neufestsetzung des Mitgliedbeitrages.

Nach den einführenden Worten des Präsidenten wurde gemäß Empfehlung der Kontrolle der Antrag des Hauptausschusses zum Beschluß erhoben und der Mitgliedsbeitrag ab 1. Jänner 1961 mit sechs Schilling festgesetzt. Nun folgte die Beschlußfassung über die rechtzeitig eingebrachten Anträge und die Entschließung betreffend die Fortentwicklung der Kriegsopferversorgung. Dann folgte das, mit Beifall aufgenommene Schlußreferat des Kam. KARRER. Anschließend dankte Kam. HICKEL ihm für die Annahme der Wiederwahl. Zum Abschluß des Delegietentages dankte Zentraldirektor Kam. MILLWISCH den Delegierten für ihr hohes Interesse an der Aufgabe, die alle mitsammen zum Wohle der österreichischen Kriegsopfer übernommen haben und wünschte der österreichischen Jugend und der Jugend der Welt, daß ihr die Vergangenheit, wie die Kriegsopfer sie kennengelernt haben, erspart bleiben möge.

Zehn Jahre Kur- und Erholungsheim Helenental – Enthüllung des Franz-Schulz-Denkmals

Am 3. September 1960 fand im Helenental anläßlich des zehnjährigen Bestandes des Franz-Schulz-Heimes der Kur- und Erholungsstätte des Kriegsopferverbandes für Wien, Niederösterreich und Burgenland eine eindrucksvolle Jubiläumsfeier statt, während der auch ein Denkmal für den 1956 verstorbenen Präsidenten Kam. Franz Schulz enthüllt wurde.

Goldenener Ehrenring des Kriegsopferverbandes für Wien, Niederösterreich und Burgenland für Kam. Johann Schnürmacher

Am 3. September 1960 hielt der Hauptausschuß des Kriegsopferverbandes für Wien, Niederösterreich und Burgenland eine ordentliche Sitzung ab. Dies wurde zum Anlaß genommen, einen verdienten Kameraden, der sein ganzes Leben in den Dienst der Kriegsopfer gestellt hat, besonders zu ehren: Kam. Johann SCHNÜRMACHER, der 1960 seinen 80. Geburtstag feiern konnte. Er war nach dem Ersten Weltkrieg der erste Obmann des Zentralverbandes der Kriegsopfer Österreichs, und es haben nicht nur Verantwortung, Zuversicht und Mut dazu gehört, ohne Erfahrung früherer Zeiten ans Werk zu gehen und die Kriegsopferorganisation aufzubauen. Auch 1945, als die Organisation wieder auf demokratischen Prinzipien aufgebaut wurde, konnte man auf die Erfahrungen und auf das Können und Wissen des Kam. Schnürmacher nicht verzichten. Er hat den Versorgungsbetrieb in der Versorgungsabteilung aufgebaut. Kam. Schnürmacher besitzt neben den kleinen, mittleren und hohen Auszeichnungen, die der Verband zu vergeben hat, auch dessen Ehrenmitgliedschaft.

Der Verband hat jedoch noch eine Auszeichnung, die während seines Bestandes nur einmal verliehen wurde, es ist dies der Goldene Ehrenring des Kriegsopferverbandes für Wien, Niederösterreich und Burgenland, und diesen Ehrenring überreichte Präsident Kam. Karrer im Namen des Hauptausschusses des Kriegsopferverbandes für Wien, Niederösterreich und Burgenland dem Kam. Schnürmacher unter lebhafter Akklamation der anwesenden Funktionäre, in dem er nochmals herzlich dankte und dem Ausgezeichneten für die Zukunft alles Gute wünschte.

1961

Vorverlegung des Delegiertentages der Zentralorganisation

Der Sozialausschuß der Zentralorganisation der Kriegsopferverbände Österreichs hat in seiner Tagung vom 3. bis 5. Jänner 1961 unter Bedachtnahme auf die seit 1956 auf wirtschaftlichem und sozialem sowie familienpolitischem Gebiet eingetretene Entwicklung beschlossen, dem Vorstand der Zentralorganisation der Kriegsopferverbände Österreichs zu empfehlen, den für Sommer 1962 abzuhaltenden Delegiertentag vorzuverlegen und für das Frühjahr 1961 einzuberufen. Mit Beschluß des Vorstandes vom 21. Februar 1961 wurde der sechste ordentliche Delegiertentag der Zentralorganisation der Kriegsopferverbände Österreichs für 21. bis 23. April 1961 nach Wien einberufen.

Der Delegiertentag fand im Festsaal des Parkhotels Schönbrunn in Wien-Hietzing statt. Schon am Vormittag des ersten Arbeitstages hatten die Kommissionen, und zwar die beiden Antragsprüfungskommissionen, eine für die Vorbereitung des Grundsatzprogrammes und eine zweite für die Behandlung der sonstigen Anträge, sowie die Wahlkommission ihre Vorarbeiten durchgeführt. Um 14 Uhr wurde dann der Delegiertentag von Präsident KARRER eröffnet. Zunächst fand die Konstituierung des Delegiertentages mit der Bekanntgabe der Kommissionen, Tages- und Geschäftsordnung und ihrer Annahme statt. Nun folgte der von Kam. Karrer erstattete allgemeine Bericht des Vorstandes, der die bewältigte Arbeit beschrieb.

Die Entwicklung der Erholungsfürsorge, die Vorarbeiten zur Klärung des Problems der Trafikvergabe und die internationale Tätigkeit der Zentralorganisation wurden ebenso erwähnt wie die in Erfüllung der gesetzlichen Aufgaben durchgeführten 71 Vorsprachen beim Sozialminister, beim Finanzminister, bei den Parlamentsklubs und den höchsten Ministerialbeamten. Abschließend dankte er den Landesverbänden, den Landesvorständen, den Obmännern der Landesverbände, den Vorstandsmitgliedern der Zentralorganisation, insbesondere auch den Kameraden des sozialpolitischen Ausschusses, die viele Tage damit verbracht hatten, um über einzelne gesetzliche Bestimmungen und Formulierungen zu ringen und nicht zuletzt auch den Angestellten der Zentralorganisation.

Nun erläuterte Kam. WÜRL (Wien) den schriftlich vorliegenden Kassenbericht.

Nach ihm nahm der Obmann der Kontrolle, Finanzrat DR. LEMMERER (Tirol), zu diesem Bericht Stellung, in dem er die Gebarung als den Vorschriften entsprechend und sparsam bezeichnete und den Antrag auf Entlastung des Vorstandes stellte. Dieser wurde ohne Debatte einstimmig angenommen.

Nach Übernahme des Vorsitzes durch Stadtrat Kommerzialrat JAWORNIK (Steiermark) unterbreitete der Vorsitzende der Wahlkommisssion Kam. LIBAL (Oberösterreich) gemäß Punkt 4 der Tagesordnung den Vorschlag der Wahlkommission. Er lautete:

Präsident der Zentralorganisation
Kam. Friedrich Karrer

Vorstand
Eduard Schnabl (Verband der Kriegsblinden)
Arthur Rauth (Vorarlberg)
Hans Panholzer (Salzburg)
Gemeinderat Sepp Hardinger (Tirol)
Landesobmannstellvertreter Adolf Schicher (Kärnten)
Gemeinderat Dir. Josef Nemenz(Steiermark)
Gemeinderat Franz Schlagenhaufen (Steiermark)
Bundesrat Dir. Georg Schreiner (Oberösterreich)
Ignaz Mühlberger (Oberösterreich)
Dir. Kurt Kolouch (Wien)
Kommerzialrat Ladislaus Nogol (Wien)

Nationalrat Dr. Georg Prader (Niederösterreich)
Franz Tröstl (Wien)
Landeshauptmannstellvertreter Johann Wastl (Burgenland)
Josef Würl (Wien)

Vertreterinnen der Kriegerwitwen
Maria Finger (Verband der Kriegsblinden)
Liebgart Walter (Vorarlberg)
Maria Stifter (Salzburg)
Ingeborg Purner (Tirol)
Hilde Pettauer (Kärnten)
Margarete Stark (Steiermark)
Ilse Schulz (Oberösterreich)
Christine Löschnigg (Burgenland)
Anni Schön (Wien)
Maria Stadlbacher (Niederösterreich)

Kontrollkommission
Dipl.-Ing. Friedrich Unger (Verband der Kriegsblinden)
Ernst Seebacher (Vorarlberg)
August Flegel (Salzburg)
Finanzrat Dr. Hubert Lemmerer (Tirol)
Paul Klemenz (Kärnten)
Johann Pocsics (Steiermark)
Otto Libal (Oberösterreich)
Amtsrat Friedrich Schmidt (Wien)
Stadtrat Fritz Weiß (Niederösterreich)
Leopold Novak (Wien)

Da nach den Satzungen dem Vorstand außer dem Präsidenten der Zentralorganisation und den gewählten Vorstandsmitgliedern auch die Mitglieder des Präsidiums, also die Obmänner der angeschlossenen Mitgliederverbände und ein Schriftführer angehören, ist die Aufzählung noch zu ergänzen durch die Kameraden

Kommerzialrat Hans Hirsch (Verband der Kriegsblinden)
Hans Hutterstrasser (Niederösterreich)
Stadtrat Kommerzialrat Franz Jawornik (Steiermark)
Zentraldirektor Leopold Millwisch (Wien)
Landtagsabgeordneter Martin Müller (Vorarlberg)
Josef Springer (Kärnten)
Landtagsabgeordneter Josef Thoman (Tirol)
Landeshauptmann Johann Wagner (Burgenland)
Ing. Josef Weiser (Salzburg)
Nationalrat Alois Wimberger (Oberösterreich)

Der Wahlvorschlag wurde vom Delegiertentag angenommen.

Als Höhepunkt des sechsten ordentlichen Delegiertentages fand am 22. April 1961 unter dem Motto „Gerechte Versorgung der Kriegsopfer – Verpflichtung des Volkes" im festlich geschmückten Konferenzsaal ein Festakt statt.

Der Präsident der Zentralorganisation, Kam. KARRER, begrüßte die erschienenen Ehrengäste. Als erstem galt sein Gruß dem Mann, der acht Jahre lang die Geschicke des Landes gelenkt hatte, Alt-Bundeskanzler DR. H. C. ING. JULIUS RAAB, sodann dem Präsidenten des Nationalrates DIPL.-ING. LEOPOLD FIGL und dem dritten Präsidenten des Nationalrates, DR. ALFRED MALETA, wobei betont wurde, daß es eine Schicksalsfügung sei, daß der erste Weg der vor kurzem neu gebildeten Regierung in die Öffentlichkeit zu den Kriegsopfern geführt hat. Er begrüßte weiters Bundeskanzler DR. ALFONS GORBACH, Vizekanzler DDR. BRUNO PITTERMANN und den Bundesminister für soziale Verwaltung, ANTON PROKSCH, den Bundesminister für Inneres, JOSEF AFRITSCH, in Vertretung des am Erscheinen verhinderten Bundesministers für auswärtige Angelegenheiten Staatssekretär DR. LUDWIG STEINER und in Vertretung des ebenfalls anderweitig verpflichteten Bundesminister für Landesverteidigung Generaltruppeninspektor, General der Infantrie ERWIN FUSSENEGGER, ferner vom Bundesministerium für Inneres Staatssekretär DR. OTTO KRANZLMAYER, vom Bundesministerium für Landesverteidigung Staatssekretär OTTO RÖSCH und für den in Kopenhagen weilenden Bürgermeister der Bundeshauptstadt Wien, Vizebürgermeister FELIX SLAVIK. Für die Österreichische Volkspartei Nationalrat MITTERER, für die Freiheitliche Partei Nationalrat KINDL, vom Bundesministerium für soziale Verwaltung Sektionschef DR. LOZICZKY, Hofrat ZIMA, Ministerialrat DR. KIENBERGER, Ministerialrat DR. SCHROTH und Ministerialrat BARBER sowie Sektionschef DR. FIALA. Das Bundesministerium für Finanzen war durch Ministerialrat DR. AUTENGRUBER und Ministerialsekretär DR. SCHINDLAUER vertreten.

Ehrenmitgliedschaft für Dr. Gorbach, Dr. Pittermann, Bundesminister Proksch und Ing. Raab

Der sechste ordentliche Delegiertentag hatte am Vortag den Beschluß gefaßt, jene Männer zu ehren, die lange Jahre hindurch nicht nur deswegen, weil sie in der Regierung als Verantwortliche ihre Pflicht zu erfüllen hatten, sondern vor allem deswegen, weil sie diese Pflichterfüllung den Belangen der Kriegsopfer gegenüber mit ihrem Herzen, mit all ihrem Geist ihrer Haltung beeinflußt haben, damit die Kriegsopfer eine anständige gesetzliche Kriegsopferversorgung aufbauen und ausweiten konnten. Dieser Beschluß lautete,

dem Herrn Bundeskanzler DR. ALFONS GORBACH,
dem Herrn Vizekanzler DDR. BRUNO PITTERMANN,
dem Herrn Bundesminister ANTON PROKSCH und
dem Herrn Alt-Bundeskanzler ING. JULIUS RAAB

die Ehrenmitgliedschaft der Zentralorganisation der Kriegsopferverbände Österreichs zu verleihen. Präsident KARRER führte aus, daß es in diesem Kreis eigentlich vermessen wäre, einzelne Verdienste der geehrten Mitglieder der Bundesregierung hervorzuheben. Es dürfe aber dennoch gesagt werden, daß gerade in den letzten Jahren, den Jahren ab 1956, auch in der Kriegsopferversorgung ein sichtbarer Wandel zu verzeichnen war. Vieles von dem nachgeholt werden konnte, was durch die Preiserhöhungen zu Kaufkraftverlusten der Renten geführt hat und daß ab 1. Jänner 1961 mit Unterstützung der Geehrten endlich nach sehr langer Zeit der Kaufwert der Renten wieder erreicht wurde. Dafür soll nicht nur den Geehrten, sondern auch den übrigen Herren der Bundesregierung, vor allem auch den Abgeordneten im Parlament, der Dank der österreichischen Kriegsopfer zum Ausdruck gebracht werden.

Bundeskanzler DR. GORBACH führte in seiner Ansprache aus:

„Die Kriegsopferversorgung ist Ehrenverpflichtung für das österreichische Volk." Vizekanzler DDR. PITTERMANN: „Die Tugenden der Kriegsopfer sind die Grundlage, auf der allein ein freier Staat dauerhaft und sicher gebaut werden kann." Sozialminister PROKSCH betonte: „Das Kriegsopferrecht bedarf des weiteren Ausbaues, der auf die sozial-wirtschaftliche Entwicklung Österreichs Rücksicht nimmt." Und Bundeskanzler DR. H. C. ING. RAAB rief in Erinnerung, daß es das Bemühen der Staatsmänner sein muß, der Welt den Frieden zu erhalten. Nun folgte die Festansprache des Präsidenten KARRER, die sich mit der Entwicklung des österreichischen Versorgungsrechtes für Kriegsopfer seit der Notzeit des Jahres 1948 beschäftigte und mit Dank unterstrich, daß auch die Regierung sich anschicken wird müssen, an eine wirkliche Verbesserung der Kriegsopferversorgung zu denken, das Versorgungsrecht auszubauen und hiebei als ersten Schritt jene Maßnahme in Erwägung zu ziehen beabsichtigt, die zu einer schrittweisen Erfüllung der Wünsche der Kriegsopfer führen werden.

Die Arbeitstagung wurde darauf mit der Abwicklung der weiteren Tagesordnung fortgesetzt und zwar stand das sozialpolitische Programm der Zentralorganisation zur Behandlung. Hier war eine Grundsatzerklärung des Vorstandes vorbereitet, der ein Katalog angeschlossen war, in dem die Forderungen der Kriegsopfer in 55 Punkten zusammengefaßt sind. Von diesen bezogen sich 36 allein auf das Versorgungsrecht, 6 auf die Invalideneinstellung, 4 auf die Sozialversicherung, 1 auf das Trafikwesen und 8 auf sonstige Rechtsgebiete. Dazu kamen noch 4 Ergänzungsforderungen des Verbandes der Kriegsblinden, und zwar 3 zum Versorgungsrecht und einer zur Sozialversicherung.

Nun hielt Präsident Karrer zum versorgungsrechtlichen Teil des sozialpolitischen Programmes ein ausführliches Referat und versicherte, daß die Zentralorganisation den Kontakt zu den Mandataren des Volkes und zu der Regierung weiterhin aufrecht erhalten werde und appellierte schließlich an den Delegiertentag, die Grundsatzerklärung anzuerkennen, um der Leitung der Zentralorganisation neue Wege und Ziele zu weisen.

Über die anderen Rechtsgebiete des Forderungskatalogs referierte Nationalrat Kam. Dr. Prader, der einleitend darauf hinwies, daß sich die Kriegsopfer nicht nur mit dem Kriegsopferversorgungsgesetz befassen dürfen, sondern das soziale, wirtschaftliche und politische Geschehen im Auge behalten werden müsse, um nicht den Anschluß an das Zeitgeschehen zu verlieren. Man müsse der Organisation danken, daß sie die ungeheuer schwierige Arbeit auf sich genommen hat, stets auf dem laufenden zu bleiben und sich rechtzeitig einzuschalten, er betonte, daß das erste Gesetz nach Kriegsende das Invalideneinstellungsgesetz gewesen sei, streifte den Einfluß der Kriegsopferorganisation auf die gesetzliche Unfallversicherung, die Forderungen auf dem Gebiete des Trafikwesen, kam auf den Anspruch auf Zusatzurlaub zu sprechen und so weiter.

Schließlich erklärte er, daß es für die Forderung keine Rangordnung gebe, sondern daß sie je nach den Möglichkeiten des Augenblickes verfolgt werden würden.

Gemäß dem nächsten Tagungsordnungspunkt kamen nun die Redner zu Wort, die sich zur Debatte gemeldet hatten. Es waren dies die Kam. Pohanka, Glück (Wien), Schreiner (Oberösterreich), Dr. Schwarzl (Steiermark), Mühlberger (Oberösterreich), Panholzer (Salzburg), Dr. Ratz (Vorarlberg) und Hochleitner (Oberösterreich). Nun brachte der Berichterstatter für beide Antragsprüfungskommissionen, Gemeinderat Kam. Hardinger den Beschluß zur Kenntnis, der von beiden Kommissionen gefaßt worden war, der für das sozialpolitische Programm und für die weiteren Anträge der Landesverbände, von denen 124 angemeldet waren, darunter 83 die allein das Versorgungsrecht betrafen. Beide Kommissionen hatten am Vortag einstimmig beschlossen, dem Delegiertentag vorzuschlagen, das Grundsatzprogramm und die von den Landesverbänden eingebrachten Anträge zustimmend zur Kenntnis zu nehmen und das Präsidium und den Vorstand der Zentralorganisation zu beauftragen, die Entschließung und die Anträge auf ihre Dringlichkeit zu prüfen, sie zu sammeln und bei den zuständigen Regierungsstellen und politischen Parteien sinngemäß und nachdrücklich zu verfolgen. Diese Empfehlung wurde vom Delegiertentag einstimmig beschlossen.

Damit war die Tagungsordnung erschöpft. Es war jetzt an den Vollzugsorganen der Zentralorganisation gelegen, die Ergebnisse der Tagung der Verwirklichung zuzuführen.

Neunte Generalversammlung der Weltorganisation der Kriegsopfer und Kriegsteilnehmer

Vom 8. bis 12. Mai 1961 fand in Paris die neunte Generalversammlung der Weltorganisation der Kriegsopfer und Kriegsteilnehmer statt. Die Zentralorganisation der Kriegsopferverbände Österreichs war auf der Generalversammlung durch die Kameraden Präsident Friedrich Karrer, Nationalrat Alois Wimberger, Nationalrat Dr. Georg Prader, Landtagsabgeordneter Jusef Thoman, Ing. Josef Weiser, Zentraldirektor Leopold Millwisch, Dr. Alfred Lutschinger, Otto Libal, Franz Tröstl und Generalsekretär Karl Baier vertreten. Über Vorschlag der österreichischen Delegation wurde Präsident KARRER einstimmig in den Generalrat als Vertreter Österreichs gewählt. Sowohl die feierliche Eröffnungssitzung, bei der auch des zehnjährigen Bestandes der Weltorgansiation gedacht wurde, als auch die Plenar- und Kommissionssitzungen fanden im modernen und zweckmäßig eingerichteten Haus der UNESCO statt.

Abschied von Vizepräsident Kommerzialrat Ladislaus Nogol

Am 13. Mai 1961 traf die Kriegsopferorganisation ein schwerer Verlust. Kommerzialrat Ladislaus NOGOL, der Vizepräsident des Kriegsopferverbandes für Wien, Niederösterreich und Burgenland und Schriftführer der Zentralorganisation der Kriegsopferverbände Österreichs, war im Alter von 66 Jahren einer schweren Krankheit erlegen. Bis zuletzt, schon vom Tod gezeichnet, war er um das Schicksal seiner Kameraden bemüht. Am 19. Mai 1961 wurde er auf dem Meidlinger Friedhof in Wien zur letzten Ruhe gebettet.

Sitzung des Hauptausschusses des Kriegsopferverbandes für Wien, Niederösterreich und Burgenland am 23. Juni 1961

Der Hauptausschuß des Kriegsopferverbandes für Wien, Niederösterreich und Burgenland hielt am 23. Juni 1961 seine ordentliche Sitzung ab. Eine umfangreiche Tagesordnung war zu bewältigen, und zwar das Gesetz über die Versorgung der Angehörigen des Bundesheeres, das Opferfürsorgeabgabegesetz – Niederösterreich und die Geschäftsordnung für die Arbeitsgemeinschaft der Invalidenvertrauensmänner. Zur Fortführung der Geschäfte des Vizepräsidenten bis zum Ablauf der Funktionsperiode im April 1963 bestellte der Hauptausschuß den bisherigen zweiten Kassier Dir. WALTER SCHUBERT (Wien). Mit der Fortführung der Geschäfte des zweiten Kassiers wurde das Vorstandsmitglied Gemeinderat FRITZ WEISS (Retz) betraut, der gleichzeitig zum Vorsitzenden des Finanzausschusses bestellt wurde. In den Hauptausschuß und Vorstand als Beisitzer kooptiert wurde der Gremialvorsteher der Tabakverschleißer Wiens KARL RUSCHKA.

Tagung des Vorstandes der Zentralorganisation der Kriegsopferverbände Österreichs

Am 14. September 1961 hielt der Vorstand der Zentralorganisation der Kriegsopferverbände Österreichs eine ordentliche Sitzung ab. Kam. Karrer hielt ein ausführliches Referat über die Entwicklung der Kriegsopferversorgung. Nach einer sehr regen Debatte, an der sich die Kameraden Kommerzialrat Hans Hirsch (Verband der Kriegsblinden), Dir. Kolouch (Wien), Dr. Lemmerer (Tirol) und Mühlberger (Oberösterreich), Landtagsabgeordneter Müller (Vorarlberg), Gemeinderat Schlagenhaufen (Steiermark), Schnabl (Verband der Kriegsblinden), die Kameradin Schön (Kriegshinterbliebene Wien), die Kameradin Schulz (Kriegshinterbliebene Oberösterreich), Dr. Schwarzl (Steiermark) beteiligten, wurde der Organisationsleitung Vollmacht für weitere Verhandlungen erteilt. Nun hielt Präsident KARRER sein Referat über das Trafikwesen und betonte, daß zum Zeichen, daß früher bestandene Mißverständnisse behoben werden konnten, der Gremialvorsteher Kommerzialrat KITTEL als Gast dieser Sitzung zum ersten Mal seit Bestehen der Zentralorganisation beiwohnt. Gremialvorsteher Kommerzialrat Kittel dankte für die Einladung und gab seiner besonderen Freude darüber

Ausdruck, daß ihm nicht nur die Gelegenheit gegeben wurde, die Stellungnahme zu den Trafikproblemen an Ort und Stelle der Kriegsopferorganisation und damit aus erster Quelle kennenzulernen, sondern auch selbst zu den Problemen Stellung nehmen zu können. Er bezeichnete diesen sozusagen historischen Tag der offiziellen Zusammenkunft beider Institutionen als Beginn einer neuen Ära der Zusammenarbeit zwischen dem Bundesgremium des Tabakverschleißes Österreichs und der Zentralorganisation der Kriegsopferverbände Österreichs. Er erklärte, daß seine Ansichten mit denen des Präsidenten Karrer vollkommen übereinstimmen und daß auch das Bundesgremium der Überzeugung ist, daß die noch offenen Probleme der Trafikbesetzung, aber auch kommende andere Probleme des Tabak- und Verschleißmonopols in dauerndem Kontakt mit der Kriegopferorganisation und in freundschaftlicher, echter Zusammenarbeit einer gemeinsamen Lösung zugeführt werden können. Auch hier folgte eine längere Diskussion.

Nun erstattete Generalsekretär BAIER Spezialberichte über die Einheitlichkeit der Rechtssprechung im Versorgungsrecht. Schließlich wurde eine Resolution als Appell zur Einstellung der Atombombenversuche angenommen und der Weltbund der Kriegsteilnehmer aufgefordert, diese bei den Vereinten Nationen zu vertreten.

Überreichung der Botschaft des Weltbundes an den Herrn Bundespräsidenten

Am 7. November 1961 hat der Generalsekretär des Weltbundes ehemaliger Kriegsteilnehmer Norman Acton in Begleitung des Vizepräsidenten der Zentralorganisation Kommerzialrat Hirsch und des Generalsekretärs der Zentralorganisation Karl Baier (Präsident Karrer war durch persönliche Verhandlungen mit dem Bundesminister für soziale Verwaltung und dem Bundesminister für Finanzen an der Teilnahme verhindert), dem Herrn Bundespräsidenten

Überreichung der Botschaft des Weltbundes ehemaliger Kriegsteilnehmer an Bundespräsident Dr. Adolf Schärf am 7. November 1961

Dr. Adolf Schärf eine auf Pergament gedruckte Botschaft des Weltbundes überreicht. Diese Botschaft war aus Anlaß des 10. Jahrestages der Gründung des Weltbundes von der Generalvesammlung beschlossen worden, mit dem Ziel, sie den Staatsoberhäuptern jener Nationen, die durch ihre Kriegsopferverbände im Weltbund vertreten sind, zu übergeben. Sie beinhaltete den Appell an alle Völker, im Rahmen der Vereinten Nationen und im Geiste der Charta von San Francisco die Probleme des Friedens und der Menschenwürde gemeinsam zu regeln. Bundespräsident Dr. Schärf antwortete:

„Für die Überreichung der Botschaft danke ich Ihnen herzlich. Österreich ist immer für Frieden und Freiheit eingetreten. An dieser Haltung, die der Überzeugung der Österreicher entspricht, ändert sich nichts. Eben deshalb beobachten wir mit Besorgnis die Verschlechterung der internationalen Lage. Wir wollen alles tun, was in unserer Macht steht, um einen wahren und dauerhaften Frieden herbeizuführen. In diesem Sinne begrüße ich aufrichtig die internationale Zusammenarbeit der Kriegsopferverbände."

Kam. Präsident Karrer – Bundesrat

Über Beschluß des Wiener Ausschusses der Sozialistischen Partei Österreichs und der Sozialistischen Fraktion des Wiener Gemeinderates vom 13. November 1961 wurde dem Wiener Landtag vorgeschlagen, den Präsidenten der Zentralorganisation der Kriegsopferverbände Österreichs und des Kriegsopferverbandes für Wien, Niederösterreich und Burgenland, Kam. Friedrich Karrer, als Vertreter des Landes Wien in den Bundesrat zu entsenden. Der Wiener Landtag hat am 17. November 1961 durch einstimmigen Beschluß den Kam. Karrer als Vertreter des Landes Wien zum Bundesrat gewählt.

Tagung des Präsidiums der Zentralorganisation

Am 21. November 1961 hielt das Präsidium der Zentralorganisation eine Sitzung ab, in der das Protesttelegramm der Zentralorganisation an den Bundeskanzler anläßlich der neuerlichen Kernwaffenversuche, die Erhöhung der steuerfreien Beträge für Kriegsopfer, die KOVG- und ASVG-Novelle, sowie die 14. Rente, der Informationsaustausch mit den deutschen Kriegsopferverbänden und die Konferenz der Schiedskommissionbeisitzer und Trafikreferenten erörtert wurden.

Zweite internationale Konferenz über die Gesetzgebung für Kriegsopfer und ehemalige Kriegsteilnehmer

Im Hinblick auf die beachtlichen Ergebnisse der im Spätherbst 1958 in Den Haag stattgefundenen ersten internationalen Konferenz über die Gesetzgebung der Kriegsopfer und ehemaligen Kriegsteilnehmer sowie auf die im Zusammenhang mit dieser Konferenz gesammelten Erfahrungen hat die achte Generalversammlung des Weltbundes ehemaliger Kriegsteilnehmer den Wunsch ausgesprochen, die Kontaktnahme fortzusetzen und eine zweite derartige Konferenz einzuberufen. Entsprechend dem Beschluß seines Exekutivbüros hat der Weltbund im Zusammenwirken mit der Regierung der Niederlande die zweite Konferenz vorbereitet und für die Zeit vom 27. November bis 4. Dezember 1961 nach Den Haag einberufen. An der Vorbereitung der Beratungsgegenstände hat die Zentralorganisation sehr weitgehend mitgewirkt. Auch das Bundesministerium für soziale Verwaltung hat sich in sehr verdienter Weise beteiligt. Nicht weniger als 13 österreichische Empfehlungsentwürfe über die verschiedenen Probleme des Kriegsopferrechtes wurden für das Programm der Konferenz vorgelegt. Die Konferenz, die im historischen Rittersaal in Den Haag, dem gleichen Gebäude, in dem 1907 die erste Konvention für eine humane Kriegsführung beraten wurde, stattfand, wurde durch die Anwesenheit des österreichischen Sozialministers ANTON PROKSCH und des französischen Kriegsteilnehmers, Minister TRIBOULET, und anderer Persönlichkeiten ausgezeichnet. Durch PRINZ BERNHARD der Niederlande wurde die Konferenz für eröffnet erklärt. Dann begrüßte Präsident VAN LANSCHOT die 150 Konferenzteilnehmer aus 26 Ländern und umriß die Aufgaben der Tagung.

Im Rahmen der Konferenz hielt der Bundesminister für soziale Verwaltung Anton Proksch einen allseits beachteten Vortrag über das Thema: Die Anwendung des technischen, wirtschaftlichen und sozialen Fortschrittes zur Verbesserung der Lage der Kriegsopfer und ehemaligen Kriegsteilnehmer in Österreich. Das Bundesministerium für soziale Verwaltung hatte die Sektionsräte Dr. Fiala und Dr. Rietenauer, das Bundesministerium für Finanzen Dr. Autengruber und Sektionsrat Dr. Schindlauer als Sachverständige entsendet. Von der österreichischen Kriegsopferorganisation nahm eine 13köpfige Delegation, unter ihnen zwei Kriegerwitwen unter Führung des Präsidenten der Zentralorganisation Bundesrat Karrer teil. Die Kommissionsberatungen fanden in 33 Empfehlungen, die der Plenarversammlung am 4. Dezember unterbreitet wurden und von dieser gebilligt wurden, ihren Niederschlag.

Die Konferenz hat mit Befriedigung festgestellt, daß der vom Weltbund erstellte Bericht über die in den verschiedenen Ländern geltenden Rentensätze und zusätzlichen Leistungen und der daraus abgeleitete Vergleich über die Kaufkraft der Versorgungsleistungen allgemein großes Interesse gefunden haben. Im Hinblick auf die Wichtigkeit derartiger Untersuchungen, sowohl für die Regierungen als auch für die Organisationen, ersuchte die Konferenz den Weltbund, das von ihm gesammelte Material regelmäßig auf den neuesten Stand zu bringen und die Informationen an die Regierungen und Mitgliedsverbände weiterzuleiten.

1962

Vorstand der Zentralorganisation fordert 14. Rente

Am 12. und 13. März 1962 fand eine ordentliche Tagung des Vorstandes der Zentralorganisation der Kriegsopferverbände Österreichs statt. In der zweitägigen Sitzung standen 15 Punkte auf der Tagesordnung, von denen der bedeutungsvollste Punkt das vom Präsidenten der Zentralorganisation Kam. Bundesrat Karrer vorgetragene Referat über die nächsten Aufgaben zur Fortentwicklung des Versorgungsrechtes war. Bundesrat KARRER betonte, daß jetzt der Zeitpunkt gekommen sei, in dem der Vorstand der Zentralorganisation zu einem seiner wichtigsten Entscheidungen und Beschlüsse wird kommen müssen, und zwar im Hinblick auf die Entwicklung der Rentenversorgung zur echten Schadensvergütung und dazu noch die Forderung nach einer 14. Rente, wobei nicht übersehen werden darf, daß die Kriegsopfer eine der letzen Gruppe sind, die diese noch immer nicht erhalten. An das Referat des Präsidenten schloß sich eine mehrere Stunden dauernde sehr ernsthafte Diskussion an, die zur Annahme einer entsprechenden Entschließung führte, die unter anderem die automatische Anpassung der Versorgungsleistungen an das steigende Nettoeinkommen bzw. Nationalprodukt (Standortaufwertung) zum Inhalt hatte. Erörtert wurde auch das Entschädigungsprinzip und Fürsorgeprinzip in der Kriegsopfer- und Wehrdienstopferversorgung, wobei auf die Bestimmungen der Bundesverfassung, die öffentliche Fürsorge von der Kriegsopferfürsorge dadurch unterscheidet, daß für erstere der Begriff „Armenwesen" und für letztere der Begriff „Fürsorge für Kriegsteilnehmer" getrennt verwendet wird und angeordnet ist, daß die Fürsorge für Kriegsteilnehmer in der Gesetzgebung und Vollziehung Bundessache sei.

Sitzungen des Vorstandes und des Präsidiums der Zentralorganisation

Am 8. Juni 1962 fand unter Vorsitz des Generalsekretärs Kam. Baier die Sitzung des Vorstandes der Zentralorganisation der Kriegsopferverbände Österreichs statt, die sich unter anderem mit Budgetfragen und der 5. Novelle zum Kriegsopferversorgungsgesetz befaßte. Kam. Karrer nahm wegen einer Erkrankung an dieser Sitzung nicht teil.

Am 25. Juni 1962 tagte das Präsidium unter dem Vorsitz des Kam. Karrer. Kam. Baier berichtete über Verbesserungsvorschläge bezüglich der Wünsche der Kriegsopfer zur Verwendung des Minderaufwandes für das Kriegsopferbudget. Es wurden verschiedene Kalkulationen aufgestellt, und es wurde ein Programm entworfen, daß den zuständigen Stellen vorgelegt werden sollte.

Europäische Konferenz in Luxemburg

Vom 1. bis 3. Juni 1962 fand in der Stadt Luxemburg eine Konferenz für europäische Angelegenheiten statt, die vom Weltbund ehemaliger Kriegsteilnehmer einberufen worden war. Die Abhaltung regionaler Konferenzen dieser Weltorganisation hat sich aus dem ständigen Wachstum der Organisation ergeben, durch den Beitritt mehrerer Staaten aller Erdteile. Das hat dazu geführt, daß man die Angelegenheiten der Kriegsopfer und Kriegsteilnehmer nach Erdteilen zusammengefaßt, in Konferenzen erledigt, um sie dann den Generalversammlungen vorzulegen. Der Zusammenhang zwischen diesen Konferenzen wird durch die Mitglieder des Generalrates aufrecht erhalten.

Die sachlichen Arbeiten begannen mit einem Lagebericht des Generalsekretärs der Weltorganisation Acton und einer Darlegung der Gründe, die für die Einberufung dieser Konferenz maßgebend waren. Am zweiten Verhandlungstag berichtete Minister Eli Trollet über die soziale Arbeit und ihre Auswirkungen auf Grund der Tätigkeit verschiedener europäischer Institutionen, dem sich eine allgemeine Diskussion anschloß. Ein weiteres Aufgabengebiet war die Diskussion der Aufgaben des Weltbundes in Europa, das vom Generalsekretariat entworfenen Jugendprogramm für Europa, internationale Aktivitäten auf dem Gebiete der Prothesenversorgung, Ferienaktionen usw.

1963

Vorstand der Zentralorganisation billigt Arbeiten des Verhandlungsteams

Der Vorstand der Zentralorganisation der Kriegsopferverbände Österreichs hat am 15. Februar 1963, nachdem das Präsidium einen Tag vorher eine Sitzung abgehalten hatte, getagt. Präsident KARRER referierte über die Arbeiten der Zentralorganisation zur Durchsetzung der dringendsten Forderungen. Im Anschluß daran nahm der Vorstand einstimmig eine Entschließung an, die sich mit der Kriegsopferversorgung im Vergleich zu den Lebenshaltungskosten beschäftigte und die Leitung der Zentralorganisation ermächtigte, noch vor den Nationalratswahlen 1962 auf die Probleme der Kriegsopfer aufmerksam zu machen und Verhandlungen über die dringendsten Forderungen zu erwirken.

Siebenter ordentlicher Delegiertentag des Kriegsopferverbandes für Wien, Niederösterreich und Burgenland

Der Kriegsopferverband für Wien, Niederösterreich und Burgenland beging am 28. September 1963 im Kongreßhaus in Wien den siebenten ordentlichen Delegiertentag. An der Stirnseite des Saales prangte als Aufschrift: „Den Schwachen helfen ist unsere Pflicht, wir fordern ausreichende Versorgung."

Präsident Bundesrat KARRER begrüßte die zur Eröffnung des Delegiertentages erschienenen Festgäste und Delegierten. Er bezeichnete es als Auszeichnung der Kriegsopfer und ihrer Organisation, daß so viele prominente Gäste der Einladung zur Eröffnung gefolgt waren. Er konnte den Herren Bundesminister für soziale Verwaltung, ANTON PROKSCH, den persönlichen Vertreter des Herrn Bundesministers für Landesverteidigung, Herrn Sektionschef DR. STEINER, den Herrn Landeshauptmann von Niederösterreich, DR. H. C. ING. LEOPOLD FIGL, in Vertretung des Herrn Landeshauptmannes von Wien, Bürgermeister FRANZ JONAS, der zu dieser Zeit in Moskau weilte, Herrn Stadtrat KURT HELLER, den zweiten Präsidenten des niederösterreichischen Landtages, JOSEF WONDRAK, von der burgenländischen Landesregierung Herrn Landesrat THEODOR KERY, Herrn Stadtrat von Wien, ANTON SCHWAIGER, als Vertreter der Österreischischen Volkspartei, Herrn Nationalrat DR.GEORG PRADER, als Vertreter der Sozialistischen Partei Österreichs, die Obfrau des Sozialausschusses des Nationalrates, Frau Abgeordnete ROSA WEBER, als Vertreter der Freiheitlichen Partei Österreichs Herrn Nationalrat WILHELM KINDL, den Präsidenten des Oberlandesgerichtes Wien, Herrn Oberlandesgerichtsrat DR. WILHELM MALANIUK, der als Leiter der Bundeskrankenkassa viel Kontakt mit der Kriegsopferorganisation hatte, und den Präsidenten der Post- und Telegraphendirektion Sektionschef DR. BENO SCHAGINGER und unzählige weitere Vertreter von Behörden und Institutionen und den Bruderverbänden der Bundesländer, aus Südtirol und der Bundesrepublik Deutschland begrüßen.

Hohe Auszeichnungen an verdiente Persönlichkeiten

Vizepräsident Kam. Kommerzialrat Leopold MILLWISCH betonte in seiner Ansprache, daß die Kriegsopfer es als Verpflichtung empfinden, Persönlichkeiten, die so viel für die Kriegsopfer getan haben, zu ehren und als sichtbares Zeichen des Dankes ihnen Auszeichnungen zu überreichen. Während er die Verdienste um die Kriegsopfer der zu ehrenden hervorhob, überreichte Präsident Kam. Bundesrat KARRER diesen, unter stürmischem Beifall der Anwesenden, die Goldenen Ehrenringe des Kriegsopferverbandes für Wien, Niederösterreich und Burgenland mit Diplom, und zwar an den Bundesminister für soziale Verwaltung ANTON PROKSCH, Landeshauptmann DR. H. C. DIPL. ING. LEOPOLD FIGL und an Landeshauptmann FRANZ JONAS.

Nach einer Gedenkminute wurde in der Tagesordnung fortgefahren und die Konstituierung des Landesdelegiertentages vollzogen. Es folgten die Beschlußfassung über die Geschäfts- und Tagesordnung, sowie die Wahl der in der Geschäftsordnung vorgesehenen Kommissionen, die in den Vorbesprechungen der Landesgruppen bereits bestimmt worden waren. Nach dem umfangreichen allgemeinen Tätigkeitsbericht des Hauptausschusses folgte der Bericht der Mandatsprüfungkommission und über das Trafikreferat. Die Berichterstatterin des Hinterbliebenenreferates Anni Schön brachte den Bericht über die Tätigkeit ihres Aufgabengebietes. Es folgten der Kassenbericht und der Bericht der Verbandskontrolle. Auf Grund des Ergebnisses ihrer gesamten Überprüfungstätigkeit beantragte die Verbandskontrolle, dem scheidenden Ausschuß die Entlastung zu erteilen. Gleichzeitig hat die Verbandskontrolle die Gelegenheit wahrgenommen, der Verbandsleitung und den Angestellten für ihre erfolgreiche Arbeit den Dank auszusprechen. Die Entlastung wurde einstimmig erteilt. Nach dem folgenden Referat, das Präsident Karrer über das Kriegsopferversorgungsgesetz hielt, wurde auf Grund des Antrages des Berichterstatters der Satzungsprüfungskommission Kam. Josef Schuller die Satzungsänderungen beschlossen und jede einzelne einstimmig angenommen. Nun erfolgten die Neuwahlen. Mit einstimmigen Beschluß des Delegiertentages wurde Kam. Friedrich Karrer neuerlich zum Präsidenten des Kriegsopferverbandes für Wien, Niederösterreich und Burgenland gewählt.

Zu Vizepräsidenten wurden die Kam. Alt-Landeshauptmann Johann Wagner, Kommerzialrat Leopold Millwisch, Hans Hutterstrasser und Dir. Walter Schubert gewählt.

Weiters wurden gewählt Kam. Nationalrat Dr. Georg Prader zum Schriftführer, Kam. Dir. Kurt Kolouch zum Schriftführerstellvertreter, Kam. Josef Würl zum Kassier, Kam. Stadtrat Friedrich Weiß zum Kassierstellvertreter

Beisitzer
Josef Hickel (Niederösterreich)
Kommerzialrat Hans Hirsch (Wien)
Leopold Jaros (Wien)
Walter Müller (Wien)
Leopold Pamperl (Niederösterreich)
Karl Ruschka (Wien)
Alfred Silldorff (Niederösterreich)
Franz Tröstl (Wien)
Karl Wallner (Burgenland)
Nationalrat Johann Wastl (Burgenland)
Rudolf Wittmann (Wien)

Hinterbliebenenvertreterinnen im Vorstand
Anni Schön (Wien)
Dir. Maria Stadlbacher (Niederösterreich)

Beisitzer in dem Hauptausschuß
Franz Daim (Wien)
Franz Dosza (Niederösterreich)
Gustav Getzen (Niederösterreich)
Dr. Johann Hacker (Niederösterreich)
Rupert Hudl (Niederösterreich)
Johann Keusch (Niederösterreich)
Stefan Klanatzky (Burgenland)
Johann Korner (Niederösterreich)
Karl Lebensorger (Burgenland)
Franz Mock (Niederösterreich)
Leopold Novak (Wien)

Karl Ranftelshofer (Niederösterreich)
Franz Schmit (Niederösterreich)
Richard Waidhofer (Niederösterreich)

Hinterbliebenenvertreterinnen im Hauptausschuß
Maria Dangl (Niederösterreich)
Maria Ganauser (Burgenland)
Friederike Wetschka (Burgenland)
Rosa Wocasek (Wien)

In die Verbandskontrolle wurden gewählt:
Landesamtsrat Franz Graschitz (Burgenland)
Amtsrat Karl Guttmann (Wien)
Franz Hirschler (Wien)
Josef Keiblinger (Niederösterreich)
Josef Koch (Niederösterreich)
Walter Lausch (Niederösterreich)
Oberschulrat Josef Pexider (Niederösterreich)
Dir. Franz Preiss (Burgenland)
Franz Pröbstl (Wien)
Dr. Leonhard Riemer (Wien)
Nationalrat Anton Wodica (Niederösterreich)
Franz Zehetner (Niederösterreich)

Nun wurde über Antrag des Hauptausschusses Kam. HEINRICH LÖW, der seit dem Ersten Weltkrieg seine Arbeitskraft, Wissen und Können für die Kriegsopfer eingesetzt hat und nun nicht mehr in der Organisation aktiv tätig ist, unter starkem Beifall zum Ehrenmitglied ernannt. Es folgte die Beschlußfassung über die rechtzeitig eingebrachten Anträge, sodann die Schlußansprache des neugewählten Präsidenten, der den Delegiertentag wie folgt schloß:

„Die Versorgung der Kriegsopfer ist nicht nur ein sozialpolitisches Problem, sie ist eine moralische, eine ethische, soziale und staatspolitische Verpflichtung des ganzen Volkes. Wenn wir heute das Motto „Dem Schwachen helfen ist unsere Pflicht" uns als Motto unseres Delegiertentages gestellt haben, dann soll dem noch hinzugefügt werden, daß es eine Pflicht dieses Staates ist, den Kriegsopfern Gerechtigkeit widerfahren zu lassen."

Rücklegung eines politischen Mandates

Am 4. Oktober 1963 hat Präsident FRIEDRICH KARRER dem Herrn Präsidenten des Wiener Landtages eine Erklärung übermittelt, in der er das von ihm innegehabte politische Mandat als Mitglied des Bundesrates zurücklegt. Die Sozialistische Partei Österreichs ist dem Wunsch des Kam. Präsidenten Karrer nach Rücklegung seines Mandates als Bundesrat nachgekommen und hat ihn sowohl für seine Tätigkeit als Bundesrat, als auch für sein Wirken für die österreichischen Kriegsopfer den Dank ausgesprochen.

1964

Kam. Dr. Georg Prader – Verteidigungsminister

Einer der markantesten Funktionäre sowohl in der Zentralorganisation der Kriegsopferverbände Österreichs, als auch im Kriegsopferverband für Wien, Niederösterreich und Burgenland, Nationalrat Dr. Georg Prader ist in der im Frühjahr 1964 neugebildeten Bundesregierung zum Bundesminister für Landesverteidigung ernannt worden. Dr. Prader, der am 15. Juni 1917 in St. Pölten geboren wurde, das Jusstudium absolvierte und vom Jänner 1940 bis Juli 1945, zuletzt als Oberleutnant an der Ostfront, seinen Militärdienst ableistete, wurde schwer verwundet. Als Folge dieser Verwundung mußte ihm ein Bein amputiert werden. Mit ungebrochenem Lebensmut und beseelter Agilität trat er als Schwerkriegsbeschädigter in den niederösterreichischen Landesdienst ein und wurde dort bis zum wirklichen Hofrat befördert. Er gehörte seit Jahren, zunächst als Abgeordneter des Bundesrates und dann als Nationalrat, der gesetzgebenden Körperschaft an. Sein schweres Schicksal bewog ihn, einer der aktivsten Funktionäre der Kriegsopferorgansiation zu werden. Er vertrat stets erfolgreich bei allen Regierungsstellen und im Parlament die Interessen der Kriegsopfer. Diese wünschten ihm für sein neues hohes Amt beste Erfolge und waren überzeugt, daß er auch weiterhin ihre Interessen wahrnehmen werde.

Hans Hutterstrasser – neuer Verbandssekretär

Vizepräsident Kamerad Hans Hutterstrasser hat seine Funktion im Hauptausschuß und im Verbandsvorstand mit Wirkung vom 31.3.1964 zurückgelegt.

Der Hauptausschuß bestellte Kamerad Hutterstrasser mit 1. April 1964 zum Verbandssekretär. Kamerad Hutterstrasser hat seine Tätigkeit als neuer Verbandssekretär mit gleichem Tage aufgenommen. Er übt die gleichen Agenden aus, die bisher Kamerad Klosternitz als Verbandssekretär inne hatte.

Reformprogramm der Zentralorganisation in der Kriegsopferversorgung

Nach Durchführung der Vorbereitungsarbeiten trat am 25. April 1964 der Vorstand der Zentralorganisation der Kriegsopferverbände zusammen, um nach mehrstündiger Debatte den einstimmigen Beschluß zu fassen, noch für das Jahr 1964 die Gewährung der im Dezember fälligen 14. Monatsrente in voller Höhe für alle Rentenempfänger und mit Wirkung vom 1. Jänner 1965 die Wiederherstellung des Rentenrealwertes und auch eine Reform der Kriegsopferversorgung zu fordern. Die Wiederherstellung der Rentenkaufkraft sollte der erste Schritt einer echten Verbesserung sein. Es wurde eine Erhöhung der Rentenleistung um mind. 25 Prozent gefordert. Im Vordergrund stand der Grundsatz der Schadensgutmachung, und zwar wurde ein gesundes Verhältnis der Teilrente und Hinterbliebenenrente, zur Rente der Erwerbsunfähigen begehrt. Auch wurden die Pflege- und Blindenzulage als unzulänglich empfunden und Schwerstbeschädigtenzulagen für außergewöhnlich schwere Gesundheitsschädigungen ebenso wie eine einheitliche Witwengrundrente und die Neuregelung der Einkommensfeststellung gefordert. Dieses Forderungsprogramm, das noch weitere Punkte enthielt, wurde der Regierung übermittelt.

1964

Siebenter ordentlicher Delegiertentag der Zentralorganisation der Kriegsopferverbände Österreichs

Dieser Delegiertentag wurde gemäß Vorstandsbeschluß für den 3. und 4. Oktober 1964 nach Wien einberufen.

Für Sonntag, den 4. Oktober 1964, war eine Festsitzung vorgesehen. Die Arbeitstagung fand am 3. Oktober 1964 statt. Tagungsort war das Kongreßhaus in Wien. 197 stimmberechtigte Delegierte waren aus ganz Österreich zum Delegiertentag gekommen. Präsident KARRER eröffnete am Samstag morgen pünktlich die Beratungen. Ein 18 Seiten umfassender Bericht über die Tätigkeit des Vorstandes lag den Delegierten vor. Groß war die Anzahl der Konferenzen und Sitzungen. Vorsprachen bei der Regierung und Behörden, imponierend auch die internationale Betätigung. Der Bericht mit den erläuternden Ausführungen des Präsidenten Karrer wurde vom Delegiertentag zur Kenntnis genommen. Ebenso der Bericht über das Trafikwesen, das Fürsorgewesen und das Sozial- und Pensionsrecht, das Invalideneinstellunsgesetz, die Steuergesetzgebung, das Heeresversorgungsgesetz. Nun folgten die Berichte der Landesverbände und der Bericht der Kontrollkommission der ZO der Kriegsopferverbände Österreichs, die feststellte, daß die Zentralorganisation die ihr anvertrauten Mitteln den geltenden Richtlinien und Beschlüssen entsprechend sparsam und wirtschaftlich verwaltet hat. Auf Antrag der Kontrollkommission wurde dem scheidenden Vorstand einstimmig die Entlastung erteilt.

Nun folgten unter Vorsitz des Zentraldirektor Kam. Leopold Millwisch die Neuwahl der Organe der Zentralorganisation:

Präsident	Bundesrat a. D. Friedrich Karrer
Vizepräsidenten	Zentraldirektor Leopold Millwisch (Wien) Nationalrat a. D. Alois Wimberger (Oberösterreich) Landtagsabgeordneter Josef Thoman (Tirol) Landeshauptmann a. D. Johann Wagner (Burgenland) Kommerzialrat Franz Jawornik (Steiermark) Dipl.-Ing. Friedrich Unger (Verband der Kriegsblinden) Heinz Klosternitz (Niederösterreich) Landesrat Martin Müller (Vorarlberg) Josef Springer (Kärnten) Landtagsabgeordneter Ing. Josef Weiser (Salzburg)
Mitglieder des Vorstandes	Bundesminister Dr. Georg Prader (Wien, NÖ und Bgld.) Dir. Kurt Kolouch (Wien, NÖ und Bgld.) Dir. Walter Schubert (Wien, NÖ und Bgld.) Nationalrat a. D. Hans Wastl (Wien, NÖ und Bgld.) Josef Würl (Wien, NÖ und Bgld.) Franz Tröstl (Wien, NÖ und Bgld.) Gemeinderat Josef Hardinger (Tirol) Ignaz Mühlberger (Oberösterreich) Bundesrat Dir. Georg Schreiner (Oberösterreich) Johann Panholzer (Salzburg) Johann Poscics (Steiermark) Gemeinderat Fanz Schlagenhaufen (Steiermark) Landtagsabgeordneter Arthur Rauth (Vorarlberg) Adolf Schicher (Kärnten) Komm.-Rat Eduard Schnabl (Verband der Kriegsblinden)

Der Vorstand hat in seiner konstituierenden Sitzung den Kam. Bundesminister Dr. Georg Prader und die Kameradin Ilse Schulz zu Schriftführern, die Kameraden Josef Würl und Franz Schlagenhaufen zu Kassieren gewählt.

Zu Vertreterinnen der Kriegshinterbliebenen wurden gewählt:

Anni Schön (Wien)
Dir. Maria Stadlbacher (Niederösterreich)
Friederike Wetschka (Burgenland)
Hilde Pettauer (Kärnten)
Ingeborg Purner (Tirol)
Ilse Schulz (Oberösterreich)
Margarete Stark (Steiermark)
Maria Stifter (Salzburg)
Liebgart Walter (Vorarlberg)
Maria Finger (Verband der Kriegsblinden)

Kontrollkommission

August Flegel (Salzburg)
Paul Klementz (Kärnten)
Oberfinanzrat Dr. Hubert Lemmerer (Tirol)
Nationalrat Otto Libal (Oberösterreich)
Leopold Novak (Wein, NÖ und Bgld.)
Alois Poisel (Verband der Kriegsblinden)
Franz Pröbstl (Wien, NÖ und Bgld.)
Dr. Karl Schwarzl (Steiermark)
Landtagsabgeordneter Ernst Seebacher (Vorarlberg)
Gemeinderat Dir. Fritz Weiß (Wien, NÖ und Bgld.)

Resolution zum Forderungsprogramm der Zentralorganisation beschlossen

Zur Untermauerung des Forderungsprogrammes der Zentralorganisation wurde folgende Resolution einhellig beschlossen:

„Unter Hinweis auf die vom sechsten ordentlichen Delegiertentag der Zentralorganisation beschlossene Grundsatzerklärung stellt der siebente ordentliche Delegiertentag fest, daß die ZO der Kriegsopferverbände Österreichs in der abgelaufenen Funktionsperiode beachtliche Teile der in der Grundsatzerklärung aufgestellten Forderungen der österreichischen Kriegsopfer einer Erfüllung zuführen konnte. Er begrüßt, daß die noch offenen, für die Kriegsopfer sehr wesentlichen Forderungen im April dieses Jahres, der österreichischen Bundesregierung und der gesetzgebenden Körperschaft zur dringlichen Erfüllung unterbreitet worden sind. Dennoch muß der siebente ordentliche Delegiertentag der ZO feststellen, daß seit nunmehr 15 Jahren den österreichischen Kriegsopfern ihr Recht auf ausreichende und gerechte Versorgung trotz vieler Zusagen und Versprechungen vorenthalten wird. In den Kernfragen der Kriegsopferversorgung blieben die Bemühungen der ZO ohne Erfolg, darüber hinaus versäumen es die zuständigen Stellen bis heute trotz ständigem Drängen der Interessenvertretung der Kriegsopfer, die Kriegsopferversorgung in die mittlerweile erfolgte allgemeine sozial- und familienpolitische Entwicklung einzubeziehen. Die am 7. ordentlichen Delegiertentag versammelten Repräsentanten der österreichischen Kriegsopfer stellten mit Erschütterung fest, daß in der Rentenversorgung insoferne ein empfindlicher Rückschritt eingetreten ist, als der derzeitige Realwert der Geldleistungen nach dem Kriegsopferversorgungsgesetz neuerlich beachtlich gesunken ist und damit unter dem Realwert der bescheidenen Renten des Jahres 1949 liegt. Der 7. ordentliche Delegiertentag beauftragt daher die neugewählten Organe der ZO der Kriegsopferverbände Österreichs mit Nachdruck, alle ihnen gebotenen Möglichkeiten, die gesteckten Ziele auf dem Verhandlungsweg zu erreichen, wahrzunehmen; für den Fall, daß das Ergebnis dieser Verhandlungen über den gesamten Fragekomplex der Kriegsopferversorgung vom neugewählten Vorstand der ZO nicht als befriedigend angesehen wird, beauftragt der siebente ordentliche Delegiertentag die ZO und die in ihr vereinigten Mitgliederverbände alle einer Massenorganisation gesetzlich eingeräumten Maßnahmen zu ergreifen, um die Rechte der Kriegsopfer durchzusetzen."

Am 4. Oktober 1964 fand im Anschluß an die Arbeitstagung ein Festakt statt.

Nachdem Präsident KARRER die Botschaft des Herrn Bundespräsidenten DR. ADOLF SCHÄRF an die Delegierten verlesen hatte, begrüßte er die Festgäste, vor allem Vizekanzler DDR. BRUNO PITTERMANN, den Bundesminister für Landesverteidigung, DR. GEORG PRADER, Bundesminister für soziale Verwaltung, ANTON PROKSCH, die Abgeordneten zum Nationalrat WILHELM KINDL (FPÖ), OTTO LIBAL (SPÖ) und ANTON SCHLAGER (ÖVP) und als persönlichen Vertreter des Bürgermeisters der Landeshauptstadt Wien, FRANZ JONAS, Stadtrat FRANZ BOCK und den Präsidenten der österr. Arbeiterkammer ING. WILHELM HRDLICKA und viele leitende Persönlichkeiten von Behörden und Institutionen.

In den Begrüßungsansprachen führte unter anderem Vizekanzler DDR. PITTERMANN aus: „Die finanzielle Bedeckung für eine erste Etappe des Forderungsprogrammes erscheint durch übereinstimmenden Willen gesichert."

Der Bundesminister für Landesverteidigung DR. PRADER: „Die Bemühungen um die Verbesserung der Kriegsopferversorgung sind ernstlich vorhanden."

Abgeordneter KINDL meinte: „Den Kriegsopfern den Platz einzuräumen, der ihnen in der Gemeinschaft zusteht, ist eine staatspolitische und staatserhaltende Tat."

Präsident ING. WILHLEM HRDLICKA: „Alle haben mit dafür zu sorgen, daß die gerechten Forderungen der Kriegsopfer nicht nur ein Programm sind, sondern daß sie in die Tat umgesetzt werden."

Abgeordneter zum Nationalrat ANTON SCHLAGER: „Alle Bevölkerungskreise müssen für eine Erhöhung der Kriegsopferrenten gewisse Opfer bringen."

Nun folgte das Referat des Präsidenten der ZO über „Die Kriegsopfer und die sozialpolitische Entwicklung", in dem er auf die Forderungen der ZO näher einging und den Anwesenden die Vorstellungen über die Realisierung derselben darlegte. Nach einem Schlußwort, in dem er erneut im Namen der Kriegsopfer das Bekenntnis zur Demokratie in Freiheit und zur Republik Österreich ablegte, nahm die Festsitzung mit der österreichischen Bundeshymne ihren feierlichen Ausklang.

1965

Elfte Generalversammlung des Weltbundes ehemaliger Kriegsteilnehmer und Kriegsopfer in Lausanne

In der Zeit vom 1. bis 5. Mai 1965 fand in Lausanne am Genfer See die elfte Generalversammlung des Weltbundes ehemaliger Kriegsteilnehmer und Kriegsopfer statt.

Bei der feierlichen Eröffnung der Generalversammlung, der unter Teilnahme des schweizer Verteidigungsminister eine eindruckvolle Totenehrung vorangegangen war, konnte der Präsident des Weltbundes VAN LANSCHOT die Vertreter von 107 Mitgliedsverbänden in 53 Staaten aller Erdteile begrüßen. Darüber hinaus die Vertreter einer Reihe internationaler Organisationen, wie des Internationalen Arbeitsamtes, der Weltgesundheitsorganisation und des Internationalen Roten Kreuzes. Auch Beobachter aus verschiedenen Staaten des Ostblocks waren anwesend. 3 Kommissionen befaßten sich mit dem Arbeitsprogramm der Generalversammlung, die Kommission I beschäftigte sich mit Rehabilitations- und Sozialfragen, in der Kommission II wurden weltpolitische Resolutionen behandelt, innerorganisatorische Probleme und Satzungsänderungen wurden von der Kommission III erledigt. Die in der Kommission I erarbeitete sozial-politische Resolution, an deren Zustandekommen den Vertretern der österreichischen Delegation hervorragender Anteil zukam, wurde von der Generalversammlung mit Stimmeneinhelligkeit gebilligt. In breitem Rahmen wurde auch die Frage der Rehabilitation behandelt, besonders die Vertreter der Entwicklungsländer wiesen auf die Notwendigkeit hin, ihnen die Erfahrungen der europäischen Staaten und der Vereinigten Staaten von Amerika zu vermitteln, weil in ihren Ländern die Arbeiten auf diesem Gebiet in den Anfängen stecken.

Die ZO der Kriegsopferverbände Österreichs hat wiederholt auf die Notwendigkeit der Abhaltung einer dritten Konferenz über die Kriegsopfergesetzgebung hingewiesen und eine Charta der Kriegsopfergesetzgebung verlangt. Der Exekutivausschuß des Weltbundes schloß sich dieser Meinung an. Die Kommission I behandelte auch diese Frage sehr gründlich und brachte die einmütige Auffassung zum Ausdruck, daß derartige Konferenzen die beste Möglichkeit für einen internationalen Meinungsaustausch bieten. Es wurde beschlossen, die dritte Gesetzgebungskonferenz in Belgrad abzuhalten. Die jugoslawische Regierung hat sich bereit erklärt, bei den Vorarbeiten und der Durchführung behilflich zu sein. In dieser Konferenz sollte auch die Charta der Grundrechte für Kriegsopfer erarbeitet werden. Die weiteren Kommissionen beschäftigten sich mit weltpolitischen Fragen, eine Resolution über die Würdigung des Jahres 1965 als Jahr der internationalen Zusammenarbeit, der Stärkung der Vereinten Nationen sowie der Förderung der internationalen wirtschaftlichen Zusammenarbeit wurde einmütig angenommen.

1966

Festakt der ZO
Friede, Freiheit, soziale Gerechtigkeit

Unter diesem Motto feierte die Zentralorganisation der Kriegsopferverbände Österreichs am Samstag, den 11. Juni 1966 im Kongreßhaus Wien, etwas zeitverschoben, das Fest des 20jährigen Bestehens der Kriegsopferorganisation. Unter den Klängen der österreichischen Bundeshymne geleitete Präsident Karrer und Vizepräsident Landeshauptmann a. D. Wagner Bundespräsident Franz Jonas in den Saal. Vizepräsident Landtagsabgeordneter Ing. Weiser begrüßte im Namen der Kriegopferverbände Östereichs ein große Anzahl von Ehrengästen, wobei er die hohe Auszeichnung durch den Besuch des Herrn Bundespräsidenten besonders betonte.

Erschienen waren unter anderem: Bundeskanzler DR. KLAUS, der Bundesminister für Landesverteidigung, DR. GEORG PRADER, Bundesminister a. D. ANTON PROKSCH, der Bürgermeister der Stadt Wien, BRUNO MAREK, der Staatssekretär im Bundesministerium für soziale Verwaltung, FRANZ SORONICS, in Vertretung von Frau Sozialminister GRETE REHOR, der Vizebürgermeister der Stadt Wien, DR. HEINRICH DRIMMEL, Stadtrat MARIA JACOBI, Staatssekretär a. D. Landesrat OTTO RÖSCH, zweiter Präsident des Wiener Landtages, KARL MÜHLHAUSER, als Vertreter der politischen Parteien den Abgeordneten RUDOLF STAUDINGER von der Österreichischen Volkspartei, Bundesminister a. D. Abgeordneter HANS CZETTEL von der Sozialistischen Partei Österreichs und Abgeordneten WERNER MELTER von der Freiheitlichen Partei Österreichs, ferner leitende Beamte von Behörden und Institutionen.

Kriegsopfer wollen soziale Gerechtigkeit und kein Mitleid

Nun hielt der Präsident der ZO der Kriegsopferverbände Österreichs Bundesrat a. D. KARRER die Festansprache, in der er die Entwicklung des Verbandes seit 1945 schilderte. Er betonte das furchtbare Erbe, in das die nationalsozialistische Gewaltherrschaft Österreich gestürzt hatte, und die trostlose Ernährungssituation, schilderte den Aufbau und die Entwicklung der Rentenversorgung, zitierte den eisernen Grundsatz der Kriegsopferorganisation der kompromißlosen Neutralität und betonte:

„Bitte kein Mitleid, keine Gnade, keine Fragen, nicht nur schöne Worte, sondern endlich durch Tat auch für Kriegsopfer soziale Gerechtigkeit."

Er erinnerte an die interantionale Zusammenarbeit der ZO mit den Kriegsopferverbänden der Welt, zitierte das Credo der Weltorganisation, daß er unter stürmischen Applaus dem Herrn Bundeskanzler Dr. Klaus auf Pergament geschrieben, mit der Bitte an die österreichische Bundesregierung übergab, alles daranzusetzen, um Österreich den Frieden zu erhalten und den Frieden in der Welt zu erringen.

Der Bürgermeister der Stadt Wien BRUNO MAREK betonte, daß Gerechtigkeit für jedermann die Magna Charta Österreichs sei. Abgeordneter WERNER MELTER von der Freiheitlichen Partei Österreichs erklärte, dort, wo eine Aufgabe zu erfüllen ist, bereit zu sein, den Kriegsopfern zu helfen. Der Abgeordnete HANS CZETTEL betonte unter anderem:

„Ich habe die Ermächtigung, Ihnen im Namen der Sozialistischen Partei Österreichs mitzuteilen, daß wir auch in der Oppositionsstellung nach wie vor bemüht sein werden, Ihre sozialpolitischen Interessen zu vertreten, Ihre darüber hinausgehenden konkreten Forderungen an Gesellschaftspolitik und Wirtschaft zu unterstützen, Ihnen aber insbesondere zu helfen, daß Sie und mit uns das ganze österreichische Volk ein Beispiel des Friedenswillen der gesamten Welt liefern."

Für die Österreichische Volkspartei sprach Abgeordneter RUDOLF STAUDINGER. Er brachte den Gruß der Partei und betonte: „Dieser Gruß ist mehr noch. Er schließt Ihr Programm, unser Programm, das Programm der Kriegsopfer Österreichs mit ein, ist ein Bekenntnis zu diesem Programm; zu seiner Verwirklichung haben wir manchen Schritt getan, und der letzte Schritt liegt eine gute Weile zurück. Wenn wir erfüllen wollen, was erfüllt werden muß, wenn wir uns vor den Generationen, die nach uns kommen, nicht schämen sollen, dann müssen weitere Schritte getan werden und bald getan werden."

Bundeskanzler DR. KLAUS erklärte u. a.: „Der Staat anerkennt den Anspruch der Kriegsopfer auf wirksame Hilfe."

Der Herr Bundespräsident zeichnete den Festakt ebenfalls durch eine Ansprache aus, aus der hervorging: „Die Zentralorganisation der Kriegsopferverbände Österreichs war in hervorragender Weise beteiligt, die Existenz der Kriegsopfer in der Zweiten Republik zu sichern." Er beendete seine Ansprache wie folgt: „Herr Präsident der Zentralorganisation, verehrte Funktionäre der österreichischen Kriegsopferorganisation. Anderen Vereinen würde man bei einem Festakt, wie es der heutige ist, für die Zukunft mehr Mitglieder und viel Nachwuchs in den Reihen der Organisation wünschen. Diesen Wunsch überbringe ich Ihnen nicht. Ich wünsche Ihnen und ich wünsche dem ganzen österreichischen Volk, daß nie mehr eine Zeit kommt, wo Ihre Organisation sich wieder um junge, um neue Opfer von Kriegen sorgen müßte."

Im Rahmen des Festaktes wurde Minister a. D. ANTON PROKSCH zum Dank für sein aktives und fruchtbares Wirken um die österr. Kriegsopfer besonders geehrt. Vizepräsident Zentraldirektor Kommerzialrat LEOPOLD MILLWISCH nahm diese Ehrung vor. Aus seiner Ansprache ist zu entnehmen:

„Herr Bundesminister. Die Kriegsopferorganisation hat schon aus ihren Verhältnissen heraus, sie ist ja eine Interessenvertretung, keine großen Anerkennungen zu vergeben. Wie ich Sie aber kenne, Herr Minister, wird Ihnen der Wunsch der österreichischen Kriegsopfer, den ich Ihnen nun vorzubringen habe, sicherlich viel bedeuten. Sie sind uns in der Zeit Ihrer

Tätigkeit für die Kriegsopfer so ans Herz gewachsen, daß wir wünschen, daß Sie auch weiterhin einer der unseren bleiben. Deshalb hat die Kriegsopferorganisation beschlossen, Sie zu bitten, die Ehrenmitgliedschaft dieser Organisation anzunehmen. Da gemäß unserer Statuten die Mitgliedschaft nur bei einem Verband möglich ist, bitten wir, die Ehrenmitgliedschaft beim Landesverband für Wien, Niederösterreich und Burgenland anzunehmen. Darüber hinaus will Ihnen jedoch auch die Zentralorganisation, in der alle österreichischen Verbände zusammengefaßt sind, ihre Dankbarkeit zum Ausdruck bringen und Ihnen ein Geschenk überreichen, daß Sie stets daran erinnern soll, daß die österreichischen Kriegsopfer Ihre Tätigkeit der zehn vergangenen Jahre nicht vergessen werden."

Unter lebhaftem Beifall überreichte Präsident Karrer Bundesminister a. D. PROKSCH eine silberne Ehrenschale mit den Wappen der neun Bundesländer sowie die Urkunde über die Ehrenmitgliedschaft. Bundesminister Proksch dankte in eindrucksvollen Worten und betonte, daß nicht ihm der Dank gebühre, sondern jenen, die ihn an die Stelle gesetzt haben und daß er selbst am besten wisse, daß noch viel zu erledigen ist, das längst hätte erledigt werden sollen. Er gab seiner Freude über die Auszeichnung Ausdruck und führte unter anderem aus:

„Ich danke Ihnen nochmal für diese hohen Auszeichnungen, die mir zuteil geworden sind, die schönste davon ist wohl die, daß ich zu Ihnen Kamerad, Kameradin sagen kann, wenngleich mich der Krieg insofern verschont hat, als ich nicht verwundet, nicht blessiert wurde. Ich habe aber an vorderster Linie meine Pflicht getan, im Ersten Weltkrieg erhielt ich 3 Tapferkeitsauszeichnungen und war 38 Monate lang an der Front, dadurch konnte ich kennenlernen, was Krieg bedeutet. Dabei wurde mir klar, welches Glück es ist, halbwegs heil vom Krieg heimzukommen. Es gibt keine größere Verpflichtung, als den Kriegsbeschädigten zu helfen, zu helfen und zu helfen ... Wenn es die Möglichkeit gibt, darum geht es, das habe ich aus der heutigen Festrede entnommen, eine größere Hilfe, als bisher, zu gewähren, dann soll dies auch tatsächlich geschehen, nochmals herzlichen Dank."

Achter ordentlicher Delegiertentag des Kriegsopferverbandes für Wien, Niederösterreich und Burgenland

Im Anschluß an den Festakt der ZO der Kriegsopferverbände Österreichs „20 Jahre im Dienste der Kriegsopfer" fand am 11. und 12. Juni 1966 im Kongreßhaus in Wien der achte ordentliche Delegiertentag des Kriegsopferverbandes für Wien, Niederösterreich und Burgenland statt. Kam. Karrer erstattete den 240 Delegierten den Bericht über die Tätigkeit der Organisation in den 3 Jahren der vergangenen Funktionsperiode. Nach dem durch Vorstandsmitglied Kam. Würl erstatteten Kassenbericht und dem Bericht des Obmannes der Verbandskontrolle, Rechnungsdirektor Kam. Graschitz, wurde dem scheidenden Hauptausschuß einstimmig die Entlastung erteilt.

Die darauffolgende Neuwahl der Verbandsorgane brachte folgendes einstimmiges Ergebnis:

Hauptausschuß	
Präsident	Friedrich Karrer (Wien, Niederösterreich und Burgenland)
Vizepräsidenten	Kommerzialrat Johann Wagner
	Kommerzialrat Leopold Millwisch
	Heinz Klosternitz
	Dir. Walter Schubert
Schriftführer	Bundesminister Dr. Georg Prader
Schriftführerstellvertreter	Walter Müller (Wien)
Kassier	Josef Würl (Wien, Niederösterreich und Burgenland)
Kassierstellvertreter	Dir. Friedrich Weiß (Niederösterreich)
Beisitzer im Vorstand	Bezirksschulinspektor Josef Hickel (Niederösterreich)
	Johann Keusch (Niederösterreich)

	Rupert Löschnauer (Burgenland) Leopold Novak (Wien) Leopold Pamperl (Niederösterreich) Kommerzialrat Karl Ruschka (Wien) Alfred Silldorff (Niederösterreich) Leo Temper (Niederösterreich) Franz Tröstl (Wien) Dir. Hans Wastl (Burgenland) Rudolf Wittmann (Wien)
Hinterbliebenenvertreter im Vorstand	
	Anni Schön (Wien) Dir. Maria Stadlbacher (Niederösterreich)
Beisitzer im Hauptausschuß	Josef Brunner (Niederösterreich) Franz Daim (Wien) Helmut Genitheim (Wien) Rupert Hudl (Niederösterreich) Landtagsabgeordneter Josef Keiblinger (Niederösterreich) Johann Korner (Niederösterreich) Karl Lebensorger (Burgenland) Leopold Mayer (Niederösterreich) Franz Mock (Niederösterreich) Otto Pohanka (Wien) Franz Schmidt (Niederösterreich) Oswald Vigl (Niederösterreich) Richard Waidhofer (Niederösterreich) Karl Wallner (Burgenland)
Hinterbliebenenvertreter im Hauptausschuß	
	Maria Dangl (Niederösterreich) Maria Ganauser (Burgenland) Friederike Wetschka (Burgenland) Rosa Wocasek (Wien)
Verbandskontrolle	Franz Bacher (Wien) Rechnungsdirektor Franz Graschitz (Burgenland) Dr. Johann Hacker (Niederösterreich) Franz Hirschler (Wien) Josef Koch (Niederösterreich) Walter Lausch (Niederösterreich) Oberschulrat Josef Pexider (Niederösterreich) Dir. Franz Preiss (Burgenland) wirklicher Hofrat Dr. Leonhard Riemer (Wien) Kurt Warthbichler (Wien) Nationalrat Anton Wodica (Niederösterreich) Amtsrat Franz Zehetner (Niederösterreich)

Stürmischer Protest der Kriegsopfer

Die entscheidenden Verhandlungen der ZO um die Einsetzung von zusätzlichen Mitteln in das Budget 1967 zur Verbesserung der Kriegsopferversorgung, die am Freitag, den 7. Oktober 1966 im Bundeskanzleramt und anschließend im Bundesministerium für soziale Verwaltung stattgefunden hatten, brachten ein für die Kriegsopfer völlig unbefriedigendes Er-

Protestkundgebung 15. Oktober 1966

gebnis. Es waren lediglich 88 Millionen für die Verbesserung der Kriegsopferversorgung vorgesehen, dazu kam, daß Finanzminister DR. SCHMITZ es ablehnte, mit den Vertretern der ZO der Kriegsopferverbände Österreichs zu verhandeln.

Damit war die ZO der Kriegsopferverbände Österreichs gezwungen, die Kriegsopfer zum Kampf um ihre Rechte aufzurufen. Der Vorstand der ZO hielt am Montag, den 10. Oktober 1966 eine außerordentliche Sitzung ab. Kam. Präsident KARRER erstattete dem Vorstand einen ausführlichen Bericht, der von den Kameraden Landtagsabgeordneten ING. WEISER (Salzburg) und Landeshauptmann a. D. Kommerzialrat WAGNER (Bgld.) ergänzt und als richtig erklärt wurde. Nach einer vielstündigen überaus sachlichen Debatte wurde der einstimmige Beschluß gefaßt, am Samstag, den 15. Oktober 1966, in der Bundeshauptstadt Wien und in den Landeshauptstädten Protestkundgebungen abzuhalten. Ebenso einstimmig wurde eine Protestresolution angenommen.

1500 Kriegsopfer besuchten am 15. Oktober 1966 am Vormittag die Protestkundgebung des Salzburger Kriegsopferverbandes im Festspielhaus in Salzburg, an der Abgeordnete des Nationalrates, des Bundesrates und des Landtages aller Parteien teilnahmen. Hauptredner war der Landesobmann des Salzburger Kriegsopferverbandes, Landtagsabgeordneter ING. JOSEF WEISER. Er übte heftige Kritik an der Bundesregierung, besonders aber an dem die Kriegsopfer diskriminierenden Bundesminister für Finanzen Dr. Schmitz. Nach der Protestkundgebung führten die Teilnehmer einen eindruckvollen Schweigemarsch durch die Altstadt von Salzburg durch.

Eine ebenso eindrucksvolle Kundgebung der Kriegsopfer fand in Innsbruck statt. Rund 2000 Tiroler Kriegsopfer fanden sich am Vormittag des 15. Oktobers 1966 in den Stadtsälen in Innsbruck ein, um gegen die eklatante Benachteiligung der österreichischen Kriegsopfer zu protestieren. Der Landesobmann des Tiroler Kriegsopferverbandes, Landtagsabgeordneter Kam. Josef Thoman, hielt die Protestrede gegen den Versuch des Finanzministeriums, trotz der viel zu gering eingesetzten Mehrmittel Verschlechterungen durchzusetzen. Er warf auch Bundeskanzler Dr. Klaus vor, die Regierungserklärung bezüglich der Kriegsopfer nicht einzuhalten.

Zu überaus heftigen Protesten kam es in Graz. 2500 steirische Kriegsopfer strömten nach Graz-Puntigam, der große Brauhaussaal erwies sich als zu klein, sodaß auch der angrenzende Garten voll besetzt war. Der Präsident des Kriegsopferverbandes Steiermark, Stadtrat a. D. Kam. Franz Jawornik, berichtete unter anderem, daß es der Finanzminister erstmals seit 21 Jahren abgelehnt hatte, mit der ZO in Wien zu verhandeln. Man hat sich gefragt, ob man noch eine Demokratie ist oder schon eine Diktatur. Unter stürmischen Pfuirufen der Teilnehmer wurde seine Mitteilung begleitet, daß man den Kriegsopfern nur 88 Millionen Schilling dazugeben will, womit keineswegs das Auslagen gefunden werden könnte. Die Versammlung beschloß: Wenn die Herren in der Regierung so weiter machen, dann werden wir eines Morgens nach Wien fahren und uns in die zuständigen Ministerien einschließen. Wir wollen nur, daß man die Kriegsopfer nicht verhungern läßt.

Kam. Präsident JAWORNIK schloß mit den Worten: „Ein Kulturstaat hat die Gefallenen nicht zu vergessen und die Lebenden nicht zu vernachlässigen."

Auf dem Messegelände in Klagenfurt fand am 15. Oktober 1966 Vormittag eine Kundgebung von 4.000 Kärntner Kriegsopfern statt, die ebenfalls ihre Empörung über das Verhalten des Finanzministers abgaben. Landesobmann SEPP SPRINGER betonte die Überparteilichkeit der Versammlung, man wolle objektiv auf die begründeten Wünsche der Kriegsopfer hinweisen. Der Landessekretär des Kärntner Kriegsopferverbandes Kam. ADOLF SCHICHER hielt sodann die Protestrede. Er sagte, daß die Kriegsopfer kein Mitleid wollen, sondern soziale Gerechtigkeit verlangen. Einstimmig wurde von der Kundgebung die Protestresolution angenommen.

Auch in Linz fand eine mächtige Protestkundgebung der oberösterreichischen Kriegsopfer in der Zelthalle am Marktplatz in Linz-Urfahr statt. 6.000 oberösterr. Kriegsteilnehmer waren erschienen, um den Protest zum Ausdruck zu bringen. An der Kundgebung nahmen auch in Linz Mandatare der politischen Parteien teil. Nach der Ansprache von Landesobmann Kam. Nationalrat a. D. ALOIS WIMBERGER hielt der geschäftsführende Landesobmann Kam. Nationalrat Otto Libal die Protestrede. In scharfen Worten griff der Redner Finanzminister Dr. Schmitz an, dem er ein undemokratisches Verhalten vorwarf, da er sich trotz schriftlicher Zusage geweigert habe, mit den Vertretern der Kriegsopferorganisation zu verhandeln. Diese Vorgangsweise habe den Glauben der Kriegsopfer an eine gerechte Lösung ihrer Probleme schwer erschüttert.

Die Protestkundgebung des Kriegsopferverbandes für Wien, Niederösterreich und Burgenland wurde am 15. Oktober 1966 um 14.00 Uhr in der Wiener Stadthalle abgehalten. Über 14.000 Kriegsopfer aus Wien, Niederösterreich und Burgenland waren erschienen. Neben Mandataren aller politischer Parteien nahm auch der Bundesminister für soziale Verwaltung, Frau GRETE REHOR, der Klubobmann der sozialistischen Parlamentsfraktion, Abgeordneter DDR. BRUNO PITTERMANN und das Ehrenmitglied des Kriegsopferverbandes, Bundesminister a. D. ANTON PROKSCH teil. Vom Landeshauptmann von Burgenland Theodor Kery und vom Bürgermeister der Stadt Wien Bruno Marek waren Solidaritätstelegramme eingelangt. Einige Abgeordnete hatten sich wegen früher vereinbarter Termine entschuldigt. Vizepräsident Kommerzialrat MILLWISCH eröffnete die Kundgebung. In seiner Begrüßungsansprache betonte er, daß an dieser Kundgebung Kriegsopfer aller Parteirichtungen teilnehmen, dies also keine politische Kundgebung sei, sondern eine Kundgebung, in der die Sorgen der österr. Kriegsopfer im Vordergrund stehen. Frau Bundesminister REHOR hatte den Wunsch geäußert, zur Versammlung zu sprechen. Sie führte unter anderem aus:

„Diese Protestkundgebung bietet – ich bin von dieser zutiefst beeindruckt – sicher ein einheitliches Bild des Willens der Kriegsopfer und der Freiheitskämpfer unseres Heimatlandes. Auch das ist im höchsten Maße zu respektieren. Ich darf Sie versichern, daß so wie bisher auch in Zukunft jede Vereinbarung nur und mit dem Vertreter Ihrer Organisation zustande kommen wird. Es wird keine Vereinbarung geschlossen, die nicht mit Ihren Vertretern besprochen wurde. Ich darf sagen, daß wir und im besonderen auch ich als Mitglied der Bundesregierung die berechtigten Wünsche der Kriegsopfer und der Freiheitskämpfer nicht übersehen." Ihre weiteren Ausführungen waren von mehrfachem Beifall unterbrochen. Nun folgte die Protestrede des Präsidenten Kam. KARRER, der in ausführlicher Weise die ganzen Vorkommnisse schilderte und mit einem eindrucksvollen Appell an die Volksvertretung schloß, dafür zu sorgen, daß die Bundesregierung dazu verhalten wird, dem Nationalrat in Bälde ein langfristiges Konzept vorzulegen, mit dem die Reform der Kriegsopferversorgung endgültig verwirklicht wird. Ohne gerechte Versorgung der Kriegsopfer könne es in Österreich keinen sozialen Frieden geben.

1967

Abschied von Kam. Karl Baier

Am 16. Februar 1967 traf die österreichischen Kriegsopfer ein schmerzlicher Verlust. Kam. Karl Baier war im 71. Lebensjahr verstorben. Worte reichen nicht aus, um sein Wirken in der Kriegsopferorganisation würdig zu schildern. Er kannte alle einschlägigen Gesetze, sein Leben war seit dem Jahre 1924 der Kriegsopferorganisation geweiht gewesen. Die österreichischen Kriegsopfer verdanken ihm unendlich viel. Seine Kameraden werden ihm ein ehrendes Andenken bewahren.

Internationale Konferenz über soziales Recht

Die III. internationale Gesetzgebungskonferenz des Weltfrontkämpferverbandes (WVF), die in der Zeit vom 17. bis 21. April 1967 in London stattfand, kann als Meilenstein in der Kriegsopferversorgung der westlichen Länder bezeichnet werden. Vertreter aus 39 Ländern sowie Regierungsvertreter und Beobachter fast ebenso vieler Nationen waren zu dieser Konferenz zusammengetreten, die unter der Schirmherrschaft der britischen Regierung stand. Die Eröffnungsfestrede hielt die Herzogin von Gloucester, ein Mitglied des britischen Königshauses. Unmittelbar darauf wurde mit der umfangreichen Arbeit begonnen. Die österreichische Delegation stand unter Führung des Landesobmannes von Salzburg, ING. WEISER, da Präsident Karrer in Wien unabkömmlich war. Wie schon in früheren Konferenzen hat die Delegation der ZO ihre führende Rolle behauptet, nicht nur daß sie einen großen Teil der Arbeitsthemen durch die Vorlage von Resolutionsentwürfen geschaffen hat, gelang es der Delegation auch, diese zur Annahme zu bringen.

Neben dem umfangreichen Arbeitsprogramm wurde auch die Arbeit zur Schaffung einer Charta der Grundrechte der Kriegsopfer begonnen. Die Charta geht auf die Initiative des Präsidenten KARRER zurück, der diese in der 11. Generalversammlung in Lausanne angeregt hatte. Die Ausfertigung dieser Charta bedurfte unter Bedachtnahme auf den Umstand, daß sie einmal von den Regierungen der einzelnen Länder ratifiziert werden sollte, eines gewissen Zeitraumes. Es wurde jedoch als erfreulich bezeichnet, daß die Konferenz in London in der Lage war, den Rahmen für die Charta zu erarbeiten, sodaß die im Herbst 1967 stattfindende Generalversammlung des WVF in Den Haag darauf weiter aufbauen kann. Es kann gesagt werden, daß die Konferenz ihre Aufgabe, an der Lösung der schwierigen, menschlichen Probleme der Kriegsopfer aller Welt mitzuarbeiten, vollauf gerecht geworden ist.

Achter ordentlicher Delegiertentag der ZO der Kriegsopferverbände Österreichs

Gemäß Beschluß des Vorstandes wurde der achte ordentliche Delegiertentag der ZO der Kriegsopferverbände Österreichs für den 20. und 21. Mai 1967 nach Salzburg einberufen. Eine große Anzahl Delegierter war bereits am 19. Mai eingetroffen, um gemeinsam mit dem Vorstand und einer Abordnung des Bundesheeres zum Gedenken an die Toten des Ersten und Zweiten Weltkrieges beim Heldendenkmal einen Kranz niederzulegen. Anschließend waren die Kommissionen zusammengetreten, um über die für den nächsten Tag anberaumte Neuwahl der Verbandsorgane und an den dem Delegiertentag eingebrachten Anträgen zu beraten. Am Abend gaben der Landeshauptmann und der Bürgermeister einen Empfang in der Residenz. Landeshauptmann DR. LECHNER begrüßte die Delegierten und gab seiner Freude Ausdruck, daß der Delegiertentag der ZO, dieses höchste Forum der überparteilichen Interessenvertretung der österr. Kriegsopfer, diesmal in Salzburg abgehalten wird. Er wünschte der Tagung vollen Erfolg. Am Samstag, den 20. Mai 1967, wurde nach dem Erscheinen der Mitglieder der Bundesregierung und der zahlreichen Ehrengäste der Delegiertentag feierlich eröffnet. Landtagsabgeordneter Kam. ING. JOSEF WEISER begrüßte in seiner Eigenschaft als Obmann des Salzburger Kriegsopferverbandes die Festgäste, und zwar unter anderem als Vertreter des Bundeskanzlers und der Frau Sozialminister, Staatssekretär SORONICS, den Bundesminister für Landesverteidigung, Kam. DR. PRADER, den Präsident des Salzburger Landtages, PROF. ZYLA in Vertretung des Herrn Landeshauptmannes, den Bürgermeister der Stadt Salzburg, Kommerzialrat BÄCK, für den Klub der österr. Volkspartei Nationalrat GLASER, für den Klub der sozialistischen Partei Österreichs Nationalrat DDR. PITTERMANN, für den Klub der Freiheitlichen Partei Österreichs Nationalrat ZEILLINGER, die Vorsitzende des Sozialausschusses im Nationalrat, Abgeordnete ROSA WEBER, die Nationalräte STAUDINGER, PREISSLER, LIBAL und MELTER, sowie den Generalsekretär des Weltbundes ehemaliger Kriegsteilnehmer und Kriegsbeschädigter, NORMAN ACTON, die Kameraden aus Deutschland, Präsident des VDK Deutschland Kam. DR. WELTERSBACH, für den VDK Bayern Staatssekretär a. D. WEISHÄUPL und für den Reichsbund Kam. REIMER, als Vertreter des Südtiroler Kriegsopfer- und Frontkämpferverbandes Kam. DR. RUNGE und unzählige weitere Persönlichkeiten des öffentlichen Lebens.

Nach der Begrüßung betrat Bundesrat a. D. Friedrich Karrer das Rednerpult und berichtete über die Bemühungen der ZO in den drei Jahren seit dem letzten Delegiertentag und brachte auch die Gründe zur Sprache, die zu den Protestaktionen im Oktober 1966 geführt hatten. Nach der Festrede des Präsidenten folgten die Ansprachen der Gäste, Grußbotschaften überbrachten Landtagspräsident Zyla (Salzburg), der Bürgermeister der Stadt Salzburg, Kommerzialrat Bäck, Präsident Dr. Weltersbach vom VDK Deutschland, Abgeordneter Edward Reimer (Reichsbund), der Generalsekretär des WVF, Norman Acton, Nationalrat DDr. Pittermann (SPÖ) und Nationalrat Glaser (ÖVP). Als letzter Redner sprach Staatssekretär Soronics, der die Bemühungen und Schwierigkeiten des Bundesministeriums für soziale Verwaltung betonte und abschließend eine grundsätzliche Feststellung machte:

„Das Bundesministerium für soziale Verwaltung fühlt sich dazu berufen, die Interessen der Kriegsopfer zu vertreten. Sicherlich ist es möglich, daß wir nicht immer einer Meinung sind, denn das Bundesministerium für soziale Verwaltung kann kein Vollzugsorgan des Kriegsopferverbandes sein. Wir haben aber oft versucht, von verschiedenen Standpunkten aus die Probleme zu beurteilen. Wir werden uns bemühen müssen, im Interesse der Kriegsopfer eine gute Zusammenarbeit zu gewährleisten. Ich glaube, das vergangene Jahr hat trotz verschiedener Schwierigkeiten bewiesen, daß diese Zusammenarbeit möglich ist, wenn nicht versucht wird, den einen gegen den anderen auszuspielen."

Präsident KARRER nahm am Schluß des festlichen Eröffnungsaktes die Gelegenheit wahr, um im Namen der Delegierten an ein Mitglied des Verbandes die Grüße des Delegiertentages zu übermitteln, nämlich an die Kriegerwitwe Frau Bundesminister Grete Rehor. Er bat den Herrn Staatssekretär, diesen Gruß zu übermitteln, aber auch den Wunsch der österreichischen Kriegsopfer, daß sie auch weiterhin die Kriegsopfer im Ringen um das Recht unterstützen möge, so wie auch sie die aus der Einigkeit entsprungene Kraft der Organisation als Unterstützung hinter sich hat, um gemeinsam das Ziel zu erreichen. Mit dem leidenschaftlichen, aus dem Herzen kommenden Bekenntnis zu Frieden und Freiheit für die Republik Österreich und dem Abspielen der Bundeshymne wurde der Festakt geschlossen.

Im Anschluß an den Festakt begann die Arbeitstagung. Der Tätigkeitsbericht des Vorstandes lag schriftlich vor. Präsident Karrer erläuterte diesen. Neben dem Bericht über die Fürsorgetätigkeit waren weitere Punkte das Trafikbesetzungswesen, Sozial- und Pensionsversicherungsrecht, Invalideneinstellungsrecht, Steuergesetzgebung, Heeresversorgung und Kriegsopferversorgung. Nachdem der Bericht des Verbandskassiers Kam. Würl und der Bericht des Kam. Dr. Lemmerer für die Kontrolle zur Kenntnis genommen worden waren, folgte die Erledigung des Antrages über die notwendig gewordenen Satzungsänderungen.

Die anschließende Neuwahl brachte folgendes Ergebnis:

Präsident	Friedrich Karrer
Vizepräsidenten	Stadtrat a. D. Komm.-Rat Franz Jawornik (Steiermark) Heinz Klosternitz (Niederösterreich) Nationalrat Otto Libal (Oberösterreich) Zentraldirektor Kommerzialrat Leopold Millwisch (Wien) Landesrat Martin Müller (Vorarlberg) Josef Springer (Kärnten) Landtagsabgeordneter Josef Thoman (Tirol) Dipl.-Ing. Friedrich Unger (Verband der Kriegsblinden) Landeshauptmann a. D. Johann Wagner (Burgenland) Landtagsabgeordneter Ing. Josef Weiser (Salzburg)
Mitglieder des Vorstandes	Bundesminister Dr. Georg Prader (Wien, NÖ und Bgld.) Josef Würl (Wien, NÖ und Bgld.) Otto Pohanka (Wien, NÖ und Bgld.) Dir. Walter Schubert (Wien, NÖ und Bgld.) Franz Tröstl (Wien, NÖ und Bgld.) Dir. Hans Wastl (Wien, NÖ und Bgld.) Nationalrat Rudolf Staudinger (Oberösterreich) Hans Staudinger (Oberösterr.) Bundesrat Dir. Georg Schreiner (Oberösterreich) Johann Poscics (Steiermark) Gemeinderat Franz Schlagenhaufen (Steiermark) Sekretär Adolf Schicher (Kärnten) Gemeinderat Josef Hardinger (Tirol) Hans Panholzer (Salzburg) Arthur Rauth (Vorarlberg) Michael Glöckl (Verband der Kriegsblinden)
Hinterbliebenenvertreterinnen	Anni Schön (Wien) Dir. Maria Stadlbacher (Niederösterreich)

Friederike Wetschka (Burgenland)
Ilse Schultz (Oberösterreich)
Margarete Stark (Steiermark)
Aloisia Wilding (Kärnten)
Ingeborg Purner (Tirol)
Maria Stifter (Salzburg)
Liebgart Walter (Vorarlberg)
Hermine Schimek (Verband der Kriegsblinden)

Mitglieder der Kontrollkommission

Dir. Friedrich Weiß (Wien, NÖ und Bgld.)
Hans Pröbstl (Wien, NÖ und Bgld.)
Leopold Novak (Wien, NÖ und Bgld.)
Ignaz Mühlberger (Oberösterr.)
Dr. Karl Schwarzl (Steiermark)
Paul Klemenz (Kärnten)
Dr. Hubert Lemmerer (Tirol)
August Flegel (Salzburg)
Ernst Seebacher (Vorarlberg)
Alois Poisel (Verband der Kriegsblinden)

Präsident Karrer dankte im Namen aller Gewählten für das Vertrauen und versprach, daß man sich gemeinsam so wie bisher weniger durch Reden als durch Taten die Arbeit fortsetzen werde. Damit schloß der erste Tag des Delegiertentages. Die Beratungen wurden am Sonntag, den 21. Mai 1967 um 9.00 Uhr, wieder aufgenommen und befaßten sich mit den rechtzeitig eingebrachten Anträgen der Landesverbände.

Berichterstatter Anton Stanek konnte betonen, daß die meisten Anträge bereits ihre Erledigung gefunden hätten bzw. in der vorbereitenden Novelle ihre Erledigung finden werden. Der Delegiertentag wurde mit dem Schlußwort des Präsidenten beendet.

1968

Österreichs erste Wohnhausanlage für Kriegsopfer in St. Pölten am 2. März 1968 eröffnet

Im Beisein des Herrn Bürgermeisters Rudolf SINGER wurde vom Präsidenten des Kriegsopferverbandes für Wien, Niederösterreich und Burgenland, Friedrich KARRER, die erste Wohnhausanlage Österreichs für Kriegsbeschädigte in St. Pölten, Fuhrmanngasse 11, am 2. März 1968 feierlich eröffnet. Diese Anlage gibt 34 Kriegsopferfamilien ein neues menschenwürdiges Heim. Im selben Haus hat die Ortsgruppe des Kriegsopferverbandes endlich ein entsprechendes eigenes Lokal erhalten, das es den Funktionären, die sich lange Jahre in den Dienst der guten Sache stellten, ermöglicht, die 1.300 Mitglieder im Stadtbereich und 3.800 Kriegsopfer im Bezirk zu betreuen.

Präsident Karrer verwies darauf, daß die Anlage in ihrer Art in Österreich einzigartig dasteht und nachahmenswert wäre. Auch er würdigte den uneigennützigen Einsatz der Funktionäre. Nach einer symbolischen Schlüsselübergabe durch Präsident Karrer an Kam. Johann Bauch dankte derselbe im Namen sämtlicher Miteigentümer der Wohnhausanlage sowohl den Funktionären der Ortsgruppe als auch den bauausführenden Firmen, die trotz verschiedener Widerstände und Schwierigkeiten zur Errichtung des Projektes beigetragen haben. Auch allen jenen Stelle, wie Bund, Land und Gemeinde, die sich für die Durchführung des Baues eingesetzt haben, wurde herzlichst gedankt.

Die Entstehungsgeschichte:

Im Jahre 1951 konnte die Liegenschaft durch das großzügige Entgegenkommen des Verkäufers (Kaufmann DIEMEL, Kremsergasse) günstig erworben werden. Die Mittel waren durch Veranstaltungen der Ortsgruppe St. Pölten, durch Subventionen und durch ein Darlehen des Kriegsopferverbandes aufgebracht worden. Ein 1956 eingebrachter Antrag beim Wohnhauswiederaufbaufonds auf Instandsetzung des schwerbeschädigten Hauses wurde 1958 als unrentabel abgelehnt, sodaß ein Antrag auf Demolierung und Neubau gestellt wurde. Die Kaufverträge mit wohnungswerbenden Mitgliedern wurden abgeschlossen. Im Juni 1964 wurde die Genehmigung erteilt und im März 1965 mit dem ersten Bauabschnitt begonnen, der nach einem Jahr fertiggestellt war. Im Juni 1956 konnte das Ortsgruppenlokal bezogen werden, gleichzeitig begann der Bau der Häuser II und III, wo dann am 12. Juni 1967 die Gleichenfeier stattfinden konnte. Die Gesamtbaukosten des 3–7 Stockwerk hohen Objektes beliefen sich auf ca. 11 Mill. Schilling. Die Anlage beinhaltet 34 Wohnungen, 2 Lokale und 4 Garagen. Die Größe der Wohnungen ist zwischen 43 m^2 und 102 m^2. Die Ortsgruppe St. Pölten freute sich, dieses Werk vollendet zu haben.

Kur- und Erholungszentrum am Zicksee

Der 4. Mai 1968 war ein großer Tag in der Geschichte der Kriegsopferorganisation. Herr Bundespräsident DR. H. C. FRANZ JONAS eröffnete das neue Kur- und Erholungszentrum des Kriegsopferverbandes für Wien, Niederösterreich und Burgenland am Zicksee. Damit wurde das größte Objekt, das der Kriegsopferverband für die Gesundheit und Erholung der Kriegsopfer und Hinterbliebenen bisher verwirklichen konnte, offiziell seiner Bestimmung übergeben. Der ehemalige „Reichsbund" (Kriegsopferorganisation der Zwischenkriegszeit) war Besitzer eines Grundstückes am Zicksee gewesen, und hatte dort nach dem Ersten Weltkrieg ein Kinderheim gebaut, das 200 Kriegswaisen aufnehmen konnte. Dieses Haus wurde zu Ende des Zweiten Weltkrieges vollkommen zerstört, das Grundstück wurde durch ein Rückstellungsverfahren dem Kriegsopferverband für Wien, Niederösterreich und Burgenland zugesprochen. Es zeigte sich bald, daß der Kriegsopferverband auf Grund des zunehmenden Alters der Mitglieder mit den Erholungsheimen Freiland und Helenental sowie der Sommererholungsaktion in Jugoslawien nicht das Auslangen finden konnte. So hatte sich der Verbandsvorstand für den Bau eines Erholungsobjektes auf dem burgenländischen Grundstück entschieden. Man entschloß sich für den Bau eines Gebäudekomplexes in Flachbauweise, das die Wirtschafts- und Gesellschaftsräume sowie 10 Zweibettzimmer im oberen Trakt enthalten sollte, und einer Bungalow-Reihe in Form eines burgenländischen Angerdorfes. Für Moor- und Schlammbäder sollte überdies ein Bädertrakt errichtet werden. Am 27. März 1965 legte der damalige Bundesminister für soziale Verwaltung, ANTON PROKSCH, den Grundstein zu diesem Bauwerk. Nach 3jähriger Bauzeit wurde es fertiggestellt. 3 Kilometer von St. Andrä bei Frauenkirchen entfernt, direkt am Zicksee gelegen, erhebt sich das Hauptgebäude der Anlage, das neben der Küche und den Wirtschaftsräumen vor allen den Speisesaal, gemütliche Aufenthaltsräume und im 1. Stock eine Reihe von Zimmern umfaßt. Durchquert man den Haupttrakt, so findet man dahinter eine Kette von Bungalows, die in ihrer Flachbauweise der burgenländischen Landschaft angepaßt sind; schneeweiß getüncht, muten die kleinen Häuschen, die einen mit Akazien bepflanzten Platz einsäumen, wie ein burgenländischen Dörfchen in Kleinformat an. Dieser Eindruck wird durch einen Brunnen unterstrichen, der aus Naturstein vom St. Margarethener Steinbruch geschaffen wurde. Jeder der Bungalows bildete eine Einheit für sich und wies allen Komfort auf, den man sich wünschen konnte. Er konnte von zwei, nötigenfalls von drei Personen bewohnt werden, hat bequeme Sitzmöglichkeiten, Einbauschränke und natürlich auch WC, Waschgelegenheit und Dusche.

Dir. HANS WASTL als Obmann des Bauausschusses begrüßte die Ehrengäste, den Herrn Bundespräsidenten Dr. h. c. FRANZ JONAS mit seiner Begleitung, die Herren Innenminister FRANZ SORONICS, Staatssekretär HANS BÜRKLE in Vertretung von Frau Minister GRETE REHOR, die Landeshauptleute BRUNO MAREK, THEODOR KERY und in Vertretung des Landeshauptmannes MAURER den niederösterr. Landesrat SIEGFRIED LUDWIG. Vom Land Burgenland waren ferner erschienen: Landtagspräsident KARL KRIKLER, die Landesräte DDR. RUDOLF GROHOTOLSKY, Dr. FRED SINOWATZ, HANS TINHOF und Dr. HELMUT VOGL sowie Landesamtsdirektor DR. ALOIS WOLF; aus Niederösterreich Landesrat OTTO RÖSCH. Besonders herzlich begrüßte der Obmann des Bauausschusses den ehemaligen Sozialminister ANTON PROKSCH, der vor drei Jahren den Grundstein zu diesem Bauwerk gelegt hatte. Als Vertreter der röm.-kath. Kirche war Bischof DDR. STEFAN LASZLO, als Vertreter der evanglischen Kirche Superintendent HANS GAMAUF erschienen, beide nahmen später die Weihe des Hauses vor. Ferner waren anwesend, die Abgeordneten zum Nationalrat FRANZ BABANITZ und JOHANN TSCHIDA sowie die hohe Beamtenschaft des Sozialminsteriums, des Finanzministeriums, des Landesinvalidenamtes und der burgenländischen Landesregierung und weitere Persönlichkeiten des öffentlichen Lebens, der Exekutive und des Bundesheeres. Der Gemeinderat von St. Andrä bei Frauenkirchen war unter Führung von Herrn Bürgermeister MARTIN NEUBERGER erschienen. Präs. Kam. KARRER hielt die Festrede mit einem historischen Rückblick und einer Schilderung der Entwicklung des Vorhabens und dankte schließlich jenen Stellen, die an der Schaffung mitgeholfen haben, dem Bundesministerium für soziale Verwaltung, den drei Bundesländern Burgenland, Niederösterreich und Wien, dem Gewerkschaftsbund, der Arbeiterkammer und den Sozialversicherungsträgern.

Anschließend nahmen Bischof DDr. Stefan Laszlo und Superintendent Hans Gamauf die kirchliche Weihe der Anlage vor. Namens der Gemeinde St. Andrä begrüßte Bürgermeister Martin Neumann die Festgäste und betonte, daß sich die Gemeinde freue, in ihrem Gebiet nun eine Erholungsstätte für Kriegsopfer beherbergen zu können. Im Anschluß an die Begrüßungsworte des Bürgermeisters sprach in Vertretung des Landeshauptmannes von Niederösterreich Landesrat SIEGFRIED LUDWIG. Er betonte, daß es einen selbstverständlichen Akt der Solidarität darstelle, wenn jene, die den Krieg heil überstanden haben, den anderen, die in Versehrtheit heimgekehrt sind, helfen, das schwere Schicksal zu meistern.

Landesrat DDR. LUDWIG GROHOTOLSKY brachte ebenfalls die Freude zum Ausdruck, daß dieses Kur- und Erholungszentrum gerade im Burgenland erbaut wurde:

„Vielleicht empfinden gerade wir Burgenländer, deren Land so oft Kriegsschauplatz gewesen ist und ein wechselndes Schicksal erlitten hat, mehr als andere, daß kriegerische Auseinandersetzungen keine Mittel zur Lösung von Problemen sein können."

Staatssekretär HANS BÜRKLE lobte, daß es anerkannt werden muß, daß die ZO der Kriegsopferverbände Österreichs in den letzten Jahren zum Ausbau der Versorgung viele gute Vorschläge erstattet und sich die Zusammenarbeit mit der Kriegsopferorganisation und dem Bundesministerium für soziale Verwaltung ausgesprochen nützlich und gut erwiesen habe.

Landeshauptmann THEODOR KERY erklärte, daß das Burgenland durch dieses Bauwerk eine Bereicherung erfahren habe und ging dann auf die menschliche Tragik des Krieges ein. Er meinte, es wäre noch nicht lange her, daß sich ein Staat anmaßte, die Menschen in Lebenswerte und Lebensunwerte einzuteilen, und die Lebenswerten wurden dann in den sinnlosen Krieg gejagt. Der Staat sei verschwunden, die Opfer seien geblieben und die Verantwortung, die Menschen für das, was sie erlitten haben, zu entschädigen.

Der Landeshauptmann von Wien, Bürgermeister BRUNO MAREK, stellte mit Genugtuung fest, daß sich auch das Land Wien mit einem Baukostenzuschuß an dem Erholungsheimbau am Zicksee beteiligt und auch zur Erhaltung der bereits seit langem in Betrieb stehenden Heime in Niederösterreich laufend beigetragen habe. Er versicherte, daß die Wünsche der Kriegsopfer bei ihm stets Gehör finden werden. Zum Schluß ergriff Bundespräsident FRANZ JONAS das Wort:

„Der Kriegsopferverband für Wien, Niederösterreich und Burgenland eröffnet heute sein drittes Kur- und Erholungsheim. Kaum 10 km von der ungarischen Grenze entfernt, wurde hier am Ufer des Zicksees eine Anstalt erbaut, die allen Kriegsopfern Österreichs zur Verfügung stehen wird. Die ländliche Stille und Abgeschiedenheit, der freie Wind der pannonischen Tiefebene und die Heilkräfte des Zicksees sollen zusammenwirken, um den Kriegsopfern Österreichs Heilung und Erholung zu ermöglichen."

Nach einem Rückblick auf Geschichte und Klima des Burgenlandes und die Erfahrungen, die Kurgäste aus anderen Bundesländern hier sammeln werden, schloß der Bundespräsident mit den Worten: „Den Kriegsopfern, die jetzt und in Zukunft das Heim am Zicksee benützen werden, wünsche ich Heilung oder wenigstens Linderung ihrer Leiden. Ich wünsche ihnen neue Lebenskraft und Lebensfreude, damit sie neugestärkt in den Kreis ihrer Familie und hoffentlich auch auf ihren Arbeitsplatz zurückkehren können."

Mit einem herzlichen Dank an alle, die die Errichtung des Heimes ermöglicht haben, und mit guten Wünschen an die österreichischen Kriegsopferverbände für weitere Erfolge bei der Betreuung der Mitglieder erklärte er das Kur- und Erholungsheim am Zicksee für eröffnet und enthüllte eine Tafel mit der Inschrift:

„Im Gedenken an die sinnlosen Opfer der Kriege, soll dieses Haus als Mahnmal für den Frieden Leiden lindern, Wunden heilen und der Erholung dienen."

Am Tag darauf, am Sonntag, den 5. Mai 1968, wurde vor dem Areal des Kriegsopferheimes eine Gottesdienststätte geweiht, an der künftig sonn- und feiertags für die Gäste des Erholungsheimes aber auch für die übrigen Besucher des Zicksees die Heilige Messe gelesen wird. Gegen Mittag wurden die Tore geöffnet, und das Heim wurde zur allgemeinen Besichtigung freigegeben.

Außerordentliche Sitzung des Vorstandes der Zentralorganisation in Salzburg

Da sich bei der Durchsetzung des Forderungsprogrammes den Kriegsopfern unerwartete Schwierigkeiten entgegenstellten, mußte der Vorstand für den 24. Juli 1968 zu einer außerordentlichen Sitzung nach Salzburg einberufen werden. Präs. Karrer schilderte die eingetretenen Schwierigkeiten und betonte, daß den Kriegsopfern nur allzu sehr die triste Situation des Herbstes 1966 in Erinnerung sei. Mit einstimmigem Beschluß beauftragte das Präsidium die Kam. Präsident Karrer, Abgeordneten Libal und Abgeordneten Staudinger, mit dem Bundesminister für Finanzen unmittelbaren Kontakt aufzunehmen, um diesen zu veranlassen, Mittel für Leistungsverbesserungen in der Kriegsopferversorgung in einem Ausmaß zur Verfügung zu stellen, das es ermögliche, wenigstens im Herbst die Forderungen der Kriegsopfer für das Jahr 1968 so erfüllen zu können, daß sie für das ganze Jahr 1969 entsprechend zum Tragen kommen.

Haus Freiland feierlich eröffnet

Am 7. Oktober 1968 wurde der Neubau der Erholungsstätte Freiland feierlich seiner Bestimmung übergeben. Die kirchliche Weihe des neuen Gebäudes wurde durch Seine Exzellenz Bischof Dr. FRANZ ZAK vorgenommen. Er betonte, daß dieses Haus auf zwei Fundamenten ruhe, auf dem der Dankbarkeit und dem der dienenden Liebe. Der Kriegsopferverband habe sich, in dem er sich der Kriegsopfer annimmt, ein Ruhmesblatt im Dienste der Liebe erworben. Er schloß mit den Worten: „Friede diesem Haus und allen seinen Bewohnern."

Nach dem „AVE VERUM" von Wolfgang Amadeus Mozart sprach Superintendent Friedrich Maurer die Andacht und das Gebet. Er erbat Gottes Segen über das Haus, über dieses Werk der Liebe in dieser Welt des Hasses.

Nun hielt Präs. Karrer die Festrede. Anschließend sprach Staatssekretär Bürkle, der die Erholungsaktionen für die Volksgesundheit würdigte und die Hilfe des Bundesministeriums für soziale Verwaltung als selbstverständlich bezeichnete; er überreichte Präs. Karrer, als symbolische Handlung einen goldenen Schlüssel. Mit einem Rundgang schloß die Feier.

Ehrenmitglied Kam. Robert Plischke gestorben

Am 27. November 1968 erlag Kam. Robert Plischke kurz nach Vollendung seines 73. Lebensjahres einem Schlaganfall. Die Nachricht löste unter den Kriegsopfern, besonders unter jenen des Ersten Weltkrieges, eine tiefe Erschütterung aus. Er war das erste Ehrenmitglied der ZO der Kriegsopferverbände Österreichs und hatte sich wie kein zweiter diesen Titel verdient. Als 19jähriger im Ersten Weltkrieg an der Front verwundet, hatte er gemeinsam mit dem im Jahre 1967 verstorbenen Generalsekretär der ZO der Kriegsopferverbände Österreichs, Karl Baier, die Kriegsopferversorgung und die Kriegsopferorganisation von ihren Anfängen an miterlebt. Auch sein Leben war der ehrenamtlichen Tätigkeit für die Kriegsopfer geweiht.

1969

Protest des Präsidiums der ZO

Das Präsidium der Zentralorganisation der Kriegsopferverbände Österreichs trat am 11. März 1969 zu einer Sitzung zusammen, in der unter anderem PRÄS. KARRER das Ergebnis der Gespräche, die seit der Sitzung des Vorstandes der ZO am 10. Jänner 1969 mit den Vertretern der Bundesregierung und den Beamten des Sozial- und Finanzministeriums zur Schaffung der KOVG-Novelle 1970 geführt wurden, mitteilte. Einstimmig verabschiedete das Präsidium eine Entschließung, in der dagegen Protest erhoben wurde, daß für die Verwirklichung des Reformprogrammes seitens der Bundesregierung keine Mitteln zur Verfügung gestellt wurden. Die Entschließung wurde an die Mitglieder der Bundesregierung und an die Parlamentsklubs versendet.

Neunter ordentlicher Delegiertentag des Kriegsopferverbandes für Wien, Niederösterreich und Burgenland

Der neunte ordentliche Delegiertentag des Kriegsopferverbandes für Wien, Niederösterreich und Burgenland fand am 14. Juni 1969 im Kongreßhaus in Baden bei Wien statt. Da der

Delegiertentag als reine Arbeitstagung geplant war, wurde von einer Einladung von Regierungsstellen und der politischen Parteien abgesehen.

Nach der Wahl der Kommissionen, die sich zur Beratung zurückgezogen, brachte Kam. Präs. Karrer den Bericht über die Tätigkeit des Hauptausschusses, der sehr aufschlußreich war, und besonders erstaunlich war die Tatsache, daß vom Verband in den letzten drei Jahren 28 Mill. Schilling an Unterstützungen, Erholungsaufenthalten und div. Fürsorgeaktionen aufgewendet wurden. Kam. Wurl brachte den Kassenbericht, wobei er die Gebarung der letzten drei Jahre, aber auch den Voranschlag für die kommenden drei Jahre ausführlich erläuterte.

Der Obmann der Verbandskontrolle, Kam. Franz Graschitz, brachte schließlich den Bericht der Kontrolle und stellte fest, daß die dem Verband anvertrauten Mitteln den geltenden Richtlinien und Beschlüssen gemäß verwaltet wurden.

Auf Grund der Beratungen der Wahlkommission erfolgte die Neuwahl wie folgt:

Hauptausschuß

Präsident	Friedrich Karrer
Vizepräsidenten	Kommerzialrat Leopold Millwisch Dir. Walter Schubert Heinz Klosternitz Dir. Friedrich Weiß Kommerzialrat Johann Wagner Dir. Hans Wastl
Schriftführer	Minister Dr. Georg Prader
Schriftführerstellvertreter	Walter Müller
Kassier	Josef Würl
Kassierstellvertreter	Bezirksschulinspektor Josef Hickel
Beisitzer im Vorstand	Rupert Hudl Johann Keusch Leopold Novak Leopold Pamperl Kommerzialrat Karl Ruschka Alfred Silldorff Leo Temper Franz Tröstl Rudolf Wittmann
Hinterbliebenenvertreterinnen im Vorstand	Anni Schön Dir. Maria Stadlbacher
Beisitzer im Hauptausschuß	Oberstleutnant Otto Aschinger Josef Brunner Franz Daim Helmut Genitheim Karl Lebensorger Leopold Schauer Franz Schmidt Oswald Vigl Richard Waidhofer Karl Wallner Ing. Hugo Wolf

Hinterbliebenenvertreterinnen im Hauptausschuß
Maria Dangl
Maria Ganauser
Friederike Wetschka
Rosa Wocasek

Verbandskontrolle
Franz Bacher
Dir. Franz Graschitz
Dr. Johann Hacker
Franz Hirschler
Josef Koch
Walter Lausch
Dir. Franz Preiss
Hofrat Dr. Leonhard Riemer
Johann Spannbauer
Kurt Warthbichler
Nationalrat Anton Wodica
Amtsrat Franz Zehetner

Im Anschluß an die Neuwahl wurden die Kameraden Kommerzialrat HANS HIRSCH und Oberschulrat JOSEF PEXIDER zu Ehrenmitgliedern des Kriegsopferverbandes für Wien, Niederösterreich und Burgenland ernannt.

Vizepräsident LEOPOLD MILLWISCH erinnerte daran, daß es fast auf den Tag genau 10 Jahre her sind, daß in Baden Friedrich Karrer zum Präsidenten der ZO gewählt worden ist. Er sprach namens der ZO herzliche Worte des Dankes für die geleistete Arbeit aus und gab der Hoffnung auf weitere erfolgreiche Tätigkeit Ausdruck. Ein Blumenstrauß wurde Präs. Karrer überreicht. Dann folgten Ansprachen der Vizepräsidenten Hans Wastl und Fritz Weiss, anschließend die Diskussionen über die rechtzeitig eingebrachten Anträge, dann streifte Kam. Karrer noch kurz die Arbeiten der kommenden Zeit und schloß:

„Wir arbeiten nun fast 25 Jahre und haben in dieser Zeit einige Regierungen hinter uns gebracht. Jede Regierung muß aber zu jeder Zeit zur Kenntnis nehmen, daß zwar die Regierungen wechseln können, daß es aber immer wieder die gleichen Kriegsopfer sind, die an den Staat ihre Forderungen zu stellen haben und deren Erfüllung sie mit Recht verlangen dürfen. Mit der Hoffnung und dem Wunsch, daß unserer Heimat der innere und äußere Frieden erhalten bleiben möge, mit dem Wunsche an die Welt, daß die Menschheit endlich zur Vernunft kommt und nur mehr Krieg gegen den Krieg führen möge, mit dieser Hoffnung darf ich nun den neunten ordentlichen Delegiertentag für beendet erklären."

Internationale Hinterbliebenentagung in Bad Godesberg

Vom 1. bis 3. Juli 1969 wurde in Bad Godesberg, Bundesrepublik Deutschland, eine Tagung der Hinterbliebenenvertreter auf internationaler Basis abgehalten, an der 33 Hinterbliebenenvertreter aus Deutschland, Finnland, Frankreich, Italien und Österreich teilnahmen. Von der ZO der Kriegsopferverbände Österreichs waren die Kameradinnen ANNI SCHÖN (Wien) und ILSE SCHULZ (Oberösterreich) zu dieser Tagung entsendet worden. Das Präsidialmitglied des VDK (Verband der Kriegsbeschädigten, Kriegshinterbliebenen und Sozialrentner Deutschlands) Kam. Rosel Schmitt konnte außer den Hinterbliebenenvertretern eine Anzahl von Ehrengästen, darunter Gesundheitsminister Frau Käthe Strobl, Frau Ministerialrat Franzen, Frau Abgeordnete Schranzenbach und den Präsidenten des VDK, Dr. Weltersbach, begrüßen. Die Tagung diente dem Erfahrungsaustausch über die mannigfachen Probleme der Kriegshinterbliebenen.

Sonderheilanstalt für Erkrankungen des Stütz- und Bewegungsapparates am Zicksee

Das Kur- und Erholungsheim Zicksee war unter der medizinischen Leitung des Medizinalrates Dr. Zemann zur Sonderheilanstalt, vor allem zur Behandlung von Stumpfbeschwerden, Verhärtungen der Muskulatur und spastisch-entzündlichen Fixationen des Stütz- und Bewegungsapparates, gewandelt worden.

Das Bundesministerium für soziale Verwaltung hat mit Erlaß vom 26. September 1969 die Bewilligung zur Einweisung von Kriegsbeschädigten in die Sonderheilanstalt für Erkrankungen des Stütz- und Bewegungsapparates am Zicksee, St. Andrä bei Frauenkirchen erteilt. Damit hat eine wahre Segenstat des Kriegsopferverbandes behördliche Anerkennung gefunden.

Zweite Tagung des ständigen Komitees für europäische Angelegenheiten des WVF in Oslo im November 1969:

SPÄTFOLGEN VON KRIEGSBESCHÄDIGUNGEN ZUR DISKUSSION GESTELLT

Zur zweiten Tagung des ständigen Komitees für europäische Angelegenheiten hatten folgende Länder Delegationen entsendet: Österreich, Dänemark, Finnland, Frankreich, Deutschland, Griechenland, Niederlande, Norwegen, Schweden, Türkei, Vereinigtes Königreich.

Die österr. Delegierten waren PRÄS. FRIEDRICH KARRER, Generalratsmitglied der WVF und Primarius Medizinalrat DR. LEOPOLD ZEMANN, Mitglied der Arbeitsgemeinschaft für Koordination der Forschung auf dem Gebiete der Rehabilitation der WVF.

Nach der Eröffnung folgte der Bericht der Arbeitsgruppe für Koordination der Forschung auf dem Gebiete der Rehabilitation, in dessen Verlauf der Vorsitzende der Arbeitsgruppe Philip Dixon (Vereinigtes Königreich) gebeten wurde, zu seiner wissenschaftlichen Studie „Maximen für die Prothetik", die zum offiziellen Dokument der WVF erhoben wurde, eine kurze einleitende Erklärung abzugeben. Medizinalrat Prim. Dr. Zemann nahm aus österreichischer Sicht zu Fragen der Prothesentechnik Stellung, Präs. Karrer warf im Diskussionsbeitrag die Frage der Spätfolgen nach Kriegsbeschädigungen wieder auf. Eine Frage, die schon lange auf der Tagesordnung gestanden, jedoch nie mit gebührendem Ernst behandelt worden war.

Abschied von Kam. Johann Schnürmacher

Das älteste Ehrenmitglied des Kriegsopferverbands für Wien, Niederösterreich und Burgenland und der ZO der Kriegsopferorganisation der Kriegsopferverbände Österreichs, Kam. Johann Schnürmacher, verstarb am 22. Dezember 1969 im 90. Lebensjahr. Er war Gründungsmitglied des Zentralverbandes der Kriegsinvaliden und Kriegerhinterbliebenen Österreichs im November 1918, wurde schon 1919 dessen Obmann, der er bis 1934 blieb. In der schweren Zeit der Ersten Republik galt sein ganzer Kampf und sein ganzer Einsatz der Verbesserung des Loses der Kriegsopfer. Er hatte maßgeblichen Anteil an dem am 25. April 1919 beschlossenen Invalidenentschädigungsgesetz und stellte auch nach 1945 seine Arbeitskraft den Kriegsopfern zur Verfügung. Zahlreiche Funktionäre des Hauptausschusses und der Wiener Bezirksgruppen haben ihn auf seinem letzten Weg begleitet.

1970

Neunter ordentlicher Delegiertentag der ZO der Kriegsopferverbände Österreichs:

25 JAHRE KRIEGSOPFERORGANISATION

Mit einem Festakt wurde am 25. April 1970 im Franz-Domes-Heim in Wien der neunte ordentliche Delegiertentag der ZO der Kriegsopferverbände Österreichs eröffnet.

Die Begrüßung der Ehrengäste erfolgte durch den Vizepräsidenten, Zentraldirektor Kommerzialrat LEOPOLD MILLWISCH. Neben dem Bundespräsidenten DR. H. C. FRANZ JONAS gaben der 3. Präsident des Nationalrates, OTTO PROBST, Bundeskanzler DDR. BRUNO KREISKY, Vizekanzler und Sozialminister ING. RUDOLF HÄUSER, die Staatssekretäre Frau GERTRUDE WONDRACK und DR. ERNST VESELSKY, der Bundesminister für Landesverteidigung, DR. JOHANN FREIHSLER, für den Klub der Sozialistischen Partei Österreichs Nationalrat DDR. BRUNO PITTERMANN, für den Klub der Österreichischen Volkspartei Nationalrat JOSEF MOSER, für den Klub der Freiheitlichen Partei Österreichs Nationalrat WERNER MELTER, in Vertretung des Bürgermeisters der Stadt Wien Frau Stadtrat MARIA JACOBI und der Präsident des österreichischen Gewerkschaftsbundes ANTON BENYA den Kriegsopfern die Ehre ihrer Teilnahme. Besonders herzlich wurde auch das Ehrenmitglied der ZO, Bundesminister A. D. ANTON PROKSCH, begrüßt und die vielen hohen Beamten von Ministerien und Institutionen.

Die Festrede von PRÄS. KARRER beschäftigte sich mit dem Werdegang der Organisation seit 25 Jahren, ihrer Überparteilichkeit und Einheitlichkeit, streifte das Kriegsopferversorgungsrecht, die Wünsche und Forderungen der Kriegsopfer, und er bezeichnete es als möglicherweise eine Fügung des Schicksals und einen Schimmer der Hoffnung, daß die erste offizielle Tätigkeit der neuen Bundesregierung sie zu den österreichischen Kriegsopfern geführt hat. Vizekanzler Sozialminister Ing. RUDOLF HÄUSER gab mit dem Hinweis, daß er selbst in einer überparteilichen Interessensvertretung, dem österreichischen Gewerkschaftsbund, tätig war, einen kurzen Rückblick über die ersten legislativen Maßnahmen und betonte unter anderem, daß er es als Verpflichtung ansehe, den Gruppen von Menschen im Rahmen der Budgetmitteln zu helfen, die heute noch Stiefkinder der Konjunktur sind und schloß mit den Worten: „Als Vertreter der Bundesregierung möchte ich zum 25jährigen Jubiläum herzlichst gratulieren, für die vollbrachten Leistungen Dank und Anerkennung aussprechen und für die Zukunft weiterhin viel Erfolg wünschen."

Bundespräsident DR. H. C. FRANZ JONAS betonte in seiner Festrede den Dank der Republik an die staatstragende Haltung der Kriegsopferorganisation, die zur gleichen Zeit ihren 25jährigen Bestand feiere, als das österreichische Volk der Wiedererrichtung der Republik vor 25 Jahren gedenkt. Er betonte, daß die Kriegsopfer die berufenen Zeugen für die Sinnlosigkeit und Unmenschlichkeit aller Kriege sind, den Krieg von seiner schrecklichsten Seite kennengelernt haben und daher das größte Verständnis dafür haben, daß die Republik die Politik der Neutralität vor allem dazu benützt, um aus den Händel der anderen Länder sich herauszuhalten und alles zu unternehmen und zu unterstützen, was zur internationalen Verständigung und zur friedlichen Zusammenarbeit der Völker beiträgt. Nach der Rede des Herrn Bundespräsidenten wurde der Festakt mit einer Schlußmusik beendet, und die Arbeitstagung begann.

Der allgemeine Bericht des Vorstandes lag in 38 Seiten gedruckt dem Delegiertentag vor. Präs. Karrer erläuterte ihn näher und betonte abschließend, daß alle diese Tätigkeiten in einem kleinen Büro mit vier Kräften erledigt werden, und es sei ihm ein Herzensbedürfnis, dafür zu danken. Nach dem Kassenbericht und dem Bericht der Kontrollkommission wurde dem Vorstand die Entlastung erteilt.

Über Vorschlag der Wahlkommission erfolgte die Wahl der Verbandsorgane wie folgt:

Präsident	Friedrich Karrer
Vizepräsidenten	Zentraldirektor Leopold Millwisch (Wien) Nationalrat Otto Libal (Oberösterr.) Landtagsabgeordneter Josef Thoman (Tirol) Dir. Hans Wastl (Burgenl.) Franz Schlagenhaufen (Stmk.) Dipl.-Ing. Friedrich Unger (Kriegsblindenverband) Landtagsabgeordneter Ing. Josef Weiser (Sbg.) Landesrat Martin Müller (Vorarlberg) Adolf Schicher (Kärnten) Dir. Friedrich Weiß (NÖ.)
Schriftführer	Bundesminister a. D. Dr. Georg Prader
Kassier	Josef Würl

Beisitzer im Vorstand:

vom KOV für Wien, Niederösterreich u. Burgenland

	Heinz Klosternitz Otto Pohanka Dir. Walter Schubert Franz Tröstl
Hinterbliebenenvertreterinnen	Anni Schön Dir. Maria Stadlbacher
von Oberösterreich	Hans Staudinger Nationalrat Rudolf Staudinger Bundesrat Dir. Georg Schreiner
Hinterbliebenenvertreterin	Ilse Schulz
der Steiermark	Johann Poscics Dr. Karl Schwarzl
Hinterbliebenenvertreterin	Landtagsabgeordnete Traute Hartwig (Kärnten)
von Kärnten	Dir. Paul Rösch
Hinterbliebenenvertreterin	Aloisia Wilding
von Tirol	Sepp Hardinger
Hinterbliebenenvertreterin	Inge Purner
von Salzburg	Hans Panholzer
Hinterbliebenenvertreterin	Maria Stifter
Vorarlberg	Arthur Rauth
Hinterbliebenenvertreterin	Liebgart Walter

vom Verband der Kriegsblinden

	Michael Glöckl
Hinterbliebenenvertreterin	Hermine Schimek

Kontrolle:

Wien, Niederösterreich und Burgenland

	Josef Koch Leopold Novak Rudolf Wittmann
Oberösterreich	Ignaz Mühlberger
Steiermark	Dir. Othmar Sekotill
Kärnten	Paul Klementz
Tirol	Hofrat Dr. August Flegel
Vorarlberg	Ludwig Riedmann
Verband der Kriegsblinden	Alois Poisel

Kam. Karrer dankte im Namen aller gewählten Mitglieder für das Vertrauen und versicherte, daß man sich gemeinsam so wie bisher bemühen werden, das Beste für die Kriegsopfer zu erreichen.

Ehrenmitgliedschaften

Der Vorstand der ZO hatte in seiner Sitzung vom 1. April 1970 den Beschluß gefaßt, an den neunten ordentlichen Delegiertentag den Antrag zu richten, die Kameraden Stadtrat a. D. Kommerzialrat FRANZ JAWORNIK, Landeshauptmann a. D. Kommerzialrat JOHANN WAGNER und DIR. ERNST SEEBACHER zu Ehrenmitgliedern zu ernennen.

Kam. PRÄS. KARRER schilderte die Verdienste der Vorgeschlagenen und führte dann aus, daß bereits beim 8. Delegiertentag KAM. HANS HIRSCH zum Ehrenmitglied ernannt werden sollte, daß die Ehrung jedoch nicht durchgeführt werden konnte, da er am Delegiertentag nicht anwesend war. Er betonte, daß es müßig wäre, die Verdienste des Kam. Hirsch, des Gründers der ZO der Kriegsopferverbände Österreichs, zu beschreiben. Nach einstimmig gefaßtem Beschluß überreichte Präs. Karrer den Ehrenmitgliedern die Urkunde. In seinen Dankesworten für alle Ausgezeichneten sagte Kam. Hirsch unter anderem, er erblicke in der Ehrung die Anerkennung der für die Organisation geleisteten Arbeit und einen Schlußstrich im Generationenwechsel, der sich in der ZO und in den angeschlossenen Verbänden langsam abgewickelt hat.

Es folgten die Beschlußfassung über die Neufestsetzung der von den Mitgliedsverbänden an die ZO zu leistenden Beiträge, die Beratung über die rechtzeitig eingebrachten Anträge, von denen sich 31 Anträge auf das Kriegsopferversorgungsgesetz und 9 Anträge auf sonstige die Kriegsopfer betreffenden Rechtgebiete bezogen. Dann wurde der Delegiertentag mit einem Schlußwort des Präs. Karrer beendet.

Kommerzialrat Hans Hirsch gestorben

Das Ehrenmitglied der Kriegsopferorganisation Kommerzialrat Hans Hirsch war am 7. August 1970 im 73. Lebensjahr ruhig entschlafen. Er, der im Jahre 1917 an der italienischen Front beide Augen und beide Hände verloren hat, war seit Beendigung des Ersten Weltkrieges nicht nur Gründungsmitglied der Kriegsopferorganisation, sondern auch in maßgebender Weise an der Kriegsopfergesetzgebung beteiligt. Als Funktionär der ZO und Obmann des Verbandes der Kriegsblinden war er immer bestrebt, das Los seiner Schicksalsgefährten zu verbessern. Seine aufopfernde Tätigkeit für die Belange der Kriegsopfer wurde durch Verleihung des Dr.-Karl-Renner-Preises, der Verleihung des Goldenen Ehrenzeichens der Republik Österreichs und der Goldenen Medaille der Stadt Wien gewürdigt.

13. Generalversammlung des Weltbundes ehemaliger Kriegsteilnehmer und Kriegsopfer in Wien

In der Zeit vom 31. August bis 4. September 1970 fand in der Wiener Hofburg die 13. Generalversammlung des Weltbundes ehemaliger Kriegsteilnehmer und Kriegsopfer statt. 350 Delegierte aus 50 Staaten, die zusammen 20 Mill. Mitglieder zu vertreten hatten, nahmen an der Tagung teil.

Vor der Eröffnung fand unter der Teilnahme einer Ehrenkompanie mit Feldzeichen und eines Musikzuges des österr. Bundesheeres eine eindrucksvolle Totenehrung beim Grabmahl des Unbekannten Soldaten in der Krypta des Heldendenkmales statt, wo der Präsident des Weltbundes CH. J. M. VAN LANSCHOT und der Vorsitzende des Generalrates MR. EMILE PIERRET-GERARD begleitet von PRÄS. KARRER einen Kranz niederlegten. Anschließend erfolgte die feierliche Eröffnung, der der österreichische Bundespräsident DR. H. C. FRANZ JONAS, Mitglieder des Nationalrates und der Bundesregierung sowie Vertreter der Bundeshauptstadt Wien, Vertreter des diplomatischen Korps der Vereinigten Nationen und zahlreiche Vertreter von Behörden und Institutionen beiwohnten.

Präs. van Lanschot dankte dem österreichishen Bundespräsidenten dafür, daß er dem Weltbund die Ehre zuteil werden ließ, die 13. Generalversammlung zu eröffnen und begrüßte die Kongreßteilnehmer. Anschließend sprach Präs. Karrer das vom Friedensnobelpreisträger 1950, Ralph Bunche, verfaßte Credo des Weltbundes der ehemaligen Kriegsteilnehmer.

Den Höhepunkt und Abschluß der festlichen Eröffnung bildete die Festansprache von Bundespräsident DR. H. C. FRANZ JONAS. Er führte unter anderem aus:

„Als Sprecher des österreichischen Volkes kann ich heute nicht nur die Delegierten zur 13. Generalversammlung des Weltbundes ehemaliger Kriegsteilnehmer und Kriegsopfer begrüßen, sondern dieser weltumspannenden Organisation auch zum 20jährigen Bestand herzliche Glückwünsche übermitteln. Heute zeigt sich Ihnen Österreich von einer anderen, von einer glücklicheren Seite als 1954. Es hat die Kriegsfolgen weitgehend überwunden, seine Wirtschaft vergrößert und ausgebaut, einen bescheidenen Wohlstand und ein bemerkenswertes System der sozialen Sicherheit erreicht. Die Mitglieder Ihrer Organisation haben den Krieg von der schrecklichsten Seite kennengelernt. Sie sind vor allen anderen berufen, ihre Stimme gegen Krieg und Gewalt zu erheben und vor der Katastrophe eines jeden Krieges zu warnen. Österreich darf bei aller Bescheidenheit von sich sagen, daß es in einer Hinsicht seine moralische Pflicht zu erfüllen bestrebt ist. Nach der Erringung seiner vollen Unabhängigkeit hat unser Land den Status der immerwährenden Neutralität gewählt. Es war sicher auch ein Beweis des Vertrauens zur österreichischen Neutralität, daß die Vereinigten Staaten und die Sowjetunion ihre Gespräche über die Begrenzung der strategischen Rüstung in Wien fortgesetzt haben. Verehrte Delegierte, vor 25 Jahren ist der schrecklichste Krieg, den die Menschheit erlebt hat, zu Ende gegangen. Heute sitzen in diesem Kongreßsaal Menschen an einem Tisch, die vor 25 und mehr Jahren zueinander Feinde waren. Das selbsterlebte Grauen des Krieges hat sie zu Propheten des Friedens gemacht. Sie treffen sich jetzt in einem Land und in einer Stadt, die bereit ist, so wie Sie für Frieden und Freiheit zu arbeiten. So wissen wir uns mit Ihnen vereinigt im gleichen Werk für eine Welt des Fortschrittes und der Gerechtigkeit, für eine friedliche Zukunft der Menschheit. In dieser Gesinnung der Humanität erkläre ich die 13. Generalversammlung des Weltbundes der ehemaligen Kriegsteilnehmer und Kriegsopfer für eröffnet und wünsche ihr die besten Erfolge."

Bereits in der ersten Vollsitzung der Generalversammlung der WVF hatte Österreich Gelegenheit, als Beitrag zur internationalen Hilfe für Versehrte und Körperbehinderte die Ergebnisse der Arbeit des orthopädischen Forschungszentrums, insbesondere die in ihrer Fertigung und Handhabung voll ausgereifte bioelektrische Unterarmprothese, für die es kein vergleichbares Gegenstück auf der ganzen Welt gibt, vorzustellen. Medizinalrat Dr. Leopold

Zemann, als medizinischer Leiter des österr. Forschungszentrums für Orthopädietechnik konnte mit Genugtuung das allseits große Interesse, das seinem Vortrag entgegengebracht wurde, vermerken.

Weiters standen auf dem reichhaltigen Arbeitsprogramm die Diskussion über folgende Themen:

Die Fragen im nahen Osten und in Indochina, die Forderung von Institutionen und Maßnahmen zum Zwecke der internationalen Zusammenarbeit und Verständigung, Fragen der Kriegsgefangenen, das Verbot chemischer und bakteriologischer Waffen, Jugendprobleme, Fragen der alternden Kriegsversehrten, Probleme des Friedens und der Sicherheit und Fragen der weltweiten Umweltverschmutzung.

Drei Kommissionen befaßten sich mit diesem umfangreichen Arbeitsprogramm der Generalversammlung. Die in diesen Kommissionen erarbeiteten Resolutionen, an deren Zustandekommen die österreichischen Delegierten hervorragenden Anteil nahmen, wurden von der Generalversammlung gebilligt.

Bei der am letzten Tag des internationalen Kongresses durchgeführten Neuwahl der führenden Funktionäre des Weltbundes wurde W. CH. J. M. VAN LANSCHOT zum Präsidenten wiedergewählt.

Zum Vorsitzenden des Generalrates wurde mit überwältigender Stimmenmehrheit Friedrich Karrer bestimmt.

1971

Einigung über Budgetüberschreitung erlaubt Verbesserung der Kriegsopferversorgung

Aufgrund der Beschlußfassung eines Budgetüberschreitungsgesetzes war es möglich, weitere Verbesserungen in der Kriegsopferversorgung voranzutreiben. Aufgrund eines Initiativantrages der Kameraden im Nationalrat, Libal (SPÖ), Staudinger (ÖVP) und Melter (FPÖ), konnte mit 1. Juli 1971 eine Novelle zum KOVG (Nachdynamisierung der Renten, Anhebung der erhöhten Zusatzrenten für Beschädigte, Erhöhung der Witwenrenten, Verbesserungen für Kriegsopfer in der Land- und Forstwirtschaft etc.) beschlossen werden.

Harald Binder Generalsekretär der Zentralorganisation

Mit Wirkung vom 1.April 1971 wurde der bisherige Sekretär in der Zentralorganisation, Harald Binder, zum Generalsekretär ernannt.

1972

Erster Europatag der Kriegsteilnehmer und Kriegsopfer

Am 15. April 1972 wurde der erste Europatag der Kriegsteilnehmer und Kriegsopfer in Rom gefeiert. Mehr als 300 Teilnehmer aus 19 europäischen Ländern waren in die italienische Hauptstadt gekommen. Erstmals seit Beendigung des Zweiten Weltkrieges nahmen Kriegsteilnehmer und Widerstandskämpfer, die in den beiden Weltkriegen Seite an Seite gekämpft oder einander bekämpft hatten, aus Ost und West an einer gemeinsamen Kundgebung teil, um über alle Meinungsverschiedenheiten hinweg ihren gemeinsamen Friedenswillen zu dokumentieren und für eine baldige Konferenz der Sicherheit, Verständigung und Zusammenarbeit zwischen den Staaten Europas ohne Ausnahme einzutreten. Die große Bedeutung dieses Treffens kam nicht zuletzt auch darin zum Ausdruck, daß Papst Paul VI in einer feierlichen Ansprache die Bestrebungen dieser Konferenz unterstrich und begrüßte. Der in Rom weilende österr. Bundespräsident Franz Jonas stattete der Tagung einen Besuch ab.

Die ZO der Kriegsopferverbände Österreichs war durch den Obmann des Kärntner Kriegsopferverbandes, Kam. ADOLF SCHICHER, der Bundesverband der österr. Widerstandskämpfer war durch Dr. LUDWIG SOSWINSKI vertreten. Es wurde ein Aufruf der Kriegsteilnehmer, Widerstandskämpfer und Kriegsopfer Europas für Frieden, Sicherheit, Zusammenarbeit und Freundschaft verfaßt, der später in allen Staaten Europas den Regierungschefs und führenden Politikern überreicht wurde. Von der ZO der Kriegopferverbände Österreichs hat Bundeskanzler Dr. Bruno Kreisky diesen Aufruf entgegengenommen. Er versicherte, daß die österr. Bundesregierung stets bemüht war, den Frieden zu sichern und sie auch weiterhin für seine Erhaltung eintreten wird.

10. ordentlicher Delegiertentag des Kriegsopferverbandes für Wien, Niederösterreich und Burgenland

Der 10. ordentliche Delegiertentag des Kriegsopferverbandes für Wien, Niederösterreich und Burgenland fand am 6. und 7. Mai 1972 in Ybbs/Donau statt. Es war gleichzeitig die 25-Jahr-Feier des Bestehens des Kriegsopferverbandes für Wien, NÖ. und Bgld. In der Stadthalle in Ybbs/Donau hatten sich rund 340 Delegierte und die Ehrengäste bereits eingefunden, als der Bundesminister für soziale Verwaltung, Vizekanzler ING. RUDOLF HÄUSER, mit dem Hubschrauber von einer Tagung in Klagenfurt kommend in Ybbs/Donau eintraf. Als Ehrengäste waren der Bundesminister für soziale Verwaltung, Vizekanzler Ing. Rudolf Häuser, als Vertreter des Burgenlandes der erste Landtagspräsidenten KARL KRIKLER, für das Land Wien Senatsrat DR. HERBERT DRAPALIK, als Vertreter des Landes Niederösterreich die Landeshauptmannstellvertreter SIEGFRIED LUDWIG und HANS CZETTEL, das Ehrenmitglied unseres Verbandes, Bundesminister a. D. ANTON PROKSCH, für die Sozialistische Partei Österreichs Herr Nationalrat OTTO LIBAL, für die Österreichische Volkspartei Nationalrat DR. GEORG PRADER und für die Freiheitliche Partei Österreichs Abgeordneter PROF. DR. FRITZ WOLFRAM, ferner leitende Beamte und Spitzenfunktionäre von Behörden und Institutionen anwesend.

Nach den Begrüßungsansprachen ergriff Präs. Karrer das Wort und beschrieb den Weg der Kriegsopferorganisation aus den parteipolitisch verschieden orientierten Kriegsopferverbänden der Zwischenkriegszeit auf die vor 25 Jahren als einheitliche Interessensvertretung auf überparteilicher Basis erfolgte Gründung der Kriegsopferorganisation. Er gab einen ausführlichen Überblick über die errungenen Erfolge und betonte, wenn im abgelaufenen Vierteljahrhundert auch nicht alle Ziele erreicht werden konnten, man dennoch in allen Aufgabenbereichen auf die Erfolge stolz sein könne und schloß mit dem Motto, das bei der Gründung der Organisation Pate gestanden hatte: „Aus Liebe zur Menschheit, Verdammung dem Krieg. Nur Recht schafft Frieden, und Friede ist Sieg."

Nun folgte die Ansprache des Bundesministers für soziale Verwaltung, Vizekanzler ING. RUDOLF HÄUSER. Er begrüßte die Festversammlung und freute sich, seinen Dank denjenigen zum Ausdruck bringen zu können, die in den letzten 25 Jahren den Verband zu dem gemacht haben, was er heute ist. Gleichzeitig übermittelte er auch die Grüße und Wünsche des Bundeskanzlers, der am Erscheinen leider verhindert war. Er betonte, daß in den 27 Jahren, die seit dem Zweiten Weltkrieg vergangen sind, die Organisation immer bemüht war, zu lindern und zu helfen, in materieller und fürsorgerischer Hinsicht. Aufgabe des Staates und seiner Organe sei es, überall zu helfen, wo Hilfe notwendig ist. Er habe aber schon vor zwei Jahren an der Festversammlung der ZO zum Ausdruck gebracht, daß auch in der Zeit eines relativen Wohlstandes es noch immer Gruppen von Mitbürgern gibt, die Stiefkinder der Konjunktur geblieben sind und daß es ihm seit damals, als er das Sozialressort wenige Tage inne hatte, das besondere Anliegen war, zunächst den sozialbedürftigsten Gruppen, im besonderen den Witwen und Waisen, den Beziehern von Ausgleichszulagen und ähnlichen Leistungen wirksam zu helfen. Es ist ihm gelungen, dies in den letzten zwei Jahren praktisch durchzuführen. Sicherlich sei das Erreichte nicht sehr viel, aber der Weg sei damit aufgezeigt, der im Interesse der sozial besonders Betroffenen beschritten werden muß. Er schilderte nun eingehend seine Vorhaben und schloß unter Beifall mit den Worten:

„Ich glaube, wir sind ein gutes Stück weitergekommen. Wir haben vor allem in den sozial dringenden Bereichen, das waren die Witwen, und das waren die Eltern, und das waren die Pflegebedürftigen mit den Pflegezulagen, einen ganz deutlichen Schritt gemacht. Ich bitte Sie alle um Verständnis, wenn wir im Bereich der Grundrenten diesen Schritt noch nicht machen konnten, aber auch Sie sind eine Gemeinschaft, die aus Solidarität sich zusammengefunden hat, die helfen will, und dort wollen wir helfen, wo diese Hilfe am notwendigsten ist, und das wird auch meine Zielsetzung für die kommenden Jahre sein. Ich wünsche Ihnen viel Erfolg."

Präs. Karrer dankte dem Sozialminister für seine Worte und dafür, daß er trotz Schwierigkeiten es möglich gemacht hatte, an diesem Festakt teilzunehmen.

Ehrungen verdienter Funktionäre

Im Anschluß an den Festakt begann der zehnte ordentliche Delegiertentag mit dem Arbeitsprogramm. Nach der Konstituierung folgte die Beschlußfassung über die Geschäfts- und Tagesordnung. Präs. Karrer gab den Beschluß des Hauptausschusses bekannt, dem Delegiertentag die Ernennung des Vizepräsidenten JOHANN WAGNER zum Ehrenmitglied des Kriegsopferverbandes vorzuschlagen. Der stürmische Beifall nach diesen Worten machte eine Abstimmung über den Antrag überflüssig. In seiner Laudatio hob Präs. Karrer die Verdienste des früheren burgenländischen Landeshauptmannes hervor, die sich dieser nicht nur um die Kriegsopfer seines Bundeslandes erworben hatte. Kam. Wagner dankte mit bewegten Worten für die große Ehrung und betonte, daß er sich unter den Kameraden des Kriegsopferverbandes immer am wohlsten gefühlt habe.

Über Beschluß des Verbandsvorstandes wurden den Gründungsmitgliedern, wirklicher Amtsrat KARL GUTTMANN, Oberschulrat i. R. JOSEF PEXIDER, FRANZ PRÖBSTL, JOHANN SPULLER, FERDINAND STEINKELLNER und Landtagspräsident a. D. JOSEF WONDRAK allesamt Ehrenmitglieder des Verbandes, der Ehrenring verliehen, den vor ihnen nur der damalige Bundeskanzler ING. RAAB, Vizekanzler DDR. PITTERMANN, Sozialminister PROKSCH und Landeshauptmann WAGNER erhalten hatten.

1972

Am Sonntag, den 7. Mai 1972, wurden die Beratungen wieder aufgenommen. Präs. Karrer erstattete den Bericht des Hauptausschusses. Es folgte der Bericht des Kassiers und des Obmanns der Verbandskontrolle, der die Entlastung beantragte, die einstimmig angenommen wurde. Nun erfolgte über Vorschlag der Wahlkommission die Neuwahl. Es wurden gewählt

in den Hauptausschuß

Präsident	Friedrich Karrer
Vizepräsidenten	Kommerzialrat Leopold Millwisch Dir. Walter Schubert Heinz Klosternitz Dir. Friedrich Weiß Dir. Franz Graschitz Dir. Hans Wastl
Schriftführer	Dr. Georg Prader
Stellvertreter	Walter Müller
Kassier	Josef Würl
Stellvertreter	Bezirksschulinspektor Josef Hickel
Beisitzer im Vorstand	Rupert Hudl Johann Keusch Leopold Novak Leopold Pamperl Otto Pohanka Kommerzialrat Karl Ruschka Alfred Silldorff Leo Temper Rudolf Wittmann
Hinterbliebenenvertreterinnen im Vorstand	Anni Schön Oberschulrat Maria Stadlbacher
Beisitzer im Hauptausschuß	Karl Berger Josef Brunner Franz Daim Robert Fischer Helmut Genitheim Karl Lebensorger Leopold Mayer Amtsdirektor Leopold Preinerstorfer Leopold Schauer Anton Stanek Oswald Vigl Richard Waidhofer Karl Wallner Ing. Hugo Wolf
Hinterbliebenenvertreterinnen im Hauptausschuß	Maria Dangl Maria Ganauser Friederike Wetschka Rosa Wokasek

Verbandskontrolle	Franz Bacher Dr. Johann Hacker Franz Hirschler Stefan Klanatzky Josef Koch Walter Lausch Dir. Franz Preiss Johann Rammel Vortragender Hofrat Dr. Leonhard Riemer Rechnungsrat Johann Spannbauer Kurt Warthbichler Amtsrat Franz Zehetner

Nach einer kurzen Ansprache des neuen Vizepräsidenten, Rechnungsdirektor Franz Graschitz, der dem scheidenden Vizepräsidenten Alt-Landeshauptmann Johann Wagner nochmals für alle geleistete Arbeit dankte und versicherte, alles tun zu wollen, um ihm nachzueifern, sprach Präs. Karrer zum Tagesordnungspunkt „Neufestsetzung des Mitgliedsbeitrages" und begründete die beantragte Beitragserhöhung auf S 15,– ab 1. Jänner 1973. Nach lebhafter Debatte, in der genau die Erfordernisse abgewogen wurden, wurde der Antrag auf eine Erhöhung des Mitgliedsbeitrages angenommen. Es erfolgte die Beratung über die rechtzeitig eingebrachten Anträge. Nach deren Erledigung folgte das Schlußwort des Präsidenten. Es war der Zukunft und den kommenden Aufgaben gewidmet. Mit einem leidenschaftlichen Appell an die Kriegsopfer und alle anderen Bürger dieses neutralen Österreich, sich zu Völkerversöhnung und Toleranz zu bekennen, um der Welt endgültig den Frieden zu bringen, schloß Präsident Karrer den 10. Delegiertentag.

Abschied von DDr. Alfons Gorbach

Der ehemalige Bundeskanzler DDr. Alfons Gorbach verstarb am 31. Juli 1972 im Alter von 74 Jahren in Graz.

1917 wurde er in der 12. Isonzoschlacht schwer verwundet und verlor das rechte Bein. Nach dem Ausscheiden aus dem Militärdienst besuchte er die Grazer Universität und promovierte zum Dr. jur. Im Jahre 1919 war er einer der eifrigsten Mitbegründer des Kriegsopferverbandes Steiermark und hatte sowohl in der Landesleitung als auch in der Ortsgruppe Graz des Verbandes zahlreiche Funktionen inne. Auf Grund seines politischen Werdeganges wurde er während des Zweiten Weltkrieges verfolgt und in mehrere Konzentrationslager eingeliefert. In den ersten Jahren nach dem Zweiten Weltkrieg war er besonders um den Ausgleich politischer Gegensätze und die Anerkennung des Mutes und des Opfers der Soldaten des Zweiten Weltkrieges bemüht. Da sich Dr. Gorbach, der inzwischen zum Bundeskanzler gewählt worden war, im Kampf um die Besserstellung der Kriegsopfer immer in vorderster Reihe befand, beschloß der 6. ordentliche Delegiertentag der ZO der Kriegsopferverbände Österreichs im Jahre 1961, Dr. Alfons Gorbach zum Ehrenmitglied zu ernennen. Dr. Gorbach war außerdem Präsident des österreichischen Versehrtensportverbandes.

1973

Präsidium der ZO beschließt Erarbeitung eines sozialpolitischen Entwicklungsprogrammes

In der am 18. Jänner 1973 stattgefundenen Sitzung des Präsidiums der ZO der Kriegsopferverbände Österreichs wurden die Berichte über die Etappen-Novelle zum KOVG über die mit dem neuen Einkommensteuergesetz wirksam gewordene Vereinheitlichung und neuerliche Erhöhung der steuerfreien Pauschbeträge für Körperbehinderte sowie über die Verbesserungen für Kriegsopfer im Rahmen der 29. ASVG-Novelle einstimmig zur Kenntnis genommen. Es wurde erörtert, daß die Organe der Kriegsopferorganisation zu prüfen haben werden, ob nicht dem Personenkreis, den sie z. B. im Rahmen des Invalideneinstellungsgesetzes schon bisher im Gesamten mitbetreuen, die Mitgliedschaft zur Organisation ermöglicht werden sollte. Es wäre aber auch zu prüfen, inwieweit von den schon bisher bestehenden satzungsmäßigen Möglichkeiten, mit Vereinigungen von Zivilbeschädigten Interessengemeinschaften zu bilden, Gebrauch zu machen ist, um zu einer umfassenden und zielstrebigen Betreuung aller Körperbehinderten zu kommen. Der erste Schritt in diese Richtung wurde z. B. in Salzburg durch Gründung einer Dachorganisation aller Körperbehindertenverbände schon gemacht.

Der Präsident der ZO ersuchte in seinem Referat die Landesverbände, bei der Erstellung des Fortentwicklungsprogrammes und bei Lösung der sonstigen angeschnittenen Fragen mitzuwirken, sodann wird der sozialpolitische Ausschuß der ZO zusammentreten, die eingelangten Stellungnahmen verarbeiten und dem Vorstand die entsprechenden Empfehlungen unterbreiten. Der Vorstand habe dann den Beschluß zu fassen, an den Delegiertentag den Antrag zu stellen, um den einzuschlagenden Weg für die die nächsten drei Jahre festzulegen. Ein besonderes Gewicht wird auf die Aufbringung der Mitteln für die zusätzliche Fürsorge für Kriegsopfer zu legen sein. Präs. Karrer schloß mit den Worten:

„Wir sehen einer Fülle von Aufgaben entgegen, zu deren Bewältigung wir in bewährter Manier die Kraft und das Verhandlungsgeschick der gesamten Organisation werden einsetzen müssen. Der Auftakt hinzu werden die Beschlüsse des 10. ordentlichen Delegiertentages der Zentralorganisation der Kriegsopferverbände Österreichs in Villach sein."

Erster internationaler Kongreß für Prothesentechnik und funktioneller Rehabilitation in Wien

In der Wiener Hofburg wurde vom 19. bis 24. März 1973 der erste internationale Kongreß für Prothesentechnik und funktionelle Rehabilitation abgehalten. Veranstalter waren die World Veterans Federation (WVF), die durch die ZO der Kriegsopferverbände Österreichs vertreten wurde, die internationale Gesellschaft für Prothetik und Orthetik (ISPO) und die Wiener medizinische Akademie für ärztliche Fortbildung. Der Kongreß fand unter dem Ehrenschutz und – bei der Eröffnung – in Anwesenheit von Bundespräsident JONAS statt. Die Bedeutung, die von der internationalen Fachwelt diesem Kongreß beigemessen wurde, geht aus der Anzahl der delegierenden Länder hervor. 38 Länder hatten rund 1000 Experten nach Wien entsendet, darunter namhafte Vorstände von Forschungsinstituten und Universitätskliniken, was einen weltweiten Erfahrungsaustausch auf dem Gebiete der modernen Orthopädie und Rehabilitation ermöglichte. In 200 Referaten und mit 30 Filmen wurde die ungeheure Vielfalt, der in aller Welt entwickelten Körperersatzstücke und technischen Hilfsmittel für die Orthopädie deutlich gemacht.

Sechs Hauptthemen wurden diskutiert:
1. Amputationstechnik
2. technische Orthopädie (Prothesen und Orthesen)
3. funktionelle Therapie
4. fortschrittliche und moderne Herstellungsverfahren für Prothesen und Hilfsmitteln unter Berücksichtigung ökonomischer Aspekte
5. Ergonomie (Anpassung der Arbeit an den Menschen)
6. Biomechanik

Weiters vier Diskussionsrunden über
1. psychosomatische Aspekte des Gebrauchs von Prothesen und Orthesen
2. internationale Normierung von Einheitsmaßen für Prothesen und Orthesen
3. die Organisation von Forschungsinstituten auf multidisziplinärer Basis und
4. veränderbare Vorrichtungen für spezifische Anpassungsprobleme mehrfach gelähmter Personen.

Dem Generalsekretär des Kongresses, Medizinalrat DR. LEOPOLD ZEMANN wurde durch Präs. Karrer ein ihm vom Vorstand der ZO der Kriegsopferverbände Östererichs verliehener Anerkennungspreis überreicht. Es sollte dies ein sichtbares Zeichen der Anerkennung seiner Forschungsarbeit auf dem Gebiet der Orthopädietechnik sein, die er seit mehr als 20 Jahren intensiv betrieb und für die er bereits einen Dr.-Karl-Renner-Preis erhalten hatte.

10. ordentlicher Delegiertentag der Zentralorganisation in Villach

Am 19. und 20. Mai 1973 fand in Villach der 10. ordentliche Delegiertentag der ZO der Kriegsopferverbände Österreichs statt. Unter den Ehrengästen hieß Präs. Karrer auch das Ehrenmitglied der ZO, den Alt-Landeshauptmann des Burgenlandes, Johann Wagner, und Obermedizinalrat Dr. Leopold Zemann herzlich willkommen.

Unter Vorsitz des Kärntner Landesobmannes ADOLF SCHICHER und des Tiroler Landesobmannes, Landtagsabgeordneten DIR. JOSEF THOMAN wurde die umfangreiche Tagesordnung abgewickelt. Präs. Karrer kommentierte den allgemeinen Bericht des Vorstandes für den Berichtszeitraum 1970 bis 1972, der allein 35 Schreibmaschinenseiten umfaßte und den Delegierten schriftlich zur Verfügung gestellt worden war. Nachdem die nächsten Tagesordnungspunkte, der Kassenbericht, der Bericht der Kontrollkommission und die Berichte der Mitgliedsverbände abgewickelt worden waren, wurde dem scheidenden Vorstand die Entlastung einstimmig erteilt. Die Wiederwahl der Verbandsorgane erfolgte einstimmig, wobei zu bemerken ist, daß über Wunsch des Präs. Karrer über seine Wiederwahl geheim mit Stimmzettel abgestimmt worden war und Einstimmigkeit auch in diesem Fall vorlag.

Wahlergebnis:

Präsident	Friedrich Karrer
Vizepräsidenten	Generaldirektor Leopold Millwisch
	Nationalrat Otto Libal
	Landtagsabgeordneter Josef Thoman
	Dir. Hans Wastl
	Franz Schlagenhaufen
	Dipl.-Ing. Friedrich Unger
	Landtagsabgeordneter Ing. Josef Weiser
	Landesrat Martin Müller
	Bundesstaatlicher Fürsorgerat Adolf Schicher
	Dir. Friedrich Weiß
Schriftführer	Bundesminister a.D. Dr. Georg Prader
Schriftführerstellvertreter	Ilse Schulz

Kassier	Josef Würl
Kassierstellvertreter	blieb frei
Vorstandsmitglieder:	
Wien, Niederösterreich und Burgenland	Anton Stanek
	Otto Pohanka
	Dir. Walter Schubert
	Rudolf Wittmann
Hinterbliebenenvertreterinnen	Anni Schön
	Oberschulrat Maria Stadlbacher
	Friederike Wetschka
Oberösterreich	Hans Staudinger
	Nationalrat Rudolf Staudinger
	Bundesrat Dir. Georg Schreiner
Hinterbliebenenvertreterin	Ilse Schulz
Steiermark	Amtsrat Johann Pocsics
	Dr. Karl Schwarzl
Hinterbliebenvertreterin	Landtagsabgeordnete Prof. Traute Hartwig
Kärnten	Dir. Paul Rösch
Hinterbliebenenvertreterin	Aloisia Wilding
Tirol	Gemeinderat Max Baumann
Hinterbliebenvertreterin	Ingeborg Purner
Salzburg	Franz Neuhofer
Hinterbliebenvertreterin	Maria Stifter
Vorarlberg	Arthur Rauth
Hinterbliebenvertreterin	Liebgart Walter
Verband der Kriegsblinden	Alois Poisel
Hinterbliebenvertreterin	Hermine Schimek
Kontrollkommission:	
Wien, NÖ und Bgld.	Heinz Klosternitz
	Stadtrat Josef Koch
	Leopold Novak
Oberösterreich	Amtsrat Ignaz Mühlberger
Steiermark	Dir. Otmar Sekotil
Kärnten	Amtsrat Karl Eberhard
Tirol	Hofrat Dr. Hubert Lemmerer
Salzburg	August Flegel
Vorarlberg	Magnus Lenz
Verband der Kriegsblinden	August Schober

Satzungsmäßige Einbeziehungen Zivilbehinderter erstmals beschlossen

Nun wurde über Antrag des Vorstandes der ZO und des Kriegsopferverbandes für Wien, NÖ. u. Bgld. über eine Satzungsänderung betreffend die Ermöglichung der Erweiterung des von der Organisation zu vertretenden Personenkreises beraten und abgestimmt. Die wesentlichste Änderung betraf den § 2 der Satzungen der ZO, der künftig lauten sollte:

Der ZO obliegt insbesondere

a) die Zusammenfassung sämtlicher in Österreich bestehender Kriegsopferverbände, deren ordentliche Mitglieder nach den jeweils geltenden Gesetzen Kriegs- oder Heeresbeschädigte oder Hinterbliebene nach solchen oder im Sinne des Invalideneinstellungsgesetzes begünstigte Unfall-, Arbeits- oder Zivilinvalide sind.

b) Die Wahrung, Vertretung und Förderung der Interessen der Kriegsbeschädigten, Heeresbeschädigten, der Hinterbliebenen und der im Sinne des Invalideneinstellungsgesetzes begünstigten Unfall-, Arbeits- und Zivilinvaliden.

Die Abstimmung ergab, daß mehr als zwei Drittel der Delegierten sich für die neuen Satzungen entschieden hatten.

Damit hatten die Landesverbände gleichfalls die Möglichkeit ihrerseits die Satzungen des eigenen Verbandes hinsichtlich des zu vertretenden Personenkreises zu erweitern. Ein Zwang dazu bestand nicht.

Nun folgte die Erledigung der eingebrachten Anträge, dann wurde eine sozialpolitische Entschließung einstimmig angenommen.

Festakt

Nach einer Kranzniederlegung am Villacher Waldfriedhof begann am Sonntag, den 20. Mai 1973 um 10.00 Uhr, der Festakt anläßlich des 10. ordentlichen Delegiertentages der ZO der Kriegsopferverbände Österreichs im Kongreßhaus der Stadt Villach. PRÄS. KARRER begrüßte die zahlreich erschienen Ehrengäste. An der Spitze der Vizekanzler Bundesminister für soziale Verwaltung ING. RUDOLF HÄUSER, und der Bundesminister für Verkehr, ERWIN FRÜHBAUER, in Vertretung des Landeshauptmannes war Landesrat DR. RUDOLF GALLOB erschienen. Weiters für den Abgeordnetenklub der FPÖ Nationalrat WERNER MELTER, für den Abgeordnetenklub der SPÖ Klubobmann Nationalrat LEOPOLD GRATZ, für die Freiheitliche Partei Österreichs Primarius Nationalrat OTTO SCRINZI, für die Österreichische Volkspartei WERNER SUPPAN, für die Sozialistische Partei Österreichs Zentralsekretär FRITZ MARSCH und zahlreiche Persönlichkeiten des öffentlichen Lebens, Vertreter von Behörden und Institutionen.

Nach den Begrüßungsansprachen der Ehrengäste hielt Präs. Karrer sein Referat über die Aufgaben der Kriegsopferorganisation. Das Referat wurde mit Beifall aufgenommen. Danach betrat der Bundesminister für soziale Verwaltung Vizekanzler ING. RUDOLF HÄUSER das Rednerpult. Sein Referatsthema lautete: „Die sozialen Verpflichtungen der Industriegesellschaft.“ Er erläuterte die Vielfalt dessen, was unter sozialer Verpflichtung zu verstehen sei und kam zu dem Schluß, daß letztlich alles, das zum Schutz des Menschen geschaffen werde, als soziale Maßnahme bezeichnet werden müsse, und wenn von einem sozialen Staat gesprochen werde, dann sei damit eben ein Staat gemeint, dessen Gesellschaftsordnung den Menschen und seine Bedürfnisse in den Vordergrund stelle. Zum Schluß seiner Ausführungen erwähnte der Sozialminister die in den letzten Jahren geschaffenen Verbesserungen in der Kriegsopferversorgung und sagte, daß man sich auch künftig mit den Vertretern der ZO der Kriegsopferverbände Österreichs zusammensetzen werde, um einen Weg zu suchen, ihren Wünschen soweit wie möglich gerecht zu werden. Nach den mit lautem Beifall bedachten Ausführungen des Sozialministers schloß der Festakt.

14. Generalversammlung des Weltbundes ehemaliger Kriegsteilnehmer und Kriegsopfer

Am 26. November 1973 wurde in Paris in einer feierlichen Sitzung mit hohen Ehrengästen, unter diesen der Präsident der französischen Nationalversammlung, EDGAR FAURE, und der franz. Minister für Kriegsopfer und Veteranen, ANDRÉ BORD, die 14. Generalversammlung des WVF eröffnet. Als österreichische Delegation nahmen an dieser PRÄS. KARRER, KAM. HARDINGER, KAM. HUTTERSTRASSER, KAM. KLOSTERNITZ, KAM. MILLWISCH, KAM. MÜLLER, KAM. NEUHOFER, KAM. SCHUBERT, KAM. STANEK und KAM. WURL teil, die an den Arbeiten der Kommissionen aktiv beteiligt waren.

Die vielen von den Mitgliederverbänden der WVF eingebrachten Resolutionen ließen die Sorge der ehemaligen Kriegsteilnehmer und Kriegsopfer um die Erhaltung des Friedens erkennen. Es war daher verständlich, daß die 14. Generalversammlung die Resolutionen, die sich auf die Erhaltung des Friedens, die Hilfe für die von bewaffneten Konflikten bedrohten Länder, die Verbesserung der Genfer Konvention zum besseren Schutz der Menschenrechte bezogen, einstimmig angenommen hat. Die Generalversammlung war sich aber auch der Bedeutung der verschiedenen Aspekte des Sports und der Erholungsmaßnahmen für Behinderte bewußt, die zur Wiedereingliederung der Behinderten während ihrer Rehabilitation beitragen und begrüßte die fruchtbare Arbeit des internationalen Versehrtensportverbandes, der nicht nur ein großes Forum für den Meinungsaustausch und eine Quelle der internationalen Prinzipien und Normen zur Berufsausbildung darstelle, sondern darüber hinaus auch die Programme des Versehrtensports koordiniert.

Es wurde auch angeregt, da viele Landesorganisationen sehr viele Kriegerwitwen unter den Mitgliedern zählen, die Vertretung der Kriegerwitwen in der Generalversammlung zu fördern.

Im Rahmen der 14. Generalversammlung wurde Obermedizinalrat Primarius Dr. Leopold Zemann für seine Verdienste um die Prothesen- und Orthesentechnik der Rehabilitationspreis der WVF verliehen. Die Überreichung des Preises wurde von den Delegierten heftig und lange akklamiert. Präs. van Lanschot wurde von der Generalversammlung einstimmig wiedergewählt, der Generalsekretär William O. Cooper in seiner Funktion bestätigt. Präs. Karrer wurde wieder zum Generalrat für Österreich gewählt.

1974

Bundespräsident Franz Jonas gestorben

Am 24. April 1974 erlitt das österr. Volk durch das Ableben des Bundespräsidenten Franz Jonas einen schweren Verlust. Die österr. Kriegsopfer aber haben außer ihrem Staatsoberhaupt noch einen aufrichtigen Freund verloren, der als Stadtrat, als Bürgermeister von Wien und erst recht, als er Bundespräsident wurde, Verständnis für die Kriegsopfer hatte, wahres Interesse an ihren Belangen ausdrückte, bereit war, Einladungen der Kriegsopferorganisation zu folgen, um zu den Beschädigten und Hinterbliebenen zu sprechen und Kontakt mit den Kriegsopfern zu halten, um ihnen das Gefühl zu geben, daß ihre Sorgen auch die seinen sind. Österreich trauerte um sein Staatsoberhaupt, die Kriegsopfer aber trauerten darüber hinaus um einen großen Freund.

Bundespräsident Dr. Rudolf Kirchschläger

Von der Mehrheit des österr. Volkes wurde am 23. Juni 1974 Dr. Rudolf Kirchschläger an die Spitze des Staates gestellt. Zu den ersten, die ihm Glückwünsche übermittelten, gehörte die ZO der Kriegsopferverbände Österreichs. Bundespräsident Kirchschläger ist selbst Schwerkriegsbeschädigter und hat als Bundespräsident seine sämtlichen Mitgliedschaften ruhend gestellt, nur die zum Kriegsopferverband für Wien, NÖ und Bgld. nicht.

1975

11. ordentlicher Delegiertentag des Kriegsopferverbandes für Wien, Niederösterreich und Burgenland

FESTAKT DER ZO DER KRIEGSOPFERVERBÄNDE ÖSTERREICHS AUS ANLASS DES 30JÄHRIGEN BESTEHENS DER ORGANISATION

Mit einem Festakt der ZO der Kriegsopferverbände Österreichs aus Anlaß des 30jährigen Bestehens der Organisation begann am Samstag, dem 3. Mai 1975, im Kongreßhaus in Wien der 11. ordentliche Delegiertentag des Kriegsopferverbandes für Wien, Niederösterreich und Burgenland. Der Festakt stand unter dem Motto: „Frieden und mehr Gerechtigkeit." Ihm wohnten als besondere Ehre der österreichische Bundespräsident Dr. Rudolf Kirchschläger, Mitglieder der Bundesregierung und hohe in- und ausländische Gäste bei.

Der Präsident der ZO, FRIEDRICH KARRER, begrüßte die Festgäste, besonders Bundespräsident DR. RUDOLF KIRCHSCHLÄGER, der schon beim Betreten des Saales von den Delegierten mit herzlichem Beifall begrüßt worden war, ferner den Präsidenten des Nationalrates, ANTON BENYA, den Bundesminister für soziale Verwaltung, Vizekanzler ING. RUDOLF HÄUSER, den Bundesminister für Finanzen, DR. HANNES ANDROSCH, den Bundesminister für Landesverteidigung, Brigadier KARL LÜTGENDORF, die Bundesministerin für Gesundheit und Umweltschutz, Frau DR. INGRID LEODOLTER, den Bürgermeister der Bundeshauptstadt Wien, LEOPOLD GRATZ, den dritten Präsidenten des Nationalrates, OTTO PROBST, die Abgeordneten zum Nationalrat KARL SEKANINA, DR. HERBERT KOHLMEIER und DR. TASSILO BROESIGKE, die auch als offizielle Sprecher der drei im Parlament vertretenen politischen Parteien erschienen waren, weiters die Nationalratsabgeordneten OTTO LIBAL, RUDOLF STAUDINGER und WERNER MELTER, die ein besonderes Naheverhältnis zur Kriegsopferorganisation haben, da sie seit vielen Jahren Vorstandsmitglieder der ZO sind, ferner leitende Beamte von Behörden und Institutionen. Der Präsident der ZO, Friedrich Karrer, begann seine Festansprache mit einem Rückblick auf die Gründung des Kriegsopferverbandes und die inzwischen erreichten Erfolge. Er erinnerte an die Versprechen der im Parlament vertetenen Parteien und forderte mehr Gerechtigkeit für Kriegsopfer.

Ehrenring für Bundesminister Ing. Rudolf Häuser

Nach seiner Festansprache wandte er sich an den Bundesminister für soziale Verwaltung, Ing. Häuser, und überreichte dem Minister den Ehrenring des Kriegsopferverbandes für Wien, Niederösterreich und Burgenland. Eine Auszeichnung, die bisher nur 5 Personen zuteil geworden ist, und er verband damit den aufrichtigen Dank der Kriegsopfer für die in der Zeit der Ministerschaft von Ing. Häuser durchgeführten Gesetzesänderungen, vor allem aber für zum Wohle der Kriegsopfer und der Behinderten geleistete zusätzliche materielle Unterstützung. Bundesminister Ing. Häuser dankte für die Auszeichnung und ging dabei auf seine anläßlich der 25-Jahr-Feier der Kriegsopferorganisation gehaltenen Rede ein, bei der er aus seinem Gefühl der Gerechtigkeit heraus in der Erfüllung von Forderungen den Schwerpunkt auf die soziale Hilfe gelegt sehen wollte. Er schloß mit den Worten:

„Wenn wir also nach dem Frieden streben, dann sollten wir nicht nur jenen Frieden meinen, der frei ist von Kriegslärm, sondern auch den Frieden, durch den die Menschen frei sind, durch den sie die Möglichkeit haben, ihre eigenen Entscheidungen zu treffen, die materielle und kulturelle Lage gesichert zu haben, sich frei entwickeln zu können. Solange ich in dieser verantwortlichen Funktion bin, werde ich im Interesse dieses Friedens, wie ich ihn vorgetragen habe, und dieser mehr Gerechtigkeit, wie ich sie dargelegt habe, eintreten."

Höhepunkt und Abschluß der Feierstunde war die Ansprache von Bundespräsident DR. RUDOLF KIRCHSCHLÄGER. Er führte aus:

„In zweifacher Eigenschaft komme ich heute zu Ihnen und nehme mit einer starken inneren Bewegung an diesem eindrucksvollen Festakt teil, als Bundespräsident der Republik Österreich und als Mitglied eines Ihrer Landesverbände. Als Bundespräsident überbringe ich Ihnen die Grüße und Wünsche des österreichischen Volkes, dessen Teil wir alle sind. Die Kriegsopferverbände Österreichs haben von der ersten Stunde des Jahres 1945 an in einer großartigen Weise an einem demokratischen Aufbau unserer Zweiten Republik mitgeholfen, und die Kriegsopfer, selbst gezeichnet durch die Härte und die Grausamkeit eines Krieges, waren mit die großen Verfechter einer friedlichen Zukunft unserer Republik. Dafür sei Ihnen allen aufrichtige Anerkennung zum Ausdruck gebracht und herzlicher Dank gesagt.

Ich komme aber auch zu Ihnen, als einer von Ihnen, der so wie viele tausend andere noch täglich an seine Verwundung erinnert wird, um als Mitglied des Verbandes, allen Funktionären der Kriegsopferverbände und der Zentralorganisation in Ihrer aller Namen aufrichtigen Dank dafür zu sagen, daß seit der Gründung der Organisation vor 30 Jahren bis zum heutigen Tag die Funktionäre der österreichischen Kriegsopferverbände der Zentralorganisation sich in einer wahrhaft aufopfernden Weise unermüdlich für die Kriegsopfer eingesetzt haben."

Mit einem Appell zur Erhaltung des Friedens und dem Ausdruck der Überzeugung, daß die Zentralorganisation auch in Zukunft ihren Aufgaben gerecht werden wird, wünschte er, die Arbeit möge weiterhin von Erfolg begleitet sein. Zum Abschluß des Festaktes erklärte Präs. Karrer, daß die Kriegsopferverbände auch in Zukunft unbeirrbarer Anwalt der Interessen der Kriegsopfer und Behinderten sein werden. Namens der Kriegsopfer legte er neuerlich das Bekenntnis zur demokratischen Republik Österreich ab.

Nach dem Festakt am 3. Mai 1975 wurde der Delegiertentag des Kriegsopferverbandes für Wien, NÖ und Bgld. um 14.00 Uhr mit Begrüßungsworten der ausländischen Gäste eröffnet, und zwar von den Begrüßungsansprachen von Bundesvorsitzenden RUDOLF KLEINE vom Reichsbund Deutschlands, von Bundesvorsitzenden KARL WEISHÄUPL vom VDK Deutschland und vom Landesobmann des Vorarlberger Kriegsopferverbandes, Landesstatthalter MARTIN MÜLLER, er überbrachte die Grüße der Bruderverbände. Es folgte die Ansprache von Sektionschef DR. BURKHART BIRTI, der für Kriegsopferfragen betraute leitende Beamte des Bundesministeriums für soziale Verwaltung.

Über Vorschlag der Wahlkommission ergab die Neuwahl folgendes Ergebnis:

Präsident	Friedrich Karrer
Vizepräsidenten	Generaldirektor Leopold Millwisch Ministerialkanzleidirektor Walter Schubert Heinz Klosternitz Dir. Friedrich Weiß Dir. Franz Graschitz Regierungsrat Hans Wastl
Schriftführer	Bundesminister a.D. Abg. z. NR Dr. Georg Prader
Schriftführerstellvertreter	Walter Müller
Kassier	Josef Würl
Kassierstellvertreter	Regierungsrat Josef Hickel
Beisitzer im Vorstand	Rupert Hudl Josef Keusch Leopold Novak Leopold Pamperl Otto Pohanka Amtsdirektor Leopold Preinerstorfer

	Alfred Silldorff
	Leo Temper
	Rudolf Wittmann
Hinterbliebenenvertreterinnen im Vorstand	
	Anni Schön
	Oberschulrat Maria Stadlbacher
Beisitzer im Hauptausschuß	Karl Berger
	Josef Brunner
	Franz Daim
	Robert Fischer
	Helmut Genitheim
	Karl Lebensorger
	Leopold Mayer
	Kommerzialrat Karl Ruschka
	Leopold Schauer
	Anton Stanek
	Oswald Vigl
	Richard Waidhofer
	Karl Wallner
	Ing. Hugo Wolf
Hinterbliebenenvertreterinnen im Hauptausschuß	
	Maria Dangl
	Maria Ganauser
	Friederike Wetschka
	Rosa Wocasek
Verbandskontrolle	Franz Bacher
	Dr. Johann Hacker
	Franz Hirschler
	Stefan Klanatzky
	Stadtrat Josef Koch
	Walter Lausch
	Jakob Paar
	Johann Rammel
	Vortragender Hofrat Dr. Leonhard Riemer
	Rechnungsrat Johann Spannbauer
	Kurt Warthbichler
	Amtsdirektor Franz Zehetner

Zum Ehrenmitglied des Kriegsopferverbandes für Wien, NÖ und Bgld. wurde in Anbetracht seiner jahrezehntelangen Tätigkeit als Vorsitzender der Invalidenvertrauensmänner im öffentlichen Dienst Kam. FERDINAND GLÜCK ernannt.

Mitgliedschaft für Zivilbehinderte erstmals möglich

Der 11. Delegiertentag hat eine Satzungsänderung beschlossen, nach der mit 1. Juni 1975 alle österr. Staatsbürger, deren Erwerbsfähigkeit infolge einer Gesundheitsschädigung um mindestens 50 v.H. gemindert ist, Mitglieder des Kriegsopferverbandes für Wien, NÖ. und Bgld. werden können. Im Zusammenhang mit dieser Satzungsänderung wurde auch eine andere Frage bereinigt: Witwen, Waisen und Eltern, die nach dem Tod eines 30 oder 40%igen Beschädigten keinen Anspruch auf Versorgung nach dem Kriegsopferversorgungsgesetz hatten, können nunmehr Mitglied des Verbandes werden. Nun beschloß der Delegiertentag die Grundsatzerklärung zur Kriegsopferversorgung, zur sozialen Sicherheit und zur Eingliederung Behinderter in die Organisation. Nach Erledigung der eingebrachten Anträge und des Tagesordnungspunktes Allfälliges wurde der Delegiertentag geschlossen.

1976

Wesentliche Erleichterung bei der Einhebung des Mitgliedsbeitrages

Mit Genehmigung des Bundesministeriums für soziale Verwaltung konnte erreicht werden, daß ab 1. Jänner 1976 der Mitgliedsbeitrag automatisch von der Rente einbehalten und an den Verband überwiesen wird. Es war dazu notwendig, daß die Mitglieder eine Abtretungserklärung auf ihrer Vollmacht unterschreiben, die die Buchhaltung des Landesinvalidenamtes berechtigte, die Abwicklung in dieser Form vorzunehmen. Es war dies eine dankenswerte Erleichterung für Mitglieder und Ortsgruppenfunktionäre.

11. ordentlicher Delegiertentag der ZO der Kriegsopferverbände Österreichs

Die ZO der Kriegsopferverbände Österreich beging ihren 11. ordentlichen Delegiertentag am 23. Mai 1976 im großzügig und modern ausgestatteten Kongreßhaus in Innsbruck.

Der Landesobmann des Tiroler Kriegsopferverbandes, Landtagsabgeordneter JOSEF THOMAN, eröffnete die Tagung und konnte zu der mit festlicher Musik umrahmten Feierstunde zahlreiche Ehrengäste begrüßen. Darunter den Bundesminister für soziale Verwaltung, Vizekanzler ING. RUDOLF HÄUSER, den Landeshauptmannstellvertreter von Tirol, PROF. DR. FRITZ PRIOR, den Bürgermeister der Stadt Innsbruck, Landtagspräsident DDR. LUGGER und als Vertreter der politischen Parteien die Abgeordneten DR. KARL REINHART (SPÖ) und DR. ALBERT SCHMIDT (FPÖ). Die ÖVP hatte zu ihrem Sprecher Bürgermeister LUGGER ausersehen. Weiters die Tiroler Landesräte DR. LUIS BASSETTI und ERNST FILLI und FRIDOLIN ZANON sowie viele Pesönlichkeiten des öffentlichen Lebens, hohe Beamte von Behörden und Institutionen.

PRÄS. KARRER dankte zu Beginn seiner Ansprache dem Tiroler Kriegsopferverband für die vorbildliche Organisation und freundliche Atmosphäre, in der dieser Delegiertentag in Innsbruck seinen Anfang genommen habe. Nach einem historischen Rückblick kam er auf die Kriegsopferversorgung zu sprechen, betonte, daß vieles erreicht worden sei, aber daß man sich noch nicht abgefunden habe, daß die letzte Novelle zum Kriegsopferversorgungsgesetz in vier statt in ursprünglich vorgesehenen drei Jahresetappen zum Tragen kommen werde.

Nach einem kurzen Hinweis auf die internationale Tätigkeit wurde zur Ernennung von Ehrenmitgliedern übergeleitet. Er betonte, daß aus der Seltenheit, mit der die Ehrenmitgliedschaft der ZO verliehen werde – erst neun Personen wurde diese Ehre zuteil – man erkennen könne, daß es eine wohlüberlegte Auszeichnung sei, die man hier vergebe. Dann überreichte

Präs. Karrer mit einer kurzen Schilderung der für die Auszeichnung maßgebenden Verdienste dem Bundesminister für soziale Verwaltung, Ing. Rudolf Häuser, dem Sektionschef im Bundesministerium für soziale Verwaltung, Dr. Burkhart Birti und dem bis zur letzten Funktionsperiode tätig gewesenen Präsidenten des Kriegsopferverbandes Steiermark, dem bundesstaatlichen Fürsorgerat Franz Schlagenhaufen die Urkunden über die Verleihung der Ehrenmitgliedschaft der ZO der Kriegsopferverbände Österreichs. Sozialminister Ing. Rudolf Häuser dankte namens der neuen Ehrenmitglieder für die Auszeichnungen und meinte, man solle gar nicht so sehr die Erfolge eines Menschen, als sein Bemühen anerkennen, die Bestrebungen eines Menschen, für andere etwas zu erreichen. Die höchste Anerkennung, sagte der Sozialminister, die sich selber jemand am Ende seines arbeitsreichen Lebens zollen kann, ist die, sagen zu können, ich war dabei, und ich habe mitgeholfen. Der Sozialminister brachte dann seine grundsätzlichen Gedanken, nicht nur zu den Problemen der Kriegsopfer, sondern zum Themenkreis der Sozialhilfe überhaupt zum Ausdruck, umriß die Möglichkeiten, aber auch die Grenzen der sozialen Fürsorge, die mit dem Umfang des gesamten Nationalprodukts im Einklang stehen müssen. Der Minister schloß seine Rede mit dem nochmaligen Dank für die ihm verliehene Ehrenmitgliedschaft und wurde von den Zuhörern mit herzlichem Beifall bedacht.

Am Samstag nachmittag begann die Arbeitstagung. Den Tätigkeitsbericht des Vorstandes brachte Präs. Karrer im wesentlichen über die organisatorischen, fürsorgerischen und die Gesetzgebung beeinflussenden Aktivitäten, sowie über die internationale Betätigung.

Nach dem Bericht des Kassiers und der Kontrollkommission sowie der vom Delegiertentag erteilten Entlastung erfolgte die Neuwahl der Verbandsorgane wie folgt:

Präsident	Friedrich Karrer
Vizepräsidenten	Nationalrat Otto Libal (Oberösterreich) Kommerzialrat Leopold Millwisch (Wien) Landesstatthalter Martin Müller (Vorarlberg) Bundesstaatlicher Fürsorgerat Adolf Schicher (Kärnten) Medizinalrat Dr. Karl Schwarzl (Steiermark) Landtagsabgeordneter Josef Thoman (Tirol) Dipl.-Ing. Friedrich Unger (Verband der Kriegsblinden) Regierungsrat Hans Wastl (Burgenland) Kommerzialrat Josef Weiser (Salzburg) Dir. Friedrich Weiß (Niederösterreich)
Vorstand	Nationalrat Dr. Georg Prader (Schriftführer; Wien, NÖ und Bgld.) Otto Pohanka (Kassier; Wien, NÖ und Bgld.) Gemeinderat Max Baumann (Tirol) Johann Keusch (Wien, NÖ und Bgld.) Stadtrat Manfred Krenn (Steiermark) Franz Neuhofer (Salzburg) Amtsrat i. R. Johann Pocsics (Steiermark) Alois Poisel (Verband der Kriegsblinden) Landtagsabgeordneter Arthur Rauth (Vorarlberg) Dir. Paul Rösch (Kärnten) Alfred Silldorff (Wien, NÖ und Bgld.) Bundesrat Dir. Georg Schreiner (Oberösterreich) Dir. Walter Schubert (Wien, NÖ und Bgld.) Anton Stanek (Wien, NÖ und Bgld.) Hans Staudinger (Oberösterreich) Abgeordneter zum Nationalrat Rudolf Staudinger (Oberösterreich) Rudolf Wittmann (Wien, NÖ und Bgld.)

Hinterbliebenenvertreterinnen im Vorstand

Landtagsabgeordneter Prof. Traute Hartwig (Steiermark)
Ingeborg Purner (Tirol)
Hermine Schimek (Verband der Kriegsblinden)
Anni Schön (Wien)
Ilse Schulz (Oberösterreich)
Oberschulrat Maria Stadlbacher (Niederösterreich)
Maria Stifter (Salzburg)
Liebgart Walter (Vorarlberg)
Friederike Wetschka (Burgenland)
Aloisia Wilding (Kärnten)

Kontrollkommission Hofrat Dr. Hubert Lemmerer (Obmann, Kärnten)
Amtsdirektor Ignaz Mühlberger (Obmannstellvertreter, Oberösterr.)
Amtsrat Karl Eberhard (Kärnten)
August Flegel (Salzburg)
Heinz Klosternitz (Wien, NÖ und Bgld.)
Stadtrat Dir. Josef Koch (Wien, NÖ und Bgld.)
Magnus Lenz (Vorarlberg)
Leopold Novak (Wien, NÖ und Bgld.)
August Schober (Verband der Kriegsblinden)
Oberschulrat Dir. Otmar Sekotill (Steiermark)

Mit der Wahl der Verbandsorgane endete der erste Tag des Delegiertentages. Am Sonntag, dem 23. Mai 1976, beschloß der Delegiertentag eine Änderung der Satzungen der ZO. Es handelte sich dabei größtenteils um formelle Korrekturen, nicht aber um grundlegende Änderungen der Struktur der ZO.

Die Anträge an den Delegiertentag wurden einhellig beschlossen und fanden größtenteils im Detailprogramm der ZO ihren Niederschlag. Das Hauptanliegen der Kriegsopfer war in der einstimmig angenommenen sozialpolitischen Erklärung zusammengefaßt, das die Themenkreise Kriegsopferversorgung, Eingliederung Invalider und soziale Sicherheit umfaßte.

1977

Vorstandssitzung der ZO der Kriegsopferverbände Österreichs am 31. Jänner 1977

Der Vorstand der ZO befaßte sich in seiner Sitzung vom 31. Jänner 1977 nach der Entgegennahme eines umfassenden Berichtes von Präs. Karrer mit allen im Herbst vergangenen Jahres beschlossenen Sozialgesetzen und den offenen Forderungen der Kriegsopfer in allen Rechtsbereichen. Einen besonderen Raum nahmen auch die noch offenen Wünsche aus der Kriegsopferversorgung und in bezug der immer dringender werdenden Probleme einer auf die körperliche Behinderung Rücksicht nehmenden vorzeitigen Altersversorgung Schwerbeschädigter ein. Die hiezu notwendigen Eingaben an das Bundesministerium für soziale Verwaltung wurden einstimmig zur Kenntnis genommen.

Sonderkrankenhaus am Zicksee erweitert

Am 2. Mai 1977 konnte Sozialminister Dr. Gerhard Weissenberg die Zubauten in der Sonderkrankenanstalt für Erkrankungen des Stütz- und Bewegungsapparates am Zicksee eröffnen. Mit dem Bundesminister waren viele Gäste gekommen, um sich mit den Kriegsopfern über das Neugeschaffene zu freuen, so Bundesminister a.D. Ing. Rudolf Häuser, der burgenländische Landeshauptmann Theodor Kerry, Landeshauptmannstellvertreter Franz Soronics mit Landesrat Dr. Gerald Mader und Regierungsrat Dr. Erich Landl, der niederösterreichische Landeshauptmann Ökonomierat Andreas Maurer und Frau Landesrat Anna Körner sowie leitende Beamte des Bundesministeriums für soziale Verwaltung, des Bundesministeriums für Gesundheit und Umweltschutz und des Bundesministeriums für Finanzen. Auch der Bürgermeister der Gemeinde Andau, Anton Ziniel, mit dem Vizebürgermeister Josef Mauersics und zahlreiche Freunde aus den Reihen der Kriegsopfer.

Bei der Eröffnungsansprache verwies Präs. Karrer nach den Begrüßungsworten auf den 10jährigen Werdegang der Anlage. 1967 als Erholungszentrum konzipiert, wurde sie bereits ein Jahr später in eine Therapieanlage für die Behandlung von Erkrankungen des Stütz- und Bewegungsapparates erweitert und nun mit Zubauten, die rund 35 Mill. Schilling kosteten, komplettiert. Er zählte im Detail die Beiträge der einzelnen Länder und Institutionen auf.

Der Bundesminister für soziale Verwaltung, Dr. Gerhard Weissenberg, umriß die Problematik des Lebens von Behinderten und daß die Aufgabe der Allgemeinheit in diesem Bereich mehr als vielfältig sind. Er dankte am Schluß seiner Ansprache den Initiatoren und den Ausführenden, die dieses Werk vollbrachten und wünschte, daß die Liebe und Aufopferung, mit der hier alles getan wurde und wird, den Patienten den Weg zur Gesundheit erleichtern und verschönern mögen. Es folgte ein Rundgang durch die Anlagen, wobei den Anwesenden zu Bewußtsein gebracht wurde, daß beim Zusammenwirken vieler gutgesinnter Menschen jene Werke zustande kommen, die auf Jahrzehnte hinaus allen eine humanitäre Aufgabe erfüllen helfen.

1978

12. ordentlicher Delegiertentag des Kriegsopferverbandes für Wien, Niederösterreich und Burgenland

Am 15. April 1978 fand im Haus der Begegnung Rudolfsheim in Wien der 12. ordentliche Delegiertentag des Kriegsopferverbandes für Wien, NÖ und Bgld. statt. Neben den rund 300 Delegierten aus Wien, NÖ und Bgld. nahmen der Bundesminister für soziale Verwaltung, DR. GERHARD WEISSENBERG, der Bürgermeister der Landeshauptstadt Wien, LEOPOLD GRATZ, die Abgeordnete zum Nationalrat, Frau ANNELIESE ALBRECHT, als Vertreterin der SPÖ, der Wiener Stadtrat WALTER LEHNER als Vertreter der ÖVP und DR. JÖRG SCHMIDBAUER als Vertreter der FPÖ, der Militärkommandant von Wien, Brigadier KARL SCHREMS, und Oberst ROBERT LENDENFELD als Vertreter des Armeekommmandanten und als Vertreter des österr. Bundesheeres teil; ferner die leitenden Beamten des Bundesministeriums für soziale Verwaltung, des Finanzministeriums und vieler Behörden und Institutionen sowie die Vizepräsidentin der Arbeitsgemeinschaft für Rehabilitation, Frau Bundesminister a.D. GRETE REHOR.

Ehrung von Sektionschef Dr. Birti und Bundesministerin a. D. Grete Rehor

Der ehemalige Sektionschef und damals Vorsitzender der Schiedskommission beim Landesinvalidenamt, Dr. Burghart Birti, wurde zum Ehrenmitglied des Verbandes ernannt, und unter besonders herzlichem Beifall der Anwesenden erhielt Frau Grete Rehor, Vizepräsidentin der Arbeitsgemeinschaft für Rehabilitation und ehemals Sozialministerin, den bisher erst an fünf Personen verliehenen Ehrenring des Kriegsopferverbandes für Wien, NÖ und Bgld.

Nun nahm Herr Sozialminister Dr. Gerhard Weissenberg zu den Fragen der Kriegsopfer Stellung. Anschließend forderte Präsident Karrer in seiner Rede die Erfüllung der noch offenen Forderungen. Er schloß mit den Worten:

„Mögen Sie Ihre Kräfte zu dem größten Kreuzweg sammeln, den die Geschichte gebracht hat, einen Kreuzweg für Frieden, Freiheit und Gleichberechtigung!“

Verbandsname geändert

Der nächste Tagesordnungspunkt enthielt den Antrag des Hauptausschusses auf Änderung des § 1 der Satzung. Der bisherige Name des Verbandes, nämlich „ Kriegsopferverband für Wien, Niederösterreich und Burgenland“ sollte auf „Kriegsopfer- und Behindertenverband für Wien, Niederösterreich und Burgenland“ erweitert werden. In der Begründung dieses Antrages hieß es, daß die Erfahrung gemacht wurde, daß die Erfassung der nach dem Invalideneinstellungsgesetz begünstigten Personen aus dem zivilen Kreis schwierig ist, weil Zivilinvalide durch den Titel „Kriegsopferverband“ fehlgeleitet werden und annehmen, daß der Verband nur Kriegsversehrte betreue. Nach den durchgeführten Debatten stimmten mehr als zwei Drittel der Delegierten für die Erweiterung des Namens.

Die Neuwahl brachte keine wesentlichen Änderungen.

Präsident	Friedrich Karrer
Vizepräsidenten	Kommerzialrat Leopold Millwisch Direktor Walter Schubert Heinz Klosternitz Dir. Friedrich Weiß Reg.-Rat Franz Graschitz und Reg.-Rat Hans Wastl
Schriftführer	Nationalrat Dr. Georg Prader

Schriftführer-Stellvertreter	Walter Müller
Kassier	Otto Pohanka
Kassier-Stellvertreter	Leopold Pamperl
Vorstand	Rupert Hudl Johann Keusch Leopold Novak Leopold Preinersdorfer Alfred Silldorff Anton Stanek OSR Josef Stefan Leo Temper Rudolf Wittmann
Witwenvertreterinnen	Anni Schön OSR Maria Stadlbacher
Hauptausschuß	Karl Berger Josef Brunner Franz Daim Robert Fischer AR Helmut Genitheim Karl Lebensorger Leopold Mayer AR Rudolf Nußbaum Lepold Schauer August Traxler Oswald Vigl Richard Waidhofer Karl Wallner Ing. Hugo Wolf
Hinterbliebenenvertreterinnen	Maria Dangl Maria Ganauser Friederike Wetschka Rosina Wocasek
Verbands-Kontrolle	Franz Bacher Hofrat Dr. Erich Czwiertnia Dr. Johann Hacker Franz Hirschler Stefan Klanatzky Josef Koch Walter Lausch Jakob Paar Johann Rammel Hofrat Dr. Leonhard Riemer Rechnungsrat Johann Spannbauer Komm.-Rat Kurt Warthbichler

1979

12. ordentlicher Delegiertentag der Zentralorganisation der Kriegsopferverbände Österreichs

Am 23. und 24. Juni 1979 fand in den Räumen des Brucknerhauses Linz der 12. ordentliche Delegiertentag der Zentralsorganisation der Kriegsopferverbände Österreichs statt, an dem rund 300 Delegierte aus ganz Österreich teilnahmen. Vor der Eröffnung des Delegiertentages fand ebenfalls im Brucknerhaus in Linz unter dem Motto „60 Jahre Arbeit für die Kriegsopfer" ein gemeinsamer Festakt des Bundesministeriums für Soziale Verwaltung und der Zentralorganisation der Kriegsopferverbände Österreichs statt. Die eindrucksvolle Feier wurde durch die Teilnahme von Bundespräsident Dr. Rudolf Kirchschläger und des Sozialministers Weißenberg ausgezeichnet. Neben den 300 Delegierten des Verbandstages waren Gastdelegierte aus allen Bundesländern und zahlreiche Ehrengäste aus dem In- und Ausland erschienen. Vizepräsident Nationalrat a.D. OTTO LIBAL konnte neben dem Bundespräsidenten und dem Sozialminister den dritten Präsidenten des Nationalrates, Nationalratsabgeordneten RUDOLF THALHAMMER, der auch als Vertreter des Parlamentsklub der Sozialistischen Partei Österreichs gekommen war, den Nationalratsabgeordneten DR. WALTER SCHWIMMER als Vertreter des Parlamentsklubs der Österreichischen Volkspartei und den Nationalratsabgeordneten FRIEDRICH PETER als Vertreter des Parlamentsklubs der Freiheitlichen Partei Österreichs begrüßen, ferner den Landeshauptmann von Oberösterreich, DR. JOSEF RATZENBÖCK, als persönlichen Vertreter des Landeshauptmannes von Tirol den Landtagsabgeordneten JOSEF THOMAN, den Bürgermeister der Stadt Linz, FRANZ HILLINGER, als persönlichen Vertreter des Armeekommandanten Oberst ROBERT SCHMIDT und den Adjudanten des Bundespräsidenten, Oberst SCHAFFER, als Vertreter der Österreichischen Volkspartei Bundesminister a. D. DR. GEORG PRADER, als Vertreter der Sozialistischen Partei Österreichs Landesrat ING. HERMANN REICHL, den Sozialattaché der Botschaft der Bundesrepublik Deutschland, Botschaftsrat WALTER FRANZ SCHLESER, leitende Beamte der Behörden und Institutionen, im besonderen den Generalsekretär der World Veterans Federation, SERGE WOURGAFT.

Den Höhepunkt des Festaktes bildete die Ansprache des Herrn Bundespräsidenten DR. RUDOLF KIRCHSCHLÄGER. Er sagte:

„Mit wirklicher innerer Anteilnahme und mit Freude bin ich zu dem gemeinsamen Festakt gekommen, den das Bundesministerium für soziale Verwaltung und die Zentralorganisation der Kriegsopferverbände Österreichs veranstalten, um der 60jährigen Arbeit für die Kriegsopfer geziemend zu gedenken. Ich sehe darin ein erneutes Bewußtmachen der großen und unvorstellbaren Opfer, die die Kriegsopfer bringen mußten, allen voran die Frauen, die als Mütter ihren Sohn, als Ehefrauen ihren liebsten Menschen, den sie auf Erden hatten, verloren haben. Ich gedenke dabei auch der Männer, nicht nur jener, die gefallen sind und deren wir heute auch stehend gedachten, sondern auch jener, die nach ihrer Verwundung ein hartes, ein bitteres, ein enttäuschendes Leben für sich selbst und für ihre Familien erwartete. Diesen allen gilt, so scheint mir heute, dieser gemeinsame Festakt."

Nach Dankesworten an den Bundesminister, die Beamten des Ministeriums und die Landesinvalidenämter betonte er, daß, wenn es irgendwo richtig ist, von einer Interessenvertretung zu sprechen, dann glaube er, verdiene es die Zentralorganisation und die einzelnen in ihr zusammengeschlossenen Kriegsopferverbände im wahrsten und besten Sinne des Wortes, und zwar alle, die in diesen Verbänden arbeiten, vor allem auch jene, die in den einzelnen Ortsgruppen tätig sind und dort immer wieder ihren Mitbürgern, den Kriegsopfern, zur Verfügung stehen. Er erklärte, daß er nach seinem Amtsantritt die Mitgliedschaft bei den verschiedenen Vereinen und Verbänden ruhen ließ, mit einer Ausnahme: Er habe die Mitgliedschaft beim Kriegsopferverband nicht ruhen lassen, sondern aufrechterhalten, weil er sie vereinbar halte im wahrsten Sinne des Wortes mit der Pflicht, für alle Mitbürger dazusein und weil er in dieser Mitgliedschaft auch eine schuldige Dankespflicht an die Kriegsopferorganisation erblicke. Abschließend dankte er dem Präsidenten Karrer für die in 20 Jahren geleistete Arbeit und schloß:

„Alle Kriegsopfer Österreichs, aber auch die Opfer im Kampf für ein freies, demokratisches Österreich, alle Witwen, alle Waisen, alle Verwundeten und Versehrten grüße ich heute bei diesem Anlaß kameradschaftlich. Niemand kann den Kriegsopfern das ersetzen, was sie als Opfer erbracht, was sie verloren haben. Es bleibt daher für alle, die in einem Staat offensichtliche Verantwortung tragen, neben der Obsorge für eine Erleichterung schwerer Schäden, wie die Kriegsopfer erlitten haben, auch noch eine gleich wichtige Arbeit. Es ist dies die Arbeit für den Frieden. Es muß einmal in der Welt eine Zeit kommen, in der der Begriff ‚Kriegsopfer' ein historischer Begriff ist, weil es keine Kriegsopfer mehr geben wird.

Vergessen wir aber bei diesem Ringen um den Frieden, bei diesem steten Bemühen nicht, daß Friede und Gerechtigkeit ein Geschwisterpaar sind, bei dem einer ohne das andere nicht leben kann. Sorgen wir daher mit allem, was wir tun, für Gerechtigkeit, und seien wir Mahner für Gerechtigkeit, sorgen wir in allem, was wir tun, für den Frieden, und seien wir auch Mahner für den Frieden."

Langanhaltender Beifall dankte dem Bundespräsidenten für seine Worte. Nun folgte die Ansprache des Sozialministers DR. WEISSENBERG. Er erinnerte unter anderem daran, daß die kleine und völlig verarmte Republik Österreich durch das Invalidenentschädigungsgesetz vom 25. April 1919 etwas vollbrachte, was bis dahin keinem Staat gelungen war. Die Schaffung dieses Gesetzes, an dem die neugebildete Interessenvertretung der Kriegsopfer mitwirkte, war in erster Linie ein Verdienst von Ferdinand Hanusch. Es ist auch heute noch für unser Versorgungssystem von grundsätzlicher Bedeutung. Nach dem historischen Rückblick auf die Zeit der Inflation und auf die verschlechternden Einschränkungen der karitativen Fürsorge durch Einsparungen der Bundesregierung im Budget der damaligen Zeit und auf die Ersetzung des Invalidenentschädigungsgesetzes nach der Besetzung Österreichs durch das Reichsversorgungsgesetz am 1. Oktober 1938 und auf die historische Entwicklung nach 1945 betonte er: „Die Bundesregierung wird sich auch künftighin ihrer Verpflichtung den Kriegsopfern gegenüber bewußt sein, indem sie die ausreichende Versorgung und die soziale Absicherung dieses Personenkreises als einen der Schwerpunkte ihrer Regierungsposition ansieht."

Nach Beendigung des Festaktes begann die Arbeitstagung des Delegiertentages. Bundesrat a.D. Karrer brachte den Bericht über die Tätigkeit des Vorstandes in den Jahren 1976 bis 1979. Anschließend brachte Kamerad Otto Pohanka den Kassenbericht. Hofrat Dr. Lemmerer erstatte den Kontrollbericht, und der Delegiertentag beschloß einstimmig die Entlastung des Vorstandes. Die Wahl des neuen Verbandsvorstandes erfolgte einstimmig. Der neue Vorstand und die neue Kontrollkommission setzten sich wie folgt zusammen:

Präsidium	
Präsident	Friedrich Karrer
Vizepräsidenten	Nationalrat Otto Libal
	Rudolf Wittmann
	Landesstatthalter Martin Müller
	Bundesstaatlicher Fürsorgerat Adolf Schicher
	Medizinalrat Dr. Karl Schwarzl
	Landtagsabgeordneter Josef Thoman
	Bundesstaatlicher Fürsorgerat Alois Poisel
	Regierungsrat Hans Wastl
	Franz Neuhofer
	Dir. Friedrich Weiß
Schriftführer	NR Bundesminister a.D. Dr. Georg Prader
Kassier	Otto Pohanka
Vorstandsmitglieder	Dir. Walter Schubert

	Anton Stanek
	Alfred Silldorff
	Johann Keusch
	Bundesrat Dir. Georg Schreiner
	AR Hans Staudinger
	Nationalrat Rudolf Staudinger
	AR i.R. Johann Pocsics
	Stadtrat Manfred Krenn
	Dir. Paul Rösch
	Gemeinderat Max Baumann
	Franz Greiseder
	Landtagsabgeordneter Arthur Rauth
	Bundesstaatl. Fürsorgerat August Schober
Hinterbliebenenvertreterinnen	Anni Schön
	Oberschulrat Maria Stadlbacher
	Friederike Wetschka
	Ilse Schulz
	Wirkl. Hofrat Landtagsabgeordnete Traute Hartwig
	Aloisia Wilding
	Ingeborg Purner
	Anna Zuchristian
	Liebgart Walter
	Josefa Capek
Kontrollkommission	Hofrat Dr. Hubert Lemmerer
	Regierungsrat Ignaz Mühlberger
	Heinz Klosternitz
	Dr. Robert Kaufmann
	Leopold Novak
	Stadtrat Josef Koch
	Josef Schallhart
	Magnus Lenz
	Josef Ruprechtsberger
	Friedrich Ritzmaier

Nach Abwicklung der weiteren Tagsordnungspunkte wurde der Delgiertentag geschlossen.

Welttreffen über Abrüstung

Rund 600 Delegierte, Kriegsopfer und Kriegsteilnehmer aus 54 Ländern kamen Ende Oktober 1979 in Rom zu einem Welttreffen über Abrüstung zusammen. Unter den Vertretern von 135 nationalen und internationalen Organisationen befand sich eine Delegation der Zentralorganisation der Kriegsopferverbände Österreichs unter Führung von Vizepräsident FRANZ NEUHOFER. Über die Unterschiede von Religion, Rasse, Kultur und Weltanschauung hinweg stimmte man darin überein, daß das Wettrüsten beendet und eine kontrollierte und ausgewogene Abrüstung eingeleitet werden müsse, um den Frieden und die Existenz der Menschheit zu wahren. In diesem Geiste nahmen die Teilnehmer einmütig eine Botschaft an alle Regierungen und Völker der Welt an.

Papst JOHANNES PAUL II gab den Teilnehmern des Welttreffens im Vatikan eine Audienz. Zutiefst bewegt erklärte er:

„Aufgrund der Opfer haben sie mehr Recht als andere, zum Frieden zu mahnen. Daß sie es tun, ist ein großer Verdienst. Der Kampf um Abrüstung ist vordringlich."

Dem Welttreffen in Rom war die Generalversammlung des Weltbundes der Kriegsopfer und Kriegsteilnehmer in Florenz vorausgegangen, an der die Delegation der Zentralorganisation der Kriegsopferverbände ebenfalls teilnahm. Präsident Karrer, der wegen der Verhandlungen um eine Novelle zum Kriegsopfergesetz in Wien unabkömmlich war und daher weder an der Generalversammlung noch am Welttreffen teilnehmen konnte, wurde neuerlich als Vertreter Österreichs in den Generalrat WVF gewählt.

Ehrenmitglied Kamerad Kommerzialrat Johann Wagner gestorben

Am 27. Dezember 1979 verstarb Landeshauptmann a. D. Kommerzialrat Johann Wagner, Gründungsmitglied der Zentralorganisation der Kriegsopferverbände Österreichs und des Kriegsopferverbandes für Wien, NÖ u. Bgld., deren langjähriger Vizepräsident er war. Nach Rücklegung seiner Funktionen wurde er sowohl von der Zentralorganisation der Kriegsopferverbände Österreichs als auch vom Kriegsopferverband für Wien, NÖ u. Bgld. zum Ehrenmitglied ernannt. Sein gewichtiges Wort und seine Persönlichkeit haben der Organisation der Kriegsopfer und ihren Anliegen oft wesentliche Hilfe geleistet. Durch seine menschliche Art und eine vom Herzen kommende Güte war er immer Vorbild.

1980

Forderungsprogramm der ZO: Ein weiterer Schritt zur Erfüllung

In der Frühjahrstagung des Vorstandes der Zentralorganisation berichtete Präsident Karrer über eine weitere Novelle zum KOVG, mit der ein weiterer wichtiger Schritt zur Erfüllung des Forderungsprogrammes der ZO aus dem Jahr 1964 erreicht werden konnte (etappenweise Anhebung der Grundrenten für Beschädigte, Akkordierung der Erschwerniszulagen, Erhöhung der Schwerstbeschädigtenzulagen, Erhöhung der Witwengrundrenten, Verbesserung der Pflegezulagen, Verbesserung der orthopädischen Versorgung etc.)

Abschied von Vizepräsident Walter Schubert

Am 27. September 1980 verstarb plötzlich und unerwartet im 70. Lebensjahr der langjährige Vizepräsident des Kriegsopferverbandes für Wien, NÖ und Bgld. und Vorstandsmitglied der ZO, Dir. i.R. Walter Schubert. Er war als Schwerverwundeter von der Front zurückgekehrt, hatte trotz seiner schweren Kriegsleiden seinen Dienst im Handelsministerium wieder angetreten und die Bezirksgruppe Wien-Währing des Kriegsopferverbandes mitbegründet. Schon 1949 wurde er in den Hauptausschuß des Kriegsopferverbandes und später in den Vorstand gewählt, wo er von 1963 bis zu seinem Tod als sachbeauftragter Vizepräsident tätig war. Er war ein Vorbild an Pflichterfüllung, Hilfsbereitschaft und menschlicher Güte.

Alfred Dallinger neuer Sozialminister

Aufgrund des plötzlichen Ablebens von Sozialminister Weißenberg wurde am 9.Oktober 1980 Alfred Dallinger zum Bundesminister für Soziale Verwaltung angelobt. Bereits bei der ersten Vorsprache der Vertreter der Zentralorganisation zeigte er volles Verständnis für die Anliegen der Kriegsopfer und versprach seine Solidarität mit den Wünschen der Zentralorganisation, da er als Kriegsbeschädigter selbst genau wisse, welche Notwendigkeiten für diesen Personenkreis vorliegen.

1981

Festakt als Auftakt zum internationalen Jahr der Behinderten

Als Auftakt zu dem von den Vereinten Nationen für 1981 proklamierten internationalen Jahr der Behinderten veranstaltete die österreichische Bundesregierung am 15. Jänner 1981 in der Wiener Hofburg einen Festakt. Neben dem Bundespräsidenten waren zahlreiche Mitglieder der Bundesregierung, die Präsidenten des Nationalrates, der Vorsitzende des Bundesrates, zahlreiche maßgebliche Persönlichkeiten des öffentlichen Lebens und die Vertreter der Kriegsopfer und der Behinderten anwesend. Die Zentralorganisation der Kriegsopferverbände Österreichs war mit einer 80köpfigen Delegation vertreten. Bundespräsident DR. RUDOLF KIRCHSCHLÄGER erinnerte daran, daß vor 200 bzw. 150 Jahren in Wien das Taubstummeninstitut und das Blindenerziehungsinstitut gegründet wurden, die die Bildungsfähigkeit der Blinden und von Geburt tauber Kinder erkannt und danach gehandelt hatten. Österreich war für Mitteleuropa und für den gesamten deutschen Sprachraum das führende Land in der damaligen Behindertenvorsorge. Ein ganzes Jahrhundert wurde die führende Stellung erhalten. Es gehe heute nicht um Rekorde, aber darum, mit allen zur Verfügung stehenden Kräften zu versuchen, ein vermenschlichter, ein humaner Staat zu sein. Der Bundespräsident führte unter anderem weiter aus:

„Wir müssen, jeder von uns, wegkommen von der Wegschaumentalität ebenso wie von der Gewohnheit des Anstarrens. Wir müssen, jeder einzelne in seinem Bereich, am Arbeitsplatz, in der Familie, auf der Straße, im Theatersaal, in einem Verkehrsmittel und auch im Krankenhaus, einfach überall, die Behinderung, sei sie geistig oder körperlich, als eine der möglichen Erscheinungsformen des Lebens annehmen, und zwar vorbehaltlos."

Mit Worten des Dankes an die Behindertenorganisationen erklärte er:

„So nehme denn das internationale Jahr der behinderten Mitmenschen auch für unsere Republik Österreich seinen offiziellen Anfang."

Bundesminister DALLINGER erklärte unter anderem, Hauptaufgabe des Jahres der Behinderten sei neben der Verstärkung materieller Bindungen die Aufklärung der Bevölkerung. Dies sei die völlige Integration der Behinderten in die Gesellschaft und die Arbeitswelt. Demgemäß umfasse der österreichische Maßnahmenkatalog eine Reihe großer Gebiete: die Früherkennung, Früherfassung und Therapieversorgung in Spitälern und durch die Orthopädie, Reformen in der psychiatrischen Betreuung, in Schule, Wissenschaft und Forschung sowie nicht zuletzt die berufliche und soziale Rehabilitation. Bundeskanzler DR. BRUNO KREISKY erklärte in seiner Ansprache, daß das Motto zum internationalen Jahr der Behinderten lautet: „Volle Beteiligung und Gleichheit für die Behinderten in der Welt." Am 6. Mai 1980 sei ein Nationalkomitee konstituiert worden, das für die Erarbeitung und Vorbereitung eines umfassenden österreichischen Nationalprogrammes zum Jahr der Behinderten von großer Bedeutung sei. Die Proklamation der Bundesregierung zum internationalen Jahr der Behinderten erfolgte gleichfalls in Erfüllung einer Empfehlung des Aktionsprogrammes.

Die Bundesregierung hat darüber hinaus beschlossen, die Österreicherinnen und Österreicher aufzufordern, einen Beitrag zu einem österreichischen Nationalfonds, deren Zweck der Hilfe an Behinderte gewidmet ist, zu leisten, und sie hat weiter beschlossen, daß die so zustande gekommenen Geldmittel durch die Bundesregierung verdoppelt werden, um Mittel zu schaffen, die es erlauben sollen, auf diesem Gebiete neue und zusätzliche Aktivitäten zu entfalten. Namens der Sozialreferenten der österreichischen Bundesländer gab der Kärntner Landesrat Gallob die Erklärung ab: „Behinderte haben ein Recht auf Hilfe".

Die Exekutivsekretärin der Vereinten Nationen für das Jahr der Behinderten, Frau ZALA L. N. KANZA unterstrich in ihrer Ansprache die Bemühungen Österreichs im Rahmen des Aktionsprogrammes für das internationale Jahr der Behinderten, erinnerte an die Auswirkungen des Marschallplans, der deshalb wirksam wurde, weil die Menschen am Problem der

Entwicklung und des sozialen Fortschritts mitarbeiteten und zitierte den Generalsekretär der Vereinten Nationen, DR. KURT WALDHEIM: „Behinderte haben das Recht auf volle Teilnahme am Leben und an der Entwicklung der Gemeinschaft, der sie zugehören. Es ist unsere Pflicht, ihnen die Ausübung dieses Rechtes zu ermöglichen.“

13. ordentlicher Landesdelegiertentag des Kriegsopferverbandes für Wien, Niederösterreich und Burgenland:

KRIEGSOPFER – WEGBEREITER DER BEHINDERTENHILFE

Der 13. ordentlicher Delgiertentag des Kriegsopferverbandes für Wien, NÖ und Bgld. am 8. April 1981 wurde durch einen Festakt der Zentralorganisation der Kriegsopferverbände Österreichs zum internationalen Jahr der Behinderten im Kongreßhaus in Wien eingeleitet. Die Veranstaltung wurde durch die Anwesenheit des Herrn Bundespräsidenten DR. RUDOLF KIRCHSCHLÄGER besonders ausgezeichnet. Als Ressortminister nahm der Bundesminister für soziale Verwaltung, ALFRED DALLINGER, und von der Bundesregierung außerdem Staatssekretärin DR. BEATRIX EYPELTAUER teil. Auch der ehemalige Sozialminister, ING. RUDOLF HÄUSER, der auch Ehrenmitglied der Zentralorganisation der Kriegsopferverbände Österreichs ist und Frau Bundesminister a.D. GRETE REHOR, die Vizepräsidentin der Arbeitsgemeinschaft für Rehabilitation, waren erschienen. Der Vizepräsident der Zentralorganisation, Medizinalrat DR. KARL SCHWARZL, konnte als Festgäste weiters begrüßen: den Abgeordneten zum Nationalrat, Zentralsekretär FRITZ MARSCH, den amtsführenden Stadtrat DR. ALOIS STACHER als Vertreter der Stadt Wien, Landesrat DR. ERNEST BREZOVSZKY für das Bundesland Niederösterreich, Landesrat DR. FRITZ GREIDERER, Landesrat JOSEF OBERKIRCHNER aus Salzburg, ferner die leitenden Beamten des Bundesministerium für Soziale Verwaltung, des Landesinvalidenamtes für Wien, NÖ und Bgld., der Allgemeinen Unfallversicherungsanstalt und Funktionäre der Arbeitsgemeinschaft für Rehabilitation.

Präsident Karrer gab in der Festansprache einen historischen Rückblick, um aufzuzeigen, was geschehen war und was noch zu geschehen hat. Während für die Kriegsopfer unmittelbar nach dem Ersten Weltkrieg ein Versorgungsgesetz geschaffen wurde, blieben die Zivilinvaliden weiter im Schatten des Armenwesens, wobei hier im allgemeinen das Siechenhaus die letzte Zufluchtsstätte geworden ist. Nach dem Zweiten Weltkrieg war das Invalideneinstellungsgesetz geschaffen worden, das auch schon bestimmten Gruppen von Zivilbeschädigten das Recht auf einen bevorzugten Arbeitsplatz einräumte. So wurden die Kriegsopfer zu Wegbereitern der Behinderten. Leider sei viel zu wenig bekannt, welche gesetzliche Möglichkeiten bestehen, und es wäre Aufgabe der Medien, darüber mehr zu informieren. Zu den verschiedenen Organisationsformen der Zivilbehinderten sagte Präsident Karrer bedauernd, daß diese Zersplitterung vielleicht ein Grund sei, warum die Zivilbehinderten nicht so viel erreicht haben, wie sie hätten erreichen können, wenn sie eine einheitlich auftretende Interessenvertretung hätten.

Im Anschluß an seine Ansprache bat Präsident Karrer den Herrn Sozialminister Dallinger auf die Bühne und überreichte ihm einen Scheck über eine halbe Million Schilling als Spende der Kriegsopferverbände Österreichs für den Nationalfonds zur besonderen Hilfe für behinderte Menschen.

Bundesminister DALLINGER dankte für die Spende, die er als sinnvoll und deutliche Unterstreichung all dessen bezeichnete, was Präsident Karrer in seiner Rede zum Ausdruck gebracht habe. Den hilfs- und fürsorgebedürftigen Menschen zu helfen, könne nicht nur eine Aufgabe der öffentlichen Hand, des Bundes und der Länder sein, sondern sei auch als ein Akt der Selbsthilfe zu verstehen, der hier in wunderbarer Weise zum Ausdruck komme. Der Minister nahm auf das Motto der Veranstaltung („Kriegsopfer-Wegbereiter der Behindertenhilfe“) Bezug, kam auf das Invalideneinstellungsgesetz zurück und betonte, daß die Kriegsopfer auch auf vielen anderen Gebieten für die übrigen Behinderten bahnbrechend gewesen sind und viele Errungenschaften, die ursprünglich nur den Kriegsopfern eingeräumt worden waren, inzwischen auch den übrigen Behinderten zu Gute kommen, so das Vorzugsrecht bei Vergabe von Tabaktrafiken, Begünstigung bei den Urlaubsansprüchen; nicht zu vergessen sei auch die Tätigkeit des Forschungsinstitutes für Orthopädietechnik, die hervorragend eingerichteten Sozial-Service-Stellen und mobilen Beratungsdienste der Verwaltung, die es den Behinderten ermöglichen, zu ihrem Recht zu kommen und er wünschte der Zentralorganisation und allen ihren Mitgliedern, weiterhin im friedlichen Kampf die volle Integration aller behinderten Menschen unseres Landes zu erreichen.

Ein kurzes musikalisches Zwischenspiel leitete zur Rede des Herrn Bundespräsidenten über, dem schon so wie beim Betreten des Saales eine Welle der Sympathie entgegengebracht worden war. In seiner Rede betonte er unter anderem, daß die Geschichte zeige, daß tatsächlich die Kriegsopfer es waren, die in unserem Jahrhundert zu den Wegbereitern der Behindertenhilfe geworden sind. Er erinnerte daran, daß es schon vor 150, 170 und 200 Jahren eine Art Vorsorge für Behinderte gab, als in der Zeit der Aufklärung Laien und Priester erkannten, daß auch blinde Menschen und taubgeborene Menschen bildungsfähig sind, etwas, was man bis dahin verneint hatte. Es wurden die Blindenanstalten und Taubstummenanstalten errichtet, die damals in Österreich führend für ganz Mitteleuropa, ja Europa waren. Nach Frankreich war Österreich das zweite Land, in dem solche Institutionen errichtet wurden. Er erinnerte dann an die Zeit nach dem Ersten Weltkrieg, wo bereits bescheidene Ansätze für eine Rehabilitation bestanden, und er betonte weiters, daß nach dem Zweiten Weltkrieg die Gründung eines einheitlichen, auf föderativer Grundlage aufgebauten Kriegsopferverbandes, der nicht in verschiedene Richtungsverbände zerfiel, ein wahrer Segen für die Kriegsopfer war, denn nur durch diesen gemeinsamen Kriegsopferverband, der alle umfaßte, unabhängig von ihrer politischen Überzeugung, alle, die durch den Krieg geschädigt worden waren, wurde diese Organisation so stark. Es konnte nicht nur ein wirklich wohlgeordnetes Kriegsopferversorgungsrecht geschaffen werden, das sich nicht nur auf Renten, sondern vor allem auf die Wiedergewinnung eines Arbeitsplatzes, auf das Invalideneinstellungsgesetz, auf die orthopädische Versorgung, auf die Hilfe zur Eingliederung in einen selbständigen Beruf bezog, wobei allerdings gesagt werden müsse, daß die Kriegsopferverbände auch das Glück hatten, daß sie als Sozialminister Verhandlungspartner hatten, die ihren Anliegen weitestmöglich Rechnung getragen und die Verständnis für die Kriegsopfer gezeigt haben. Er betonte, daß aber auch die Landesinvalidenämter Partner der Kriegsopfer sind. Abschließend dankte er den Kriegsopfern dafür, daß sie den Zivilbehinderten die Hand entgegenstrecken, mahnte sie aber zur Geduld, wenn die entgegengestreckte Hand von den anderen behinderten Mitbürgern nicht sofort ergriffen wird. Zu viele verschiedene Arten von Behinderung gäbe es, und zu groß sei auch die Anzahl der Vereine und Verbände der Zivilbehinderten, obwohl mit der Gründung der Arbeitsgemeinschaft für Rehabilitation schon ein Anfang zur Koordinierung gemacht worden sei. Die Zivilbehinderten mit ihrem in der Regel sehr individuellem Schicksal hatten nicht das gemeinsame furchtbare Erlebnis des Krieges, das die Kriegsopfer vereint. Abschließend sagte er:

„Ich bitte Sie, lassen Sie dieses ‚Wir für euch‘ als ein Angebot auf die Anerkennung des Rechtes der Zivilbehinderten auf Menschlichkeit und als Ausdruck der gemeinsamen moralischen Pflichten zur Ermöglichung des humanen Lebens verstehen. Lassen Sie mich aber auch meinen behinderten Mitbürger, die nicht Kriegsopfer sind, sagen, ich bitte sie, die Erfahrung der Kriegsopfer aus ihrer mehr als 60jährigen Arbeit anzunehmen. Prüfen sie diese Erfahrung der Kriegsopfer in der Vertretung der Interessen, und prüfen sie vielleicht auch die Konsequenzen, die eine Institution wie die Landesinvalidenämter für die Kriegsopfer gehabt haben."

Er schloß: „So lange es in unserer Republik Kriegsopfer gibt, bitte ich den Kriegsopferverband, seine Arbeit fortzusetzen, fortzusetzen so wie bisher, helfend für jeden, der zu ihm kommt und mit ausgestreckter Hand für die Behinderten, gleichgültig, wie die Behinderung sei und gleichgültig, worauf sich diese Behinderung gründet."

1981

13. ordentlicher Delegiertentag

Die Arbeitstagung des Delegiertentages des Kriegsopferverbandes für Wien, NÖ und Bgld. begann am Nachmittag des 8. April 1981. Nach der Konstituierung des Delegiertentages mit der Wahl der Kommissionen brachte Präsident Karrer den Bericht des Hauptausschusses. Kamerad Otto Pohanka erstattete den Bericht des Kassiers und Hofrat Dr. Leonhard Riemer den Bericht der Verbandskontrolle. Zu diesen Berichten lagen den Delegierten schriftliche Unterlagen vor.

Ehrenmitgliedschaft für Sektionschef Dr. Ernst, Ministerialrat Mag. Wollein und Kamerad Leopold Nowak

Dem Delegiertentag lag ein Antrag des Hauptausschusses vor, die Herren Sektionschef Dr. Karl Ernst und Ministerialrat Mag. Leopold Wollein vom Bundesministerium für Soziale Verwaltung und den Kameraden Leopold Novak, Gründungsmitglied des Verbandes, zu Ehrenmitgliedern des Kriegsopfer- und Behindertenverbandes für Wien, NÖ u. Bgld. zu ernennen. Der Delegiertentag beschloß diese Ernennung einstimmig.

Nun erfolgte die Annahme einer geringfügigen Satzungsänderung und die Neuwahl der Organe des Kriegsopfer- und Behindertenverbandes. Die Neuwahl brachte folgendes Ergebnis:

In den Hauptausschuß

Präsident	Friedrich Karrer
Vizepräsidenten	Regierungsrat Franz Graschitz
	Heinz Klosternitz
	Stephan Malczewski
	Leopold Pamperl
	Regierungsrat Hans Wastl
	Rudolf Wittmann
Schriftführer	Dr. Georg Prader
Schriftführerstellvertreter	Walter Müller
Kassier	Otto Pohanka
Kassierstellvertreter	Josef Koch
Beisitzer im Vorstand	Rupert Hudl
	Johann Keusch
	Zentralinspektor Emil Leskouscheg
	Amtsdirektor Rudolf Nussbaum
	Amtsdirektor Leopold Preinerstorfer
	Alfred Silldorff
	Anton Stanek
	Oberschulrat Josef Stefan
	Leo Temper
Hinterbliebenenvertreterinnen im Vorstand	Anni Schön
	Oberschulrat Maria Stadlbacher
Beisitzer im Hauptausschuß	Josef Bachmann
	Karl Bartak
	Karl Berger
	Josef Brunner
	Robert Fischer
	Helmut Genitheim
	Karl Lebensorger
	Leopold Schauer
	Amtsdirektor Kurt Schirmböck

	August Traxler
	Franz Valuch
	Oswald Vigl
	Richard Waidhofer
	Karl Wallner
Hinterbliebenenvertreterinnen im Hauptausschuß	Maria Dangl
	Maria Ganauser
	Friederike Wetschka
	Rosa Wocasek
Verbandskontrolle	Julius Augustin
	Franz Bacher
	Wirkl. Hofrat Dr. Erich Czwiertnia
	Otto Hellerschmid
	Franz Hirschler
	Stefan Klanatzky
	Walter Lausch
	Johann Rammel
	vortr. Hofrat Dr. Leonhard Riemer
	Rechnungsrat Johann Spannbauer
	Kommerzialrat Kurt Wartbichler
	Günther Weihs

Mit der Neuwahl war der erste Arbeitstag abgeschlossen. Der zweite Tag des Delegiertentages wurde mit einer Ehrung eingeleitet. Die Urkunden über die Ehrenmitgliedschaft wurden Herrn Sektionschef Dr. Karl Ernst, Herrn Ministerialrat Mag. Leopold Wollein und dem langjährigen Vorstandsmitglied Leopold Novak überreicht.

Breiten Raum nahm am 9. April 1981 die Beschlußfassung des Delegiertentages über die rechtzeitig eingebrachten Anträge ein. Zwei Entschließungen wurden einstimmig angenommen. Rund 100 Anträge waren von den Bezirks- und Ortsgruppen bzw. Bezirksarbeitsgemeinschaften eingebracht worden, von denen zwar ein Teil durch die Antragsprüfungskommission zur Ablehnung empfohlen, aber auch ein großer Teil vom Delegiertentag angenommen wurde, bzw. erfolgte die Zuweisung an den Hauptausschuß. Mit der Schlußansprache des Präsidenten ging der 13. ordentliche Delegiertentag zu Ende.

Hoher Besuch in der Sonderkrankenanstalt Zicksee

Am 10. Juli 1981 besuchte der Herr Bundespräsident Dr. Rudolf Kirchschläger die Sonderkrankenanstalt für Erkrankungen des Stütz- und Bewegungsapparates in St. Andrä am Zicksee. Den hohen Besuch empfingen Präsident Karrer und die Vorstandsmitglieder Regierungsrat Franz Graschitz, Heinz Klosternitz, Rudolf Wittmann, Otto Pohanka, Minister a.D. Dr. Georg Prader, Anni Schön und Sekretär Hans Hutterstrasser, sowie der Leiter der Anstalt, Universitätsdozent Dr. Herbert Kristen und die Ärzte Dr. Herbert Ganser und Dr. August Regner sowie die Verwalterin Frau Roswitha Nyikos. Von der Gemeinde St. Andrä waren Bürgermeister Anton Ziniel und Vizebürgermeister Josef Mauersicz vertreten.

Während des Rundganges wurde der Bundespräsident über die Entstehungsgeschichte der Anstalt informiert. Rundfunk und Fernsehen hatten sich eingefunden, um über den Besuch des Staatsoberhauptes in der Sonderkrankenanstalt zu berichten. Bundespräsident Dr. Kirchschläger meinte, daß es von Zeit zu Zeit notwendig sei, zu sehen, was nicht nur durch Worte gepriesen, sondern auch durch Taten geschaffen worden sei. Die Besichtigung der Einrichtungen und die Gespräche mit den Patienten hätten gezeigt, daß die vielen Investitionen, all die Sorge, die der Kriegsopferverband aufgebracht hat, gerechtfertigt waren und Früchte tragen. Es sind Früchte, die sich in der Zufriedenheit, im Glück des einzelnen Menschen zeigen, der schmerzfrei wird und einen neuen Anfang in seinem Leben machen kann. Er sei überzeugt, daß hier die Erkenntnisse der Wissenschaft, auch die Bereitschaft, den Menschen zu helfen, voll ausgenützt werden, um Kriegsopfern und anderen Behinderten eine Heilung oder Erleichterung ihrer Leiden zu bringen. Er brachte dem Kriegsopfer- und Behindertenverband für Wien, NÖ und Bgld. seine Anerkennung dafür zum Ausdruck, daß er auch für andere Behinderte voll da ist, und er freue sich, daß die Mehrzahl dieser Menschen hier Hoffnung gefunden hat.

Stephan Malczewski neuer Vizepräsident

Anstelle des am 27. September 1980 zu früh verstorbenen Wiener Vizepräsidenten Dir. Walter Schubert wurde der ehemalige Verbandssekretär Stefan Malczewski in den Hauptausschuß kooptiert und von diesem als Vizepräsident in den Vorstand entsandt. Bis zu seiner im Jahre 1979 erfolgten Pensionierung war er mehr als 30 Jahre Angestellter und seit 1956 als Sekretär im Kriegsopferverband für Wien, NÖ und Bgld. tätig. Er blieb auch nach der Pensionierung als Obmann der Bezirksgruppe Wien 4 mit dem Verbandsgeschehen funktionsmäßig verbunden.

Schlußkundgebung zum Jahr der Behinderten

Am 3. Dezember 1981 fand auf Einladung des Bundesministeriums für Soziale Verwaltung und des Österreichischen Arbeiterkammertages und der Bundeskammer der Gewerblichen Wirtschaft im großen Saal der Volkshochschule Wien-Margareten die Schlußkundgebung zum internationalen Jahr der Behinderten in Österreich statt. Für das Bundesministerium für Soziale Verwaltung eröffnete Sektionschef Dr. Ernst die Tagung. Er erinnerte daran, daß das österreichische Nationalkomitee zum Jahr der Behinderten im Mai 1980 gegründet wurde und zugleich verschiedene Arbeitsausschüsse gebildet wurden, die sich eingehend mit dem Thema der Integration der Behinderten in die Gesellschaft unter besonderer Berücksichtigung der beruflichen Rehabilitation beschäftigten. Es wurde ein umfassender Förderungskatalog für Behinderte erstellt. Es folgten Ansprachen der Vertreter der Behindertenorganisation. Abschließend dankte Sektionschef DR. ERNST den Verwaltungsfachleuten und Wissenschaftlern für ihre hervorragende Arbeit und erklärte, daß diese Schlußberichte nun an die Abgeordneten des Nationalrates und an die zuständigen Stellen der UNO übermittelt werden.

Am Nachmittag führte Frau Staatssekretärin FRANZISKA FAST den Vorsitz. Sie hörte die abschließenden Berichte des Nationalkomitees und leitete die interessante Diskussion, nahm Stellung zu den wichtigsten aufgeworfenen Fragen und wies darauf hin, daß bisher über 7.000 Anfragen von der Service-Stelle des Sozialministerium beantwortet wurden.

Abschließend dankte sie den Mitgliedern des Nationalkomitees für die geleistete Arbeit, die großen Erfolg in der Öffentlichkeit brachte.

1982

Schulungskurse für Funktionäre

Nachdem durch die Satzungsänderung die Kriegsopferorganisation auch für die berufstätigen Zivilbehinderten geöffnet wurde und die Fürsorge und Betreuung der Mitglieder seitens der Verbandsfunktionäre immer besser werden sollte, beschloß die Verbandsleitung die Abhaltung von Funktionärskursen im Franz-Schulz-Heim im Helenental. Jede Untergruppe hatte die Möglichkeit, zwei Funktionäre für die Kurse zu melden, und es kamen rund 500 Anmeldungen, die der Verband in sechs Turnussen unterbringen könnte. Die Schulungskurse wurden in der Zeit vom 11. Jänner bis 20. Februar 1982 abgehalten und dauerten jeweils von Montag bis Samstag. Die jeweiligen Fachvorträge wurden von erfahrenen Vorstandsmitgliedern und Angestellten des Verbandes gehalten, und es gab anschließend an jedes Referat genügend Zeit zu Anfragen und zur Abwicklung fruchtbarer Diskussionen. Im einzelnen gab es folgende Vorträge:

1. Begünstigungen für Kriegsopfer und Behinderte
2. Leistungen des Kriegsopferversorgungsgesetzes
3. Die Verbandsfürsorge
4. Förderungsmaßnahmen nach dem Invalideneinstellungsgesetz und Sozialversicherungsgesetzen
5. Der Invalidenvertrauensmann und seine Aufgaben
6. Erfassung und Eingliederung der Behinderten in den Kriegsopfer- und Behindertenverband
7. Die Sozialhilfe der Bundesländer

Sowjetischer Besuch in der Sonderheilanstalt des Kriegsopfer- und Behindertenverbandes am Zicksee

Die sowjetische Ministerin für Sozialfürsorge, Frau PAWLOWNA KOMAROWA, besichtigte mit ihrer Delegation auf ihrer Österreichreise auch die Sonderkrankenanstalt für Erkrankungen des Stütz- und Bewegungsapparates in St. Andrä am Zicksee. Die Sowjets waren unterwegs, um soziale Einrichtungen, Rehabilitationszentren und arbeitsmedizinische Einrichtungen in Österreich zu studieren. Sie wurden vom Sozialminister eingeladen, auch die Sonderkrankenanstalt des Kriegsopfer- und Behindertenverbandes zu besichtigen. Frau Komarowa wurde von Sektionschef Dr. Karl Ernst und Mag. Gerfried Schultheiß vom Bundesministerium für soziale Verwaltung am 21. April 1982 zum Zicksee begleitet, wo ihnen ein würdiger Empfang bereitet wurde. Von Eisenstadt war auch Landesrat Dr. Gerald Mader gekommen, um die sowjetische Ministerin auf burgenländischem Boden willkommen zu heißen. Der Rundgang durch die Anstalt zeigte das echte Interesse der sowjetischen Gäste, die durch gezielte Fragen sich umfassend über die Behandlungsmethoden und Rehabilitationsmaßnahmen informiert und beeindruckt zeigten.

Europaseminar in Österreich

Im Frühjahr 1982 fand im Erholungsheim Attersee des Oberösterreichischen Kriegsopferverbandes ein von der Europäischen Konferenz des Weltbundes der Kriegsteilnehmer veranstaltetes Europaseminar statt, an dem 35 führende Funktionäre der Mitgliedsverbände aus Belgien, der Bundesrepublik Deutschland, Frankreich, Italien, Luxemburg und Österreich teilnahmen. Österreich war durch die Kameraden Karrer, den Obmann des Oberösterreichischen Kriegsopferverbandes Otto Libal, Dr. Paul Rösch vom Kärntner Kriegsopferverband, Anton Pfusterer vom Oberösterreichischen Kriegsopferverband, Oberschulrat Karl Friedl vom Salzburger Kriegsopferverband, und Bezirkshauptmann Hofrat Dr. Robert Kaufmann vom Kriegsopfer- und Behindertenverband Steiermark, und Rudolf Wittmann vom Kriegsopfer- und Behindertenverband für Wien, NÖ und Bgld. an diesem Seminar vertreten. Der Themenkreis umfaßte europäische Fragen, insbesonders wurden erörtert Solidarität statt Rivalität, die Einigkeit über die Grundsätze der menschlichen Gesellschaft und Menschenrechte. Die österreichische Delegation berichtete über Österreichs Aufgaben gegenüber Europa.

13. ordentlicher Delegiertentag der Zentralorganisation in Graz: „Gegen Rüstung und Krieg – für Frieden und Freiheit"

Am Freitag, den 21. und Samstag, den 22. Mai 1982 fand im Kongreßzentrum in Graz der 13. ordentliche Delegiertentag der Zentralorganisation der Kriegsopferverbände Österreichs statt. Er stand unter dem Motto: „Gegen Rüstung und Krieg – für Frieden und Freiheit." Der Präsident des Kriegsopfer- und Behindertenverbandes Steiermark, Medizinalrat Dr. Karl Schwarzl, gab in seiner Eröffnungsrede der Freude Ausdruck, daß erstmals die Zentralorganisation ihren Delegiertentag in Graz abhalte. Er konnte hohe Persönlichkeiten des öffentlichen Lebens begrüßen, vor allem Bundespräsident Dr. Rudolf Kirchschläger, Sozialminister Alfred Dallinger, Verteidigungsminister Otto Rösch, den Landeshauptmann-Stellvertreter der Steiermark, Franz Wegart, in Vertretung des Landeshauptmannes, Landeshauptmann-Stellvertreter Hans Gross, Landesrat Sepp Oberkirchner in Vertretung des Landeshauptmannes von Salzburg, Landesrat Josef Gruber, den Bürgermeister der Stadt Graz, Dipl.-Ing. DDr. Alexander Götz, mit Vizebürgermeister Alfred Stingl und Gemeinderat Ferdinand Mayer, die Parlamentsclubs, vertreten durch die Nationalratsabgeordneten Friedrich Probst (FPÖ), Dr. Herbert Kohlmaier (ÖVP) und Alois Reicht (SPÖ). Ferner waren die leitenden Beamten des Bundesministeriums für Soziale Verwaltung, des Bundesministeriums für Finanzen sowie vieler Behörden und Institutionen erschienen. Die Weltorganisation der Kriegsopfer und Kriegsteilnehmer war durch den Generalsekretär Serge Wourgaft vertreten.

Der Landeshauptmann-Stellvertreter Franz Wegart überbrachte die Grüße des Landeshauptmannes der Steiermark, Dr. Josef Krainer und der Steiermärkischen Landesregierung. Nach seiner Ansprache betonte er, daß man auch in Hinkunft alles tun müsse, um das Gut des Friedens zu erhalten. Die Geschichte zeige ja in Wahrheit eines: Es gehört mehr Mut zum Frieden als zum Krieg.

Reformprogramm der ZO erfüllt

Präsident Friedrich Karrer nahm in seinem Referat zu wichtigen gesellschafts- und sozialpolitischen Fragen Stellung, brachte die historische Entwicklung in Erinnerung und betonte, daß erst vor wenigen Monaten eine Novelle zum Kriegsopferversorgungsgesetz in Kraft trat, mit der das Reformprogramm 1964 als endgültig erfüllt erscheint. Er betonte, daß noch kleinere, für den Einzelnen aber bedeutende Wünsche offen sind, daß man im großen und ganzen aber zufrieden sei und Dank all jenen ausdrücken möchte, die an der Erreichung dieses Zieles beteiligt waren. Er betonte auch, daß die österreichischen Kriegsopfer sich mit den Soldaten des Bundesheeres verbunden fühlen. Sie sind überzeugt, daß diese Verbundenheit dazu beiträgt, daß das Wort Vaterland in Österreich kein leerer Begriff ist. Auch für den Soldaten gilt der Grundsatz, daß Opfer an Leben und Gesundheit, die im Dienste für die Allgemeinheit erbracht wurden und erbracht werden, anerkannt werden müssen und aus dem Bewußtsein von Staat und Gesellschaft nicht verdrängt werden dürfen. Unter Hinweis darauf, daß Österreich sich im Jahr der Behinderten befinde, appellierte er an die Landeshauptleute, das bundeseinheitliche Invalideneinstellungsgesetz nicht anzutasten.

Sozialminister ALFRED DALLINGER nahm auf das Motto des Delegiertentages – Gegen Rüstung und Krieg, für Frieden und Freiheit – Bezug und betonte, daß kein besseres Motto gewählt hätte werden können. Die furchtbare Konsequenz des Kriegs müssen alle miteinander tragen. Die Kriegsopfer, an Leib und Seele geschädigt und das ganze Volk, das eine gesamtgesellschaftliche Verpflichtung hat, die lautet, Versorgung und Integration der Behinderten und hilfsbedürftigen Menschen in möglichst allen Lebensbereichen. Die Bemühungen um Verbesserung der Lage dieser Menschen bildet daher einen integralen Bestandteil der Sozialpolitik der Bundesregierung. Als Ergebnis dieser Bemühungen stellen wir für den Bereich der Kriegsopferversorgung fest, daß Österreich heute international jenen Staaten zugerechnet wird, die über ein wegweisendes Versorgungssystem verfügen. Die soziale Lage der Kriegsopfer hat sich trotz der schwierigen Ausgangsposition wesentlich gebessert. Er betonte auch, daß es in der Kriegsopferversorgung keinen Stillstand geben dürfe.

Bundespräsident DR. RUDOLF KIRCHSCHLÄGER würdigte in seiner Ansprache, daß die Kriegsopferverbände die ersten Friedensorganisationen der Republik Österreich gewesen sind. Er bat, seine Anwesenheit bei der Eröffnung des Delegiertentages als Ausdruck seiner Wertschätzung für die Kriegsopfer anzusehen. Er betonte in seiner von Herzen kommenden Rede die Notwendigkeit der Völkerverständigung und des Zusammenlebens der Völker und kam auf die Notwendigkeit des Invalideneinstellungsgesetzes als wichtiges Instrument der beruflichen Rehabilitation zu sprechen.

Abschließend betonte er:

„Ich wünsche Ihnen aufrichtig, daß die Beratungen am Delegiertentag in einer Weise vor sich gehen, die Harmonie in der Interessengemeinschaft klar zum Ausdruck bringe, wünsche Ihnen aufrichtig, daß Ihre Beratungen zu einem Ergebnis führen, das so wie das seinerzeitige Forderungsprogramm in die Tat umgesetzt werden kann. Ich wünsche Ihnen mit einem Wort, einen guten, eine fruchtbaren 13. Delegiertentag, und mit diesem Wunsche nehme der 13. Delegiertentag auch seinen offiziellen Anfang."

In der Arbeitstagung wurde der Tätigkeitsbericht des Vorstandes, der den Delegierten schriftlich vorlag, von Präsident Karrer erläutert. Er führte aus, daß in den Landesverbänden der Zentralorganisation 179.789 Kriegsopfer als Mitglieder vereint sind, berichtete über die Errichtung der geschützten Werkstätten in den einzelnen Bundesländern, über die Beschäftigung der Invaliden im öffentlichen Dienst, das Invalideneinstellungsgesetz, über Fragen des Sozialrechts, des Trafikbesetzungswesens und über die internationalen Aktivitäten der Zentralorganisation. Nun folgte der von Kamerad OTTO POHANKA, dem Kassier der Zentralorganisation der Kriegsopferverbände Österreichs, erstattete Kassenbericht anhand der Bilanzen der Jahre 1979, 1980 und 1981, der sich durch zahlreiche Detailerläuterungen auszeichnete und durch das erfreuliche Ergebnis seinem Berichterstatter reichlichen Applaus einbrachte.

Hofrat Dr. Hubert Lemmerer erstatte den Bericht der Kontrolle und stellte den Antrag, dem Präsidenten und dem Vorstand der Zentralorganisation die Entlastung zu erteilen. Die Entlastung wurde vom Delegiertentag einstimmig erteilt. Die Neuwahl des Vorstandes und der Kontrollkommission erfolgte ebenfalls einstimmig. Der Vorstand setzte sich wie folgt zusammen:

Präsident	Friedrich Karrer
Vizepräsidenten	Bundesstaatl. Fürsorgerat Michael Glöckl
	Nationaltrat a.D. Otto Libal
	Landesstatthalter a.D. Martin Müller
	Franz Neuhofer
	Leopold Pamperl

	Bundesstaatl. Fürsorgerat Adolf Schicher Medizinalrat Dr. Karl Schwarzl Landtagspräsident Dir. Josef Thoman Regierungsrat Hans Wastl Rudolf Wittmann
Schriftführer	Bundesminister a.D. Dr. Georg Prader
Kassier	Otto Pohanka
Mitglieder des Vorstandes	Johann Keusch Stephan Malczewski Alfred Silldorff Anton Stanek Bundesrat a.D. Dir. Georg Schreiner Regierungsrat Hans Staudinger Nationalrat Rudolf Staudinger Manfred Krenn Amtsrat i.R. Johann Pocsics Dir. Paul Rösch Gemeinderat Max Baumann Franz Greiseder Arthur Rauth Bundestaatl. Fürsorgerat August Schober
Hinterbliebenenvertreterinnen	Anni Schön Oberschulrat Maria Stadlbacher Friederike Wetschka Ilse Schulz Wirkl. Hofrat LAbg. a. D. Prof. Traute Hartwig Aloisia Wilding Ingeborg Purner Anna Zuchristian Liebgart Walter Josefa Capek
Mitglieder der Kontrollkommission	Hofrat Dr. Hubert Lemmerer Regierungsrat Ignaz Mühlberger Heinz Klosternitz Wirkl. Hofrat Dr. Robert Kaufmann Amtsdirektor Rudolf Nußbaum Stadtrat Josef Koch Dr. Georg Schwamberger Magnus Lenz Josef Ruprechtsberger Friedrich Ritzmaier

Nun folgte die Behandlung der eingebrachten Anträge. Eine Satzungsänderung wurde beschlossen, ferner wurden 21 Anträge für Änderungen des Kriegsopferversorgungsgesetzes und des Heeresversorgungsgesetzes, sieben Anträge zum Sozialversicherungsgesetz, zwei Anträge nach dem Steuerrecht und acht Anträge allgemeiner Art, darunter auch verschiedene Bestimmungen nach dem Invalideneinstellungsgesetz behandelt. Nach Erschöpfung der Tagesordnung wurde der 13. ordentliche Delegiertentag geschlossen.

ZO-Vorstand fordert: Kriegsopferversorgung muß weiter verbessert werden

Der Vorstand der Zentralorganisation der Kriegsopferverbände Österreichs hat in seiner ordentlichen Sitzung am 18. Oktober 1982 in Wien eine weitere Verbesserung der Kriegsopferversorgung gefordert. Unter den 15 Tagesordnungspunkten nahm die Erledigung der vom 13. Delegiertentag teils angenommenen, teils dem Vorstand zur Erledigung zugewiesenen Anträge breiten Raum ein. Die Anträge erstreckten sich auf verschiedene Rechtsgebiete. Hervorzuheben sind besonders jene zur Erfüllung der noch offenen Restforderungen auf dem Gebiet der Kriegsopferversorgung und zur Weiterentwicklung des Kriegsopferversorgungsrechtes.

Japanische Kriegsopferdelegation in Wien

Mitte November 1982 besuchte eine Delegation des japanischen Kriegsopferverbandes Wien. Zwischen den Delegationsführern und den Vertretern der Zentralorganisation der Kriegsopferverbände Österreichs fanden herzliche Kontaktgespräche statt. Die japanische Delegation wurde von Präsident JOSHIMICHI ITAGAWA und Vizepräsident ICHIJI KONO, Herrn MASAFUMI NAGAO und Herrn TOSHIO SONOKO angeführt. Gemeinsam mit den Vertretern der Zentralorganisation legte die japanische Kriegsopferorganisation am Grabmal des unbekannten Soldaten in der Krypta der Wiener Hofburg einen Kranz nieder. Die Delegation umfaßte 150 japanische Kriegsopfer. Als Vertreter des Bundesministers für Landesverteidigung nahm unter Anwesenheit einer Ehrenkompanie und der Gardemusik des Bundesheeres der Militärkommandant von Wien, Divisionär Karl Majcen, an der Kranzniederlegung teil.

1983

Generalversammlung des Weltbundes ehemaliger Kriegsteilnehmer und Kriegsopfer

Im Frühjahr 1983 fand in Nizza die 17. Generalversammlung des Weltbundes ehemaliger Kriegsteilnehmer und Kriegsopfer statt. Der österreichischen Delegation gehörten Präsident Friedrich Karrer, Vizepräsident Medizinalrat Dr. Karl Schwarzl, Hofrat Dr. Robert Kaufmann, Vorstandsmitglied Rupert Hudl und Sekretär Hans Hutterstrasser an. Der Versammlung wurde ein umfangreicher Tätigkeitsbericht des Generalsekretärs Serge Wourgaft vorgelegt. Zum Präsidenten der WVF wurde W. Ch. J. M. van Lanschot gewählt. Generalratsmitglied für Österreich wurde Präsident Friedrich Karrer. Im Vordergrund der Beratungen standen sozialmedizinische Informationen, Informationen über internationale Sicherheit und friedliche Beilegung internationaler Streitigkeiten und die Forderung nach einem gerechten und dauernden Frieden im Nahen Osten.

Ehrung der Frauen von Schwerstbeschädigten

Am 14. November 1983 wurden 95 Frauen von blinden, gelähmten und mehrfachamputierten Kriegsbeschädigten in den goldenen Saal des Tourotels Wien-Oberlaa eingeladen, um die ihnen verliehenen Goldenen Ehrennadeln des Kriegsopfer- und Behindertenverbandes für Wien, NÖ und Bgld. in Empfang zu nehmen. 30 Frauen, nämlich die Gattinnen der Bezieher der Blinden- bzw. Pflegezulage der Stufe V erhielten außerdem aus der Hand des Bundesministers für Soziale Verwaltung, ALFRED DALLINGER, die ihnen vom Bundespräsidenten verliehene Goldene Medaille für Verdienste um die Republik Österreich.

Ein Bläsersextett der Polizeimusik Wien umrahmte die Feierstunde, die fast wie ein Familienfest, ein Fest für leidbetroffene, tapfere Familien und vor allem für die Frauen dieser Familien war. Präsident Karrer würdigte in seiner Ansprache den opfervollen Einsatz der Geladenen in zu Herzen gehenden Worten. Die Ansprache des Bundesministers für Soziale Verwaltung, Alfred Dallinger, fand bei den Anwesenden großen Beifall. Er betonte, daß es wenige Veranstaltungen gibt, zu denen er so gerne gekommen ist, wie zu der heutigen, weil er Dank abstatten kann an Menschen, die ihr Leben dem Mitmenschen, dem Partner, gewidmet haben. Er dankte dafür im eigenen sowie im Namen der Republik. Der Herr Bundespräsident hat diesem Dank sichtbaren Ausdruck verliehen in Form der Verleihung der Medaille für Verdienste um die Republik Österreich und schloß mit den Worten:

„Sie, meine verehrten Damen, haben einen Akt der Menschlichkeit gesetzt, der nicht unbedankt bleiben soll. Ich möchte betonen, daß die Republik Österreich Ihnen Anerkennung zollt durch Würdigung und Hochschätzung für das, was Sie nicht nur für Ihre Partner, sondern darüber hinaus für die Gesellschaft geleistet haben."

Dann folgte die Überreichung der Ehrenzeichen.

1984

Festakt 65 Jahre Kriegsopferorganisation

Am 10. Mai 1984 wurde in Baden bei Wien der 14. ordentliche Delegiertentag des Kriegsopfer- und Behindertenverbandes für Wien, NÖ und Bgld. begangen. Der Veranstaltung war ein Festakt der Zentralorganisation der Kriegsopferverbände Österreichs im Stadttheater von Baden vorausgegangen, der an die vor mehr als 65 Jahren erfolgte Gründung der österreichischen Kriegsopferorganisation erinnern sollte. Diese Feier fand in sehr festlichem Rahmen statt. Bundespräsident DR. RUDOLF KIRCHSCHLÄGER und Sozialminister ALFRED DALLINGER zeichneten sie durch ihre Anwesenheit und Ansprachen aus. Nationalratsabgeordneter Rudolf Staudinger konnte als Vorstandsmitglied der Zentralorganisation aber auch eine Reihe anderer Persönlichkeiten des öffentlichen Lebens als Ehrengäste begrüßen, so vor allem die ehemaligen Sozialminister Grete Rehor und Ing. Rudolf Häuser, denen ein besonderer Begrüßungsapplaus bewies, daß ihr Wirken nicht vergessen wurde. Von den Parlamentsklubs waren die Abgeordneten Dr. Johann Stippel (SPÖ), Dr. Walter Schwimmer (ÖVP) und Josef Hintermayer (FPÖ) erschienen, die Landeshauptmänner von Tirol, Salzburg, Niederösterreich und Wien hatten persönliche Vertreter durch Landtagspräsidenten Josef Thoman (Tirol), Bezirkshauptmann Wirklicher Hofrat Mag. Richard Wanzenböck (NÖ) und Hofrat Dr. Max Tischler (Salzburg) entsendet. Vom Land NÖ war außerdem Landesrat Dr. Ernest Brezovszky anwesend. Sektionschef Dr. Karl Ernst vom Bundesministerium für Soziale Verwaltung war in Begleitung seiner hohen Beamtenschaft ebenso erschienen wie die Leiter der Landesinvalidenämter.

„Bauen sollst du, Brücken schaffen, die von Menschen zu Menschen gehen"

Dieses Motto aus der österreichischen Hymne von Franz Theodor Csokor schmückte nicht nur die Bühne des Stadttheaters Baden, auf der während des Festaktes die Militärmusik des Militärkommandos Niederösterreich und der Lehrerchor des Schulbezirkes Baden Platz genommen hatten, sondern war auch der Grundtenor der Rede des Präsidenten KARRER. Er erinnerte an den 28. Juli 1914, als das österreichische Thronfolgerpaar ermordet wurde, erinnerte an die Kriegsschauplätze und den Krieg, durch den die Väter der Anwesenden hatten gehen müssen und an die Gründung der Organisation nach Beendigung dieses Krieges, ihren Werdegang und die Wiedergründung nach 1945 und betonte schließlich abschließend, daß man gegenwärtig in tiefer Sorge sei. Es sind nicht Nöte materieller Art, die bedrücken, es ist das Wissen, daß alle Opfer ganz umsonst waren, die Welt hat aus allen ihren Kriegen nichts gelernt, obwohl als Folge des Ersten Weltkrieges der Völkerbund gegründet wurde und nach dem Zweiten Weltkrieg die UNO, obwohl fast jede kriegerische Auseinandersetzung in den letzten drei Jahrzehnten vor den Sicherheitsrat der Vereinten Nationen gebracht wurde und den Brandstiftern mit allen möglichen Sanktionen gedroht wurde, kümmert sich keiner von den Kriegsverantwortlichen um diese Beschlüsse. Jeder Aggressor hat sofort eine Begründung zur Hand, warum er losschlagen müsse.

Es gibt nur eine Hoffnung: daß der Mensch in seiner Konzeption nach veränderbar ist.

Nun sprach Sozialminister ALFRED DALLINGER. Er ging zuerst auf die Umstände ein, denen sich die Soldaten des Ersten Weltkrieges nach ihrer Heimkehr gegenüber fanden, auf die Schaffung des Invalidenentschädigungsgesetzes am 25. April 1919 unter Staatssekretär Ferdinand Hanusch und schließlich auf das Forderungsprogramm der Kriegsbeschädigten, die noch immer eine hohe Quote der Bevölkerung im gesamten Bundesgebiet darstellen und daß es derzeit etwa 82.000 Menschen gibt, die mit einer Behinderung, die aus dem Krieg stammt, fertigwerden müssen. Er erwähnte die Steigerung der Budgeterfordernisse und kam schließlich darauf zu sprechen, daß in der Welt in einer einzigen Minute so viel Geld für Rüstung investiert wird, daß davon ein Tagesheim für Kinder errichtet werden könnte. Würde das Wettrüsten eingestellt, könnte der Hunger in der Welt beseitigt werden, 300 Millionen Menschen erhielten menschenwürdige Wohnungen und noch in diesem Jahrhundert würden 800.000 Analphabeten lesen und schreiben lernen und eineinhalb Millionen Menschen erhielten sauberes Trinkwasser. Er betonte:

„Wir müssen für den Frieden werben, aufrütteln und immer wieder darauf aufmerksam machen, daß uns die Geschichte schon genug Lehren erteilt hat, was Unfrieden und Leid sind." Abschließend dankte er der Zentralorganisation für die geleistete Arbeit und beglückwünschte sie zum 65jährigen Jubiläum.

Nach der Rede des Sozialministers sang der Chor „Das Friedenskreuz" von Gotthilf Fischer nach den Worten von Natalie Beer und leitete damit zur Ansprache des Bundespräsidenten über. Dieser betonte, daß die Kriegsopferverbände die erste Friedensorganisation waren, und daß er zu einer Veranstaltung der Kriegsopfer immer gerne käme, um als Bundespräsident mit seiner Anwesenheit und in seiner Verantwortung in diesem Amt die Verbundenheit mit den Kriegsopfern zu bezeugen und ihnen damit zum Ausdruck zu bringen, daß die Republik Österreich und das österreichische Volk um das Opfer weiß, das sie als Kriegsopfer bringen mußten. Er komme aber gleichzeitig auch als Mitglied eines Landesverbandes, damit als einer, der sich ihr Kamerad nennen darf. In dieser Eigenschaft wolle er bezeugen, daß er seit 1945, von den ersten Julitagen an, den Kriegsopferverband als eine wahre Interessengemeinschaft empfunden habe, aber darüber hinaus auch als eine Gemeinschaft, in der sich Menschen, die gleiches Schicksal getragen haben und ertragen mußten, auch menschlich näherkommen als eine Gemeinschaft, die hilft, das Leben zu ertragen; er würdigte die Einheit und die Überparteilichkeit und lobte die Zentralorganisation für das Wort des Präsidenten, der einmal sagte: „Wir sind zufrieden." Es sei dies ein sehr mutiges Wort gewesen, aber er glaube auch der umfassendste Rechenschaftsbericht, den er geben konnte. Er dankte ebenfalls der Zentralorganisation für geleistete Arbeit und betonte, daß die Erfolge nur erreicht werden konnten, weil seit 1945 viele Männer und Frauen mit einem ganz starken persönlichen Engagement die Rechte und Ansprüche der Kriegsopfer vertreten haben, weil viele Männer und Frauen bis hinein in die Ortsgruppen sich auch persönlich des Kameraden und der Kameradenfrau angenommen haben. Wenn man ihnen danken müßte, müßte man viele Namen nennen.

Er beglückwünschte Präsident Karrer zur 25-Jahr-Feier seiner Wahl als Präsident und schloß seine Worte wie folgt:

„Ich möchte aber auch als Bundespräsident den Herren und der Frau Bundesminister für Soziale Verwaltung danken, die in der ganzen Nachkriegsgeschichte Österreichs mit sehr großem Verständnis, ja auch mit echtem persönlichen Einsatz die Anliegen der Kriegsopfer vertreten haben. Ich möchte in diesem Zusammenhang auch nicht die Beamten unerwähnt lassen, die als getreue Eckeharts der Kriegsopfer die Vorbereitungsarbeiten für die politischen Entscheidungen geleistet haben. Danken möchte ich aber auch den Landesinvalidenämtern in ganz Österreich, die eines der ersten Ämter waren, die sich den Grundsatz der Menschlichkeit im Verkehr mit den Mitbürgern angewöhnt haben und die ihr Bestes taten, die bestehenden Gesetze auch sinngemäß in die Tat umzusetzen."

Er schloß schließlich seine Ausführungen wie folgt:

„Möge die Zentralorganisation der Kriegsopferverbände Österreichs ihre wahrhaft segensreiche Arbeit auch in Zukunft solange fortsetzen, so lange es Kriegsopfer gibt. Wollen wir aber auch hoffen, daß wir, die wir heute hier sind, die letzten Opfer eines Krieges in Europa sein werden."

Friedensdemonstration in Baden

Am Nachmittag des 9. Mai 1984 versammelten sich am Bahnhofsplatz in Baden etwa 400 Kriegsopfer zu einem Schweigemarsch durch die Stadt, der mit einer kurzen Kundgebung am Rathausplatz endete. Präsident Friedrich Karrer, der mit Bundesminister a.D. Dr. Prader und dem Präsidenten des Weltverbandes der ehemaligen Kriegsteilnehmer, W. van Lanschot, den Demonstrationszug angeführt hatte, mahnte mit eindringlichen Worten zu Versöhnlichkeit und Friedenswillen, Eigenschaften, die von Kriegsopfern aus der eigenen leidvollen Vergangenheit heraus allen anderen Menschen vorgelebt werden. Dem Friedensmarsch der Kriegsopfer durch Baden hatten sich Jugendliche und Sympathisanten aus der Bevölkerung angeschlossen, die von den Parolen auf den Spruchbändern angesprochen und zur Solidarität mit den Kriegsopfern veranlaßt worden waren.

14. Delegiertentag des KOBV für Wien, Niederösterreich und Burgenland

Am Nachmittag des 10. Mai 1984 wurde der 14. ordentliche Delegiertentag des Kriegsopfer- und Behindertenverbandes für Wien, NÖ und Bgld. im Kongreßhaus Baden eröffnet und nahm den tagesordnungsmäßig vorgesehenen Verlauf. Nach der Konstituierung erstattete Präsident Karrer den Tätigkeitsbericht des Hauptausschusses. Nun folgte der Bericht des Hauptkassiers, Otto Pohanka, der in detaillierter Form die Bilanzen der vergangenen Funktionsperiode erklärte. Dann verlas der Obmannstellvertreter der Verbandskontrolle, Kommerzialrat Kurt Wadbichler, den Bericht der Kontrolle mit dem Antrag auf Entlastung des Hauptausschusses. Diese wurde vom Delegiertentag einstimmig erteilt. Noch am 10. Mai 1984 wurde die Neuwahl durchgeführt und brachte folgendes Ergebnis:

Präsident	Friedrich Karrer
Vizepräsidenten	Regierungsrat Franz Graschitz
	Stephan Malczewski
	Leopold Pamperl
	Richard Waidhofer
	Regierungsrat Hans Wastl
	Rudolf Wittmann
Schriftführer	Bundesminister a.D. Dr. Georg Prader
Schriftführerstellvertreter	Walter Müller
Kassier	Otto Pohanka
Kassierstellvertreter	Josef Koch
Beisitzer im Vorstand	Rupert Hudl
	Johann Keusch
	Emil Leskouscheg
	Regierungsrat Rudolf Nußbaum
	Amtsdirektor i.R. Leopold Preinerstorfer
	Alfred Silldorff
	Anton Stanek
	Oberschulrat Josef Stefan
	Leopold Temper
Hinterbliebenenvertreterinnen im Vorstand	Anni Schön
	Oberschulrat Maria Stadlbacher
Beisitzer im Hauptausschuß	Franz Bacher
	Josef Bachmann
	Karl Bartak
	Karl Berger

	Robert Fischer
	Amtsrat Helmut Genitheim
	Otto Hellerschmid
	Regierungsrat Anton Koller
	Karl Lebensorger
	Alfred Zainzinger
	Regierungsrat Kurt Schirmböck
	Franz Valuch
	Oswald Vigl
	Karl Wallner
Hinterbliebenenvertreterinnen im Hauptausschuß	Maria Dangl
	Maria Ganauser
	Friederike Metschka
	Rosina Wocasek
Verbandskontrolle	Vortr. Hofrat Dr. Leohnhard Riemer (Obmann)
	Komm.-Rat Kurt Warthbichler (Obmann-Stv.)
	Wirkl. Hofrat Dr. Erich Czwiertinia
	Josef Hanausek
	Franz Hirschler
	Stefan Klanatzky
	Walter Lausch
	Johann Rammel
	Oberrechnungsrat Johann Spannbauer
	August Traxler
	Günter Weihs
	Julius Augustin

Mit der Wahl endete der erste Tag des 14. Delegiertentages. Am zweiten Tag wurde die große Zahl der eingebrachten Anträge beraten, die nach Vorbereitung durch die Antragsprüfungskommission zum Teil angenommen, zum Teil dem Hauptausschuß zugewiesen und teilweise auch abgelehnt wurden. Der Delegiertentag endete mit der Schlußansprache des Präsident Karrer.

Neuer Verbandssekretär bestellt

Der Hauptausschuß hat in seiner konstituierenden Sitzung vom 11. Mai 1984 den bisherigen Fachreferenten im Verbandsbüro, Herrn MICHAEL SVOBODA zum Verbandssekretär bestellt. Kamerad Svoboda ist Zivilbeschädigter mit einer Minderung der Erwerbsfähigkeit von 90 v.H. und betreut folgende Aufgabengebiete; Invalideneinstellungswesen, Invalidenvertrauensmännerreferat, Sozialversicherungsfragen, Fragen der Behinderten- und Sozialhilfegesetzgebung der Länder, einschlägige Rechtsauskünfte, Wohnungsangelegenheiten, Zeitungskioske und Trafikwesen. Durch seine Bestellung wurde dokumentiert, daß die Öffnung des Verbandes für Zivilinvalide im Jahr 1978 nicht wie oft vermutet nur ein reiner Formalakt war, sondern die Betreuung dieses Personenkreises ein wesentliches Anliegen des KOBV ist.

Generalratssitzung des Weltfrontkämpferverbandes in Athen

Der Generalrat der Weltorganisation der Kriegsteilnehmer und Kriegsopfer trat vom 14. bis 16. Oktober 1984 in Athen zu seiner 42. Tagung zusammen. Österreich war durch das Generalratsmitglied Präsident FRIEDRICH KARRER und Sekretär MICHAEL SVOBODA vertreten. Der

Bericht des Generalsekretärs Serge Wourgaft bezog sich auf die Zeit vom Oktober 1982 bis 15. August 1984 und beschrieb die Probleme, die sich in der Durchsetzung der Resolution und Empfehlungen der letzten Generalversammlung ergaben. Es wurden die Aktionen verstärkt, die bei ernsten internationalen Spannungen darauf abzielen, den Dialog beizubehalten und das Mißtrauen zwischen den Staaten und Völkern abzubauen. Besonders wurde die Empfehlung forciert, die die Rolle der Frau im Krieg und deren Beitrag zur Erhaltung des Friedens beinhaltet. Unter den allgemeinen Aktivitäten der Weltorganisation sind besonders die Fragen der Rehabilitation, Maßnahmen, die die Durchführung des UNO-Weltprogrammes für Behinderte begünstigen, zu erwähnen. Die Studien über Spätfolgen von Beschädigungen, die auf den Wehrdienst zurückzuführen sind, wurden fortgesetzt. Wie wichtig die im Jahr 1970 aufgrund einer Initiative der Zentralorganisation der Kriegsopferverbände Österreichs von der Generalversammlung der Weltorganisation beschlossene Charta über die Grundrechte der ehemaligen Kriegsteilnehmer und Kriegsopfer war, wird daraus ersichtlich, daß der Generalsekretär berichtete, daß viele Länder, die keine ausreichende Kriegsopferversorgung haben, diese Charta als Grundlage der Hilfe für Kriegsopfer verwenden. Einen besonderen Einfluß nahm und nimmt die Weltorganisation aber auch im ständigen europäischen Ausschuß auf Fragen des Friedens, der internationalen Sicherheit und friedlicher Beilegung internationaler Streitigkeiten, Abrüstung und Zusammenarbeit in Europa. Breiten Raum nahm auch die Frage einer entsprechenden Altersversorgung für Kriegsopfer ein. Weitere Resolutionen befaßten sich mit dem internationalen Tourismus für Kriegsbeschädigte und Kriegsopfer, gesellschaftlichen Aktivitäten, Rehabilitation, beruflicher Ausbildung und im besonderen mit der Respektierung der Schlußakte von Helsinki.

1985

Kamerad Bundesminister a. D. Dr. Georg Prader gestorben

In der Nacht vom 16. auf den 17. März 1985 starb Kamerad Bundesminister a. D. Dr. Georg Prader. Sein plötzlicher Tod traf die Kriegsopferorganisation schwer. Er war schlechthin der Helfer und Streiter für alle. Oft hatte er Gelegenheit, als Spitzenfunktionär der Kriegsopferorganisation in verzwickten Situationen und festgefahrenen Verhandlungen über Verbesserungen des Loses der Kriegsopfer kraft seiner Persönlichkeit und seines Einflusses helfend einzugreifen. Er bewährte sich nicht nur in den großen Dingen, er vergaß nie den einzelnen Menschen mit all den Sorgen und Nöten, die im Leben vorkommen. Die Begriffe „Kameradschaft, Freundschaft und Toleranz" hat er vorgelebt. Die Kriegsopfer werden ihm ein ehrendes Andenken bewahren.

14. ordentlicher Delegiertentag der Zentralorganisation der Kriegsopferverbände Österreichs in Feldkirch

Am 30. Mai 1985 wurde in Feldkirch der 14. ordentliche Delegiertentag der Zentralorganisation der Kriegsopferverbände Österreichs abgehalten. Punkt 9 Uhr erklangen die Fanfaren der Militärmusikkapelle des Militärkommandos Vorarlberg, als Bundespräsident

DR. RUDOLF KIRCHSCHLÄGER mit seiner Gattin unter starkem Beifall der Delegierten von Präsident Karrer in den Saal geleitet wurde. Ihm schlossen sich der persönliche Vertreter des Bundesministers für Soziale Verwaltung, Sektionschef DR. KARL ERNST, und der Landeshauptmann von Vorarlberg, DR. HERBERT KESSLER, an. Das Vorstandsmitglied der ZO und Vizepräsident des Vorarlberger Kriegsopferverbandes, Kamerad ARTHUR RAUTH konnte von der Sozialistischen Partei Österreichs Herrn Abgeordneten GÜNTER DIETRICH, von der Österreichischen Volkspartei Herrn Abgeordneten DR. GOTTFRIED FEURSTEIN und von der Freiheitlichen Partei Österreichs als Beauftragten des Parlamentsclubs Herrn Landesrat HANS-DIETER GRABHER, den Sozialreferenten der Vorarlberger Landesregierung, Herrn Landesrat FREDY MAYER, den Bezirkshauptmann von Feldkirch, Herrn Hofrat DR. HEINZ BILZ, die Vertreter der Landesinvalidenämter, Frau Hofrat DR. SIEGLINDE ACS (Wien, NÖ und Bgld.) und die Herren Hofrat KARL GEIST (Oberösterreich), Hofrat DR. ERICH SCHALK (Steiermark), Oberrat DR. HARALD LOHMANN (Salzburg), Hofrat DR. MAX HOFMANN (Tirol) und Hofrat DR. WALTER MANGENG (Vorarlberg) und weitere hohe Beamte von Behörden und Institutionen begrüßen.

Aus den Ansprachen der Vertreter der politischen Parteien kam einhellig zum Ausdruck, daß Kriegsopferfragen aus dem Tagesstreit herausgenommen wurden und die betreffenden Gesetze sowohl vom National- als auch vom Bundesrat immer einstimmig angenommen wurden und daß man bemüht ist, den berechtigten Forderungen der Kriegsopferverbände im Rahmen der budgetären Möglichkeiten zu entsprechen. Landeshauptmann Dr. Herbert Keßler erinnerte an die verheerenden Folgen des Zweiten Weltkrieges und daß auf den Trümmern dieses schrecklichen Krieges die Kriegsopferorganisation als einheitliche, überparteiliche und überkonfessionelle Interessensvertretung gebildet wurde. Ihr erstes Ziel sei die Eingliederung der Kriegsbeschädigten in die Gesellschaft und eine auf dem Entschädigungsprinzip basierende Versorgung der Kriegsopfer gewesen. Vor allem die Wiedereingliederung der Kriegsopfer darf gesamt gesehen als beispielhaft gelten. Hier ist es vor allem der Verdienst der Kriegsopferorganisationen, daß eine nahezu lückenlose Eingliederung in die Gesellschaft gelungen ist, daß viel Isolation und Ghettobildung für einen großen Kreis von Opfern verhindert werden konnte. Durch die konsequente Realisierung der Zielsetzung Rehabilitation vor Rente, haben sich die Kriegsopferorganisationen zum Wegbereiter einer fortschrittlichen Behindertenhilfe gemacht und zukunftsweisend auch für Zivilbehinderte gehandelt. Mit Zukunftswünschen für die Delegierten und einem Friedensappell schloß er seine Ansprache.

Präsident KARRER begann seine Rede mit einem Danke an die Frauen der Funktionäre, die Frauen jener Männer, die für das Gemeinwohl in der Öffentlichkeit arbeiten. Stellvertretend für alle überreichte er der Gattin des Herrn Bundespräsidenten einen Strauß rot-weißer Rosen unter langanhaltendem Beifall aller Anwesenden. Dann fuhr er fort mit der Erinnerung, daß seit Beginn der Tätigkeit der Organisation bis zum heutigen Tag viele Regierungsmitglieder, wie die Bundeskanzler Figl, Raab, Gorbach, Klaus, Kreisky und selbst an jenem 15. Mai 1955, an dem der Staatsvertrag abgeschlossen wurde und zu diesem Zeitpunkt eine Tagung in Wien stattfand, die Regierungsmitglieder Raab, Pittermann, Helmer, Maisel, Kamitz und Hurdes den Kriegsopfern die Ehre ihrer Anwesenheit gaben. Auch die Bundespräsidenten Körner und Jonas haben die Kriegsopfer besucht, und unser hochverehrtes Staatsoberhaupt, Dr. Kirchschläger, der zum fünften Mal bei einer Tagung der Zentralorganisation teilnimmt, auch etliche Male bei den Landesverbänden, in den Heimen und bei fast jeder größeren Veranstaltung gewesen war, ja auch ganz kleinen Gruppen der Zivilorganisationen einen Besuch abgestattet hat. Er würdigte die tiefe Menschlichkeit, die der Bundespräsident vermittelt und sprach im Namen aller Behinderten ein schlichtes einfaches Danke und Vergelt's Gott. Unter stürmischem Applaus nahm der Bundespräsident den Dank entgegen. Nun setzte Präsident Karrer seine Rede fort und schilderte vor allem die Initiativen für den Frieden, die Forderungen nach Abrüstung und schloß wörtlich: „Es muß eherner Grundsatz der Menschheit werden, daß alle Völker dieser Welt ein Recht auf Frieden haben. Möge daher den Verantwortlichen dieser Erde von innen heraus ein Licht brechen als Strahl der Hoffnung und des Vertrauens, der zum Frieden der Welt führt."

Der Vertreter des Herrn Bundesministers für Soziale Verwaltung Alfred Dallinger, Herr Sektionschef DR. KARL ERNST, betonte in seiner Ansprache, wie wichtig es war, daß sich die Kriegsopfer nach dem Zweiten Weltkrieg überparteilich organisiert haben und dadurch zu einer gesellschaftspolitischen Kraft wurden, die weit über den Rahmen des Kriegsopferversorgungsbereiches hinausgeht und führte unter anderem aus, daß Hochrechnungen, die im Bundesministerium für Soziale Verwaltung angestellt wurden, ergeben haben, daß es im Jahre 2000 noch etwa 60.000 bis 70.000 Kriegsopfer gibt. Daraus sei zu ersehen, daß die Kriegsopferverbände auch in den kommenden Jahren und Jahrzehnten ihre Betreuungstätigkeit für diesen Personenkreis fortsetzen werden müssen. Er erinnerte daran, daß das Invalideneinstellungsgesetz mit 31. Dezember 1989 befristet ist und sich eine schwierige Situation ergeben würde, wenn es nicht verlängert werde. Mit einem Überblick über einige Bereiche der Behindertenpolitik und der Kriegsopferversorgung schloß er mit dem Wunsch, der Delegiertentag möge dazu beitragen, einerseits das Erreichte unserer Sozialpolitik zu sichern, andererseits diese Sozialpolitik, die auch in wirtschaftlich schwerer Zeit ihre Dynamik nicht einbüßen darf, den geänderten gesellschaftlichen Bedürfnissen anzupassen.

Höhepunkt der Eröffnungsfeier des Delegiertentages aber war die Ansprache des Herrn Bundespräsidenten DR. RUDOLF KIRCHSCHLÄGER. Er sagte:

„So wie zu dem vergangenen Delegiertentag der Zentralorganisation der Kriegsopferverbände Österreichs bin ich auch zum Beginn des 14. ordentlichen Delegiertentages zu Ihnen gekommen, vorerst in meiner Eigenschaft als Bundespräsident und auch in meiner Verantwortung als Bundespräsident, um Ihnen damit die Hochachtung und auch die Verbundenheit der Republik zum Ausdruck zu bringen.

Ich bin aber auch wie in der Vergangenheit zu Ihnen gekommen als eines der Opfer des Krieges. Als Mitglied eines Landesverbandes, um Ihnen als Kamerad Dankbarkeit zu bezeugen für die Arbeit, die die Kriegsopferverbände und die Zentralorganisation in den 40 Jahren geleistet haben. In diesem Zu-Ihnen-Kommen sehe ich als Bundespräsident und als eines Ihrer Mitglieder keinen Widerspruch, keine Interessenskollision, denn die Erfahrungen des Krieges, das Wissen um die Bedeutung der absoluten Pflichterfüllung, die Sie vorgelebt haben, die Erinnerung an Elend und Verzweiflung in den Lazaretten, das Gedenken an das Leid und die Not der Witwen und der Eltern, die ihren Ehemann und ihren Sohn verloren haben, all das hat mir als Lebenserfahrung bei der Erfüllung meiner Pflichten als Bundespräsident sehr viel geholfen; und wir alle haben aus unseren Erfahrungen drei große Aufträge mit uns genommen: Den Auftrag zur Mitmenschlichkeit, zur Solidarität und das unermüdliche Suchen nach einem auf Dauer ausgerichteten Frieden."

Nach Danksagung an die Organisation für die vorbildliche Solidarität und für die kameradschaftliche Gesinnung schloß er mit den Worten: „Ich wünsche dem 14. ordentlichen Delegiertentag der Zentralorganisation der Kriegsopferverbände Österreichs einen guten, einen harmonischen Verlauf. Ich wünsche Ihnen, daß es Ihnen möglich ist, jene Beschlüsse zu fassen, die im Interesse der Kriegsopfer liegen und die das Gemeininteresse mit im Auge haben, und ich wünsche Ihnen vor allem, daß im Anschluß an diesen 14. ordentlichen Delegiertentag Sie auch jene Forderungen, von denen heute bereits gesprochen wurde, durchzusetzen in der Lage seien. Viel Glück und viel Erfolg für ihre Arbeit!"

Arbeitstagung

In der Arbeitstagung wurde dem Delegiertentag der Tätigkeitsbericht des Vorstandes der Zentralorganisation durch Präsident Karrer erstattet. Er gliederte sich in 11 Abschnitte und umfaßte die Jahre von 1982 bis 1984.

Nun brachte der Hauptkassier, Kamerad Otto Pohanka, den Kassenbericht und referierte über die Gebarung der letzten drei Jahre.

1985

Nach dem Bericht des Obmannes der Kontrollkommission, Kamerad Dr. Lemmerer, wurden dem Vorstand einstimmig die Entlastung erteilt.

Über Vorschlag der Wahlkommission wurden folgende Kameraden gewählt:

Präsident	Friedrich Karrer
Mitglieder des Präsidiums	Bundesstaatl. Fürsorgerat Michael Glöckl
	Nationalratsabgeordneter a.D. Otto Libal
	Alt-Landesstatthalter Kommerzialrat Martin Müller
	Franz Neuhofer
	Leopold Pamperl
	Bundesstaatl. Fürsorgerat Adolf Schicher
	Medizinalrat Dr. Karl Schwarzl
	Landtagspräsident Dir. Josef Thoman
	Regierungsrat Hans Wastl
	Rudolf Wittmann
Schriftführer	Hofrat Dr.Leonhard Riemer
Kassier	Otto Pohanka
Mitglieder des Vorstandes	Gemeinderat Max Baumann
	Franz Greiseder
	Nationalratsabgeordneter Mag. Walter Guggenberger
	Johann Keusch
	Manfred Krenn
	Magnus Lenz
	Stephan Malczewski
	Amtsrat i.R. Johann Pocsics
	Dir. Paul Rösch
	Regierungsrat Kurt Schirmböck
	Bundesstaatl. Fürsorgerat August Schober
	Bundesrat a.D. Dir. Georg Schreiner
	Alfred Silldorff
	Nationalratsabgeordneter Rudolf Staudinger
	Regierungsrat Hans Staudinger
Hinterbliebenenvertreterinnen	Josefa Capek
	Wirkl. Hofrat Prof. Traute Hartwig
	Anni Schön
	Ilse Schulz
	Oberschulrat Maria Stadlbacher
	Liebgart Walter
	Friederike Wetschka
	Aloisia Wilding
	Anna Zuchristian

In die Kontrollkommission wurden gewählt

Hofrat Dr. Hubert Lemmerer
Regierungsrat Rudolf Nußbaum
Wirkl. Hofrat Dr. Robert Kaufmann
Richard Waidhofer
Dir. Josef Koch
Dr. Georg Schwamberger
Otto Fiel
Josef Ruprechtsberger
Friedrich Ritzmaier

Als Vertreterin der Zivilinvaliden in den Vorstand mit beratender Stimme kooptiert: Ingeborg Dietrich.

Nach Erledigung der offenen Tagesordnungspunkte wurde der Delegiertentag geschlossen.

Dänischer Besuch in der Sonderkrankenanstalt am Zicksee

Am Freitag, den 6. September 1985, stattete der dänische Verkehrsminister Arne Melchior in Begleitung seiner persönlichen Sekretärin, Frau Hanne Lygum, des Vizegeneraldirektors der dänischen Staatsbahnen, Ernst Rolstäd-Jensen, sowie von seiten des Bundesministeriums für öffentliche Wirtschaft und Verkehr Herrn Sektionschef Dr. Otto Hezina und Frau Amtssekretär Christina Hödl der Sonderkrankenanstalt einen Besuch ab. Die Gäste wurden namens des Kriegsopfer- und Behindertenverbandes für Wien, NÖ und Bgld. von Vizepräsident Rudolf Wittmann auf das herzlichste begrüßt. Nach einer Führung durch die Sonderkrankenanstalt wurden vom Anstaltsarzt Dr. Kelaridis die umfangreichen Rehabilitationsmöglichkeiten erläutert. Im besonderen zeigte sich Minister Melchior an der Einrichtung eines Bahnhofes im Gelände der Sonderkrankenanstalt interessiert, bei dem Patienten die Benützung öffentlicher Verkehrsmittel trotz ihrer oft starken Behinderung erlernen sollen. Anschließend wurden die Möglichkeiten der technischen Hilfe in diesen Einrichtungen besprochen.

18. Generalversammlung der WVF in Rotterdam

Vom 18. bis 20. November 1985 wurde die 18. Generalversammlung des WVF (Weltbund der Kriegsteilnehmerverbände) durchgeführt, an der die Delegierten aus über 40 Staaten, deren Organisationen Mitgliederverbände der WVF sind, teilnahmen. Die österreichische Delegation wurde in Vertretung des erkrankten Präsidenten Karrer durch Vizepräsident Medizinalrat Dr. Karl Schwarzl geleitet. Ihr gehörten an: Bundesstaatlicher Fürsorgerat Adolf Schicher, Franz Neuhofer, Dir. Paul Rösch, Regierungsrat Hans Staudinger, Leopold Pamperl, Rudolf Wittmann, Manfred Krenn und Sekretär Hans Hutterstrasser. Die österreichischen Delegierten nahmen an sämtlichen Sitzungen sowohl des Vollplenums der Generalversammlung als auch an den Beratungen der einzelnen Kommissionen teil. In den Beratungen kam immer wieder die Sorge um den Weltfrieden zum Ausdruck. In den Kommissionen wurden Resolutionen, welche sich mit dem Hunger in der Welt, Zusammenarbeit und Solidarität der ehemaligen Kriegsteilnehmer und ihrer Verbände, Einbeziehung von sozialen Angelegenheiten in der KSZE-Prozeß, Apartheid, weltweite Krisenursachen, Grundrechte auf Ausübung der eigenen Religion, internationale Zusammenarbeit gegen den Terrorismus sowie Respektierung und Ausbau des internationalen Rechts, Respektierung der Rechte ethnischer Minderheiten, Verwirklichung der Ziele des UNO-Weltaktionsprogramms für Behinderte, gerechte Behandlung von weiblichen Veteranen und Kriegsopfern und langfristige Betreuung der alternden Kriegsteilnehmer befaßten, erarbeitet, welche einstimmig bzw. mit großer Stimmenmehrheit von der Generalversammlung verabschiedet wurden.

1986

Bundespräsident Dr. Rudolf Kirchschläger empfing am 11. März 1986 den Vorstand der Zentralorganisation der Kriegsopfer- und Invalidenverbände Österreichs in der Wiener Hofburg

Nachdem Präsident Karrer die Mitglieder des Präsidiums und des Vorstandes, darunter auch die Vertreterinnen der Hinterbliebenen, vorgestellt hatte, dankte er dem Herrn Bundespräsident, daß er trotz seiner vielen Verpflichtungen den Vorstand der Zentralorganisation zu einem Abschiedsempfang zu sich gebeten hat. Er dankte namens der Kriegsopfer für das Mitkämpfen des Bundespräsidenten für die Belange der Kriegsopfer und Behinderten. Der Herr Bundespräsident antwortete: „Meine sehr verehrten Damen und Herren! Liebe Kameradinnen und Kameraden! Ich darf diese letzte Anrede wählen, weil ich zu jenen gehöre, die schon im September 1945, damals in Horn gemeinsam mit dem späteren Bürgermeister Dr. Wiesinger darangegangen bin, die Kriegsopferorganisation in diesem kleinen Bereich aufzubauen. Ich freue mich über ihren Besuch, den sie bei mir machen. Ich nehme diesen Besuch als einen Ausdruck der Verbundenheit zwischen ihnen und mir in meiner Funktion als Bundespräsident.“ Er führte dann weiter aus: „Wir haben in diesen Jahren gut und freundschaftlich zusammengearbeitet und ich glaube, daß sie im Kriegsopferverband ein Beispiel dafür gegeben haben, daß man über Parteipolitik und weltanschauliche Grenzen hinweg zusammenarbeiten kann, dabei seine eigene Überzeugung behalten und in Toleranz den anderen zu sehen. Schließlich, wer, wenn nicht wir, die wir heute noch an den Folgen des Hasses zu tragen haben, wer sollte mehr für Versöhnung und Frieden eintreten? Ich danke ihnen, den Vertretern der Kriegsopfer dafür, daß sie so vorbildlich und selbstlos für die Kriegsopfer gesorgt haben, dafür, daß es ihnen gerade in den schwierigsten Etappen, die zur Diskussion gestanden sind, in letzter Zeit gelungen ist, eine einstimmige Beschlußfassung im Parlament zu erreichen, die nicht selbstverständlich gewesen ist. In ihrem Wirken wird immer das Menschliche in den Vordergrund gestellt. Ich danken ihnen, daß sie in der Arbeitsgemeinschaft für Rehabilitation aufgrund ihrer reichen Erfahrung, die sie für die Kriegsopfer in der Vorsorge für Behinderte gehabt haben, ein echter Motor gewesen sind.“ Abschließend wünschte das Staatsoberhaupt Erfolg für die zukünftige Arbeit.

Vorstandssitzung der ZO

Im Anschluß an den Empfang beim Herrn Bundespräsident hielt der Vorstand der Zentralorganisation der Kriegsopferverbände Österreichs am 11. März 1986 im Verbandsheim Wien 8., Lange Gasse 53, eine ordentliche Vorstandssitzung ab. Er nahm den Bericht über die Bilanz 1985 und den Voranschlag für 1986 von Kassier OTTO POHANKA und den Bericht des Präsidenten über die letzten Novellen zum Invalideneinstellungsgesetz und zum Kriegsopferversorgungsgesetz zur Kenntnis, weiters den Bericht über die Generalversammlung des Weltverbandes der ehemaligen Kriegsteilnehmer im November des vergangenen Jahres in Rotterdam, über die gemeinsam mit dem Bundesministerium für Soziale Verwaltung und der Zentralorganisation im Erholungsheim des Steirischen Kriegsopferverbandes in Sommerau veranstaltete Konferenz der Senatsmitglieder der bei den Landesinvalidenämtern errichteten Schiedskommission. Ferner wurde eine Reihe von Forderungen zur Klarstellung des Kriegsopferversorgungsgesetzes erörtert.

Erholungsheim Helenental im neuen Glanz
Feierliche Eröffnung durch Sozialminister Alfred Dallinger am 14. August 1986

Den Bedürfnissen der älter gewordenen Kriegsopfer und vor allem jenen der Schwerstbeschädigten Rechnung tragend, wurde in den letzten Jahren das Franz-Schulz-Heim Helenental neu eingerichtet. Ein Bungalow mit Appartements, Ein- und Zweibettzimmer mit Sondereinrichtungen für Schwerbehinderte und Rollstuhlfahrer wurden errichtet. Ihm folgte der Umbau des Haupthauses, wobei der mittlere Gebäudeteil aus feuerpolizeilichen Gründen abgerissen und neu errichtet werden mußte. Es stehen jetzt 30 Zweibettzimmer und 52 Einbettzimmer zur Verfügung. Die Zimmer wurden neu eingerichtet und sind mit Dusche, Toilette, Kühlschrank, Radio, Telefon- und Fernsehanschluß sowie Notruf versehen. Im Sommer steht ein geheiztes Schwimmbecken zur Verfügung.

Zahlreiche Ehrengäste, die Heiminsassen und das Heimpersonal, gaben auf dem fahnengeschmückten Vorplatz des Heimes der Eröffnungsfeier ein festliches Gepräge. Präsident KARRER begrüßte den Bundesminister für Soziale Verwaltung, ALFRED DALLINGER, die niederösterreichische Landesrätin für Behindertenfragen, LIESE PROKOP, und die Wiener Sozialstadträtin INGRID SMEJKAL, Senatsrat DR. WERNER PRÖBSTING, Oberregierungsrat DR. HANS-JÖRG STRAUCH für die burgenländische Landesregierung und unzählige Persönlichkeiten des öffentlichen Lebens, hohe Beamte von Behörden und Institutionen und den für die Planung und Durchführung verantwortlichen Diplomarchitekten Mag. Hartwin Bauer sowie die Vertreter der beteiligten Firmen, die Mitglieder des Präsidiums des Kriegsopfer- und Behindertenverbandes für Wien, NÖ und Bgld und die anwesenden Heimgäste. Er gab einen historischen Rückblick auf die Verbandstätigkeit seit 1945, kam auf die Errichtung des Heimes zu sprechen und erwähnte, daß anläßlich der Schlüsselübergabe am 20. August 1950 der damalige Sozialminister Karl Maisel folgende Worte fand: „Das heute zu eröffnende Heim bringe wieder einmal den Beweis dafür, daß schöne und erhabene Leistungen vollbracht werden können, wenn nur alle Kraft sich zum gemeinsamen Wollen zusammenschließt.“

In seiner Festansprache führte Sozialminister DALLINGER folgendes aus: „Vor fast 36 Jahren wurde das Erholungsheim Helenental eröffnet, in dem Jahr, das für die Kriegsopfer von besonderer Bedeutung gewesen ist. In diesem Jahr, und zwar am 1. Jänner, ist das Kriegsopferversorgungsgesetz in Kraft getreten, das, bis heute angepaßt und verbessert durch zahlreiche Novellen, die Grundlage für die Versorgung der Opfer der beiden Weltkriege bildet. Während durch viele Jahre hindurch Verbesserungen im Rentenbereich im Mittelpunkt der Bemühungen standen, ist, nachdem nunmehr allen Kriegsopfern ein ausreichender Lebensunterhalt gesichert ist, die Verbesserung der Lebensqualität vorrangig. Hier kommt der Erholungsfürsorge der Kriegsopferverbände ganz besondere Bedeutung zu, weil durch sie ein maßgebender Beitrag zur Erreichung dieses Zieles erbracht wird. Das Sozialministerium hat in Anerkennung der Leistungen der Kriegsopferverbände großzügige Subventionen aus dem Ausgleichstaxfonds für diese Zwecke bewilligt.“ Nach weiteren Ausführungen über den Stand der Versorgungsberechtigten kam er auf die Notwendigkeit der Behindertenpolitik zu sprechen, betonte, daß man davor stehe, ein Rehabilitationsgesetz zu bekommen und zwar ein Betreuungsgesetz für sämtliche Behinderte im gesamten Bundesgebiet, sodaß man mit Fug und Recht sagen kann, ohne jetzt die Gruppe besonders hervorzuheben, daß die Behindertenarbeit, die Behindertenpolitik, und zwar von Bund und Ländern in Verbindung mit den freien Verbänden notwendiger denn je ist und jedes Zurückdrängen oder Vermindern der Anstrengungen einen argen gesellschaftlichen Rückschritt bedeuten würde. Er führte wörtlich aus: „Ich möchte den Kriegsopfer- und Behindertenverband für Wien, NÖ. und Bgld. zu diesem schönen Heim beglückwünschen. Auch mich beeindruckte die Einheitlichkeit des Ensembles, obwohl es aus verschiedenen Bauteilen und zu verschiedenen Zeiten errichtet worden ist. Ich hoffe, daß hier Menschen Genesung, Erholung und Regeneration finden für die Bewältigung ihrer schwierigen Lebensaufgaben und ich hoffe, daß sie auch mit dem Gefühl weggehen, nicht allein im Leben zu stehen, sondern Teil einer großen Gemeinschaft einerseits im Verband, aber andererseits im Rahmen der gesamten Gesellschaft zu sein, ein wertvoller Teil dieser Gesellschaft, der das Recht auf Glück und Unterstützung in jenen Belangen hat, wo diese Hilfe und Unterstützung notwendig ist. In dieser Gesinnung und mit diesen Wünschen erkläre ich den Neubau und den Zubau des Erholungsheimes im Helenental für eröffnet."

Tagung des Weltfrontkämpferverbandes

Der ständige Ausschuß für europäische Angelegenheiten des Weltfrontkämpferverbandes hielt in der Zeit vom 30. September bis 3. Oktober 1986 im Erholungsheim des Reichsbundes Deutscher Kriegsopfer in Bad Bevensen, BRD, eine Tagung ab. Die Zentralorganisation war durch Präsident KARRER und Vizepräsident Medizinalrat DR. SCHWARZL vertreten. Es standen bedeutende soziale Probleme im Vordergrund der Beratungen. Einen breiten Raum nahm die Frage der Spätfolgen von Kriegsschäden, Schäden aus der Gefangenschaft und Deportation ein. Im europäischen Raum wurde über Vorschlag des Europaauschusses in den letzten zwei Jahren durch eine Reihe von namhaften internationalen Medizinern in der Universität von Oslo eine Sammlung wissenschaftlicher ärztlicher Gutachten erarbeitet. Die erste Phase konnte mit der Herausgabe einer Bibliographie (Auswahl von Gutachten) abgeschlossen werden. In diesem Werk sind auch Arbeiten österreichischer Wissenschaftler enthalten. Das Bundesministerium für Soziale Verwaltung und auch die Zentralorganisation der Kriegsopfer- und Invalidenverbände Österreichs haben dazu Beiträge geleistet. Die Ergebnisse dieser Studien sind von unschätzbarem Wert sowohl für die Begutachter und Ärzte, als auch für den davon betroffenen Personenkreis.

Ein weiteres Problem, das rasch gelöst werden muß, sind die Auswirkungen schwerer Kriegsschäden auf die alternden ehemaligen Kriegsteilnehmer. Die Rolle der Frau im Krieg und die Probleme der Hinterbliebenen fanden ebenfalls breiten Raum. Es wurde der Beschluß gefaßt, eine Gesetzgebungskonferenz abzuhalten, in der neben den Mitgliederorganisationen des Weltfrontkämpferverbandes auch die Vertreter der nationalen Regierungen und der Parlamente teilnehmen werden. Auf Einladung der österreichischen Vertreter wird diese Konferenz in der Zeit vom 21. bis 26. April 1988 in Bad Ischl abgehalten werden.

Welttreffen ehemaliger Kriegsteilnehmer, Widerstandskämpfer und Kriegsopfer in Wien

Vom 1. bis zum 3. Dezember 1986 fand in Wien das zweite Welttreffen ehemaliger Kriegsteilnehmer, Widerstandskämpfer und Kriegsopfer statt. An der Konferenz im Schloß Laxenburg, die im Rahmen des von der UNO proklamierten Jahres des Friedens einberufen worden war, nahmen 370 Delegierte aus der ganzen Welt teil. Die Vorbereitungen wurden großteils von der Zentralorganisation der Kriegsopferverbände Österreichs und dem Bundesverband der Österreichischen Widerstandskämpfer und Opfer des Faschismus mit großzügiger Unterstützung der österreichischen Bundesregierung und des Landes Wien getroffen.

DR. SOSWINSKI begrüßte im Namen der beiden Organisationen die Teilnehmer an dem Zweiten Weltkongreß. In zweitägigen Beratungen, bei denen fast alle teilnehmenden Organisationen zu Wort kamen, wurde in Sachlichkeit und gegenseitigem Vertrauen des gemeinsamen Wollens ein Schlußdokument erarbeitet, das in seinen Grundzügen in einer eigenen Deklaration zusammengefaßt wurde. Am 3. Dezember 1986 fand im Großen Festsaal des Wiener Rathauses die Schlußkundgebung statt. Der Saal war mit allen Fahnen der Länder der Erde geschmückt, die Musikkapelle des Wiener Gardebataillons sorgte für die musikalische Umrahmung. Es wurde ein hervorragendes Programm geboten. Bürgermeister Dr. Zilk begrüßte die Kongreßteilnehmer und die zahlreichen Ehrengäste, die zur Schlußkundgebung erschienen waren. Bundeskanzler Dr. Vranitzky hielt eine eindrucksvolle Ansprache.

Im Bewußtsein ihrer Verpflichtung gegenüber den nachfolgenden Generationen haben die Teilnehmer dieses Weltkongresses aber nicht nur diese eindrucksvolle Schlußkundgebung erlebt, sondern auch ernsthaft beraten und diskutiert, um ihren gemeinsamen Standpunkt zu den lebensnotwendigen Fragen unserer Zeit, die Sicherung bzw. Herstellung des Friedens und die Verhinderung einer die gesamte Menschheit bedrohenden atomaren Vernichtung darzulegen.

1987

Sozialminister a.D. Grete Rehor gestorben

Am 28. Jänner 1987 verstarb Frau Bundesminister a.D. Gerte Rehor im Alter von 77 Jahren. Sie leitete von 1966 bis 1970 das Sozialressort und hat sich in dieser Zeit voll und aufrichtig den Problemen der Kriegsopfer und Behinderten gestellt. Für Ihre Verdienste wurde ihr im Rahmen des 12. ordentlichen Delegiertentages am 15. April 1978 der Ehrenring des Kriegsopferverbandes für Wien, NÖ und Bgld. verliehen. Wir werden ihr ein ehrendes Andenken bewahren.

Großkundgebung der Zentralorganisation der Kriegsopferverbände Österreichs:

„EISENSTÄDTER ERKLÄRUNG" DER ÖFFENTLICHKEIT VORGESTELLT

Am 29. April 1987 fand im Kongreßhaus in Eisenstadt eine Großkundgebung der Zentralorganisation der Kriegsopfer- und Invalidenverbände Österreichs statt, bei der Präsident Karrer die von den Kriegsopfer- und Behindertenverbänden gemeinsam erarbeitete Grundsatzentschließung, die sogenannte „Eisenstädter Erklärung", der Öffentlichkeit vorstellte. An der Kundgebung nahmen teil: Bundespräsident Kurt Waldheim mit Gattin, Alt-Bundespräsident Dr. Rudolf Kirchschläger mit Gattin, der Bundesminister für Landesverteidigung Dr. Robert Lichal in Begleitung des Divisionärs Friedrich Dialer, als persönlicher Vertreter des Arbeits- und Sozialministers Alfred Dallinger Sektionschef Dr. Karl Ernst, der Landeshauptmann von Burgenland Theodor Kery, für die vier im Parlament vertretenen politischen Parteien die Abgeordneten zum Nationalrat Mag. Walter Guggenberger (SPÖ), Dr. Schwimmer (ÖVP), Dr. Helene Partik-Pable (FPÖ) und der Bundesgeschäftsführer der Fraktion der Grünen Alternative, Werner Haslauer, der Bürgermeister der Stadt Eisenstadt, Landtagsabgeordneter Kurt Korbatits, leitende Beamte des Bundesministeriums für Arbeit und Soziales und des Landesinvalidenamtes, der Präsident der Arbeitsgemeinschaft für Rehabilitation, Heinrich Schmid mit Generalsekretär Heinz Schneider, der Präsident des Österreichischen Zivilinvalidenverbandes Generalanwalt Dr. Karl Marschall und der Obmann des Clubs Handikap, Josef Neudhart, sowie die Vertreter der Behinderten- und Kriegsopferverbände ganz Österreichs.

Präsident KARRER stellte in seiner Ansprache fest, „daß wir an der Schwelle des 3. Jahrtausends am Scheideweg zwischen Angst und Hoffnung, zwischen der Gefahr, die auf der Welt lastet, stehen und den ungeahnten Möglichkeiten des Fortschritts, wenn sie nur genutzt werden." Nach erklärenden Ausführungen stellte er schließlich fest, „den sozialen Frieden zu begründen und zu sichern muß das vornehmste Ziel weiser Staatspolitik sein. Der soziale Frieden ist aber ohne eine gerechte Kriegsopfer- und Behindertenpolitik auf dem allgemeinen wirtschaftlichen Niveau undenkbar." Er schloß seine Ausführungen mit der Feststellung, „man muß gemeinsam mit dem Bund einen Beitrag zur Lösung der Probleme Behinderter leisten" und brachte der Öffentlichkeit die sozialpolitische Grundsatzentschließung zur Kenntnis.

Bundeskanzler VRANITZKY, der an der Teilnahme verhindert war, sandte eine Grußbotschaft, in der er unter anderem ausführte: „Die Situation der Behinderten soll durch eine Reihe von Maßnahmen erleichtert werden. Insbesonders auf dem Gebiet der Rehabilitation und Integration behinderter Menschen werden mit der Durchführung eines umfassenden Konzepts neue Fortschritte angestrebt. Der Weiterbestand des Invalideneinstellungsgesetzes bleibt gesichert. Über diese in der Regierungserklärung vom 28. Jänner 1987 enthaltene Absichtserklärung hinaus wird die Bundesregierung auch der sozialpolitischen Grundsatzerklärung, die sie bei ihrer Großkundgebung als ‚Eisenstädter Erklärung' proklamieren, entsprechend Beachtung schenken."

Der Landeshauptmann des Burgenlandes, THEODOR KERY, begrüßte die Teilnehmer im Namen des Bundeslandes und stellte in Bezug auf das Thema „Soziale Sicherheit für Kriegsopfer und Behinderte" fest, daß alle in unserem Lande mit dieser Forderung konform gehen.

Für Sozialminister Dr. Alfred Dallinger sprach Sektionschef DR. ERNST. Er führte unter anderem aus: „Wenn auch noch wichtige Forderungen der behinderten Menschen unerfüllt sind, so möchte ich doch nicht unerwähnt lassen, daß im gemeinsamen Bemühen der Kriegsopfer- und Behindertenorganisation, der Gebietskörperschaften sowie der Sozialversicherungsträger in den letzten Jahren wesentliche Fortschritte erzielt werden konnten, wobei dem Ausbau einer möglichst dauerhaften Eingliederung bzw. Wiedereingliederung behinderter Menschen in das berufliche und gesellschaftliche Leben stets Vorrang zukommt. Alle anderen Bereiche müssen sich diesem Ziel unterordnen." Seine Ausführungen, die er mit den Worten „Selbstverständlich werden wir in unsere Überlegungen zur Weiterentwicklung der Sozialpolitik die wertvollen Anregungen ihrer sozialpolitischen Grundsatzerklärung einbeziehen" schloß, wurden mit großem Beifall aufgenommen.

Bundespräsident Dr. Kurt Waldheim würdigt Stellung der Zentralorganisation

Im Anschluß an die Rede des Präsidenten Karrer, die schon eingangs erwähnt wurde, sprach das Staatsoberhaupt der Republik Österreich, Dr. Kurt Waldheim, zu den Vertretern der Österreichischen Kriegsopfer- und Behindertenverbände und führte unter anderem aus: „Die Zentralorganisation ihres Verbandes war in hervorragender Weise am Zustandekommen der gesetzlichen Maßnahmen beteiligt, die die Existenz der Kriegsopfer in der Zweiten Republik sicherten. Es ist uns allen klar, daß man die verlorene Gesundheit oder das Leben eines Angehörigen mit Geld oder Geldeswert nicht ersetzen kann. Betrachten wir daher die Maßnahmen der Kriegsopferversorgung als einen Versuch, den Opfern wenigstens die unmittelbaren Sorgen im Existenzkampf abzunehmen. Betrachten wir die Heilfürsorge als das Bestreben unserer Republik, sie nach Möglichkeit zu unabhängigen, selbständigen Mitgliedern in unserer Volkswirtschaft zu machen. Nur so könnte es gelingen, ihnen etwas Lebensglück und Zuversicht zurückzugeben, die ihnen durch den furchtbaren Krieg genommen wurde."

Ehrenmitgliedschaft für Altbundespräsident Dr. Rudolf Kirchschläger und Sozialminister Alfred Dallinger

„Wir haben in der Geschichte unserer Kriegsopfer- und Behindertenorganisation vielleicht eine der freudigsten Minuten nun vor uns, um Männern zu gedenken, Männern zu danken, die zutiefst mit den Kriegsopfern, mit den Behinderten verbunden waren und sind und die sich weit über den Bereich ihrer Pflicht hinaus für diesen Personenkreis, aber auch für dessen Organisation verdient gemacht haben, und wir wollen nicht, daß das irgendwie untergeht", begann der Präsident die Laudatio. „Wir wollen sichtbar den Dank abstatten. Es hat der gestrige Delegiertentag des Kriegsopferverbandes für Wien, NÖ und Bgld. und Mitgliedsverbände ganz Österreichs und der Vorstand der Zentralorganisation einhellig den Beschluß gefaßt, dem Herrn Bundesminister für Arbeit und Soziales, ALFRED DALLINGER, die Ehrenmitgliedschaft zu verleihen. Da er nicht anwesend ist, gebe ich dies nur bekannt. Die feierliche Überreichung wird nachgeholt werden. Der zweite Mann, den wir heute ehren, ist unser ehemaliges Staatsoberhaupt Dr. RUDOLF KIRCHSCHLÄGER. Selbst ein Mitglied unserer Organisation, hat er in seiner Eigenschaft als Staatsoberhaupt Taten für die Kriegsopfer, für die Behinderten und für deren Organisation gesetzt, die auch weit über das hinausgehen, was man schlicht und einfach als Pflichterfüllung bezeichnet. An Stelle einer Laudatio möchte ich seine eigenen Worte wiederholen, die er in einem Festakt des Sozialministeriums und der Zentralorganisation zum 60jährigen Bestandsjubiläum der Kriegsopferorganisation in Linz unter anderem gesagt hat: „Es zählte zu den Gewohnheiten aller meiner Amtsvorgänger, daß sie dann, wenn sie zum Bundespräsident gewählt wurden, ihre Mitgliedschaft bei den verschiedenen Vereinen und Verbänden, denen sie angehörten, ruhen ließen. Auch ich habe meine Mitgliedschaften ruhen lassen. Ich habe jedoch meine Mitgliedschaft zum Kriegsopferverband aufrecht erhalten, weil ich es für vereinbar halte im wahrsten Sinne des Wortes mit der Pflicht, für alle Mitbürger dazusein, und weil ich in dieser Mitgliedschaft auch eine persönliche schuldige Dankbarkeit an die Kriegsopferorganisation erblicke."

Unter stürmischen Applaus der Anwesenden überreichte Präsident Karrer die Ehrenurkunden der Zentralorganisation und des Kriegsopferbandes für Wien, NÖ und Bgld. über die Verleihung der Ehrenmitgliedschaft. Alt-Bundespräsident Dr. Rudolf Kirchschläger dankte in bewegten Worten für die Auszeichnung. Er werde sie in Ehren halten und den Kriegsopfern immer menschlich verbunden bleiben.

15. ordentlicher Landesdelegiertentag des Kriegsopfer- und Behindertenverbandes für Wien, NÖ und Bgld. in Eisenstadt

Zum ersten Mal seit Bestehen hielt der Kriegsopfer- und Behindertenverband für Wien, NÖ und Bgld. einen ordentlichen Landesdelegiertentag im Burgenland, im Kongreßzentrum der Landeshauptstadt Eisenstadt ab, und zwar am 28. und 29. April 1987.

Nach der Konstituierung brachte Präsident Karrer den Tätigkeitsbericht des Hauptausschusses, Hauptkassier Kamerad Otto Pohanka den Gebarungsbericht von 1984, 1985 und 1986. Auf Antrag der Verbandskontrolle wurde sodann dem Hauptausschuß die Entlastung erteilt. Sekretär Svoboda referierte über notwendig gewordene Satzungsänderungen, um den Zugang zur Mitgliedschaft für Zivilinvalide zu erleichtern. Nun wurde unter Vorsitz des Präsidenten des Kriegsopfer- und Behindertenverbandes Steiermark, Medizinalrat Dr. Karl Schwarzl, die Neuwahl der Verbandsorgane durchgeführt.

Präsident	Friedrich Karrer
Vizepräsidenten	Vortr. Hofrat Dr. Leonhard Riemer
	Rudolf Wittmann
	Oberschulrat Josef Stefan

	Richard Waidhofer
	Regierungsrat Franz Graschitz
	Herbert Sedlacek
Schriftführer	Leo Temper
Stellvertreter	Regierungsrat Rudolf Nußbaum
Kassier	Otto Pohanka
Kassierstellvertreter	Rupert Hudl
Beisitzer im Vorstand	Karl Ellbogen
	Franz Gruber
	Ing. Gerhard Jackel
	Johann Keusch
	Viktor Köllinger
	Josef Patek
	Helmut Pilzer
	Johann Schmid
	Alfred Silldorff
Hinterbliebenenvertreterinnen im Vorstand	Anni Schön
	Oberschulrat Maria Stadlbacher
Beisitzer im Hauptausschuß	Herbert Aimet
	Josef Bachmann
	Karl Bartak
	Robert Fischer
	Helmut Genitheim
	Josef Hanausek
	Johannes Hodits
	Regierungsrat Anton Koller
	Karl Lebensorger
	Oswald Vigl
	Johann Schwarz
	Karl Wallner
	Friedrich Weiß
	Alfred Zainzinger
Hinterbliebenenvertreter im Hauptausschuß	Maria Dangl
	Maria Ganauser
	Friederike Wetschka
	Rosina Wocasek
Kontrolle	Josef Koch
	KR Kurt Warthbichler
	Julius Augustin
	Otto Aschinger
	Franz Bacher
	Walter Lausch
	Oberrechnungsrat Johann Spannbauer
	Günter Weihs

Am Nachmittag des 28. April 1987 wurde der Delegiertentag mit der Ehrung verdienstvoller Freunde und Kameraden des Verbandes fortgesetzt und mit der Behandlung der eingebrachten Anträge abgeschlossen.

1988

5. Internationale Gesetzgebungskonferenz des Weltbundes

Vom 21. bis 24. April 1988 wurde in der oberösterreichischen Kurstadt Bad Ischl die 5. Internationale Gesetzgebungskonferenz des Weltbundes der ehemaligen Kriegsteilnehmer und Kriegsopfer veranstaltet. Über 150 Teilnehmer aus allen fünf Kontinenten, unter ihnen zahlreiche Regierungsmitglieder aus verschiedenen Ländern zeichneten diese Veranstaltung durch ihr Kommen aus. Die feierliche Eröffnung wurde in Anwesenheit des oberösterreichischen Landeshauptmannes DR. JOSEF RATZENBÖCK durchgeführt. Der Präsident der Weltorganisation W. VAN LANSCHOT nahm persönlich an der Tagung teil. Zum Vorsitzenden der Konferenz wurde Präsident FRIEDRICH KARRER gewählt. Er begrüßte die Anwesenden und erläuterte die Hauptthemen der Konferenz: Probleme der älterwerdenden Kriegsopfer, Status der Frauen in der Gesetzgebung für Kriegsteilnehmer und Kriegsopfer, kurz-, mittel- und langfristige Spätfolgen von Kriegsbeschädigungen, Forschung im medizinischen, sozialen und technischen Bereich bezüglich ehemaliger Kriegsteilnehmer, Kriegsopfer oder sonstiger Behinderter.

Aus der Ansprache des Herrn Landeshauptmannes Dr. Ratzenböck kam neben der Schilderung des Schicksales des Landes Oberösterreich auch die Rolle des Weltbundes der ehemaligen Kriegsteilnehmer und Kriegsopfer als Mahner für Frieden und Gerechtigkeit zum Ausdruck. Er meinte: „Wenn Sie die Geschichte Ihrer Länder betrachten, was finden Sie? Kriege, Kämpfe, Schlachten, Verfolgungen. Aber die Geschichte der Völker, die eine Kriegsgeschichte ist, ist immer auch eine Geschichte des Kampfes gegen den Krieg. So lange wir zurückblicken, gibt es Kriege, aber so lange bemühen sich auch die Menschen, Kriege zu verhindern, den Frieden zu sichern."

Nach zweitägigen intensiven Beratungen in drei Kommissionen wurden von den Delegierten insgesamt 21 Empfehlungen der 5. Internationalen Gesetzgebungskonferenz einstimmig verabschiedet, und sie werden in der Folge sowohl den Vereinten Nationen als auch den Regierungen vorgelegt werden, um diese Verbesserungsvorschläge in der Kriegsopferversorgung, die auf internationaler Basis erarbeitet wurden, auf den nationalen Ebenen zur Gesetzeswerken zu verhelfen. Im Rahmen der Schlußsitzung wurde die vorbildliche Kriegsopferversorgung in Österreich betont. Von österreichischer Seite wurde als besonders wichtig die Entschließung erachtet, die sich mit den kurz-, mittel- und langfristigen Spätfolgen von Kriegsbeschädigungen befaßt. Hier scheint es wichtig, alle aus neuer Zeit stammenden Forschungsergebnisse auf medizinischem Gebiet zu beschaffen und den Sachverständigen ans Herz zu legen.

15. ordentlicher Delegiertentag der Zentralorganisation in Eisenstadt:

FESTAKT 70 JAHRE KRIEGSOPFERORGANISATION

Am 26. Mai 1988 versammelten sich die Delegierten aller Landesverbände der Zentralorganisation der Kriegsopfer- und Invalidenverbände Österreichs zum 15. ordentlichen Delegiertentag im Kongreßhaus in Eisenstadt. Er stand unter dem Motto „70 Jahre Kriegsopferversorgung, sozialer Fortschritt, Frieden, Freiheit." Er wurde mit einem eindrucksvollen Festakt eröffnet. Die große Zahl der Ehrengäste kann nicht namentlich angeführt werden. Kamerad Abgeordneter zum Nationalrat Rudolf Staudinger begrüßte an der Spitze der Ehrengäste das Ehrenmitglied der Zentralorganisation, Bundesminister Alfred Dallinger, weiters den Ersten Präsidenten des Burgenländischen Landtages, Dipl. Ing. Johann Halbritter und den Landeshauptmann von Burgenland, Hans Sipötz. Als Vertreter der politischen Parteien waren die Abgeordneten zum Nationalrat Johann Köteles (SPÖ) und Ökonomierat Josef Kirchknopf (ÖVP) sowie Bundesminister a.D. Dr. Helmut Krünes (FPÖ) erschienen.

Der Generalsekretär des Weltverbandes ehemaliger Kriegsteilnehmer und Kriegsopfer, SERGE WOURGAFT, wies in seiner Grußadresse besonders auf die hervorragenden Verdienste der Zentralorganisation für die Bemühungen des Weltverbandes für eine gemeinsame Versorgung der Kriegsopfer und für eine Welt in Frieden und Freiheit hin. Der Herr Bundesminister für Arbeit und Soziales, ALFRED DALLINGER, betonte nach einem historischen Rückblick, daß es im Zuge der einsetzenden wirtschaftlichen Aufwärtsentwicklung möglich war, die Kriegsopferversorgung schrittweise zu verbessern und letztlich zu einem umfassenden und vorbildlichen Versorgungssystem auszubauen. Insgesamt habe die Republik Österreich auf der Grundlage des Kriegsopferversorgungsgesetzes von 1950 bis 1988 118,5 Milliarden Schilling aufgewendet. Er betonte aber auch weiters, daß er an dieser Stelle nicht verschweigen wolle, daß es in zunehmendem Maße schwieriger wird, die geeigneten Rahmenbedingungen für die Integration behinderter Mitbürger in die Gesellschaft und in die Arbeitswelt zu schaffen. Er schloß seine Worte mit: „Ich wünsche ihnen und uns allen, daß die Verbundenheit der Kriegsopferorganisation mit dem Sozialressort und der Republik auch in Zukunft Bestand haben möge, zum Wohl der Kriegsopfer und aller behinderten Menschen."

Präsident KARRER betonte, daß Arbeit vor Rente gehe und daß das Invalideneinstellungsgesetz beim Bund bleiben müsse. Er mahnte die verantwortlichen Sozialpolitiker, den Wunsch von 600.000 Behinderten nach einem einheitlichen Invalideneinstellungsgesetz zu beachten.

Aus den Grußadressen der politischen Parteien ging hervor, daß man die Obsorge für die Behinderten, aus welchen Gründen immer sie behindert wurden, nicht als lästige Pflicht, sondern als eine ehrliche, soziale, gesellschaftliche Aufgabe gegenüber Freunden betrachten müsse .

Nach den Grußadressen erfolgte die Konstituierung des 15. ordentlichen Delegiertentages sowie die Wahl der Kommissionen.

Den Delegierten lag ein schriftlicher Tätigkeitsbericht des Vorstandes vor, der von Kamerad Karrer erläutert wurde. Nun folgte der Kassenbericht, der von Kamerad OTTO POHANKA vorgetragen wurde. Anschließend berichtete die Kontrolle, daß eine sparsame und wirtschaftliche Vermögensgebarung vorlag und beantragte die Entlastung des Vorstandes, die einstimmig erteilt wurde.

Aufgrund der Tatsache, daß Landesverbände, die auch Zivilbeschädigten die Möglichkeit geben, Mitglied zu werden und Kriegsopfer- und Behindertenverband heißen, ist die Umbenennung der ZO in Zentralorganisation der Kriegsopfer- und Behindertenverbände Österreichs notwendig. Die Satzungsänderung wurde angenommen.

Neuwahl

Unter Vorsitz von Kamerad Obermedizinalrat Dr. Karl Schwarzl erfolgte die Neuwahl der Organe der Zentralorganisation.

Präsident	Friedrich Karer
Vorstand	Vortragender Hofrat Dr. Leonhard Riemer
	Otto Pohanka
	Johann Keusch
	Alfred Silldorff
	Richard Waidhofer
	Robert Hudl
	Regierungsrat Hans Staudinger
	Dir. Anton Keiler
	Manfred Krenn
	Amtsrat i.R. Johann Pocsics

	Dir. Paul Rösch
	Max Baumann
	Dir. Karl Friedl
	Magnus Lenz
	Bundestaatlicher Fürsorgerat August Schober

Als Vertreterinnen der Kriegshinterbliebenen wurden nominiert

Wien, NÖ und Blgd	Anni Schön
	Oberschulrat Maria Stadlbacher
	Friederike Wetschka
Oberöstereich	Ilse Schulz
Steiermark	Landtagsabgeordnete i.R. Prof. Traute Hartwig
Kärnten	Aloisia Wilding
Tirol	Ingeborg Purner
Salzburg	Elisabeth Faltin
Vorarlberg	Liebgart Walter
Kriegsblinde	Josefa Capek

Kontrolle

Wien, NÖ und Bgld	Regierungsrat Franz Graschitz
	Josef Koch
	Regierungsrat Rudolf Nußbaum
Oberöstereich	Regierungsrat Ignaz Mühlhauser
Steiermark	Hofrat Dr. Robert Kaufmann
Kärnten	Friedrich Ritzmaier
Tirol	Hofrat Dr. Hubert Lemmerer
Vorarlberg	Otto Fiel
Kriegsblinde	Josef Ruprechtsberger

Im Anschluß an die Neuwahl der Organe der Zentralorganisation wurde der Landesobmann des Vorarlberger Kriegsopferverbandes, Alt-Landesstatthalter Komm.Rat Martin Müller, einstimmig zum Ehrenmitglied der Zentralorganisation ernannt. Leider hatte der Genannte aus Gesundheitsgründen nicht am Delegiertentag teilnehmen können.

Es folgte die Beschlußfassung über rechtzeitig eingebrachte Anträge. Die Schlußansprache des Präsidenten beendete den 15. ordentlichen Delegiertentag der ZO.

Michael Svoboda Generalsekretär der Zentralorganisation

In der konstituierenden Vorstandssitzung der Zentralorganisation wurde der Verbandssekretär des Kriegsopfer- und Behindertenverbandes für Wien, Niederösterreich und Burgenland, Michael Svoboda, einstimmig zum Generalsekretär der Zentralorganisation der Kriegsopfer- und Behindertenverbände Österreichs ernannt.

1989

Ehrenmitglied Sozialminister Alfred Dallinger tödlich verunglückt

Am 23. Februar 1989 verunglückte Ehrenmitglied Sozialminister Alfred Dallinger bei einem Flugzeugabsturz in den Bodensee tödlich. Mit der erschütterten österreichischen Bevölkerung trauerte die Kriegsopfer- und Behindertenorganisation um einen ihrer treuesten Weggefährten in sozialen Belangen Österreichs.

Dr. Walter Geppert neuer Sozialminister

Am 10. März 1989 hat Bundespräsident Dr. Kurt Waldheim den bisherigen Generaldirektorstellvertreter im Hauptverband der österreichischen Sozialversicherungsträger, Dr.Walter Geppert, zum Bundesminister für Arbeit und Soziales angelobt.

Gedenksitzung aus Anlaß der 50. Wiederkehr des Tages des Ausbruches des Zweiten Weltkrieges

Am 5. September 1989 hat aus Anlaß der 50. Wiederkehr des Beginnes des Zweiten Weltkrieges eine gemeinsame Sitzung von Delegationen der Arbeitsgemeinschaft der KZ-Verbände und Widerstandskämpfer Österreichs sowie der Zentralorganisation der Kriegsopfer- und Behindertenverbände Österreichs im Festsaal der CA in Wien unter Vorsitz der vier Präsidenten, Nationalrat a.D. Otto Skritek, Bundesrat a.D. Friedrich Karrer, Vizepräsident des Verwaltungsgerichtshofes i.R. Dr. Hubert Jurasek und Landtagsabgeordneter a.D. Dr. Soswinski stattgefunden. Eine Erklärung der vier Opferverbände enthielt das Gelöbnis, im Namen der 170.000 österreichischen Familien, die unermeßliches Leid auf sich nehmen mußten, alles zu tun, daß sich solche Ereignisse nicht mehr wiederholen können. Das soll auch in Zukunft das Ziel der gemeinsamen Arbeit sein. Die Erklärung wurde dem Bundeskanzler Dr. Franz Vranitzky in einem von den offiziellen Vertretern der vier Organisationen unterzeichnetem Dokument feierlich übergeben, der im Anschluß aus gegebenem Anlaß eine Gedenkrede hielt, aus der zum Ausdruck kam, daß es gerade für jene, die die Schrecken des Krieges und des NS-Regimes am eigenen Leib zu spüren bekommen haben, Pflicht und Aufgabe sei, immer wieder als Mahner für Frieden und Gerechtigkeit aufzutreten und daß diese Erklärung vor allem der Jugend als hoffnungsvolles Zeichen dienen soll. Er schloß mit den Worten: „Die Erinnerung an den Beginn dieses schrecklichsten aller Kriege muß uns noch intensiver an der Verwirklichung des Zieles eines echten und dauerhaften Friedens in Europa arbeiten lassen."

1990

Bundesrat a.D. Friedrich Karrer legt seine Funktionen in der Kriegsopfer- und Behindertenorganisation zurück

Nach einem im Jänner 1990 während eines Erholungsurlaubes erlittenen Schlaganfall legte der Präsident der Zentralorganisation der Kriegsopfer- und Behindertenverbände Österreichs, Friedrich Karrer, seine Funktionen in der Zentralorganisation ab 2. April 1990, im Kriegsopfer- und Behindertenverband für Wien, NÖ und Bgld. ab 30. Juni 1990 zurück. Damit verlor die Organisation einen national und international anerkannten Fachmann auf dem Gebiet des Sozialrechtes und erfahrenen Funktionär. Für seine Leistungen in der Kriegsopfer- und Behindertenorganisation wurde ihm herzlicher und aufrichtiger Dank gewidmet, für die Zukunft das Beste, vor allem Gesundheit und Wohlergehen gewünscht.

Vizepräsident Dr. Leonhard Riemer und Verbandskassier Otto Pohanka mit der provisorischen Verbandsleitung betraut

Nach der krankheitsbedingten Rücklegung aller Funktionen durch Präsident Karrer per 1. Juni 1990 beschloß der Verbandsvorstand in seiner Sitzung vom 28. Juni 1990, die Kameraden Vizepräsident Hofrat DR. LEONHARD RIEMER und Verbandskassier Otto Pohanka mit der provisorischen Leitung des Kriegsopfer- und Behindertenverbandes für Wien, NÖ und Bgld. bis zum kommenden Delegiertentag am 14. und 15. November 1990 zu betrauen. Durch diesen Beschluß wurde sichergestellt, daß innerhalb des Verbandes auch weiterhin alle Arbeiten zum Wohle der Mitglieder kontinuierlich durchgeführt werden. Besonderes Augenmerk wollten die Kameraden Dr. Leonhard Riemer und Otto Pohanka den Wünschen und Anliegen der Mitglieder widmen.

Die Geschäfte der Zentralorganisation wurden interimistisch von Vizepräsident Nationalrat a.D. Otto Libal (OÖ.) geleitet.

16. ordentlicher Landesdelegiertentag des Kriegsopfer- und Behindertenverbandes für Wien, NÖ und Bgld.

Der Kriegsopferverband für Wien, NÖ und Bgld. hielt am 14. und 15. November 1990 im Kongreßhaus in Wien den 16. ordentlichen Landesdelegiertentag ab.

Nach der Konstituierung des Landesdelegiertentages brachte Vizepräsident Vortragender Hofrat i.R. DR. LEONHARD RIEMER einen umfassenden Bericht über die Tätigkeit in den Jahren 1987 bis 1990, über die Tätigkeit des Vorstandes, des Verbandsbüros einschließlich des Sekretariates, der Sozialrechtsabteilung, der Verbandsfürsorge, des Lotteriebüros, der Finanzverwaltung, des Trafikreferates, der Erholungs- und Gesundheitsfürsorge, über die Schulungskurse, die Mitgliederwerbung, die Behindertenvertrauenspersonen. Der Bericht wurde mit Beifall zur Kenntnis genommen. Nachdem der Hauptkassier des Verbandes, Kamerad OTTO POHANKA, den Gebarungsbericht von 1987 bis 1990 vorgebracht hatte, wurde auf Antrag der Verbandskontrolle dem Hauptausschuß einstimmig die Entlastung erteilt.

Als nächster Tagesordnungspunkt stand die Änderung der Satzungen auf dem Programm und zwar dahingehend, daß eine Aufwertung der Bezirksobmänner erfolgte, dies insofern, als der jeweilige Bezirksobmann automatisch Mitglied des Hauptausschusses ist. Auch dieser Antrag wurde einstimmig angenommen.

Otto Pohanka zum Präsidenten gewählt

Unter dem Vorsitz des Landesobmannes des Oberösterreichischen Kriegsopferverbandes Nationalrat a.D. Otto Libal wurde nun unter großem Beifall der Delegierten die Verbandsorgane gewählt.

Präsident	Otto Pohanka
Vizepräsidenten	Willi-Klaus Benesch
	Rupert Hudl
	Hans Hutterstrasser
	Vortragender Hofrat i.R.
	Dr. Leonhard Riemer
	Heribert Sedlacek
	Richard Waidhofer
Schriftführer	Leo Temper
Schriftführerstellvertreter	Viktor Köllinger
Kassier	Regierungsrat Rudolf Nußbaum
Kassierstellvertreter	Helmut Pilzer
Beisitzer	Karl Ellenbogen
	Helmut Genitheim
	Franz Gruber
	Karl Gföhler
	Ing. Gerhard Jackel
	Stefan Jokes
	Johann Keusch
	Walter Lausch
	Alfred Silldorff
	Johann Schmid
	Stefan Schweigl
	Friedrich Weiß
Hinterbliebenenvertreterinnen	Maria Ganauser
	Eszter Härting
	Oberschulrat Maria Stadlbacher
	Maria Dangl
	Friederike Wetschka
	Rosina Wocasek

Dem Hauptausschuß gehören auch alle Bezirksobmänner mit Sitz und Stimme an.

Verbandskontrolle	Julius Augustin
	Otto Aschinger
	Franz Bacher
	Karl Lebensorger
	Josef Patek
	Oberrechnungsrat i.R.
	Johann Spannbauer (Obmann)
	Friedrich Tureczky
	Günter Weihs (Obmannstellvertreter)

Als nächster Tagesordnungspunkt wurden die eingebrachten Anträge behandelt. Es wurde ein Forderungspaket zusammengestellt, das im wesentlichen die Forderung nach Anspruch auf Hinterbliebenenversorgung beinhaltet, auch wenn der Beschädigte zum Zeitpunkt des Todes nur nach einer Minderung der Erwerbsfähigkeit von 50 v.H. versorgt war und der Tod nicht Dienstbeschädigungsfolge gewesen ist, Aufnahme der Nierenerkrankungen in die Zulagenbestimmungen des Kriegsopfer- und Heeresversorgungsgesetzes, Verbesserung der orthopädischen Versorgung, Novellierung der fiktiven Einkünfte aus Land- und Forstwirtschaft analog zum ASVG, im Bereich des Behinderteneinstellungsgesetzes Förderungsmaßnahmen für Erholungsfürsorge im Rahmen der sozialen Rehabilitation, eine verstärkte Vertretung der Behindertenvertrauensmänner bzw. Erweiterung der Zahl der Stellvertreter der Behindertenvertrauenspersonen, hinsichtlich des Zusatzurlaubes für Behinderte, und vieles andere mehr. Die Anträge wurden vom Delegiertentag erledigt bzw. dem Hauptausschuß zur Bearbeitung zugewiesen.

Am 2. Tag des Landesdelegiertentages, am 15. November 1990, versammelten sich alle Delegierten zu einem Festakt zu Ehren verdienter Funktionäre sowohl der Zentralorganisation der Kriegsopfer- und Behindertenverbände Österreichs als auch des Kriegsopfer- und Behindertenverbandes für Wien, NÖ und Bgld. Präsident OTTO POHANKA konnte zu dieser Feierstunde zahlreiche Ehrengäste des öffentlichen Lebens begrüßen, unter ihnen als persönlichen Vertreter des Bürgermeisters der Landeshauptstadt Wien Prof. Dr. Helmut Zilk Gemeinderat HANS KÖNIG, als Vertreter des Landes Burgenland den Leiter der Sozialabteilung beim Amt der burgenländischen Landesregierung Herrn Hofrat DR. GÜNTER ENGELBRECHT, in Vertretung des Bundesministeriums für Arbeit und Soziales Frau Ministerialrätin DR. BRIGITTE ARNDORFER. Selbstverständlich war auch das Landesinvalidenamt für Wien, NÖ und Bgld. sowie die Schiedskommission beim Landesinvalidenamt vertreten. Präsident Pohanka konnte Frau Hofrat DR. SIEGLINDE ACS, Herrn Hofrat MAG. JOHANN KUBAT und Herrn Hofrat MAG. RUDOLF CERNY herzlich willkommen heißen und noch viele leitende Beamte von Behörden und Institutionen. Auch unsere Ehrenmitglieder Sektionschef i.R. DR. KARL ERNST und Sektionschef MAG. LEO WOLLEIN wurden in besonders herzlicher Weise beim Festakt willkommen geheißen, desgleichen die Vertreter der Bruderverbände des Kriegsopfer- und Behindertenverbandes in den Bundesländern, an der Spitze der geschäftsführende Präsident der Zentralorganisation der Kriegsopfer- und Behindertenverbände Österreichs, Nationalrat a.D. Otto Libal.

Präsident OTTO POHANKA betonte in seiner Ansprache, daß der 16. ordentliche Delegiertentag für Wien, Nö und Bgld. für ihn ein ganz besonderer gewesen ist, und zwar deshalb, weil in den langen Jahren des Bestehens der Organisation er heute der dritte Präsident ist. Er erinnerte an die Zeit von 1946, wo Franz Schulz in einer Zeit die Präsidentschaft antreten mußte, die viele schon vergessen und manche noch gar nicht erlebt haben. Er gab einen historischen Überblick über die Zeit der russischen Besatzungsmacht, der wirtschaftlichen Gegebenheiten und wies darauf hin, daß Schulz sich in erster Linie um die Not der hungernden Kriegswaisen kümmerte. Es war ihm gelungen, vom Fürst von und zu Liechtenstein Franz Josef II das Schloß Freiland, in dem noch heute das Erholungsheim besteht, zu erwerben und ein Kindererholungsheim einzurichten. Es wurde ein zweiter großer Meilenstein gesetzt, das Erholungsheim Helenental im Jahre 1950 geschaffen, und durchgesetzt, daß die Landesinvalidenämter die kopf- und hirngeschädigten Kameraden zu vierwöchigen Erholungsaufenthalten einweisen. Seine Ansprache umfaßte die ganze historische Entwicklung des Verbandes bis zur gegenwärtigen Zeit und wurde von den Delegierten mit langanhaltendem Beifall aufgenommen. Er schloß mit den Worten:

„Ich darf also bitten, daß ich diese Zusammenarbeit bei allen finden werde und darf darauf hoffen, daß ich ihnen in drei Jahren beim Tätigkeitsbericht vieles, was durchgesetzt wurde oder durchgesetzt werden wird, berichten kann. In diesem Sinne darf ich sie bitten, daß wir die nächsten drei Jahre arbeiten."

16. ordentlicher Delegiertentag der Zentralorganisation der Kriegsopfer- und Behindertenverbände Österreichs

Die krankheitsbedingte Zurücklegung aller Funktionen des Präsidenten Karrer hat es mit sich gebracht, daß der für 1991 vorgesehene 16. ordentliche Delegiertentag der Zentralorganisation der Kriegsopfer- und Behindertenverbände Österreichs bereits am 16. November 1990 im Kongreßhaus in Wien durchgeführt wurde.

Er brachte die Neuwahl der Verbandsfunktionäre aber auch die Weichenstellung der Verbandsarbeit für die nächsten drei Jahre. Nach überaus herzlicher Begrüßung aller Ehrengäste, unter ihnen der seit 1. Juli 1990 im Amt befindliche Sektionsleiter Ministerialrat Dr. Gerd Gruber, Hofrat Walter Kiesling, die Ehrenmitglieder Sektionschef i.R. Dr. Karl Ernst und Sektionschef i.R. Mag. Leo Wollein, durch Kameraden Nationalrat a.D. Rudolf Staudinger sprach Kamerad Hofrat Dr. Robert Kaufmann vom Steirischen Kriegsopfer- und Behindertenverband die Worte des Totengedenkens. Anschließend hielt Sektionsleiter DR. GERD GRUBER ein vielbeachtetes Grundsatzreferat über den Standort und die Grundsätze der Kriegsopferversorgung im Netz der sozialen Sicherheit sowie über die Bemühungen des Bundesministerium für Arbeit und Soziales im Bereich der Behindertenpolitik. Sein Referat wurde mit großem Interesse und starkem Beifall der Delegierten aufgenommen.

„Es darf keinen Stillstand in der Sozialpolitik geben“ - unter dieses Motto stellte der geschäftsführende Präsident der Zentralorganisation der Kriegsopfer- und Behindertenverbände Österreichs, Nationalrat a.D. OTTO LIBAL, seinen mündlichen Tätigkeitsbericht, den er den Delegierten erstattete. Er betonte, daß es aufgrund des fortgeschrittenen Lebensalters der versorgungsberechtigten Kriegsopfer höchst an der Zeit sein, die noch offenen Forderungen einer Realisierung zuzuführen. Er gab einen umfassenden Bericht über das Erreichte auf dem Gebiet der Gesetzgebung und das, was mit der neuen Regierung noch zu verhandeln sein werde. Er schloß mit den Worten:

„Und darum, liebe Kameradinnen und Kameraden aus allen Landesverbänden rufe ich sie auf, mit uns gemeinsam für die Rechte der Kriegsopfer auch in Zukunft einzutreten.“

Obermedizinalrat Dr. Karl Schwarzl ZO Präsident

Nach der Entgegennahme des Tätigkeitsberichtes und der Entlastung des Vorstandes wurden aufgrund des Wahlvorschlages der Wahlkommission der Präsident des Kriegsopfer- und Behindertenverbandes Steiermark, Kamerad Obermedizinalrat Dr. Karl Schwarzl, einstimmig zum Präsidenten der Zentralorganisation der Kriegsopfer- und Behindertenverbände Österreichs gewählt.

In das Präsidium und in den Vorstand der Zentralorganisation wurden als Vertreter des Kriegsopfer- und Behindertenverbandes für Wien, NÖ und Bgld. folgende Kameraden und Kameradinnen gewählt:

Otto Pohanka
Hans Hutterstrasser
Heribert Sedlazek

In den Vorstand wurden gewählt aus Wien, NÖ und Bgld.

Rupert Hudl
Johann Keusch
Reg. Rat Rudolf Nußbaum (er wurde gleichzeitig zum Kassier gewählt)
Vortr. Hofrat Dr. Leonhard Riemer
Alfred Silldorff

	Bst FR Leo Temper
	Richard Waidhofer
Oberösterreich	OSR Reg.Rat Friedrich Polansky
	Nat. Rat Komm. Rat Rudolf Staudinger
	Reg. Rat Hans Staudinger
Steiermark	Hofrat Dr. Robert Kaufmann
	Manfred Krenn
Kärnten	Dir. Paul Rösch
Tirol	Max Baumann
Salzburg	Dir. Karl Friedl
Vorarlberg	Magnus Lenz
Verband der Kriegsblinden	BstFR August Schober
Vertreterinnen der Kriegerwitwen	
Wien, Niederösterreich und Burgenland	Maria Ganauser
	Eszter Härting
	OSR Maria Stadlbacher
Oberösterreich	Ilse Schulz
Steiermark	Hofrat Prof. Traute Hartwig
Kärnten	Aloisia Wilding
Tirol	Ingeborg Purner
Salzburg	Elsiabeth Faltin

Der neugewählte Präsident betonte in seiner Schlußansprache, daß man durch gemeinsame Arbeit zum Erfolg gelangt. Mit der Bitte um weiterhin gute Arbeit schloß er den Delegiertentag.

Neubestellung im Verbandssekretariat des Verbandes für Wien, NÖ und Bgld.

Der Hauptausschuß hat in seiner Sitzung vom 2. Oktober 1990 eine Neuordnung des Sekretariates beschlossen. Der schon bisher im Sekretariat des Kriegsopfer- und Behindertenverbandes für Wien, NÖ und Bgld. tätige Verbandssekretär MAG. MICHAEL SVOBODA wurde zum leitenden Sekretär bestellt.

Der sehr vielen Funktionären und Mitgliedern aus seiner Tätigkeit bei den Sprechtagen und Generalversammlungen bekannte Abteilungsleiter der Sozialrechtsabteilung, HANS GELBMANN, wurde zum Verbandssekretär ernannt. Darüber hinaus wurde die bisherige Oberbuchhalterin im Verbandsbüro, Frau Helga Krupitza, ebenfalls zum Verbandssekretär ernannt. Durch diese Personalentscheidung hat der Hauptausschuß des Verbandes dafür Sorge getragen, daß die Arbeit im Verbandsbüro in Zukunft in bewährter Weise fortgesetzt wird.

1991

Eindrucksvolle Protestkundgebung vor dem Finanzministerium

Am Vormittag des 7. Oktober 1991 demonstrierten tausende Behinderte und pflegebedürftige Menschen, unter ihnen auch zahlreiche Funktionäre unseres Verbandes, an der Spitze Präsident Otto Pohanka. Es fühlte sich so mancher um 25 Jahre jünger bzw. in die Vergangenheit zurückversetzt. Auch damals galt es, durch eine Massendemonstration längst überfälligen Forderungen in der Kriegsopfer- und Behindertenpolitik zum Durchbruch zu verhelfen. Es galt damals, das Reformprogramm in der Kriegsopferversorgung, das zum Stillstand gekommen war, weiter voranzutreiben.

Und jetzt war der Grund des Protestes so vieler schwerstbehinderter Menschen, gleich dem damaligen, der drohende Stillstand in einem Bereich der Sozialpolitik: der Einführung einer ausreichenden Pflegevorsorge. Als immer wieder unter Hinweis auf fehlende Budgetmittel kein Erfolg erzielt werden konnte, blieb als letzter Ausweg der Protest. Am 7. Oktober 1991 war es so weit. Tausende pflegebedürftige Behinderte, Angehörige, Pflegepersonen kamen und forderten die rasche Einführung der Pflegevorsorge. Zahlreiche Sozialpolitiker aller Parteien kamen zu Wort und bekannten sich zur Forderung nach ausreichendem Pflegegeld und sagten ihre Unterstützung zu. Präsident Otto Pohanka, der mit zu den Sprechern der Delegation gehörte, hat über eine Stunde lang mit Finanzminister Lacina und Sozialminister Hesoun das Anliegen nach ausreichender Pflegevorsorge erläutert. Dann stellten sich die beiden Minister der Demonstration. Finanzminister Lacina bekannte sich grundsätzlich für die Einführung der geforderten Pflegevorsorge, bat jedoch um Verständnis, daß dies am 1. Jänner 1992 aus budgetären Gründen noch nicht möglich sei. Sozialminister Hesoun betonte abermals, daß die Frage der ausreichenden Pflegegelder und Pflegevorsorge absolute Priorität haben.

Abschied von Stephan Malczewski

Am 29. 12. 1991 verstarb der über 40 Jahre lang im Verband als Sekretär tätig gewesene Sephan Malczewski. Kam. Malczewski leitete in den vier Jahrzehnten die Finanzverwaltung. Nach seiner Pensionierung im Jahre 1979 bekleidete er bis 1987 die Funktion eines Vizepräsidenten im KOBV. Seiner Einsatzbereitschaft verbunden mit tiefster Menschlichkeit ein ehrendes Andenken.

1992

Neuerliche Demonstration zur Erreichung der Pflegevorsorge

Am 27. Oktober 1992 fand vor dem Bundeskanzleramt am Wiener Ballhausplatz eine neuerliche Protestkundgebung wegen Nichterfüllung des Versprechens der Regierung bezüglich der Pflegevorsorge statt. Auch zu dieser Kundgebung waren tausende Behinderte, darunter hunderte Mitglieder und Funktionäre des Kriegsopfer- und Behindertenverbandes gekommen. Gleich zu Beginn der Kundgebung empfing Bundeskanzler Dr. Vranitzky im Beisein von Sozialminister Hesoun und des Wiener Vizebürgermeisters Mayr die Vertreter der Delegation, unter ihnen auch den Präsidenten des Kriegsopfer- und Behindertenverbandes für Wien, NÖ und Bgld. Otto Pohanka, zu einer Unterredung, bei der dem Bundeskanzler die Protestresolution aller Behindertenorganisationen übergeben wurde. Nach der Unterredung sprach der Bundeskanzler zu den Kundgebungsteilnehmern auf dem Ballhausplatz. In seiner Ansprache teilte er mit, daß gemäß einheitlicher Auffassung der Bundesregierung das Bundespflegegesetz noch im Jahre 1992 im Parlament beschlossen werden wird und die Pflegegelder (7 Stufen von S 2.000,– bis S 20.000,–) ab 1. Juli 1993 zur Auszahlung gelangen sollen. Zur Freude der Kundgebungsteilnehmer kam auch Bundespräsident Dr. Klestil von der Hofburg auf den Ballhausplatz und versicherte den anwesenden behinderten Menschen, alles in seiner Möglichkeit stehende zu tun, daß die zugesagte Pflegevorsorge auch tatsächlich eingeführt wird.

1993

17. ordentlicher Delegiertentag des Kriegsopfer- und Behindertenverbandes für Wien, NÖ und Bgld. in St. Pölten

Der 17. Delegiertentag des Kriegsopfer- und Behindertenverbandes für Wien, NÖ und Bgld. fand am 26. und 27. Mai 1993 statt und stand unter dem Motto „Besinnen wir uns auf unsere Kraft, damit wir Gutes bewirken können." Die Tagung fand im Veranstaltungszentrum der niederösterreichischen Landeshauptstadt St. Pölten statt. Es nahmen über 300 Delegierte und Ehrengäste teil. Die Anwesenheit hochgestellter Persönlichkeiten des öffentlichen Lebens zeigte, welches hohe Ansehen und welche Wertschätzung der Kriegsopfer- und Behindertenverband in der Öffentlichkeit genießt. Präsident OTTO POHANKA konnte unter anderem folgende Ehrengäste begrüßen: Den Herrn Bundesminister für Arbeit und Soziales, JOSEF HESOUN, den Herrn Landtagsabgeordneten und Obmann des Sozial- und Gesundheitsausschusses im NÖ Landtag, ERICH FIDESSER, der als persönlicher Vertreter des Landeshauptmannes von Niederösterreich, Dr. Erwin Pröll gekommen war, den Herrn Bürgermeister der Landeshauptstadt St. Pölten, WILLI GRUBER, Herrn Bundesrat DR. TREMMEL vom Parlamentsclub der FPÖ. Es wurde die hervorragende Stellung Österreichs im sozialen Bereich dokumentiert.

Pflegegelder als zentrales Thema

Zentrales Thema aller Ansprachen war das mit 1.7.1993 in Kraft getretene Bundespflegegeldgesetz, aber auch der unbestrittene Standard der österreichischen Kriegsopferversorgung. Der Bürgermeister der Stadt St. Pölten, Willi Gruber, unterstrich in seiner Ansprache, daß der Kriegsopfer- und Behindertenverband als Vorbild für Sozialbetreuung gelte. Landtagsabgeordneter Erich Fidesser betonte, daß die Sozialpolitik in Niederösterreich vom Kriegsopfer- und Behindertenverband geprägt sei.

Finanzierung für Renovierung der Sonderkrankenanstalt Zicksee gesichert

Der Bundesminister für Arbeit und Soziales, JOSEF HESOUN, versicherte, daß es in Österreich keinen Sozialabbau geben wird, die Pflegevorsorge Vorbild für ganz Europa sei und die Kriegsopfer und Behinderten immer Arbeit in den Vordergrund stellten. Er führte wörtlich aus:

„Wir sehen unsere Aufgabe als Politiker nicht nur in der Schaffung von gesetzlichen Rahmenbedingungen. Sozialpolitik heißt auch, auf sehr konkrete Anliegen der Mitmenschen einzugehen, und so ist es uns gelungen, und ich sage das einigermaßen stolz, als wir gemeinsam das Rehabilitationszentrum des Verbandes am Zicksee besichtigen konnten, konnte ich mehr oder weniger vorsichtig eine Verwendungszusage geben, aber heute kann ich feststellen, daß diese Verwendungszusage eingehalten wurde und die Sonderkrankenanstalt Zicksee ausgebaut werden kann. Damit möchte ich überleitend betonen, der Kriegsopfer- und Behindertenverband kommt weitgehendst seiner Verantwortung in der Weise nach, daß er 130.000 Mitglieder zählt, die sehr engagiert durch ihre Funktionäre vertreten werden."

Präsident OTTO POHANKA betonte in seiner Ansprache, daß das Motto „Besinnen wir uns auf unsere Kraft, damit wir Gutes bewirken können" nicht ein Motto ist, das die Kriegsopfer erst seit heute auf ihre Fahnen geschrieben haben. Dieses Motto gilt für die Kriegsopferorganisation seit mehr als sieben Jahrzehnten. Vor 74 Jahren, 1919, war es notwendig, daß sich die Kriegsopfer in einer Organisation zusammenschlossen, um die Rechte, die damals mehr als im Argen lagen, besser zu gestalten. Er gab einen historischen Rückblick über die Kämpfe und Erfolge und das Verständnis für die wirtschaftliche Situation des jungen, wiedererrichteten Österreich, die Entwicklung des Versorgungsrechtes, von dem man heute sagen kann, daß es, im internationalen Vergleich und besonders im Vergleich mit den westlichen Staaten, eines der besten Gesetze der Welt ist. Er bat um eine gemeinsame Zusammenarbeit und dankte für die Aufmerksamkeit.

ARBEITSTAGUNG

Von den fast 200 stimmberechtigten Delegierten waren fast alle Kameradinnen und Kameraden aus den Bezirken Wiens, Niederösterreichs und Burgenlands erschienen. Präsident OTTO POHANKA brachte den Tätigkeitsbericht des Hauptausschusses, eine eindrucksvolle Erfolgsbilanz. Er umfaßte Verbesserungen auf gesetzlichem Gebiet, Tätigkeiten des Vorstandes in öffentlichen Gremien, die Mitgliederbewegung, die Vertretung der Mitglieder vor Ämtern und Behörden sowie Gerichten. Er erwähnte, daß die Fürsorgeaktionen für Mitglieder 196 Millionen Schilling (!) erforderten. Seine Ausführungen wurden mit anhaltendem Beifall zur Kenntnis genommen. Nun brachte Regierungsrat RUDOLF NUSSBAUM den Bericht des Hauptkassiers. Anschließend erstattete die Verbandskontrolle ihren Bericht und stellte den Antrag auf Entlastung des Hauptausschusses, der vom Delegiertentag einstimmig angenommen wurde. Bei den Neuwahlen der Verbandsorgane wurden folgende Kameradinnen und Kameraden gewählt:

In den Vorstand	Präsident Otto Pohanka
Vizepräsidenten	Julius Augustin
	Willi-Klaus Benesch
	Rupert Hudl
	Hans Hutterstrasser
	Vortr. Hofrat i.R. Dr. Leonhard Riemer
	Richard Waidhofer
Schriftführer	Bundesstaatl. Fürsorgerat Leo Temper
Schriftführerstellvertreter	Regierungsrat Viktor Köllinger
Kassier	Regierungsrat Rudolf Nußbaum
Kassierstellvertreter	Helmut Pilzer

Beisitzer	Karl Ellbogen
	Prof. Mag. Dr. Theo Fischlein
	Helmut Genitheim
	Karl Gföhler
	Franz Gruber
	Stefan Jokes
	Johann Keusch
	Walter Lausch
	Johann Schmid
	Stefan Schweigl
	Alfred Silldorff
	Friedrich Weiß
Hinterbliebenenvertreterinnen	Maria Ganauser
	Eszter Härting
	Oberschulrat Maria Stadlbacher
Hinterbliebenenvertreterinnen im Hauptausschuß	
	Maria Dangl
	Friederike Wetschka
	Rosina Wocasek
In die Verbandskontrolle	Otto Aschinger
	Franz Bacher
	Hans Cejpek
	Theo Grattenthaler
	Oberrechnungsrat i.R. Johann Spannbauer
	Oswald Vigl
	Günter Weihs
	Karl Lebensorger
	Elisabeth Pesenhofer

Nach Erledigung der eingebrachten Anträge und Erschöpfung der Tagesordnung schloß Präsident Otto Pohanka den eindrucksvollen Delegiertentag.

17. ordentlicher Delegiertentag der Zentralorganisation der Kriegsopfer- und Behindertenverbände Österreichs

Am 11. und 12. Oktober fand in Pörtschach am Wörthersee der 17. ordentliche Delegiertentag der Zentralorganisation der Kriegsopfer- und Behindertenverbände Österreichs statt. Über 200 Delegierte der Kriegsopfer- und Behindertenverbände aus allen Bundesländern trafen zusammen, um einerseits den Tätigkeitsbericht des Vorstandes über die abgelaufene Funktionsperiode entgegenzunehmen und andererseits, um durch entsprechende Beschlußfassungen die Weichen für die Arbeit der Zentralorganisation in den kommenden drei Jahren zu stellen. Nach der Konstituierung des Delegiertentages berichtete Präsident Obermedizinialrat Dr. Karl Schwarzl über die Tätigkeit der Zentralorganisation von 1990 bis 1993. Er streifte das Kriegsopfer- und Herresversorgungsgesetz, das Behinderteneinstellungsgesetz, die Sozialversicherung, das Steuerrecht für Behinderte, Bundespflegegesetz und die internationalen Tätigkeiten der ZO sowie die Mitgliederbewegung. Nach dem Bericht des Präsidenten, Kamerad Dr. Schwarzl und des Kassiers, Kamerad Regierungsrat Rudolf Nußbaum, wurde dem Vorstand der Zentralorganisation auf Antrag des Obmannes der Verbandskontrolle, Hofrat Dr. Lemmerer, einstimmig die Entlastung erteilt.

1993

Otto Pohanka zum neuen ZO-Präsidenten gewählt

Im nachfolgenden Wahlakt, der unter Vorsitz von Kamerad Dr. Schwarzl durchgeführt wurde, wurde der Präsident des Kriegsopfer- und Behindertenverbandes für Wien, NÖ und Bgld., Kamerad Otto Pohanka, mit 97% der Delegiertenstimmen für die kommende Funktionsperiode zum Präsidenten der Zentralorganisation der Kriegsopfer- und Behindertenverbände gewählt. Aufgrund der vorgenommenen Wahl und der Satzung der Zentralorganisation setzt sich der Vorstand der Zentralorganisation in den kommenden drei Jahren aus folgenden Kameraden zusammen:

Präsident	Otto Pohanka
Präsidium	Obermedizinalrat Dr. Karl Schwarzl, Stmk.
	Nationalrat a.D. Otto Libal, OÖ
	Landtagspräsident i.R. Josef Thoman, Tirol
	Franz Neuhofer, Salzburg
	Landtagsabgeordneter a.D.
	Arthur Rauth, Vorarlberg
	Bundestaatlicher Fürsorgerat
	Adolf Schicher, Kärnten
	Hans Hutterstrasser, Wien, NÖ, Bgld.
	Willi-Klaus Benesch, Wien, NÖ, Bgld.
	Julius Augustin, Wien, NÖ, Bgld
	Bundestaatlicher Fürsorgerat
	Michael Glöckl, Kriegsblindenverband
	Hofrat Dr. Leonhard Riemer, Wien, NÖ, Blgd. (Schriftführer)
	Regierungsrat Rudolf Nußbaum (Kassier)
	Hofrat Dr. Hubert Lemmerer (Obmann der Kontrolle)
Vorstand	
Wien, Niederösterreich und Burgenland	
	VP Rupert Hudl
	Regierungsrat Rudolf Nußbaum
	Hofrat Dr. Leonhard Riemer
	Alfred Silldorff
	BstFR Leo Temper
	Richard Waidhofer
Oberösterreich	OSR Reg.Rat Friedrich Polansky
	Reg. Rat Hans Staudinger
	Nat. Rat Komm. Rat Rudolf Staudinger
Steiermark	wirkl. Hofrat Dr. Robert Kaufmann
	Amtsrat i.R. Johann Pocsics
Kärnten	Dir. Paul Rösch
	Reg.-Rat Karl Eberhart
Tirol	Max Baumann
Salzburg	Dir. Karl Friedl
Vorarlberg	Magnus Lenz
Verband der Kriegsblinden	BstFR Komm. Rat August Schober
Vertreterinnen der Kriegerhinterbliebenen	
Wien, Niederösterreich und Burgenland	
	Maria Ganauser
	Eszter Härting
	OSR Maria Stadlbacher

Oberösterreich	Stefanie Pühringer
Steiermark	Hofrat Prof. Traute Hartwig
Kärnten	Aloisia Wilding
Tirol	Ingeborg Purner
Salzburg	Elisabeth Faltin
Vorarlberg	Liebgart Walter
Verband der Kriegsblinden	Josefa Capek

Zu Mitgliedern der Kontrollkommission wurden gewählt:

Wien, Niederösterreich und Burgenland	
	Stefan Jokes
	ORRat i.R. Johann Spannbauer
	Günter Weihs
Oberösterreich	Dir. i.R. Alois Keiler
Steiermark	Manfred Krenn
Kärnten	Friedrich Ritzmaier
Tirol	Hofrat Dr. Hubert Lemmerer
Salzburg	Dr. Georg Schwamberger
Vorarlberg	Otto Fiel
Verband der Kriegsblinden	Josef Ruprechtsberger

Im Anschluß an die Neuwahl des Vorstandes wurden die von den Mitgliederverbänden der Zentralorganisation eingebrachten Anträge zu den verschiedenen Sachthemen behandelt. Anhand der Beratung der Antragsprüfungskommission trug der Berichterstatter, der Landesobmann des Kärntner Kriegsopfer- und Behindertenverbandes, bundesstaatlicher Fürsorgerat Adolf Schicher, die einzelnen Anträge vor, die vom Delegiertentag vor allem zur Verbesserung der Gesetzgebung für Kriegsopfer und Behinderte angenommen wurden. Es seien folgende Punkte besonders hervorgehoben:

Kriegsopfer- und Heeresversorgung

Absenkung oder Wegfall der Anrechnung von Einkünften des übergebenen land- und forstwirtschaftlichen Besitzes bei der Berechnung der einkommensabhängigen Versorgungsleistungen, Gewährung der vollen Hinterbliebenenversorgung nach allen Schwerkriegsbeschädigten, Verbesserung der Einstufung verschiedener Dienstbeschädigungsleiden

Steuerrecht und Behinderte

Forderung nach Anhebung der Steuerfreibeträge für Behinderte, Absetzbarkeit des Mitgliedsbeitrags zum Kriegsopfer- und Behindertenverband als Werbungskosten

Bundesbehindertengesetz

Anhebung des Kaufpreislimits für die Refundierung der Normverbrauchsabgabe, bundesweite und umfassende Gültigkeit der Behindertenpässe, Ausdehnung der Fahrpreisermäßigung für Behinderte auf Buslinien.

Im Anschluß an die Beschlußfassung über die eingebrachten Anträge hielt der neugewählte Präsident der Zentralorganisation der Kriegsopfer- und Behindertenverbände Österreichs, Kamerad OTTO POHANKA, die Schlußansprache zur Arbeitstagung des 17. ordentlichen Delegiertentages. Neben dem Dank für das ihm geschenkte Vertrauen und der Bitte um eine Zusammenarbeit aller Verantwortungsträger in der Organisation nahm Präsident Otto Pohanka seine Ansprache zum Anlaß, um seine Vorstellungen über seine Arbeit in den nächsten drei Jahren zu skizzieren. Unmißverständlich brachte er zum Ausdruck, daß in den nächsten Jahren die noch offenen Forderungen nach Verbesserung der Kriegsopfer- und Heeresversorgung durchgesetzt werden müssen, was im Hinblick auf das fortgeschrittene Alter der Kriegsopfer als Gebot der Stunde betrachtet werden muß. Seine besondere Sorge galt auch der Betreuung der Mitglieder in der Zukunft, wo es gilt, zum einen die Organisationsstrukturen zu erhalten und dort, wo die Möglichkeit besteht, Funktionäre aus dem Kreis der Zivilbehinderten verstärkt zur Mitarbeit heranzuziehen. Es sei aber auch in der Zukunft erste Aufgabe der Zentralorganisation, auf dem Gebiete der Gesetzgebung für Behinderte bestimmend Einfluß auf die zuständige Stellen zu nehmen, damit die Lebenssituation behinderter Menschen weiter verbessert werden kann. Präsident Otto Pohanka erklärte hiezu, daß die Zentralorganisation auch unter seiner Präsidentschaft einen nicht zu übersehenden Stellenwert einnehmen werde und daß er schon in der nächsten Zukunft die wichtigsten Forderungen, die vom Delegiertentag formuliert wurden, persönlich an die zuständigen Politiker herantragen werde.

Durch konsequente und konstruktive Arbeit wird sich der Erfolg sicherlich einstellen. Eine Organisationspolitik, die mit Augenmaß betrieben wird, sei der beste Garant dafür, daß positive Entscheidungen zu Gunsten der Kriegsopfer und Behinderten in Österreich herbeigeführt werden können.

Recht schafft Frieden
Festakt aus Anlaß des 17. Delegiertentages der Zentralorganisation

Am 12. Oktober 1993 wurde aus Anlaß des 17. ordentlichen Delegiertentages der Zentralorganisation der Kriegsopfer- und Behindertenverbände Österreichs ein Festakt unter dem Motto „Recht schafft Frieden“ abgehalten, bei dem maßgebliche Persönlichkeiten des öffentlichen Lebens auf Einladung der Zentralorganisation zu Fragen der Kriegsopfer und Behinderten Stellung nahmen. Der Landesobmann des Kärntner Kriegsopferverbandes, bundesstaatlicher Fürsorgerat Schicher, konnte folgende Ehrengäste begrüßen: Sektionschef Dr. Gerd Gruber als persönlichen Vertreter des Herrn Bundesminister für Arbeit und Soziales, Josef Hesoun, seine Exzellenz Diözesanbischof Dr. Egon Kapellari, Dr. Anton Kopfitsch als persönlichen Vertreter der Kärntner Soziallandesrätin Achatz, den Landeshauptmannstellvertreter von Salzburg Gerhard Buchleitner, den Behindertensprecher der Sozialistischen Partei, Abgeordneten zum Nationalrat Mag. Walter Guggenberger, den Sozialsprecher der ÖVP, Abgeordneten zum Nationalrat Dr. Gottfried Feurstein, die Sozialsprecherin der Freiheitlichen Partei, Abgeordnete zum Nationalrat Dr. Helene Partik-Pablé, die Volksanwältin Hofrätin Mag. Evelyn Messner, den Vizepräsidenten der Bundesarbeiterkammer, Landtagsabgeordneten Josef Quantschnig, den Vizebürgermeister von Pörtschach, Mag. Werner Schicher, den Militärkommandanten von Kärnten, Divissionär Max Liebminger, den Sekretär des Herrn Bundesminister für Arbeit und Soziales, Dr. Walter Pöltner, die Amtsleiter bzw. Amtsleiterstellvertreter der Landesinvalidenämter von ganz Österreich. Den krönenden Abschluß der Feier bildete die Ansprache des persönlichen Vertreters des Bundesministers für Arbeit und Soziales, Josef Hesoun, Sektionschef Dr. Gerd Gruber. Er erwähnte, daß es ihm eine persönliche Ehre sei, die herzlichen Grüße und besten Wünsche des Herrn Bundesministers zu übermitteln und für die couragierte und so erfolgreiche Tätigkeit zu danken. Er streifte die Gesetzgebung und betonte, daß natürlich im menschlichen Leben nichts vollkommen sei, und auch Gesetze und Verwaltung als Teil des menschlichen Lebens unvollkommen seien. Man schmälere die Bedeutung des Pflegegeldgesetzes in keiner Weise, wenn man da und dort an der Praxis des Vollzugs den einen oder anderen Mangel ortet. Er schilderte den Werdegang dieses Gesetzes und bat, dem Ministerium die Erfahrungen und Wahrnehmungen mitzuteilen. Nach weiteren Ausführungen schloß er:

„Ich wünsche Ihnen im Interesse der Kriegsopfer und aller behinderten Menschen in Österreich für die Bewältigung der Aufgaben viel Erfolg.“

1994

Sonderkrankenanstalt Zicksee im neuen Glanz

Den Erfordernissen des erhöhten Bedarfs Rechnung tragend war es notwendig geworden, einen Aus- und Umbau der orthopädischen Sonderkrankenanstalt St. Ändrä am Zicksee vorzunehmen. Durch die Unterstützung des KOBV als Spitalserhalter, durch die Bundesländer Wien, Niederösterreich und Burgenland sowie durch die im Hauptverband vereinigten österreichischen Sozialversicherungsträger war es möglich geworden, die dringend notwendig gewordene Erweiterung der Bettenkapazität durchzuführen und damit die unerträglich langen Wartezeiten für die Patienten wesentlich zu verkürzen und eine dem gegenwärtigen Standard entsprechende Adaption der Sonderkrankenanstalt Zicksee durchzuführen.

Am 7. 9. 1994 konnte im Rahmen eines Festaktes, zu dem zahlreiche Ehrengäste erschienen waren, durch den Herrn Bundesminister Hesoun die Eröffnung erfolgen.

Nach der Begrüßung der Festgäste gab Präsident OTTO POHANKA einen Rückblick auf die Geschichte des Hauses und verwies auf den ausgezeichneten medizinischen Ruf der Anstalt und die stete Zunahme der heilungssuchenden Patienten, die die Erweiterung und Umbaumaßnahmen erforderlich machten. Großer Beifall dankte ihm. Nun folgte das Referat des ärztlichen Leiters der Sonderkrankenanstalt Zicksee, Prim. DR. WOLFGANG KICKINGER, über Behandlungsangebote, Erfolge und Maßnahmen der orthopädischen Rehabilitation, wobei Prim. Dr. Kickinger besonders betonte, daß der gute Ruf der Anstalt durch das Personal und dessen Fähigkeit, täglich jene Atmosphäre menschlicher Zuwendung für den Patienten zu schaffen, die für die Genesung so wichtig ist, mitbegründet wird. Der Architekt Mag. arch. HARTWIN BAUER erläuterte die besonderen Planungserfordernisse, die zu bewältigen waren, um den bestehenden Baukörper harmonisch in Neugebautes einzufügen. Sein besonderes Lob galt den burgenländischen Bauarbeitern, die mit ungewöhnlichem Engagement bei der Sache gewesen waren.

Nun folgten die Ansprachen der Vertreter der Bundesländer Wien, Niederösterreich und Burgenland, die das Geschaffene entsprechend würdigten.

Der Bundesminister für Arbeit und Soziales, JOSEF HESOUN, stellte seine Rede unter die Devise: „Bauen heißt Vertrauen in die Zukunft zeigen." Er hob hervor, daß Österreich trotz wirtschaftlich schwerer Zeiten in den vergangenen Jahren sozialpolitische Maßnahmen setzte. Er zitierte ein Wort des verstorbenen Prälaten Unger „Wenn wir helfen wollen, können wir helfen - wenn wir helfen können, müssen wir helfen" und unterstrich den humanitären Ansatz seiner Vorstellung von Sozialpolitik, daß diese den Wert des Menschen und nicht seine Verwertbarkeit zum Mittelpunkt haben müsse. Er eröffnete damit feierlich die neue Sonderkrankenanstalt Zicksee.

Mit besinnlichen Worten leiteten die beiden anwesenden geistlichen Herren, der Bischof der Diözese Eisenstadt, Exc. DR. PAUL IBY, und der evangelische Pfarrer der Gemeinde Gols, MAG. NUSSGRUBER, die Segnung der Anstalt ein. Beim abschließenden Rundgang durch die Sonderkrankenanstalt konnten sich die Festgäste von der Zweckmäßigkeit der neuen Umbaumaßnahmen und der Vielfalt der angebotenen Therapien überzeugen.

Präsident OMR Dr. Karl Schwarzl verstorben

Am 27. Oktober 1994 verstarb der ehemalige Präsident der Zentralorganisation der Kriegsopfer- und Behindertenverbände Österreichs (1990–1993) und Präsident der steirischen Kriegsopfer- und Behindertenverbandes, OMR Dr. Karl SCHWARZL nach langem, schwerem Leiden. Hunderte Trauergäste, unter ihnen höchste Prominenz aus Bund und Ländern, verabschiedeten sich in der Aufbahrungshalle des Grazer Friedhofes von Kam. Dr. Schwarzl.

Die Sozialminister der Zweiten Republik

Johann Böhm (1945)

Karl Maisel (1945–1956)

Anton Proksch (1956–1966)

Grete Rehor (1966–1970)

Ing. Rudolf Häuser (1970–1976)

Dr. Gerhard Weißenberg (1976–1980)

Alfred Dallinger (1980–1989)

Dr. Walter Geppert (1989–1990)

Josef Hesoun (seit 1990)

Die Präsidenten der Zentralorganisation der Kriegsopferverbände Österreichs

Hans Hirsch (1945–1946)

Franz Schulz (1946–1956)

Karl Baier (1956–1959)

Friedrich Karrer (1959–1990)

Dr. Karl Schwarzl (1990–1993)

Otto Pohanka (seit 1993)

Die Autoren

Sektionschef i. R. DR. KARL ERNST war langjähriger Leiter der Sektion IV im Bundesministerium für Arbeit und Soziales und mit der Materie der Kriegsopferversorgung in Österreich befaßt und ist Ehrenmitglied der Zentralorganisation der Kriegsopfer- und Behindertenverbände Österreichs. Dr. Ernst ist Autor zahlreicher Fachbücher zum österreichischen Versorgungs- und Behindertenrecht und vielfältiger Beiträge in juristischen Fachblättern.

PROF. MAG. DR. THEO FISCHLEIN ist Vizepräsident des Kriegsopfer- und Behindertenverbandes für Wien, Niederösterreich und Burgenland und selbst Kriegsbeschädigter. Er war Leiter des Pressereferates der NÖ. Landeslandwirtschaftskammer, Gründer und Leiter des „Landfunks" im österreichischen Rundfunk sowie Lehrbeauftragter an der Universität für Bodenkultur in Wien und ist Autor zahlreicher Fachbücher und Fachbeiträge.

ELFRIEDE SENGSTSCHMIED war seit der Geburtsstunde der Kriegsopferorganisation 1945 als hauptamtliche Mitarbeiterin, zuerst im Sekretariat, zuletzt bis zum Antritt des Ruhestandes als Leiterin der Sozialrechtsabteilung des Kriegsopfer- und Behindertenverbandes für Wien, Niederösterreich und Burgenland tätig. Seit 1990 ist sie Mitglied des Vorstandes dieses Verbandes.

MAG. MICHAEL SVOBODA, seit 1982 beim Kriegsopfer- und Behindertenverband für Wien, Niederösterreich und Burgenland beschäftigt, ist Leitender Sekretär dieses Verbandes sowie seit 1988 Generalsekretär der Zentralorganisation der Kriegsopfer- und Behindertenverbände Österreichs.